U0907080

’2014中国广告年鉴

China Advertising Yearbook

中 国 广 告 协 会
《中国广告年鉴》编辑部编
新 华 出 版 社

图书在版编目（CIP）数据

'2014中国广告年鉴 /《中国广告年鉴》编辑部编
—北京：新华出版社，2014.12

ISBN 978-7-5166-1369-6

Ⅰ.①2… Ⅱ.①中… Ⅲ.①广告－中国－2014－年鉴 Ⅳ.①F713.8-54

中国版本图书馆CIP数据核字（2014）第287422号

'2014 中国广告年鉴
China Advertising Yearbook

主　　编：《中国广告年鉴》编辑部

出 版 人：张百新　　**责任编辑**：梁秋克　王晓娜

特约编辑：柏　群　　**封面设计**：孙　鹏　周向东

出版发行：新华出版社

地　　址：北京石景山区京原路8号　　**邮　　编**：100040

网　　址：http：//www.xinhuapub.com　　http：//press.xinhuanet.com

经　　销：新华书店

购书热线：010-63077122　　中国新闻书店购书热线：010-63072012

照　　排：全中环球广告传媒(北京)有限公司

印　　刷：北京顺诚彩色印刷有限公司

成品尺寸：210mm×285mm

印　　张：34.5　　**彩　　插**：160页

字　　数：1000千字

版　　次：2014年12月北京第一版　　**印　　次**：2014年12月北京第一次印刷

书　　号：ISBN 978-7-5166-1369-6

定　　价：380.00元（精装）

图书如有印装问题请与印刷厂联系调换：010-68628810

'2014 中国广告年鉴
China Advertising Yearbook

编辑说明
INTRODUCTION

一、《中国广告年鉴》是一部图文并茂的大型资料工具书，2014年版收编了2013年与中国广告业发展有关的主要文献资料。

二、“大事记”、”政策法规”等，以日期为序。

三、本年鉴收集的2013年资料和数据中，未包括我国台湾省、香港特别行政区和澳门特别行政区。

四、为便于读者检索，书末附有“广告刊户索引”。

五、限于编辑水平和所掌握的资料，缺点和错误在所难免。欢迎读者批评指正。

Ⅰ. *China Advertising Yearbook* is a big reference book with a large number of photos and illustrations.The Edition of 2014 includes major information concerning the development of China advertising industry in 2013.

Ⅱ. Columns of "Chronicle of Events" and "Policies,Laws & Regulations" are arranged in order of date.

Ⅲ. Information of Taiwan Province,Hong Kong Special Administrative Region and Macao Special Administrative Region is not included in the yearbook.

Ⅳ. For the convenience of readers，"Index of Advertisers " are enclosed at the end of the yearbook.

Ⅴ. Due to limited information available,oversight and mistakes are inevitable.We welcome readers to comment and point out our mistakes.

南方价值
节节高升

根据世界品牌实验室最新发布的2014（第十一届）“中国500最具价值品牌排行榜”显示，南方报业传媒集团再创辉煌，仅旗下《南方日报》《南方都市报》《南方周末》《21世纪经济报道》四报品牌价值达460.70亿元，较去年增加51.44亿元，蝉联全国平面媒体集团之首。

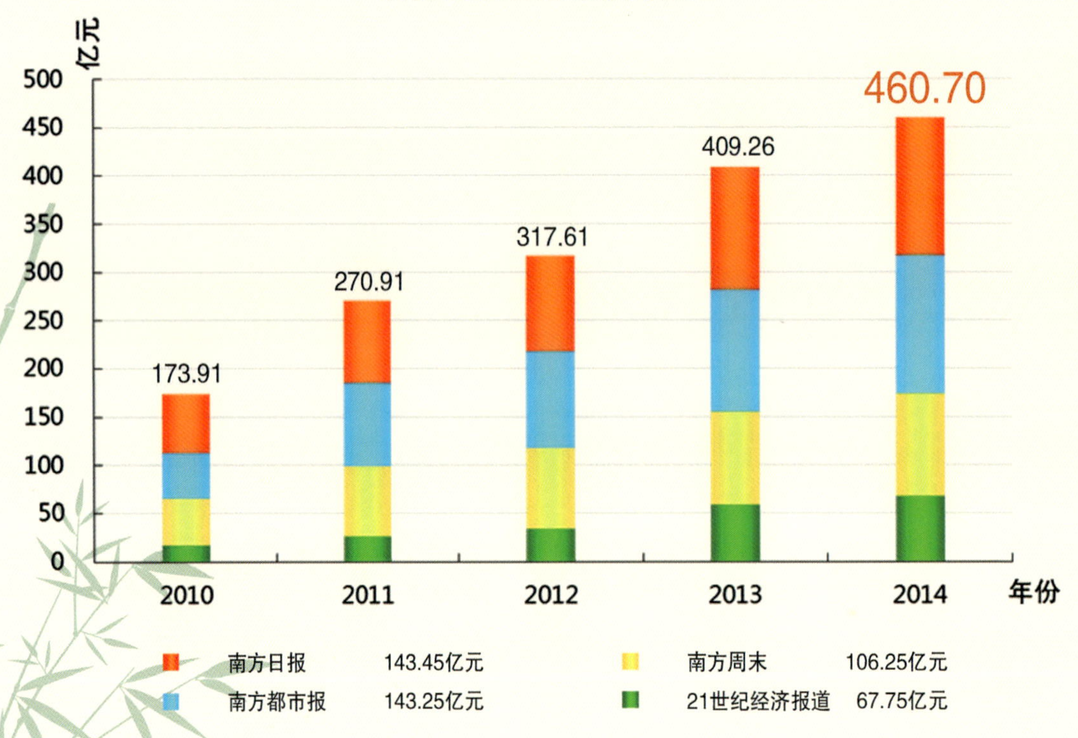

南方报业传媒集团
NANFANG MEDIA GROUP
担当 创新 包容 卓越

’2014 中国广告年鉴

China Advertising Yearbook

关瑞鸿	中广协学术委员会秘书长
杜　红	中广协副会长、新浪销售与市场资深总裁
李文杰	中广协事业发展部主任
吴干冰	中广协副会长、浙江省广告协会会长
吴东彬	中广协学术培训部主任
何　洁	中广协副会长、清华大学美术学院副院长
应曙光	中广协户外分会主任
汪　良	中广协副会长、北京人民广播电台台长
沈赞臣	中广协副会长、上海灵狮广告有限公司董事长
宋照伟	中广协商业企业委员会主任
张　晔	国家工商行政管理总局广告监管司综合处处长
张继宏	中广协铁路分会主任
陈学军	中广协副会长、上海市工商行政管理局副局长
邵国平	中广协标识委员会主任
罗　明	中广协副会长、中广协电视分会主任、中央电视台副台长
金定海	中广协学术委员会主任
周玉梅	中广协副秘书长
郑加强	中广协副会长、中国国际广播电台国广传媒发展中心副总经理
郑有义	中广协副会长、人民日报广告部主任
贺寿天	中广协副会长、江苏省广告协会会长
贺超兵	中广协副会长、大贺传媒股份有限公司董事长
徐　见	中广协副会长、陕西电视台副台长
郭丽娟	中广协副会长、上海广告有限公司董事长
庹登夫	中广协副秘书长
梁勤俭	中广协报纸分会主任
彭德湘	中广协副会长、麦肯光明广告有限公司总裁
程小玲	中广协副会长、中广协广告公司分会主任、中国广告联合总公司总经理
路　华	中广协民航分会主任
廖　伶	中广协副会长、重庆市广告协会会长
潘　阳	中广协副会长、哈尔滨海润国际广告传播集团董事长
燕　军	中广协网络分会主任
镰田正志	中广协副会长、资生堂（中国）投资有限公司总经理

梅金华	湖南省广告协会秘书长
林　阳	广东省工商行政管理局广告处处长
刘洪海	广东省广告协会秘书长
何春雷	广西壮族自治区工商行政管理局广告处处长
邓　东	广西壮族自治区广告协会常务副会长兼秘书长
王建禄	海南省工商行政管理局广告处处长、海南省广告协会秘书长
魏　彬	重庆市工商行政管理局广告处处长
廖　伶	重庆市广告协会会长
卫　伟	四川省工商行政管理局广告处处长
肖本华	四川省广告协会秘书长
刘永丽	贵州省工商行政管理局广告处处长
王长林	贵州省广告协会秘书长
陈学坤	云南省工商行政管理局广告处处长
赖之雄	云南省广告协会秘书长
次　仁	西藏自治区广告协会秘书长
周华庭	西藏自治区工商行政管理局商标广告处处长
宋军良	陕西省工商行政管理局广告处处长
杨　莉	陕西省广告协会副秘书长
任　歆	甘肃省工商行政管理局广告处处长
严　勇	甘肃省广告协会秘书长
马秀梅	青海省工商行政管理局广告处处长、青海省广告协会秘书长
樊胜邦	宁夏回族自治区工商行政管理局商标广告处处长
王晓胤	宁夏回族自治区广告协会秘书长
袁虎英	新疆维吾尔自治区工商行政管理局商标广告处处长
苗桂云	新疆维吾尔自治区广告协会秘书长
于春波	大连市工商行政管理局广告处处长、大连市广告协会秘书长
龚央纬	宁波市工商行政管理局商标广告处处长、宁波市广告协会秘书长
林卫东	厦门市工商行政管理局广告处处长
颜俊华	厦门市广告协会秘书长
刘　军	青岛市工商行政管理局广告处处长、青岛市广告协会秘书长
王建青	深圳市市场监督管理局市场规范处处长

汤山文	深圳市广告协会秘书长
王　强	沈阳市工商行政管理局广告处处长、沈阳市广告协会秘书长
姜　超	长春市工商行政管理局广告分局局长
金　岩	长春市广告协会秘书长
张春玲	哈尔滨市工商行政管理局广告处处长、哈尔滨市广告协会秘书长
马丽梅	南京市工商行政管理局广告处处长
陆道爱	南京市广告协会会长
汪晓敏	杭州市工商行政管理局广告处处长
候吉光	济南市工商行政管理局广告处处长、济南市广告协会秘书长
张小燕	武汉市工商行政管理局广告处处长
徐　波	武汉市广告协会会长
陈国平	广州市工商行政管理局广告处处长
李　平	成都市工商行政管理局广告处处长
邹俐莉	成都市广告协会秘书长
王　斌	西安市工商行政管理局广告处处长

编辑部人员名单

编辑部主任：　柏　群
编辑部副主任：项　扬
编　　审：　仲　辉
编　　辑：　魏艳英
装帧设计：　周向东
校　　对：　杨　宁
督　　印：　宋　江

’2014 中国广告年鉴

China Advertising Yearbook

专家指导委员会：

整合创造
力量
广东广播中心 GUANGDONG BROADCASTING CENTRE
广东广播电视台地址：广州市人民北路686号
网址：http://www.gdtv.cn
广播广告联系电话：020-26185968，26185061
电视广告联系电话：020-61228888，61228623

北京国家广告产业园区

Beijing National Advertising Industrial Park

北京国家广告产业园区核心区位于北京电视台新址南侧，北临通惠河南至京秦铁路，西起东三环庆丰公园东至东四环路，占地面积约50万平方米，主要建筑为办公写字楼和配套商务酒店等商业设施，同时搭建多种广告功能平台，为广告企业发展提供完善的服务。

北京国家广告产业园区建设已初具规模，目前，核心区已建成12万平方米，部分已经投入使用。北京国际广告传媒集团、阿里巴巴、联动文化等多家国内知名广告和新媒体企业已入驻园区。

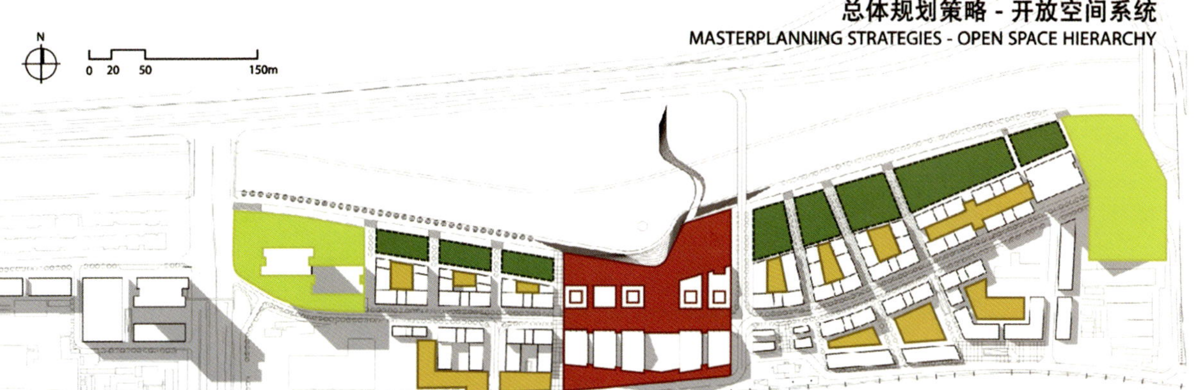

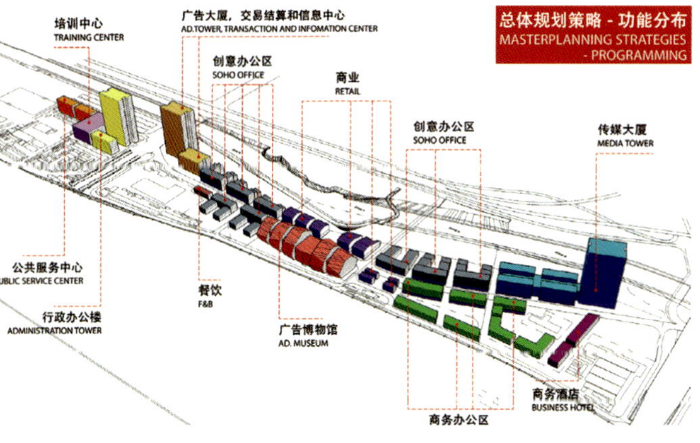

联系地址：北京市朝阳区西大望路甲12号
招商电话：010-67797777
网　　址：www.bjadpark.com

公共服务平台初步建成并投入使用

–物理空间–

北京国家广告产业园区自开园以来，完善服务功能重点搭建公共技术服务平台、公共信息发布平台、广告展示平台及政府综合服务平台，从而形成基础设施完善，功能全面的公共服务中心平台。公共服务中心平台总面积约3000平方米，包括多功能展示大厅、多媒体远程互动平台、广告电子信息资料库、环幕显示系统、多点触摸互动屏等设施。实现展示、发布、检索、推介及一站式服务平台等现代化功能。

发布展示

信息发布

公共服务平台初步建成并投入使用

-网络空间-

搭建广告行业公共协同服务平台，借助园区网络，通过信息化手段，建设以高速光纤宽带、云计算数据中心，具有高度一致性和扩展弹性的网络公共服务平台，为园区企业提供虚拟呼叫中心、视频会议、客户管理云系统、企业经营分析云系统等多种服务，实现“园区私有云”落地应用。

——为企业内部的管理和应用提高了效率、节省了成本

——为广告企业之间的交流和互通提供了有效的平台

——汇聚了大量专业资源和业内信息，可以迅速获取市场信息和行业发展最新动态

——加强企业之间的交流和沟通，为业务合作、技术创新创造了机会

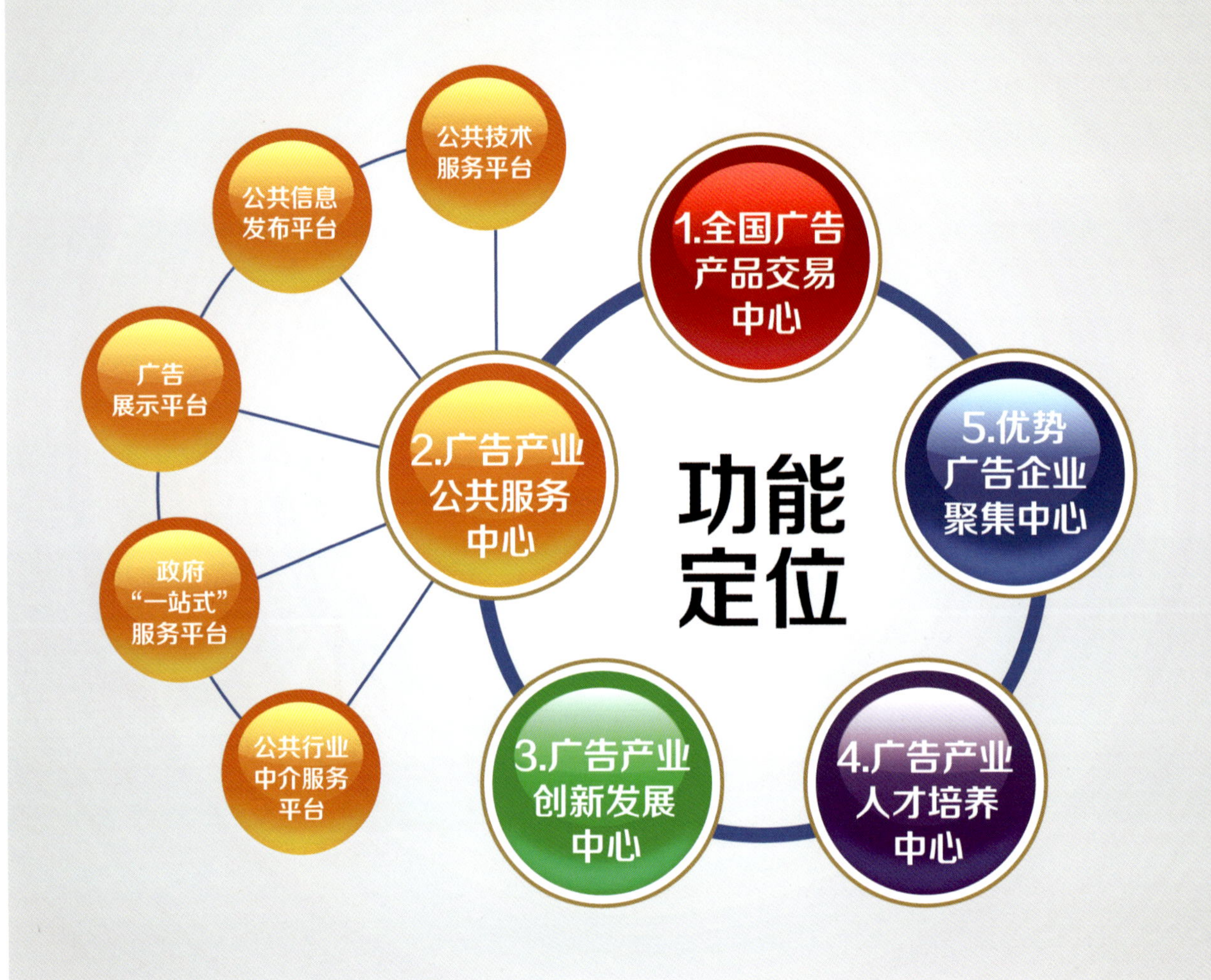

"五个中心、五个平台"

根据北京国家广告产业园区的功能定位和发展方向，园区将重点打造五个中心，搭建五个平台。

. 打造全国广告产品交易中心

构建集信息发布、活动策划、品牌推广、产品交
易、人才培训交流等服务于一体的线上、线下高端国
际化广告产品交易中心。

. 打造广告产业创新发展中心

依托园区技术优势，整合优势资源，积极推广园
区广告创新成果，提高新设备、新技术、新工艺、新
媒体的应用水平，推动传统广告形式的新发展。

. 打造广告产业人才培养中心

依托首都高校的优质教育资源，培养本土高级广
告人才，建立广告企业与高校的合作机制，促进教学、
科研、实践、就业一体化进程，使北京市成为全国广
告产业人才高地。

. 打造优势广告企业聚集中心

培育具有著名品牌、先进技术、主业突出、创新
能力强、具有较强市场竞争力的大型广告企业集团和
优势企业，引领全国广告产业发展。

5. 打造广告产业公共服务中心

通过搭建公共技术服务平台、公共信息发布平台、公共行业中介服务平台、广告展示平台及政府“一站式”服务平台，形成技术支撑、信息发布、行业中介、作品展示、政务办理等方面的集成式服务体系，最终形成基础设施完善、功能全面的公共服务中心平台。

高度
决定影响力
中国广告年鉴
2013
第二十一版
中国广告年鉴
2006
中国广告年鉴
2007
第十五版
Collection of China Advertising Yearbooks (1988-2003)
合订本
中国广告行业发展报告
发展中的中国广告业
——中国广告业廿五年

’2014中国广告年鉴

China Advertising Yearbook

中国广告经营单位
北京市发展成就展示专栏

The Advertising Units of China
Beijing Development Achievement
Special Column

RBC
北京人民广播电台

大音京华
声系天下

Beijing Public Service Radio
北京城市广播

AM 603
北京故事广播
BEIJING STORY RADIO

北京体育广播
BEIJING SPORTS RADIO FM102.5

FM97.4
北京音乐广播
BEIJING MUSIC RADIO

FM 87.6
北京文艺广播
BEIJING JOY FM

FM103.9
北京交通广播
BEIJING COMMUNICATION RADIO

AM774.com
北京外语广播

AM 927 Radio
北京爱家广播

北京广播网
www.rbc.cn

北京人民广播电台

'2014 中国广告年鉴
China Advertising Yearbook
第二十二期
22th Issue

目录

十八　广告刊户索引

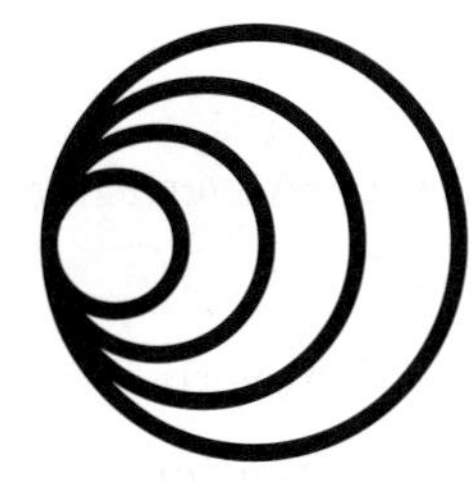

'2014 中国广告年鉴
China Advertising Yearbook
第二十二期
22th Issue

CONTENTS

VII Provincial Advertising Supervision and Developing

XVII Introduction of Selected Advertising Units in China

XVIII Index

领导讲话

Speeches by Leaders

在全国工商系统广告工作会议暨广告产业园区建设现场会上的讲话

（2013 年 4 月 26 日）

国家工商行政管理总局党组书记、局长　张　茅

同志们：

这次全国工商系统广告工作会议暨广告产业园区建设现场会的主要任务是，深入贯彻落实党的十八大和全国两会精神，总结交流一年来全国工商系统广告工作取得的成绩和经验，研究部署今后一个时期的任务，推动广告战略实施不断取得新的成效。

这次会议在浙江召开，得到了浙江省委、省政府的高度重视和大力支持。今天，浙江省副省长朱从玖同志百忙之中亲临会议做指导。中央和地方有关新闻单位也派员参加会议。浙江省工商局为会议的召开做了大量工作。在此，我代表国家工商总局和全体与会代表，对浙江省委、省政府长期以来对工商行政管理工作的重视和关心，对浙江省工商局的同志们为开好这次会议付出的辛勤劳动，表示衷心的感谢！

浙江是美丽富饶的鱼米之乡、丝绸之府。近年来，浙江省委、省政府深入落实科学发展观，认真执行中央决策部署，以建设物质富裕、精神富有的现代化浙江为目标，深入实施“八大战略”，着力深化改革开放，着力强化创新驱动，着力优化经济结构，着力改善发展环境，着力保障改善民生，在促进经济持续健康较快发展和社会全面进步方面取得了显著成绩。浙江省工商系统在省委、省政府的正确领导下，始终围绕浙江经济社会科学发展大局，履职尽责，开拓创新，奋发有为，扎实工作，在服务经济发展中发挥了重要作用，在规范市场秩序中树立了监管权威，在强化消费维权中筑牢了民心根基，在推进依法行政中规范了执法行

为，在严格锻炼队伍中强化了组织保障，不少工作走在了全国工商系统前列。特别是在实施广告战略中思路新、措施实、力度大、效果好，积累了许多宝贵经验。这次会议在浙江召开，也为大家提供了一个相互学习、交流借鉴的良好平台。

下面，我讲三点意见。

一、广告战略实施开局良好

实施广告战略，是总局党组贯彻落实党的十七届六中全会精神和国家《十二五规划纲要》作出的重要决定。一年来，总局出台了推进广告战略实施的意见，并召开专题会议进行部署。全国工商系统认真落实总局的部署，精心谋划，扎实推进，广告战略实施取得显著成绩，已成为工商部门服务经济社会发展的亮点之一。

（一）广告战略实施社会影响不断扩大

各级工商机关大力宣传广告战略，积极争取地方党委、政府支持，把广告业发展纳入当地经济社会发展总体布局，广告战略得到社会的广泛关注和高度认同，许多地方已将实施广告战略上升为政府行为。总局先后与北京、浙江等11个省、市人民政府签署了共同推进广告业发展战略合作协议，部省合作机制不断完善。很多地方建立了实施广告战略工作协调机制，出台了促进广告业发展的政策措施。据不完全统计，近两年来各地党政部门出台支持广告业发展的专门文件达60多件，为广告战略实施营造了良好环境。

（二）广告产业园区示范作用逐步发挥

各地积极推进广告产业园区建设，取得了可喜成绩。目前，全国广告产业试点园区已达20个，分布在15个省市区，累计完成投资近300亿元，其中中央财政支持资金8亿元。一些广告产业园区已完成前期建设，吸引了大批优质广告企业入驻，园区的集聚效应、辐射效应和示范效应逐步显现。

（三）广告业发展提质增速

截至2012年年底，全国广告经营单位达到37.78万户，广告从业人员217.78万人，广告经营额4698亿元，分别同比增长27.41%、30.14%和50.32%；我国广告经营额占国内生产总值的比重达0.9%，比2011年上升0.24个百分点，广告业市场总体规模已跃居世界第二位。

（四）广告市场整治取得新成效

各地工商机关把专项整治作为强化广告市场监管的重要抓手，积极履行牵头职责，会同整治虚假违法广告联席会议成员单位，整合监管力量，持续加大对医疗、药品、保健食品、化妆品、美容服务等重点商品和服务广告的整治力度，严厉惩处虚假违法广告，不断巩固和扩大整治成果。2012年，全系统共查处违法广告案件4.39万件。总局广告监测显示，五类重点商品和服务的媒体广告违法率同比下降4.46%。认真落实国务院领导批示精神，清理整顿利用互联网销售滥用“特供”、“专供”等标识商品，有效遏制了滥用“特供”、“专供”标识行为。积极配合有关部门，深入开展清理网上低俗不良广告工作，为维护文明健康的网络环境做出了积极贡献。

（五）广告日常监管能力显著增强

总局会同中宣部等11部门制定出台了《大众传播媒介广告发布审查规定》，强化广告发布环节监管。各地狠抓培训和监督检查，从发布源头建立了虚假违法广告的“防护网”和“过滤器”。总局出台《广告监测工作规定》，统一广告监测标准，规范广告监测流程，加大全国广告抽查监测和公告力度。各地建立健全广告监测系统，实现全国地级以上城市主要媒体的广告监测全覆盖，初步形成了监测、监管、执法一体化工作格局。

（六）广告基础工作进一步加强

总局研究制定广告业统计指标体系，建立新的广告统计制度，组织统计培训，并在部分省市开展了试点。积极推进广告业务与信息技术的融合，广告监测数据平台、广告监管执法数据平台、广告统计分析数据平台、广告行政许可数据平台建设取得积极进展。举办了省级工商局长、地市级工商局长培训班，推动广告管理队伍素质不断提高。组织开展多种形式的广告研究，“实施国家广告战略”课题研究被确定为2012年度国家社会科学基金重点课题项目。开展广告专业技术人员水平考试，提升了广告从业人员素质。广告对外交流与合作不断扩大，2012年成功举办了第十九届中国国际广告节，2013年又成功申办了2014年第43届世界广告大会。

这些成绩的取得，是各级党委、政府重视关心的结果，是有关部门、社会各界大力支持的结果，也是全系统广大工商干部奋发有为、开拓进取的结果。在此，我代表总局党组，向关心支持工商行政管理工作的各级党委、政府及有关部门，表示衷心的感谢！对从事广告工作的广大工商干部，致以诚挚的慰问！

在充分肯定实施广告战略取得成绩的同时，也要清醒地认识到，无论是广告市场环境，还是广告业发展状况，都存在一些亟待解决的问题，需要我们在今后的工作中切实加以解决。

二、切实增强推进广告战略实施的自觉性和责任感

广告业是现代服务业和文化产业的重要组成部分，是创意经济中的重要产业，在服务生产、引导消费、塑造品牌、推动创新、传播文明、构建和谐等方面都发挥着十分重要的作用。要深刻认识实施广告战略的重要意义，进一步增强工作的自觉性和责任感。

（一）深入实施广告战略是工商部门服务“五位一体”建设的重要抓手

党的十八大规划了经济建设、政治建设、文化建设、社会建设、生态文明建设“五位一体”协调发展的总布局，对实施广告战略提出了新的更高的要求。加强广告市场监管，指导广告业发展，是工商部门承担的重要职能。深入推进广告战略实施，促进广告业科学发展，是新形势下工商部门发挥职能作用，服务“五位一体”建设的重要抓手。各级工商部门要认真研究广告战略实施过程中遇到的新情况、新问题、新任务，凝聚共识，顺势而为，更加自觉、更加主动地推动广告战略深入实施。

（二）深入实施广告战略是维护人民群众切身利益的重要体现

净化广告市场环境，规范广告市场秩序，维护消费者合法权益，是工商行政管理机关的基本职责。虽然经过持续多年的专项整治，广告市场总体形势平稳向好，但个别地方虚假违法广告仍然屡禁不止，特别是医疗、药品、保健食品广告违法率居高不下，危害公众健康安全，扰乱市场秩序，影响社会稳定，人民群众反映强烈。在信息技术日新月异、广告商业模式不断变化的新形势下，广告监管的对象日趋多元，广告违法的形式和手段更加复杂。各地工商机关要从关注民生、维护和谐的高度，深入推进广告战略实施，强化广告监管执法工作，严厉打击虚假违法广告，为人民群众营造良好的广告环境。

（三）深入实施广告战略是提升我国国际竞争力的重要途径

随着经济全球化的深入发展，围绕市场、资源、人才、技术、标准的竞争更加激烈，广告业逐渐成为国际市场竞争和文化竞争的重要内容。当前，国际经济形势发生了深刻变化，经济增速放缓，世界经济复苏的不稳定性、不确定性上升，各主要发达国家把依靠文化发展、创新发展，加快发展包括广告业在内的创意产业作为促进经济复苏的战略选择。我国正处于加快转变经济发展方式的关键时期，大力推进广告战略实施，充分发挥广告在提振消费、促进加快转变经济发展方式中的作用，有利于推动我国产业的转型升级，扩大中国品牌的国际影响力，从而提升国家文化软实力和国际竞争力。

（四）深入实施广告战略是实现我国由“广告大国”向“广告强国”转变的重要举措

我国广告市场总体规模已跃居世界第二位，成绩固然可喜，但与发达国家相比，我国广告业仍处在较低发展水平，存在专业化和组织化程度不高、创新能力不强、高端专业技术人才匮乏、综合竞争力偏低等问题，广告经营额占国内生产总值的比重、占社会消费品零售总额的比重也明显偏低。实现“到2020年把我国建设成为广告创意、策划、设计、制作、发布、管理水平达到或接近国际先进水平的国家”的目标，需要付出艰辛的努力。深入实施广告战略，有助于提升广告企业竞争力，优化广告产业结构，推动自主创

新，扩大对外开放，促进我国广告业科学发展。

三、努力取得广告战略实施新成绩

指导广告业发展和加强广告监管是国家赋予工商部门的重要职责。要坚持促进发展与强化监管并重，深入推进广告战略的实施。全国工商系统深入实施广告战略的总体要求是：深入贯彻党的十八大精神，以积极服务“五位一体”建设为目标，以改革创新为动力，着力发掘广告功能，着力提高监管效能，着力推动广告业提质增效，着力加强基础建设，努力开创广告战略实施新局面。按照这个总体要求，要重点抓好以下几个方面的工作：

（一）加强组织领导，凝聚实施广告战略合力

继续争取地方党委政府的重视，把广告业发展纳入地方经济社会大局来谋划和推动。继续争取发展改革、财政、文化、税务、金融等部门的支持，建立健全相应的工作协调机制，共同解决广告业发展和改革中遇到的问题。要做实做好广告业与经济社会深度融合的文章，引导社会各界更加关注广告、积极参与广告，为广告战略深入实施营造更加优良的环境。

（二）加大整治力度，切实规范广告市场秩序

一是充分发挥广告监管部际联席会议机制作用，强化综合执法检查，完善标本兼治措施，整合监管资源，增强监管合力。二是认真落实中央领导同志重要批示，深入开展集中整治虚假违法医药广告专项行动。严厉查处违法情节严重、性质恶劣的虚假违法医药广告案件；公告曝光一批虚假违法医药广告，暂停一批医药生产经销企业、广告发布者发布医药广告资格；对涉嫌构成虚假广告犯罪行为的，及时移送司法机关追究刑事责任。三是进一步建立健全广告监管长效机制。强化广告监测体系、广告执法联动体系、广告信用监管体系建设，完善广告监测、监管与案件查处一体化工作格局，提高广告监管效能。四是大力推动广告行业诚信自律建设。加强广告法规宣传培训工作。监督指导广告发布者认真执行《大众传播媒介广告发布审查规定》，依法履行广告审查责任，加强行业自律，切实规范广告经营行为，提升广告行业的诚信度。

（三）强化规划指导，促进广告业科学发展

一是加强指导广告业发展工作。积极推动广告业发展“十二五”规划全面实施。认真落实总局与有关省市人民政府签署的共同推进广告业发展战略合作协议项目。突出重点，整合资源，集成政策，努力提高广告产业的专业化、集约化、国际化水平。二是积极稳妥推进广告产业园区建设。坚持政府引导与市场运作相结合，促进广告业集约化发展。三是建立重点联系广告企业制度。培育一批具有国际化服务能力的广告集团、骨干广告企业、专业服务能力强的中小广告企业和知名广告服务品牌。四是积极推进公益广告发展，不断提高公益广告社会影响力。健全公益广告发展机制，协调完善公益广告支持政策。五是加快建设广告业发展公共服务体系。研究建立广告行业标准、广告业统计调查、广告人才培训、广告业发展质量评价、广告活动信用管理等公共服务体系，破除制约广告业发展的体制性障碍，形成有利于广告业健康发展的新体制和创新机制。

（四）夯实工作基础，为广告战略实施提供坚强保障

一是加强广告法律体系建设。积极配合立法机关加快《广告法》修订进程，完善广告活动规范、广告内容准则、强化虚假违法广告打击力度等方面的制度。按照政府职能转变的要求，清理不利于广告业发展的行政许可和规定，重视和加强对新媒体形式广告规范的立法研究，抓紧出台相应管理规范。二是深入推进广告监管业务与信息化技术的融合。重点抓好全国广告监管信息数据库、广告业信息数据库的建设，充分应用现代信息技术，整合资源、创新办法、丰富手段、强化管理，提升广告监管服务效能。三是加强广告监管队伍建设。要以提高广告市场监管和服务发展能力为核心，加大教育培训力度，全面提升广告监管队伍的政治素质、业务素质、作风素质，为深入实施广告战略提供坚强组织保障。

同志们，促进广告业科学发展，工商部门责任重大。我们要认真贯彻落实党的十八大和全国两会精神，奋发进取，扎实工作，努力推动广告工作再上新水平，为全面建成小康社会作出新的更大的贡献！

在全国工商系统广告工作会议暨广告产业园区建设现场会上的总结讲话

（2013 年 4 月 27 日）

国家工商行政管理总局副局长　甘　霖

同志们：

全国工商系统广告工作会议暨广告产业园区建设现场会，在大家的共同努力下，圆满完成了各项议程。总局党组高度重视，张茅局长亲临会议并讲话，充分肯定了全国工商系统实施广告战略所取得的成绩，深刻阐明了深入实施广告战略的重要意义，对下一步工作进行了全面动员和部署。会上，正式开通了国家广告产业园信息交流网站；对新认定的杭州广告产业园、中原广告产业园两个国家广告产业园区进行了授牌。与会代表观看了北京、浙江等 10 个省市广告工作经验交流专题片，参观了杭州广告产业园，并就广告监测新技术和新经验进行了专题交流。大家围绕学习领会张局长的讲话精神，就如何深入实施广告战略，进行了认真的讨论和交流。大家一致认为，这是一次提信心、开眼界、学经验、找差距、明任务、见行动的会议，必将对贯彻落实党的十八大和全国两会精神，推进广告战略深入实施，开创广告工作新局面产生重要影响和积极推动作用。

结合会议讨论情况，就贯彻落实会议精神，我讲三点意见。

一、推进广告战略实施扎实有效

南京会议以来，全国工商系统按照总局提出的实施广告战略指导思想和目标，围绕十项重点任务，精心谋划，全面部署，统筹协调，整体推进，实现了广告市场环境持续好转，广告业发展进一步加快，广告基础工作再上台阶的良好开局。

（一）广告战略机制初步形成

2012 年，总局先后出台了《关于推进广告战略实施的意见》和《广告产业发展“十二五”规划》，明确了广告的产业定位和实施广告战略的指导思想、总体要求、规划目标和基本原则。各地工商部门结合实际，积极作为，在实践中提升认识，进一步明晰了广告市场监管与指导广告业发展两项职能的辩证统一关系，确立了“坚持一手抓发展，一手抓监管，两手都要硬”的工作方针，初步形成了监管与发展并举，横向纵向联动，多方合力推进广告战略实施的工作机制。总局已与北京、江苏、河南、湖南、山东、湖北、辽宁、天津、浙江、广东、海南等 11 个省、市人民政府签署了共同推进广告业发展战略合作协议；13 个省、自治区、直辖市人民政府发布或转发了专门支持广告业发展的文件；成都市建立了由市政府领导牵头、市有关部门参加的广告战略联席会议制度。

（二）广告战略部署分步落实

一年来，各地积极落实南京工作会议部署，把实施广告战略作为工商部门服务地方经济社会发展的新抓手、新亮点，真抓实干，创新进取，各项工作取得新进展。

广告监管扎实有效。一是以执法树权威。各地工商机关认真贯彻落实《虚假违法广告专项整治工作要点》，抓重点，动真格，出实招，取得明显成效。总局广告抽查监测显示：2012 年，药品、医疗、保健食品、化妆品、美容服务广告违法率同比下降 4.46 个百分点。

重庆推行“565”工作模式，全面降低了广告违法率；黑龙江开展“整治虚假违法广告百日执法行动”；江西、河北、贵州、内蒙古、青海等地开展药品、保健食品、医疗类广告集中整治，净化了媒体广告发布环境。各地认真组织开展清理整顿利用互联网销售滥用“特供”、“专供”等标识商品专项行动取得积极成效，共检查网站68万余家，监测网络广告40余万条次，责令撤除违规标识7600余件，维护了公平竞争的市场秩序。二是以监测促监管。总局制定下发了《广告监测工作规定》，进一步明确开展广告监测工作的具体要求。各地按照《规定》要求统一了监测标准，提升了广告监测工作的制度化、规范化水平。2012年全系统共监测广告6000多万条次。总局进一步扩大抽查监测的频率和覆盖面，每月抽查广告8万余条，曝光典型违法广告165条。各地切实强化广告监测工作，注重监测结果运用。上海建立了监测、监管、执法一体化网络系统。深圳市先后建成了“智能化媒体广告监测系统”和“广告监测预警系统”两大平台，以科技化手段实现了监管关口前移和后延，切实提高了工作效能。三是以机制保实效。总局召开了整治虚假违法广告部际联席电视电话会议，联合成员单位印发了《大众传播媒介广告发布审查规定》，并召开电视电话会议贯彻落实。各地工商机关抓住契机，进一步强化了虚假违法广告标本兼治、综合治理力度。山东、山西、宁夏等地坚持和完善包括联席会议制度在内的七项制度，积极构建广告监管长效机制；厦门积极推行“链条监管”制度；天津、广西、云南、福建、西藏等地强化对媒体的行政指导，引导当地新闻媒体拒绝发布涉嫌违法广告。北京、重庆、浙江等地加强广告监测体系、执法联动体系和信用监管体系建设，为广告监管工作提供有力支撑。

广告业发展迸发活力。一是行业发展提质增效。2012年，我国广告经营额达到4698亿元，同比增长50.32%。广告经营额占国内生产总值比重达到0.9%，占社会消费品零售总额比重达到2.27%，分别比2011年提高0.25%和0.55%，行业发展的质量和效益同步提高。二是广告产业园区建设加快推进。总局联合财政部开展中央财政支持广告业发展试点工作以来，先后确定了20个试点园区，共进驻广告企业6900家，入驻广告相关企业9293家，广告业组织化、集约化、专业化程度进一步提升。在园区建设的带动下，广告行业资源进一步整合，产业链条日益完善，市场规模不断扩大。三是公益广告稳步发展。总局与中央文明办等部门联合开展“迎接十八大讲文明树新风”主题公益广告宣传活动。各地工商机关把公益广告融入社会主义文化建设总布局，融入精神文明建设全过程，创造性地开展工作。福建成功举办海峡两岸公益广告风采展；新疆阿勒泰地区推进公益广告“进景区、进牧区、进社区”，得到政府和社会各界的肯定。

（三）广告战略基础不断夯实

一是广告法治建设进一步推进。配合国务院法制办开展《广告法》修订调研论证工作。《互联网广告监督管理办法》立法调研有序推进。广告行政审批制度改革进一步深化。二是广告统计和信息化建设进一步加强。总局会同国家统计局制定《广告业统计制度》，组织开展统计试点。积极开展信息化建设，广告监测、广告执法、广告业统计、广告行政许可四个数据平台，已完成规划论证。三是广告队伍素质进一步提升。总局在行政学院先后举办了3期广告专题培训班。据不完全统计，各地工商机关开展广告工作培训20余期，参训干部16000多名。各地积极贯彻落实《大众传播媒介广告发布审查规定》，大力开展媒体广告审查员培训工作。河南、广东、江苏、吉林、安徽、四川、陕西、甘肃等地多次举办媒体广告审查员培训活动，有效提升了广告审查员的工作水平。广告协会开展广告专业技术人员职业水平评价考试工作，提高了广告从业人员素质。湖北省工商局会同有关部门公开评选了5名广告业领军人才，有力推动了当地广告人才建设。

总结成绩的同时，我们必须清醒地认识到，虽然实施广告战略取得了阶段性成效，但与人民群众的期盼还有距离，许多问题还亟须解决。对广告工作如何服务“五位一体”建设的认识有待进一步深化，维护文明、诚信、健康的广告市场秩序仍然任重而道远，促进广告业发展的顶层设计和政策措施还不完善，广告业发展地区不平衡、国际化程度偏低等问题比较突出，广告基础工作规范化、制度化进程有待加快，等等，都需要在今后的工作中高度重视，深入研究，逐步解决。

二、准确把握深入实施广告战略面临的新形势、新任务

深入实施广告战略是工商机关贯彻落实党的十八大精神，践行科学发展观的具体行动，是广告工作服务“五位一体”建设的客观需要，是全面提升广告产业水平，增强国家文化软实力的重要举措。

（一）坚定自信，进一步深化认识

广告业是现代服务业和文化创意产业的重要组成部分，以日益扩大的规模和日渐加深的影响不断渗透到经济社会的各个层面。实施广告战略，是时代赋予工商部门的历史责任，是红盾卫士履行使命的自觉担当。党的十八大明确了经济建设、政治建设、文化建设、社会建设、生态文明建设“五位一体”总布局，对实施广告战略提出了新要求。对此，全系统要进一步统一思想，坚定信心，增强实施广告战略的工作自信、地位自信、作用自信，凝心聚力，攻坚克难，推动各项工作深入开展。

（二）增强自觉，进一步强化责任

当前，我国广告市场总体规模已跃居世界第二位，但我国广告经营额占国内生产总值的比重仍然远低于发达国家平均水平，广告业整体质量效益不容乐观，行业创新驱动和核心竞争力亟须加强和提高，国际交流与合作有待进一步扩大。市场主体多元化、经营业态多样化、营销方式现代化、市场竞争激烈化导致广告监管工作面临“两个依然”和“三个并存”：即广告监管形势依然严峻，任务依然艰巨；监管成效明显与问题突出并存；虚假违法广告整治力度加大与违法现象易发多发并存；人民群众期望值不断上升与违法广告短期内难以根除并存。此外，大数据时代信息爆炸，新媒体新技术迅猛发展，广告监管领域、监管内容、监管手段都面临新挑战。实施广告战略，实现广告监管与发展的双赢，任务十分艰巨。全系统广告战线的同志们必须保持清醒的头脑，认清形势，明确使命，着眼全局，进一步树立和强化责任意识，增强自觉性和紧迫感，大力推动广告战略深入实施。

（三）奋斗自勉，进一步凝聚力量

当前，全国上下正深入开展“中国梦”的宣传教育，中国梦的基本内涵是国家富强、民族振兴、人民幸福。工商系统广告战线的同志要深刻领会“中国梦”的精神内涵，进一步坚定理想信念，奋斗自勉，锐意创新；进一步提高素质，锤炼解决广告市场突出矛盾和疑难问题的本领，实干尽责，实干立身；进一步改革创新，用新的视野、新的思路谋划工作，提升广告工作效能；进一步务实勤勉，以“踏石有印、抓铁留痕”的精神和实实在在的工作成效回应人民群众的新期待，为实现“中国梦”不懈努力，贡献力量。

三、强化效能，进一步推进广告战略深入实施

深入实施广告战略的目标任务已经明确，关键在于强化责任，健全机制，狠抓落实。

（一）把广告监管作为实施广告战略的第一职责来抓实

一是扎实开展医药广告整治专项行动。各级工商部门要按照工商总局等8部门联合印发的开展整治虚假违法医药广告专项行动工作方案要求，认真履行牵头职责，与有关部门加强协调配合，加大对虚假违法医药广告的综合治理力度。要监督大众传播媒介开展自查自纠，清理违法医药广告，会同有关部门检查广告自律审查制度落实情况，督促媒体履行法定义务。严厉查处和曝光一批虚假违法医药广告案件，对虚假违法医药广告形成高压态势。坚持整顿与规范相结合、专项整治与日常监管相结合、加强自律与他律相结合，完善医药广告监管法律法规，建立健全整治虚假违法医药广告的长效机制。二是加强广告监测体系建设。广告监测是对广告发布活动实施动态监管的有效手段。要强化广告监测机构建设，加大监测经费投入，健全监测网络，做到监测全天候、全覆盖，不

留盲区。充分运用现代科学技术，增强广告监测的时效性。注重监测结果运用，及时责令虚假违法广告停止发布，建立健全监测、监管执法相衔接，证据提供、案件交办、立案查处、结果反馈一体化工作系统。三是强化广告日常监管。积极创新监管理念，推进监管关口前移。综合运用信用分类监管、行政指导等手段，督促媒体认真执行《大众传播媒介广告发布审查规定》，规范广告发布行为。加大检查力度，及时发现媒体广告审查环节存在的问题，推动建立发布虚假违法广告领导责任追究制，对疏于审查、放弃责任，导致虚假违法广告屡禁不止、屡查屡犯的，提请有关部门追究相关人员责任。拓展监管领域，强化对互联网、手机等新兴媒体广告的监管。积极探索互联网广告监管新技术、新手段、新模式。加强对重点门户网站、搜索引擎、电子商务网站广告的监测监管，促进互联网广告发布秩序健康有序。四是加大广告案件查办力度。对于虚假违法广告，如果不严厉查处或查处不及时，不仅严重损害消费者合法权益和公平竞争的市场秩序，造成恶劣社会影响，而且会极大削弱法律的惩戒和威慑作用。各级工商机关要强化监管是第一职责的理念，坚决做到执法必严，违法必究。要综合运用经济处罚、行政处理、刑事追责等手段和处罚方式，对虚假违法广告重拳打击，一查到底，挂牌督办严重虚假违法广告案件。进一步加强广告行政执法与刑事司法的紧密衔接，有效发挥工商行政执法与司法的整体优势，不断提高执法效能。对涉嫌虚假广告犯罪案件须及时移送，防止以罚代刑等随意执法行为的发生，加大对虚假广告责任人的惩治和震慑力度。五是强化综合治理。进一步加强与整治虚假违法广告专项行动联席会议成员单位的协作配合，对查办虚假违法广告案件过程中涉及其他相关部门职责的，要提请相关部门采取撤销广告批准文号、暂停产品销售、吊销医疗机构有关诊疗科目、关闭网站和删除非法信息等措施，形成整体合力。

（二）把指导广告业发展作为实施广告战略的第一要务来抓紧

一是切实推进广告产业规划和广告战略实施意见的落实。积极开展调查研究，找准广告业服务“五位一体”建设的切入点、着力点，完善工作规划。加大宣传力度，进一步提高全系统及社会各界对广告产业价值和广告工作的认识，营造推进广告战略实施的良好舆论氛围。切实推进落实总局与有关省市人民政府签署的共同推进广告业发展的战略合作协议。积极协调相关部门，丰富支持广告业发展的各项政策。二是积极稳妥推进广告产业园区建设。注重突出各地广告园区特色，实现差异化发展。建设好国家广告产业园信息交流平台，加强园区建设动态发展变化分析，及时总结各地工作经验，建立完善园区工作指导机制。做好园区建设绩效评估工作。三是建立重点联系广告企业制度。引导优势企业不断做大做强，推动产业升级，进一步提升行业地位，形成一批专业化程度高、创新能力强、有较强国际竞争力的广告企业。帮助企业解决融资、税费减免、创业扶持等各方面实际困难。四是大力发展公益广告。继续会同中央文明办等部门组织开展主题公益广告活动，积极宣传社会主义核心价值体系，传播中华民族优秀文化，弘扬真善美，营造引领文明健康和谐的社会风尚。

（三）把完善基础作为实施广告战略的根本保障来抓好

完善基础是促进各项工作制度化、规范化的前提与保障。推动广告战略深入实施必须依靠扎实有效的基础工作。一是加强广告法律制度体系建设。继续配合立法机关做好有关工作，加快《广告法》修订进程，推动尽快出台。修订完善《外商投资广告企业管理规定》，研究制定《互联网广告监督管理办法》。各地要加强地方立法立规工作，制定并完善促进和规范广告业发展的地方性法规、规章，大力推进广告监管制度化、规范化、程序化、法治化建设。二是进一步完善广告行政审批制度。认真落实《国务院关于第六批取消和调整行政审批项目的决定》。加强对广东省深化行政审批制度改革先行先试相关工作的指导。继续推进在线审批和格式化审批，提高行政审批效能。三是继续推进广告信息化和广告业统计工作。进一步完善广告信息化应用系统建设，在广告监测、广告执法、广告统计、广告行政许可四个平台上开展数据汇总试点，总结经验，完善方案并逐步在全国推开。贯彻落实总局和国家统计局联合下发的《关于认真做好广告业统计工作的通知》，扎实做好广告业统计工作。加快推进统计网络体系建设，强化培训和指导工作。

（四）把人才建设作为实施广告战略的重要支撑来抓牢

人才是决定事业成败的关键。一是要加强工商系统内部广告战线干部队伍的建设。要按照政治过硬、业务过硬、作风过硬的要求，不断加强学习，提高把握形势、科学研判的能力，提高攻坚克难、解决问题的能力，提高统筹全局、求实创新的能力，主动适应"大数据时代"和"后信息化时代"变化，不断优化知识结构，切实提高工作水平和效能。各级工商机关要进一步加大培训工作力度，培养广告监测、执法办案、指导行业发展等方面专家型和复合型人才。二是要加强广告业人才培养机制建设。广告业的竞争，归根结底是人才的竞争。我国广告业发展面临人才缺乏的问题，如果不重视并加以解决，必将影响广告产业的可持续发展。要鼓励有关院校开展前瞻性研究，加大广告专业人才培养力度。建立人才培训与职业教育互补机制，积极推动校企合作与产学研一体化。进一步完善广告专业技术人员职业水平评价制度，继续组织开展好助理广告师、广告师考试工作，大力提高广告专业人才素质。

广告行业组织是深入实施广告战略的重要力量。各级工商机关要指导广告协会创新服务举措，加强行业培训，建设公共服务平台；支持广告协会创新自律机制，加强诚信建设，促进广告战略深入实施。

同志们，广告工作责任重大，使命光荣。我们要以咬定青山不放松的韧劲，锐意进取，扎实工作，深入实施广告战略，为服务"五位一体"建设，推动经济社会科学发展不断作出新的更大的贡献！

在中国广告协会成立30周年座谈会上的致辞

（2013年12月30日）

中国广告协会会长 李东生

尊敬的张茅局长、各位来宾、同志们、朋友们：

大家上午好，今天，我们在这里举行中国广告协会成立30周年座谈会。首先，我代表中国广告协会，向与会的国家工商总局各位领导，兄弟学会的代表，总局各司局、有关直属单位负责同志，广告业界代表，各分支机构代表表示热烈的欢迎和衷心的感谢！

中国广告协会作为代表中国广告业的行业组织，自1983年12月27日成立，在国家工商总局的正确领导下，在各级工商机关的大力支持下，与业界同人携手前进，推动了中国广告业从无到有、从弱到强的发展。目前，我国广告市场总体规模已跃居世界第二位，在我国“五位一体”的发展中扮演着越来越重要的角色。高举中国特色社会主义伟大旗帜，以邓小平理论、“三个代表”重要思想、科学发展观为指导，协会积极履行“提供服务、反映诉求、规范行为”的基本职能，从建立行业自律机制，推动行业内外交流、开辟公益广告事业、组织行业学术研究、开展职业资格教育等不同层面，逐步推动、服务广告业稳定发展，建立、维护公平有序的广告市场秩序，营造、改善和谐诚信的广告市场环境。中国广告协会伴随着中国广告业发展而成长，与行业共同携手走过了30年历程。

经过30年的服务，中国广告协会发展成为了代表中国广告行业的行业组织。在中国广告协会“30岁”生日之际，经工商总局同意，我们召开这次座谈会，以期回顾历史，展望未来。

下面，我就中国广告协会30年来的发展情况向大家做简要汇报，不妥之处，请大家批评指正。

一、伴随我国经济文化发展，中国广告协会携手广告业走过30年

十一届三中全会启动了中国的社会主义现代化建设，中国广告业也随之进入了恢复和初步发展的阶段。在此形势下，中国广告协会于 1983年12月27日在京成立，并召开了第一次会员大会。来自全国28个省、自治区、直辖市和香港地区的270名代表参加了会议。会议制定了《中国广告协会章程》，选举产生了第一届组织机构。此后，先后成立了电视、广告公司、报刊等分会；主办了《中国广告报》；创办了中国广告函授学院，开创了广告专业成人高等教育的先河。1986年中国广告协会又加入了IAA(国际广告协会)；同年，亚洲广告协会联盟中国成为正式成员国。随后，中国广告协会第二次会员代表大会修改《中国广告协会章程》，明确规定中国广告协会是中国广告界的行业组织。1987年中国广告协会加入IAA并成立IAA中国分会，加入“亚广联”并成立了中国国家委员会。1991年中国广告协会举办首届中国国际广告研讨会暨展览会，这是我国广告界首次独立举办的大型国际广告交流活动，引起国内外广泛关注。同年中国广告协会推出中国广告行业第一部自律性准则——《广告行业自律规则》；稍后又推行了《广告行业岗位职务规范》。该《规范》第一次提出了行业岗位设置和任职条件，对会员单位的岗位设置、人才培训等工作起到了规范和指导作用，促进了广告行业的专业化建设。至90年代初，中广协在成立不到10年间，已成为中国广告业的一个重要窗口。

进入 90 年代，以邓小平南方谈话和社会主义市场经济体制目标的确立为标志，中国广告业进入了快速发展的阶段。在党的各项方针政策指引下，广告业推出了深化改革、扩大开放的举措。广告主管部门也着手降低门槛，放宽对广告投资主体的限制，为广告业提供了极为有利的发展环境。1993 年 7 月，国家工商行政管理局、国家计划委员会联合发出了《关于加快广告业发展的规划纲要》，对广告业提出了规范发展的要求。1994 年 10 月，第八届全国人大常委会第十次会议审议通过了《中华人民共和国广告法》，并于 1995 年 2 月 1 日实施。《广告法》确定了调整对象，订立了广告准则、广告活动规范、广告审查以及法律责任，实现了广告活动、广告监管有法可依。

在此期间，中广协举办《营销与广告高级研修班》、“CI 设计高级讲习班”、93 户外广告“三新”国际研讨会、全国广告作品展、“花都杯”全国电视广告大赛、“古汉杯”全国优秀广告作品评选颁奖等活动；成立了铁路委员会、公交委员会、广告主委员会；出版发行《现代广告》杂志；派团参加第 43 届戛纳广告节，并在南京、重庆、北京、上海等十几个城市举办第 43 届戛纳广告节获奖作品巡回展览和讲评会。中广协为创建广告业国内外交流平台做出了积极的努力。与此同时，中广协为中国广告业争取更多的发展空间，先后两次向中央精神文明指导委员会呈报《关于对广告公司征收 3% 文化事业建设费的意见和建议》；向国家税务总局反映《企业所得税税前扣除办法》中 2% 的问题；经过半年的努力，国家税务总局发出《关于调整部分行业广告费用所得税前扣除标准的通知》，将广告费用所得税前扣除标准从 2% 调整到 8%。此外，中广协还制定了《< 关于加快广告业发展的纲要 > 实施要点》；首次颁布《霓虹灯（灯箱）广告工程技术规程》及《霓虹灯变压器的安全及性能要求》两项行业技术标准；制定全国第一个省级户外广告设置标准《浙江沪杭甬高速公路沿线户外广告设置标准》；颁发《广告行业公平竞争守则》；发布《城市公共交通广告发布规范（试行）通知》；伴随着中广协法律委员会的成立，中广协也逐步成为政府和企业之间最有力的桥梁与纽带。

进入 21 世纪，以党的十六大召开为标志，中国广告业以科学发展观为指导，进入了持续、稳定发展的阶段。这一阶段，行业稳步壮大、结构趋向合理，资源得到充分利用。随着中国加入 WTO，许多国际公司进入了中国，成为中国广告事业的一支重要力量。2009 年总局发布了题为《关于深入贯彻落实科学发展观 支持和促进广告协会拓展职能 增强服务能力 完善行业管理的意见》（简称 53 号文）的文件，就支持和促进广告协会拓展职能、增强服务能力、完善行业管理提出了意见。随后，中广协及各地广告协会先后深入开展“创建精神文明先进单位活动”，加强行业自律，提高行业精神文明水平；开展“中国优势广告企业”创建活动，提高广告企业资质水平；开展法律咨询服务；与有关部门和组织协调关系，保护行业合法权益；举办专项展览，学术研讨等活动，为行业进一步提供更加专业、更加系统、更加全面的服务，最大程度的发挥了行业组织职能，逐步成为广告业持续稳定发展的推动者和实施者。

二、积极履行行业协会职责，促进广告行业健康发展

2010 年至今，是广告行业蓬勃发展的重要时期。国家“十二五”规划纲要首次提出“促进广告业健康发展”。国家发改委在其发布的《产业结构调整指导目录（2011 本）》中，首次把“广告创意、广告策划、广告设计、广告制作”列为鼓励类。2011 年，工商总局出台了《关于认真学习贯彻党的十七届六中全会精神 积极促进社会主义文化大发展大繁荣的意见》，明确提出“工商部门要积极履行指导广告业发展的职能，大力促进广告业繁荣发展。”中国广告协会在广告业加快发展的有利条件下，不断创新。

（一）围绕大局，服务文化产业发展

一是推进文化产业结构调整，鼓励有实力的广告企业跨地区、跨行业、跨所有制兼并重组，大力推动

实施广告战略，积极配合推进广告产业基地规划和建设，打造各具特色的广告产业创业创意园区；加大自主知识产权保护力度，打造精细知名广告品牌。

二是围绕总局中心工作和协会职能，配合总局和有关部门制定推进文化产业发展规划，完善广告发展产业政策；在充分调研的基础上，制订协会推动实施广告战略的具体措施。

（二）整合资源，服务广告行业发展

一是适应职业水平考试改革发展的要求，统筹安排、全面推进、稳步提升评价考试工作，不断完善职业水平评价制度和考试办法。

二是搭建高端服务平台，与中国新闻社在两会期间合作编印《中国新闻·两会特刊》之《中国广告业发展专辑》，阐发工商行政管理机关和广告协会在促进广告业快速健康发展方面的基本思路和积极作为；宣传和推介广告创意成果。

三是积极服务政府决策，代表行业先后参与《广告法》的修订、《广告业发展“十二五”规划》制定以及《互联网广告监管研究》和《中国广告业统计课题研究》；深化《中国广告业生态调查》；启动《中国互联网视频营销价值报告》；参与总局“实施国家广告战略”课题研究；组织开展“中国广告的主导价值研究”项目。

四是建立广告信息服务平台，积极配合政府部门开展广告业统计调查，完善统计调查制度；积极为行业和会员提供信息服务，建设中国广告协会网等专业网站，推出《中国广告业年度发展报告》、《中国广告市场年度调查报告》、《中国广告年鉴》等专业报告和出版物；编辑发行电子月刊《广告动态》、《时事经济与创新管理》等。

五是鼓励和支持公益广告事业，履行社会责任。在中国国际广告节中设立公益广告黄河奖奖项，加强全社会对公益广告事业的广泛关注与参与，增强企业特别是广告主的社会责任意识，推动公益广告创意制作水平的不断提升。在新疆乌鲁木齐举办全国民族团结公益广告大赛的颁奖典礼，利用公益广告的独特优势开展民族团结宣传教育。

六是扩大交流，加强国际合作。组织参加亚太广告节、戛纳广告节、釜山国际广告节等国际交流活动；在第60届戛纳创意节上成功策划实施了“戛纳·魅力中国周”活动。成功申办2014年第43届世界广告大会，推动中国广告业向国际化迈进。

七是制定人才培养长远规划。举办广告专业技术职业水平考试师资培训班，培养高校及行业相关师资；落实《大众传播媒介广告发布审查规定》，举办广告审查人员的法律法规培训班；协调指导开展“广告传媒企业内训课程”和“广告从业人员职业水平考试辅导视频教程”等网络培训工作。

八是成功举办多届中国国际广告节，主办中国大学生广告艺术节，使其真正成为大学生展示创意才能和拓宽就业渠道的平台；举办中国广告论坛，探究国内外广告最新形势；支持各地广告协会组织开展各种广告专业活动；协助地方开展以广告为重要板块的各种经贸活动。

（三）完善机制，促进广告行业自律

一是继续推进“广告行业诚信经营单位”创建活动，召开“诚信经营单位”创建活动总结表彰大会，提升广告业社会形象。

二是深化广告发布前的信息咨询服务工作，进一步规范广告制作和发布行为。

三是持续跟踪《广告法》修订动态，协助总局组织召开5次广告法修订座谈会，提出行业建议。

四是健全管理制度，理顺工作机制，完善常务理事会、理事会、会员大会和分支机构会等例会制度。召开全国广告协会工作会议暨“双先”评选活动总结表彰大会，引导行业创先争优。

（四）加强建设，提高协会工作效能

一是建立较为完备的党务、事务、会务制度体系，加强效能建设，推进协会信息化管理，逐步构建考核和激励长效机制，加强协会人员内部培训，兼顾员工个人的进步和工作能力的提升。

二是继续加强党组织建设和党风廉政建设，认真

落实民主生活会、党课教育、廉政风险点防范等项制度，深化党的群众路线教育实践活动。

三是健全学习机制。建立健全领导班子集体学习制度、议事制度和决策制度，增强服务大局的能力、谋划工作的能力、团结群众的能力和廉洁从政的能力。倡导全员学、自觉学，促使学习活动制度化、常态化，扎实推进学习型协会建设。

四是建立并完善调研报告制度，提倡并鼓励员工有意识、有目的地做好会员和行业需求调研工作。

三、以饱满的热情和高昂的精神状态，完成近期工作

协会 30 年来取得的成绩，饱含着总局党组和总局领导的关心与支持，承载着全行业期望与责任。作为广告行业协会，将进一步深入学习贯彻党的十八届三中全会精神，围绕总局党组的总体部署，高举中国特色社会主义伟大旗帜，继续推进党的群众路线教育实践活动，继续更新观念，促进行业发展。

进一步修订完善有关规章制度，推进协会各项工作制度化、规范化、程序化建设；以改革创新为前提，促进协会发展，包括探索指导各地协会工作的新机制、新方法。

进一步转变观念，努力适应新时期广告产业发展、政府职能转变对广告协会提出的新要求，不断改进工作方式，建立和完善以协会章程为核心的管理制度，依照法律法规独立自主地开展工作，以第 43 届世界广告大会为重点工作，全力部署；配合总局办好第 43 届世界广告大会；办好第二十一届中国国际广告节和 2014 年中国广告论坛。深入调研，保障评价考试工作能够科学可持续地向前发展；重点抓好证明商标使用管理工作；认真研究中长期人才培养规划。继续推进“2012 – 2013 年度全国先进广告协会和全国广告协会先进工作者评选活动”；继续受理广告投诉、调解纠纷，开展违法违规广告的自律劝诫和公开点评工作；积极协调广告司出台支持广告协会开展广告审查员培训的意见，认真组织实施全国广告审查员法律法规培训班；继续加强对分支机构的管理、指导、协调工作，完善组织机构。

进一步提高工作效能，以效能管理为核心，以规范化建设为目标，完善队伍管理和业务建设的长效机制；积极营造“公开、公平、择优”的用人环境。努力为职工创造学习锻炼机会，提高他们的组织协调、贯彻落实等多方面能力，更好地胜任协会工作需要。

30 年是一段历史的终点，亦是另一段历史的起点。中广协将以此为契机，紧紧围绕总局党组的总体部署，深入学习贯彻党的十八大、十八届三中全会和全国工商行政管理工作会议精神，认真落实党的群众路线教育实践活动，以抓班子、带队伍为保障，认真履行“提供服务、反映诉求、规范行为”的基本职能，创新服务方式，提高服务水平，强化自律管理，为促进广告业科学发展作出了贡献。

中国广告协会将继续团结广告同仁，为中国广告事业的发展奋发努力，共同走向未来，继续创造新的辉煌。

在整治虚假违法医药广告专项行动工作新闻通报会上的讲话

（2013年9月11日）

国家工商行政管理总局广告监督管理司司长 张国华

女士们、先生们、媒体的朋友们：

大家上午好！非常高兴和大家见面。我介绍一下工商总局等八部门开展整治虚假违法医药广告专项行动工作情况。2013年4月25日至7月25日，工商总局牵头，会同中宣部、新闻办、工信部、卫计委、新闻出版广电总局、食药总局、中医药局，组织开展了为期三个月的整治虚假违法医药广告专项行动。各地各部门按照统一部署，迅速行动，紧抓落实，专项整治工作取得明显成效。

一、精心组织，扎实推进

医药广告事关人民群众身体健康。工商总局、中宣部、新闻办、工信部、卫计委、新闻出版广电总局、食药总局、中医药局八部门把整治医药广告作为顺民心、得民意、保民生的重要举措，下大力气整治医药广告，全力推进专项整治工作有序开展。专项行动前，八部门联合召开整治虚假违法医药广告专项行动电视电话会议，对为期三个月的专项行动进行动员部署，联合下发《关于开展整治虚假违法医药广告专项行动的通知》（工商广字〔2013〕69号），明确自查整改、集中整治、督查评估三个阶段的整治措施，将报纸期刊、广播电视以及主要互联网站发布的医疗、药品、医疗器械、保健食品、保健用品广告作为整治重点，严厉查处医药广告中宣传包治百病、冒用公众人物形象和名义、夸大产品功效等七类严重违法行为。专项行动期间，八部门召开了两次工作协调会，及时通报全国医药广告整治工作情况，总结各地各部门整治经验，研究解决整治中存在问题，会商联合采取的整治措施，有力地推动了各阶段的整治工作。专项行动结束前，八部门联合组成五个督查组，实地检查十个省区市医药广告整治工作成效，深入了解媒体广告经营管理现状和存在的问题，对各地各部门进一步做好今后的整治工作提出了工作要求，明确了今后一段时期广告整治工作的主要任务。

二、多措并举，强化力度

工商总局作为牵头单位，高度重视整治工作。张茅局长、甘霖副局长在全国工商系统广告工作会议上对医药广告整治工作进行了再动员、再部署，要求各地工商机关发挥牵头作用，以专项行动为契机，全面推动广告市场整治工作的深入开展。在整治工作中，工商部门多措并举，不断加大整治力度。一是加大宣传和曝光力度。工商总局及时向新闻媒体提供宣传素材，介绍各地整治工作中的好做法、好经验，发布5期违法广告公告，向中央主要媒体通报20个典型违法医药广告案例，安排新闻记者到部分地区进行采访，全面报道各地整治工作开展情况。各地工商机关公开曝光违法医药广告6130条，通过发布新闻通稿、接受采访、在网站开设专项行动专栏等多种形式，配合新闻媒体做好专项行动的宣传报道工作，营造良好舆论氛围，做到一手推进整治，一手抓宣传引导。二是加大广告发布环节监管力度。各地工商机关充分利用专项整治的有利时机，加强广告发布环节监管，会同有关部门实地检查媒体落实《大众传播媒介广告发布审查规定》情况，通过召开媒体见面会、行政约谈会、举办媒体广告审查人员培训等方式，监督督促大众传播媒介严格履行广告发布审查责任，提高自律把关意识，全面清理违法医药广告。三是加大广告监测和查处力度。工商总局在整治期间加大广告监测检查和案件督办力度，共监测1122种报刊、2366个广播电视频率频道发布的86万条次医药广告，交办各地查办监测发现的违法广告案件线索1000余件，要求立即叫停，依法查处。各级工商机关监测检查广告1006万条，责令整改138412条广告，查处违法医药广告案件6902件，罚没款6227万元，停止213户违法主体的广告业务，严厉惩治了发布虚假违法医药广告的行为。

三、部门联动，合力共管

在专项行动中，各地各部门密切配合，协同行动，加大综合治理力度，确保了整治工作取得实效。中宣部制定专项整治工作宣传报道方案，统一部署中央主要媒体开设“打击虚假违法医药广告”专题专栏，深入报道各地各部门整治措施和取得的成效。人民日报、中央电视台、中央人民广播电台及各地主要媒体及时跟踪报道，为整治工作营造了良好舆论氛围。国务院新闻办积极指导和督促新闻网站和具有互联网新闻信息服务资质的商业网站严格落实广告审查相关规定，协调有关部门及时删除网上虚假违法医药广告和信息，进一步净化了网络环境。工信部配合相关部门整治网上虚假违法医药广告和信息，要求互联网接入服务商严格执行“未备案，不接入”的相关规定，关闭310余家含有虚假违法医药广告内容的网站，有效地遏制虚假违法医药广告信息在互联网上的传播。卫计委将医疗广告纳入2013年医疗卫生专项督查检查的主要内容，要求各级卫生行政进一步加大监督执法力度，对发布违法医疗广告的1107家医疗机构，给予警告、责令限期整改、停业整顿、核减诊疗科目、吊销《医疗机构执业许可证》等处理，依法规范了医疗机构广告发布活动。新闻出版广电总局下发了《关于进一步加强报刊刊载医药广告管理的通知》，要求各报刊出版单位全面清查刊登的医药广告，监听监看200多套广播电视频率频道，集中清理了500余条违法违规医药专题片广告，对有关播出机构给予限期整改、警示、诫勉谈话等处理，从广告发布环节上切断虚假违法医药广告传播的渠道。食药总局制定了从严审查从严监管药品、医疗器械、保健食品广告的19项措施，在专项整治期间，曝光30个违法广告涉及的产品和27家非法医药网站，行政告诫32家医药企业，各级食品药品监管部门撤销和收回广告批准文号96个，采取暂停产品销售限期整改措施496次，发布违法广告公告206期，从源头上打击了发布虚假违法医药广告和信息的行为。中医药局部署各地中医药管理部门加大中医医疗广告监管力度，对19家严重违法违规中医医疗机构进行重点查处，督促各地建立和完善中医医疗广告审批公示制度，召开新闻通气会，对社会关注的虚假违法中医医疗广告热点问题进行解答，提高了公众对虚假违法广告的辨别能力。

四、净化市场，成效明显

经过三个月的专项行动，医药广告整治工作取得阶段性成效。一是社会对整治工作反响良好，广告市场主体自律意识提高。广告主及广告发布媒体深刻认识到虚假违法医药广告的危害，进一步增强了社会责任感以及自律意识，主动不做和拒绝发布违法医药广告，人民群众投诉广告的数量明显减少，对整治工作给予广泛认可。二是广告违法率大幅下降，违法医药广告明显减少。目前省级电视台卫视频道已基本杜绝违法医药专题片广告，省级广播以及部分地市广播无医药广告的“绿色频率”数量逐步增多，各地广告违法率大幅下降。如江西省违法医药广告数量下降了90%，吉林省医药广告违法率下降35.14%。三是广告结构调整优化，公益广告提升媒体公信力。一些媒体主动减少医药广告发布量，调整广告结构，转变广告经营方式，办好节目和内容吸引其他行业品牌广告，加大公益广告发布量，提升了大众传播媒介品牌影响力和社会公信力。如湖北省宜昌广播电视总台医药广告比重由50%下降到10%，通过举办其他品牌广告营销活动增加了20%以上收入。四是监管措施不断创新，长效机制逐步建立。各地各部门在推进专项整治工作中，积极创新，探索建立长效机制。如浙江省温州市将媒体广告信用指数情况纳入政府部门绩效考核内容，武汉市将市属新闻媒体广告违法率纳入市绩效考核和治庸问责范围，广东佛山宣传部将主要媒体广告管理情况纳入新闻宣传工作目标管理责任制考核指标等做法，在遏制虚假违法广告发布等方面发挥了积极作用。

各地、各相关部门在扎实推进专项整治工作进程中，结合实际，大胆创新，积极探索新思路、新方法，积累了不少有益的经验。归纳起来，开展专项整治的主要经验有以下几条：

（一）坚持部门密切配合是专项整治工作有序推进的有力保证

广告专项整治是一项比较复杂的系统工程，涉及多个环节、多个领域，相关部门只有协同作战、密切配合，形成有效的工作合力，才能有效推进广告专项整治。

（二）坚持充分发挥舆论引导作用是促进专项整治开展的重要手段

营造良好的社会氛围，是专项整治工作取得成效的必要条件。许多地区充分利用电视、网络、报纸等新闻媒体，开展多种多样的宣教活动，形成广泛的社会舆论监督氛围，促使医药广告主及广告媒体增强开展项目自查自纠的自觉性和主动性。

（三）坚持狠抓案件查处是扭转医药广告市场不良秩序的关键举措

各地结合实际，突出工作重要，查处了一大批虚假违法广告案件，严肃惩处了违法责任主体，有力保障了医药广告市场秩序。

（四）坚持提升广告发布媒体的诚信自律意识是构建文明健康的广告市场秩序的重要保障

建立健全广告审查制度、审查核实广告内容，是《广告法》赋予广告发布者的法定义务。广告发布者自身严格自律，履行广告发布前的审查责任，是减少和预防违法广告发布的有效措施，是净化广告环境的基础。

（五）坚持不断创新监管方式是推动广告专项整治工作的抓手

随着广告业的快速发展，广告市场中的新问题、新矛盾会不断出现，只有不断创新监管方式，运用现代化的监管手段，才能有效解决新问题、化解新矛盾，才能规范广告市场秩序。

此次专项行动是历年来广告整治工作力度最大、成效最好的一次，但必须清醒地看到，由于违法广告活动具有顽固性、反复性，加之当前媒体经营体制还不够科学，整治虚假违法广告不可能毕其功于一役，各地必须始终保持清醒的头脑，保持整治的高压态势。要坚决克服松懈麻痹思想，进一步加强和改进打击整治的各项措施，不断巩固和深化专项行动取得的成果，严防违法医药广告活动发生反弹。下一步，八部门将继续发挥整治虚假违法广告部际联席会议机制作用，加强广告日常监测检查工作，加大对地市以下广告媒体和互联网媒体上违法医药广告的打击力度，始终保持整治的高压态势，坚持长期抓、反复抓，措施不松、力度不减，努力巩固和扩大专项行动的成果，在今后工作中更加注重治本措施，加强部门协作，研究制定标本兼治措施，强化综合治理，加快推进《广告法》的修订进程，制定和完善各项法规，创新媒体广告监管方式，推动建立长效机制，努力构建文明、健康、诚信的广告市场秩序。

谢谢大家！

发挥广告文化力量　构建广告生态文明

（2013 年 1 月）

中国广告协会副会长兼秘书长　燕　军

广告像空气一样包围着人们的生活，以其独特的创造性和表现性、大众化和亲民性、渗透力和影响力，以及传播的广泛性和持久性，成为引导社会思潮、传承历史文化、传播国家精神、增强民族凝聚力和创造力的有效手段。充分发挥广告在文化建设中的作用，努力构建广告业的生态文明，是中国广告从业者和行业服务、管理部门的重要职责和历史使命。

一、广告意识形态和价值取向，应符合社会主义核心价值体系的基本要求

广告从表面看是市场经济中的一个元素，但它的社会文化属性已经使其成为意识形态的重要载体。广告早已超越了作为商品促销工具的狭隘范畴，全面渗透到社会的意识形态领域，必须把广告作为一种社会意识形态并从国家文化安全角度予以高度重视。

当前，发达国家把文化产业作为重要的国家发展战略，向全球推行其国家品牌和文化价值观，甚至利用广告做意识形态的宣传渗透。

在北京奥运会前期，一组污蔑影射攻击中国人权的作品，获得当年某国际广告节奖项；2009 年 4 月，某国广告公司制作的辱华广告在全球网上进行传播，针对这些事件，在国家工商总局的指导下，中国广告协会与国际相关组织进行了严正交涉，迫使其撤销辱华广告，防止了更大范围的传播，维护了国家形象。此外，我国广告界还注重从正面积极宣传国家形象，比如 2011 年年初，美国纽约时代广场的户外大屏幕上播放的以 59 位中国杰出人物和水墨动画孔子形象为主题的两部中国形象广告片，就是我国广告界同仁参与策划和制作的，向世界成功传播了中国璀璨文化与发展的力量。

以社会主义核心价值体系的基本内容作为广告的基本原则和根本需求，这是传播中国文化与核心价值观的需要，是提高我国文化软实力和国际影响力的需要，更是维护国家利益和国家文化安全的需要。

二、彰显中国文化力量，为促进社会主义文化大发展大繁荣做贡献

广告行业的文化水准和对待文化的态度是衡量社会文化标准的重要参数。中国广告业在对外开放和国际化的环境中起步与发展，在汲取发达国家广告业发展理论和实践经验的同时，也面临着诸多问题和挑战。在世界多极化、经济全球化、文化多样化、社会信息化的背景下，中国广告业要增强自主创新能力，加强理论创新、技术创新，探索中国特色广告业自主发展的道路。要以社会主义核心价值体系为主导，处理好中国先进文化建设与全球文化生态乃至世界文明潮流的关系。当前，盲目崇尚西方文化、社会阶层的区隔与歧视、盲目消费拜物、极端个人主义的生活方式等意识形态的广告不在少数。在国际化视野中，中国广告业如果不关注本民族优秀传统文化，不赋予民族品牌以中国优秀文化的品牌精神，在参与国际经济、文化竞争的过程中便会丧失自身优势。只有发挥广告“中国文化的力量”，用国际化的语言将中国文化元素充分运用到广告创意之中，塑造出具有中国文化内涵与核心价值观的自主品牌，助力传播五千年中华文明史留下的文化瑰宝、价值理念，中国广告业才能实现可

持续发展，才能为提高国家软实力真正发挥作用。

每当遇到重大的自然灾害和社会事件，我国广告业者都迅速集结，创作一大批公益广告，体现爱意，凝聚民心，将我国人民万众一心、众志成城、不屈不挠、大无畏精神的价值观融入到品牌主张中，激励着中国人形成一股强大的精神力量，勇敢面对灾难，体现了广告弘扬民族精神与时代精神、树立精神支柱和共同理想的文化力量，彰显出我国广告业界高度的社会责任感。

三、充分利用新媒体和新型传播模式，积极传播社会主义核心价值观

塑造社会主义核心价值观，重要的是体现时代感、富有独创性，才能具有广泛的亲和力、感召力。如何通过广告使社会主义核心价值观进一步融入社会、走进大众心灵，渗透到思想意识中，化为一种信念，这正是广告人要思考和解决的问题。在广告创作过程中注重中国元素的运用、创意思路避免呆板的说教、商业诉求与公益诉求有机结合等方面之外，传播渠道和传播手段的创新应用也非常重要，特别是要注重运用－互联网为基础的新的媒介形态传播社会主义核心价值观。

以互联网为代表的数字新媒体颠覆了电视、广播、报纸、杂志等传统媒体的传播模式，由单向传播变为双向沟通，由被动接受变为互动分享和深度参与。基于互联网，以博客、微博、论坛、播客、SNS社交网站等常见媒体形式为主导的社会化媒体，依靠口碑、网络领袖等形式与受众平等交流，以其平民化、大众化、互动性、深入到人际交往圈子和生活圈子的传播特点把品牌或观念送到消费者的身边。在数字空间里，人与人是平等的，参与者既是受众也是传播者，每个人的主观能动性被充分调动，思想观念在互动评论与人际扩散中得到充分、深入的传播，不带有任何人为说教与主观灌输的痕迹，与生活浑然一体，更易于大众接受。因此在新媒体环境中，传统广告形式让位于新的营销模式，往往通过发起一个事件让受众参与其中间接传递品牌诉求，从而使其背后的精神文化元素自然而然地影响消费者。广告业助推社会主义核心价值观传播的一个重要着力点，在于充分发挥社会化媒体“参与”、“公开”、“交流”、“对话”、“口碑”的特点，推动社会主义核心价值观的传播实现由差异到理解、由分歧到共识的跨越和转化。广告业应充分利用社会化媒体“沟通”、“协商”、和“引导”的功能，体现并最终推动民众认知、认同并自发传播社会主义核心价值的精神因子，使社会主义核心价值观在新媒体广告中得到有效传播。

四、加强广告市场监管，构建中国广告业的“生态文明”

从政府和社会管理的角度来看，广告要想促进社会主义核心价值体系的建设，一是要完善“政府监管、行业自律、社会监督”的广告监管机制。广告监管部门应加大对虚假违法广告的监管与惩罚力度，注重事前指导、事中监控、事后惩处；行业组织要加强行业自律，制定自律规则、强化咨询劝诫。二是要积极引导，健全公益广告发展机制，完善公益广告扶持政策和激励机制，提高公益广告发布比例，通过活动、赛事等多种形式充分发挥公益广告在建设社会主义核心价值体系中的重要作用。三是要引导中国广告人提升责任感和紧迫感，清醒认识自身所肩负的民族品牌振兴、中华文明传承、中国形象塑造、和谐社会构建的历史使命，倡导中国文化元素在广告创意中的应用，注重专业化、国际化道路中的跨文化传播和广告的社会效益。四是要充分利用互联网新媒体的传播特点，营造社会舆论氛围，使广告成为现代社会文化中最活跃、最有动力、最有号召性的一部分，促进广告业向先进文化、美好心灵、社会正气和科学精神的方向提升、迈进；坚决批判和抵制有损国家利益、国家形象、国家尊严以及所有不利于弘扬社会主义核心价值观的广告，共同构建中国广告业的“生态文明”，为中华民族的伟大复兴贡献力量。

’2014 中国广告年鉴
China Advertising Yearbook

中国广告业发展综述

Survey of the Development of China Advertising Industry

2013 年中国广告业发展综述

2013 年中国广告业在经历连续两年快速扩张的基础上，进入平稳发展期，全国广告经营额 5019.75 亿元，广告经营单位 44.54 万户，从业人员 262.21 万人，分别比 2012 年提高 6.84%、17.89%和 20.40%。自 80 年代初中国广告业恢复和发展以来，广告经营额增速首次低于 GDP 增长，广告经营额占 GDP 比重为 0.88%，比 2012 年下降 0.03 个百分点。

2013 年世界经济继续缓慢复苏，广告业也呈微增长态势，全球广告支出 5162 亿美元，同比增长 2.6%。2013 年全球广告市场表面风平浪静，实际暗潮涌动。在以网络和数字化为依托的新技术冲击下，各国广告业巨头纷纷未雨绸缪，加快转型。一是加快了并购与联盟的步伐，以资本投入，这种最便捷的方式，快速扩大市场份额，以其占领技术发展日新月异的网络广告的制高点。二是加快了传统媒体经营革新与使用技术的研发，将传统媒体与新技术嫁接，应对新媒体的挑战，以延缓传统媒体的衰落期。三是在广告主对媒体投放成本控制愈发理性，新媒体形态日趋复杂，综合投放，品牌下沉趋势明显的背景下，广告代理公司纷纷吸纳人才，组建团队，整合资源，对市场变化做出快速反应。

美国仍然是全球最大的广告单一市场，广告支出占全球的 32%，约 1670 亿美元。中国居第二，广告经营额约 803.66 亿美元，广告经营额占全球广告总支出的 15%。巴西超越日本位居世界第三，广告经营额 521 亿美元，广告经营额占全球广告业总支出的

表一　2013 年全球及主要国家广告营业额发展基本情况

国家	广告经营额（单位：亿美元）	数据来源
全球	5162.00	www.emarketer.com
美国	1670.00	美国《广告周刊》网
中国	803.66	国家工商行政管理总局
巴西	521.00	199it
日本	488.71	findstar
德国	334.00	www.emarketer.com
法国	184.54	www.warc.com
瑞典	100.60	www.emarketer.com
俄罗斯	92.00	俄罗斯《莫斯科时代报》网
韩国	91.63	www.warc.com
意大利	88.00	路透社网
印度	62.10	business2community.com

10%。日本退居第四，广告总支出488.71亿美元，广告总支出占全球广告总支出的9.5%。美国、中国、巴西和日本的广告支出总量约占全球广告总支出的66.5%。

一、艰难的转折——中国广告业面临机遇与挑战

2013年，以广告营业额突破5000亿元为标志，中国广告业开始进入一个全新的发展时期，面临新的发展机遇和艰巨挑战。

首先，面临新的发展机遇。

据国家统计局统计，2013年国内生产总值568845亿元，比上年增长7.7%。其中，第一产业增长4.0%；第二产业增长7.8%；第三产业增长8.3%。第一、二、三产业增加值占国内生产总值的比重分别为10.0%、43.9%和46.1%，第三产业增加值占比首次超过第二产业。

回顾2013年中国经济，与7.7%的增速相比，第三产业从总量到增速全面超越第二产业则有着重要的标志性意义。从世界经济发展史看，第三产业发展比例已成为现代经济发展进化程度的重要指标。据统计，2012年美国服务业（广义服务业）占GDP的比重超过了75%。2011年印度、巴西、南非服务业占GDP的比重分别为56.37%、67.01%和67.01%。俄罗斯2010年服务业占GDP比重为59.28%。中国服务业发展滞后，不仅同发达国家有差距，也落后于经济发展较快的发展中国家，已成为经济继续持续、稳定、快速发展的瓶颈。

近年来，我国经济开始注重结构调整，转型升级，特别是出台了一系列鼓励第三产业发展的政策措施，经过几年的努力，这些政策措施已初见成效。2009－2011年，第三产业增加值占国内生产总值比例一直保持在43%左右，而2012年则提升到45%，2013年更是提升到46.1%，首次超过第二产业。广告业是现代服务业中的重要行业，中国服务业的快速增长，广告业功不可没。特别是2011、2012年，中国广告业连续2年快速增长，广告经营额翻番，使得广告业占第三产业比重一举突破2%，极大地推进了中国服务业的快速增长。而中国服务业同发达国家发展水平的巨大差距，也预示着中国经济的领导者将会以更加有力的政策措施鼓励第三产业的进一步快速发展，这些都将为中国广告业的发展提供有利条件和空间。

其次，面临艰巨挑战。

2013年，中国广告经营额突破5000亿元，进一步巩固了中国广告业总量世界排名第二的位置。但广告经营额增速首次低于GDP增速，广告经营单位和广告从业人员分别激增17.89%和20.40%，导致户均和人均广告经营额下降。现实表明，中国广告业在总量快速扩张的背景下，仍未改变小规模、分散型、同质型的发展模式，这也预示着中国从一个广告大国成长为广告强国道路的漫长和艰难。

中国广告业发展30余年的历史表明，它的发展几乎与中国经济整体发展是同轨同步的，它在发展中所面临的问题也折射出中国经济前进中暴露出的诸多矛盾。

2010年中国经济总量超越日本，位居世界第二。2013年货物贸易量超越美国，位居世界第一，毋庸置疑，中国已成为世界经济大国，但距世界强国还有相当的距离，现实的中国正处于从一个经济大国向经济强国转变的关键时期。中国广告业也正在经历同样的成长过程。中国广告业以2012年总量超越日本为标志，迈入广告大国行列，但距成为广告强国的发展目标，还有很长的路要走。纵观国际广告强国发展的道路可以看出，各国广告业发展道路虽然不同，但共同经验是：要依据本国国情，走自己的发展之路。所以，中国从一个广告大国成长为广告强国的过程就是不断创新，探索具有中国特色广告业发展道路的过程。衡量一个广告强国，广告经营额虽然是重要指标，但不是唯一指标，还应包括广告理论的创新与突破、广告新技术的研发与应用、媒体与广告公司集中度的快速提高、广告业国际化的水准与跨国公司的出现等。

表二 2013 年全国广告经营情况

项 目	2012 年	2013 年	增长率(%)
经营单位（户）	377778	445365	17.89
从业人员（人）	2177840	2622053	20.4
营业额（万元）	46982791	50197459	6.84

二、指导企业发展——政策取得新突破，广告园区成规模

2013 年，国家广告发展与监管主管部门积极推动出台有利于广告业长远发展的政策，优化环境，推动广告业快速发展。在国务院《推进文化创意与相关产业融合发展的若干意见》中，明确对广告经营者征收了 17 年的文化事业建设费不再征收，为广告业发展创造了良好环境。

2013 年，国家工商行政管理总局先后与海南、陕西、四川 3 省签署了共同推动广告业发展的战略合作协议，总计已有 13 个省、市、自治区签署该协议。目前已签约的大部分省市都建立了实施广告战略合作协调机制，形成了推动广告业发展的合力。

2013 年是广告产业园区加快建设和迅速发展的一年。一年中新增中央财政支持试点园区 9 个，全国试点园区总数已达 29 个（其中国家广告产业园 11 个），分布在 25 个省（区、市）及计划单列市。财政部分两批向地方下拨了中央财政支持广告业发展试点园区补助资金 10.8 亿元，支持累计达 18.8 亿元。目前，29 个园区 100% 开工建设，80% 已基本建成，50% 已开始运营；园区建成总面积达 832.8 万平方米，投入使用面积 460.6 万平方米，入驻企业 4452 家，年广告经营额达 550 亿元，实现了一定的产业规模和产业效益，园区聚集效应日渐鲜明，示范带动作用不断加强，已形成梯次发展、各有特色、比争上游的局面。

在看到企业发展取得新成绩的同时，也应看到 2013 年企业发展中暴露出来的问题，特别是 2013 年广告经营单位数量、从业人员数量虽然都保持着两位数的较高增长，但经营额的增幅已经回落到 6.84%，与前二者的涨幅形成较大差距。

从企业数量看，私营企业（310326 户）、个体工商户（76031 户）、内资公司（非私营）（25057 户）构成了 2013 年中国广告业务的经营主体。国有企业（8697 户）、事业单位（5938 户）排在中间，单位数量都出现了下降。集体企业（1891 户）与外商投资企业（1374 户）垫底。

从经营收入看，私营企业（2306.31 亿元）是当下中国广告业中占比绝对领先的群体，但人均、户均营业额却非常低，是造成广告业整体面貌出现小而散特征的重要因素。在私营企业之后，事业单位经营额排在第二位，户均营业额超过 2000 万元。户均营业额排在第一的是外商投资企业，达到 3223 万元。

从经营方式看，兼营广告业务的企业数量居多，而且增长强劲。兼营广告业务企业的数量为 162709 家，同比增长 53.14%，兼营企业单位广告营业额远远低于 34 万元的平均水平，也是影响广告企业做大做强的重要因素之一。

综上数据可以发现，广告业发展仍未走出小规模、分散型、重复型生产模式，与做强中国广告产业、服务中国品牌走向国际市场还有很大距离。这种局面急需国家制订广告业发展战略规划，调整产业政策和税收手段迅速扭转。

表三 2013年全国广告经营单位基本情况

项 目	经营单位（户）			从业人员（人）			广告经营额（万元）		
	2012年	2013年	比较(%)	2012年	2013年	比较(%)	2012年	2013年	比较(%)
合 计	377778	445365	17.89	2177840	2622053	20.40	46982791	50197459	6.84
国有企业	9554	8697	−8.97	89687	114685	27.87	4077237	4083422	0.15
集体企业	2173	1891	−12.98	22740	27129	19.30	942228	870278	−7.64
私营企业	281509	310326	10.24	1631226	1703940	4.46	18048316	23063128	27.79
内资公司(非私营)	512	25057	4793.95	5077	146980	2795.02	90597	4357335	4709.59
外商投资企业	1112	1374	23.56	29075	33460	15.08	7601966	4428484	−41.75
个体工商户	53905	76031	41.05	185591	267121	43.93	583179	892634	53.06
事业单位	7354	5938	−19.25	100557	254081	152.67	14134871	11996351	−15.13
其他	21659	16051	−25.89	113887	74657	−34.45	1504399	505828	−66.38

三、广告投放——汽车领跑，房地产增速居前

广告是市场经济的晴雨表，通过广告业各种数字的比较与分析，可以感受到中国经济的脉络与阶段性特征。因此，尽管2013年的品类投放形成了波澜不惊的局面，但依旧可以从中窥出一些行业变化的微澜。

数据显示：2013年广告投放额前十大类别的整体构成与2012年有微弱调整。其中最抢眼的当属汽车类的表现。

2012年，汽车类广告投放437.17亿元，排在当年分类广告排名的第二位。而2013年，汽车类广告投放为603.96亿元，增幅达到38.15%，总额跃升榜首。

根据中国汽车工业协会的数据显示，2013年国产汽车产销量分别是2211.68万辆和2198.41万辆，同比增长14.76%和13.87%。可以看出，在汽车全行业整体趋旺的大背景下，尽管北京、天津等个别一线大城市先后推出了汽车限购令，但随着以二三线城市为代表的全国购买力的攀升，消费者旺盛的购车需求促成了汽车类别广告投放额的大幅提高。

2013年国家工商行政管理总局对两类产品类别进行了调整，一类是化妆品并入了化妆品及卫生用品类别；另一类是保健食品并入了食品类别。所以排在第二位的化妆品及卫生用品类达到594.79亿元，但就化妆品单独来看，与2012年509.58亿元比较，出现了10.45%的负增长。

数据显示：2013年房地产广告投放586.33亿元，增幅达到43.7%，排在第三的位置。比2012年的408.03亿元，增长了178.3亿元。

食品（537.51亿元）、药品（234.47亿元）、家用电器及电子产品(229.73亿元)、酒类(206.35亿元)、信息传播和软件及信息技术服务（174.86亿元）、金融保险（149.26亿元）、服装服饰及珠宝首饰（143.47亿元）分别排在第四位至第十位。

值得重点关注的是，多年被排斥在前十名之外的

表四 2013 年广告投放前 10 行业比较

单位：万元

排序	类别	2012 年	2013 年	增长(%)
1	汽车	4371682	6039584	38.15
2	化妆品及卫生用品	/	5947867	/
	其中：化妆品	5095779	4563248	−10.45
3	房地产	4080313	5863287	43.70
4	食品	3797050	5375149	/
	其中：保健食品	1257524	1290638	/
5	药品	2660587	2344690	−11.87
6	家用电器及电子产品	2050889	2297280	12.01
7	酒类	1714081	2063545	20.39
8	信息传播、软件及信息技术服务	1645559	1748597	6.26
9	金融保险	1521250	1492608	−1.88
10	服装服饰及珠宝首饰	1524023	1434716	−5.86

金融保险类，今年首次入围，以149.26亿元排在第九位。查看金融保险类近年来广告投放趋势，名次在逐渐上升，说明金融保险行业竞争加剧，也预示着金融保险业正在酝酿着一场巨大的变革。在未来广告投放中仍有大幅提升空间。

随着市场结构的调整，2013 年国家工商行政管理总局在分类产品统计中新增了批发和零售服务、旅游、教育、收藏品、出入境中介五个类别。

四、媒体渠道——电视报纸衰减，网络增速强劲

经济结构调整与互联网的迅速发展，已给媒体结构带来明显改变。从数据上可以看出，2013 年，全国经营广告业务的电视台、广播电台、报社、期刊社总数分别为 2391 户、798 户、1420 户和 3577 户，而经营广告业务的网站达到了 10048 户，远远超过上述四类媒体的总和。数据显示，电视台与报社经营单位的数量呈现出幅度不小的下降，较 2012 年分别下降了 16.37% 和 17.49%。广播电台和期刊社的单位数量呈现微弱的增长，分别增长了 1.53% 和 2.08%，但明显感受到增长乏力。

从以上数字可以看出，互联网的扩张速度非常迅速，这一趋势势必导致广告产业结构的变化，广告制作、设计、创意等，也将更多地转向以技术为先导、为互联网提供服务的发展业态，广告企业必须做出快速反应。

与这一趋势相对应的是，2013 年，电视台、广播电台、报社、期刊社的广告营业额分别完成了 1101.1 亿元（−2.75%）、141.19 亿元（0.09%）、504.7 亿元（−9.17%）和 87.2 亿元（4.73%）。电视广告与报纸广告营业额出现了负增长，准确反映了业态环境。而广播电台和期刊社广告额的微弱增长，更说明传统媒体行业的变革已到了关键期。

据中国广告协会互动网络分会统计的数据显示，2013 年，中国互联网广告营业额为 638.8 亿元，比 2012 年的 437.97 亿元增长了 45.85%。追溯 2011 年

62.3%（296.73 亿元）、2012 年 47.6%（437.97 亿元）的增长，45.85% 的增长显示了互联网广告的增长态势仍然强劲，空间巨大。视频和移动的市场优势才刚露端倪，随着对数据的开发利用，互联网营销的整合能力将更加强劲，会给媒体产业结构带来更大的变化。

根据各大互联网企业的财报显示，百度、网易、优酷土豆三家企业的移动端业务的发展在 2013 年均效果显著。2013 年第四季度中，三家企业移动端业务已经占据整体业务的一定比重。这说明移动端业务也将成为更多互联网企业的业务重点。第四季度另一个必须引起大家注意的现象是，新浪微博、优酷土豆两家均首次实现季度盈利。这昭示着互联网广告的产品模式正在逐渐趋于成熟，互联网整合传统资源的能力正在积聚。打通市场全产业链的时机正在成熟，新市场规则的建立，将决定未来市场的业态和发展速度与空间。

表五　2013 年媒体广告基本情况

项　目	经营单位（户）			从业人员（人）			广告经营额（万元）		
	2012 年	2013 年	比较（%）	2012 年	2013 年	比较（%）	2012 年	2013 年	比较（%）
电视台	2859	2391	−16.37	49562	49603	0.08	11322728	11011042	−2.75
广播电台	786	798	1.53	11749	15204	29.41	1410556	1411869	0.09
报社	1721	1420	−17.49	41848	39062	−6.66	5556310	5047018	−9.17
期刊社	3504	3577	2.08	27229	34326	26.06	832723	872077	4.73

五、区域状况——地区发展仍不平衡，西部区域需要加大扶持

综观 2013 年全国广告经营收入，排在前五的省份（直辖市），依次为北京（1794.70 亿元）、江苏（500.87 亿元）、上海（449.56 亿元）、广东（400.67 亿元）、浙江（310.59 亿元）。这五省（市）的广告经营收入总和达到 3456.39 亿元，占到全国广告经营总额的 68.86%，达到了三分之二强。这说明广告的重心仍然停留在沿海一线。对比 2012 年的数据会发现，国内广告经营收入第一阵营的成员没有变化，不同的只是相互之间的座次更迭。这五个省市 2012 年在广告经营收入方面的排名是北京（1807.63 亿元）、广东（466.31 亿元）、上海（437.89 亿元）、江苏（436.21 亿元）、浙江（236.14 亿元）。北京地区广告经营额仍牢牢占据了全国总量的 2/3 强。这一领先地位短时间内应该没有其他省市可以撼动。相信这一点与北京首都的综合优势有着不可分割的联系。

数据显示的另一个特点，就是国家工商行政管理总局和财政部开展的中央财政支持广告业发展的产业政策，已经显现出了巨大的作用。江苏省的广告经营额在继 2012 年增长了 74.56% 之后，2013 年继续保持了 14.82% 的增长，浙江省也在 2012 年增长了 7.07% 后继续增长了 31.52%。2013 年，虽然广东省下滑了 14.08%，上海只增长了 2.66%，但综合三年数据，在市场结构调整的大环境下，在如此大的市场基数上保持上扬，实属不易。

2013 年全国各地区广告经营业务增长最快的分别是：新疆增长 210.24%、广西增长 104.42%、河北增长 80.62%。分析三年来的数字可以发现，新疆地区 2013 年广告经营总额的大幅度增长，是建立在 2012 年的大幅下降的基础上的。2011 年，新疆广告经营总额为 13.09 亿元，2012 年，这一数字下降到了 7.61 亿元，

年度负增长 41.91%。2013 年，该数字回涨到 23.60 亿元，算是补回了逝去的损失。河北省的状况与新疆类似。2011 年，河北广告经营总额为 11.74 亿元，2012 年，这一数字下降到了 7.25 亿元，年度负增长 38.24%，2013 年，该数字攀高到 13.10 亿元。倒是广西，连续两年递增，其 2011 年、2012 年、2013 年的广告经营总额分别为 5.61 亿元、11.62 亿元和 23.75 亿元。涨幅最大的三个地区有两个共同特点，一是市场非常不稳定，起伏差距很大。另一个显著特点就是，市场基数较低，市场成熟度差。排在全国最后的三个省份是：甘肃下降 70.90%、贵州下降 65.12%、海南下降 15.73%，它们的共同特点是都出现了大幅下降。综上三组分析，可以感受到全国广告市场不平衡的现状（详见统计数字 2013 年全国各地区广告业发展状况）。

六、广告监管——立法取得新突破，广告主要提高守法意识

2013 年中国广告监管范畴中值得首先记录的大事件，应该是《广告法》修改迈出了重要一步。为了适应进一步规范广告活动，促进广告事业健康发展和保护消费者利益的需要，国家工商总局在总结监管经验的基础上起草了《中华人民共和国广告法（修订草案）送审稿》，上报国务院。国务院法制办公室征求有关政府部门、社会团体、广告经营单位、法律专家等各方面意见后，会同工商总局对送审稿进行了认真研究修改，形成了《中华人民共和国广告法（修订草案）征求意见稿》，准备向全社会公开征求意见。

数据显示，广告违法现象仍没有明显好转，2013 年全国各地区查处广告违法案件总量为 44103 件，同比增长虽然不足百分之一，但广告主和重点行业违法依然严重。

在违法广告中，虚假广告为 12885 件，非法经营广告为 7795 件，占据了所有案件的近一半。在治理违法广告的过程中，责令停止发布广告 15295 件、停业整顿 124 户、吊销证照 61 户，有 7 个案件中的 22 人在 2013 年被移送司法机关。

一个严重的事实是，在 44103 件违法广告中，有 23999 件案件的违法主体为广告主，此外，广告发布者为 10535 件，广告经营者为 5728 件。这说明，对广告主需要重点加强法律意识和遵纪守法责任的教育。

2013 年，户外广告违法仍是广告违法的重灾区。被查处的违法案件为 23061 件（2012 年为 22104 件），比电视、广播、报纸、期刊、印刷品、网络等类的总和还要多。结合近几年的情况，在这方面加强监管力量、改进监管手段刻不容缓。

按照违法类别划分，房地产类的违法广告最多，被查处 4297 件。但如果将药品（3664 件）、医疗器械（766 件）、医疗服务（4098 件）视为大医药领域，则该领域的违法广告要远远超过房地产行业，达到 8528 件。食品行业的违法广告，达到了 3376 件，家用电器和商场销售违法数字是 1195 件和 1192 件。通过以上数字可以看出，在人们生活所必需的食、住领域中，违法广告出现概率最大。换言之，违法广告的发布者早已摸清了消费者心理，在老百姓日常必须消费的领域设下陷阱，让消费者防不胜防。因此必须加大执法力度。

值得注意的是，在 22 类属性明确的行业中，有一类选项为“其他”，这一选项的违法广告高达 18547 件，这一数字说明，庞大的新形式、新手段、新技术蜂拥进市场，正在弱化原有的固定行业边界，并衍生出更多崭新的行业形态。这给传统的执法带来挑战，工商监管必须与时俱进，更加细分监管标准，提供监管手段，以适应新环境的变化。

表六 2013 年违法广告处罚情况

单位：户、人、万元

项目		案件总数（件）	其中：按违法性质分			责令公开更正（件）	责令停止发布（件）	停业整顿（户）	吊销证照（户）
			虚假广告	非法经营广告	其他				
按违法媒体划分	合计	44103	12885	7795	23423	4125	15295	124	61
	电视	3253	1423	383	1447	283	1653	10	40
	广播	562	203	52	307	61	331	0	0
	报纸	2647	857	240	1550	175	1923	1	0
	期刊	353	109	84	160	59	101	1	2
	户外	23061	3355	5776	13930	1967	6192	86	9
	印刷品	4316	2070	467	1779	422	1762	13	8
	网络	4034	2896	335	803	579	1752	2	2
按违法类别划分	房地产	4297	790	1068	2439	510	1560	17	8
	医疗服务	4098	1160	686	2252	321	1806	7	0
	药品	3664	1741	481	1442	225	1866	8	40
	食品	3376	1369	435	1572	230	1738	8	0
	其中：保健食品	1444	657	172	615	83	716	1	0
	家用电器	1195	347	325	523	130	338	1	0
	商场销售	1192	233	291	668	82	438	5	0
	服装、服饰	936	259	290	387	77	310	4	0
	农资	912	299	212	401	88	286	0	1
	其中：农药	237	72	80	85	36	54	0	0
	医疗器械	766	280	128	358	93	468	6	0
	酒类	678	185	181	312	69	222	9	0

’2014 中国广告年鉴
China Advertising Yearbook

中国广告业年度统计与数字

Annual Statistics & Numerals of China Advertising Industry

2013 年全国广告经营单位基本情况统计表

项目		经营单位（户）	从业人员（人）	广告经营额（万元）	纳税额（万元）
合计		445365	2622053	50197459	2786163
其中	国有企业	8697	114685	4083422	342270
	集体企业	1891	27129	870278	62278
	私营企业	310326	1703940	23063128	1054127
	内资公司(非私营)	25057	146980	4357335	366474
	外商投资企业	1374	33460	4428484	204060
	个体工商户	76031	267121	892634	49450
	事业单位	5938	254081	11996351	649874
	其他	16051	74657	505828	57629
其中	主营广告业务企业	207575	1355766	29979853	1392033
	兼营广告业务企业	162709	678547	5548405	335059
其中	电视台	2391	49603	11011042	558273
	广播电台	798	15204	1411869	64306
	报社	1420	39062	5047018	302269
	期刊社	3577	34326	872077	156920
	网站	10048	60307	2153353	99899

资料来源：国家工商行政管理总局广告监督管理司

2013年全国主要行业广告经营额统计表

单位：万元

项目		设计	制作	代理	发布	食品	保健食品
合计		6955777	6192774	15607619	21441290	5375149	1290638
其中	国有企业	658695	586352	1003596	1834779	480683	84576
	集体企业	445736	125745	95767	203030	61011	16550
	私营企业	3483636	3329309	9406182	6844001	2076499	525708
	内资公司（非私营）	529395	738507	1639392	1450041	578180	201736
	外商投资企业	973695	280164	2457608	717018	452593	48737
	个体工商户	149265	353117	98309	291943	75162	26746
	事业单位	653649	688375	771267	9883060	1616905	372659
	其他	61706	91205	135498	217419	34115	13925
其中	主营广告业务企业	4929009	4210947	11539260	9300638	2885183	634929
	兼营广告业务企业	775859	980831	1334178	2457537	569088	167876
其中	电视台	1053174	649116	794374	8514379	1549109	290251
	广播电台	114772	116743	214713	965640	121631	61065
	报社	658389	420768	557656	3410205	342843	119233
	期刊社	115297	47959	66785	642037	60604	16842
	网站	497537	205160	764552	686104	160434	98937

续表

单位：万元

项目		药品	酒类	烟草	化妆品及卫生用品	化妆品	房地产
合计		2344690	2063545	212464	5947867	4563248	5863287
其中	国有企业	229629	222667	23265	293071	235839	493333
	集体企业	39068	46727	5001	436156	376189	54375
	私营企业	930336	723584	85784	3345208	2603152	3171265
	内资公司（非私营）	283007	169973	26731	324407	239697	600748
	外商投资企业	88034	133781	2137	648240	604428	85780
	个体工商户	39873	61731	1774	41103	21168	152791
	事业单位	703259	688185	63024	836501	472177	1241819
	其他	31485	16896	4748	23181	10598	63176
其中	主营广告业务企业	931869	909868	90808	4523865	1685062	3733844
	兼营广告业务企业	270201	322823	24513	264933	152326	780598
其中	电视台	649057	753337	7530	1688805	1212078	693510
	广播电台	112115	69431	1344	73210	44657	140866
	报社	259350	174870	13291	262533	179985	964708
	期刊社	66816	41422	1016	71755	57506	148790
	网站	153375	33720	9548	439475	359639	241253

续表

单位：万元

项目		家用电器及电子产品	信息传播、软件及信息技术服务	金融保险	服装服饰及珠宝首饰	招工招聘及其他劳务	汽车
合计		2297280	1748597	1492608	1434716	567652	6039584
其中	国有企业	211329	122541	177786	114410	60943	436327
	集体企业	20380	6789	18686	16338	17965	40008
	私营企业	775858	578090	577221	615672	264348	3154046
	内资公司（非私营）	227890	121245	122429	124412	45041	493640
	外商投资企业	324066	558780	96064	164736	14165	951131
	个体工商户	46379	20381	18749	42364	23557	52853
	事业单位	672100	331294	470999	342145	136981	879096
	其他	19276	9478	10674	14640	4652	32482
其中	主营广告业务企业	1184143	1054802	803175	676715	272193	4474358
	兼营广告业务企业	291062	308831	230749	271015	75859	500041
其中	电视台	649805	265985	371389	303904	76928	724539
	广播电台	67293	43149	121650	25573	13576	209238
	报社	209736	129336	216399	118473	102876	517814
	期刊社	28731	27928	45063	53437	10255	68926
	网站	73582	42750	51310	70875	38806	244765

续表

单位：万元

项目		医疗服务	医疗器械	农资	生活美容休闲服务	旅游	教育
合计		1376074	673375	184298	1178145	1121379	402654
其中	国有企业	99618	76904	31190	94038	75510	48898
	集体企业	9542	20881	12835	5113	13496	3018
	私营企业	448538	306207	66286	648043	617418	151827
	内资公司（非私营）	238687	54197	10056	112442	58483	56852
	外商投资企业	17847	32125	1415	63275	76751	6266
	个体工商户	32180	10062	10480	48891	14230	6828
	事业单位	521048	160486	50106	175180	246181	117797
	其他	8614	12514	1930	31172	19310	11169
其中	主营广告业务企业	627998	289127	96662	848491	671272	179174
	兼营广告业务企业	178331	130904	26886	116631	131429	58783
其中	电视台	327571	106806	48341	138315	197861	82445
	广播电台	59150	17111	6287	30889	24790	11877
	报社	248315	69772	17364	115581	103297	68320
	期刊社	14958	12526	7156	15123	12186	11486
	网站	48792	30865	2872	55905	91799	37360

续表

单位：万元

项 目		出入境中介	批发和零售服务	收藏品	其他	小计
合 计		141446	1398795	188832	8145023	50197459
其中	国有企业	16099	142481	17808	614891	4083422
	集体企业	1482	13969	3152	24284	870278
	私营企业	60448	714980	78527	3672943	23063128
	内资公司（非私营）	19520	125467	22492	541438	4357335
	外商投资企业	3266	153773	3234	551028	4428484
	个体工商户	1880	45022	1723	144630	892634
	事业单位	33043	185582	58848	2465772	11996351
	其他	5708	17521	3048	130038	505828
其中	主营广告业务企业	58760	876183	82416	4708946	29979853
	兼营广告业务企业	29813	212548	36123	717243	5548405
其中	电视台	29554	225249	27575	2093427	11011042
	广播电台	2255	42417	9300	208523	1411869
	报社	13372	131880	22882	944005	5047018
	期刊社	2628	28211	2755	140306	872077
	网站	20430	47713	10339	247383	2153353

资料来源：国家工商行政管理总局广告监督管理司

2013 年全国各地区广告经营情况统计表

地　区	经营单位（户）	从业人员（人）	广告经营额（万元）
合　计	445365	2622053	50197459
北京市	24803	106764	17947004
天津市	16045	80489	1859919
河北省	7237	31720	130966
山西省	5188	28047	357366
内蒙古自治区	7891	50690	305059
辽宁省	8386	62383	971860
吉林省	5580	35961	348793
黑龙江省	4441	25388	453027
上海市	84451	262979	4495594
江苏省	26599	253360	5008744
浙江省	27981	179573	3105854
安徽省	9730	63578	921441
福建省	15430	102695	1407180
江西省	7643	66088	378665
山东省	37634	216045	2182205
河南省	12621	81481	1043717
湖北省	12565	71736	887799
湖南省	14839	98389	1443225
广东省	32666	222086	4006717
广西壮族自治区	10928	45836	237464
海南省	3975	17403	113240
重庆市	25637	146197	535289
四川省	13640	44375	1107613
贵州省	1723	7810	47595
云南省	11215	260547	368878
西藏自治区	683	1661	27357
陕西省	2859	14741	164167
甘肃省	3987	9142	26341
青海省	730	4724	45358
宁夏回族自治区	1458	5896	33064
新疆维吾尔自治区	6800	24269	235958

资料来源：国家工商行政管理总局广告监督管理司

2013 年全国各地区查处广告违法案件情况统计表

地　区	案件总数（件）	罚没金额（万元）
合　计	44103	32084.38
北京市	845	1655.40
天津市	305	407.77
河北省	1341	1153.77
山西省	1515	521.34
内蒙古自治区	907	527.85
辽宁省	1194	1545.30
吉林省	722	799.43
黑龙江省	1114	953.76
上海市	1679	2373.40
江苏省	2821	1891.20
浙江省	3869	3111.24
安徽省	1279	543.49
福建省	3627	1494.12
江西省	771	409.36
山东省	3052	1587.42
河南省	2407	1386.55
湖北省	3951	2977.41
湖南省	913	694.86
广东省	3116	3314.54
广西壮族自治区	1148	423.83
海南省	462	201.48
重庆市	491	1068.92
四川省	1292	1070.86
贵州省	503	236.38
云南省	1145	710.68
西藏自治区	120	70.16
陕西省	1321	318.27
甘肃省	1163	231.21
青海省	242	111.67
宁夏回族自治区	193	51.15
新疆维吾尔自治区	595	241.56

资料来源：国家工商行政管理总局广告监督管理司

2013 年全国查处广告违法案件情况统计表

项 目		查处案件总数（件）	其中：按违法性质分			
			虚假广告	非法经营广告	其他	责令公开更正（件）
合 计		44103	12885	7795	23423	4125
违法经营额	1 万元以下	35067	9535	6374	19158	*
	1 － 5 万元	8241	3023	1310	3908	*
	5 － 0 万元	539	222	81	236	*
	10 － 50 万元	213	92	19	102	*
	50 万元以上	43	13	11	19	*
违法主体	广告主	23999	7739	3964	12296	2317
	广告经营者	5728	1602	1520	2606	623
	广告发布者	10535	2907	2016	5612	976
	其他	3841	637	295	2909	209
违法媒介	电视	3253	1423	383	1447	283
	广播	562	203	52	307	61
	报纸	2647	857	240	1550	175
	期刊	353	109	84	160	59
	户外	23061	3355	5776	13930	1967
	印刷品	4316	2070	467	1779	422
	网络	4034	2896	335	803	579
	其他	5877	1972	458	3447	579

资料来源：国家工商行政管理总局广告监督管理司

2013 年全国广告经营审批情况统计表

项　目		单位	期末实有	本期审批
合计		件	*	6220
广告经营许可证	其中：广播电台、电视台、报刊出版单位	件	*	3125
外商投资广告企业项目审批	合计	件	*	210
	企业	件	*	146
	分支机构	件	*	64
固定形式印刷品广告	广告发布单位	户	3582	1558
	广告经营额	万元	*	288702
户外广告	经营单位户数	户	*	92407
	广告经营额	万元	*	5169159
	广告数	个	*	1198668
烟草广告审批	合计	件	*	297
	其中：户外烟草广告	件	*	61

资料来源：国家工商行政管理总局广告监督管理司

2013 年度中国广告企业（媒体服务类）广告营业额前 100 名排序

排名	参赛单位	营业额(万元)
1	群邑（上海）广告有限公司	1375025
2	凯帝珂广告（上海）有限公司	431020
3	上海分众德峰广告传播有限公司	335888
4	广东凯络广告有限公司上海分公司	293320
5	华扬联众数字技术股份有限公司	226071
6	北京未来广告有限公司	183768
7	杭州萧山振华广告有限公司	156455
8	北京首都机场广告有限公司	155999
9	中视金桥广告有限公司	154876
10	谷歌广告（上海）有限公司	152391
11	上海新网迈广告传媒有限公司	146206
12	大贺投资控股集团有限公司	136245
13	三人行广告有限公司上海分公司	125703
14	上海聚胜万合广告有限公司	123700
15	海南白马广告媒体投资有限公司	122384
16	中视金桥国际传媒集团有限公司	116901
17	上海乾扬传媒有限公司	112043
18	上海机场德高动量广告有限公司	103900
19	北京鹏泰互动广告有限公司	102000
20	上海好耶广告有限公司	98129
21	上海定向广告传播有限公司	95927
22	远誉广告（中国）有限公司	84649
23	苏州电视广告有限公司	82654
24	上海韵洪广告有限公司	79872
25	上海雅仕维广告有限公司	74681
26	上海新分众广告传播有限公司	72788
27	北京赫斯特广告有限公司上海分公司	70928
28	星空华文国际传媒有限公司	66460
29	上海申通德高地铁广告有限公司	65347
30	上海好耶趋势广告传播有限公司	63867
31	上海驰众广告传播有限公司	63390

续表

排名	参赛单位	营业额(万元)
32	上海前景广告有限公司	58894
33	上海魄力广告传媒有限公司	57181
34	康仕广告（上海）有限公司	55951
35	南京永达户外传媒有限公司	54824
36	北京巴士传媒股份有限公司	50344
37	浙江和盛广告有限公司	44237
38	上海傲飞广告有限公司	42777
39	上海铁路文化广告发展有限公司	42605
40	上海郁金香广告传媒有限公司	42329
41	上海中视国际广告有限公司	41285
42	青岛电视广告传媒集团公司	40000
43	四川省巴蜀新形象广告传媒股份有限公司	39875
44	上海新浪广告有限公司	39248
45	上海华君广告有限公司	38335
46	上海雅润文化传播有限公司	37632
47	大象广告有限公司	37110
48	广州铁路集团文化广告总公司	36248
49	南京乔恩广告传播有限公司	34721
50	上海新易传媒广告有限公司	34037
51	上海橡果广告传播有限公司	32779
52	九龙宝典传媒集团有限公司	32631
53	上海新民传媒广告有限公司	32291
54	上海麦罗特广告有限公司	32210
55	上海中润解放传媒有限公司	31488
56	上海迪岸广告有限公司	31240
57	德高广告（上海）有限公司	30031
58	南京雷迪欧广告公司	29700
59	中铁世纪传媒广告有限公司	28850
60	郁金香广告传播（上海）股份有限公司	28541
61	云南春晚传媒有限公司	27745
62	上海香榭丽广告传媒股份有限公司	26979
63	西部机场集团广告传媒（西安）有限公司	24305
64	史努克广告（上海）有限公司	23822
65	上海第一财经传媒有限公司	23595

续表

排名	参赛单位	营业额(万元)
66	贵州天马传媒有限公司	23526
67	上海九合传媒有限公司	23447
68	哈尔滨海润国际广告传播（集团）有限公司	23000
69	重庆华商智汇传媒有限公司	23000
70	上海中广影视广告有限公司	22925
71	上海伊阁文化传播有限公司	22472
71	上海睿艾广告传媒有限公司	22472
73	上海欣可广告有限公司	22130
74	上海亚风文化传播有限公司	22014
75	上海康泰纳仕广告有限公司	21705
76	西岸传媒股份有限公司	21447
77	南京金陵文化传播有限公司	21422
78	云南空港雅仕维信息传播有限公司	21096
79	江苏雅智广告有限公司	18581
80	哈尔滨广电有限责任公司	18000
81	福建兆翔雅仕维联合广告有限公司	17568
82	东方航空传媒股份有限公司	17466
83	上海基美文化传媒股份有限公司	17412
84	山东通广传媒广告有限公司	17321
85	上海东方明珠国际广告有限公司	16749
86	南京华泽广告传媒有限公司	16569
87	扬子江文化传媒（上海）有限公司	16197
88	福建希望文化传播有限公司	16119
89	陕西沙龙传媒有限公司	16000
90	杭州公交广告公司	15694
91	上海嘉美信息广告有限公司	15543
92	南京地铁德高广告有限公司	14770
93	江西华赣公交文化传媒有限公司	14612
94	江苏汇特广告传媒有限公司	14477
95	上海煦日文化传播有限公司	14358
96	山东中铁旅游广告集团有限公司	14300
97	城市纵横（上海）文化传媒有限公司	14258
98	福建太古广告有限公司	13883
99	陕西瑞翔广告装饰有限责任公司	13772
100	上海盛越广告有限公司	13353

资料来源：中国广告协会

2013 年度中国广告企业（非媒体服务类）广告营业额前 100 名排序

排名	参赛单位	营业额(万元)
1	上海李奥贝纳广告有限公司	834381
2	北京恒美广告有限公司上海分公司	603721
3	广东省广告股份有限公司	559090
4	昌荣传媒有限公司	550000
5	北京电通广告有限公司	519013
6	盛世长城国际广告有限公司	502256
7	北京杰尔思行广告有限公司	311457
8	北京广告有限公司	190000
9	南京银都奥美广告有限公司	179393
10	思美传媒股份有限公司	163849
11	北京伊诺盛北广广告有限公司	115665
12	广东广旭广告有限公司	115288
13	阳狮广告有限公司	99452
14	北京互通联合国际广告有限公司	92950
15	上海龙韵广告传播股份有限公司	85815
16	金鹏广告股份有限公司	84163
17	安索帕（上海）广告传播有限公司	75189
18	湖南北纬国际传媒咨询有限公司	67500
19	上海广告有限公司	66971
20	上海博报堂广告有限公司	66500
21	上海统量广告有限公司	62583
22	灵智精实广告有限公司上海分公司	61083
23	上海分众晶视广告有限公司	52293
24	上海东伽文化传播有限公司	48793
25	上海龙瑞文化广告传媒有限公司	46182
26	上海际恒品牌管理有限公司	41838
27	上海欧安派广告传播有限公司	41195
28	上海旭通广告有限公司	39797
29	上海唐神广告传播有限公司	39454
30	上海昆成文化传媒有限公司	39203
31	上海智马传媒股份有限公司	37058

续表

排名	参赛单位	营业额(万元)
32	上海凯伦广告有限公司	36175
33	青岛先锋广告股份有限公司	36000
34	上海睿帆通晓广告传媒有限公司	35389
35	福建新恒基广告有限公司	34298
36	上海有车有家广告有限公司	31196
37	上海恺达广告有限公司	30102
38	上海韵翔广告有限公司	29746
39	石家庄市中仁广告艺术有限公司	29050
40	长春吉广传媒集团有限公司	28691
41	上海奥美广告有限公司	28079
42	上海财友广告有限公司	27521
43	上海先河文化传播有限公司	26373
44	青岛麒龙文化有限公司	26000
45	江苏大唐灵狮广告有限公司	25976
46	上海昊讯广告有限公司	24691
47	麦肯·光明广告有限公司上海分公司	23821
48	山东世纪经纶营销企划有限公司	23181
49	哈尔滨工大集团广告传媒有限公司	22000
50	上海伊诺盛广告有限公司	21378
51	上海凸版广告有限公司	21321
52	太原好运达国际广告传媒有限公司	19736
53	旭通世纪（上海）广告有限公司	19326
54	智威汤逊——中乔广告有限公司上海分公司	18299
55	上海威汉广告有限公司	18039
56	上海腾迈广告有限公司	18000
57	广州交易会广告有限公司	17954
58	上海蓝梦广告有限责任公司	17833
59	扬罗必凯（北京）广告有限公司上海分公司	17720
60	上海美景广告传播有限公司	17262
61	上海恒驰广告有限公司	16841
62	湖南鼎瀚文化传播有限公司	16400
63	上海灵狮广告有限公司	16323
64	山东超越文化传播有限公司	15909
65	上海激创广告有限公司	15459

续表

排名	参赛单位	营业额（万元）
66	上海云指广告有限公司	14969
67	上海四维文化传媒股份有限公司	14838
68	上海杰凡文化传媒有限公司	14524
69	天联广告有限公司上海分公司	14089
70	上海嘉为广告有限公司	13864
71	上海华绍文化传播有限公司	13825
72	上海伽蓝传媒有限公司	13440
73	上海顺为广告传播有限公司	13263
74	上海蓝瀚广告有限公司	13239
75	南京金棕榈广告有限公司	12625
76	上海宝迪广告有限公司	12500
77	上海和致文化传播有限公司	12386
78	杭州焦点广告传播有限公司	12000
79	上海观池文化传播有限公司	11972
80	上海求真广告有限公司	11896
81	上海同立广告传播有限公司	11882
82	上海新世傲集团股份有限公司	11634
83	上海弈动广告有限公司	11586
84	上海新泽广告有限公司	11426
85	上海网策广告有限公司	11343
86	深圳市博思堂文化传媒股份有限公司	10933
87	大广（上海）广告有限公司	10774
88	上海形家广告设计有限公司	10653
89	上海晋拓文化传播有限公司	10623
90	上海东卓广告有限公司	10460
91	电通东派广告有限公司	10374
92	河北都市文化传播有限公司	10224
93	上海安义广告有限公司	10200
94	上海星领广告有限公司	9945
95	山东省国际广告有限公司	9883
96	上海泽雅文化发展有限公司	9757
97	常熟市隆力奇广告有限责任公司	9738
98	上海瀚润广告有限公司	9655
99	上海冰蓝志所广告有限公司	9604
100	上海韦柯广告有限公司	9537

资料来源：中国广告协会

2013 年度中国媒体单位广告营业额前 100 名排序

排名	参赛单位	营业额（万元）
1	中央电视台	2559793
2	湖南电视台	708400
3	上海文化广播影视集团有限公司	638200
4	江苏电视台（集团）	525200
5	浙江广播电视集团	515000
6	深圳报业集团	379614
7	搜狐	360500
8	深圳广播电影电视集团广告管理中心	357700
9	浙江淘宝网络有限公司	338700
10	新浪集团	322300
11	山东广播电视台	317885
12	安徽广播电视台广告中心	313800
13	优酷土豆集团	270170
14	辽宁电视台	250000
15	天津电视台	210000
16	河南电视台	174000
17	湖北长江广电广告有限公司	173900
18	广东电视台	173700
19	陕西广播电视台广告中心	167048
20	四川广电传媒集团有限公司四川广告分公司	161817
21	国家广播电影电视总局电影卫星频道节目制作中心	159635
22	北京电视台	150000
23	京报传媒经营有限公司	139585
24	黑龙江电视台	125000
25	苏州广播电视总台	120000
26	江西电视台广告中心	120580
27	重庆日报报业集团	120163
28	天津日报传媒集团有限公司	113468
29	河北电视台广告经营管理中心	112000
30	贵州广播电视台（电视）	110500
31	北京广易通广告有限公司	108304

续表

排名	参赛单位	营业额(万元)
32	重庆广播电视集团（总台）	108001
33	成都商报社	96580
34	杭州日报报业集团有限公司	96346
35	南京广播电视集团（台）	88685
36	华西都市报	87900
37	宁波日报报业集团有限公司	86119
38	乐视网信息技术（北京）股份有限公司	83896
39	云南广播电视台	82349
40	北京人民广播电台	82000
41	吉林电视台	78000
42	中央人民广播电台广告部	73571
43	华商报社	68000
44	重庆广播电视传媒集团股份有限公司广播电视广告经营分公司	65565
45	文汇新民联合报业集团	63035
46	广西电视台	62803
47	海峡都市报社	61055
48	福建东南卫视（卫视部分）	61000
48	山西广播电视总台	61000
50	无锡广播电视发展有限公司	58460
51	杭州文广集团	56200
52	齐鲁晚报	55800
53	大河报社	55000
54	潇湘晨报	53200
55	海南电视台	51400
56	青岛市广播电视台	48700
57	成都广播电视台	48500
58	温州日报报业集团	44924
59	常州广播电视台	44608
60	广东人民广播电台	39200
61	大连电视台	36000
62	宁波广播电视广告有限公司	35887
63	广西日报传媒集团广告中心	35125
64	新闻报社	35040
65	南方日报社广告部	35021

续表

排名	参赛单位	营业额(万元)
66	哈尔滨日报报业集团	35000
67	贵州日报报业集团	33000
68	内蒙古电视台	30120
69	新安传媒有限公司（新安晚报）	30000
70	温州广播电视传媒集团	28871
71	山东大众报业集团半岛传媒股份有限公司	27993
72	新疆电视台	27000
73	厦门广播电视广告有限公司	26710
74	上海第一财经报业有限公司	26416
75	昆明广播电视台	26338
76	贵阳日报传媒集团	24644
77	江南都市报社广告部	24000
78	宁夏广电传媒集团有限公司（广告分公司）	23913
79	厦门日报社	23307
80	济南广播电视台广告中心	23305
81	中国农业电影电视中心	22932
82	河北人民广播电台	22105
83	苏州报业广告公司	22063
84	青岛日报报业集团	21424
85	甘肃省广播电影电视总台	20700
86	上海世纪出版股份有限公司译文出版社	19838
87	无锡报业发展有限公司广告分公司	19526
88	合肥市广播电视台	19300
89	河南人民广播电视台	18198
90	泉州广播电视台	18000
90	安徽人民广播电台	18000
92	合肥晚报社	16000
92	宁波晚报	16000
94	青海电视台	15240
95	西安晚报广告经营中心	15021
96	厦门海峡导报发展有限公司	14466
97	常州市报业广告中心	13871
98	西藏电视台	13700
99	台州广电总台	13062
100	福建省电广广播广告有限公司	13005

资料来源：中国广告协会

2013年度中国广告企业户外广告营业额前100名排序

排名	参赛单位	营业额（万元）
1	凯帝珂广告（上海）有限公司	431020
2	上海分众德峰广告传播有限公司	335888
3	北京首都机场广告有限公司	155999
4	大贺投资控股集团有限公司	136245
5	海南白马广告媒体投资有限公司	122384
6	上海机场德高动量广告有限公司	103900
7	上海定向广告传播有限公司	95927
8	北京电通广告有限公司	89421
9	上海雅仕维广告有限公司	74681
10	上海新分众广告传播有限公司	72788
11	上海申通德高地铁广告有限公司	65347
12	上海驰众广告传播有限公司	63390
13	南京永达户外传媒有限公司	54824
14	北京巴士传媒股份有限公司	50344
15	上海铁路文化广告发展有限公司	42605
16	上海郁金香广告传媒有限公司	42329
17	大象广告有限公司	37110
18	广东省广告股份有限公司	37106
19	广州铁路集团文化广告总公司	36248
20	南京乔恩广告传播有限公司	34721
21	上海迪岸广告有限公司	31240
22	德高广告（上海）有限公司	30031
23	中铁世纪传媒广告有限公司	28850
24	郁金香广告传播（上海）股份有限公司	28541
25	上海香榭丽广告传媒股份有限公司	26979
26	西部机场集团广告传媒（西安）有限公司	24305
27	重庆华商智汇传媒有限公司	23000
28	西岸传媒股份有限公司	21447
29	云南空港雅仕维信息传播有限公司	21096
30	杭州萧山振华广告有限公司	18893
31	福建兆翔雅仕维联合广告有限公司	17568

续表

排名	参赛单位	营业额(万元)
32	上海基美文化传媒股份有限公司	17412
33	山东通广传媒广告有限公司	17321
34	上海东方明珠国际广告有限公司	16749
35	陕西沙龙传媒有限公司	16000
36	杭州公交广告公司	15694
37	南京地铁德高广告有限公司	14770
38	江西华赣公交文化传媒有限公司	14612
39	山东中铁旅游广告集团有限公司	14300
40	城市纵横（上海）文化传媒有限公司	14258
41	福建太古广告有限公司	13883
42	陕西瑞翔广告装饰有限责任公司	13772
43	上海雅仕维广告传播有限公司	13048
44	上海新云传媒有限公司	12660
45	安徽高速传媒有限公司	12287
46	华建传媒集团有限公司	12000
47	宁波远见广告传媒有限公司	11823
48	浙江高速广告有限责任公司	11700
49	南京国广联媒体广告有限公司	11663
50	南京梅迪派勒公交广告有限公司	11413
51	吕梁市华宇广告有限公司	10893
52	苏州美丽华传媒文化有限公司	10867
53	上海传智广告有限公司	10806
54	长春唐码鑫星传媒有限公司	10642
55	深圳市高速广告有限公司	10064
56	山东省国际广告有限公司	9883
57	福建省泉州市艺林集团有限公司	9820
58	河南空港雅仕维传媒有限公司	9779
59	宁夏动感飞扬广告有限公司	9701
60	安徽黑白广告有限责任公司	9681
61	重庆唐码传媒有限公司	9223
62	西安市振兴公交广告有限责任公司	9141
63	南昌铁路文化广告传媒有限公司	9000
64	上海东方明珠移动电视有限公司	8850
65	上海公共交通广告有限公司	8824

续表

排名	参赛单位	营业额(万元)
66	山东迅华传媒广告有限公司	8766
67	河南中原铁道文化传媒有限公司	8546
68	海南雅仕维广告有限公司	8509
69	江西高速传媒有限公司	8022
70	贵州高速广告有限公司	7762
71	厦门东帝士广告有限公司	7639
72	厦门市唐码博美广告有限公司	7628
73	厦门威扬广告有限公司	7510
74	江苏恒诺文化传媒有限公司	7444
75	厦门华盟广告有限公司	7335
76	重庆星月广告传播有限公司	7300
77	思美传媒股份有限公司	7294
78	山东智慧广告传媒有限公司	7254
79	沈阳铁道文化传媒集团有限公司	7230
80	重庆市加米广告有限公司	7067
81	四川唐码西南户外传媒有限公司	7012
82	上海飞帆广告有限公司	6985
83	湖北盛世德璐传媒有限公司	6870
84	重庆媒体伯乐公交广告有限公司	6765
85	青岛奥海锐智广告传媒有限公司	6648
86	陕西省交通广告传媒有限公司	6494
87	广东新路广告有限公司	6441
88	上海分众广告传播有限公司	6391
89	浙江联合动力传媒广告有限公司	6314
90	南京禄口国际机场有限公司广告分公司	6242
91	成都铁路文化传媒总公司	6229
92	西安高新艾特广告有限责任公司	6202
93	上海框架广告发展有限公司	6125
94	上海洪韵文化传播有限公司	5804
95	长春赛博广告有限公司	5763
96	宁波友谊传媒投资有限公司	5615
97	昆明公交集团有限责任公司	5550
98	武汉铁路中力文化传媒有限公司	5461
99	温州交运集团城东公交有限公司	5456
100	无锡红五星传媒有限公司	5375

资料来源：中国广告协会

2013 年全国广告经营单位增长情况统计表

（与 2012 年同期对比）

单位：万元

项　目		2013 年	2012 年	增长率（%）
合　计		445365	377778	17.89
其中	国有企业	8697	9554	−8.97
	集体企业	1891	2173	−12.98
	私营企业	310326	281509	10.24
	外商投资企业	1374	1112	23.56
	个体工商户	76031	53905	41.05
	事业单位	5938	7354	19.25
	其他	16051	21659	25.89
其中	兼营广告业务企业	162709	106250	53.14
其中	电视台	2391	2859	16.37
	广播电台	798	786	1.53
	报社	1420	1721	17.49
	期刊社	3577	3504	2.08
	网站	10048	3882	158.84
从业人员（人）		2622053	2177840	20.4
广告经营额（万元）		50197459	46982791	6.84
查处违法案件（件）		44103	43912	0.43
罚没金额（万元）		32084.38	28121	14.09

资料来源：国家工商行政管理总局广告监督管理司

1990–2013 年全国广告业基本情况统计表

项 目	经营单位（户）	从业人员（人）	广告经营额（万元）	查处案件总数（件）	罚没金额（万元）
1990 年	11123	131970	250173	*	*
1991 年	11769	134506	350893	*	*
1992 年	16652	184279	632216	*	*
1993 年	31744	310638	1264374	*	*
1994 年	43046	410094	2002623	*	*
1995 年	48082	477371	2732690	*	*
1996 年	52871	512087	3666372	*	*
1997 年	57024	545788	4619638	31780	5855
1998 年	61730	578876	5378327	37707	4884
1999 年	64882	587474	6220506	51494	7552
2000 年	70747	641116	7126632	66824	10005
2001 年	78339	709076	7948876	79236	15801
2002 年	89552	756414	9031464	83653	17752
2003 年	101786	871366	10786846	71689	18552
2004 年	113508	913832	12645601	61755	17062
2005 年	125394	940415	14163487	67676	20750
2006 年	143129	1040099	15730018	61867	23157
2007 年	172615	1112528	17409626	56627	27189
2008 年	185765	1266393	18995614	51599	24660
2009 年	204937	1333087	19844758	46903	21009
2010 年	243445	1480525	23405076	46889	24400
2011 年	296507	1673444	31255529	41938	26064
2012 年	377778	2177840	46982791	43912	28121
2013 年	445365	2622053	50197459	44103	32084

’2014中国广告年鉴

China Advertising Yearbook

国家广告产业园区展示专栏

National Advertising Industrial Park

2013年5月30日，第二届中国（北京）国际服务贸易交易会（京交会）广告版块在北京国家广告产业园区举行，国家工商行政管理局副局长甘霖、北京市副市长程红、北京市工商行政管理局局长杨艺文、北京市朝阳区副区长苑文新及各单位相关领导参加活动开幕式，并亲眼见证了九大广告园区联盟的成立。

2013年11月7日第八届中国北京国际文化创意产业博览会在国际展览中心开幕，北京国家广告产业园区再度亮相文博会朝阳板块。

国家工商行政管理总局局长张茅亲莅北京国家广告产业园展位，并听取了朝阳区有关领导的汇报。

2014年5月9日－11日，第43届世界广告大会在北京国家会议中心举行，北京国家广告产业园区等29个广告园区集体亮相。

国家广告园区服务平台的建设，
实现了政府、园区对入驻企业的良性管理，公共资源的有效整合，
为企业内部的管理和应用提高了效率、节省了成本。

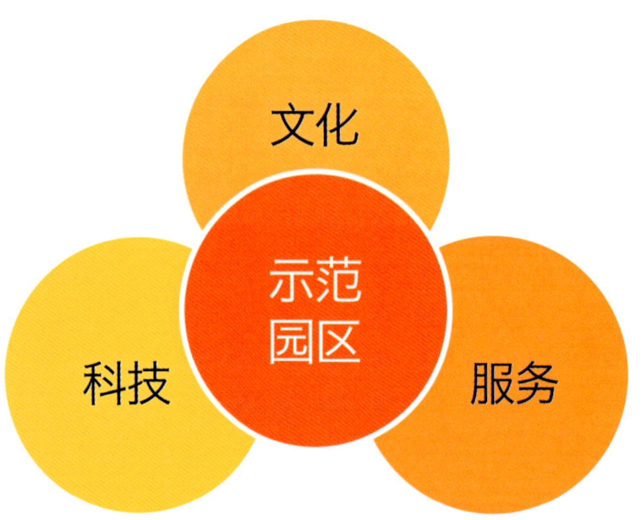

为广告企业之间的交流和互通
提供了有效的平台
汇聚了大量专业资源和业内信息
可以迅速获取市场信息和行业发展最新动态
加强企业之间的交流和沟通
为业务合作、技术创新创造了机会

1 提升企业的客户体验
2 及时便捷获取园区服务
3 提升业务管理和运营效率
4 提升广告企业之间协同性
5 更快速的捕获商机
6 获取更多信息技术增值服务

统筹规划，顶层设计，信息集成，资源共享，流程优化，业务协同，安全可靠。

建设原则

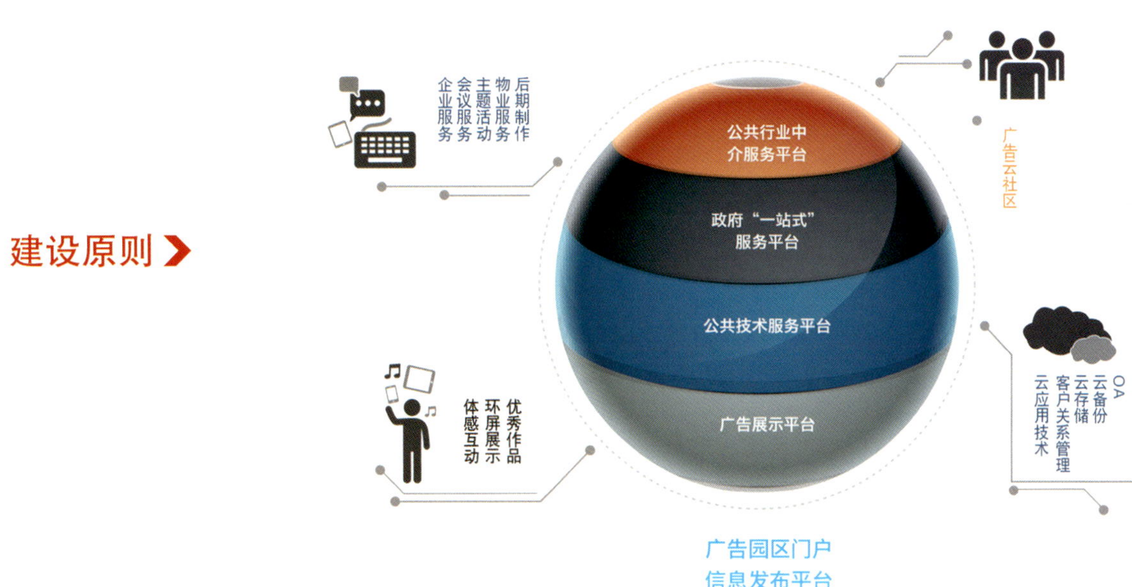

7大核心应用技术

北京国家广告产业园区
Beijing National Advertising Industrial Park

广告航母 北京启航

银行
银行
税务

园区简介

INTRODUCTION

创意引导生活，广告改变未来

成都国家广告产业园——创意广告基地

成都国家广告产业园位于成都市中心城区——锦江区，现有面积125亩，拥有7栋广告专业楼宇，总面积30.8万㎡。园区以“红星路35号”为核心，涵盖锦江区范围内“红星路广告传媒出版走廊”、“锦江创意商务区新媒体发展基地”和“成都东村广告创意总部发展基地”等点位。园区以“一廊两园”、“一园多点”的空间规划为基础，形成了“创意广告基地”、“数字广告基地”和“传媒广告基地”的产业功能布局。2012年6月，园区成功创建西南首个“国家级广告产业试点园区”，2013年10月，园区获得人民网颁发的“中国最具活力创意产业园区奖”。2014年4月，园区正式获批升级为“国家级广告产业园”。

截至2013年底，园区初步形成了以世纪义商、纵横天下、全动科技为代表的数字新媒体集群；以博瑞广告、华希广告、华道佳、大贺传媒、大智成广等为代表的高端广告企业集群；以洛可可、丙火创意、嘉兰图等为代表的创意设计企业集群；以四川日报报业集团和成都传媒集团等为代表的传媒企业集群。打造出了一条以广告创意设计与传媒印务、网络数字、电子出版及广告交易等上下游产业相聚合的全产业链。

成都国家广告产业园——传媒广告基地

成都国家广告产业园——数字广告基地

园区获得人民网颁发的“中国最具活力创意产业园区奖”

国家工商总局副局长甘霖为园区授牌，中共成都市锦江区委副书记、中共成都市锦江区人民政府党组书记、锦江区政府区长陈历章代表园区接牌

2014年10月，国家工商总局副局长甘霖视察园区

2013年12月，全国人大原副委员长路甬祥再次视察园区

• PARK FEATURES/ 园区**特色**

园区发展纳入省、市重要产业发展战略之中。省市高度视园区创建工作，在产业规划、政策制定等方面给予大支持，并形成了行之有效的省市区行政管理部门与园区同协作推进园区建设的机制。**积极推进产业融合发展。**循传媒广告业多集中在城市核心区域、广告交易发布也发生在商业中心的规律，依据区域产业基础、优势和中城区情况，制定了成都广告产业园五年发展规划。在空布局上将园区规划为“一廊两园”三大区域，形成成都告产业园区地处商业核心区并与配套产业区域相呼应、告业与商贸业高度融合的特色。**形成了多元主体参与共的格局。**我们坚持“政府主导、企业主体、市场运作”则，遵循市场规律，充分发挥市场配置资源的基础性作。在园区范围内，利用相对集中的旧厂房、闲置的校舍旧居民楼进行整合改造，寻找建成或在建的商务楼宇，用政府的优惠政策，园区与楼宇的运营商合作，通过租、业态调整等方式建设和拓展园区载体。在两年多时间，政府用2.2亿元的建设资金，撬动了12.14亿元社会资参与园区广告楼宇建设，园区载体面积从最初的2.5万平增加到现在的30多万平米。采用这种方式，缩短了园区载体建设周期，降低了建设成本、加快了招商引资、企业聚集步伐，为园区建设整体推进奠定了基础。**公共服务平台支撑效果明显。**园区在公共服务平台建设上卓有成效，这些平台已对园区及服务区域企业开放，并提供了服务。**在这之中，我们抓住园区及企业生存发展的关键环节，**重点搭建了广告交易中心，园区与川、藏省级政府唯一授权的西南联合产权交易所合作，打造了为园区及区域广告企业及广告主服务的区域性广告交易平台，这不仅为园区及企业的提供了生存发展的条件，而且为培育和繁荣广告交易市场、促进园区及辐射区域的广告业和其它产业更好发展作出了贡献。**产业集聚发展迅速。**2013年，园区招商引资效果突出，引进了4A企业华道佳、中国一级广告企业大贺传媒股份有限公司、中国第一家数字出版云服务园区连锁企业——中启创科技公司等大中型知名广告企业。入驻园区广告企业达到267家，园区服务企业1250家。园区及服务区域广告经营额年增速达24%以上，企业经营额达45.4亿元。

2014年10月， 国家工商总局广告司司长张国华视察园区

园区平台 /“五位一体”的公共服务平台建设

PARK PLATFORM

完善的配套性公共服务和专业服务

创新研发中心

是成都国家广告产业园一个促进创新方式、拓展创新成果的集研发、展示、交流与交易的多功能平台，也是促进广告产业创新的服务性平台，为四川省广告创意产业发展提供全方位链式空间支撑。

广告交易中心

是西南联合产权交易所与园区运营公司——成都广告创意产业运营管理有限公司合作共建的专业广告交易平台。它立足园区、面向川藏、辐射西部，充分依托资源优势，打造一个广告要素积聚、流通的区域性交易平台。

新媒体驱动中心

是成都国家广告产业园、西南交通大学和成都潘朵拉科技有限公司三方共同搭建。中心由三大部分组成：三维地图设计研发区、三维地理信息系统智慧管理体验区和三维地图技术孵化储备区，定位“智慧城市产业运营服务商”,依托智慧城市的建设，推动新媒体的全面发展。

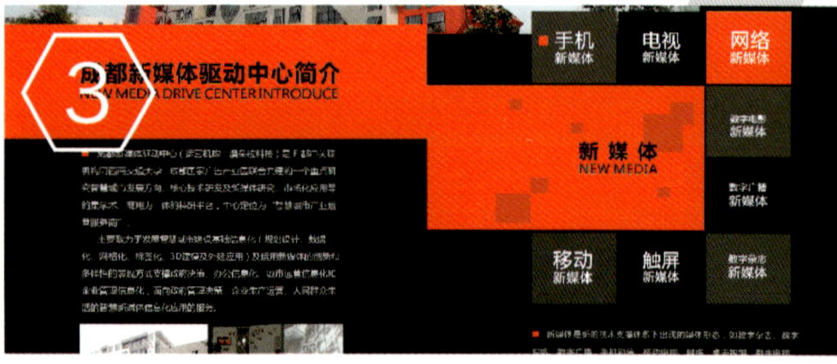

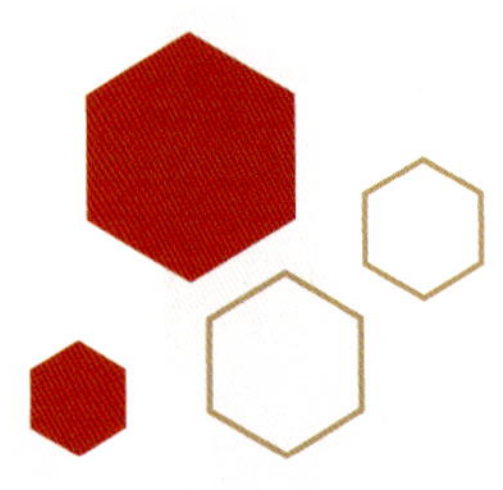

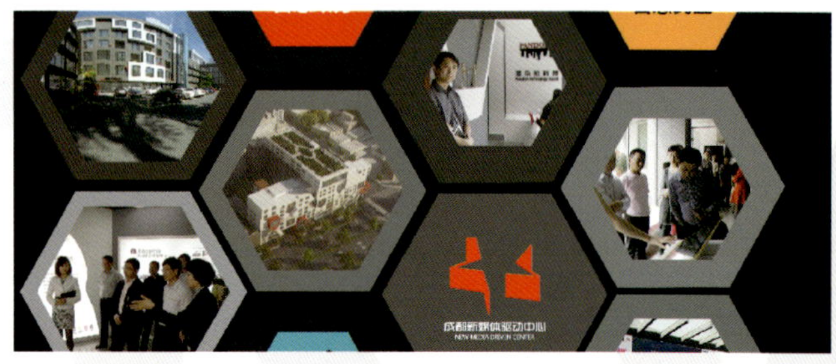

3D打印创意体验中心

建筑面积800㎡，由创意设计研发区、创意打印体验区、创意展览展示区和创意培训交流区四大部分构成，将分别承担创意设计与研发、创意实物打样体验、创意产品展示交流、3D打印技术培训交流四大功能。

云计算服务中心

以资源聚合和虚拟化、应用服务和专业化、按需供给和灵更使用的服务模式,为园区企业提供高效能、低成本、低功耗的计算与数据服务。

广告研究院

是由锦江区政府、成都国家广告产业园和四川大学、西南交通大学等高校并邀请省内外专家联合组建的理论与实践相结合的研究机构，旨在通过整合广告学术界及广告产业界的智慧资源，进行技术研究和理论创新，为广告企业的发展提供理论支持和实践指导。

广告企业孵化器

主要为创意型大学生和成长型广告企业提供前期孵化平台，实行“拎包入驻”的孵化政策，促进成长型广告人才和企业快速成长，为社会源源不断注入文化创意新血，建立西部地区广告人才智库。

通过推进运营管理、技术研发、市场交易、信息服务、人才培养“五位一体”的公共服务平台建设，成都国家广告产业园已形成了功能完备的产业支撑体系，园区内已搭建广告交易中心等众多公共服务平台，为园区入驻企业及从业人员提供了完善的配套性公共服务和专业服务。

2013“创意改变城市”论坛

2013年10月24日下午，作为第十四届西博会的重要活动之一，由成都国家广告产业园承办的“创意改变城市”论坛在四川省成都市梵木艺术馆隆重举行。论坛上，参会领导、与会专家和文化创意产业业界精英就成都国家广告产业园建设和其他文化、艺术、经济方面的课题进行了深入探讨。在论坛上，成都国家广告产业园获得人民网颁发的“中国最具活力创意产业园区奖”。

2013成都锦江区品牌企业商务营

2013年12月19日，由园区运营公司和成都市锦江区工商业联合会共同举办的商务营开营。会议围绕十八届三中全会提出的改革战略，成都商贸、文化、创意产业发展，以及现代企业营销等方面的问题进行研讨、交流。会上，介绍了成都国家广告产业园区的平台建设工作；还就《四川省主导产业与广告业发展的关系》的课题报告进行了交流。会后，园区负责人与参会企业代表共同出席了以“创新·交流·共赢”为主题的商务营活动。活动增进了对创新交流的深层次认识；加强了企业间的沟通，促进了互利共赢；增进了企业家之间的互动，搭建起了资源共享的平台。

2013首届广告交易推介会

2013年10月24日上午，由成都国家广告产业园主办的“2013成都广告交易推介会”在园区隆重举行。本次活动邀请到来自省、市、区政府相关部门、广告界知名专家、知名广告企业、省市媒体在内的各界嘉宾、代表到会。同时特别邀请到法国领事馆、中国欧盟商会西南分会及四川交投广告有限责任公司、郎酒集团等国内知名企业和国外机构作为本次推介会观礼嘉宾。首届广告交易推介会的举行，标志着西南联合产权交易所广告交易中心的正式运营。

2013年首届全国广告产业试点园区建设和运营管理工作培训班

2013年10月23日，首届全国广告产业试点园区建设和运营管理工作培训班在成都国家广告产业园正式开班。国家工商总局副局长甘霖和广告司司长张国华等领导出席了当天的培训。会议由广告司副司长黄新民主持，邀请南京财经大学乔均教授进行了专题授课。成都、杭州、潍坊、哈尔滨和无锡广告园区的相关负责人就园区建设和运营管理进行了经验交流。

园区活动 PARK ACTIVITIES

园区产业及宣传活动活跃，成功举办了首届全国广告产业试点园区建设和运营管理工作培训班等一系列具有影响力的节会活动。与外界的频繁互动整合了市场资源，推动了产业发展，为园区带来更多的合作机会，并提升其美誉度。

2014成都创意联展暨四川青年广告创意主题设计大赛启动

2014年5月6日上午，启动仪式暨新闻发布会在成都城市新地标——国际金融中心（成都IFS）举行。“2014创意联展暨大赛”是继“2013‘REDSTAR CUP’成都公益广告创意设计大赛”为基础的新一届公益设计大赛。作为成都市举办的“2014中国成都创意设计博览周”的活动之一，本次活动通过创意作品的征集和联展，将打造出一个集竞技、展示和交流为一体的创意文化传播平台，使其成为每年一度的创意文化交流盛会。

2014FUN成都游戏动漫节拉开帷幕

活动于4月正式拉开帷幕。成都拥有着大量的高新产业基地、游戏动漫开发企业，同时也具有良好的动漫、游戏爱好者基础，FUN成都游戏动漫节正是在此背景下应运而生，并将持续进行下去。它是所有热爱游戏动漫、创意设计文化人士的年度盛会，是为成都打造的快乐盛典。活动将采取展、赛、秀、LIVE一体的模式，通过城市、活动、媒体结合，打造成都——“中国游戏动漫创意文化之都”。

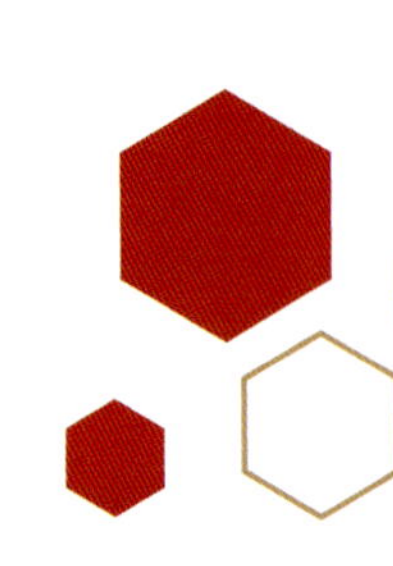

选商引资

INVESTMENT POLICY

由招商到选商，是一个从被动到主动的过程。选商引资彰显了一种从数量型向质量型的理念转变，从园区的产业结构、资源条件、环境情况、空间可能出发，筑高门槛，严格准入条件，做到优中选优、好中择好，最终实现园区资源配置的最优化、综合效益的最大化。

/招商政策

① 引进企业的专项优惠政策：

A. 对园区内新注册登记的广告企业，免收工商登记费。

B. 依据广告企业与园区推进办签订的协议，企业承诺会计年度地方经济贡献度达到30万元，可对该企业租用办公用房按15元/月・平方米的标准进行补助；企业承诺会计年度地方经济贡献度每增加30万元，补助标准增加10元/月・平方米；补助年限不超过三个年度；补助标准不超过50元/月・平方米；年度补助总面积不超过200平方米。

C. 依据广告企业与园区推进办签订的协议，企业前三个会计年度地方经济贡献度每年达到30万元以上，可对企业按其对地方经济贡献度不超过80%予以补助，次年兑现；后两个会计年度地方经济贡献度每年达到30万元以上，可对企业按其对地方经济贡献度不超过60%予以补助，次年兑现。

D. 对新入驻到园区内的重点广告企业，经园区推进办确认，可享受一次性开办补助。

E. 对新引进园区内的重点广告企业，结合企业对地方的经济贡献度，经园区推进办确认，可对企业高管或骨干人员交纳的个人所得税给予奖励。

② 促进广告企业发展的相关扶持政策：

A. 对在锦江区域内举办的广告会展（论坛）活动，经园区推进办确认，可视其规模和影响力予以补助。凡属区委、区政府具名主办（承办）的广告会展（论坛）等活动，可给予50万—100万元的经费补助；凡属区级相关部门（园区推进办）具名主办（承办）的广告会展（论坛）等活动，可给予10万—20万元的经费补助。由区政府组织企业参加的市级以上（含市级）大型广告会展活动，可按实际参展费的50%对参展企业补助，原则上单个企业年度会展补助金额不超过20万元。

B. 对在锦江区纳税的广告客户与园区内重点广告企业签订广告业务合同，并在锦江区内举办大型广告发布、品牌推广活动，经园区推进办确认，可给予2万—5万元的经费补助。对围绕锦江区“1+4”主导产业，开展品牌推广活动的，经园区推进办确认，可视其规模和影响力，对活动举办方，给予5万—10万元品牌推广补助。

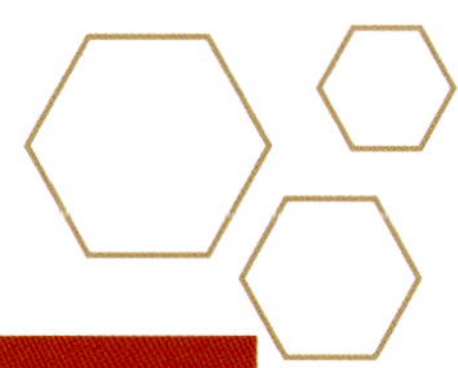

招商电话：028-86612873

招商地址：成都市红星路1段35号A区B栋2楼

成都市广告创意产业运营管理有限公司

官网：WWW.REDSTAR35.COM

官方微博： 官方微信：

园区概况

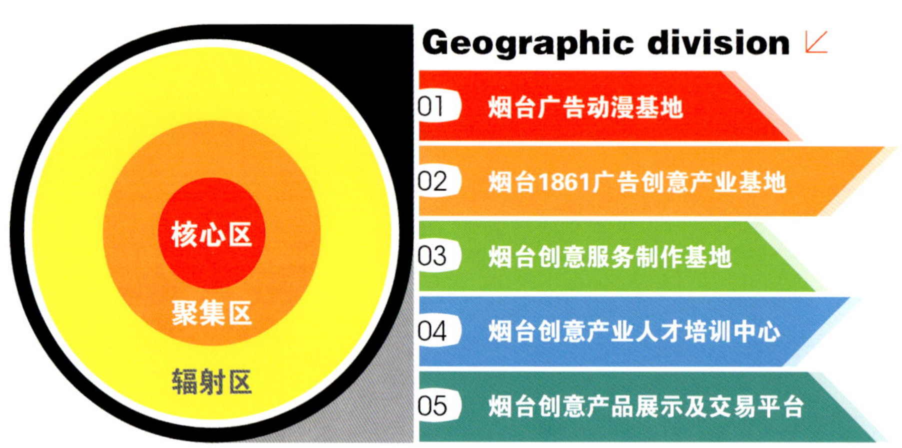

烟台广告创意产业园区位于烟台市芝罘区南部新城，自2007年开始规划建设，总规划面积10平方公里，建筑面积60万平方米，总投资47亿元。根据产业发展规划，园区分为核心区、聚集区、辐射区三大区域和烟台广告动漫基地、烟台1861广告创意产业基地、烟台创意服务制作基地、烟台创意产业人才培训中心及烟台创意产品展示及交易平台五大板块。截至目前，园区基本形成了包括动漫、广告创意、服务制作、创意作品交易、影视摄制等在内的多个业态。

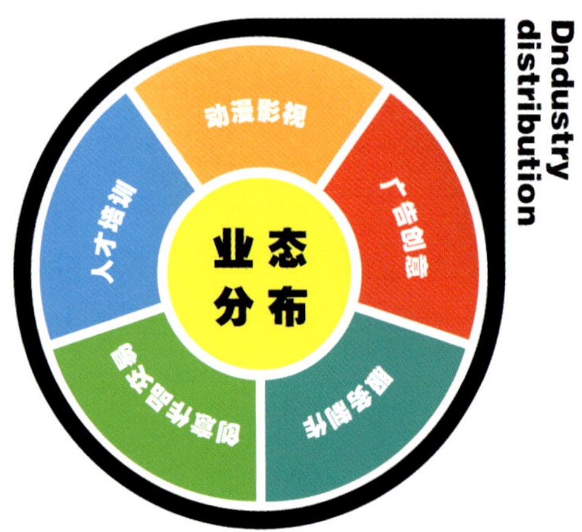

Location

区位优势

烟台毗邻日、韩两个亚洲知名的广告创意、制作大国，烟台广告创意产业园区定位为连接亚洲地区广告创意企业的桥头堡，具有十分显著的区位优势。此外，烟台还具备“山东半岛蓝色经济区”和“黄河三角洲高效生态经济区”国家级战略叠加优势，烟台市大力发展以广告创意为代表的文化产业符合国家发展战略目标，是经济繁荣和生态文明双丰收发展的新途径。

Building

载体优势

目前园区已经建成载体面积超过10万平方米，正在建设总面积22万平方米的创意大厦，同时还重点进行了园区周边服务性载体建设，包括白领公寓、超市、餐饮酒店等，为园区企业提供住宿、餐饮、购物、娱乐等配套服务。到2016年底，园区将新增载体面积超过50万平方米，可以容纳超过1000家创意企业入驻。

Policies

政策优势

烟台市和芝罘区政府都针对园区发展出台了扶持政策，在企业的房租、水电、网络等费用方面予以减免，在资金奖励、人才引进、重点项目推介、对外宣传等方面予以扶持，此外入驻企业可享受贷款贴息、担保费补贴等优惠政策。通过搭建产业载体、打造技术和服务平台、完善配套设施，以保姆式服务、先进技术支撑和全面知识产权保护为导向，大力培育独具特色的动漫影视、设计广告等创意产业集群。

获得国际性重大奖项的创意原创作品，一次性给予15万元—20万元的奖励；对经认定获得国家级重大奖项的创意原创作品，一次性给予10万元—15万元的奖励。

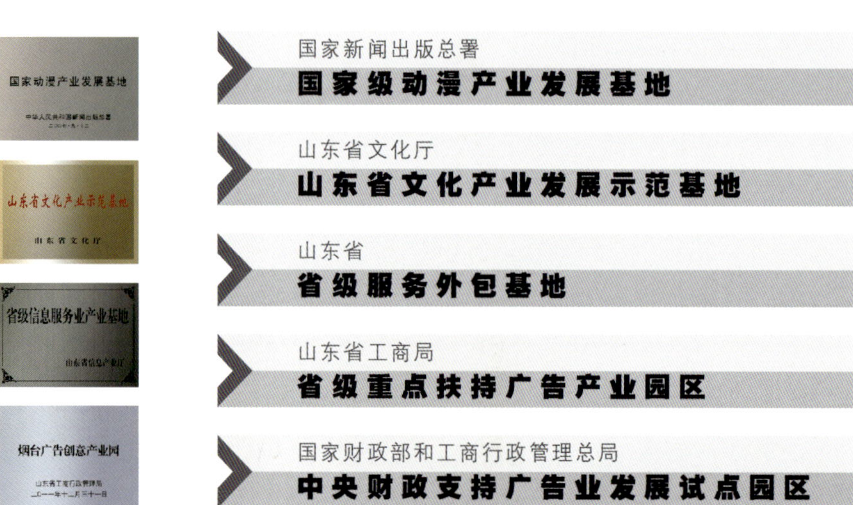

Engineering

技术支撑

多媒体新闻发布中心&企业作品展厅

集群渲染系统

数码快印平台

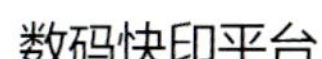
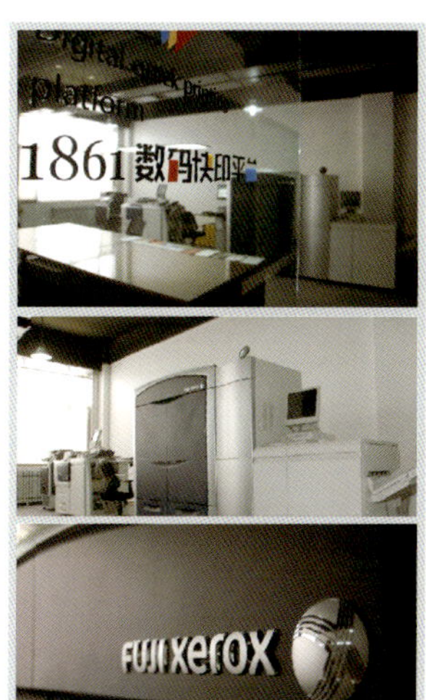

专业影棚

专业录音棚

针对广告、动漫等企业在生产过程中对专业技术设备的需求，投资建设了集群渲染、高清音视频编辑、录音棚、虚拟演播室、摄影棚、数码快印等公共技术服务平台，以成本价提供给园区内企业使用，以优惠价辐射园区外创意企业，为创意企业提供有力的技术支撑。

服务项目	联系电话
集群渲染系统	联系电话：0535-6735035
专业录音棚	
专业影棚	联系电话：0535-6739504
数码快印平台	
多媒体新闻发布中心&企业作品展厅	

Human resources

人力资源

政策引领

出台了优惠的人才引进政策，为企业发展提供具备跨国经营的高端管理人才。在住房保障、资金补助、创业扶持等方面也出台了相应的优惠政策，建立人才库，吸引国内外人才在此聚集。

联合高校

与北京大学文化产业研究院、北京电影学院、山大、鲁大等高校合作搭建产学研互动平台，定期邀请教授专家来园区进行课题交流，邀请企业共同参与市场化推广。

聘请顾问

已聘请50多名教授、国内外专家、知名设计师、龙头企业负责人组成园区顾问团，为园区发展提供有力的智力支持。

强化培训

目前已建成2.1万平方米的烟台创意产业人才培训中心，引进了多家知名的创意人才培训企业，可以为烟台乃至山东培养大量创意人才，从而解决企业人才匮乏的难题。同时，设立“大学生实训”等企业培训课程，使毕业生通过再教育培训，在较短时间内能胜任企业的业务工作。

创业孵化

创建了大学生创业孵化基地，通过“创业一批、孵化一批”的良性循环模式，聚集和培养创意人才。同时创建创意人才大厦为创意产业创业者和中小微创意企业的发展提供办公场地、项目合作、企业培训及创业指导等“一站式”服务。

引进外国专家

与中日动漫游戏交流促进机构、韩国文化产业振兴院等国外知名服务机构合作，引进了一批掌握现代高新技术和理念、善于运用科技手段推动广告创意产业发展的创新型人才和一批善于开拓国内外广告创意产业市场的外向型人才。

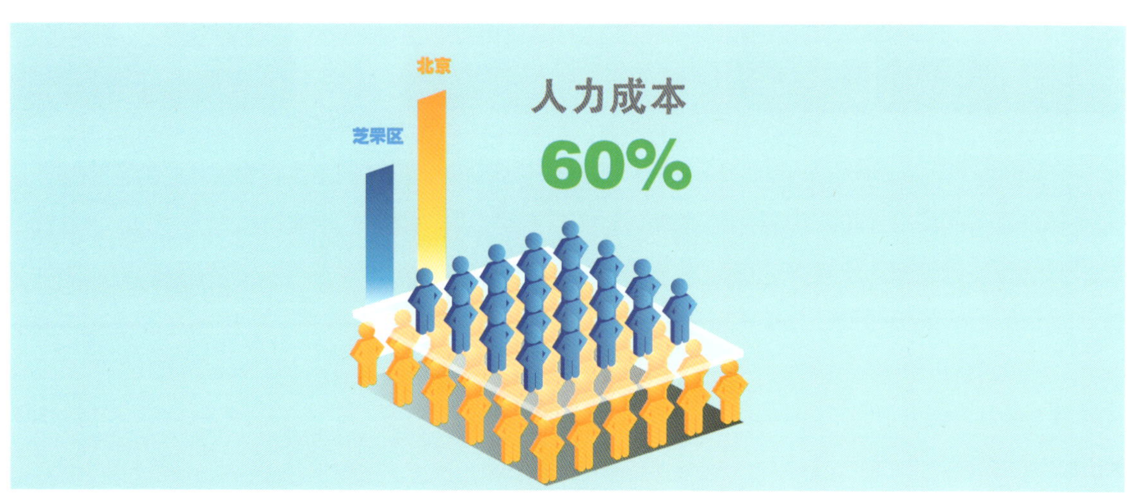

Service

全方位服务

园区在拥有优越的地理和交通等自然环境之上，加大了配套服务平台和机构的建设力度。根据企业需要建设了烟台文化创意产业网、版权保护中心、作品展示厅、多功能新闻发布厅等服务平台；配套建设了园区商务中心、咖啡吧、书吧、食堂、健身房等后勤服务设施；成立了园区技术部、财务部、物业部等配套服务机构，为入园企业提供全方位的服务。

烟台文化创意产业网

版权保护中心

作品展示厅1

多媒体新闻发布中心

作品展示厅2

商务中心

咖啡吧

创意书吧

食堂

健身房

陕西国家广告产业园区

陕西国家广告产业园位于西安国际港务区核心地段，规划总占地800亩，远期规划总占地3平方公里。项目启动区占地135亩，投资18.8亿元。该项目是陕西省重点文化产业示范基地；西安市2013、2014年重点项目；西安国际港务区的现代服务业产业龙头示范项目。特别是2012年4月国家工商总局授予全国首批9个广告产业聚集区“国家广告产业园区”的称号，陕西国家广告产业园作为西部地区唯一的获批园区名列其中。

一、区位

本项目位于西安国际港务区的核心地段，北至柳新路，南到向东路，东至港务大道，西接规划路，区位优势明显。西安国际港务区作为一个集商贸、物流、信息化为一体的现代服务业聚集区，为广告产业园的发展提供了广阔的市场需求。同时项目周边拥有西安综合保税区、西安铁路集装箱中心站、西安公路港等优势项目，有利于广告设备、材料、新媒体等的进出口保税、运输、展示和广告企业网络办公、资源云端管理、视频会议等各项发展需求。

二、定位

陕西国家广告产业园是以广告与文化为基础，知识产权的形成与应用为载体，以促进广告企业跨式发展为宗旨，以打造广告行业全产业链为发展方向以拉动区域经济增长与增加就业机会为目标的产业群。主要涉及广告、文化、艺术、动漫影视、传媒信息服务、设计服务、咨询策划等领域的中高端功业态。

三、建设内容

园区按“六区两广场”规划布局，其中包含：广企业总部区、广告传媒聚集区、国际广告展示交易区广告四新研发区、广告企业孵化区、高端商务配套区及环球创意体验文化广场和爱德华音乐广场。

项目启动区占地135亩，总投资约18.8亿元，以总部办公基地、广告博物馆、广告企业孵化中心、

告四新大厦、文化创意街区为主要建设内容。在基本满足广告企业入驻需求的基础上，使聚集效应初步显现。

四、特色亮点

陕西国家广告产业园秉承“丝绸之路、广告先行、贸易跟进”的运营战略，通过不断加大与丝绸之路经济带沿线国家和地区的经贸合作，以打造陕西广告业对外贸易战略高地，开拓对外贸易的新起点为责任。通过结合自身优势，以全面加强与中亚各国合作为契机，深入挖掘丝绸之路经济带建设内涵；以先进的科技手段与传统交易展示为渠道，建立完善的企业公共服务平台；以丰富的物业形态与完善的配套功能为企业提供服务等，使园区成为具有自身特色的国家级广告产业园区，力争成为西部地区标志性文化工程项目。

五、项目意义

陕西广告产业园作为西部地区首批唯一获批的“国家级”广告产业园区凭借其天然优势，承担着繁荣区域广告产业，延伸广告产业链，辐射带动周边服务业升级转型的重要使命，同时也肩负着深化陕西省与丝绸之路经济带沿线国家和地区文化交流合作的重任。项目建成后，对加强陕西与丝路沿线地区经贸合作、增强产业培育能力、加快经济结构调整和优化升级、促进经济持续健康快速增长，将发挥重要的引领作用。

六、项目推进

1. 成立专门的管理机构，建立推进机制。

为了快速推进项目，园区成立了“陕西国家广告产业园发展建设领导小组”，并在国际港务区管委会内建立常设机构——陕西国家广告产业园推进保障服务办公室，该办公室主要负责征地拆迁、项目申报、政策制定、入园咨询、项目建设监督和管理等工作。

为了推进项目进展，园区实行例会制，每周由广

告产业园办牵头召开一次会议。对于存在阻碍项目进展的问题，实行责任人包干解决制。

2. 引入开发主体，加速市场化运营。

陕西国家广告产业园按照“政府指导，企业运作”的模式进行开发建设。针对园区的开发成立了“陕西广告产业园投资控股有限公司”，针对区内子项目的开发成立了相应子公司。通过组建开发运营实体，实现利用广告产业园现有的政策资源、物业资源、服务平台资源吸纳周边地区广告企业，形成广告产业链上下游聚集发展的大环境。另外对于新型广告企业的聚集工作，园区还将引入二级平台商，加大广告文化企业的招商力度。

3. 搭建发展服务平台，促进产业聚集。

目前，陕西国家广告产业园已成功引入“中国演员网”，该系统聚集了中国当前一流的广告人才、演员资源，以及广告文化教育素材，利用该系统可完成广告专业的在线培训工作。除此之外，在该系统内可根据用户需求生成一体化订单，客户可根据自己的需求完成各类广告项目。

2014 年内，园区已启动建设总建面超过 5000 m² 广告行业大数据博物馆项目，该项目作为陕西国家广告产业园重要的技术支持平台，将为广告企业提供广告素材数据挖掘、数据搜集、数据处理、业务整合、以及相关展示等多重服务功能，将惠及西安及周边地区广告企业。

常州

ChangZhou

古称延陵，地处中国长江三角洲中心区域，与上海、南京等距相望，现辖金坛、溧阳两市和武进、新北、天宁、钟楼、戚墅堰五个行政区，总面积 4385 平方公里，常住人口 459 万人，2013 年地区生产总值 4360.93亿元人民币，户籍人均 GDP 超过 1.5万美元。

Changzhou, called Yanling in ancient times, is located in the central region of the China's Yangtze River Delta and is nearly equidistant from Nanjing and Shanghai. Currently, it is comprised of two cities (Jingtan and Liyang) and five administrative regions (Wujing, Xinbei, Tianning, Zhonglou and Qishuyan). Changzhou has a resident population of 4,590,000 people and a total area of 4,385 square kilometers. In 2013, the Gross Regional Product was 436.093 billion yuan and the household per capita GDP was over $15,000 (USD).

城市交通
City Transportation

铁路：京沪铁路，连接全国各大中城市；沪宁城际铁路，常州到上海约 1 小时，到南 京约 30 分钟；京沪高速铁路，常州到北京仅需 4.5 小时。

公路：境内有沪宁、宁杭、沿江等 6 条高速公路，可通达全国各大城市，到上海约 2 小时，到南京 1 小时左右。

航空：常州奔牛国际机场，是苏南国际航空客货运中心，目前已开通北京、广州、深圳、沈阳、哈尔滨、大连、成都、重庆、昆明、西安、天津、泉州、厦门、珠海、三亚、张家界、桂林等 17 个城市的航班。即将开通中国香港、澳门、台湾地区，日本、韩国、新加坡、俄罗斯、澳大利亚等国际航班，以及通达全国主要省会城市和旅游城市的新航线，年旅客吞吐量 100 万人次。同时，常州距上海虹桥国际机场 160 公里，上海浦东国际机场 210 公里，南京禄口国际机场 120 公里，航空条件优越。

Railways:
Beijing-Shanghai Railway: Connects most major and medium cities in the nation.Shanghai-Nanjing Intercity Railway: from Changzhou, only one hour to Shanghai and 30 minutes to Nanjing.Beijing-Shanghai High Speed Railway: 4.5 hours to reach Beijing from Changzhou.
Highways:
The territory of Changzhou contains the Shanghai-Nanjing, the Nanjing-Hangzhou, and the Yanjiang expressways, as well as three other expressways. These six expressways connect to each major city in China. Shanghai is a two-hour drive from Changzhou. Nanjing is a one-hour drive from Changzhou.
Airport:
Changzhou Benniu International Airport is the passenger and freight transport center of the southern Jiangsu international airline network. Currently, this airport has flights to seventeen Chinese cities: Beijing, Guangzhou, Shenzheng, Shenyang, Haerbin,

常州国家广告产业园区简介
Brief Introduction to the Changzhou National Advertising Industrial Park

常州国家广告产业园区是首批9个“国家级广告产业园区”之一。授牌以来，园区根据“一核三基地”建设规划，按照“开放发展、特色发展、融合发展、创新发展”的战略，经过几年的努力，园区建设初具规模。

一核。即国家广告产业园创意设计核心基地，重点发展网络新媒体、移动互联网、智能识别、智慧互动、裸眼3D、虚拟现实等广告新技术研发与应用领域；三基地，即国家广告产业园保纳基地、灵通基地、三井基地。保纳基地重点发展新媒体终端研发，广告资源交易，公益广告活动策划与产品发布领域；灵通基地重点发展广告器材的研发、生产、交易以及会展设计等领域；三井基地重点发展新媒体、多功能显示、交互式一体机等设备的研发与生产等领域。

Railways:
Beijing-Shanghai Railway: Connects most major and medium cities in the nation.Shanghai-Nanjing Intercity Railway: from Changzhou, only one hour to Shanghai and 30 minutes to Nanjing.Beijing-Shanghai High Speed Railway: 4.5 hours to reach Beijing from Changzhou.
Highways:
The territory of Changzhou contains the Shanghai-Nanjing, the Nanjing-Hangzhou, and the Yanjiang expressways, as well as three other expressways. These six expressways connect to each major city in China. Shanghai is a two-hour drive from Changzhou. Nanjing is a one-hour drive from Changzhou.
Airport:
Changzhou Benniu International Airport is the passenger and freight transport center of the southern Jiangsu international airline network. Currently, this airport has flights to seventeen Chinese cities: Beijing, Guangzhou, Shenzheng, Shenyang, Haerbin, Dalian, Chengdu, Chongqing, Kunming, Xian, Tianjin, Quanzhou, Zhuhai, Sanya, Zhangjiajie and Guilin. And it will soon include flights to Hongkong, Macao, Taiwan, Japan, Korea, Singapore, Russia, and Australia, as well as to other destinations. This airport will also begin air service to Chinese provincial capital cities and other cities that are tourist destinations. Annually, the Changzhou Benniu International Airport serves approximately one million passengers. Due to Changzhou's relative proximity to the international airports in Nanjing and Shanghai, air travel to and from Changzhou is very convenient.
The distance between Changzhou and Shanghai Hongqiao International Airport is 160 kilometers.
The distance between Changzhou and Shanghai Pudong International Airport is 210 kilometers.
The distance between Changzhou and Nanjing Lukou International Airport is 120 kilometers.

基础服务设施建设情况
Information regarding service facilities

基础服务
Basic services

企业落户服务：工商注册、税务登记、企业开业

配套设施服务：物业管理、员工住宿、培训设施、交通、餐饮、康体、娱乐。

Services to help business establish themselves and to register within the industrial park: business registration, tax registration and business opening services

Facility services: property management, staff accommodation, training facilities, transportation, food catering, fitness facilities and entertainment facilities

八大公共服务平台
Eight public service centers

公益广告创意设计制作平台
广告人才培训中心
广告资源交互平台
新媒体研发平台
广告器材研发、生产、销售平台
技术服务平台
常州广告网平台
新技术媒体运行平台

Public Advertising Creative Design Center
Advertising Talent Training Center
Advertising Resources Interaction Center
New Media Development Center
Advertising Equipment Research and Development, Manufacturing and Sales Center
Technical Service Center
Changzhou Advertising Network Center
New Media Technology Operation Center

市场服务
Marketing services

企业家俱乐部
产品推介会
海外市场推广
CNITO 国际服务外包平台
主题公园销售平台
中国（常州）国际动漫艺术周

Entrepreneur Club
Product recommendation
Promotion in overseas markets
CNITO International Service Outsourcing Center
Theme Parks Sales Center
China Changzhou International Animation Art Festival

科技金融服务
High-tech financial services

投融资洽谈对接
企业上市全程辅导
抵押贷款担保
35 亿元园区投资基金

Investment and financing projects negotiation
Listed enterprise counseling
Mortgage guarantee
Access to government grants; park endowed with 3.5 billion yuan in investment funds

人才服务
Talent recruitment services

市人社局驻基地服务中心人才引进：海归领军型人才引进、境外专家引进、专场招聘、人才推荐

Changzhou human resources and social security bureau service center
Recruitment of new talents: recruitment of leading talents returning from overseas work and study experiences, recruitment of foreign experts, special job-recruitment fairs, and location and recommendation of talented individuals.

武汉汉

广告影视棚

建筑面积约1800平方米，投资3000多万元采购世界高端影视设备器材，已成为华中一流的集摄影、制作、培训一体的产业功能型公共服务平台，对广告、影视、文化等企业提供场地、设备租赁以及必要的技术支持服务。

广告产品推广中心

建有4个多功能商务活动空间，总面积1800平方米，可容纳600余人，为各类广告企业提供产品信息发布、产品推广等一站式商务服务。

新媒体技术支持中心

打造互联网终端精准投放技术平台，在优酷土豆视频网站大数据支持下，实现对家庭用户的广告精准投放；开发与推广“企业商务云”项目，实现中小企业产业化与信息化融合，聚合中小企业产业链信息通道，实现对企业用户的广告精准投放。

园区荣誉

国家广告产业园
湖北省现代服务业示范园区
湖北省文化产业示范基地
武汉市文化和科技融合示范园区
武汉文化创意产业最佳园区
武汉市首批旅游名街
武汉市全民创业示范基地

武汉汉阳广告创意产业园位于武汉中心城区汉阳、汉口、武昌三镇交接点的“武汉之心”，区位优势优越。园区依龟山、傍汉水、靠长江、拥月湖，绿树成荫，鸟语花香，生态环境优美，是武汉中心城区极为难得的一处闹中取静、环境清幽的创作净土，也是一片充满生机、充满活力的创意乐园。

武汉汉阳造国家广告产业园近期重点建设核心产业片，规划用地240亩，建筑面积约22万平方米，将航天科工武汉磁电公司和汉阳特种汽车制造厂遗留厂房进行改造利用，以广告与创意融合为特色，建设工业遗产创意公园。

园区集聚广告创意、影视制作、艺术设计、新媒体技术等四大产业，重点发展影视广告和电视新媒体产业，先后聚集了优酷土豆OTT、翰缘科技、沐石文化、宜尚文化、光亚文化等96家广告类企业。

产业园着力推进公共服务平台建设，先后建设了广告影视棚、广告云计算中心、广告文化展示中心、广告人才培训中心、广告产品推广中心、新媒体技术支持中心等广告公共服务平台。同时，省、市、区各级政府分别出台了扶持政策，支持园区和企业发展。

从“旧的重工业基地”到“汉阳造广告创意园”的华丽转身，汉阳造完成了从“汉阳制造”向“汉阳智造”的美丽蜕变，迅速崛起为中部地区广告创意领域的新地标。

造国家广告产业园区

广告云计算中心

采购高性能硬件设备行软件，搭建与国际、适度超前、安全高效维、三维动漫广告技术，建设华中一流的全息觉特效云制作基地，采数据运算和云处理技术，区企业提供影视制作、动染、全息互动等技术服务。

广告文化展示中心

由文化展览区和广告文史馆组成，文化展览区主要用于广告品牌推广活动和广告企业交流。广告文史馆展现园区广告和文创企业发展成果，展出园区企业优秀广告作品，展览汉阳独特的府治地理和地域文化。

广告影视人才培训中心

由广告演艺人才培训基地、广告影视技术人才培训基地、广告影视技术人才实践基地组成。广告演艺人才培训基地为广告模特提供形体塑造、化妆造型、广告表演培训。广告影视技术人才培训基地为广告技术人才提供专业培训，为企业培养广告影视技术实用型人才。

福建海西国家广告产业园区

（福州园）

一、园区概况

福建海西国家广告产业园区（福州园）以闽台AD广告创意园、闽侯广告研发制造园和长乐海西创意谷闽台广告合作总部基地为核心，按照“一园三区”的规划进行创新性、超前性地布局和发展。通过省、市共建模式，打造总占地面积2841亩的福建海西广告产业园区（福州园）。第一区，“闽台AD广告创意园”位于福州市中心晋安区秀峰路，该项目规划总占地面积为210亩，建设总投资10亿元，总建筑面积25万平方米。其作为福州广告文化创意园总部，建成后的园区将是一个融广告人才、广告创意以及沟通交流为一体的、具有完整产业链功能的海峡两岸广告创意产业基地；第二区，闽侯广告研发制造园总占地面积180亩，该项目以海峡传媒港为主，锦绣广告制造园为辅。海峡传媒港，选址闽侯县甘蔗街道，总占地面积150亩，规划建筑面积43万平方米，建设总投资28亿元。锦绣广告制造园位于福州闽侯经济技术开发区铁岭工业园，园区占地总面积约30亩，项目总投资3.75亿元。该区专注于广告产业新媒体、新设备、新技术、新工艺的研发、生产和制造，成为广告产业链上游广告传媒产业基地与广告生产制作基地；第三区，长乐海西广告创意谷位于长乐市域东北部，规划面积2451亩建设，总投资45亿元。该区将重点突破广告产业相关的新技术、新合作和新探索，建设动漫游戏开发中心、电子周边产品研发中心、数字营销中心及两岸产业人才交流合作中心等平台，成为广告产业链下游广告衍生产业基地。

福建海西国家广告产业园区（福州园）搭建包括技术支撑平台、综合配套平台、人才集聚平台、市场交易平台、企业孵化平台、公益广告展示平台等六个方面在内的多功能广告公共服务体系，为广告企业之间、广告企业与其他企业之间的交流、合作提供机会。

二、园区招商情况

福建海西国家广告产业园区（福州园）是其它28家国家广告产业园对台广告产业交流的核心平台。目前，“一园三区”共吸引各类广告创意文化类企业108家，其中，已入驻企业28家，包括香港上市公司——网龙网络公司、福建海呐天成品牌管理顾问有限公司，以及多次获设计界奥斯卡金奖的上海唐玛国际机构、福建亚谷机构、慧能传播等企业，园区企业吸引和培养各类广告类专业人才近千名，累计实现产值35亿元，增加就业岗位3000余个。

三、园区发展历程

2012年12月，经福州市人民政府批准，福州市制定了福建海西广告产业园区（福州园）“一园三区”发展规划，向国家工商总局申报

“福州广告文化创意产业园”。提出凭借海峡两岸文化交流得天独厚的区位优势及海西政策优势，实行“链条传动、产业融合、协同共享、统筹发展”的园区发展模式，通过省、市共建，将园区建设成为海峡西岸重要创意中心和国家级广告创意产业示范园区的总体目标。市政府成立了由市长任组长，分管副市长任副组长，市工商局、市财政局、市文产办、各园区所在地政府等相关负责人为成员的福建海西广告产业园区（福州园）建设工作领导小组，全面统筹推进试点工作。

2013 年 1 月，福州市人民政府办公厅制定出台了《关于支持广告园区发展意见（试行）》（榕政办[2013]20 号），设立广告园区发展专项资金，明确了财税扶持政策、品牌奖励政策、经营用房补贴政策、企业融资、公共平台建设和人才服务政策以及对台资企业扶持特殊政策，积极扶持广告产业发展。

2013 年 4 月，市政府成立了由工商、财政、文产办、各园区所在地政府分管领导为成员的福建海西广告产业园区（福州园）建设工作办公室，主要负责园区的政策和规划制定、建设管理、招商引资、对外宣传等工作。

2013 年 8 月，财政部发文批准福建海西广告产业园（福州园）作为国家广告产业园试点，并同意拨付园区建设专项补贴经费 2500 万元。

2013 年 12 月，首次在台湾举办“福建海西广告产业园（福州园）对台宣传推介会”，提升福建海西广告产业园（福州园）在台湾的知名度和影响力，为加快引进台资广告企业提供了良好的铺垫。

2014 年 2 月，福建海西广告产业园（福州园）顺利通过了国家广告产业园专家组的评估验收，正式进入国家广告产业园区行列。

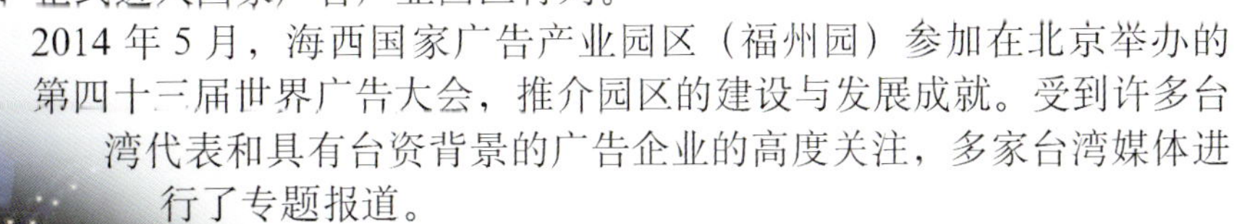

2014 年 5 月，海西国家广告产业园区（福州园）参加在北京举办的第四十三届世界广告大会，推介园区的建设与发展成就。受到许多台湾代表和具有台资背景的广告企业的高度关注，多家台湾媒体进行了专题报道。

2014 年 6 月，海西国家广告产业园区（福州园）第一区的“闽台 AD 创意产业园”被认定为福州市级科技企业孵化器，获得了福州市第二批文化创意产业（园区）示范基地的荣誉称号。目前园区正在加紧申报国家级科技企业孵化器，力争实现建设闽台广告创意总部集群目标。

2014 年 10 月，市工商局联合市财政局制定《关于做好福建海西国家广告产业园区（福州园）奖励（补助）项目申报工作的通知》，兑现广告产业园优惠扶持政策。

福建海西国家广告产业园区

（泉州园）

福建海西国家广告产业园区（泉州园）地处“东亚文化之都”泉州市政治、经济、文化中心——丰泽区，其前身是上世纪80年代初期开发建设的老旧工业区。近年来，随着泉州行政中心东迁，中心城区东进步伐加快，丰泽区委、区政府积极响应市委、市政府的号召，主动把握城市化的大趋势，及时出台产业“优二进三”政策，以老旧工业区改造为抓手，大力推进城市产业转型升级。2010年，以领SHOW天地为核心区域启动成州工业区的改造建设，推动片区业态由工业小作坊为主的传统工业向广告文化创意为主的现代服务业转变。工商部门立足实际、对接政策，成立专门机构，抽调得力干部进驻园区具体指导，为创建国家级广告产业园区作出突出贡献，使老旧厂房焕发了新的生命与活力。2012年4月，时任国务院总理温家宝亲临园区视察，高度赞许，称之为“旧厂房开辟新天地”。

福建海西国家广告产业园区（泉州园）总规划范围约1050亩，其中，规划改造老旧工业厂房175幢，占地约630亩，以坪山路为界分东、西两个区。目前，西区已基本完成改造的核心区域占地187亩，厂房37幢，建筑面积18万平方米；已有220多家广告企业和广告配套企业入驻，吸引5800多名以80、90后为主的，其中不乏海外学成回归的年轻创意人才在此创业就业。园区改造建设从2010年提出构想开始，经历立项审批、规划设计、租楼搬厂、改造建设、意向招商等大量复杂的前期工作，到2011年底正式开园运营，短短两年，废旧老工业区实现华丽转身；开园后经历两年多运营发展，先后获评市级广告文创产业园区、省级广告产业园区、国家广告产业试点园区，2014年4月正式获颁为国家广告产业园区，实现园区快速成长，取得良好的经济社会效益，主要体现为“五个满意”。

企业满意。园区老企业通过旧厂房改造，实现产业转型，增加资产收益。入园企业通过入驻专业园区、加入产业联盟，有效整合上下游企业，实现产业协同，快速发展壮大。园区已成功培育孵化皇品微电影等3家文创企业，在海交所成功挂牌；预计今年内，将有1家文创企业在新三板挂牌上市，有望成为我省首家在新三板成功上市的文创企业。同时，园区每年承接、承办各种论坛、研讨、展会、沙龙等交流研讨活动100多场次，在为入园企业带来强大信息流的同时，也为企业提供开阔眼界、跨界交流的绝佳机会，为文创企业打造了一个良好的创新创意环境。

社会满意。通过园区的改造建设，片区的道路、电网、排水排污等基础设施同步改造，片区景观不断提升，周边环境得到极大改善。园区投入运营以后，片区聚集大量企业并带来丰富的人流、物流和信息流，为社会创造了众多的就业、创业机会。园区同时还与驻地高校合作建立大学生就业创业实践基地，帮助大学生整合资源、对接产业、实现梦想。目前，园区共为周边群众创造近1000个工作岗位，每年吸纳超过500名应届大学毕业生在此就业创业。

运营商满意。园区改造建设后，产业聚集效应发酵，片区整体价值大幅提升。运营商既获得了展示专业、实现价值的工作平台，也从园区运营中获得了合理的利润。园区的成功运营模式，

为运营商今告的发展壮大，提供了商业模式和参考范本。

工商部门满意。2014年2月，国家广告产业园区评估专家组莅临园区评估时，给予高度评价认为，园区“政府主导、市场运作”的发展模式是国家广告产业园区建设的范本，政府负责建机制、搭平台，把园区运营、配套服务交给懂广告需求的专业机构负责，符合财政部和国家工商总局的初衷，实现了广告产业园区建设的设想，是专家们心中心仪、理想的广告产业园区。

政府满意。园区2013年实现产值13亿元，上缴税收1.2亿元，分别比改造前提高近10倍和20倍。园区企业在自身发展壮大的同时，有效反哺本地实体产业，助力本地传统企业的转型发展。如：园区内的广告创意企业立足本地食品行业成熟的产业基础，帮助本地食品加工企业，创立自有品牌、开设专营店、提高产品附加值，把产品价值微笑曲线的两端留在本地。

几年来，我们立足本地的实际，对园区发展进行准确的定位、构建灵活高效的机制和提供完善的运营配套，推动园区取得快速发展和良好效益，也为园区的持续健康发展奠定坚实基础。我们将抓住机遇，乘势而上，扬长避短，贯彻创新驱动战略，努力建设规划布局合理、公共配套完善、产业链条齐全、园区运营专业的国家广告产业园区，切实把园区做大做强，服务实体经济转型升级。

杭州西湖国家广告产业园区

Hangzhou Xihu National Advertising Industrial Park

2013年，杭州西湖国家广告产业园区在国家工商总局和省、市工商部门以及西湖区委、区政府的正确领导和悉心指导下，结合自身特点，在规划布局、项目推进、搭建平台、强化招商等方面积极开展工作，园区的开发建设取得了较好成效，4月份被国家工商总局认定为国家级广告产业园区并正式授牌。

（一）推进项目配套建设

杭州西湖国家广告产业园区累计已建面积22万平方米，累计在建面积24万平方米。其中3万方的

湖广告大厦主体工程竣工，正进行公共部位装修，预计2014年下半年投入使用。园区基础配套建设有序推已建成会议中心、银行、餐厅、超市、咖啡吧、人才宿舍等，为园区内职工打造5分钟生活服务圈和商务园区还具有较完善的交通系统，园内有多路公交可直达杭州市中心主要区域。同时在园区内布点微公点4个，公共自行车站点34个。

（二）创新运营管理模式

成立杭州西湖广告产业园区管理委员会，由区委书记任主任，区长任第一副主任，区委、区政府

领导任副主任，聘请中国美术学院、浙江大学、阿里巴巴集团负责人为西湖广告产业园顾问。同时，结合西湖实际，创新园区发展运行机制，整合区域内社会力量，采取“政府主导、企业参与”的市场化运作模式，委托浙大网新下属企业杭州网新睿研科服务有限公司负责参与园区推广、招商运营和管服务工作，实现资源共享、优势互补。

（三）搭建公共服务平台

园区积极搭建各类公共服务平台服务园区企业，已成云计算服务平台、公共拍摄平台、数字制作中心、联网推广营销平台、中小广告企业孵化平台等公共服平台，为园区内广告企业业务开展提供技术支撑。同，国家广告产业园信息交流中心和国家区域性广告教研究中心也已确定落户园区。

（四）加大园区招商推介

按照园区定位，抓好园区招商工作，通过中国（杭）电视剧节目推介会、西湖国际广告创意周、中国际广告节等重大活动平台，对广告企业进行敲门招。在公交车、报刊、网站、电台等媒介上定向宣传，途径、多形式扩大园区识别度和知名度。2013 年园引进广告企业 30 余家，目前累计引进广告企业及直接关联产业企业 130 余家，包括谷歌授权代理商桥网络、360 搜索授权代理商广桥集客、当代广告、

和盛广告、上海城际航空、镜尚传媒等重点广告企业。

（五）出台地方扶持政策

西湖区相继出台了《关于加快现代服务业强区建设的财政扶持意见》、《西湖区促进文化创意产业发展政策扶持意见》等扶持政策，为文创产业提供每年总额达 8000 万的财政扶持。尤其是为西湖广告产业园区量身定制的《杭州西湖广告产业园区政策扶持意见》，从扶持新注册广告企业、扶持广告企业加速发展、扶持广告企业做优做强形成品牌、扶持广告人才队伍建设等四大方面明确了 17 条政策措施，成为广告企业发展的助推器。

（六）规范资金管理使用

园区对照《杭州市广告园区现代服务业试点中央补助资金使用管理办法》，积极帮助企业争取政策和资金扶持，组织申报中央财政资金扶持资金，2013 年申报项目 8 个，共申请扶持资金约 2000 万元。同时，发挥中央财政资金杠杆作用，加大地方财政资金的配套并积极引导社会资金投入，2013 年共投入约 2.55 亿元，为企业发展和园区公共平台建设提供资金保障。

杭州运河国家广告产业园区

大运河

杭州运河广告产业园位于京杭大运河之畔，拱宸桥以西，杭州市打造城北杭州第三中心的核心地带，占地2.74平方公里。园区特独的地理环境、文化底蕴及交通便利等先天条件，使其拥有无法复制的六大优势。

一是便捷的区位交通：杭州运河国家广告产业园东临上塘高架，西接莫干山路，南邻留石快速路，北达杭州绕城、沪杭甬、杭宁和杭浦高速，距西湖10公里，距杭州武林广场8公里，30分钟可达萧山国际机场，到上海浦东国际机场约2小时车程，规划中的地铁5号线、10号线从园区经过。

二是深厚的人文底蕴：京杭大运河穿境而过，留下了众多的历史文化遗存。境内有富义仓等4个运河申遗点，小河直街等3大历史街 区，中国京杭大运河等5大国家级博物馆，为广告产业的发展积淀了深厚的文化底蕴。

三是广阔的发展空间：园区占地2.74平方公里，规划“三片六区”。分别是东片的总部经济区、品质住宅区，中片的广告产业示范区、商业商务区，西片的创业创新区、金融创投区。总建筑面积350万方，其中高标准建设广告产业示范区45.5万方，形成广告产业大厦、广告产业中心、广告产业广场、广[…]研发中心由点到面、梯次推进发展格局。

四是完善的公共服务：园区投资3000万元，与世界500强企业惠普公司联合打造杭州运河广告产业园智慧园区公共服务平台，其内容建设由四大模块组成，分别为“云数据中心及办公服务中心”、“[…]企云企业服务平台”、“智慧园区管理信息化平台”和“智慧园区综合展示体验中心”，数据中心、[…]计算中心、云桌面系统为园区及企业提供安全、高效、便捷、低成本的云数据备份服务。园区和中科[…]联合打造杭州运河“智谷”数字技术中心，该中心为可实时监控电视广告的智能平台，申报的“[…]量广告技术整合”项目可为广告、影视、游戏[…]业提供数字技术片断；连同总投资6340万元的广告摄制中心、广告后期渲染中心、广告产业孵[…]

一期用房

运河智谷数字中心

云计算服务器

拱宸桥（大运河）

台等八大公共服务平台和广告产业园企业服务中等四大公益性服务平台，将助力更多入园企业创创新。

五是优越的生活配套：2014年12月12日，建面积35万方、总投资55亿元的杭州首个万达广将正式营业，这极大地改善了园区商务配套环境，将改写杭州武林商圈一圈独大的商业版图。十年础设施建设投入资金10亿元，建设道路25条、治河道5条，新建改造绿地15万方，园区路网基形成；规划中的地铁5号线、10号线从园区经过，区公交首末站拥有包括76路、91路、47路等多公交线路通往杭城各个方向；12班的大关幼儿园、身公寓已投入使用，25万方的农居公寓、配套的鱼桥小学分校区、配套的中学等项目也即将相继入使用。一座区位优势明显、功能布局完善、产特色鲜明的现代产业新城已初现雄姿。

六是雄厚的产业基础：截止2014年6月底，区共有广告及关联企业317家，半年度实现产值29.4亿，税收贡献1.25亿元。园区产业主要涉及互联网广告、影视传媒广告、房地产策划广告、动漫游戏广告，广告设计和广告印刷。其代表性龙头企业有全国创意广告20强浙江博采传媒有限公司、有全球领先的大数据营销企业AdTime、有获得被誉为印刷界“奥斯卡奖”的美国印制大奖的最高奖项——Benny Award（又称小金人奖）的广告印刷企业浙江影天印业有限公司等。

未来，园区将以数字化新媒体广告产业为发展重点，以互联网广告为发展先导，把培育引进国内外知名的广告领军企业，作为园区建设的重大战略，建设特色鲜明、优势明显的广告产业集群，这里将打造成为“长三角”广告产业创意创新的新高地。

四期用房

互联网广告数据中心

广告摄制中心

宁波国家广告产业试点园区

2013 年 4 月 27 日国家工商总局副局长甘霖考察园区

2013 年 6 月 7 日省委书记夏宝龙视察园区

宁波广告产业园区于 2012 年开始申请国家级产业园区，于 2013 年 4 月被国家财政部、国家工商总局确定为受中央财政支持的国家级试点园区。同年 8 月份成立宁波广告产业园区管理委员会，10 月份成立公司化运作的宁波广告产业园区服务中心有限公司。

园区位于宁波市鄞州区行政中心南面，紧邻鄞州公园，交通便捷，环境优美，配套齐全。园区占地 1 平方公里，总建筑面积约 350 万平方米，规划分五期进行建设。第一期占地面积 406 亩，总建筑面积 130 万平方米；二期占地面积 206 亩，总建筑面积 70 万平方米；三期占地面积 182 亩，总建筑面积 60 万平方米；四期占地面积 360 亩；五期占地面积 278 亩。

在国家工商总局及市区两级政府的关心支持下，宁波告产业园区紧紧围绕园区工作目标和具体要求，结合宁波告产业的现状，抓住机遇、扎实工作，在平台建设、产业发招商引资、园区运营等各方面工作取得一定成效。园区力以打造宁波广告门户和创意产业基地为发展目标，目前入驻企业共计 261 家，其中广告企业及其关联企业 191 家广告企业集聚效应初显，已逐渐成为宁波市具有创意引导产业带动、品牌升级作用的创意产业集中基地。2013 年宁广告产业园区广告经营额 4.29 亿元，占宁波市广告经营额比重为 13.2%。园区利用自身的优势，主要从四个方面大推动广告产业链条的完善延伸及广告产业的集群发展，努推动广告产业发展大繁荣。

2013 年 4 月 27 日国家工商总局副局长甘霖考察园区

14 年 2 月国家工商总局广告司副司长黄新民带队评估组考察园区

2014 年 5 月第 43 届世界广告大会

一、围绕拓展产业发展新空间，加快广告产业大楼的建设。建筑面积 12000 平方米的园区广告大楼内部设计已全部完。整栋大楼分为两个部分设计及装修，一至二层为公共服平台建设；三至八层是企业招租楼层，为公共部分进行设装修。目前施工队已经进场施工，预计 2014 年 12 月份可成大楼的整体装修，争取年底能正式开园。

二、围绕创建公共服务新平台，加快八大平台的应用与设。宁波广告产业园区围绕创建公共服务平台，按照园区发展定位，努力把园区建设成为宁波广告门户和创意产业地。下步将重点打造的八大公共服务平台包括：一是近期台建设，打造创意创新服务平台：广告人才实训平台、快印、码特种打印研发平台、创业平台、大师培训平台。园区与波工程学院就广告实训人才基地建设进行了接洽，并初步成了战略合作协议，力求实现园区、高校、企业三方共赢局，打造宁波广告产业园的“产学研”基地；园区的快印、数打印平台也已引进了“上海叠加数字印务有限公司”入驻产园，后台打印服务平台基本框架确定。二是远期平台建设，造广告产业智慧支撑平台：时尚品牌研发平台、创意众筹网交易平台、新媒体在线教育平台和其他专业化技术支撑服务台。园区积极引进“新浪微课堂”入驻园区，力争打造前沿的新媒体在线教育平台，此外，随着 WING 数据分析公司顺利入驻，将打造云实体体验数据分析平台。近期平台将于14 年底搭建完成，远期平台逐步打造，为入驻的企业提供质的服务。

三、围绕打造产业发展新高地，全力推进招商入驻。年初，商人员前往北京、上海等地与国内知名企业接触，致力于引进高质量的新媒体、互联网广告企业，以完善广告园区的产业链，弥补宁波广告产业的空白，促使本地传统广告产业转型升级。目前园区已与上海雅仕维公司签订了落户协议，与新浪微课堂签订了落户意向协议，并与摩登视界影视制作公司、WING 广告数据服务公司等优质企业进行接洽，基本达成了入驻意见。园区未来一年内的招商重点在于引进新媒体、互联网广告企业、影视公司和创意设计公司，致力于将宁波广告产业园区打造成现代都市剧拍摄基地、数据互联网广告基地和广告设计创意基地。目前区域范围内优质广告企业已相继入驻，广告策划、广告创意、影视制作、新媒体、互联网广告等产业初步形成集聚效果，知名企业形成梯次跟进，招商工作已获得阶段性的成果。

四、围绕抓好广告产业孵化器，完善园区运营与服务。4 月，园区与市广告协会、市市场监管局合作开展了新《商标法》知识竞赛，进一步提升了园区的公众知晓度；5 月，园区参加了在北京举行的第四十三届世界广告大会，扩大了宁波广告产业园的区域影响力，吸引了好的优质项目；6 月，园区参加了由国家商务部、国家海洋局、浙江省人民政府主办的第十六届中国浙江投资贸易洽谈会，宁波广告产业园区作为鄞州区的文化产业代表参加了在浙江宁波香格里拉大酒店（浙洽会分会场）举行的宁波文化产业项目推介洽谈；7 月，园区参加了宁波市第四届公益广告大赛，该活动预计将于 12 月底结束并揭晓结果；9 月，园区将作为分会场组织参加第三届创业鄞州。精英引领活动周，力求在分会场上体现出园区的产业特色。

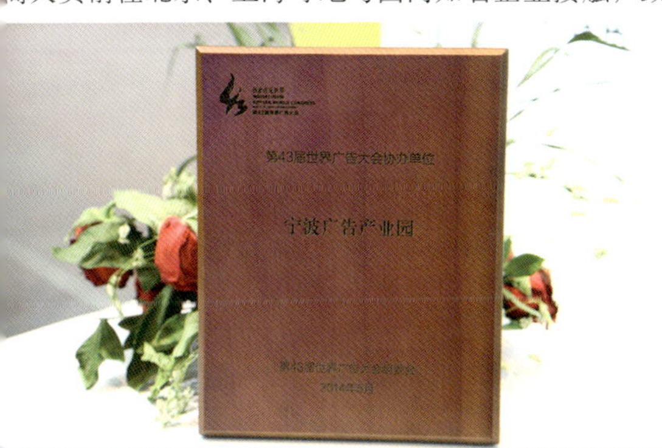

2014 年 5 月第 43 届世界广告大会

2014 年 6 月参加第十六届中国浙江投资贸易洽谈会

沈阳广告产业园

沈阳广告产业园，于2012年6月获批为“国家级广告产业试点园区”，园区以建设中国东北地区乃至东北亚区域广告创意产业中心为目标，打造完善的广告创意、广告设计、广告制作、广告传播的广告产业链条和广告产业集群，从而带动沈阳市现代服务业的发展，促进老工业基地的产业结构调整和升级，推动沈阳老工业基地的全面振兴。

园区布局

沈阳广告产业园，总体规划建设总面积 80 万平米。园区由五部分组成，分别是高力国际创意产业园、沈阳国际软件园、锦联新经济产业园、毅昌国际设计谷、浑南创意传媒产业园。

1. 高力国际创意产业园

由沈阳高华置业有限公司主体投资建设，规划建筑面积 10 万平方米。重点建设广告展示交易平台、东北地广告营销企业总部、广告创意企业展示基地、广告主题公园等。

2. 沈阳国际软件园

由沈阳国际软园产业发展有限公司主体投资建设，规划建设面积 20 万平米。重点完善和建设沈阳数字传媒公共技术平台、软件服务平台，聚集广告制作、动漫、创意设计企业，及为广告设计提供技术支撑的软件开发企业。

3. 沈阳锦联新经济产业园

由沈阳锦联生态科技园发展有限公司主体投资建设，规划建设面积 20 万平米，主要面向广告制作企业、研发机构、高科技企业、高端生产性服务性企业，建设单体 800 至 2000 平方米的建筑。

4. 沈阳浑南创意传媒产业园

由万锦企业集团投资建设，规划建设面积 10 万平米，主要建设广告传媒企业总部、广告创意企业工作室、创意企业总部基地为一体的国际化创意产业区及相关配套设施。

5. 沈阳毅昌国际工业设计谷

由广州毅昌科技股份有限公司投资建设，规划建设面积 20 万平米。建设沈阳地标建筑的全国性乃至世界级创意设计中心，将聚集数十家具有行业影响力广告创意设计企业、跨国公司设计机构。

入驻企业展示

共服务平台建设情况

1．数字传媒公共技术平台

由沈阳市和浑南新区共同投资建设，总投资 4000 万元。目前已全投入使用，该平台主要包括动作捕捉系统、渲染集群系统、高标清期制作系统、调光调色系统、音效合成系统以及幻影成像系统等广创意制作功能，在国内处于领先水平。

2．广告创意软件企业综合展示服务平台

由国际软件园投资建设，项目总投资 1200 万元，平台由展示区、幕影院、报告厅三大区域构成，使用面积 1600 平方米。以平台为纽并通过智能中控平台、智能播控平台和智能辅助展示平台来控制相设备，方式主要为 IPAD 界面点播相应按钮实现控制，利用多种高科信息化展示手段来系统、直观地展现广告创意类企业的先进展演模和技术，促进区内广告创意类企业与工业企业和软件企业的业务开。在宣传广告创意类企业产品的同时，也为传统行业的产品展示增了科技感和互动性。

3．创意设计服务平台

由毅昌科技有限公司投资建设，由设计创意技术创新体系、设计意公共信息服务体系和设计创意商务变现支持体系这三大体系建设成。包括设计素材中心、快速成型中心和检测服务中心，以“提供计，孵化创意”为核心理念，打造传统技术拉动型制造业转型升级设计创意孵化变现的双向驱动孵化器。

同时，为当地设计创意人才创业创新提供确实可用的硬件资源，搭建公共的技术研发与设计服务平台，从而降低个人进行小团体单独设计的成本开销，以及当地普通企业进行生产研发所需要的设备投入。深化当地自主创新意识，有效拉动广告创意产业发展，推动产业结构转型。

4．东北区域超算中心

超算中心总投资 2.6 亿元，由东北大学与大学科技城共同投资建设。计算能力达 1170 万亿次 / 秒，是东北区域计算能力最强的超级计算中心、云计算中心、空间信息中心、计算机软件国家工程研究中心，将为广告创意等企业提供强大的技术支撑。

5．广告交易公共服务平台

平台总投资 2.6 亿元，由高力集团投资建设。平台主要提供广告产品的发布与交易等服务，包括工业设计、平面设计、环境设计、产品设计等所有广告创意产品交易服务。打造东北地区广告产品交易中心。

6．广告资源和创新产品交流推广平台

由锦联新经济产业园投资建设，平台内已经建设了“四个服务中心”，即：广告资源交流中心、创新产品推广中心、广告创意人才培训中心和广告产业“一站式”服务中心。

得荣誉

地址：沈阳市浑南区创新路 155-4 号
电话：+86-024-83786905/23787908
传真：+86-024-23787908
Emial：sy_adp@126.com
QQ:2834641473

南宁国家广

南宁广告产业园地处广西壮族自治区首府南宁市的西北部，2012 年 8 月批准成立，之后又获批成为自治区级广告产业园，2013 年成功获批为国家广告产业试点园区。是一个集企业展示、生产、推广、公共服务平台建设等广告产业提升区域，同时也是一个具有鲜明民族地域特色、面向中国—东盟自由贸易区的广告产业园区。

园区总体规划建筑面积为 13.11 万 m²，以建设“面向东盟的广告产业园区”为总体定位，以广告创意设计为业态主体，按“相生、相存、相发展”的理念，加强创意、设计、制作、配套服务等广告自身要素的融合，以及旅游、会展、印刷出版、加工制造等广告关联产业的融合。努力发掘广西民族文化、旅游文化等资源，整合东盟及海外地区广告产业要素，促进南宁及广西广告产业向专业化、规模化、品牌化、国际化、集团化方向发展。

园区计划通过 3-5 年发展，力争建成西部地区最具影响力的广告产业创意设计集聚平台、产权交易管理中心、广告产品制造加工基地，成为具有鲜明民族地域特色、面向中国—东盟自由贸易区的广告产业园区。其影响覆盖云贵川，为欠发达地区发展文化创意产业，转变经济增长方式提供有益示范。园区将集聚 200 家以上广告及广告关联企业，培育 5 家以上年

产业试点园区

营额（产值）超 3 亿元以上的企业，全企业经营额（产值）达到 100 亿元。

园区现已拥有的综合服务配套设施：告产业园主题公园区、配套服务区、高科教区以及广告关联企业聚集区。其中，题公园区涵盖南宁相思湖亲水公园和明湖湿地公园；配套服务区主要借助整体观，构建设计前卫、形式自由、格调轻的综合公寓，解决广告人才引进和居住活问题；高校科教区着重整合辖区内及边的广西大学、广西民族大学和广西艺学院等高校资源；广告关联企业聚集区发挥高新区制造产业优势，实现广告与联产业的融合与集群创新。

园区将依托南宁作为广西省会城市及部湾经济区核心城市、大西南出海通道纽城市、中国——东盟自由贸易区前沿市的区位优势，紧紧抓住南宁面向东盟契机，结合区域广告产业和媒体资源、才资源及发展空间分布实际情况，充分挥园区在基础设施、人才培养、政策等面的优势，通过项目推动载体建设，细产业结构，提升配套服务能力，整合人资金，形成产业品牌，整合产业链上下资源，提升区域广告产业发展水平，实南宁数字内容产业和现代服务业的跨越发展。

目前，园区入驻广告公司 180 多家，进了美丽传说股份有限公司（猫扑网）、浪传媒、百度、天空网等一批国内知名媒体广告经营单位。

昆明国家广告

昆明广告产业园外立面形象展示

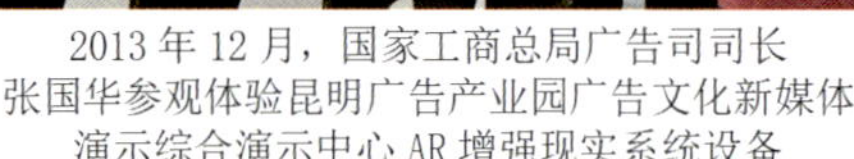

2013 年 12 月，国家工商总局广告司司长张国华参观体验昆明广告产业园广告文化新媒体演示综合演示中心 AR 增强现实系统设备

2014 年 8 月，云南省委常委、云南省委宣传部赵金部长在 2014 年创意云南文化产业博览会昆明广告产业园展位参观、了解 3D 打印技术

创建昆明国家广告产业园
助力我省广告产业快速发展

昆明广告产业园是以昆明市五华区金鼎科技产业园为核心创建的国家广告产业试点园区。园区的建设工作在省委、省政府的大力关心和支持下，紧紧围绕“云南民族文化创意孵化基地、云南旅游文化和传播窗口、南亚创意潮流聚集地和云南微小品牌孵化推广平台”的功能定位有序开展。目前，园区已被省工商局认定为云南省重点扶持广告产业园，同时被财政部和国家工商总局列为中央财政支持广告产业发展试点园区。为了加快园区建设的步伐，省、市、区政府先后出台了《关于加快广告产业园发展的意见》（云政发〔2013〕145 号）、《关于促进昆明市广告业发展指导意见》（昆政发〔2013〕16 号）、《关于促进昆明广告文化产业园产业发展的暂行办法》（五产园委〔2013〕29 号），为促进云南省广告业发展提供了政策保障。2013 年 12 月 6 日，云南省工商行政管理局与昆明市人民政府签署了《关于推进昆明广告产业发展的战略合作协议》，重点扶持昆明广告产业园发展，广告产业园已成为我省大力推进广告战略实施的重要载体。

园区按照“政府引导，企业营运”的市场化模式运作，重点打造八大公共服务平台，提高入园企业的技术支撑和整体服务水平。**(1) 一站式服务平台**：提供工商注册、项目审批、税务登记、政策发布、周边服务配套信息查询等“一站式”、“零距离”服务；**(2) 广告研发设计制作平台**：针对云南高端平面广告制作的空白，与行业龙头企业合作，采购新技术、新设备，建设广告研发设计制作平台、3D 打印中心、大型数码广告喷绘中心；**(3) 广告文化新媒体演示综合中心**：针对云南省大型新媒体展示活动中心的空白，通过新媒体、PC、移动互联网等运用整合，为企业提供产品展示、供需互动、品牌塑造与推广、产品线上线下体验推广与演示、高端论坛；**(4) 广告要素交易平台**：与昆明泛亚产权交易所共同建设广告要素交易平台，实现广告创意作品、广告资源拍卖、投融资

昆明广告产业园与入园企业代表在促进昆明广告产业发展战略合作协议签字仪式上签订入园协议

产业园试点园区

2014 年 8 月，昆明广告产业园管委会主任王迅向五华区区委书记金幼和介绍昆明广告产业园发展规划

2014 年 6 月，印度电子教育集团到昆明广告产业园参观考察，就开展园区与南亚的合作进行深入交流

服务、广告版权保护、企业对接洽谈等功能；**(5) 云智慧服务平台**：云智慧服务平台由云计算、云资源、云政务和云商务平台组成，为广告企业及所服务的企业提供数据处理、信息传播、咨询传递、云端应用、形象推广、线上营销、品牌塑造、知识产权服务；**(6) 专业培训和人才培养服务平台**：已与昆明理工大学、云南民族大学等四所高校签订了广告人才培养战略合作协议，并在省工商局的授权下成立东南亚广告培训交流中心，作为园区的专业培训和人才培养平台；**(7) 园区企业市场推广服务平台**：积极塑造和推广云南品牌，对商标品牌进行统一发布，提升云南商标品牌在全国乃至南亚、东南亚的认知度；**(8) 金融服务平台**：创新担保方式，为重点入园企业提供信用贷款，建立创业投资功能和广告文化产业发展基金，发挥财政资金“杠杆”效应，吸收社会资金为广告产业发展提供资金支持。

2014 年 4 月，“创意云南，梦想家园”首届创意云南广告大赛高校巡讲会在云南大学启动

在招商推介方面，园区积极组织开展了广告创意龙头企业相关上下游关联企业的招商工作，现已有 180 多家特色鲜明的广告、创意类企业入驻金鼎片区，产业聚集效应凸现，园区的影响力和带动力逐步显现，广告创意产业的集约化、专业化、国际化水平有所提升。在活动宣传方面，园区以“六个一工程”为抓手开展系列活动，即推出一大奖项、打造一大峰会、举办一大活动、引进一批人才、建立一个学院、培育一批品牌，通过活动凝聚行业精英，扩大园区的影响力，促进园区的快速发展。

昆明广告产业园致力于构建以广告产业为核心，创意设计、会议会展、中介服务、软件信息为关联，集创意商业、智慧居住、体验娱乐于一体的关联互动型产业体系。同时，以现代广告手段带动云南特色民族文化发展，挖掘云南优秀品牌和产品创意，打造面向南亚的广告创意文化产业聚集区，提升广告产业为产业结构转型和社会经济发展的贡献度。

温州国家广告产业试点园区

温州国家广告产业试点园区以“浙江创意园”为基础，向“黎明92”文化产业集聚区等周边园区辐射，实行“一园多区”的模式。

浙江创意园于2009年建成开园，利用原温州冶金机械厂老厂房改造建成，园区总面积6.2万平方米，由浙江工贸职业技术学院和温州报业集团合作建设。目前园区共进驻以品牌策划、广告设计、工业设计、影视制作等广告创意、工业设计企业70多家，从业人员2000余人，园区先后荣获“省122工程首批重点文化产业园区”、“省级特色工业设计示范基地”、“温州市文化创意产业示范基地”、“温州市创意旅游基地”、“温州市区先进创业孵化基地”、“温州市现代服务业集聚示范区”、“市级重点文化产业园区”等荣誉称号。

“黎明92”文化产业集聚区原为黎明工业区，始建于1992年，经过属地政府“退二进三”引导改造，现已建成国家广告产业试点园区、浙江省小企业创业示范基地、温州市现代服务业集聚示范区、温州市重点文化产业园区等集聚平台。园区占地面积164亩，建筑面积约15万平方米，单体建筑厂房57幢，目前共入驻以品牌策划、广告设计、建筑设计、影视制作、餐饮休闲等企业170余家。

温州国家广告产业试点园区开园仪式
（左二温州市委书记陈一新，
左三国家工商总局广告司司长张国华）

温州国家广告产业试点园区授牌仪式
（左一温州市市场监督管理局
党委书记曾云传）

温州市委书记陈一新陪同国家工商
总局广告司司长张国华参观园区

资源整合 平台共享

Resources Integration Platform Sharing

利用中央财政扶持资金打造园区公共服务平台

温州市委、市政府按照“两美温州、时尚之都”的产业展要求，把广告产业和文化产业、时尚产业、互联网产业密融合，以广告园区重点工程建设、公共服务平台建设为作载体，按照“市场导向、政府扶持、企业主导、共同推进”工作方针，力争把广告园区建设成为浙南闽北的广告产业地，创意产业基地、时尚产业基地、工业设计基地，引领告产业跨越式提升，推动温州市文化产业整体发展。

、着力强化组织领导，形成园区建设工作新局面

一是成立领导小组，理顺园区建设工作机制。园区建工作领导小组由市委常委、宣传部长胡剑谨任组长，副长胡纲高任副组长，明确由市场监督管理局负责指导园规划和建设的日常工作，确保各项工作进展顺利。二是丌专题会议，共促共推园区建设工作。市委、市政府多召开专题会议，听取园区建设工作汇报，研究园区总体展规划，进一步明确了各单位的职责分工，落实了责任制，形成多部门协助推进园区建设工作的工作局面。三纳入绩效考核，确保园区建设各项工作落实。市市场监管理局将园区建设工作列入2014年“十大项目”，局党书记曾云传、局长鲍小瓯定期对进展情况督导，确保了

国家工商总局广告司领导考察温州市尊荣广告传媒有限公司

创意园区，产业集群

Creative Park, Industrial Cluster

思珀设计产业

七号艺术中心

工业设计展厅

园区建设各项工作有序推进。

二、周密规划建设方案，打造园区跨越式发展“新引擎”

温州是中国民营经济的发祥地，园区建设充分利用了温州民营经济发达、温商资源丰富、瓯越文化深厚等优势。一是以现有资源为基础打造广告产业示范园区。在现有浙江创意园和“黎明92”文化产业集聚区基础上打造广告产业示范园区和公共服务体系。二是以建设广告产业大楼带动园区整合升级。二期工程建设广告产业大楼，带动园区硬件设施整合和服务平台的升级。三是以院校搬迁为契机建设文化产业大园区。园区建设单位浙江工贸职业技术学院即将整体搬迁，园区以此为契机制订产业发展长远规划，利用原校区建设文化产业大园区。

三、科学制定优惠政策，构建创新创业“新家园”

市市场监督管理局联合市财政局制定出台了《温州广告产业园区现代服务业试点中央补助资金使用管理暂行办法》，为园区运营建设和龙头企业提供资金支持和优惠政策。一是为入驻企业提供资金补助。对广告企业购置技术领先的软硬件设施进行补助，全力支持广告园区内广告及其关联产业企业做强做大。二是对行业优秀人才进行奖励。引导和鼓励国内外高端广告人才引进，造就高素质广告专业人才和经营管理人才队伍。三是为园区运营建设提供资金支持。对园区日常运营、服务平台和公共展厅、提升改造园区软件硬件环境等提供资金支持。

四、精心搭建公共服务平台，树立产业发展“新标杆”

一是打造综合服务公共平台。为投资者提供“一站式，一条龙”服务。二是打造广告融资交易平台。推动创新型广告企业的孵化、培育与快速成长。三是打造人才技术发展中心。依托浙江工贸职业技术学院“产学一体”机制，培养广告人才，促进教学、科研、实践就业一体化。

园区蓝图

海南国家广告产业试点园区

“广告＋旅游”&“广告＋农业”

海南广告产业园是全国首个定位于“广告＋旅游”、“广告＋农业”垂直领域的国家级广告试点园区，是在国家工商总局、海南省委、省政府支持下，由海南省工商局和海口市委市政府直接推动，海口市工商局、财政局和海口国家高新区具体指导下建立起来的海南省第一个以广告产业为主导的产业集聚区。

园区定位于以广告产业服务海南热带旅游和热带农业的品牌化，服务“海南国际旅游岛”品牌建设，同步建设海南广告产业“基础＋增值”公共服务平台，集聚形成区域性、特色化广告产业总部集聚区，成为海南广告产业向高端化、专业化、国际化发展转型的核心实现载体。

产业先导区即“第一园”已经在2011年4月1日建成，建筑面积2.8万平方米，已经引入包括新浪海南、人民日报数字传媒、品格广告、米兰广告、如今广告、新加坡胜景广告等103家省内外及国际性知名广告企业群；第二园5万平米即将开工建设，将引入100家以上以“广告＋科技”为特色的、基于大数据平台的广告新业态产业群；第三园12万平米空间正在规划建设，建成后将引入200家以上总部型广告企业，并承接形成第一、第二产业链企业群。

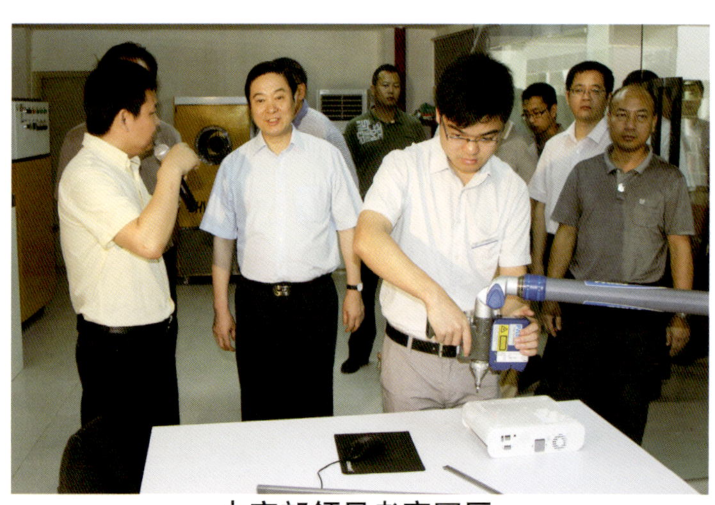

中宣部领导考察园区

广告园一角

广告园公共服务平台设计中心

广告园展厅一角

原道文化
海南国际创意港
海南广告产业园
CREATIVE INTELIGENCE
GREEN RISING
SUNRISE
Universalmedia
哆咪人
D'MI
慧眼創新
WORLDOOR
MEDIA
華都傳媒
海口晚报
VANOI
CULTURAL CREATIVE
梵奇
KINGKA
WORLD WIND
海南国际创意港
海南广告产业园

中国大型广告微电影项目

【微视中国】项目将进入国家工商总局“扶持广告业发展推荐项目库”

【微视中国】大型广告微电影项目开启了中国广告微电影的新篇章，是影视广告数字化发展的新形式，为传统媒体转型升级搭建了平台。“广告微电影”不同于“微电影广告”，微视中国节目是按照广告主需求，结合微电影故事情节，巧妙的将广告植入微电影故事镜头中，不仅可以为广告主提供数字广告内容植入，更可以通过微电影的艺术和娱乐手段进行高效的免费传播，发挥新媒体营销特点，满足广告主的市场需求。

2014年12月26日，“海尔兄弟杯”2014首届青岛国际微电影节颁奖典礼在青岛电视台演播大厅隆重举办。南京军区前线文工团艺术指导、国家一级编剧邵钧林，中共青岛市委宣传部副部长魏胜吉，中国国际商会青岛商会会长冯文青，美国圣荷西艺术厅副厅长丁东辉，海尔集团韩震东主席，组委会主任贾永壮等领导嘉宾出席了颁奖典礼并颁奖。北京参赛作品《妈妈不在家》夺得20万元大奖，总额高达60多万元的各项大奖和单项奖也各得其所。

合作电话：18669861322

2014首届青岛国际微电影节·微视中国72广告创意大赛花絮

青岛国际微电影节专家评委

作品《妈妈不在家》获得一等奖

微视中国72颁奖仪式

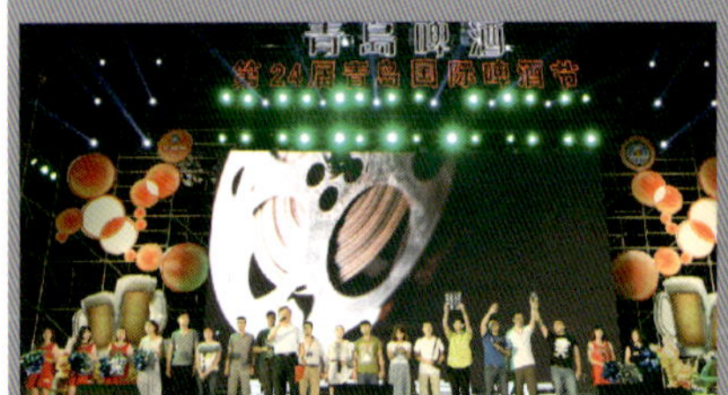
青岛国际微电影节开幕式

微视中国72 开机仪式

青岛国际微电影节闭幕

【微视中国】广告微电影 三大主题项目

1. 微视中国·72小时广告大赛

《微视中国·72 小时大赛》以植入广告为选题的赛事，要求选手三天72小时内完成拍摄任务，其过程就是一系列非常完美的广告宣传过程。开创国内广告微电影创意、编剧、拍摄、传播、营销的实战型数字广告，推动了中国广告策划和设计行业、影视广告行业、品牌营销行业等企业的转型升级，也为中国广告产业走向国际化迈出了探索的步伐。

2014年 微视中国72广告创意大赛花絮

参赛团队：韩国 Best 1 团队

本次大赛参赛题目：《"Makers · 青春 · 奋斗 · 创业"之 青春日记》

参赛团队：青岛欧亚影视

本次大赛参赛题目：《"Makers · 青春 · 奋斗 · 创业"之 HOT》

参赛团队：美国神马浮云团队

本次大赛参赛题目：《彼岸：人类思想简史》

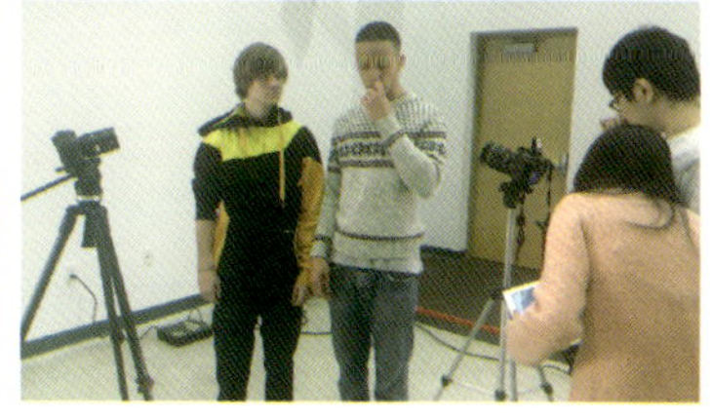

（青岛）池上文化传播有限公司

（大连）微电影联盟 & 西米工作室

（江苏）阿泰工作室

（郑州）黄河科技学院影视创作联合会

（山东）分享创意北影联合团队

（广州）天纪智作影视工作室

2. 微视中国·城市印象

《微视中国·城市印象》是为全国各大城市订制海外宣传微电影广告片，通过“外国人的视角看中国，外国人的口碑传中国”手段，加强国际民间文化交流和塑造中国城市形象的城市广告宣传片。前期计划在海外甄选十个国家及地区的优秀微电影拍摄团队（美国、加拿大、新西兰、澳大利亚、德国、法国、日本、韩国、泰国、台湾），在青岛、烟台、昆明、吉林等全国十个国家广告产业园所在城市进行合作拍摄。在这十个城市园区选取优秀广告微电影拍摄团队进行合作，每个城市由每个团队各拍摄 10 部微电影，形成 100 部微电影体量。拍摄后将在这 10 个海外拍摄团队所在的国家地区，通过媒体进行传播，形成同步宣传推广的全球效果。如此大规模的民间国际文化广告拍摄活动将成为一个国际性的社会热点，进一步提升中国在国际社会上的影响力。

微视中国，影享世界

VISION CHINA,ENJOY WORLD-CLASS FILM AND TELEVISION

UNITED STATES OF AMERICA 美国 | NEW ZEALAND 新西兰 | SPAIN 西班牙 | CANADA 加拿大 | GERMANY 德国

UNITED KINGDOM 英国 | JAPAN 日本 | SOUTH KOREA 韩国 | FRANCE 法国 | AUSTRALIA 澳大利亚

外国人的视角看中国，外国人的口碑传中国

合作电话：0532-89226677

3. 微视中国 ·好客的山东人

《微视中国·好客的山东人》落实山东省政府提出打造"魅力山东"品牌的要求，根据山东省领导的工作指导意见，通过拍摄山东 100 部微电影广告活动，全方位展现山东的文化传承、名胜古迹、自然风光、特色餐饮等旅游文化资源，立体的向世界呈现山东人的好客热情，是一部长期的大型特色广告系列片。项目将与山东省境内的十个国家级、省级广告产业园联手打造，在青岛、烟台、潍坊、济南、临沂、枣庄、济宁、东营、滨州、淄博十个广告园区选择出优秀的广告公司和微电影拍摄制作公司，在山东省政府的协调下，青岛天诚广告实业公司和山东大学文学院共同打造联合出品。

打造中国广告微电影国际品牌
开发企业广告微电影营销渠道

【微视中国】它具有内容丰富多彩，社会参与面广，市场黏度高、视觉融合度强等特点，不仅可以提升影视文化企业的发展空间，还可满足众多互联网的内容需求，符合数字时代的发展趋势。广告公司代理【微视中国】中的植入广告项目，就是将客户广告需求按系统、有计划、艺术的植入微电影中，不仅可以为广告主提供影视数字内容服务，还扩大了公司自身业务范围，增强服务能力。

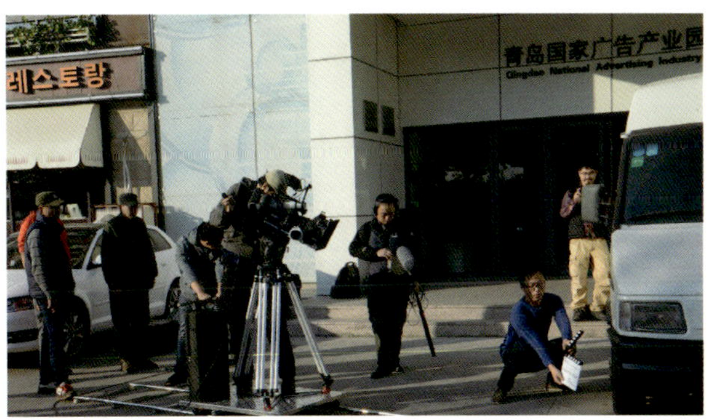

微视中国，影享世界

’2014中国广告年鉴

China Advertising Yearbook

中国广告经营单位
上海市发展成就展示专栏

The Advertising Units of China
Shanghai Development Achievement
Special Column

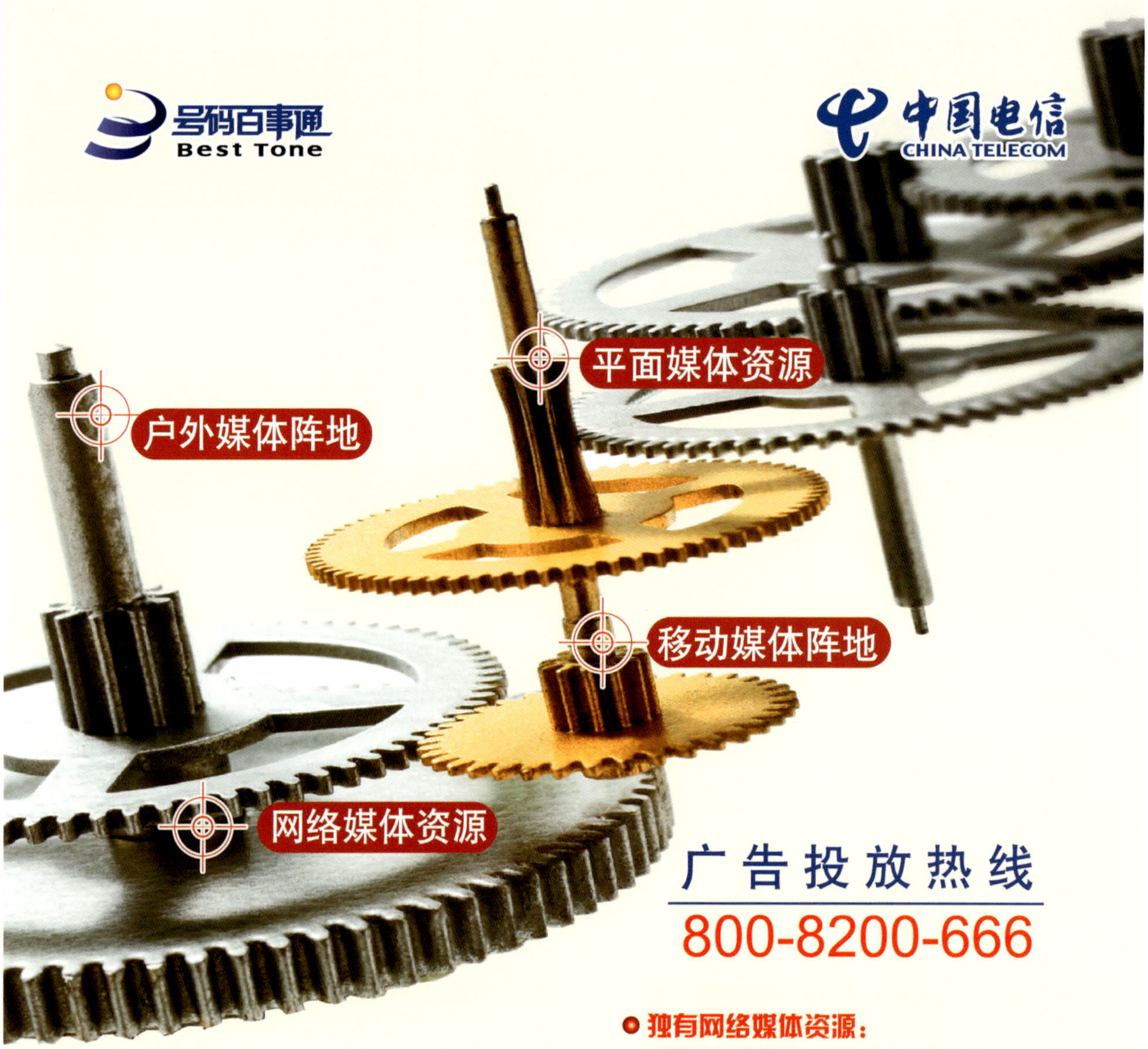
号码百事通
Best Tone
中国电信
CHINA TELECOM
平面媒体资源
户外媒体阵地
移动媒体阵地
网络媒体资源

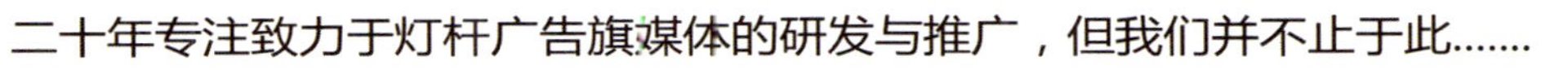
二十年专注致力于灯杆广告旗媒体的研发与推广，但我们并不止于此……

上海电力广告有限公司 地址：上海市徐家汇路430号汇泰大楼611室 电话：021−64152167 www.dianliad.com

’2014 中国广告年鉴
China Advertising Yearbook

大事记

Chronicle of Events

2013 年中国广告业大事记

1 月 6 日，中央精神文明办在北京召开"讲文明树新风"公益广告宣传征求意见会议。

1 月 6 日，81 岁的中科院院士、中国地质大学（武汉）原校长赵鹏大教授，在实名微博连发数条微博，痛批央视晚间新闻白酒广告泛滥，甚至统计出 30 分钟的新闻时段所插白酒广告多达 16 种，引发网友热议、转发。

1 月 16 日，华闻传媒公告，拟以 6.8 亿现金收购公司实际控制人国广控股等三方所有的国广光荣 100% 股权，并就此获得中国国际广播电台环球资讯广播等三套频率的广告经营权。对比国广光荣 8802 万净资产，本次收购的增值率高达 668% 以上。

1 月 22 日，中央精神文明办召开"讲文明树新风"公益广告宣传视讯会，国家工商总局副局长甘霖出席并讲话。

1 月 22 – 23 日，外交部主持召开世界卫生组织《烟草控制框架公约》第五次缔约方大会总结会议。

1 月 23 日，国家工商总局副局长甘霖会见国际广告协会主席法里斯·阿布哈迈德一行，听取中国广告协会申请 2014 年 IAA 世界广告大会报告。

1 月 25 日，2013 年整治虚假违法广告专项行动部际联席会议第一次联络员会议在北京召开，通报各部门 2012 年整治虚假违法广告专项行动工作情况，研究 2013 年广告专项整治实施意见。

2 月 2 日，中国第一家互联网实时广告搜索引擎——adbug 广昆搜索于 2013 年 2 月启动。www.adbug.cn 志在为营销广告行业整个生态圈提供永远免费的联网广告搜索。

2 月 4 日，经国家工商总局报经国务院批准，中国广告协会于 2012 年 11 月向国际广告协会总部提出申请承办 2014 年第 43 届世界广告大会。2013 年 2 月 4 日，国际广告协会正式确认中国广告协会获得 2014 年第 43 届世界广告大会承办权。

2 月 21 日，广电总局下发《关于清理广播电视"送礼"广告的通知》，要求各级电台、电视台立即删除含有渲染"送礼"内容的广告。这类广告往往为名酒、名表、珍邮等"送礼"性质的产品做宣传，其宣传点落在"送礼首选"、"送领导"、"上级有面子"等内容上。

2 月 25 日，IPG 集团旗下子公司万博宣伟公关顾问集团宣布与 Corporate Voice | Weber Shandwick（CVWS）主要持股方 MAA 集团达成 CVWS 股份收购协议，万博宣伟收购 MAA 集团持有的 CVWS 股份。万博宣伟在这家屡获殊荣的公关顾问公司中所持有的股份由原来的 40% 提升至 100%。

3 月 2 日，国家工商总局和海南省政府在京签署推进海南省广告产业发展战略合作协议。根据合作协议，国家工商总局将在谋划全国广告产业发展总体布局、推动重大产业项目落地、举办广告产业国际及国内重大活动、加强广告人才培养等方面，支持海南在全国广告产业发展中发挥重要作用。

3 月 4 日，为深入宣传贯彻党的十八大精神，积极培育和践行社会主义核心价值观，进一步推动正风正气形成，中国网络视听节目服务协会向全国网络视听节目服务业界发出《关于开展"讲文明树新风"网络视听公益广告传播的倡议书》。

3 月 5 日，国家工商行政管理总局等五部门此前披露的数据显示，通过对主要商业网站的广告监测发现，一些网站发布的医疗药品、医疗器械，保健食品广告的违法率高达 90%。

3 月 7 日，国家工商总局、中宣部、公安部、新闻出版总署等 13 部委联合发布《2013 年虚假违法广告专项整治工作实施意见》。《意见》明确指出，继续把关系人民群众健康安全和违法问题易发多发的医疗、药品、医疗器械、保健食品、危害未成年人身心健康的非法涉性、低俗不良广告以及收藏品、招商加盟广告作为整治重点，分类别、分阶段进行治理。加强对大型门户网站、视频类网站、网络交易平台、搜索类网站及医药类网站的广告监管监控，及时查处虚假违法广告。严厉整治屡次发布违法广告的企业和产品，加大日常监督检查力度。加大互联网药品监管力度，严厉查处网上发布虚假药品信息行为以及未经审批发布药品信息和销售药品的境内网站。

3 月 13 日，国家工商总局通知要求，各地工商部门要落实监管职责，加强报刊出版单位、广播电台、电视台等大众传播媒介，利用医药资讯专版、节目以及购物短片等形式发布广告行为的监测检查，对监测发现发布或者变相发布虚假违法广告的，要立即责令停止发布，坚决制止虚假违法广告的重复发布。

3 月 14 日，国家工商总局召开广告业发展座谈会，听取广告业界代表对发展广告业的意见和建议。来自北京、上海、广东、江苏、浙江、大连等地的 22 家广告公司、广告媒体单位和经营广告的门户网站负责人参加了座谈会。总局甘霖副局长出席座谈会并讲话。

3 月 14 日，新浪微博召开招商发布会。在这场招商会上，新浪首次对外披露了推广信息流的广告报价，并给这款产品正式命名为“粉丝通”。

3 月 15 日，央视“31 · 5”晚会曝光，为了对广告效果进行监测，一些网站同意第三方公司加代码，第三方公司通过植入代码捕捉用户 cookie，就能精确锁定用户，精准投放广告。cookie 也是互联网发展史中重要的一个技术，对提升网络用户使用体验起到了重要的作用。

3 月 18 日，国家广告研究院在北京召开了“精众的力量”——中国精众营销成果发布会。在发布会上，国家广告研究院发布了由其主导，聚集了学术界和营销实务界权威专家力量，联合研究形成的《中国精众营销发展报告 2012 － 2013》。

3 月 27 日，电通集团宣布已完成对安吉斯媒体的整个收购案。这次收购于 2012 年 7 月 12 日启动，随后于 8 月 16 日在安吉斯媒体股东大会上获得同意。

3 月 28 日，中国广告协会在上海召开全国广告协会工作暨“双先”表彰会议。

4 月 1 日，为规范网络营销等服务中对网络行为数据的使用，保障互联网用户的合法权益，促进网络营销行业和互联网产业的健康发展， AdMaster 精硕科技联合艾瑞、易传媒、品友互动等共同发起成立中国“网络营销行业用户数据规范联盟”。安沃传媒、传漾科技、多盟、缔元信、互动通、宽通广告、力美广告、MediaV、品友互动、悠易互通、亿玛在线、友盟等 16 家公司作为首批成员正式加入联盟。

4 月 2 日，安吉斯媒体宣布与北京创世奇迹广告有限公司（创世奇迹）签订协议，将全资收购该公司 100% 股权。创世奇迹是中国网络游戏行业领域最具专业性的广告代理公司之一，专业从事数字策划与购买。创世奇迹将并入凯络媒体，并购后凯络媒体将成为中国领先的数字媒体购买公司。

4 月 3 日，国家工商总局副局长甘霖会见了来访的国际广告协会主席兼全球总裁法里斯 · 阿布哈迈德先生一行。甘霖表示，双方应进一步加强合作，确保 2014 年第 43 届世界广告大会取得圆满成功。

4 月 15 日，中国广告协会召开的媒体通气会，通报中国广告协会 2014 年举办第 43 届世界广告大会相关事项。

4 月 16 日，第二届中国发展广告学论坛在四川成都市锦江区举行。来自全国多所高校的专家学者及业界代表参加了此次活动。本次论坛以制度因素与中国广告业发展为主题，结合“国家广告产业园”模式，探讨制度创新因素对广告产业的影响。

4 月 22 日，国家工商总局联合七个部门召开整治虚假违法医药广告电视电话会议，国家工商总局副局长甘霖及七个相关部门的负责同志在会上作讲话。

4 月 22 日，蓝色光标公告称，斥资 16 亿元收购央视广告代理商西藏博杰。蓝色光标、省广股份两大广告公司自 2010 年上半年上市来的累计涨幅分别高达 147% 和 345%。支撑两家公司股价不断走高的理由源于其利用上市存在大额超募资金的优势，通过持续并购、拓展业务，公司业绩得到不断增长。属于文化产业的广告行业受到国家政策的大力支持，国内市场空间增长潜力较大，未来有实力的广告公司还将继续并购做强做大，业绩增长可期。

4 月 23 日，全国人大常委会开始审议消费者权益保护法修正案草案。草案明确了广告经营者、发布者的责任，其中规定广告经营者、发布者设计、制作、发布食品药品等关系消费者生命健康商品或服务的虚假广告，造成消费者损害的，广告经营者、发布者与提供商品或服务的经营者承担连带责任。

4 月 23 日，工业和信息化部新闻发言人、通信发展司司长张峰在国务院新闻办组织的新闻发布会上明确表态，称工信部鼓励和支持包括微信在内的互联网和移动互联网的创新发展。互联网和移动互联网等新业务是否收费由市场决定，政府不会干预。

4 月 25 日，2013(第九届)中国广告论坛暨中国品牌与广告影响力大会在哈尔滨举行。中国广告协会会长李东生表示，中国广告业已经成长为一个拥有 37.8 万家经营单位、217.8 万从业人员的大行业，当前中国广告业亟须转变发展方式进行产业结构调整。可以采取广告经营单位改制、支持广告产业园区建设、加强培养广告人才等措施促进广告业健康、可持续发展。

4 月 26 日，全国工商系统广告工作会议暨广告产业园区建设现场会在浙江省杭州市召开，国家工商总局局长张茅出席 4 月 26 日会议并讲话，副局长甘霖在 4 月 27 日会议上作总结讲话。

4 月 26 日，国家广告产业园信息交流平台正式开通上线。通过这一平台，各园区能够更广泛、更便捷地开展交流与合作，工商部门可进一步加强园区建设动态发展变化分析，及时总结各地经验，完善园区工作指导机制。

5 月 4 日，历时五年的阿迪达斯状告阿迪王侵权案，最终双方取得和解，“阿迪王”中文商标和三角标 LOGO 被无偿转让给阿迪达斯，该中文商标及三角标 LOGO 将不能再继续使用并出现在终端店面中。

5 月 7 日，百度宣布 3.7 亿美金收购 PPS 视频业务，并将 PPS 视频业务与爱奇艺进行合并，PPS 将作为爱奇艺的子品牌继续为视频用户提供更优质的服务。

5 月 8 日，广东化州红冠化橘红饮料有限公司在广州召开新闻发布会，宣布因加多宝公司之前发布“全国销量领先的红罐凉茶改名为加多宝”等宣传广告涉嫌侵犯该公司名下“红冠”商标的权益，红冠饮料已向法院起诉并获立案，将全面追究加多宝在全国各地侵权宣传的法律责任。

5 月 14 日，中央文化体制改革和发展工作领导小组办公室召开会议，研究文化产业园建设问题，讨论修改《关于加强对文化产业园区规范管理的通知（讨论稿）》。

5 月 15 日，中央文明办召开“讲文明树新风”公益广告论坛暨经验交流会。

5 月 16 日，在停牌超过两个月后，华谊嘉信披露了资产收购方案，公司拟通过向特定对象发行股份和支付现金相结合的方式分别购买东汐广告 49% 股权、波释广告 49% 股权以及美意互通 70% 股权，交易对价共计 2.06 亿元，募集资金 6850 万元。不过，公司实际控制人不仅未参与此次收购，反而有可能在未来进行减持。

5 月 16 日，WPP 旗下 TNS(北京特恩斯市场研究咨询有限公司)同意收购新华信国际信息咨询(北京)有限公司。这一收购有待监管部门批准。

5 月 23 日，控烟组织新探健康发展研究中心发布报告，指出中国的烟草业利用网站及社交媒体等新兴传播媒体进行广告营销已相当普遍，既违反世卫组织《烟草控制框架公约》精神，也违反了国内控烟规划。该组织还呼吁，应尽快修订《广告法》，禁止在新媒体等所有媒体上发布烟草广告。

5 月 24 日，分众传媒宣布，根据 2012 年 12 月 19 日的三方合并协议与计划，公司已经完成了与 Giovanna Parent 旗下全资子公司 Giovanna Acquisition 之间的合并交易。交易完成后，分众传媒已成为 Giovanna Parent 旗下直接控股的全资子公司。

5 月 25 – 26 日，2013 年度助理广告师、广告师职业水平考试在全国 31 个省、自治区、直辖市顺利举行，共有 5000 余人报名参考。

5 月 30 日，北京国际广告周开幕。作为第二届京交会 · 北京国际广告周三大主题活动之一——北京广告产业园区高峰沙龙在北京国家广告园区举行，国家工商行政管理总局副局长甘霖、北京市人民政府副市长程红、北京市朝阳区人民政府副区长苑文新出席了本次论坛并发表讲话。本次论坛上正式成立了首个广告产业园区发展联盟，并签署了《广告产业园区发展联盟协议》。

5 月 30 日，收购了三洋电机白色家电事业的中国大型家电企业——海尔集团在日本大阪繁华地段——道顿堀，设立了巨大广告。此地段广告原为著名品牌奥林巴斯所做，但为消减经费 2012 年 9 月底结束了在这个地段设置广告。

6 月 2 日，世界无烟日。为响应今年“禁止烟草广告、促销和赞助”主题，中国疾控中心、北京大学医学部、中国科学院等 6000 多家机构近日签署了“拒绝烟草广告、促销和赞助”承诺书。参与此次行动的包括医疗卫生系统机构 2500 多家，教育机构近 2000 家，企业 300 多家，学会、协会 300 多家，新闻媒体 129 家。

6 月 14 日，国家新闻出版广电总局发展研究中心发布《中国视听新媒体发展报告（2013）》，这一视听新媒体蓝皮书清晰地量化了视听新媒体的飞速发展：截至 2012 年年底，中国网络视频用户达 3.72 亿，视频流量已占到互联网总流量的 70% 以上。中国网络视听节目服务市场规模达 92.5 亿元，广告市场规模达 67.2 亿元。

6 月 16 日，第 60 届戛纳国际创意节(Cannes Lions 2013)揭开序幕，全球顶尖的广告、创意、媒体人士齐聚法国戛纳，开展为期一周的交流活动。与此同时，由中国广告协会与戛纳国际创意节组委会携手推出的“戛纳 · 魅力中国周”也同步在戛纳 Esterel 剧场举行。在“中国日（China Day）”主题论坛上，来自中国的广告精英们向全球广告人展示他们的创意、观念、思维乃至整个中国广告市场日新月异的大环境。

6 月 20 日，针对目前报刊广告市场中仍存在广告经营行为不规范、广告发布内容虚假违法等问题，国家新闻出版广电总局下发通知，要求进一步加强报刊刊载医药广告管理。其中，强调要充分发挥广告审查员的作用，认真执行广告审查员“一票否决制”，未经广告审查员审核的广告不得发布。

6 月 22 日，法国戛纳当地时间 6 月 22 日晚 7 点，由中央电视台委托盛世长城（上海）国际广告有限公司制作的公益广告《打包篇》在第 60 届戛纳创意节“影视类”奖项中获得铜狮奖。

6 月 24 日，爱奇艺 PPS 广告系统全面打通，这是继双方用户账号系统和片库打通之后的又一重要业务整合动作。爱奇艺 PPS 已完成视频数据、业务数据和广告分析系统数据迁移，并正式完成双品牌多端投放系统切换，至此，爱奇艺 PPS 销售团队将能够在一套系统中完成下单、监测、效果分析等一系列广告投放工作。

6 月 25 日，在第 23 个全国土地日即将到来之际，国土资源部在北京市公共场所开展公益宣传活动。在地铁 4 号线 10 个站台，公交 103 路、101 路和 88 路车体和分布在各主要交通沿线的 30 个站台，新喷绘的“珍惜土地资源　节约集约用地”大型公益广告牌色彩鲜艳，吸引了当地居民和过往行人的目光。

6 月 25 日，中国科学院新闻与传播研究所、社会科学文献出版社联合发布了《中国新媒体发展报告(2013)》，比较全面地反映了中国新媒体的发展现状，对微博、网络反腐、谣言等诸多问题进行了分析和调研。盘点了移动互联网、微信、微博客、大数据与云计算、社交媒体、三网融合、宽带中国、智慧城市与物联网、移动应用等十大热点，全面解析了中国新媒体的传播社会影响。

6 月 25 日，商标法修正案草案提交全国人大常委会审议，草案按照“个案认定、被动保护”的原则，规定“较长时间持续使用并为相关公众所熟知的商标，持有人认为其权利受到侵害时”，可以依法请求驰名商标保护。草案明确禁止生产、经营者将“驰名商标”字样用于商品、商品包装或者容器上，或者用于广告宣传、展览以及其他商业活动中。

7 月 11 日，阳狮集团宣布正式收购 Net@lk（上海墨尔广告有限公司）。此次收购之后，Net@lk 和 LenX 将会被整合到旗下数字营销集团 DigitasLBi，Simone 将会被并入睿域营销的社交媒体营销部门，Buzzreader 将依属于阳狮锐奇。

7 月 16 日，中华网科技有限公司发布公告，拟以 9080 万港元（约合 7185 万元）价格出售中华网 China.com 等互联网业务，接盘方为国广控股。

7 月 18 日，国家工商总局与陕西签署《国家工商总局与陕西省关于推进广告战略合作协议》。

7 月 18 日，雅虎公司宣布完成收购中国创业公司智拓科技，这是自去年 7 月雅虎公司 CEO 梅耶尔上任以来的第 18 宗收购交易，也是首次真正意义上的海外收购公司。

7 月 15 － 31 日，国家工商总局、中宣部、国务院新闻办等八个部门组成 5 个联合督查组，对浙江、安徽、黑龙江等 11 个省区市开展的虚假违法医药广告专项整治行动进行督查。

8 月 8 日，上海优睿文化传媒股份有限公司在北京举办股票挂牌发布会，宣布公司获准在全国中小企业股份转让系统挂牌，总股本为 600 万股，推荐券商为齐鲁证券，股票代码 430282，优睿传媒也因此成为中国植入营销行业第一家股票挂牌的传媒企业。

8 月 10 日，中国市场营销服务代理商奥维思宣布与日本第三大广告公司旭通 DK(ADK) 成立名为 A2〔奥旭（上海）市场营销服务有限公司〕的合资公司。该合资公司旨在为越来越多想要和中国消费者沟通的日本公司提供服务。

8 月 13 日，中宣部、财政部、文化部、审计署、国家新闻出版广电总局联合发出通知，要求制止豪华铺张、提倡节俭办晚会。五部门明确，不得使用财政资金举办营业性文艺晚会，不得使用财政资金高价请演艺人员，更不得使用国有企业资金高价捧“明星”。

8 月 14 日，阿里巴巴和湖南卫视 4 亿美元联合收购了 PPTV，交易已基本完成。阿里为了让上市的故事更加丰满，今年已经投资入股了高德地图、新浪微博、虾米音乐、UC 浏览器等一些互联网公司，视频也一直在阿里考虑的范围内。PPTV 可以在视频业务上对阿里的客厅战略形成补充。湖南卫视，近年一直在寻求互联网方面的突破，通过投资并购的方式，可以快速帮助传统企业互联网化，尤其 PPTV 属于在线视频业务，和湖南卫视业务互补。

8 月 20 日，《南方都市报》广州版 A16 整版刊登一篇广告：“前任张太：放手吧！输赢已定。好男人，只属于懂得搞好自己的女人！祝你早日醒悟。搞好自己，愿，天下无三。张太”。这个只有七行字的“小三”广告一石激起千层浪。广东省工商局20日晚间紧急对外公布相关查处意见，表示当日《南方都市报》发布的某专题广告为某产品的商业炒作，涉嫌违反《广告法》第七条第二款第五项关于广告不得含有“违背社会良好风尚”的规定，已经立即责令停止发布，并启动立案程序。

8月21日，国家食品药品监管总局、国家互联网信息办公室、工信部、公安部、国家工商总局5部门共同开展的打击网上非法售药行动在京宣告启动。5部门将从今年8月到12月，联合严厉打击网上非法销售治疗肿瘤、性功能障碍、糖尿病、高血压等病症药品的行为。

8月21日，中国广告协会组织召开《中美移动消费研究》成果发布会。

8月22日，2013年釜山国际广告节在韩国南部城市釜山隆重开幕，来自59个国家的数千名国际广告专家和精英汇集于此，共襄盛举。尤其是釜山国际广告节特别策划的中国专题活动——挖掘中国多样性国际论坛，成为了进一步促进中韩广告界交流的重要平台。

8月23－28日，国务院法制办在南京召开《广告法》修订调研会。

9月1日，一则“中国人民大学形象片亮相纽约时报广场纳斯达克大屏”的微博引发热议。中国人民大学校友会证实，这是人大校友免费提供的广告播放时段，意在提升学校的国际影响力。

9月2日，十二届全国人大常委会第四次会议表决通过了《全国人民代表大会常务委员会关于修改〈中华人民共和国商标法〉的决定》。这是继1993年和2001年之后，立法机关对《商标法》的第三次修改，新法将于2014年5月1日起施行，修改后的商标法从原来的64条增加到73条，针对当前商标注册程序比较繁琐、商标确权时间过长、恶意侵犯商标权屡禁不止等问题作出一系列修改和调整，本次《商标法》修改的最大亮点是“驰名商标”不能用于广告，其次是商标侵权赔偿增至300万元，同时商标审查时间不超过9个月。

9月11日，凤凰传媒公告披露，下属子公司凤凰数字传媒拟以2.77亿元收购上海都玩网络科技有限公司（以下简称上海都玩）55%的股权，成为其控股股东。

9月25日，专注于媒介服务及数字营销传播的全球品牌安吉斯媒体集团(Aegis Media)正式宣布收购意凌数码科技有限公司（TRIO)。TRIO是中国首屈一指的全方位数字营销代理商之一。

10月9日，由世界品牌实验室和世界经理人集团共同编制发布的2013年“亚洲品牌500强”排行榜揭晓，共有19个国家和地区的500个品牌入选。其中，传媒行业入围57个品牌，中国内地占24席。连续7年进入榜单的中央电视台排名不变，仍是第6位，这不仅在中国内地入围的24家传媒品牌中位列第一，而且在整个榜单上也是传媒行业的第一名。此外，《人民日报》列第56位，比去年提升3位；《参考消息》列第102位。

10月9日，解放报业集团内部通报，解放报业集团和文新报业集团将合并。解放报业集团内部通报称，合并不是为了“抱团取暖”，而是为了“更大的发展”，亦不会有报纸因此停刊。

10月11日，国家新闻出版广电总局下发通知，各卫视综合频道每年播出新引进的境外版权模式的节目不得超过一个，当年不得安排在晚上7点半至10点之间播出。歌唱类选拔节目需报广电总局批准并严格管理，每季度总局将通过评议会择优选择一档节目安排在黄金时段播出，其余不得安排在晚上的7点半至晚上10点半之间播出。另外还会对电视晚会进行调控，原则上重要节假日期间每一天不超过三台，对于未经批准的电视晚会和节庆的演出不得安排播出和宣传报道。

10月11日，人民网10日晚间公告称，拟使用超募资金2.48亿元，收购成都古羌科技有限公司

69.25% 的股权，向网络文学领域进军。

10 月 11 日，蓝色光标传播集团旗下蓝色光标公共关系机构正式更名为蓝色光标数字营销机构（简称蓝标数字，英文名 BlueDigital）。这是蓝色光标在数字化战略之下的重大标志性举措，意味着蓝色光标向数字整合营销服务的转型已进入加速阶段。

10 月 15 日，全球广告业巨擘 WPP PLC 宣布，将透过旗下公司收购中国数字营销公司 IM2.0 互动营销集团，这也是该集团在中国市场扩张的最新动作。

10 月 17 日，由中央电视台主办的首届“全国电视公益广告大赛”颁奖典礼在 CCTV-1 晚间黄金时段播出。颁奖典礼以“行动点亮未来”为主题，对大赛获奖作品和创作者给予表彰。典礼现场颁发了“最佳网络人气奖”、“最佳创意脚本奖”、“最佳导演奖”和“电视公益广告作品奖”4 大奖项，涵盖 20 多个获奖作品。

10 月 22 日，广告产业试点园区运营和管理培训班在成都举办，全国 29 个试点园区管委会或运营单位负责人参加，国家工商总局甘霖副局长到会讲话。

10 月 28 日，由国家工商行政管理总局批准，中国广告协会和南京市人民政府、江苏省工商行政管理局共同主办的第二十届中国国际广告节在南京国际博览中心圆满落幕。 本届中国国际广告节，以“营造绿色广告环境，成就美丽中国梦想”为主题，共举办了七场颁奖晚会、四场高峰论坛、六场专业展览展示、四场媒体推介会、四项大型活动。共有 5 万人参会，600 多家参展商参展，共 1300 个展位，展览面积达 35000 多平方米，展出作品 2500 余件。受到参会人员的好评，也受到广大媒体和社会公众的关注。

10 月 28 日，由解放日报报业集团和文汇新民联合报业集团合并组建的上海报业集团正式挂牌成立，原上海广播电视台台长和上海东方传媒集团有限公司（SMG）总裁裘新出任上海报业集团党委书记、社长。

10 月 29 日，国家新闻出版广电总局下发通知，要求自 2014 年 1 月 1 日起，全国各卫视频道每天每小时播出电视购物短片广告不得超过 1 次，每次不得超过 3 分钟，每天播出同一内容的不得超过 3 次。

11 月 11 日，以杨烨（Forest Young）为首的四个中国本地的金狮级创意人：邓斌、黄海波和肖坤。一起携手创立了“天与空（TianYuKong）”广告，并于双十一正式开业。其首要目标就是开创“中国的创意热店”。

11 月 12 日，20 个省市广告监管执法工作座谈会在国家工商总局召开，通报国务委员王勇对医药广告整治工作报告的批示精神，听取各地工作汇报及对明年广告市场整治工作建议，交流各地广告案件查办情况，研讨《广告法》、《互联网广告监督管理办法》修订、制定中难点问题。

11 月 18 日，2014 年央视黄金资源广告招标会持续竞标 10 小时后落下帷幕。家电、饮料、汽车分别位居前三甲，其中家电业以超过 16 亿元的现场中标额和 17.2% 的行业占比，位居第一位。此次四大家电巨头中标总额约 10 亿元。其中，美的以逾 3.8 亿元的中标额居家电行业之首；格力中标额也高达 2.77 亿元。美的和格力中标额合计约 6.57 亿元，占中标总额的六成。

11 月 21 日，省广股份公告拟收购上海雅润文化传播公司，后者独特的电视营销模式有望与公司现有业务实现互补。值得注意的是，省广股份上市以来也已先后收购了 5 家广告公司，在完善产业链的同时，公司的业绩增速较快。

12 月 17 日，蓝色光标公告称，公司香港全资子公司蓝色光标国际传播有限公司于 17 日签订股权转让协议，拟以债务融资的方式收购英国公司 We Are Very Social Limited（简称“目标公司”）7512 普通股及 16224 优先股，收购完成后，蓝标国际持有目标公司 82.84% 的股权。

12 月 20 日，国家广电总局在北京召开“广播电视公益广告制作播出总结表彰暨发展研讨会”。

12 月 23 日，中国商务部、工业和信息化部、公安部、国家工商总局、国家质检总局、新闻出版广电总局、食品药品监管总局联合下发《关于开展电视购物专项整治工作的通知》，决定自 2013 年 12 月至 2014 年 6 月在全国集中开展电视购物专项整治。为此，国家工商总局 23 日要求各地工商机构加强电视购物广告监测检查，推进落实广告审查责任，加大虚假违法电视购物广告查处和执法办案协调工作力度。

12 月 30 日，中国广告协会成立 30 周年座谈会在京举办。国家工商总局党组书记、局长张茅出席会议并讲话。张茅强调，中国广告协会要坚持服务行业发展，坚持加强行业自律，坚持做好沟通协调，坚持加强自身建设，全力服务实施广告战略大局，为促进广告业科学发展作出新的更大的贡献。

政策、法规

Policies, Laws and Regulations

关于印发中央财政促进服务业发展专项资金管理办法的通知

财建〔2013〕4号

各省、自治区、直辖市、计划单列市财政、商务主管部门，新疆生产建设兵团财务局、商务局：

为了加强中央财政促进服务业发展专项资金（以下简称专项资金）管理，充分发挥专项资金使用效益，根据《中华人民共和国预算法》、《国务院关于加快发展服务业的若干意见》（国发〔2007〕7号）、《国务院办公厅关于搞活流通扩大消费的意见》（国办发〔2008〕134号）、《国务院关于深化流通体制改革加快流通产业发展的意见》（国发〔2012〕39号）等有关文件，我们制定了《中央财政促进服务业发展专项资金管理办法》，现印发你们，请遵照执行。

财　政　部
商　务　部
二〇一三年一月十七日

附件

中央财政促进服务业发展专项资金管理办法

第一章　总　则

第一条　为了加强中央财政促进服务业发展专项资金（以下简称专项资金）管理，充分发挥专项资金使用效益，根据《中华人民共和国预算法》、《国务院关于加快发展服务业的若干意见》（国发〔2007〕7号）、《国务院办公厅关于搞活流通扩大消费的意见》（国办发〔2008〕134号）、《国务院关于深化流通体制改革加快流通产业发展的意见》（国发〔2012〕39号）等，制定本办法。

第二条　本办法所称专项资金是指中央财政从公共财政预算资金中安排的专项用于支持商贸流通领域服务业项目建设和发展的资金。

第三条　专项资金由财政部门会同商务主管部门管理。财政部门会同商务主管部门负责专项资金分配，加强监督检查和绩效评价。商务主管部门会同财政部门负责业务指导和项目管理，对项目建设实施情况进行绩效评价。

第四条　专项资金实行中央对地方专项转移支付，中央财政将专项资金切块下达到省（自治区、直辖市、计划单列市、兵团，以下简称省），由各省在本办法规定范围内，自主确定专项资金支持重点，统筹将专项资金安排到具体项目，并按照商务部会同财政部发布的有关业务指导文件加强项目管理，接受财政部、商务部监督检查和绩效评价。

第五条　专项资金管理遵循公开、公正、规范、科学运作和注重效益原则，资金分配和使用情况向社会公示，接受有关部门和社会监督。

第二章　专项资金分配

第六条　专项资金按照社会消费品零售总额、第三产业增加值、第三产业就业人数、区域发展差异以及专项资金使用绩效等因素分配。具体分配办法：

某省专项资金分配额 ＝ 年度专项资金总规模 ×

【20%× 该省社会消费品零售总额 × 该省地区差别系数 / Σ（各省社会消费品零售总额 × 各省地区差别系数）

+20%× 该省社会消费品零售总额增长率 × 该省地区差别系数 / Σ（各省社会消费品零售总额增长率 × 各省地区差别系数）

+20%× 该省第三产业增加值 × 该省地区差别系数 / Σ（各省第三产业增加值 × 各省地区差别系数）

+20%× 该省第三产业增加值增长率 × 该省地区差别系数 / Σ（各省第三产业增加值增长率 × 各省地区差别系数）

+20%× 该省第三产业就业人数 × 该省地区差别系数 / Σ（各省第三产业就业人数 × 各省地区差别系数）】

地区差别系数分东、中、西部地区，分别为 1、1.3、1.5。其他分配因素以国家统计局上一年发布的统计数据为准。其中，计划单列市、新疆生产建设兵团以省统计局上一年发布的统计数据为准。

专项资金分配与绩效评价结果挂钩，对绩效评价不合格的省份，视情扣减下年度专项资金分配额。对预算执行严重滞后及专项资金管理出现重大违规违纪问题的，加大专项资金扣减力度直至收回已安排专项资金。扣减或收回的专项资金用于奖励其他绩效评价合格的省。

第三章 专项资金使用

第七条　专项资金分配到省后，应按照项目法管理，在以下范围内确定支持重点，集中财力支持项目建设、改造和发展：

（一）民生商贸服务业项目，包括家政服务、大众化早餐工程、社区商业等；

（二）与生产流通直接相关的服务业项目，包括生产生活资料商贸物流、酒类流通追溯、品牌促进、电子商务、屠宰企业升级改造及屠宰监管技术系统等；

（三）与节能减排、环境保护相关的服务业项目，包括：再生资源回收利用、报废汽车回收拆解、二手车流通、旧货流通、流通领域节能减排和绿色低碳流通体系建设等；

（四）与公共服务直接相关的项目，包括：市场监管、市场监测、商贸服务行业统计、应急调控等；

（五）其他经财政部、商务部确认的商贸流通领域服务业项目。

第八条　专项资金以补助、以奖代补和贴息等方式安排到具体项目。其中：

采取补助方式的，除必须由财政负担的公益性项目外，对单个项目补助额不超过项目总投资的 30%；

采取以奖代补方式的，按照先建设实施后安排补助的办法，用于对已竣工验收项目予以补助，对单个项目补助额不超过项目总投资的 30%；

采取贴息方式的，对上年实际发生的银行贷款利息予以补贴。贴息率不得超过同期中国人民银行发布的一年期贷款基准利率，贴息额不超过同期实际发生的利息额，贴息年限最长不超过 3 年。

第九条　项目单位应加强专项资金使用管理。专项资金主要用于项目建设、设备购置安装、信息系统开发、品牌展览推介、家政服务及公共服务岗位培训、应急调运运费、市场监测统计费用等与项目建设实施直接相关的支出，不得用于征地拆迁、车辆购置以及人员经费、设施维护等经常性开支。不符合规定支出范围的，不得纳入项目总投资。

采取以奖代补方式的，可用于上述支出归垫。

采取贴息方式的，主要用于补偿与上述支出相关的银行贷款利息。

第十条　专项资金应与地方资金、中央财政其他资金统筹使用。对中央财政其他资金已支持的项目，专项资金原则上不再安排。

第十一条 专项资金实行专款专用，专账核算。专项资金纳入财政预算管理，但不得用于平衡本级预算。

第四章 预算执行与专项资金支付

第十二条 各省应积极采取措施，提早确定年度支持重点，加强项目储备，深化项目前期工作，保证项目实施进度，加快预算执行。

第十三条 各省财政部门应于中央财政下达专项资金（以预算文件印发日为准）3 个月内将专项资金预算分解下达到具体项目，并会同同级商务主管部门将有关情况报送财政部、商务部备案。备案内容包括：本省专项资金支持重点、具体项目清单、项目总投资、项目投资资金来源（包括专项资金、地方资金、项目单位及社会资金）、主要建设内容、建设地点、项目开竣工期限等。

第十四条 具体项目和专项资金安排上报备案后不得随意调整。确需调整的，应按照第十三条规定内容将项目调整情况及调整原因报财政部、商务部备案。

第十五条 地方各级财政部门要加强专项资金支付管理。其中：

采取补助方式的，原则上按预算、按合同和按项目实施进度支付资金，并预留 10% 尾款，待项目完成验收且批复决算后支付。为确保项目实施资金需求，也可在确保资金安全情况下，在项目开工后预拨资金，并预留 10% 尾款，待项目完成验收且批复决算后支付。

采取以奖代补和贴息方式的，应在专项资金安排到具体项目后，及时支付专项资金。

实行国库集中支付的，按照国库集中支付制度有关规定执行。

第五章 监督检查与绩效评价

第十六条 财政部会同商务部对专项资金安排使用情况进行监督检查和绩效评价。地方各级财政部门会同同级商务主管部门加强对本地区专项资金安排使用情况监督检查和绩效评价。

第十七条 专项资金绩效评价重点是预算执行进度、项目建设实施情况、地方资金投入及项目资金管理报备情况等。其中：

预算执行进度评价项目实施是否达到预算执行序时进度要求。

项目建设实施情况评价项目安排是否符合本办法规定的范围、项目建设实施是否符合商务部有关业务指导文件要求、是否履行基本建设等相关程序、项目资金预算下达后是否频繁调整、项目实施是否按照进度要求实现相关效益目标、各省商务部门是否按要求及时报送市场监测和行业统计数据、是否切实履行行业监管职责等。

地方资金投入评价专项资金带动地方及社会资金投入情况。

项目资金管理报备情况评价各省财政和商务主管部门是否及时、完整报送项目和资金安排情况以及季报等。

第十八条 各省财政部门会同同级商务主管部门应于每季度结束后 10 个工作日内向财政部、商务部报送专项资金预算执行及项目建设进展情况季报，并于每年 2 月 15 日前报送上年专项资金项目建设实施情况总结。

第十九条 对于截留、挤占、挪用、骗取专项资金等违法行为，一经查实，财政部将收回已安排的专项资金，并按《财政违法行为处罚处分条例》（国务院令第 427 号）的相关规定进行处理。涉嫌犯罪的，移送司法机关处理。

第六章 附 则

第二十条 各省财政部门会同同级商务主管部门应根据本办法，结合本地实际，制定实施细则，报财政部、商务部备案。

第二十一条 本办法由财政部会同商务部负责解释。

第二十二条 本办法自印发之日起执行。《中央财政促进服务业发展专项资金管理办法》（财建〔2009〕227 号）同时废止。

关于印发《2013年虚假违法广告专项整治工作实施意见》的通知

工商广字〔2013〕43号

各省、自治区、直辖市工商行政管理局、党委宣传部、政府新闻办公室、公安厅（局）、监察厅（局）、纠风办、通信管理局、卫生厅（局）、广播电影电视局、新闻出版局、旅游局（委）、食品药品监督管理局（药品监督管理局）、中医药管理局：

为深入贯彻落实党的十八大和中央经济工作会议精神，进一步推进虚假违法广告专项整治工作，营造文明诚信的广告市场环境，现将《2013年虚假违法广告专项整治工作实施意见》印发给你们，请各地接此通知后，由工商部门牵头召开一次整治虚假违法广告部门联席会议，结合本地区实际情况，及时作出具体安排部署，充分发挥各部门职能作用，增强整体合力，扎实抓好贯彻落实工作。

国家工商行政管理总局
中央宣传部
国务院新闻办公室
公安部
监察部
国务院纠风办
工业和信息化部
卫生部
国家广播电影电视总局
新闻出版总署
国家旅游局
国家食品药品监督管理局
国家中医药管理局
二〇一三年二月二十八日

附件

2013年虚假违法广告专项整治工作实施意见

2013年虚假违法广告专项整治工作总的要求是：深入贯彻落实党的十八大和中央经济工作会议精神，紧紧围绕维护人民群众切身利益问题，深入开展广告专项整治，坚持标本兼治，综合治理，加大广告发布环节和源头治理力度，切实维护公平竞争的市场秩序和消费者合法权益，更加高效加强广告市场监管，服务经济、政治、文化、社会、生态文明“五位一体”建设，为全面建成小康社会营造良好环境。

一、聚焦重点，深入治理突出问题

（一）加强重点类别广告整治

继续把关系人民群众健康安全和违法问题易发多发的医疗、药品、医疗器械、保健食品、危害未成年人身心健康的非法涉性、低俗不良广告以及收藏品、招商加盟广告作为整治重点，分类别、分阶段进行治理。严格监管电视购物广告，严厉查处以新闻报道形式和健康资讯节（栏）目变相发布广告的行为。

（二）加强重点地区广告治理

继续加大对群众投诉举报集中、广告违法率居高不下地区的治理力度，强化案件查办和跟踪督办，加强联合督导检查，落实属地监管职责，坚决遏制严重虚假违法广告屡禁不止、重复发布的现象。

（三）加强重点广告媒介监管

继续加大都市类报纸、省级电视台卫视频道以及地（市）以下报纸、广播电台、电视台广告发布情况的监测检查力度，加强大型门户网站、视频类网站、网络交易平台、搜索类网站及医药类网站的广告监管监控，及时查处虚假违法广告。

二、强化措施，加大监管执法力度

1. 党委宣传部门要加强新闻媒体广告内容导向管理，通过新闻通气会、新闻阅评等形式，及时通报媒体广告存在的突出问题， 指导和督促新闻媒体在广告发布活动中加强自律，承担社会责任，维护媒体公信力；大力支持和积极会同广告监管机关、监察机关和纠风办、广播影视、新闻出版等管理部门，推动建立和落实新闻媒体发布虚假违法及不良广告行为领导责任追究制，对新闻媒体不履行广告发布审查职责，致使严重虚假违法广告屡禁不止、违法率居高不下、造成恶劣社会影响及后果的，追究主管领导和相关责任人的责任。

2. 工商部门要强化对广告发布媒体自律审查工作的监督检查，开展广告审查员广告法律法规培训，推动落实《大众传播媒介广告发布审查规定》；进一步完善广告监测体系，提高广告监测效能，注重监测结果的深入运用，完善广告监测、监管与案件查处的一体化工作机制；进一步加大虚假广告案件的查办力度，对虚假广告要有案必查、查处到位，对构成犯罪的，及时移送司法机关查处；加强网络广告监测监管，及时查处网上虚假违法广告；积极推进广告信用监管体系建设，实施分类监管，协助有关部门对涉及的企业和产品采取相应的行政强制措施；进一步完善广告监管执法体系，建立跨地区的广告案件移送、协查、通报、督办机制，及时查办在多个地区、多个媒体发布的严重虚假违法广告。

3. 新闻办要加强对新闻网站和具有互联网新闻信息服务资质商业网站的日常管理，指导督促网站严格落实广告审查相关规定，将网站发布广告情况列入全国文明网站选评的考核内容，深入开展整治互联网和手机传播淫秽色情及低俗信息，协调有关部门及时删除网上非法涉性广告和低俗不良广告，依法处置违法违规网站。

4. 公安机关要进一步加强与行政执法机关的工作衔接，建立案件会商、信息共享、案件移送等工作协作机制，及时打击涉嫌虚假广告犯罪行为。

5. 监察机关和纠风办要继续将虚假违法广告列为治理行业不正之风的重要内容，加强对有关行政机关依法行政、履行监管职责情况的监督检查，对疏于监管、执法不严等行为，要追究相关责任人的责任。

6. 通信管理部门要配合工商等部门规范互联网广告，对未取得互联网信息服务经营许可证或者未履行非经营性互联网信息服务备案手续，擅自从事互联网信息服务的互联网站，责令当事人关闭网站，同时通知相关互联网接入服务提供商停止为其提供接入服务，并依法追究相关互联网接入服务提供商的责任。对经有关部门书面认定擅自从事药品、医疗器械、医疗保健等互联网信息服务，且拒不整改或违法情节严重的互联网站，依法吊销互联网信息服务经营许可证或注销备案，通知相关互联网接入服务提供商停止为其提供接入服务。

7. 卫生行政、中医药管理部门要加强对医疗广告的监测，以违法违规医疗广告为线索，加大综合执法检查力度，对发布违法广告的医疗机构依法予以处理，并及时向社会公示，对冒用医疗机构、盗用专家名义的，及时通报有关管理部门予以查处。

8. 广播影视行政部门要加强广播、电视广告播放管理，监督播出机构切实履行广播、电视广告发布审查的法定责任，强化对广播、电视播出的药品、保健食品、医疗器械、医疗广告以及电视购物广告的监听监看，及时开展专项清理，纠正各类违规行为。对发布违规广告的播出机构，及时责令其停止违规行为。对群众多次举报、发布违规广告问题严重的播出机构，依据有关规定，视情节分别给予诫勉谈话、通报批评、暂停违规频道(率)商业广告播放、暂停频道(率)播出，直至撤销频道(率)、吊销《广播电视频道许可证》等处理，并追究播出机构主管领导和相关责任人的责任。

9. 新闻出版行政部门要加强动态监管，日常审读与专项审读、定期检查与临时抽检相结合，监督和督促报刊出版单位严格履行报刊广告审查的法定责任；将报刊广告内容纳入报刊审读和报刊出版质量综合评估体系，完善报刊违规记录数据库，建立报刊违规预警机制，及时曝光典型案例；加强对广告违法率居高不下报刊出版单位的检查，对不执行广告发布审查规定、广告违法率居高不下的报刊出版单位，依法依规给予通报批评、下达警示通知书、报刊年检缓验等处理，有关报刊出版单位及其主要负责人不得入选政府主办的各类评优评奖范围。

10. 食品药品监管部门要加强广告审查的监督管理，建立健全广告监测网络，加强药品、医疗器械、保健食品广告的跟踪监测，对监测发现的违法药品、医疗器械、保健食品广告及时移送工商管理部门查处，严厉整治屡次发布违法广告的企业和产品，加大日常监督检查力度，加大曝光和产品暂停销售力度，列入失信企业重点监管；加大互联网药品监督管理力度，严厉查处网上发布虚假药品信息行为以及未经审批发布药品信息和销售药品的境内网站，对拒不整改或违法情节严重的，转通信管理部门依法处理。

11. 旅游行政管理部门要对以虚假旅游服务广告招徕旅游者的行为加强监管，严厉制止未取得旅游业务经营许可资质的企业和个人借发布旅游服务广告擅自或者变相经营旅游服务业务，依法查处旅行社涉嫌无许可经营和误导欺诈消费者等违法行为，配合工商等部门加强旅游服务广告的管理。

三、增强合力，狠抓落实

（一）加强监管执法联动

进一步加强成员单位的协调配合，完善部门联动机制，实现监管资源、信息的沟通与共享，发挥各部门的职能优势，研究解决整治工作中遇到的突出问题，加大“联合告诫”、“联合公告”、“联合检查”、“联合督查”的力度，推动各项措施的落实，不断增强监管的合力和实效。

（二）加大督导检查力度

进一步加强执法监督检查，强化属地监管职责，落实行政执法责任制，加大重点广告案件的督办和指导力度，定期通报案件查办落实情况。联席会议成员单位要在年中和年底，对各地开展广告专项整治工作情况进行督导检查、考核评估，督促整治工作开展不力的地区和部门加强和改进工作，确保整治工作取得实效。

（三）着力提高监管效能

进一步创新广告监管和规范的方式方法，推进监管关口前移和后延，深化行业治理，加强广告发布环节和源头的监管，加大对互联网等新媒体广告的监测监控力度，总结推广网络广告监管执法成熟经验做法，探索建立网络广告监管长效机制。

（四）加强广告法制建设

积极推进《广告法》修订进程，研究制定保健食品、互联网广告等管理规定，及时出台涉及广告活动的规范要求，完善广告监测、停止广告发布、广告审查、案件查办落实报告、责任追究等制度，不断提高监管工作法制化水平。

关于进一步严格监管报刊出版单位、广播电台、电视台利用医药资讯专版、节目以及购物短片等形式发布广告行为的通知

工商广字〔2013〕51号

各省、自治区、直辖市及计划单列市工商行政管理局、市场监督管理局：

近期监测发现，一些报刊出版单位、广播电台、电视台等大众传播媒介利用健康资讯专版、节目以及电视购物短片等形式，以专家讲座、医学探秘、企业寻访、主持人和嘉宾互动等方式，发布虚假违法的药品、医疗器械、医疗、保健食品以及收藏品、手机等商品或服务广告，严重扰乱了广告市场秩序。为进一步严格监管报刊出版单位、广播电台、电视台等大众传播媒介利用医药资讯专版、节目以及购物短片等形式发布广告的行为，营造文明诚信的广告市场环境，现就有关问题通知如下：

一、严格监管变相发布广告行为

各地工商部门要落实监管职责，加强报刊出版单位、广播电台、电视台等大众传播媒介，利用医药资讯专版、节目以及购物短片等形式发布广告行为的监测检查，对监测发现发布或者变相发布虚假违法广告的，要立即责令停止发布，坚决制止虚假违法广告的重复发布。

二、推进广告审查责任落实到位

各地工商部门要监督和指导报刊出版单位、广播电台、电视台等大众传播媒介认真贯彻落实《大众传播媒介广告发布审查规定》，监督大众传播媒介严把广告发布关，对不履行广告审查责任，屡次发布或者变相发布虚假违法广告的，依法暂停广告业务。

三、切实加强广告内容监管

各地工商部门要监督指导报刊出版单位、广播电台、电视台等大众传播媒介，严格遵守《广告法》等广告法律法规有关广告内容要求的规定，严格规范电视购物短片广告内容，认真执行新闻出版刊载广告、广播电视广告播出等有关要求，杜绝有偿新闻和以新闻报道形式等变相发布广告的行为。

四、依法严厉追究违法责任主体

各地工商部门要加大对发布或者变相发布虚假违法广告行为的查处力度，严厉惩治屡次代理、发布虚假违法广告的广告经营者、广告发布者和广告主，及时向社会公告曝光，对认定为虚假广告涉嫌构成虚假广告犯罪行为的，依照有关规定移送司法机关追究刑事责任。

各地工商部门要按照本通知要求，联合有关部门，切实加强广告发布环节的监管，对违反相关规定继续发布虚假违法广告的，依法查处。

国家工商行政管理总局

二〇一三年三月十三日

关于停止播出“北京脑病诊疗中心”等 32 条资讯服务和电视购物短片广告的通知

广办发媒字〔2013〕50 号

各省、自治区、直辖市广播影视局，新疆生产建设兵团广播电视局，中央三台、电影频道节目中心、中国教育电视台：

近段时间以来，一些电视台播出的“北京脑病诊疗中心”等 32 条资讯服务和电视购物短片广告，内容违反了《广播电视广告播出管理办法》（广电总局令第 61 号）、《广电总局关于加强电视购物短片广告和居家购物节目管理的通知》（广发〔2009〕71 号）规定，主要是：

1．“北京脑病诊疗中心”、“北京军联皮肤病研究院”、“北京军颐中医癫痫病医院”、“西夏红牛皮癣涂液”、“吴志成风时骨痛贴”、“好好降压仪”、“郝医生降压贴”、“曲大夫前列贴”、“亮晶 1 号眼贴膜”、“唐人易贴舒”、“火糖神灸药贴”、“降糖神茶”、“多哈多脉冲醒脑康复疗法”、“普力诺一氧化氮”、“复方泡脚降糖（足道降糖秘方）”、“天尔健腰椎治疗仪”、“高科技 YZB 癫痫治疗仪”等医疗和健康资讯服务短片广告，存在违反总局规定，宣传治愈率、有效率，以医生、专家、患者形象做疗效证明等问题。

2．“阿发祥黑发”、“黑桑果黑发”、“激光乌发梳”、“发易生”、“乌发养颜茶”、“富康神茶”、“气脉双和茶”、“龙凤金手镯（斯碧尔金店）”、“全能王手机”、“科特平板电脑”、“麒酷手机”、“生命一号植物蛋白酶（投资）”电视购物短片广告，属于总局 71 号文件禁止播出的夸大、夸张宣传，误导公众的广告。

3．“领袖金钻国表”、“毛主席和田玉金钻国表”购物短片广告，属于总局 61 号令明令禁止播出的使用国家领导人、领袖人物形象的广告。

4．“诺瓦纳无痕内衣”购物短片广告，属于总局 71 号文件禁止播出的格调庸俗低下的广告。

根据《广播电视管理条例》、《广播电视广告播出管理办法》及《广电总局关于加强电视购物短片广告和居家购物节目管理的通知》等规定，自即日起，各级广播电视播出机构立即停止播出上述违规的资讯服务和电视购物短片广告，同时要严格遵照总局有关规定，对各类药品、医疗器械、医疗和健康资讯服务广告进行全面自查，凡不符合规定的，立即停播。

请将本通知立即转发辖区内所有广播电视播出机构，并严格遵照执行。

国家新闻出版广电总局办公厅
二〇一三年四月十日

关于开展整治虚假违法医药广告专项行动的通知

工商广字〔2013〕69号

各省、自治区、直辖市工商行政管理局、党委宣传部、政府新闻办公室、通信管理局、卫生厅局（卫生计生委）、广播影视局、新闻出版局、食品药品监督管理局、中医药管理局：

2013年以来，各地区、各有关部门按照工商总局、中宣部等13部门《2013年虚假违法广告专项整治工作实施意见》的要求，加大对虚假违法广告的综合治理力度，严厉查处和惩治了一批虚假违法广告和违法主体，广告市场整治工作取得阶段性成效。但是，与其他类别广告相比，虚假违法医药广告仍屡禁不止，危及消费者身体健康和财产安全，扰乱医药市场秩序，损害媒体公信力。为严厉打击虚假违法广告行为，切实使损害人民群众切身利益的虚假违法医药广告得到有效治理，国家工商行政管理总局、中央宣传部、国务院新闻办公室、工业和信息化部、国家卫生和计划生育委员会、国家新闻出版广电总局、国家食品药品监督管理总局、国家中医药管理局决定于4月下旬至7月下旬，联合开展整治虚假违法医药广告专项行动，现就有关工作通知如下：

一 、整治重点和主要内容

各地各有关部门要对辖区内报纸、期刊、广播电台、电视台，以及大型门户类网站、搜索引擎类网站、医疗药品信息服务类网站、医药企业及医疗机构自设网站，发布的医疗、药品、医疗器械、保健食品广告以及宣称具有治疗作用的保健用品广告进行清理检查，主要内容是：

1. 超出批准的功能主治和保健功能，宣传包治百病、适合所有症状以及治愈率的；

2. 使用患者、医学专家、科研机构等名义证明疗效或者保证治愈，以及冒用公众人物的形象和名义做宣传的；

3. 夸大产品功效，宣传保健食品、保健用品、消毒产品具有治疗疾病作用的；

4. 利用医药资讯专版、专题节目和新闻报道等形式，以专家讲座、医学探秘、患者讲述用药治病经历等方式，变相发布医药广告，推销医药产品与服务的；

5. 未经卫生计生、食品药品监管和中医药管理部门审查或者核准，非法发布医疗、药品、医疗器械、保健食品广告的；

6. 利用大众传播媒介发布处方药广告的；

7. 其他违反广告管理法规的情形。

二、 整治时间和安排

集中整治时间为2013年4月25日至7月25日，分为三个阶段：

（一）部署整改阶段（4月25日－5月10日）

各地各有关部门要制定工作方案，运用各种形式营造舆论声势，广泛宣讲有关广告法规要求；监督大众传播媒介全面清理发布的医药广告及信息、开办的专题类健康资讯节（栏）目；检查媒体执行《大众传播媒介广告发布审查规定》、开展广告审查工作、落实广告审查员“一票否决制”等情况；对未按规定履行广告发布前自律审查责任的，监督有关媒体进行整改。

（二）集中整治阶段（5月10日－7月15日）

各地各有关部门按照职责分工，对有关媒体和网站自查整改后仍存在发布虚假违法医药广告和虚假信息的问题进行治理，严查违法情节严重、性质恶劣的虚假违法医药广告和虚假信息，严厉追究发布虚假违法广告和虚假信息的行为，依法惩治违法责任主体。

（三）督查评估阶段（7月15日－7月25日）

各地各有关部门要对本地区、本系统开展集中整治工作情况进行督查，及时解决存在的问题和薄弱环节，巩固专项整治成果，积极推进长效机制建设。有关部门将适时对部分地区专项整治工作进行督导检查，考核评估。

三、整治措施和分工

1. 党委宣传部门要指导和督促新闻媒体加强自律，认真落实广告审查责任；及时通报媒体广告存在的突出问题，积极支持和会同新闻出版广电部门推动建立和落实新闻媒体发布虚假违法及不良广告行为领导责任追究制，对新闻媒体不履行广告发布审查职责，致使严重虚假违法医药广告屡禁不止、造成恶劣社会影响及后果的，追究主管领导和相关责任人的责任；对专项整治工作进行宣传报道，曝光典型案例，加强新闻媒体广告内容导向管理。

2. 工商部门要加大广告监测和网上巡查力度，建立健全广告监测、监管与案件查处的一体化工作机制，对监测发现的违法医药广告，立即责令停止发布；严厉查处监测发现、群众举报投诉、有关部门移送的违法情节严重、性质恶劣的虚假违法医药广告；推动落实《大众传播媒介广告发布审查规定》，及时提请有关部门对发布虚假违法医药广告的大众传播媒介以及涉及的企业和产品采取相应行政处理措施；公告曝光一批虚假违法医药广告，暂停一批医药生产经销企业、广告发布者的医药广告发布资格，严厉查处一批设计、制作、代理虚假违法医药广告的广告公司；对涉嫌构成虚假广告犯罪行为的，及时移送司法机关。

3. 新闻办要指导和督促新闻网站和具有互联网新闻信息服务资质的商业网站严格落实广告审查相关规定，协调有关部门及时删除网上虚假违法医药广告和信息，依法处置违法违规网站。

4. 通信管理部门要配合工商、卫生计生、食品药品监管、中医药管理等部门整治网上虚假违法医药广告和信息，对经有关部门书面认定擅自从事药品、医疗器械、医疗保健等互联网信息服务，且拒不整改或违法情节严重的互联网站，依法吊销互联网信息服务经营许可证或注销备案，通知相关互联网接入服务商停止为其提供接入服务。

5. 卫生计生部门、中医药管理部门要以医疗广告和信息为线索，严格监管发布医疗广告以及利用自设网站发布医疗服务信息的医疗机构；加大综合执法检查力度，对发布虚假违法广告和虚假信息的医疗机构依法予以处理，并及时向社会公示；对冒用医疗机构、盗用专家名义的，及时通报有关部门予以查处。

6. 新闻出版广电管理部门要监督广播电视报刊出版单位切实落实《大众传播媒介广告发布审查规定》有关要求，严格审查刊播医药广告，清理整改各种利用健康资讯节（栏）目、专版和新闻报道等方式，变相发布医药广告的行为；对不履行广告发布审查责任、虚假违法医药广告问题屡查屡犯的广播电视报刊出版单位以及相关责任人，依法依规予以处理。

7. 食品药品监管部门要加强药品、医疗器械、保健食品生产经营企业和药品信息服务网站的监督检查，充分利用覆盖地市级广告监测网络系统，对监测发现的违法药品、医疗器械、保健食品广告及时移送工商部门查处，对虚假违法广告宣传情节严重的企业和产品，撤销或收回产品广告批准文号，加大公告曝光和产品暂停销售力度，列入失信企业进行重点监管；严厉查处利用互联网发布虚假药品信息和非法销售药品行为，对发布虚假药品信息情节严重的或发布假药信息的网站一律撤销信息服务资格证书，对未经审批发布虚假药品信息的境内网站按照有关规定移送通信部门依法处理。

四、整治工作要求

（一）强化组织实施

各地各有关部门要认真履行职责，切实加强组织领导，层层推进省、地（市）、县广告专项整治工作。工商部门要发挥牵头职责，积极部署落实，制订整治方案，组织协调，推动广告专项整治工作取得实效。

（二）强化协调配合

各地各有关部门要密切配合，通力协作，完善案件查办衔接机制。工商、新闻办、通信管理、卫生计生、新闻出版广电、食品药品监管、中医药管理等部门要进一步加强部门间、区域间监管执法联动，强化跨部门、跨地区信息通报和案件协查，建立健全与公安机关的案件移交、立案等工作机制，严惩医药广告违法犯罪行为。

（三）强化综合治理

各地各有关部门要将专项整治与日常监管工作相衔接，完善标本兼治措施，建立长效机制。加强行业治理，整合监管资源，采取联合告诫、联合公告、联合检查、挂牌督办等形式，综合运用经济处罚、行政处理、刑事追责等手段，严厉惩治发布虚假违法医药广告和信息的违法主体。

（四）强化监督检查

各地各有关部门要进一步落实属地监管责任，确保监管到位，坚决杜绝有案不查以及行政处罚畸轻、执法不到位等问题，对疏于监管、失职渎职等行为，追究相关责任人的责任。

各地各有关部门要在2013年8月1日前将本系统开展专项整治工作总结分别上报各自上级主管机关。

国家工商行政管理总局
中央宣传部
国务院新闻办公室
工业和信息化部
国家卫生和计划生育委员会
国家新闻出版广电总局
国家食品药品监督管理总局
国家中医药管理局
二〇一三年四月二十三日

关于印发打击网上非法售药行动工作方案的通知

食药监药化监〔2013〕123号

各省、自治区、直辖市食品药品监督管理局、互联网信息办公室、通信管理局、公安厅（局）、工商行政管理局：

为进一步加强互联网药品销售和发布药品信息的监管，严厉打击网上销售假药和违法售药行为，整顿和规范网上售药秩序，针对当前互联网药品销售存在的突出问题，国家食品药品监督管理总局、国家互联网信息办公室、工业和信息化部、公安部和国家工商行政管理总局联合制定了《开展打击网上非法售药行动工作方案》。现印发给你们，请认真组织实施。

国家食品药品监督管理总局
国家互联网信息办公室
工业和信息化部
公安部
国家工商行政管理总局
二〇一三年七月二十九日

附件

开展打击网上非法售药行动工作方案

为进一步加强互联网药品销售和发布药品信息的监管，严厉打击网上销售假药犯罪与违法售药行为，整顿和规范网上售药秩序，国家食品药品监督管理总局、国家互联网信息办公室、工业和信息化部、公安部、国家工商行政管理总局决定联合开展打击网上非法售药行动，特制定本工作方案。

一、工作目标

通过侦破一批网上销售假药的大案要案，惩治一批网络销售假药的组织、实施和参与者，整顿、关闭、曝光一批违法售药网站，形成打击违法犯罪的高压态势，有效遏制网上销售假药与违法售药活动的高发势头。

通过加大网上安全购药的宣传、引导和警示力度，提高公众自我保护能力，形成自觉抵制非法网站药品的社会氛围，营造互联网药品正当交易的良好环境。

通过健全食品药品监管、互联网信息内容管理、工信、公安和工商等部门协作配合的长效机制与有效措施，全面提升网上售药的监管和执法效能，保证网上售药的良好秩序的长治久安。

二、工作重点和任务分工

（一）监测排查网上非法售药信息

重点开展以下工作：

1. 以治疗肿瘤、糖尿病、冠心病、高血压、性功能障碍等病症的药品为重点品种，以互联网搜索引擎为重点监测对象，以投诉举报信息为重点线索，组织对网上售药行为进行监测和排查，发现涉嫌从事网上非法售药活动的网站、网页，列出清单。

2. 要求主要搜索引擎、电商平台对违法网上售药行为进行主动搜索，发现无资质从事网上售药活动的网站、网页，列出清单，通过国家互联网信息办公室转交食品药品监管部门。

3. 组织食品药品监管总局药品投诉举报中心以及互联网违法和不良信息举报中心梳理受理的网上非法售药举报，列出清单，移交同级食品药品监管部门。

4. 对上述网站清单，经食品药品监管部门初步判断属违法违规售药行为后，通过通信管理部门定位其网站所在地，由食品药品监管部门将网站移交其属地省级食品药品监管部门查处，涉嫌假药犯罪的，可以移送网站服务器所在地、网络接入地、网站建立者或者管理者所在地公安机关查处。由被害人举报的网上销售假药案，也可移送被害人所在地公安机关。

（二）严厉打击网上非法售药行为

重点开展以下工作：

1. 对已取得互联网药品信息服务或药品交易资质，存在发布虚假药品信息和药品违法销售行为的网站，一律责令停业整顿、限期整改；拒不改正或情节严重的，一律由食品药品监管部门吊销其《互联网药品信息服务资格证书》或《互联网药品交易服务资格证书》，并移送通信管理部门对违法网站依法予以关闭。

2. 对未取得互联网药品交易资质，非法从事药品销售的网站，由食品药品监管部门汇总提供名单，互联网信息内容管理部门统一协调处置。如属未备案网站，移送通信管理部门依法予以关闭，并追究接入服务商责任；如属已备案网站，应责令整改，拒不改正的，移送通信管理部门依法予以关闭。

3. 对销售假药涉嫌犯罪的网站，一律移送公安机关依法追究刑事责任。公安机关根据食品药品监管部门提供的涉嫌销售假药网站清单，深入开展线索经营，依法立案侦查，依法对网站的建立者、管理者、使用者采取相应措施，并加大深挖力度，捣毁假药生产窝点，摧毁假药销售网络，依法严惩犯罪嫌疑人。

（三）大力开展宣传、引导和警示活动

重点开展以下工作：

1. 发布新闻稿。在专项行动启动后，五部门统一发布新闻稿，对专项行动的目标和任务进行解读，对网上售药的规范予以重申，表明监管部门坚决打击网上售药违法犯罪行为的态度。同时，对公众网上购药行为进行引导和警示，鼓励社会各界举报不法行为。

2. 曝光典型案件。专项行动期间，五部门联合对查实的大要案件及时进行公开曝光，形成持续宣传高潮。大张旗鼓地揭露不法行为，将已查实案件的违法违规情节、危害及处罚情况在五部门网站予以公开。典型案件邀请中央电视台、新华社等主流媒体跟踪案件查处进展，制作视频资料予以曝光，形成有效震慑。

3. 组织开展网络访谈活动。在重点新闻网站举办网络访谈活动，通过与网民的互动，大力宣传网上售药及其监管的法律法规，提示网上购药风险，倡导网上安全购药。

4. 发布互联网购药安全警示。在食品药品监管总局网站“互联网购药安全警示”专栏定期发布《互联网购药安全警示公告》，建立和公开已被取缔的非法售药网站名单，提醒广大公众及时了解非法网站信息，网上谨慎购药，自觉抵制非法网站药品，避免上当受骗。

5. 发动各大型网站、搜索引擎、电商平台、接入服务商对所管理网站药品广告页面和链接进行自查，清除虚假违法广告。

（四）净化网上售药环境

重点开展以下工作：

1. 要求搜索引擎对售药网站区别对待。食品药品监管部门将已取得互联网信息服务和交易资质的网站信息定期提交互联网信息内容管理部门，组织各主流搜索引擎对所呈现药品或售药搜索结果时将有资质网站信息予以前置，并显著设置网上安全购药提示语，保证搜索者首先看到有资质网站信息和提示。同时要求搜索引擎对食品药品监管部门提供的非法售药网站黑名单予以屏蔽，并定期通报食品药品监管部门。

2. 加大对违法网上售药行为的日常监督监测力度。五部门将加强部门协同配合，完善监督监测机制和技术手段，充分发挥社会力量作用，共同加大对互

联网发布药品信息和销售药品的监督监测力度，发现违法犯罪行为立即查处或者移送有关部门，及时发布监测信息提示，曝光违法网站。

3. 鼓励举报网上违法售药行为。鼓励被假冒药品生产企业、药品经营企业、消费者共同参与维护网上售药的正常秩序，积极向食品药品监管总局投诉举报中心（举报电话：12331）以及互联网违法和不良信息举报中心（举报电话：12377）举报网上违法售药行为。举报一经查实，将按规定给予奖励。

4. 完善网上售药管理制度和规范。食品药品监管部门会同相关部门研究修订《互联网药品销售管理办法》，制定网上售药规范，按照现实与虚拟一致原则，合理设置网上售药的管理标准和适用范围。

三、工作安排

专项行动在2013年8－12月期间分三个阶段开展：

（一）动员部署阶段（从文件下发日起至8月下旬）

下发专项行动工作方案，并召开视频会议，对专项行动进行动员部署和提出工作要求，做好宣传发动。联合召开主要商业网站、搜索引擎、电商平台负责人会议，提出配合工作、自查自纠要求。

（二）集中打击阶段（9－11月）

采取集中行动和专案经营相结合的方式，查处一批大要案件，清理一批窝点，摧毁一批网上销售假药团伙，曝光一批违法网站，大力开展规范网上购销药品的宣传引导工作。

（三）总结提高阶段（12月）

认真总结专项行动情况，评估工作成效，建立健全各项规章规范。对在专项行动中贡献突出，查办重大案件到位的单位和个人，予以通报嘉奖。

四、工作要求

（一）突出查处一批大案要案

各地、各部门要通过群众举报、全面监测、重点排查等方式，主动发现网上违法售药线索，做好个案查处工作。对各种线索要抓住不放、深挖到底，直至查清造假售假窝点；对发现的违法违规行为一律从严处理，符合吊销许可情形的一律吊销相应许可；对涉嫌犯罪的一律依法追究刑事责任，绝不姑息，形成震慑。

（二）坚决曝光一批典型案件

各地、各部门要坚持案件查办公正、公开的原则，大张旗鼓地揭露违法犯罪行为，将已查实案件的违法违规情节、危害及处罚情况予以公开曝光。其中典型案件应及时向上级部门报告，食品药品监管总局、国家互联网信息办公室、公安部、工业和信息化部将对典型案件通过主流媒体予以曝光。对于严重违反法律法规的网站和个人，一律列入黑名单予以行业禁入。

（三）明确分工强化联动

各级食品药品监管、互联网信息内容管理、公安、通信管理、工商行政等部门要加强协调配合，及时互通情况，强调统一行动，强化联合治理的威慑作用和打击力度。食品药品监管总局、国家互联网信息办公室负责打击网上违法售药专项行动的组织协调工作。食品药品监管部门负责监测发现违法售药网站，获取线索和信息，查处违规售药网站；公安机关依法打击网络售药犯罪行为；通信管理部门加强接入服务商管理，定位涉嫌非法售药的网站服务器，根据食品药品监管部门、互联网信息内容管理部门对网上违法售药网站的认定和处罚意见，依法对违法网站进行关闭；工商行政管理部门要加强对利用互联网发布药品广告的监督检查，依法查处利用互联网发布的违法药品广告；互联网信息内容管理部门加强对搜索引擎、论坛、博客、微博客、社交网站等的监管，做好对网上违法售药网站、网页内容的查处工作。各部门要及时将涉嫌犯罪的案件线索和相关证据移送公安机关。公安机关要及时进行核查，涉嫌犯罪的要依法立案侦查。

（四）健全机制标本兼治

各地、各部门要按照整顿和规范相结合、专项行动和日常监管相结合的原则，立足建立长效管理机制，实现对网上售药监管工作的制度化、经常化和规范化。

通过专项行动的开展，认真总结经验，积极探索强化对网上违法售药，特别是销售假药等违法犯罪行为打击力度的有效模式和方式。

（五）加强督导检查

各省（区、市）有关部门对发现的涉案金额巨大、性质恶劣、危害严重以及跨地区的网上销售假药案件要及时上报，加强督导，组织协调好案件的查办工作。对涉及多个省份的特别重大案件，由食品药品监管总局和公安部指导协调涉案地食品药品监管部门、公安部门联合查办。重大案件和突发情况各地要随时上报。食品药品监管总局、国家互联网信息办公室、公安部、工业和信息化部、国家工商总局在专项行动期间适时对各地专项行动开展情况进行督导检查。对在专项行动中不依法履行职责，造成不良影响并产生严重后果的单位和个人，要予以通报批评，并依法追究责任。

关于进一步加强卫视频道播出电视购物短片广告管理工作的通知

广发〔2013〕70号

各省、自治区、直辖市广播影视局，新疆生产建设兵团广播电视局，中央电视台、中国教育电视台、电影频道节目中心：

近年来，各级电视台按照《广告法》和总局61号令、66号令要求，强化广告播前审查把关，认真纠正违法违规行为，广告播出秩序持续好转，形成了较为良好的社会氛围和市场环境。但近段时间以来，广告违规问题出现反弹，特别是部分卫视频道的电视购物短片广告存在内容夸大虚假、长时间反复播出等问题，造成恶劣影响。为认真落实党的群众路线教育实践活动要求，切实维护人民群众利益，现就治理卫视频道电视购物短片广告违规问题通知如下：

一、清醒认识电视购物短片广告特点，切实加强管理

电视购物短片广告又称“广告短片购物”或“电视直销广告”，是厂家或代理商通过购买电视台广告时段投放广告片，吸引观众拨打广告画面上的电话订购商品的一种商品直销方式。与为推销商品、劳务或观念而通过媒介只向公众进行信息传播的一般性商业广告相比，这种方式多了直接向公众销售商品的环节；而相比电视台自身开办的电视购物频道，两者虽然在开办主体上存在本质区别，但在表现形式上又有一定的相似之处，即都是通过吸引电视观众拨打电视屏幕上的销售电话订购商品，实现销售商品的目的。

电视购物短片广告的这种特点，使得电视观众难以分清其与电视购物节目的区别，往往将两者混为一谈，导致电视购物短片广告违规时直接影响到电视购物节目的声誉和形象，进而给电视台的公信力造成损害。对此，各卫视频道要予以高度重视，严格按照《关于加强电视购物短片广告和居家购物节目管理的通知》（广发〔2009〕71号）对两者的界定，认真落实《广播电视广告播出管理办法》（原广电总局第61号令）和71号文件的要求，切实加强对电视购物短片广告的管理工作。

二、从源头抓起，强化企业资质审查

各卫视频道要认真审验在本频道投放电视购物短片广告的企业资质：

1. 证明其注册资本金不少于1000万元人民币和具有固定经营场所的《企业法人营业执照》、《组织机构代码证》等材料。

2. 证明其自行建立呼叫系统、物流配送和结算系统，以及健全的售后服务制度和相应机构、人员的材料。

3. 相关部门出具的证明其经销产品的质量合格检验报告和法律文书。对不具备资质条件或无法出具上述证明材料的企业，一律不得受理和播出其投放的电视购物短片广告。

三、严格规范表现形式，强化播出环节把关

各卫视频道每天18点至24点时段内，不得播出电视购物短片广告。其他时段播出电视购物短片广告时，必须严格执行总局61号令和71号文件的相关具体规定，坚决要做到以下几点：

1. 不得使用主持人做宣传。

2. 不得使用“叫卖式”夸张配音、语调、动作等作宣传。

3. 不得使用新闻报道、新闻采访、现场访谈等形式以及新闻素材、资料等做宣传。

4. 不得使用“矫形”、“塑形”、“透脂”、“甩脂”等宣传或变相宣传丰胸、减肥产品。

5. 要在屏幕画面右上角明确标注“广告”字样。

6. 每天每小时播出电视购物短片广告不得超过 1 条(次),每条不得超过 3 分钟,每天播出同一款产品或同一内容的电视购物短片广告不得超过 3 次。

四、严格备案管理,加强社会监督

各卫视频道要按总局要求,对审核同意在本频道投放的电视购物短片广告,需将本《通知》第 2 条规定的相关资质证明材料以及该购物短片广告的名称、时段、时长、次数和内容等情况,报省级广电行政部门备案。各省级广电行政部门需于每季度结束前,汇总报总局传媒司备案。总局将定期向社会公示,强化社会监督。

五、加强行政监管,查处违规行为

各省级广电行政部门要严格按照本《通知》要求,认真做好辖区内卫视频道电视购物短片广告播出的监管工作,对存在违规问题的,视情节轻重分别给予限期整改、警告、诫勉谈话、通报批评,直至暂停商业广告播出等处理,并追究相关责任人责任,向社会公开曝光。

同时,要依据总局 61 号令、71 号文件等规定和本《通知》精神,加强对其他频道电视购物短片广告内容的日常监管,发现问题,及时查处。

本《通知》自 2014 年 1 月 1 日实施。请各省局接到本《通知》后,立即转发辖区内有关单位认真遵照执行。

国家新闻出版广电总局

二〇一三年十月二十九日

关于停止播出“古不藤激光治疗仪”等31条广告的通知

广办发媒字〔2013〕120号

各省、自治区、直辖市广播影视局，新疆生产建设兵团广播电视局，中央三台、电影频道节目中心、中国教育电视台：

近段时间以来，一些电视台播出的“古不藤激光治疗仪”等31条广告，内容违反了《广播电视广告播出管理办法》（广电总局令第61号）、《广电总局关于加强电视购物短片广告和居家购物节目管理的通知》（广发〔2009〕71号）规定，主要是：

1.“古不藤激光治疗仪”、“久阳前列腺治疗仪”、“邦轻松腰椎治疗仪”、“风湿骨病三联综合新疗法”等医疗和健康资讯服务广告，存在违反总局规定，宣传治愈率、有效率，以医生、专家、患者形象做疗效证明等问题。

2.“霍氏生发宝”、“古方止脱生发液”、“郑伊月止脱生发液”、“花大姐苗汤洗白发”、“祖灵芝清斑霜”、“伊屏清斑霜”、“印度海娜花”、“雪莲净斑（鲜花净斑）”、“思兰朵焕颜清斑”、“欧瑞清爽露”、“百日迈康茶”、“茜斯安除疤克星（灵芝活性除疤液）”、“养延天韵胶囊”等广告，存在违反总局规定，夸大宣传治愈率、有效率，以公众人物形象做疗效证明等问题。

3.“联邦波尔美”、“波速挺”等广告，属于总局71号文件禁止播出的丰胸产品广告。

4.“纤体收腹衣拉比雅”、“X5倍瘦”、“欧蒂芙燃脂精华油”、“拉比雅内衣”、“魔力天天瘦”、“睡美瘦”等广告，属于总局71号文件禁止播出的减肥或变相宣传减肥的产品广告。

5.“毛主席纪念腕表”广告，属于总局61号令明令禁止播出的使用国家领导人、领袖人物形象的广告。

6.“皇城金饰”、“龙祥珠宝”、“蒲拉蒂尼黄金”、“智鹏平板电脑”、“西格玛满天星钻表”等广告，属于总局71号文件禁止播出的夸大、夸张宣传，误导公众的广告。

根据《广播电视管理条例》、《广播电视广告播出管理办法》及《广电总局关于加强电视购物短片广告和居家购物节目管理的通知》等规定，自即日起，各级广播电视播出机构立即停止播出上述违规广告。

请各级广播电视管理部门加强监管，坚决防止播出违规医疗药品广告的现象出现反弹。总局重申，对已经要求停播的广告，不得更改产品名称后继续播出。

请将本通知立即转发辖区内所有广播电视播出机构，并严格遵照执行。

国家新闻出版广电总局

二〇一三年十月三十日

关于开展电视购物专项整治工作的通知

商秩发〔2013〕445号

各省、自治区、直辖市、计划单列市及新疆生产建设兵团商务主管部门、工业和信息化厅（委、局）、通信管理局、公安厅（局）、工商局、质监局、广播影视局、食品药品监管局：

近年来，我国电视购物行业呈现快速发展势头，满足了广大消费者多样化的消费需求，为搞活流通、扩大消费发挥了积极作用。但是，电视购物领域也存在一些问题，特别是有的企业制售假冒伪劣产品、夸大宣传、误导消费者、售后服务虚假承诺等问题突出，严重侵害了消费者合法权益，损害了电视传播机构的公信力。为切实整顿和规范电视购物行业秩序，保护消费者权益，促进电视购物行业健康发展，商务部、工业和信息化部、公安部、工商总局、质检总局、新闻出版广电总局、食品药品监管总局决定自2013年12月至2014年6月在全国集中开展电视购物专项整治（以下简称专项整治）。现将有关事项通知如下：

一、工作原则及目标

按照规范与发展并重、整治与建设并举的原则，围绕关系人民群众切身利益的突出问题，加强综合治理。通过深入开展专项整治，依法查处违法违规电视购物行为，曝光一批大案要案，遏制电视购物行业违法违规多发势头，净化电视购物市场环境，引导电视购物经营者规范经营行为，维护公平诚信、竞争有序的市场秩序，保护消费者合法权益。

二、整治内容

（一）严厉打击电视购物领域的违法犯罪行为

加强重点商品监管，加大对药品、保健食品、医疗器械等关系人民群众身体健康和生命安全商品的监管力度。严厉打击非药品冒充药品宣传疗效销售假冒伪劣产品的违法行为。依法查处一批群众反映强烈的制播虚假电视购物短片广告、制售假冒伪劣商品、商业欺诈等违法犯罪案件，及时曝光典型案件。推动行政执法信息共享，完善案件移送机制，做好行政执法与刑事司法衔接，加大刑事打击力度。

（二）严格监管电视购物经营行为

严格做好电视购物广告发布企业的资质审查和备案工作。电视媒体在发布电视购物广告前，应当依法查验有关证明文件，核实广告内容。不得发布未提供产品质量检验合格证明产品的电视购物广告。加强对电视购物广告的日常监测检查，及时查处违法责任主体。强化网络环节监管，加强对互联网经营资格、信息服务内容的审查和网络电视购物广告监测监管，禁止虚假违法的购物广告利用互联网发布。

（三）加强电视购物频道诚信服务建设

电视购物频道和专门购物时段播出的购物节目要在继续坚持“诚信为本”原则的基础上，进一步提高商品准入、节目内容审查和售后服务标准。强化购物频道的节目制播环节管理，电视台要严格掌控频道所有权和节目编排、审查、播出权，进一步规范电视购物频道的节目和播出形态，做到如实宣传介绍所售商品；督促购物频道完善服务流程，着力改善物流配送、售后服务等消费者投诉集中环节存在的不足；推动电视购物频道建立和完善行业协作和行业自律机制，维护消费者权益。

（四）加大宣传教育和社会监督力度

充分利用电视、广播、报刊、网络等传播渠道，宣传电视购物相关法律法规和政策措施，曝光虚假电视购物广告和涉案企业，提高公众参与度和消费者识假辨假能力。加强对诚信企业的宣传推广，提高企业守法经营意识。

（五）建立健全促进行业规范发展的长效机制

加快研究制订相关管理办法、经营规范和行业标准，督促电视购物企业完善“冷静期”退货、保证金、第三方支付等机制。支持消费者协会畅通消费维权渠道，妥善处理消费者投诉。指导有关协会建立和完善会员企业诚信档案，开展行业信用评价，逐步建立企业失信惩戒机制。

三、工作要求

各地区有关部门要高度重视专项整治工作，加强领导，落实责任，周密部署，扎实推进。要结合本地实际细化实施方案，明确责任分工，确保工作落实。商务主管部门负责专项整治的组织协调；工业和信息化部门负责互联网站备案管理；公安机关负责查处涉嫌利用电视购物实施的治安和刑事案件；工商部门负责各类电视购物广告的日常监测检查和对违法责任主体的查处；质监部门负责依法查处生产环节质量违法行为；新闻出版广电部门负责电视媒体播出电视购物短片广告行为及电视购物频道的全面管理；食品药品监管部门负责对电视购物中销售药品、保健食品、医疗器械等商品情况的日常监测和相关生产企业的监督检查。

密切协调配合，形成监管合力。要建立部门联动的联合监管执法机制，定期通报消费者投诉举报信息、相关部门监管执法信息等情况，实现监管资源、信息的沟通与共享，形成监管合力，确保专项整治工作取得实效。专项整治期间，商务部、工业和信息化部、公安部、工商总局、质检总局、新闻出版广电总局、食品药品监管总局将组织开展专项督查。

各地要及时报告专项整治进展情况，于 2014 年 7 月 15 日前上报工作总结。

商务部
工业和信息化部
公安部
国家工商行政管理总局
质检总局
国家新闻出版广电总局
国家食品药品监督管理总局
二〇一三年十二月四日

关于进一步加强电视购物广告监管工作的通知

工商广字〔2013〕202 号

各省、自治区、直辖市及计划单列市工商行政管理局、市场监管局：

近日，商务部、工业和信息化部、公安部、工商总局、质检总局、新闻出版广电总局、食品药品监管总局联合下发《关于开展电视购物专项整治工作的通知》（商秩发〔2013〕445 号，以下简称《通知》），决定自 2013 年 12 月至 2014 年 6 月在全国集中开展电视购物专项整治。为做好专项整治工作，进一步加大电视购物广告监管执法力度，现将有关事项通知如下：

一、加大电视购物广告监测检查力度

各地工商机关要按照《通知》要求，积极配合有关部门开展电视购物专项整治工作，进一步加大广播、电视、报刊以及互联网等媒介广告的监测检查范围和频次，及时责令停止发布和曝光夸大产品功效、内容虚假等严重违法电视购物广告。

二、加大推进落实广告审查责任力度

各地工商机关要加强《大众传播媒介广告发布审查规定》落实情况的检查，监督指导大众传播媒介以及互联网站依法查验有关证明文件，核实广告内容，严把广告发布关，对不履行广告审查责任，屡次发布严重虚假违法电视购物广告的，暂停其广告业务，提请有关部门追究相关责任人的责任。

三、加大虚假违法电视购物广告查处力度

各地工商机关要依法追究相关违法主体责任，依照《广告法》有关规定，一并处罚发布违法广告的广告主、广告经营者、广告发布者，不遗漏违法主体，切实做到违法必究、执法必严，对构成虚假广告犯罪行为的，移送司法机关追究刑事责任，严惩发布虚假违法电视购物广告的行为。

四、加大执法办案协调工作力度

各省级工商机关要加强电视购物广告案件的督办指导，组织协调本省办案部门协同查办广告主、广告经营者、广告发布者，对查处外省广告主、广告经营者有困难的，按照有关规定移送有管辖权的工商机关查处，并同时移送广告发布合同、调查笔录等相关证据材料以及下达的行政处罚决定书。有管辖权的工商机关要及时立案查处广告主、广告经营者，及时将查处情况反馈移送机关。

各地工商机关要高度重视典型广告案件查办工作，加强跨地区执法联动和协作配合，认真做好案件移送与查办工作，充分认识到加大执法办案力度是实施宽进严管，营造良好市场环境的基本要求，是从源头上遏制违法广告传播，震慑和打击违法广告行为的有效手段。各地工商机关要继续做好“祖灵芝清斑霜”、“伊屏清斑”、“圣高御容本草霜”、“古方生发液”、“老樊家净斑”、“叶赫那拉乌发散”等严重违法电视购物广告涉案广告发布者、广告主、广告经营者的查办与移送工作，并在本通知下发之日后 30 日内，将上述案件查办情况及《移送违法广告案件统计表》上报总局广告监管司，必要时广告监管司将协调指挥，

指定有管辖权的工商机关统一查处涉案广告主、广告经营者。

各地工商机关要于2014年7月1日前，将开展电视购物专项整治有关工作情况以及《电视购物专项整治工作统计表》上报总局广告监管司。

附件：1. 移送违法广告案件统计表

2. 电视购物专项整治工作统计表

国家工商行政管理总局

二〇一三年十二月十九日

'2014 中国广告年鉴
China Advertising Yearbook

广告监管

Advertising Supervision

违法广告公告

工商广公字〔2013〕1 号

近期，国家工商行政管理总局对 2012 年 12 月全国部分电视、报纸、广播等媒体发布的医疗、药品、保健食品、化妆品及美容服务类广告进行了监测抽查。现将监测抽查发现的部分严重违法广告公告如下：

1. 五七胶囊（参黄养阴胶囊）药品广告（生产厂家为吉林省中鼎药业公司）。该广告属于禁止在大众传播媒介发布的处方药广告，以健康资讯节目形式变相发布，利用专家、患者的名义和形象作证明，含有不科学的表示功效的断言和保证，误导消费者，严重违反广告法律、法规规定。发布媒体：丹东影视频道（辽宁）。

2. 高力健（香药胃安胶囊）药品广告（生产厂家为安徽高山药业有限公司）。该广告以健康资讯节目形式变相发布，利用专家、患者的名义和形象作证明，含有不科学的表示功效的断言和保证，误导消费者，严重违反广告法律、法规规定。发布媒体：拉萨电视台（西藏）。

3. 仙乐雄胶囊药品广告（生产厂家为芜湖博英药业科技股份有限公司）。该广告属于禁止在大众传播媒介发布的处方药广告，利用专家、患者的名义和形象作证明，含有不科学的表示功效的断言和保证，误导消费者，严重违反广告法律、法规规定。发布媒体：遵义影视频道（贵州）。

4. 双瓜糖安胶囊药品广告（生产厂家为广西桂西制药有限公司）。该广告利用专家、患者的名义和形象作证明，含有不科学的表示功效的断言和保证，误导消费者，严重违反广告法律、法规规定。发布媒体：海口都市娱乐频道（海南）。

5. 哈药痛风舒药品广告（生产厂家为哈药集团）。该广告利用患者的名义和形象作证明，含有不科学的表示功效的断言和保证，严重违反广告法律、法规规定。发布媒体：兰州晨报（甘肃）。

6. 益肾健骨胶囊药品广告（生产厂家为长春新安药业有限公司）。该广告利用专家、患者的名义和形象作证明，含有不科学的表示功效的断言和保证，误导消费者，严重违反广告法律、法规规定。发布媒体：贵州都市报（贵州）。

7. 袁氏青年睾丸片药品广告（生产厂家为青海琦鹰汉藏生物制药股份有限公司）。该广告属于禁止在大众传播媒介发布的处方药广告，利用专家、患者的名义和形象作证明，含有不科学的表示功效的断言和保证，严重违反广告法律、法规规定。发布媒体：山西广播电视报（山西）。

8. 美国“绿激光”四川省示范基地泌尿外科医疗广告。该广告利用患者的名义作证明，含有保证治愈的内容，严重违反广告法律、法规规定。发布媒体：华西都市报（四川）。

9. 圣贝牙科医疗广告。该广告以新闻形式变相发布，涉及医疗技术、诊疗方法、疾病名称，含有保证治愈的情形，利用患者、卫生技术人员的名义、形象作证明，严重违反广告法律、法规规定。发布媒体：成都晚报（四川）。

10. 武警甘肃总队医院医疗广告。该广告内容涉及医疗技术、诊疗方法、疾病名称，隐含保证治愈的内容，利用卫生技术人员的名义作证明，严重违反广告法律、法规规定。发布媒体：兰州晚报（甘肃）。

11. 泉城医院医疗美容广告。该广告涉及医疗技术、诊疗方法、疾病名称，隐含保证治愈的内容，严重违反广告法律、法规规定。发布媒体：山东广播电视报（山东）。

12. 藏达冬虫夏草保健食品广告（致仁堂牌蝙蝠蛾拟青霉菌丝胶囊）(生产厂家为青海药物研究所、泰安正信科技有限责任公司)。该广告使用与药品相混淆的用语，宣传食品的治疗作用，利用消费者（患者）的名义作证明，误导消费者，严重违反广告法律、法规规定。发布媒体：北京广播电视报（北京）。

13.HD 元素保健食品广告（生产厂家为香港东方之子生命科学研究院）。该广告使用与药品相混淆的用语，宣传食品的治疗作用，利用专家的名义作证明，误导消费者，严重违反广告法律、法规规定。发布媒体：黑龙江广播电视报（黑龙江）。

14. 印度海娜花化妆品广告（生产厂家为广州市新霸化妆品有限公司）。该广告含有使用他人形象、名义保证使用效果的内容，误导消费者，严重违反广告法律、法规规定。发布媒体：青海卫视（青海）。

15. 黄金菌美保健食品广告（生产厂家为北京华泰瑞立生物科技发展公司）。该广告利用专家、消费者的名义和形象作证明，使用与药品相混淆的用语，宣传食品的治疗作用，误导消费者，严重违反广告法律、法规规定。发布媒体：甘肃卫视（甘肃）。

工商行政管理机关将依法查处上述严重违法广告。同时，加强跟踪监测和日常检查，及时发现并依法查处其他媒体发布的上述严重违法广告。

国家工商行政管理总局
二〇一三年一月三十日

关于发布 2013 年第 4 期违法药品、医疗器械、保健食品广告公告汇总的通知

国食药监稽〔2013〕26 号

各省、自治区、直辖市食品药品监督管理局（药品监督管理局）：

为加强药品、医疗器械、保健食品广告监督管理，整治违法发布广告行为，进一步规范广告发布秩序，按照《药品广告审查办法》、《医疗器械广告审查办法》和《保健食品广告审查暂行规定》等有关规定，各省（区、市）食品药品监督管理部门加强了对行政区域内广告发布情况的监测，并及时发布了违法广告公告，国家食品药品监督管理局对此进行了汇总。

2012 年第 4 季度，各省（区、市）食品药品监督管理部门以发布《违法广告公告》等方式，通报并移送同级工商行政管理部门查处的违法药品广告 43348 条次，违法医疗器械广告 4825 条次，违法保健食品广告 15181 条次。对严重篡改审批内容进行违法宣传的广告，各省（区、市）食品药品监督管理部门共撤销药品广告批准文号 7 个，收回保健食品广告批准文号 16 个。现将其中违法情节严重、违法发布广告频次高的药品、医疗器械、保健食品予以汇总发布。

1. 河南省新四方制药有限公司生产的药品“肠胃宁片”，其功能主治为“健脾益肾，温中止痛，涩肠止泻。用于脾肾阳虚所致的泄泻，症见大便不调、五更泄泻、时带黏液，伴腹胀腹痛、胃脘不舒、小腹坠胀”。广告宣称“胃酸、胃痛、胃胀永远消失；3 个疗程溃疡全面康复，真正的胃肠修复专家”等。该药品广告宣传超出了食品药品监督管理部门批准的内容，含有利用患者名义作证明、不科学地表示功效的断言和保证，

严重欺骗和误导消费者。

2. 河南辅仁堂制药有限公司生产的药品“复方杜仲胶囊”，其功能主治为“补肾，平肝，清热。用于肾虚肝旺之高血压症”。广告宣称“当天起效，服用半月，血脂、血黏降低，3个月左右，并发症消除，一年左右即可真正停药”等。该药品广告宣传超出了食品药品监督管理部门批准的内容，含有利用专家和患者名义作证明、不科学地表示功效的断言和保证，严重欺骗和误导消费者。

3. 青海央宗药业有限公司生产的药品“十五味黑药胶囊”，其功能主治为“散寒消食，破瘀消积。用于慢性肠胃炎，胃出血，胃冷痛，消化不良，食欲不振，呕吐泄泻，腹部有痞块及嗳气频作”。广告宣称“服用当天即可见效；患者反馈说这么好的药为我们解除这么大的痛苦；请按疗程使用一次治好”等。该药品广告宣传超出了食品药品监督管理部门批准的内容，含有利用患者名义作证明、不科学地表示功效的断言和保证，严重欺骗和误导消费者。该药品为处方药，禁止在大众媒介发布广告。

4. 内蒙古佳合药业有限公司生产的药品“蛾贞胶丸”，其功能主治为“补肝益肾，养血滋阴。用于改善更年期妇女气血不足所致的腰膝酸软，易疲乏”。广告宣称“2盒淡斑平皱，褪去暗黄肤色；3盒月经通畅，享受青春延长；3盒蛾贞换10年青春”等。该药品宣传超出了食品药品监督管理部门批准的内容，含有利用患者、专业机构及其工作人员名义和形象作证明，不科学地表示功效的断言和保证，严重欺骗和误导消费者。该药品为处方药，禁止在大众媒介发布广告。

5. 吉林省天泰药业股份有限公司生产的药品“心脑康胶囊”，其功能主治为“活血化瘀，通窍止痛，扩张血管，增加冠状动脉血流量。用于冠心病、心绞痛及脑动脉硬化症”。广告宣称“冠心病、脑血栓、中风偏瘫当天服用当天见效；郑重承诺，一盒无效，全额退款，一个疗程未治愈者，免费提供用药，直至彻底康复”等。功能主治的宣传超出了食品药品监督管理部门批准的内容，含有利用患者名义作证明、不科学地表示功效的断言和保证，严重欺骗和误导消费者。该药品为处方药，禁止在大众媒介发布广告。

6. 西安阿房宫药业有限公司生产的药品“薏辛除湿止痛胶囊”，其功能主治为“散寒除湿，活血止痛。用于痹证寒湿闭阻，瘀血阻滞引起的关节疼痛、关节肿胀等症的辅助治疗”。广告宣称“1－3天，五脏舒服了；3－5天，关节疼痛完全消失了；7－15天，关节肿胀消失；1个疗程，关节恢复正常”等。该药品广告宣传超出了食品药品监督管理部门批准的内容，含有利用患者名义作证明、不科学地表示功效的断言和保证，严重欺骗和误导消费者。

7. 哈尔滨市天地仁医药科技有限公司生产的医疗器械“降压足贴”，其适用范围为“高血压的辅助治疗”。广告宣称“使用后平稳降压，胸闷心慌消失；无副作用和依赖性，停药后不复发，10年内复发包治”等。该医疗器械广告宣传的适用范围超出了食品药品监督管理部门批准的内容，含有利用患者形象和名义作证明、不科学地表示功效的断言和保证等内容，严重欺骗和误导消费者。

8. 四川默森药业有限公司生产的医疗器械“筋骨消痛膜”（广告中标示名称：古希宝修复液），其适用范围为“本产品主要用于腰椎间盘突出、颈椎病、肩周炎、风湿、类风湿关节炎、强直性脊柱炎、坐骨神经痛、腰肌劳损、骨质增生、跌打损伤以及外伤引起的炎症与疼痛等的辅助治疗”。广告宣称“快速缓解麻肿痛；不打针、不吃药，一喷一抹修复骨细胞；一次治骨防反复”等。该医疗器械广告宣传的适用范围超出了食品药品监督管理部门批准的内容，含有利用患者形象和名义作证明、不科学地表示功效的断言和保证等内容，严重欺骗和误导消费者。

9. 河北鹿王保健食品有限公司（证件持有人）的保健食品“鹿王牌灵芝茶”（国食健字G20040551），其批准的保健功能为“免疫调节”。广告宣称“30天就能见效；使患者增强免疫力，延缓衰老重新长出了黑发”等。该保健食品广告宣传的保健功能范围超出了食品药品监督管理部门批准的内容，含有利用消费者形象和名义为产品功效作证明、不科学地表示功效的断言和保证等内容，严重欺骗和误导消费者。

10. 武汉华凯保健品开发有限公司（证件持有人）的保健食品“华凯银杏茶”〔卫食健字(1998)第626号〕，其批准的保健功能为“调节血脂”。广告宣称“当天见效，一个月化开浑身血栓；喝了两个月，三高、心脏病、脑血栓全不见了；快速降血压30天停药；中药西药一大把，不如两杯银杏茶”等。该保健食品广告宣传的保健功能范围超出了食品药品监督管理部门批准的内容，含有利用消费者形象和名义为产品功效作证明、不科学地表示功效的断言和保证等内容，严重欺骗和误导消费者。

国家食品药品监督管理总局
二〇一三年一月三十一日

违法广告公告

工商广公字〔2013〕2号

近期，国家工商行政管理总局对2013年1月全国部分电视、报纸媒体发布的医疗、药品、保健食品、化妆品及美容服务类广告进行了监测抽查。现将监测抽查发现的部分严重违法广告公告如下：

1. 老苗汤产品广告（生产厂家为随州市万松堂康汇保健品有限公司）。该广告夸大吹嘘产品功效，宣传治疗作用，虚构广告主要内容，欺骗和误导消费者，严重违反广告法律、法规规定。发布媒体：南宁电视台新闻综合频道。

2. 钱列鑫（萘哌地尔片）药品广告（生产厂家为通化吉通药业有限公司）。该广告属于禁止在大众传播媒介发布的处方药广告，含有不科学的表示功效的断言和保证，误导消费者，严重违反广告法律、法规规定。发布媒体：安徽老年报

3. 宏微除障（除障则海甫片）药品广告（生产厂家为陕西省科学院制药厂）。该广告含有不科学的表示功效的断言和保证，利用专家的名义作证明。误导消费者，严重违反广告法律、法规规定。发布媒体：福建老年报。

4. 复活草通窍耳聋丸药品广告（生产厂家为河北永丰药业公司）。该广告属于禁止在大众传播媒介发布的处方药广告，利用专家和患者名义作证明，含有不科学的表示功效的断言和保证，误导消费者，严重违反广告法律、法规规定。发布媒体：陕西老年报。

5. 养阴降压胶囊药品广告（生产厂家为山东凤凰制药有限公司）。该广告属于禁止在大众传播媒介发布的处方药广告，利用患者名义作证明，含有不科学的表示功效的断言和保证，误导消费者，严重违反广告法律、法规规定。发布媒体：老年周报（江苏）。

6. 参茸灵芝胶囊药品广告（生产厂家为吉林省辉南辉发制药股份有限公司）。该广告利用患者名义作证明，含有不科学的表示功效的断言和保证，误导消费者，严重违反广告法律、法规规定。发布媒体：老年生活报（青岛）。

7. 紫茶颗粒药品广告（生产厂家为广州白云山和记黄埔中药有限公司）。该广告利用专家和患者名义作证明，含有不科学的表示功效的断言和保证，误导消费者，严重违反广告法律、法规规定。发布媒体：快乐老人报（湖南）。

8. 前列癃闭通片药品广告（生产厂家为吉林百琦药业有限公司）。该广告属于禁止在大众传播媒介发布的处方药广告，利用专家名义作证明，含有不科学的表示功效的断言和保证，误导消费者，严重违反广告法律、法规规定。发布媒体：老年日报（黑龙江）。

9. 天泰降糖舒片药品广告（生产厂家为吉林天泰药业股份有限公司）。该广告属于禁止在大众传播媒介发布的处方药广告，利用专家、患者名义作证明，含有不科学的表示功效的断言和保证，误导消费者，严重违反广告法律、法规规定。发布媒体：晚晴报（辽宁）。

10. 参茸大补膏药品广告（生产厂家为湖南爱生制药有限责任公司）。该广告利用专家、患者的名义和形象作证明，含有不科学的表示功效的断言和保证，误导消费者，严重违反广告法律、法规规定。发布媒体：贵阳电视台一套。

11. 乌金口服液药品广告（生产厂家为江苏平光信谊焦作中药有限公司）该广告属于禁止在大众传播媒介发布的处方药广告，以健康资讯节目形式变相发布，利用专家、患者的名义和形象作证明，含有不科学的表示功效的断言和保证，误导消费者，严重违反广告法律、法规规定。发布媒体：海口电视台新闻综合频道（1）。

12. 固本强身胶囊药品广告（生产厂家为长春人民药业集团有限公司）。该广告含有不科学的表示功效的断言和保证，利用医生、患者的名义和形象作证明，严重违反广告法律、法规规定。发布媒体：沈阳晚报。

13. 沈阳京城强直性脊柱炎研究院医疗广告。该广告利用患者的名义、形象作证明，含有保证治愈的内容，严重违反广告法律、法规规定。发布媒体：辽沈晚报。

14. 北京京坛医院医疗广告。该广告利用健康咨询节目形式发布，利用专家、患者的名义、形象作证明，宣传医疗技术、诊疗方法，隐含保证治愈的内容，严重违反广告法律、法规规定。发布媒体：青海卫视。

15. 东星牌灵芝益甘粉剂保健食品广告（生产厂家为福州东星生物技术有限公司、太原瑞森灵芝生物科技有限公司）。该食品广告使用与药品相混淆的用语，宣传治疗作用，利用专家、消费者的名义和形象作证明，严重违反广告法律、法规规定。发布媒体：老年文摘（内蒙古）。

工商行政管理机关将依法查处上述严重违法广告。同时，加强跟踪监测和日常检查，及时发现并依法查处其他媒体发布的上述严重违法广告。

国家工商行政管理总局

二〇一三年三月十日

关于公布2013年第1期违法药品、医疗器械、保健食品广告汇总情况的通知

国家食药监稽〔2013〕5号

各省、自治区、直辖市食品药品监督管理局（药品监督管理局）：

为加强药品、医疗器械、保健食品广告监督管理，整治违法发布广告行为，进一步规范广告发布秩序，按照《药品广告审查办法》、《医疗器械广告审查办法》和《保健食品广告审查暂行规定》等有关规定，各省（区、市）食品药品监督管理部门加强了对行政区域内广告发布情况的监测，并及时发布了违法广告公告。

2013年1－3月期间，各省（区、市）食品药品监督管理部门以发布《违法广告公告》等方式，通

报并移送同级工商行政管理部门查处的违法药品广告36747条次、违法医疗器械广告3828条次、违法保健食品广告4834条次。对未经审查和篡改审批内容擅自发布的违法广告，各省（区、市）食品药品监督管理部门共撤销药品广告批准文号37个，收回保健食品广告批准文号19个。对严重违法广告涉及产品采取了76次暂停销售限期整改措施。其中，违法情节严重、违法发布广告频次高的药品、医疗器械、保健食品主要有：

1．西安澜泰药业有限公司生产的药品“复方鼻炎膏”，其功能主治为“消炎，通窍。用于过敏性鼻炎，急、慢性鼻炎及鼻窦炎”。广告宣称“非物质文化遗产，只需打喷嚏就能好；重建鼻腔屏障，不易复发；排出肺内浊气，拔掉鼻炎病根”等。该药品广告宣传超出了食品药品监督管理部门批准的内容，含有利用患者名义作证明和不科学地表示功效的断言和保证，严重欺骗和误导消费者。

2．黑龙江乌苏里江制药有限公司哈尔滨分公司生产的药品“罗珍胶囊”，其功能主治为“清肝降火，镇静安神。用于肝火亢盛型高血压，改善眩晕、头痛、头胀、失眠等症状”。该药品为处方药，禁止在大众媒介发布广告。广告宣称“安全绿色，无依赖性，适合长期服用；多年高血压3个月降到正常值；康复后绝不复发，10年内复发包治”等。该药品广告宣传超出了食品药品监督管理部门批准的内容，含有利用患者名义作证明和不科学地表示功效的断言和保证，严重欺骗和误导消费者。

3．青海晶珠藏药高新技术产业股份有限公司生产的药品“双红活血胶囊”，其功能主治为“藏医：活血祛瘀，化培根黏液，活络通脉，调和气血。用于龙型心绞痛与血型心绞痛，脉痹，包括冠状动脉硬化，脑血栓等症。中医：益气活血，祛瘀通脉。用于气虚血瘀引起的胸痹及中风恢复期；冠心病、心绞痛及脑血栓恢复期属上述症候者”。广告宣称“3个月治愈中风偏瘫；未来3－5年将有95%的中风患者重新站起来”等。该药品广告宣传的功能主治超出了食品药品监督管理部门批准的内容，含有利用患者名义作证明和不科学地表示功效的断言和保证，严重欺骗和误导消费者。该药品为处方药，禁止在大众媒介发布广告。

4．乌兰浩特中蒙制药有限公司生产的药品“清肺十八味丸、沙参止咳汤散（广告中标示名称：丹神定喘）”，其功能主治为“清热，止咳。用于肺热咳嗽，痰色赤黄，‘赫依’热烦燥”。广告宣称“一天只吃一服药，心肺同治，咳喘同停；两服药活肺救心病除掉；不管咳嗽多厉害多严重，三服药肯定解决问题”等。该药品广告宣传的功能主治超出了食品药品监督管理部门批准的内容，含有利用患者、专业机构及其工作人员名义和形象作证明，不科学地表示功效的断言和保证，严重欺骗和误导消费者。该药品为处方药，禁止在大众媒介发布广告。

5．吉林中鼎药业有限公司生产的药品“参黄养阴胶囊（广告中标示名称：五七胶囊）”，其功能主治为“益气养阴，活血化瘀。用于气阴两虚兼血瘀证冠心病的辅助治疗”。广告宣称“迅速融掉心脏血管中大小血栓，通过药物把血管反复清洗两遍，确保血栓不再形成；得了心脏病，最有效的治疗方法就是服用五七胶囊”等。该药品广告宣传的功能主治超出了食品药品监督管理部门批准的内容，含有利用专家、患者名义作证明，不科学地表示功效的断言和保证，严重欺骗和误导消费者。该药品为处方药，禁止在大众媒介发布广告。

6．湖北中兴生物科技有限公司生产的医疗器械“聚能离子穴位贴（广告中标示名称：霍一手灵儿贴）”，其适用范围为“本品适用于肝肾阴虚引起的耳鸣耳聋、耳胀、耳背、耳内胀闷或疼痛、耳听力减退等症状的辅助治疗”。广告宣称“郑重承诺：轻、中度耳鸣耳聋两副药痊愈，重度耳鸣耳聋三服药痊愈”等。该医疗器械广告宣传的产品适用范围的宣传超出了食品药品监督管理部门批准的内容，含有利用患者形象和名义作证明、不科学地表示功效的断言和保证等内容，严重欺骗和误导消费者。

7．白山茂竹保健品有限责任公司生产的医疗器械

“清凉膜（广告中标示名称：姜老太鼻康膜）”，其适用范围为“1. 用于缓解因皮炎、过敏、湿疹、疥、癣、荨麻疹、带状疱疹、阴虱、蚊虫叮咬及暴晒后紫外线过敏引起的症状。2. 用于缓解急慢性鼻炎、过敏性鼻炎、鼻窦炎、鼻息肉引起的鼻痒、鼻塞、呼吸不畅、打喷嚏、嗅觉减退、耳聋、耳鸣、记忆力下降等症状。3. 用于缓解人体眼睛疲劳和眼疾病引起的视力下降、疼痛、流泪、发痒、红肿、黑眼圈症状”。广告宣称“鼻炎、鼻窦炎只需三服药就能彻底治好，几十年都不犯；无论鼻炎得了多少年，病情多严重，保证药到病除”等。该医疗器械广告宣传的产品适用范围超出了食品药品监督管理部门批准的内容，含有利用患者形象和名义作证明、不科学地表示功效的断言和保证等内容，严重欺骗和误导消费者。

8. 上海太昊生物科技（周口）医药有限公司生产的医疗器械“白马寺痛消贴”，其适用范围为“主要适用于骨质增生及风湿、类风湿关节炎患者。对椎盘突出、强直性脊椎炎、股骨头坏死、老年性骨关节病、跌打损伤引起的疼痛，亦有辅助治疗作用”。广告宣称“大品牌，疗效好，销量第一，疗效第一；风湿性关节炎、肩周炎，贴5疗程康复”等。该医疗器械广告宣传的产品适用范围超出了食品药品监督管理部门批准的内容，含有利用患者形象和名义作证明、不科学地表示功效的断言和保证等内容，严重欺骗和误导消费者。

国家食品药品监督管理总局
二〇一三年四月二十二日

违法广告公告

工商广公字〔2013〕3号

近期，国家工商行政管理总局对2013年2月全国部分电视、报纸媒体发布的医疗、药品、保健食品、化妆品及美容服务类广告进行了监测抽查。现将监测抽查发现的部分严重违法广告公告如下：

1. 扈氏鼻炎膏（复方鼻炎膏）药品广告（生产厂家为西安澜泰药业有限公司）。该广告利用专家、患者的名义和形象作证明，含有不科学的表示功效的断言和保证，误导消费者，严重违反广告法律、法规规定。发布媒体：长治电视台新闻综合频道（山西）。

2. 天奇双活（疏风定痛丸）药品广告（生产厂家为赤峰天奇制药有限责任公司）。该广告属于禁止在大众传播媒介发布的处方药广告，利用专家、患者的名义和形象作证明，含有不科学的表示功效的断言和保证，误导消费者，严重违反广告法律、法规规定。发布媒体：张掖电视台新闻综合频道（甘肃）。

3. 参黄养阴胶囊（五七胶囊）药品广告（生产厂家为吉林省中鼎药业公司）。该广告属于禁止在大众传播媒介发布的处方药广告，以健康资讯节目形式变相发布，利用专家、患者的名义和形象作证明，含有不科学的表示功效的断言和保证，误导消费者，严重违反广告法律、法规规定。发布媒体：遵义电视台新闻综合频道（贵州）。

4. 风湿克舒筋定痛片药品广告（生产厂家为郑州福瑞堂制药有限公司）。该广告利用患者的名义和形象作证明，夸大药品适应症及功能主治，含有不科学的表示功效的断言和保证，误导消费者，严重违反广告法律、法规规定。发布媒体：中卫电视台综合频道（宁夏）。

5. 可乐定控释贴药品广告（生产厂家为北京克莱斯瑞控释药业有限公司）。该广告属于禁止在大众传播媒介发布的处方药广告，利用医药科研机构、学术机构的名义和形象作证明，含有不科学的表示功效的断言和保证，误导消费者，严重违反广告法律、法规规定。发布媒体：成都晚报（四川）。

6. 天创黄豆苷（黄豆苷元片）药品广告（生产厂家为辽宁天铖制药有限公司）。该广告属于禁止在大众传播媒介发布的处方药广告，利用专家、患者的名义和形象作证明，含有不科学的表示功效的断言和保证，误导消费者，说明治愈率或者有效率，严重违反广告法律、法规规定。发布媒体：济南时报（山东）。

7. 强龙益肾片药品广告（生产厂家为郑州韩都药业集团有限公司）。该广告属于禁止在大众传播媒介发布的处方药广告，利用专家的名义作证明，含有不科学的表示功效的断言和保证，夸大宣传，误导消费者，严重违反广告法律、法规规定。发布媒体：新晚报（黑龙江）。

8. 基英肽（甘露聚糖肽口服溶液）药品广告（生产厂家为陕西省科学院制药厂）。该广告利用医疗机构、患者的名义和形象作证明，含有不科学的表示功效的断言和保证，误导消费者，严重违反广告法律、法规规定。发布媒体：半岛都市报（青岛）。

9. 合肥远大男科医院医疗广告。该广告以医疗资讯服务类专题栏目变相发布，利用专家的名义作证明，宣传医疗技术、诊疗方法以及治愈率、有效率等诊疗效果，严重违反广告法律、法规规定。发布媒体：新安晚报（安徽）。

10. 吉林省东丰县博爱中西医结合诊所医疗广告。该广告利用医生、患者的名义形象作证明，宣传医疗技术、诊疗方法，含有保证治愈或者隐含保证治愈的内容，严重违反广告法律、法规规定。发布媒体：北方法制报（吉林）。

11. 康金瑞五日定喘膏医疗器械广告（生产厂家为郑州康金瑞健康产业有限公司）。该广告含有不科学地表示产品功效的断言，使用专家、患者名义作证明，保证治疗效果，误导消费者，严重违反广告法律、法规规定。发布媒体：辽宁卫视（辽宁）。

12. 李鸿章五日瘦身汤保健食品广告（生产厂家为西宁康巴生物科技有限公司）。该广告利用专家、消费者的名义和形象作证明，夸大产品功效，误导消费者，严重违反广告法律、法规规定。发布媒体：厦门卫视（厦门）。

13. 福棠醇胶囊（深奥牌修利胶囊）保健食品广告（生产厂家为蓬莱深奥生物科技研究所）。该广告以健康资讯节目形式变相发布，夸大产品功效，宣传食品的治疗作用，利用专家、消费者的名义和形象作证明，误导消费者，严重违反广告法律、法规规定。发布媒体：云南卫视（云南）。

14. 为公牌天麻软胶囊保健食品广告（生产厂家为上海安塞纳生物科技有限公司）。该广告利用消费者的名义和形象作证明，宣传食品的治疗作用，误导消费者，严重违反广告法律、法规规定。发布媒体：华西都市报（四川）。

15. 盐藻（红阳牌海葆软胶囊）保健食品广告（生产厂家为北京玉匾国健医药科技有限公司）。该广告利用专家、消费者的名义和形象作证明，宣传食品的疾病预防、治疗作用，夸大产品功效，误导消费者，严重违反广告法律、法规规定。发布媒体：辽沈晚报（辽宁）。

16. 扶元堂灵芝孢子粉胶囊（原名 α－南瓜玉米粉）保健食品广告（生产厂家为广东省东南公司）。该广告利用专家、消费者的名义和形象作证明，宣传食品的治疗作用，误导消费者，严重违反广告法律、法规规定。发布媒体：法制晚报（北京）。

17. 泰国黑桑果润黑露化妆品广告（生产厂家为浙江温彩化妆品有限公司）。该广告夸大化妆品的使用效果，使用他人形象、名义保证其功效，误导消费者，严重违反广告法律、法规规定。发布媒体：山西卫视（山西）、吉林卫视（吉林）、青海卫视（青海）。

18. 域高魔法梳化妆品广告（供应商为上海穹宇商贸有限公司）。该广告夸大化妆品的使用效果，使用他人形象、名义保证其功效，误导消费者，严重违反广告法律、法规规定。发布媒体：西藏卫视（西藏）。

19. 八宝人参润黑露（梵高染发膏）化妆品广告（生产厂家为广州市梵高精细化工有限公司）。该广告夸大化妆品的使用效果，使用他人名义保证或以暗示方法使人误解其效用，严重违反广告法律、法规规定。发布媒体：攀枝花电视台新闻综合频道（四川）。

20. 中国足道降糖方（足浴养生方）广告（生产厂家为同仁堂兴安盟中药材有限责任公司）。该广告通过宣传泡脚降血糖夸大产品功效，使用专家、患者名义证明产品的治疗作用，属于非药品广告涉及药品的宣传，误导消费者，严重违反广告法律、法规规定。发布媒体：辽宁卫视（辽宁）。

工商行政管理机关将依法查处上述严重违法广告。同时，加强跟踪监测和日常检查，及时发现并依法查处其他媒体发布的上述严重违法广告。

国家工商行政管理总局

二〇一三年五月二日

违法广告公告

工商广公字〔2013〕4号

近期，国家工商行政管理总局对2013年3月全国部分电视、报纸、广播、互联网媒体发布的医疗、药品、保健食品、化妆品及美容服务类广告进行了监测抽查。现将监测抽查发现的部分严重违法广告公告如下：

1. 仙乐雄胶囊药品广告（生产厂家为芜湖博英药业科技股份有限公司）。该广告属于禁止在大众传播媒介发布的处方药广告，广告中"来一个我治好一个，来两个治好一双，从来没有失过手"、"吃了一个疗程，精神头气色全都上来了，给家里留下了香火"等内容，以专家、患者名义作证明，含有不科学的表示功效的断言，误导消费者，严重违反广告法律、法规规定。发布媒体：广安电视台新闻综合频道（四川）。

2. 天创黄豆苷药品广告。该广告中"3天稳血压，一个月后所有西药都停了，血压没再反弹"、"让高血压患者血压平稳，摆脱西药，至少延长10 － 15年的寿命"、"有效率99.3%，康复率96.6%"等内容，以专家、患者名义作证明，宣传有效率，含有不科学的表示功效的断言，误导消费者，严重违反广告法律、法规规定。发布媒体：青岛晚报（青岛）。

3. 熊胆丸药品广告（生产厂家为吉林国药制药有限公司）。该广告中"只要用上了这个药，不管这个病得了多少年、多大岁数，这个病还是完全能够恢复的"、"视力有效提高4行"等内容，以专家、患者名义作证明，含有不科学的表示功效的断言，误导消费者，严重违反广告法律、法规规定。发布媒体：河南经济广播电台(FM103.2 AM972)(河南)。

4. 龟鹿补肾片药品广告（生产厂家为郑州福瑞堂制药有限公司）。该广告含有不科学的表示功效的断言，利用国家机关工作人员及专家的名义和形象作证明，误导消费者，严重违反广告法律、法规规定。发布广告的网站网址：http://www.bjnk666.cn/c/?ccid=fh4(备案号：苏ICP备12077366号－4)；提供链接的网站：凤凰网；链接文字："让男人强壮的秘密武器"。

5. 补肾填精丸药品广告（生产厂家为承德御室金丹药业有限公司）。该广告中"服用一服补肾填精秘方，62岁老人重现26岁活力"、"比传统药效提升数十倍"、"年老者吃了，男性功能大幅度提升"等内容，以患者名义作证明，含有不科学的表示功效的断言，与其他药品功效比较，误导消费者，严重违反广告法律、法规规定。发布媒体：羊城晚报（广东）。

6. 特研脑塞通药品广告（生产厂家为吉林特研药业有限公司）。该广告以专题节目形式发布，广告中“10年疗效验证，脑血栓不难治”、“治愈率98%”、“中风后全面康复”、“治疗脑血栓最有效的药”等内容，以专家、患者名义作证明，宣传有效率，含有不科学的表示功效的断言，误导消费者。严重违反广告法律、法规规定。发布媒体：六盘水电视台新闻频道（贵州）。

7. 沈阳万佳医院医疗广告。该广告中“5年纳米抗肿瘤疗法”、“有效控制肿瘤生长，遏制肿瘤复发”、“疗效显著”、“有效率高，存活率高，止疼快，去腹水快”、“有效率达到9成以上”等内容，宣传诊疗方法，以医生、患者名义作证明，隐含保证治愈，误导消费者，严重违反广告法律、法规规定。发布媒体：辽宁经济广播电台(FM88.8 AM999)(辽宁)。

8. 重庆红楼医院医疗广告。该广告中“建议采用前列腺炎个性分型疗法，治疗安全可靠，不出血”、“药物离子快速靶向导入……解决了慢性前列腺炎反复发作、迁延难愈的难题”等内容，宣传诊疗方法，以医生、患者名义作证明，隐含保证治愈，误导消费者，严重违反广告法律、法规规定。发布广告的网站网址：http://www.68716871.com/zt/2012nk/308.shtml(备案号：渝ICP备09002057号；提供链接网站：华龙网；链接文字：“重庆红楼医院”。

9. 龙涎降压茶保健食品广告（生产厂家为河南省安阳龙涎甜茶厂）。该广告出现与药品相混淆的用语，宣传食品的治疗作用；利用“偏方神医”寒山远的名义保证“治高血压，治十个，好十个”、“每天早晚一包茶，三天就能平稳降血压”；以消费者的名义和形象证明喝了龙涎降压茶“血压非常稳”、“管你一下就治好”。误导消费者，严重违反广告法律、法规规定。发布媒体：新疆卫视（新疆）。

10. 雪域男金保健食品广告（生产厂家为西藏拉萨高原生物研究所）。该广告中“服一次管5天，用3盒保一生”、“男性功能障碍全能康复”等内容，夸大产品功能，出现与药品相混淆的用语，宣传食品的治疗作用，以专家、消费者的名义和形象作证明，误导消费者，严重违反广告法律、法规规定。发布媒体：铜川电视台新闻综合频道（陕西）。

11. 帝勃参茸胶囊保健食品广告（生产厂家为荣成百合生物技术有限公司）。该广告中“让四十岁男性……重新回到二十岁时的状态”等内容，夸大产品功能，出现与药品相混淆的用语，宣传食品的治疗作用，误导消费者，严重违反广告法律、法规规定。发布广告的网站网址：http://www.diboshenrong.com/inde.php(无备案号)；提供链接网站：川北在线网；链接文字：“一次性解决阳痿早泄”。

12. 臻好牌大肚子茶保健食品广告（生产厂家为武汉华凯保健品开发有限公司）。该广告中“每天两杯茶，7天大肚子喝瘪了”、“高血脂、高血压、高血糖远离了”、“臻好牌大肚子茶让我摆脱了终身服药的噩梦”等内容，夸大产品功能，宣传食品的治疗作用，以患者的名义和形象作证明，误导消费者，严重违反广告法律、法规规定。发布广告的网站网址：http://zh.58shoushen.com/?id=bbs(备案号：粤ICP备09219044号)，http://www.lwrf.net/ddc/?id=TEXUN(备案号：鲁ICP备09079886号-2)，http://www.sunjianfei.com/(备案号：京ICP备09002384号)；提供链接网站：搜狐网；文字链接：“排肠油，减肚子”，腾讯网；文字链接：“老公减大肚子有妙招”，大洋网；文字链接：“猛-喝茶喝掉大肚子”。

13. 虫草固精丸食品广告。该广告中“一天补一次，50天男人巨变”等内容，夸大产品功能，宣传食品的治疗作用，以患者的名义和形象作证明，误导消费者，严重违反广告法律、法规规定。发布媒体：兰州晚报(甘肃)。

14. 帝龙丸食品广告（生产厂家为河南省四方绿原保健品有限公司）。该广告中“让男人一次换肾管十年”、“让老男人排尿有力乐开花”、“男人前列腺问题一扫而光”等内容，夸大产品功能，宣传食品的治疗作用，以消费者的名义和形象作证明，误导消费者，严重违反广告法律、法规规定。发布媒体：萍乡电视台新闻综合频道(1)(江西)。

15. 植玫兰供氧祛黄美白套装化妆品广告(生产厂家为植玫兰化妆品有限公司)。该广告中含有“四周换肤”、“加速肌肤深层的暗黄微粒瓦解淡化，全效祛黄美白”等对化妆品的效用或者性能进行虚假夸大的内容，误导消费者，严重违反广告法律、法规规定。发布网站网址：http://mb.zimilan.com/(备案号：粤ICP备12041782号－13)；提供链接网站：网易；文字链接：“明星黄脸婆的救星是谁”。

工商行政管理机关将依法查处上述严重违法广告。同时，加强跟踪监测和日常检查，及时发现并依法查处其他媒体发布的上述严重违法广告。

国家工商行政管理总局
二〇一三年五月二十八日

违法广告公告

工商广公字〔2013〕5号

近期，国家工商总局、中宣部、国家食品药品监管总局等八部门正在开展整治虚假违法医药广告专项行动。广告监测发现，一些医药广告宣传的功能主治、适用人群、保健功能，超出了食品药品监督管理部门批准的范围，含有不科学的表示功效的断言和保证以及利用患者形象作证明等内容，给公众健康安全、合理用药带来危害，严重欺骗和误导消费者，违反了《中华人民共和国广告法》、《中华人民共和国药品管理法》等相关规定。国家工商总局、国家食品药品监管总局将对以下情节严重的违法广告以及相关违法主体和产品，采取在全国范围内停止广告发布、依法查处负有责任的广告发布者、广告经营者、广告主等措施；依法采取撤销和收回相关广告批准文号、暂停产品销售、列入“黑名单”重点监管等措施，现将违法广告以及涉及的相关违法主体和产品公告如下：

1. “强阳保肾丸”违法药品广告，药品生产单位为北京御生堂集团石家庄制药有限公司，违法广告发布媒介为淮南音乐故事广播、淮南新闻综合广播、淮南交通文艺广播、咸宁交通音乐广播、咸宁新闻综合广播、吉安交通广播、吉安广播电视台新闻广播、新余电台仙女湖之声、新余交通广播。

2. “复方蚂蚁活络胶囊”违法药品广告，药品生产单位为四平神农制药有限公司，违法广告发布媒介为襄阳新闻广播、白山评书广播、白山新闻综合广播。

3. “天麻追风膏”违法药品广告，药品生产单位为黑龙江全鸡药业有限公司，违法广告发布媒介为哈尔滨电视台都市资讯频道、铁岭电视台公共频道、铁岭电视台综合频道、西宁电视台新闻频道、天津电视台体育频道。

4. “活力源口服液”违法药品广告，药品生产单位为吉林省抚松制药股份有限公司，违法广告发布媒介为黑龙江新闻广播、朝阳新闻综合广播、赤峰汉语综合广播。

5. “麝香抗栓丸”违法药品广告，药品生产单位为吉林天强制药有限公司，违法广告发布媒介为平顶山经济生活广播、襄阳新闻广播、襄阳经济广播。

6. “谷丙甘氨酸胶囊”违法药品广告，药品生产单位为湖北威士生物药业有限公司，违法广告发布媒介为读友报、贵州老年报、长寿养生报、新闻信息报、大家文摘报、江苏科技报、新参考文摘、西海文摘报、老友报、良友周报。

7．“黄豆苷元片”违法药品广告，药品生产单位为辽宁天铖制药有限公司，违法广告发布媒介为贵州老年报、新闻信息报、新参考文摘、西海文摘报、山东科技报、老友报、四川农村日报。

8．“魏氏磁疗骨痛贴”违法医疗器械广告，医疗器械生产单位天水魏氏彤泰药业有限公司，违法广告发布媒介为西藏商报。

9．“一元堂牌知本天韵胶囊”（广告中标示名称一元堂巢之安）违法保健食品广告，保健食品证件持有单位为武汉一元堂生物科技有限公司，违法广告发布媒介为上饶电视台影视文化频道、上饶电视台新闻综合频道。

10．“海通牌奥复康片”（广告中标示名称美国奥复康）违法保健食品广告，保健食品证件持有单位为济南基业海通生物技术有限公司，违法广告发布媒介为白银电视台新闻综合频道。

国家工商行政管理总局
国家食品药品监督管理总局
二〇一三年六月八日

违法广告公告

工商广公字〔2013〕6号

近期，国家工商行政管理总局对2013年4月全国部分电视、报纸、广播、互联网媒体发布的医疗、药品、保健食品、化妆品及美容服务类广告进行了监测抽查。现将监测抽查发现的部分严重违法广告公告如下：

1．西安圣和医院医疗广告。该广告以健康资讯节目形式变相发布，广告中介绍“德国STK生育技术”以及利用医生、患者的名义和形象作证明等内容，误导消费者，严重违反广告法律、法规规定。发布媒体：陕西新闻资讯频道（陕西）。

2．易道稳诺软胶囊保健食品广告。（生产厂家为大连鼎立医药科技有限公司）。该广告中“服用了易道稳诺软胶囊后，可以修复我们的血管”、“清除血液垃圾，各个脏腑器官得到康复”、“服用两个月，血糖平稳”等内容，夸大保健食品功能，并利用专家、消费者的名义和形象作证明，误导消费者，严重违反广告法律、法规规定。发布媒体：青海综合频道（青海）。

3．寿瑞祥全松茶保健食品广告（生产厂家为安徽高山药业有限公司）。该广告中“人们连续饮用全松茶一年后，长寿免疫力提高3－5倍”、“是高血压、心脑血管病、糖尿病自然康复的灵丹”、“心肝脾肺肾功能全面提升”等内容，夸大保健食品功能，并利用专家、消费者的名义和形象作证明，误导消费者，严重违反广告法律、法规规定。发布媒体：拉萨综合频道（西藏）。

4．欣达舒康尔心胶囊药品广告（生产厂家为长春银诺克药业有限公司）。该广告中“康复心脏，让您多活30年”、“服用一周期，冠状动脉心垢全面祛除”、“从根本上避免心梗猝死发生”等内容，含有不科学的表示功效的断言和保证，并利用专家、患者的名义和形象作证明，误导消费者，严重违反广告法律、法规规定。发布媒体：楚天都市报（湖北）。

5．吴一手（金关捷）舒筋丸药品广告（生产厂家为保定中药制药有限公司）。该广告属于禁止在大众传播媒介发布的处方药广告，广告中“只需3服药，无论手麻、脚麻、头麻、面麻，还是糖尿病引起的肢体麻木，不管病情长短，病情多么严重，短则一疗程，多则一周期，再不犯病”等内容，含有不科学的表示功效的断言和保证，并利用专家、患者的名义和形象作证明，误导消费者，严重违反广告法律、法规规定。发布媒体：都市时报（云南）。

6. 古鄘黄豆苷元片药品广告（新乡恒久远药业有限公司）。该广告中“10 盒黄豆苷，高血压成纸老虎”、“冠心病，别人治一生，他只治一次”、“吃古鄘黄豆苷，30 分钟化开全身血栓”、“高血压告别全身服药”等内容，含有不科学的表示功效的断言和保证，并利用专家和患者的名义作证明，误导消费者，严重违反广告法律、法规规定。发布媒体：兰州晨报（甘肃）。

7. 威士雅虫草菌丝体胶囊保健食品广告（生产厂家为广东威士雅保健品有限公司）。该广告中“咳痰喘的奇药”、“抗肿瘤能力超强”、“长期服用可防止肿瘤复发”、“妇科疾病的手术刀”等内容，宣传食品的治疗作用，误导消费者，严重违反广告法律、法规规定。发布媒体：新安晚报（安徽）。

8. 沃能胶囊保健食品广告（生产厂家为湖北洁扬医药科技有限公司）。该广告中“服用一个月，从根上解决前列腺、脑血栓、失眠等老年慢性病”等内容，宣传食品的治疗作用，并使用专家和患者的名义作证明，误导消费者，严重违反广告法律、法规规定。发布媒体：辽宁乡村广播（AM927）（辽宁）。

9. 地芍消渴颗粒药品广告（生产厂家为广西梧州三箭制药有限公司）。该广告属于禁止在大众传播媒介发布的处方药广告，广告中“三服汤药告别糖尿病”、“治一个好一个，治百个好百个”等内容，含有不科学的表示功效的断言和保证，并利用专家、患者的名义作证明，误导消费者，严重违反广告法律、法规规定。发布媒体：安徽农村广播（FM95.5）（安徽）。

10. 傅家长寿丹固本延龄丸药品广告（生产厂家为江西大自然制药有限公司）。该广告属于禁止在大众传播媒介发布的处方药广告，广告中“一药治多病”、“整体修复和治疗”、“健康活百岁”等内容，含有不科学的表示功效的断言和保证，并利用专家、患者的名义作证明，误导消费者，严重违反广告法律、法规规定。发布媒体：河北农民广播（FM98.1）（河北）。

11. 玛卡益康能量片保健食品广告（生产厂家为武汉三和生物工程有限公司）。该广告中“3 分钟奇效，让男人找回 20 岁状态”、“服用两周期以上，机体功能逐步年轻化”等内容，夸大保健食品功能，误导消费者，严重违反广告法律、法规规定。发布广告的网站网址：http://mk.bjgalt.com/?code=255011，http://safe002.china40.net/?id=8000（无备案号）；提供链接网站：凤凰网，文字链接：“40 岁男人强壮秘密武器——让女人幸福”；腾讯网，文字链接：“让男人最伤身七个习惯 ”。

12. 韩·金氏虞美香狐臭净浓缩液化妆品广告（生产厂家为武汉智鑫医药有限公司）。该广告中“99.8% 的用户使用后成功祛除狐臭”、“10 年狐臭得到彻底根治”等内容，虚假夸大化妆品效用及性能，并利用专家、患者的名义和形象作证明，误导消费者，严重违反广告法律、法规规定。发布广告的网站网址：http://ymx.guanwanglianmeng.com/?from=wy_s_a2_right_wzl_06_0403?0&medium=cpm&ad_source=3q&flag=1（无备案号）；提供链接网站：网易，链接文字：“妙招祛狐臭，还腋下清爽 ”。

13. 三全效胶囊药品广告（生产厂家为中美华医河北制药有限公司）。该广告中“全面治愈阳痿早泄前列腺炎”、“彻底治疗男性性功能障碍”等内容，含有不科学的表示功效的断言和保证，并使用专家及医疗机构的名义作证明，误导消费者， 严重违反广告法律、法规规定。发布广告的网站网址：http://www.2013syl.com/（无备案号）；提供链接网站：搜狐网，链接文字：“男人”；凤凰网，链接文字：“男人强壮，2013 权威成果”。

14. 双参补肾助阳胶囊药品广告（生产厂家为北京亚东生物制药有限公司）。该广告中“全面解决男人 8 大问题”、“对诸多男科病从根本上予以治愈”等内容，含有不科学的表示功效的断言或保证，并利用专家、患者、医疗机构的名义作证明，误导消费者，严重违反广告法律、法规规定。发布广告的网站网址：http://spu.jepensun.com/sx1/（京ICP备11033881号-1）；提供链接网站：凤凰网，链接文字："男人重振雄风——女人幸福"。

15．益肝解毒茶药品广告（生产厂家为贵州特色制药有限公司）。该广告中"六大功能特点，乙肝治疗一劳永逸"、"乙肝转阴自愈，彻底远离肝病威胁"等内容，含有不科学的表示功效的断言或者保证，并利用专家、医生、患者的名义和形象作证明，误导消费者，严重违反广告法律、法规规定。发布广告的网站网址：http://jc.tianyemusic.com/ygjc/（沪ICP备11043106号-1）；提供链接网站：腾讯网，链接文字："曝：白富美去皱三绝招"。

国家工商行政管理总局

二〇一三年六月二十六日

关于发布2013年第2期违法药品、医疗器械、保健食品广告汇总情况的通知

食药监稽〔2013〕56号

各省、自治区、直辖市食品药品监督管理局（药品监督管理局）：

为加强药品、医疗器械、保健食品广告监督管理，整治违法发布广告行为，进一步规范广告发布秩序，按照《药品广告审查办法》、《医疗器械广告审查办法》和《保健食品广告审查暂行规定》等有关规定，各省（区、市）食品药品监督管理部门加强了对行政区域内广告发布情况的监测，并及时发布了违法广告公告，国家食品药品监督管理总局对此进行了汇总。

2013年3－5月期间，各省（区、市）食品药品监督管理部门以发布《违法广告公告》等方式，通报并移送同级工商行政管理部门查处的违法药品广告116025条次、违法医疗器械广告14537条次、违法保健食品广告11953条次。对未经审查和篡改审批内容擅自发布的违法广告，各省（区、市）食品药品监督管理部门共撤销药品广告批准文号1个、医疗器械广告批准文号4个，收回保健食品广告批准文号28个。对涉及严重违法广告产品采取了328次暂停销售限期整改措施。其中，违法情节严重、违法发布广告频次高的药品、医疗器械、保健食品主要有：

1．陕西康惠制药股份有限公司生产的药品"参地益肾口服液"，其功能主治为"补肾健脾、养血宁心。适用于脾肾不足、气血亏虚所指的头晕目眩、失眠多梦、心悸气短、神疲乏力、腰膝酸软、夜尿频多"。广告宣称"三个疗程，白头发从根部长出黑头发，服用两阶段，前列腺炎等症状基本消失，服用三阶段，疲劳早衰的肾脏被养好，一次养肾胜过十年补肾"等。该药品广告宣传超出了食品药品监督管理部门批准的内容，含有利用患者名义作证明和不科学地表示功效的断言和保证，严重欺骗和误导消费者。

2．北京市东升药业有限责任公司生产的药品"养血荣筋丸（广告中标示名称：百木通）"，其功能主治为"养血荣筋，祛风通络。用于陈旧性跌打损伤，症见筋骨疼痛、肢体麻木、肌肉萎缩、关节不利"。广告宣称"服用30天，神经逐步恢复工作；服用60天，糖尿病引起的麻木彻底康复；服用100天，麻木症状全部消失"等。该药品广告宣传超出了食品药品监督管理部门批准的内容，含有利用患者名义作证明和不科

学地表示功效的断言和保证，严重欺骗和误导消费者。

3. 内蒙古库伦蒙药厂生产的药品“益智温肾十味丸（广告中标示名称：蒙药亿列康）”，其功能主治为“祛肾寒，利尿。用于肾寒肾虚、腰腿痛、尿闭、肾结石等症”。广告宣称“一服亿列康，痛痛快快尿出来；两副亿列康，恢复前列腺收缩功能，彻底解放前列腺；三服亿列康，肾腺同治，药到病除”等。该药品广告宣传超出了食品药品监督管理部门批准的内容，含有不科学地表示功效的断言和保证，严重欺骗和误导消费者。

4. 四平市吉特药业有限公司生产的药品“抗骨增生片（广告中标示名称：97 抗骨）”，其功能主治为“补肾，活血，止痛。用于肥大性脊椎炎、颈椎病、跟骨刺、增生性关节炎、大骨节病”。该药品为处方药，禁止在大众媒介发布广告。广告宣称“吃一小粒立刻就见效，当天就能止疼，7 天就能消肿，97 天后活动自如”等。该药品广告宣传超出了食品药品监督管理部门批准的内容，含有利用患者名义作证明和不科学地表示功效的断言和保证，严重欺骗和误导消费者。

5. 陕西白云制药有限公司生产的药品“宫瘤清片（广告中标示名称：国药郭老太）”，其功能主治为“活血逐瘀，消癥破积，养血清热。用于瘀血内停所致的小腹胀痛，经色紫黯有块，以及子宫壁间肌瘤及浆膜下肌瘤见上述症状者”。该药品为处方药，禁止在大众媒介发布广告。广告宣称“一盒见效，十个能治好九个，不管体内的肌瘤多大，三服药保证断根，三服药包治好，彻底消掉全治好”等。该药品广告宣传超出了食品药品监督管理部门批准的内容，含有利用患者名义作证明和不科学地表示功效的断言和保证，严重欺骗和误导消费者。

6. 辽宁良心（集团）德峰药业有限公司生产的药品“赖氨葡锌片（广告中标示名称：比尔高）”，其适应症为“用于防治小儿及青少年因缺乏赖氨酸和锌而引起的生长发育迟缓、营养不良及食欲缺乏等”。广告宣称“第一阶段，骨骼开始局部微量增加；第二阶段，骨骼开始微量增长；第三阶段，身高较服用前增高几厘米；第四阶段，增长速率出现高峰值”等。该药品广告宣传超出了食品药品监督管理部门批准的内容，含有不科学地表示功效的断言和保证，严重欺骗和误导消费者。

7. 天津蓝美生物科技开发有限公司生产的医疗器械“火山岩任督热疗仪（广告中标示名称：正气通火山岩任督热疗仪）”，其适用范围为“该产品配合药物使用对慢性非细菌性前列腺炎的症状起到缓解作用”。广告宣称“使用后很快前列腺、肾腺毒素排出，起到防病治病、平衡阴阳的功效，7 大透支受不了，坐上一会儿全能好”等。该医疗器械广告宣传的产品适用范围超出了食品药品监督管理部门批准的内容，含有不科学地表示功效的断言和保证等内容，严重欺骗和误导消费者。

8. 鞍山市立山区安瑶医疗器械制造厂生产的医疗器械“降糖清毒贴（广告中标示名称：汤大夫降糖贴）”，其适用范围为“对于Ⅱ型糖尿病引起的血糖控制不良，气短懒言、夜尿频多、健忘、手足畏寒、肢体麻木、肢体疼痛症状有辅助治疗作用”。广告宣称“用了两周期，白内障没了；用完两个疗程时，胰岛素就全停了，稳糖控糖，清糖毒、排药毒，消除全身并发症”等。该医疗器械广告宣传的产品适用范围超出了食品药品监督管理部门批准的内容，含有不科学地表示功效的断言和保证等内容，严重欺骗和误导消费者。

9. 宁夏藏一医疗科技有限公司生产的医疗器械“疏经降压贴（广告中标示名称：方氏降压宝）”，其适用范围为“可以缓解高血压及高血压引起的头痛、头晕、记忆力减退、注意力不集中、肢体麻木、心悸、胸闷、乏力等症状”。广告宣称“贴一服药，失眠等症明显改善；贴 3 服药，轻度高血压患者基本停药，重度需要再巩固 1　2 服药，即可像健康人一样生活，降压只需三服药，高血压患者，治一个灵一个”等。该医疗器械广告宣传的产品适用范围超出了食品药品监督管理部门批准的内容，含有不科学地表示功效的断言和保证等内容，严重欺骗和误导消费者。

10. 河南省龙泰保健品有限公司（证件持有者）的

保健食品“金氏康虫草菌丝体灵芝粉（原名：虫草灵芝粉，广告中标示名称：帝龙丸）”，卫食健字〔1998〕第340号，其批准的保健功能为“免疫调节”。广告宣称“服用当天精神立马改善，服用3天男性功能全面恢复，2－3周期，尿痛等症状全都消失，前列腺问题一扫而光，一次换肾管十年”等。该保健食品广告宣传的保健功能范围超出了食品药品监督管理部门批准的内容，含有低俗淫秽、不科学地表示功效的断言和保证等内容，严重欺骗和误导消费者。

国家食品药品监督管理总局
二〇一三年七月十一日

违法广告公告

工商广公字〔2013〕7号

近期，国家工商行政管理总局对2013年5月全国部分电视、报纸、互联网媒体发布的医疗、药品、保健食品、化妆品及美容服务类广告进行了监测抽查。现将监测抽查发现的部分严重违法广告公告如下：

1. 四川崇州泽民中医院类风湿专科门诊医疗广告。该广告未经审查擅自发布，广告中“药量少、疗程短、副作用小”、“临床治愈率达85%以上”等内容，宣传治愈率、有效率，误导患者，严重违反广告法律、法规规定。发布媒体：文摘周报（四川）。

2. 上海临潼医院医疗广告。该广告以新闻报道形式变相发布，广告中“中联泌尿多靶点特效排毒疗法”、“彻底治愈泌疾病、依原体、前列腺”、“根治身心痛苦的良药圣医”、“经患者实验有效率均在98%－100%之间”、“用了不到10天的时间治疗，8例湿疣全部治愈”等内容，宣传医疗技术、诊疗方法、治愈率、有效率，并利用患者、医学教育科研机构及人员的名义和形象作证明，严重违反广告法律法规。发布媒体：新参考文摘报（江西）。

3. 藏羚十五味乳鹏丸药品广告（生产厂家为甘南佛阁藏药有限公司）。该广告为禁止在大众传播媒介发布的处方药广告，广告中“攻克了痛风久治不愈反复发作的难题，服药后2－3个疗程临床治愈”等内容，含有不科学的表示功效的断言和保证，误导消费者，严重违反广告法律、法规规定。发布媒体：三湘都市报（湖南）。

4. 双姜胃痛丸药品广告（生产厂家为西双版纳版纳药业有限责任公司）。广告中“双姜和胃疗法，杀灭幽门螺旋杆菌”、“一次就除根”等内容，含有不科学的表示功效的断言和保证，并利用专家、患者的名义和形象作证明，误导消费者，严重违反广告法律、法规规定。发布媒体：张家口新闻综合频道(1)(河北)。

5. 敬修堂补肾填精丸药品广告（生产厂家为广州白云山敬修堂药业股份有限公司）。广告中“经临床5000多名男性患者验证，即使是十几、二十年的阳痿早泄、尿频尿急，最多3疗程，就能收到意想不到的效果”等内容，含有不科学的表示功效的断言或保证，并利用患者名义作证明，误导消费者，严重违反广告法律、法规规定。发布媒体：生活文摘报（山西）。

6. 芪龙通络胶囊药品广告（生产厂家为吉林省中鼎药业公司）。该广告为禁止在大众传播媒介发布的处方药广告，广告中“完全能让体瘫者下床走路行动自如，面瘫口眼喎斜恢复正常，语瘫者不流口水吐字清晰”等内容，含有不科学的表示功效的断言和保证，并利用专家、患者的名义和形象作证明，严重违反广告法律、法规规定。发布媒体：大家文摘报（湖北）。

7. 艾德布兰（海斯莱福牌艾德布兰软胶囊）保健食品广告（生产厂家为上海海斯莱福保健食品有限公司）。该广告中“直接作用于脑神经”、“针对帕金森、脑萎缩、老年痴呆、中风偏瘫有特效”、“100天见证脑康复”等内容，宣传食品治疗作用，并利用专家、消费者的名义作证明，严重违反广告法律、法规规定。发布媒体：书报文摘（天津）。

8. 美国NA奥复康保健食品广告。该广告以专题节目形式发布，广告中“从此告别排尿异常，从此告别前列腺疾病，从此告别男性难言之隐”、“20天临床表现有好转，30天症状全部消失”、“祛除前列腺发炎的根本原因，不会复发”等内容，宣传食品治疗作用，并利用专家、医生、患者的名义和形象作证明，误导消费者，严重违反广告法律法规。发布媒体：白银新闻综合频道（甘肃）。

9. 鸡尾普洱大肚子茶保健食品广告（生产厂家为北京中博康医药技术有限公司）。该广告中“降血脂、降血压、降血糖，远离脂肪肝、冠心病、心梗脑梗威胁”、“调出自身降脂代谢体质，改变肥胖体质”等内容，宣传食品治疗作用，并利用专家、医生、患者的名义和形象作证明，误导消费者，严重违反广告法律法规。发布广告的网站网址：http://jf.fxmp8.com/?ccid=fhxf（京ICP备12029388号-1）；提供链接网站：腾讯网，链接文字：“大肚子喝茶－减肥减肚腩”。

10. 萃能牌蓝荷大肚减肥茶保健食品广告（生产厂家为陕西仁康药业有限公司）。广告中“30天远离高血压、高血脂、高血糖”、“清理血管垃圾，降低三高告别中风”、“促进血液循环，排出体内囤积毒素油脂”等内容，宣传食品治疗作用，并利用专家、医生、患者的名义和形象作证明，误导消费者，严重违反广告法律法规。发布广告的网站网址http://www.reelong.net/?code=7001（京ICP备10024691-1）；提供链接网站：凤凰网，链接文字：“男人减掉大肚子有妙招”。

国家工商行政管理总局
二〇一三年八月十五日

违法广告公告

工商广公字〔2013〕8号

近期，国家工商行政管理总局对2013年6月全国部分电视、报纸、广播、互联网媒体发布的医疗、药品、保健食品、化妆品及美容服务类广告进行了监测抽查。现将监测抽查发现的部分严重违法广告公告如下：

1. 欧瑞清爽露化妆品广告（生产厂家为广州市传美化妆品有限公司）。该广告中“男女分开拔腺毒，狐臭一定能治好”、“把腺毒拔干净了，狐臭味儿全没了”、“30天清除体内腺毒，只要一星期，彻底解决狐臭”等内容，夸大化妆品性能，使用与药品相混淆的用语，宣传治疗作用，使用他人形象、名义保证使用效果，误导消费者，严重违反广告法律、法规规定。发布媒体：旅游卫视（海南）。

2. 茜斯安灵芝活性除疤液、脉冲光子嫩肤仪化妆品广告（生产厂家为广州彩轩化妆品有限公司）。该广告中“深度疤痕都能祛除”等内容，夸大化妆品性能，使用他人形象、名义保证使用效果，误导消费者，严重违反广告法律、法规规定。发布媒体：青海卫视。

3. 陕西新安中心医院医疗广告。该广告中出现了医疗技术、诊疗方法等内容，并利用专家、患者的名义和形象作证明，严重违反广告法律、法规规定。发布媒体：商洛新闻综合频道（陕西）。

4. 武警江西总队医院医疗广告。该广告以新闻形式发布，广告中使用国务院新闻办、中央军委保健局等国家机关名义，“抗HBV三养自体血回输”、“激活机体免疫系统，产生杀灭肝炎病毒的各种免疫细胞，诱导机体产生多种抗病毒的细胞机体”、“一般6－10天即可以使病毒数量明显下降，病情明显好转，有效率高达98%，疗效十分明显，其中有很多患者，一个疗程即出现病毒转阴”等内容，宣传医疗技术、诊疗方法，隐含保证治愈，利用专家、患者的名义和形象作证明，严重违反广告法律、法规规定。发布媒体：抚州新闻综合频道（江西）。

5. 天保宁（银杏叶片）药品广告（生产厂家为浙江康恩贝制药股份有限公司）。该广告属于禁止在大众传播媒介发布的处方药广告，严重违反广告法律、法规规定。发布媒体：杭州新闻广播（FM89）（浙江）。

6. 止嗽立效片药品广告（生产厂家为药都制药集团股份有限公司）。该广告属于不得在大众传播媒介发布的处方药广告，严重违反广告法律、法规规定。发布媒体：河北新闻广播（FM104.3 AM1278）（河北）。

7. 库尔勒药品广告（生产厂家为库尔勒药业集团有限公司）。广告中“安全无毒副作用”、“连续服用5个疗程彻底康复男性功能”等内容，含有不科学的表示功效的断言和保证，利用专家、患者的名义和形象作证明，严重违反广告法律、法规规定。发布媒体：呼和浩特新闻综合广播（FM92.9 AM882）（内蒙古）。

8. 喘泰欣药品广告（生产厂家为美国默克生物制药有限公司）。广告中“7－15天，无效全额退款”、“临床有效率100%，临床治愈率高达98.2%”等内容，含有不科学地表示功效的断言或者保证，利用专家、医生、患者的名义和形象作证明，严重违反广告法律、法规规定。发布广告的网站网址http://www.20125166.com（无备案号）。

9. 毕挺灵芝鹿茸胶囊保健食品广告（生产厂家为常州市华南保健食品有限公司）。该广告“有效治愈启动无力、时间太短、疲软等症状”、“让男性重新回到22岁时的状态”等内容，使用与药品相混淆的用语，直接或间接地宣传治疗作用，利用专家、医生、患者的名义和形象作证明，严重违反广告法律、法规规定。发布广告的网站网址：http://www.biting99.com/?Pkang（无备案号）。

10. 美琳婷羊胎素口服液保健食品广告（生产厂家为厦门市千百媚保健食品有限公司）。广告中“30天恢复月经正常”、“推迟更年期5－10年”等内容，使用与药品相混淆的用语，直接或间接地宣传治疗作用，利用专家、医生、患者的名义和形象作证明，严重违反广告法律、法规规定。发布广告的网站网址：http://www.meilinting.com/tongfa.html（无备案号）。

国家工商行政管理总局
二〇一三年九月十六日

违法广告公告

工商广公字〔2013〕9号

近期，国家工商行政管理总局对2013年7月全国部分电视、报纸、互联网媒体发布的医疗、药品、保健食品、化妆品及美容服务类广告进行了监测抽查。现将监测抽查发现的部分严重违法广告公告如下：

1. 海娜花人参植物水晶露化妆品广告（生产厂家为广州威蒂娜化妆品有限公司）。广告中“鲜花加人参，黑发能再生”、“用鲜花洗洗头，只需要30天时间，就能重新长出满头黑发”等内容，夸大化妆品的效用或者性能，使用他人形象、名义保证使用效果，误导消费者，严重违反广告法律、法规规定。发布媒体：临汾新闻综合频道（山西）。

2. 伊屏清斑化妆品广告（生产厂家为广州博今生物科技有限公司）。广告中“祖传宫廷美颜方，2012年国际美博会唯一一个以个人名义参展的祛斑产品”、“只需1瓶最多37天祛除女人脸上的各种色斑”、“安全有效，保证一次清斑一辈子不会长斑”等内容，夸大化妆品的效用或者性能，使用他人形象、名义保证使用效果，误导消费者，严重违反广告法律、法规规定。发布媒体：西藏卫视。

3. 浪漫香榭丽化妆品广告（生产厂家为广州市宝姿化妆品有限公司）。广告中“使用1套色斑逐渐淡化、使用2套大面积色斑减少、坚持使用3套深层黑色素已经完全不见”等内容，夸大化妆品的效用或者性能，使用他人形象、名义保证使用效果，误导消费者，严重违反广告法律、法规规定。发布媒体：海口新闻综合频道（海南）。

4. 脑鸣清保健食品广告（生产厂家为山东圣海保健品有限公司）。广告中“独特中药组方，药力足、起效快、疗效稳定、没有副作用，针对脑鸣产生的根源用药”、“服用1周期脑鸣减轻，2周期脑鸣停止，3周期不再复发”等内容，使用与药品相混淆的用语，宣传食品的治疗作用，严重违反广告法律、法规规定。发布媒体：大家文摘报（湖北）。

5. 益寿虫草口服液保健食品广告（生产厂家为润馨堂药业有限公司）。广告中 “男性功能恢复有力，前列腺炎骨关节疾病恢复明显好转”等内容，使用与药品相混淆的用语，宣传食品的治疗作用，利用专家、消费者的名义和形象作证明，误导消费者，严重违反广告法律、法规规定。发布媒体：天津滨海频道。

6. 葵力果保健食品广告（生产厂家为郑州正唐生物科技有限公司）。该广告出现与药品相混淆的用语，宣传食品的治疗作用，利用专家、医生、患者的名义和形象作证明，误导消费者，严重违反广告法律、法规规定。发布媒体：凤凰网。

7. 遵义妇产女子医院医疗广告。广告中“25 项助孕技术专业治不孕”、“六大孕子体系助你 100 天做好妈妈”、“100 天解决不孕不育问题”等内容，宣传医疗技术和诊疗方法，并利用专家、患者的名义和形象作证明，严重违反广告法律、法规规定。发布媒体：遵义新闻综合频道（贵州）。

8. 珊瑚七十味丸药品广告（生产厂家为西藏雄巴拉曲神水藏药厂）。该广告属于禁止在大众传播媒介发布的处方药广告，广告中“一天 1 粒治疗心、脑、神经疾病”等内容，含有不科学的表示功效的断言和保证，使用患者名义作证明，误导消费者，严重违反广告法律、法规规定。发布媒体：西海文摘报（青海）。

9. 恒古骨王药品广告（生产厂家为云南克雷丝制药有限公司）。该广告属于不得在大众传播媒介发布的处方药广告，广告中“治疗股骨头坏死只需 3 个月”、“北京、上海、广州 36 家三甲医院临床验证康复率高达 98.33%”等内容，含有不科学的表示功效的断言和保证，宣传有效率，误导消费者，严重违反广告法律、法规规定。发布媒体：生活文摘报（山西）。

10. 活椎通络胶囊药品广告（生产厂家为北京银象医药集团有限公司）。该广告属于禁止在大众传播媒介发布的处方药广告，并利用专家、医生、患者的名义和形象作证明，误导消费者，严重违反广告法律、法规规定。发布媒体：搜狐网。

国家工商行政管理总局

二〇一三年九月二十三日

关于发布 2013 年第 3 期违法药品、医疗器械、保健食品广告汇总情况的通知

国家食药监稽〔2013〕206 号

各省、自治区、直辖市食品药品监督管理局：

为加强药品、医疗器械、保健食品广告监督管理，整治违法发布广告行为，进一步规范广告发布秩序，按照《药品广告审查办法》、《医疗器械广告审查办法》和《保健食品广告审查暂行规定》等有关规定，各省（区、市）食品药品监督管理部门加强了对行政区域内广告发布情况的监测，并及时发布了违法广告公告。国家食品药品监督管理总局对此进行了汇总，具体情况如下：

2013 年 6 － 8 月期间，各省（区、市）食品药品监督管理部门以发布《违法广告公告》等方式，通报并移送同级工商行政管理部门查处的违法药品广告 124847 条次、违法医疗器械广告 13144 条次、违法保健食品广告 15643 条次。对未经审查和篡改审批内容擅自发布的违法广告，各省（区、市）食品药品监督管理部门共撤销药品广告批准文号 43 个、医疗器械广告批准文号 7 个，收回保健食品广告批准文号 39 个。对严重违法广告涉及产品采取了 208 次暂停销售限期整改措施。现将其中违法情节严重、违法发布广告频次高的药品、医疗器械、保健食品予以汇总发布。

1. 河北安国药业集团有限公司生产的药品“壮腰健肾丸（广告中标示名称：金古莲）”，其功能主治为“壮腰健肾，养血，祛风湿。用于肾亏腰痛，膝软无力，小便频数，风湿骨痛，神经衰弱”。广告宣称“接骨治腰三副药，腰突老病全除掉，一生只需三服药，补肾生髓壮腰骨，替代手术不反复”等。该药品广告宣传超出了食品药品监督管理部门批准的内容，含有利用患者名义作证明和不科学地表示功效的断言和保

证，严重欺骗和误导消费者。

2. 甘肃河西制药有限责任公司生产的药品“脾肾双补丸”，其功能主治为“健脾开胃，补益肝肾。用于脾肾双亏，气阴两虚，面黄肌瘦，食欲不振”。广告宣称“3个疗程患者脾健肾旺，肌肉再生增重占比例65%，达到吸收、消化、营养三方面调节”等。该药品广告宣传超出了食品药品监督管理部门批准的内容，含有利用患者名义作证明和不科学地表示功效的断言和保证，严重欺骗和误导消费者。

3. 乌兰浩特中蒙制药有限公司生产的药品“抗骨质增生丸（广告中标示名称：丹参抗骨丸）”，其功能主治为“补腰肾，强筋骨，活血，利气，止痛。用于增生性脊椎炎（肥大性胸椎、腰椎炎），颈椎综合征，骨刺等骨质增生症”。该药品为处方药，禁止在大众媒介发布广告。广告宣称“补腰肾壮腰骨，替代手术治腰突，将纤维环的破裂处修复完好，防止髓核再次突出”等。该药品广告宣传超出了食品药品监督管理部门批准的内容，含有利用患者名义作证明和不科学地表示功效的断言和保证，严重欺骗和误导消费者。

4. 云南无敌制药有限责任公司生产的药品“外用无敌膏”，其功能主治为“驱风祛湿，祛瘀活血，消肿止痛，清热拔毒，通痹止痛。用于跌打损伤，风湿麻木，腰肩腿痛，疮疖红肿疼痛”。广告宣称“一次无敌治骨，一生骨病全无，从根上能治好骨病，坚持三个疗程，膝关节骨刺保证能除掉”等。该药品广告宣传超出了食品药品监督管理部门批准的内容，含有利用患者名义作证明和不科学地表示功效的断言和保证，严重欺骗和误导消费者。

5. 河南省永春医药科技有限公司生产的医疗器械“静电理疗贴（广告中标示名称：绿霸王透骨贴）”，该产品已于2013年3月25日被食品药品监督管理部门注销处理，广告宣称“该贴一上市，就治好200多万老风湿老骨病患者，3分钟消肿止痛，3个疗程治好风湿骨病”等。该产品广告含有不科学地表示功效的断言和保证等内容，严重欺骗和误导消费者。

6. 七台河市康鑫医疗器械厂生产的医疗器械“前列腺贴（广告中标示名称：曲大夫前列腺贴）”，其适用范围为“适用于肾虚所致的腰酸腿痛，前列腺炎，前列腺增生，前列腺肥大及其引起的尿频，尿痛，尿急，尿不净的辅助治疗”。广告宣称“治前列腺，一贴上就管用，能治愈、不复发、性腺双修，不但前列腺治好了，男性功能也得到提高”等。该医疗器械广告宣传的产品适用范围超出了食品药品监督管理部门批准的内容，含有不科学地表示功效的断言和保证等内容，严重欺骗和误导消费者。

7. 滑县康泰医疗器械有限公司生产的医疗器械“骨痹痛消贴（广告中标示名称：苗祖圣方）”，其适用范围为“利用高压静电场极化作用，使局部氧张力减少，微循环增强，适用于颈椎病、肩周炎、腰间盘突出、软组织损伤及风湿、骨质增生、骨关节无菌性炎症”。广告宣称“1贴疼痛消除，2贴活动自如，3贴能弯能翻身，30贴风湿骨病连根除，专治40年内的老风湿老骨病”等。该医疗器械广告宣传的产品适用范围超出了食品药品监督管理部门批准的内容，含有不科学地表示功效的断言和保证等内容，严重欺骗和误导消费者。

8. 河南凌云医药科技有限公司生产的医疗器械“腰枕治疗仪（广告中标示名称：曲度腰枕治疗仪）”，其适用范围为“适用于腰肌劳损、腰椎退行性病变、腰椎间盘突出等病症的辅助治疗”。广告宣称“1－2周，各种腰腿痛逐渐消除；1个月，患者的坐骨神经痛好了，告别腰椎间盘突出，永远不复发”等。该医疗器械广告宣传的产品适用范围超出了食品药品监督管理部门批准的内容，含有不科学地表示功效的断言和保证等内容，严重欺骗和误导消费者。

9. 河南雅郦化妆保健品有限公司（证件持有者）的保健食品“万鹤灵芝茶”，卫食健字〔2000〕第0084号，其批准的保健功能为“免疫调节”。广告宣称“喝这茶养五脏，降三高，血脂血糖降了，十几年的脂肪肝好了，糖尿病并发症状也好转了，轻松喝掉一身病”等。该保健食品广告宣传的保健功能范围超出了食品药品监督管理部门批准的内容，使用与药品相混淆的用语，直接或者间接地宣传治疗作用，含有不科学地表示功效的断言和保证等内容，严重欺骗和误导消费者。

10. 安徽高山药业有限公司（证件持有者）的保健食品“寿瑞祥牌全松茶”，国食健字G20110555，其批准的保健功能为“增强免疫力”。广告宣称“能双向调节血压作用，溶化脑血栓，改善男性生理功能，对食欲不振、便秘、前列腺、失眠、糖尿病并发症、脂肪肝效果非常明显”等。该保健食品广告宣传的保健功能范围超出了食品药品监督管理部门批准的内容，使用与药品相混淆的用语，直接或者间接地宣传治疗作用，含有不科学地表示功效的断言和保证等内容，严重欺骗和误导消费者。

国家食品药品监督管理总局
二〇一三年十月八日

违法广告公告

工商广公字〔2013〕10号

近期，国家工商行政管理总局对2013年8月全国部分电视、报纸、互联网媒体发布的医疗、药品、保健食品、化妆品及美容服务类广告进行了监测抽查。现将监测抽查发现的部分严重违法广告公告如下：

1. 欧蒂芙燃脂精华油化妆品广告。广告中“24小时排油脂，擦到哪里哪里瘦”、“国家唯一权威机构高效保证”等内容，夸大化妆品的效用或者性能，使用他人名义、形象保证使用效果，误导消费者，严重违反广告法律、法规规定。发布媒体：西藏卫视。

2. 矿草元黑白冰泥化妆品广告。广告中“当场就能看见美白，一次净白，永不变黑”等内容，夸大化妆品的效用或者性能，使用他人形象、名义保证使用效果，误导消费者，严重违反广告法律、法规规定。发布媒体：旅游卫视（海南）。

3. 北京燕竹医院医疗广告。该广告以健康讲座栏目形式变相发布，广告中出现医疗技术、诊疗方法、疾病名称等内容，宣传“神医扁鹊通窍五联疗法”治疗失眠、焦虑、抑郁、精神分裂，并利用专家、患者的名义和形象作证明，严重违反广告法律、法规规定。发布媒体：廊坊新闻频道（河北）。

4. 丹凤眼美容服务广告。广告中“丹凤眼ＥＲＦ专业美眼，不开刀、不打针、不介入、无恢复期，轻轻一推，彻底解决眼部衰老问题，保准让您年轻10岁”等内容，使用绝对化用语，夸大美容服务效果，严重违反广告法律、法规规定。发布媒体：扬子晚报（江苏）。

5. 解放军第464医院医疗广告。广告中出现医疗技术、诊疗方法等内容，宣传“超微创射频消融术”治疗子宫肌瘤，并利用专家、患者的名义和形象作证明，严重违反广告法律、法规规定。发布媒体：每日新报（天津）。

6. 下消丸药品广告。该广告属于禁止在大众传播媒介发布的处方药广告，广告中“经验证治疗尿失禁有很好效果”、“一般2－3周期恢复正常排尿功能”等内容，含有不科学的表示功效的断言和保证，严重违反广告法律、法规规定。发布媒体：老年文摘报（内蒙古）。

7. 前列回春丸药品广告。该广告属于禁止在大众传播媒介发布的处方药广告，广告中“前列腺患者治一个好一个”、“3－5疗程前列腺疾病基本康复”等内容，含有不科学的表示功效的断言和保证，严重违反广告法律、法规规定。发布媒体：广西老年报。

8. 痛风舒药品广告。该广告属于禁止在大众传播媒介发布的处方药广告，广告中“少则 15 天，多则 3 个月，尿酸完全控制正常”、“必须动手术开刀取结石的痛风患者，仅需 3 服药，痛风结石一次性彻底排空”等内容，含有不科学的表示功效的断言和保证，并利用专家、患者的名义和形象作证明，严重违反广告法律、法规规定。发布媒体：快乐老人报（湖南）。

9. 愈风丹药品广告。该广告属于禁止在大众传播媒介发布的处方药广告，广告中“一盒见效，三个疗程终结手脚麻木、偏瘫、半身不遂”等内容，含有不科学的表示功效的断言和保证，严重违反广告法律、法规规定。发布媒体：老友报（山西）。

10. 玛卡益康保健食品广告。广告中“一生只需 6 盒，从此不需再补肾”、“欧美国家将服用玛卡当做解决男性障碍问题的首选方法”等内容，扩大保健功能和适宜人群，并利用专家、消费者的名义和形象作证明，误导消费者，严重违反广告法律、法规规定。发布媒体：中老年时报（天津）。

11. 中山医家庭医生口腔医院医疗广告。广告中“PT 天然即刻种植牙技术，微创、快速、承诺 100% 成功”等内容，宣传医疗技术、诊疗方法、治愈率和有效率等，并利用专家、患者的名义和形象作证明，严重违反广告法律、法规规定。发布媒体：大洋网。

12. 参蛤平喘胶囊药品广告。该广告含有不科学的表示功效的断言或保证，利用专家、医生、患者的名义和形象作证明，严重违反广告法律、法规规定。发布媒体：凤凰网。

13. 龟鹿补肾片药品广告。该广告属于禁止在大众传播媒介发布的处方药广告，含有不科学的表示功效的断言或保证，严重违反广告法律、法规规定。发布媒体：凤凰网。

14. 青钱柳降糖神茶保健食品广告。该广告出现与药品相混淆的用语，宣传治疗作用，并利用专家、医生、患者的名义和形象作证明，欺骗和误导消费者，严重违反广告法律、法规规定。发布媒体：搜狐网。

15. 轻漾畅比芙小麦纤维素颗粒保健食品广告。该广告出现与药品相混淆的用语，宣传治疗作用，含有表示产品功效的断言和保证，并利用专家、医生、患者的名义和形象作证明，欺骗和误导消费者，严重违反广告法律、法规规定。发布媒体：腾讯网。

工商行政管理机关将继续加大广告监测检查力度，依法查处严重违法广告，严厉惩治发布违法广告的行为。

国家工商行政管理总局
二〇一三年十一月六日

违法广告公告

工商广公字〔2013〕11号

近期，国家工商行政管理总局对 2013 年 9 月全国部分电视、报纸、互联网媒体发布的医疗、药品、保健食品、化妆品及美容服务类广告进行了抽查监测。现将抽查监测发现的部分严重违法广告公告如下：

1. 肤因采绝毛组合化妆品广告。广告中“毛囊组织彻底坏死，毛乳头不可能再生”、“一次脱毛、永久绝毛”等内容，使用绝对化用语，夸大化妆品的效用或者性能，并使用他人名义、形象保证使用效果，误导消费者，严重违反广告法律、法规规定。发布媒体：西藏卫视。

2. 飘宣 99 墨泥白化妆品广告。广告中“泥巴洗洗澡，从头白到脚”、“使用三个周期，永久拥有嫩白肌肤”等内容，使用绝对化用语，夸大化妆品的效用或者性能，并使用他人名义、形象保证使用效果，误导消费者，严重违反广告法律、法规规定。发布媒体：海口综合频道（海南）。

3.雪莲净斑霜化妆品广告。广告中“400年老字号，雪莲净斑第15代传人”、“国际美容博览会金牌产品”、“1瓶清斑，30天净斑，永久无斑”等内容，涉嫌虚假宣传，使用绝对化用语，夸大化妆品的效用或者性能，并使用他人名义、形象保证使用效果，误导消费者，严重违反广告法律、法规规定。发布媒体：天津都市频道。

4.西宁卫校教学医院医疗广告。广告中“专业治疗失眠症、抑郁症等神经精神疾病”、“治疗3－7天病情明显好转，1–2个疗程即可康复”、“已成功治愈数万名患者”等内容，宣传疾病名称以及治愈率等诊疗效果，保证治愈，严重违反广告法律、法规规定。发布媒体：西宁新闻频道（青海）。

5.福州博爱中医院医疗广告。该广告以“助孕直通车”节目形式变相发布，宣传医疗技术和诊疗方法，并利用专家、患者的名义和形象证明诊疗效果，严重违反广告法律、法规规定。发布媒体：福州新闻综合频道（福建）。

6.冠心七味胶囊药品广告。该广告属于禁止在大众传播媒介发布的处方药广告，广告中“10天时间全面解决头晕、乏力、失眠、胸闷、心慌、心悸、心绞痛”、“三个疗程心率、血脂、血压正常，各种症状消失，所有用药停服，心脑功能完全康复”等内容，含有不科学的表示功效的断言和保证，严重违反广告法律、法规规定。发布媒体：新安晚报（安徽）。

7.灵洱磁朱丸药品广告。该广告属于禁止在大众传播媒介发布的处方药广告，广告中“中医世家22代传人，800多年历史的传世名方”、“耳鸣耳聋只需三服药，即可享受美妙听觉”等内容，涉嫌虚假宣传，含有不科学的表示功效的断言和保证，并利用专家、患者的名义和形象作证明，严重违反广告法律、法规规定。发布媒体：今晚报（天津）。

8.祖灵芝祛斑霜化妆品广告。广告中“祖氏世代祛斑古方，效果直接，快速见效”、“信我祖氏方，百斑能除”等内容，涉嫌虚假宣传，使用绝对化用语，夸大化妆品的效用或者性能，并使用他人名义、形象保证使用效果，误导消费者，严重违反广告法律、法规规定。发布媒体：燕赵都市报（河北）。

9.化毒丹药品广告。该广告属于禁止在大众传播媒介发布的处方药广告，广告中“祖传秘方，久治不愈的银屑病一服药即可见效”、“服用一个疗程，能把你的皮肤顽癣等各种皮肤顽症康复”等内容，含有不科学的表示功效的断言和保证，并利用专家、患者的名义和形象作证明，严重违反广告法律、法规规定。发布媒体：京华时报（北京）。

10.武汉艾格眼科医院医疗广告。广告中“引进目前世界最先进的美国PASCAL激光机”、“采用光动力疗法的新技术”治疗眼底黄斑病变等内容，宣传医疗技术、诊疗方法，并利用专家、患者的名义和形象证明诊疗效果，严重违反广告法律、法规规定。发布媒体：长江商报（湖北）。

11.兰州市胃肠病研究所医疗广告。该广告以“健康天地”栏目形式变相发布，广告中“引进国际最新C–14呼气检测仪”、“独家研发的绿色三联特效疗法，杀灭幽门螺杆菌有效率可达99.6%以上”等内容，宣传医疗技术、诊疗方法以及治愈率等诊疗效果，严重违反广告法律、法规规定。发布媒体：西部商报（甘肃）。

12.盈实牌参葛胶囊保健食品广告。该广告出现与药品相混淆的用语，宣传治疗作用，并利用专家、医生、患者的名义和形象作证明，误导消费者，严重违反广告法律、法规规定。发布媒体：网易网。

工商行政管理机关将继续加大广告监测检查力度，依法查处严重违法广告，严厉惩治发布违法广告的行为。

国家工商行政管理总局

二〇一三年十一月二十七日

违法广告公告

工商广公字〔2013〕12号

近期，国家工商行政管理总局对2013年10月全国部分电视、报纸、互联网媒体发布的医疗、药品、保健食品、化妆品及美容服务类广告进行了抽查监测。现将抽查监测发现的部分严重违法广告公告如下：

1. 霍氏生发宝化妆品广告。广告中“老霍家300年历史的生发方，最多一盒，30天让你长出满头新发”、“防脱固发，永不脱发”等内容，涉嫌虚假宣传，使用绝对化用语，夸大化妆品的效用或者性能，并使用他人名义、形象保证使用效果，误导消费者，严重违反广告法律、法规规定。发布媒体：旅游卫视（海南）。

2. 江门永康医院医疗广告。该广告以“健康与生活”节目形式变相发布，广告中“直接输送灭毒转阴疗法，不用吃药，两三次就能排出病毒转阴康复”等内容，宣传医疗技术、诊疗方法，夸大诊疗效果，并以患者拨打热线电话讲述治愈经历方式证明疗效，误导消费者，严重违反广告法律、法规规定。发布媒体：中山综合频道（广东）。

3. 景德镇昌南门诊部胃肠病治疗中心医疗广告。该广告以“胃肠疾病健康有约”节目形式变相发布，广告中“只需治疗5－7天就能解决胃胀胃痛等问题，治疗1－2个疗程就能做到全面康复”等内容，宣传医疗技术、诊疗方法，夸大诊疗效果，保证治愈，并利用专家、患者的名义和形象作证明，误导消费者，严重违反广告法律、法规规定。发布媒体：景德镇一套（江西）。

4. 健都润通胶囊保健食品广告。广告中“北京301医院研制的专利产品”、“只需两个疗程彻底根除便秘，老年人防治心脑血管疾病突发”等内容，出现与药品相混淆的用语，使用医疗机构、专家、消费者的名义作证明，误导消费者，严重违反广告法律、法规规定。发布媒体：宁德新闻综合频道（福建）。

5. 娄底康一馨医院医疗广告。该广告以“胃肠健康视点”栏目形式变相发布，广告中“独家研发胃肠绿色黏膜修复疗法”、“有效治疗急慢性结肠炎等胃肠道疾病，预防肠癌”等内容，宣传医疗技术、诊疗方法，并以患者的名义证明诊疗效果，误导消费者，严重违反广告法律、法规规定。发布媒体：娄底综合频道（湖南）。

6. 536医院医疗广告。广告中“三维异化联合疗法治疗银屑病”、“针对各种皮炎、湿疹、白癜风等皮肤病制订合理的治疗或手术方案”等内容，宣传医疗技术、诊疗方法、疾病名称等，并利用专家、患者的名义和形象作证明，误导消费者，严重违反广告法律、法规规定。发布媒体：西宁晚报（青海）。

7. 黑龙江玛利亚妇产医院医疗广告。广告中“国际最新微生态平衡疗法治疗阴道炎”、“德国微创技术治疗盆腔炎”等内容，宣传医疗技术、诊疗方法、疾病名称等，并利用专家、患者的名义和形象作证明，误导消费者，严重违反广告法律、法规规定。发布媒体：新晚报（黑龙江）。

8. 韩金靓清水黑发化妆品广告。广告中“快速黑发，持久生发，让您远离白发脱发困扰”、“连续使用三副，浓密黑发自然生长”等内容，夸大化妆品的效用或者性能，并使用他人名义、形象保证使用效果，误导消费者，严重违反广告法律、法规规定。发布媒体：每日新报（天津）。

9. 瑞澜整形医院医疗广告。广告中“冷光子溶脂技术，从源头上减少身体脂肪数量”、“轻松甩掉赘肉，十几年的大肚子一下子就瘪了下去”等内容，宣传诊疗方法和诊疗效果等，利用患者的名义和形象作证明，误导消费者，严重违反广告法律、法规规定。发布媒体：三湘都市报（湖南）。

10. 九秘四排求来茶保健食品广告。广告中“一杯九秘四排求来茶，排火、排油、排毒、排宿便”等内容，超出国家有关部门批准的保健功能和适宜人群范围，误导消费者，严重违反广告法律、法规规定。发布媒体：法制晚报（北京）。

11. 前列安通胶囊药品广告。该广告属于禁止在大众传播媒介发布的处方药广告，广告中“3－5个疗程彻底治愈前列腺疾病，终身不复发、反弹”等内容，含有不科学的表示功效的断言和保证，并利用患者的名义和形象作证明，误导消费者，严重违反广告法律、法规规定。广告发布网址 http：//www.kanglu.com（苏ICP备12077366号－2），链接网站：凤凰网。

12. 丹参天麻组合保健食品广告。广告中“丹参天麻胶囊彻底治愈高血压”、“五个周期平稳血压，降压不反弹”等内容，出现与药品相混淆的用语，宣传食品的治疗作用，并利用患者的名义和形象作证明，误导消费者，严重违反广告法律、法规规定。广告发布网址 http：//dstm.cqlpbt.com（京ICP备10047209号－1），链接网站：凤凰网。

13. 华海白癜风医院医疗广告。广告中“通过全方位中药调理，没有任何毒副作用，轻松快速治愈白癜风”等内容，宣传医疗技术和诊疗方法等，保证治愈，误导消费者，严重违反广告法律、法规规定。广告发布网址 http://www.hhbdf.cn（鲁ICP备10026649号－2），链接网站：搜狐网。

14. 伊琳芬丰胸产品化妆品广告。广告中“一抹就变大，30天大一杯”、“只用3个月就搞定，从B－D的跨越”等内容，夸大化妆品的效用或者性能，并使用他人名义、形象保证使用效果，误导消费者，严重违反广告法律、法规规定。广告发布网址 http://www.elimfan.com（粤ICP备12071166号－1），链接网站：网易网。

15. 三宝全效胶囊药品广告。广告中“治愈阳痿早泄前列腺炎，终身不反弹”等内容，含有不科学的表示功效的断言和保证，并利用患者的名义和形象作证明，误导消费者，严重违反广告法律、法规规定。广告发布网址 http：//www.dahezhizhou.com（无ICP备案号），链接网站：腾讯网。

工商行政管理机关将继续加大广告监测检查力度，依法查处严重违法广告，严厉惩治发布违法广告的行为。

国家工商行政管理总局
二〇一三年十二月三十日

'2014 中国广告年鉴
China Advertising Yearbook

全国各地区广告业发展与广告监管情况综述

Provincial Advertising Supervision and Developing

2013 年北京市广告监管工作情况

北京市工商局广告监督管理处

国家工商行政管理总局广告监督管理司领导莅临北京市局调研指导

2013 年，北京市广告监管系统积极贯彻落实国家工商总局工作部署，拓宽工作思路、创新监管方式，努力构建科学有效的监管机制，提升广告市场控制力，积极推动广告战略实施，促进首都广告行业健康发展。

一、抓好广告监测工作，巩固广告监管工作基础

利用市局、分局和工商所三级广告监测网络，对广告经营活动实施分级分类动态监管，不断提高广告监管效能。2012 年 12 月至 2013 年 11 月，全市共监测广告 550.45 万条次，违法广告 10019 条次，违法率为 0.18%，比去年下降了将近 50%。其中监测药品广告 18.7 万条次，违法 1558 条次；保健食品广告 7.56 万条次，违法 521 条次；医疗服务类广告 6.1 万条次，违法 699 条次；医疗器械广告 4.37 万条次，违法 1208 条次。并充分利用监测数据进行数据汇总、监测数据分析，为本市各部门及时掌握广告发布和违法广告情况提供了准确的信息，强化了科学监管，提高了广告监管效能。

截至 11 月底，共发布广告监测报告 11 期，通过内外网向工商系统和社会发布违法广告案件曝光 3 期，为国家工商总局提供全国广告监测报告 11 期。

二、强化风险防控，提高辖区广告市场控制力

通过加大力度开展专项整治行动、落实虚假违法广告联席会议制度、加大案件查办力度、综合使用行政指导等方式督促企业自查整改、及时曝光、叫停严重违法广告等多种手段，我市广告市场秩序得到进一步改善。

牵头全市十二个委办局，继续深入开展虚假违法广告整治工作。与多部门联合印发了《转发国家工商总局等十三部门关于2013年虚假违法广告专项整治工作实施意见的通知》，要求各成员单位完善机制，进一步发挥联席会议作用，积极协调、密切配合、形成监管合力。截至今年11月底，共向市委宣传部报送广告监测周报34期；向市药监局通报主要媒体发布违规药品、保健食品广告情况函9件；向市卫生局通报主要媒体发布违规医疗服务广告情况函9件。同时接到市药监部门移转案件28件，市卫生部门移转案件2件。

加强对医疗、药品、保健食品等重点领域的整治力度，实施对问题突出领域的风险防控。贯彻总局工作要求，下发了《北京市工商局转发国家工商总局等八部门关于开展整治虚假违法医药广告专项行动的通知》，从5月5日至7月20日在全市开展整治虚假违法医药广告专项行动。整治重点是全市报纸、期刊、广播电台、电视台、大型门户网站、搜索引擎类网站、医疗药品信息服务类网站、医疗机构及医药企业自设网站等发布的医疗、药品、医疗器械、保健食品广告，以及宣称具有治疗作用的保健用品、食品广告。共查处违法医疗广告案件69件，违法药品、医疗器械和保健食品广告案件26件，重点查处了北京同济医院、北京王府井医院、北京北海医院、北京德胜门中医院等54家医疗机构利用自有网站发布违法医疗广告的行为，并对北京中仁中医医院、北京慈康医院等11家医疗机构通过媒体向社会曝光。

2012年12月至2013年11月，全市广告监管系统共查处违法广告案件1045件，罚没款共计2026.13万元，其中，共查处医疗广告案件92件，罚没款406.8万元；查处药品广告案件57件，罚没款151.42万元；查处医疗器械广告36件，罚没款115.7万元；保健食品案件35件，罚没款65.1万元；查处户外广告案件87件，罚没款185.5万元；查处网络广告案件242件，罚没款553.6万元。

在加大对违法广告打击力度的同时，对容易出现问题的广告经营单位、广告主加强行政指导工作，做到防微杜渐，防止重大违法问题的发生。截至11月底，共行政约见490人次，做出责令改正879件、行政告诫155件。

为体现广告监测时效性，提高对重点媒体继续强化广告监测监管衔接制度。对当天监测发现的严重违法广告以及重复发布的违法广告问题进行汇总和分析，即时通知媒体停止发布。共叫停违法问题严重和重复发布的违法广告863条次。

通过广告监管网曝光了“印度海娜花”、“黄豆苷元片”、“虾青素”等14条严重违法医药类广告，对消费者进行风险提示。《北京日报》、《北京晚报》、《新京报》、《北京晨报》、《北京信报》等11家媒体对医药广告专项行动进行了报道，扩大了专项整治的社会影响，提升整治效果。

三、做好广告日常监管工作，规范广告经营行为

一是结合“送法律、送服务工作”，积极开展广告审查员的培训和宣传工作。通过讲解法律法规，加深广告审查员对法律法规的理解，提高广告经营单位自律意识。全年共培训广告审查员2400人次。

二是认真完成广告经营许可工作。2013年底《广告经营许可证》到期，1400余户领取《广告经营许可证》的单位需集中换证。共完成广告行政许可事项981件，其中广告经营资格审批283件、烟草广告审批23件、固定形式印刷品广告登记58件，外商投资广告企业审批28件，户外广告登记587件。

三是处理好信访投诉举报工作，对群众反映的违法情况及时处理。我处及各分局1-11月共收到投诉举报494件，立案328件，办结260件。同时，积极协助有关部门查办违法广告案件，共接到其他部门移转案件51件，已查办48件。

四、推进广告产业发展

（一）举办京交会——第二届北京国际广告周，为广告企业提供交流平台

为落实国家广告战略，支持首都广告产业发展，在国家工商总局和中国广告协会的指导下，北京市工商局与朝阳区政府于2013年5月28日至31日，在北京国家广告产业园区联合主办了第二届京交会——“北京国际广告周”。活动内容有：互联网广告发展与规范论坛、广告产业园区发展高峰沙龙及公益广告作品展。

广告产业园区发展高峰沙龙邀请国家工商总局、北京市政府、中国广告协会、市工商局、市商务委和朝阳区政府等有关领导出席。国家工商总局甘霖副局长和北京市政府程红副市长在沙龙上发表讲话。上海、江苏、浙江、山东、广东、河南、陕西、湖南八省市工商部门代表和十一个国家广告产业园区负责人，以及有关专家与学者参加了沙龙。同时，由首批国家工商总局授牌的十一个国家广告产业园区共同发起并成立了“广告产业园区发展联盟”，签署了《广告产业园区发展联盟协议》。

互联网广告发展与规范论坛邀请国家工商总局、中国广告协会、市工商局和朝阳区政府领导出席。本次论坛搭建了政府部门、广告主、新媒体、网络广告人及广告企业的交流平台，共同对互联网广告行业发展与规范等问题进行了深入探讨，促进了互联网广告产业的创新发展。

（二）做好2013年度扶持广告业发展专项资金项目征集和预审工作，为广告企业创新发展提供支持

扶持广告产业发展专项资金项目申报工作进入第二年，2013年，全市广告监管干部经过项目征集、专家评审以及局长办公会审议等环节，圆满完成了对2013年度扶持广告产业发展专项资金项目的征集和预审工作，最终评审出符合条件的28个项目报送市文资办，推动了广告企业建立自主知识产权，强化专业人才培养，促进创意产业要素的合理流动。同时，通过对这两年获得专项资金的企业进行回访和跟踪调查，了解其项目进展情况和资金使用的效果，从而进一步加强对企业经营方式、经营理念的了解，明确扶持方式和方向，更好地为广告产业发展服务。

（三）高度重视、积极协调、做好世界广告大会筹备工作

第43届世界广告大会将于2014年5月在北京举行，由国家工商总局和北京市政府主办，我局和中国广告协会作为承办单位。我局将配合中国广告协会，协调市政府和各有关部门，做好大会的组织联系，接待服务、大会宣传等工作，并通过主办“北京日”活动，展示北京作为传媒中心和新媒体发展中心的影响力，向世界展现北京在广告产业发展方面的成就以及丰富的投资机会，吸引各国优质资本进入北京，进一步推动北京广告产业发展。

2013 年天津市广告监管工作情况

天津市工商局广告监督管理处

天津市广告监测中心

2013 年，天津市广告工作认真贯彻市委、市政府和国家工商总局关于加快发展文化产业、建设文化强市的战略部署，大力实施广告战略，深入开展虚假违法广告专项整治工作，大力推动滨海广告产业园建设，我市广告业得到进一步的繁荣发展。

全市广告经营单位总数达 16045 户，其中专营广告经营单位总数 4521 户；兼营广告经营单位总数 10697 户；其他广告经营单位总数达 603 户；媒体广告经营单位 224 户。全市广告从业人员 80489 人，全年共实现广告经营额 178 亿元。

一、滨海广告产业园被认定为国家级广告产业园区试点园区

为了深入贯彻落实国家工商总局、市政府《关于进一步推进天津广告产业创新发展战略合作协议》的有关指示精神，滨海广告产业园加紧建设，已初具规模。同时，财政部、国家工商总局已同意认定天津滨海广告产业园为国家级广告产业园区试点园区，并批拨广告产业园发展资金 4500 万元。截至 2013 年底，滨海广告产业园已累计竣工入住楼宇面积 9 万多平方米，在建面积 10 万平方米，累计投资近 16 亿元。数字文化园、虚拟科技园、科技大厦、艺术中心、学者大厦相继完工，纳斯达克吧和创意工坊等孵化器及配套设施已投入运营。园区累计进驻文化科技企业 200 多家，据不完全统计，园区企业总产值已逾 16 亿元。

二、举办“天津广告力量，经济文化脊梁”广告行业论坛

市工商局会同《天津日报》传媒集团、市广协共同主办了“天津广告力量，经济文化脊梁”广告行业

论坛，与会嘉宾围绕天津本土广告、天津广告产业发展之路、经济发展与广告模式的组合与创新、新技术在广告行业的运用等主题展开讨论，深入剖析了广告业科学发展的创新模式，梳理了天津广告企业的好经验、好做法，为我市广告行业发展增加动力。

三、深入开展虚假违法广告专项整治工作

2013 年，市工商局会同整治虚假违法广告专项行动联席会议各成员单位专门下发文件部署全市虚假违法广告专项整治工作。同时，为贯彻落实工商总局等八个部门关于开展整治虚假违法医药广告专项行动的有关要求，市工商局专门下发文件部署在我市开展的打击虚假违法医药广告专项行动。

按照市政府开展涉嫌非法集资广告资讯信息排查清理的有关要求，市工商局在全市范围内开展涉嫌非法集资广告资讯信息排查清理活动。清理活动中，各分局累计向相关单位发放宣传材料 2000 余份，共监测检查各类形式广告 2510 条次，检查网站 263 户，检查房地产销售、电子商品销售网点及信息咨询中介机构等经营网点 1400 余户。

市工商局联合食药、互联网信息、通信、公安等有关部门共同研究，制定了《联合打击网上非法发布药品信息和销售药品行为工作协调机制》，通过建立包括日常协调、落实互联网站管理职责、理顺管理工作衔接流程、加强交流培训以及舆论宣传等几个方面制度，共同加大对互联网药品宣传和销售行为的管理力度。

截至 2013 年底，市工商局共下发广告监管行政指导书 11 件，下发责令违法广告停止发布通知 20 件，全市工商系统共查处违法广告案件 360 件，罚没金额 317.6 万元，查处案件和罚没款分别比 2012 年度增长了 48.1% 和 41.3%。据统计，全市重点门类商品和服务广告严重违法率为 4.3%，比 2012 年同期的 6.3% 下降了 2 个百分点，严重违法率继续保持下降趋势。

2013 年河北省广告监管工作情况

河北省工商局广告监督管理处

河北省净化广告市场环境座谈会

2013 年以来，河北省工商行政管理局认真贯彻落实总局广告监管工作部署，不断强化监管措施，加大执法力度，全省的广告市场秩序有明显好转。各级工商部门共监测检查广告 1004258 条次，重点媒体的广告严重违法率由去年底的 28.6% 下降到 10 月份的 4.28%。立案查处 535 件，下达行政告诫、限期整改通知书 158 次，下达责令停止发布广告通知书 658 次，罚款 607.174 万元。具体情况汇报如下：

一、不断完善和落实广告监管制度，提高监管效能

一是落实整治虚假违法广告联席会议制度。我省各级工商部门多次牵头召开联席会议，与成员单位共同研究虚假违法广告出现的新形势、新特点，并制定有效措施集中解决疑难问题，特别是加强了与卫生、食药等部门的沟通，采取联合检查的形式，强化部门衔接，不断增强监管合力与实效，强化对虚假违法广告的监管力度。二是实行综合治理。2013 年以来，全省共召开行政约谈 35 次，其中，省联席会议分别于 1 月 21 日、4 月 25 日对省会各大媒体进行了联合约谈，对广告违法率较高的媒体进行行政训诫，指出存在问题，督促其健全完善相关制度并严格落实广告审查责任。7 月 30 日，我局组织召开了“河北省净化广告市场环境座谈会”，河北省整治虚假违法广告专项行动联席会议成员单位的负责同志，以及省、市级主流媒体代表、广告公司代表共 38 家参加会议。会上，媒体代表宣读了《守法经营承诺书》，并由在场所有媒体负责同志签字。座谈会总结了我省上半年广告市场监管状况，深刻剖析了长期以来违法广告屡禁不止的根源，并对促进广告业健康发展进行了深入探讨。总局

广告司司长张国华同志及监督和案件指导处处长江雁明同志应邀参加了会议，张国华司长对我省的广告市场监管工作给予了充分肯定并对下一步工作提出了要求。三是不断完善改进广告监测通报制度。按照总局《关于规范和加强广告监测工作的指导意见》，我们坚持日常监测和重点监测相结合的原则，通过加强对重点媒介、重点商品、服务广告的监测，及时掌握违法广告动态。省、市广告监测中心定期对主要媒体发布广告情况集中进行监测并发布监测通报，根据监测结果显示的广告市场动态确定一定时期监管重点，落实违法广告案件的查处及对违法广告主、广告经营者、广告发布者的整改。

二、加强重点广告媒介监管，强化对广告发布媒介自律审查工作的监督检查，推动落实《大众传播媒介广告发布审查规定》

为进一步落实整治虚假违法广告联席会议成员单位联合检查制度，充分发挥各有关部门综合监管的职能作用，加大对媒体广告发布的监管和指导力度，我局制定了《河北省虚假违法广告专项整治工作联合督查实施方案》，并牵头组织省宣传、监察、卫生、药监、广电、新闻出版等部门组成6个联合检查组，于4月中旬分赴11个市，对市级联席会议的工作开展情况及晚报、电台、电视台的广告发布情况进行了督导检查。

在督查中发现以下几项主要问题：(1) 专项整治工作取得了一定成效，但虚假违法广告仍不同程度地存在着，尤其是药品、医疗、保健品广告违法率仍比较高；(2) 从广告监测结果来看，个别媒体长期存在着应当审查未经审查或擅自篡改审查内容发布广告的现象；对经行政机关处罚并责令停止发布的广告仍然违法发布；广告用语中存在大量法律法规明令禁止的断言和保证等绝对化语言；(3) 从联合督查情况及群众投诉情况来看，个别媒体存在着不顾社会责任，一味追求经济效益，抱着投机心理发布违法广告的行为。

督察组现场指出了媒体广告发布中存在的问题，提出了改进的建议和措施。督查行动后，向联席会议成员单位通报了情况，要求各单位充分发挥各自职能，齐抓共管，取得良好的效果。

三、加强重点类别广告监管，继续把关系人民群众健康安全和违法问题易发多发的医疗、药品、医疗器械、保健食品广告、非法集资广告作为整治重点进行治理

根据《工商总局等八个部门关于开展整治虚假违法医药广告专项行动的通知》的相关要求，一是召开专项行动部署动员会，下发了《河北省工商局关于开展整治虚假违法医药广告专项行动的方案》，明确了此次专项行动的整治重点和各阶段的目标任务。二是编印简报，指导专项行动开展。为推广各地的好经验、好做法，加强交流与沟通，我局编印了整治虚假违法医药广告行动简报专刊，共编发三期，打造一个助推整治虚假违法医药广告专项行动的信息平台。三是摸清底数，重点出击。各地对辖区内主要大众媒体的医药广告发布量、违法广告数量、违法率等情况及其落实《大众传播媒介广告发布审查规定》的情况展开摸底调查，对于发现有发布违法医药广告的，责令其立即停止发布；对于发现有未严格执行“三级广告审查制度”，未履行广告审查责任的，立即督促其进行整改，并将有关情况通报至同级党委宣传部门。此次专项行动期间，我省各级工商部门共监测检查医疗、药品广告240152条次，查处各类广告违法案件274件，罚没款金额298.002万元，虚假违法医药广告现象得到有效遏制，专项行动取得成效。

根据处置非法集资部级联席会议的统一部署，我局从8月1日起到10月31日，牵头开展了涉嫌非法集资广告资讯信息排查清理活动。活动中，共监测检查各类广告40000多条次，排查媒体单位、投资咨询、贷款中介、信用担保等机构1825户次，责令停止发布与融资相关的广告33条，规范各级媒体单位整改集资

类广告80条，立案调查6件，收缴非法集资广告单页2300多份。

此外，根据上级要求，2013年我局还分别牵头组织了“老苗汤”非法广告集中清查行动、农村墙体广告专项整治、整治胶原蛋白产品涉嫌违法宣传行为专项行动、清查“衡愈堂”涉嫌虚假宣传行动、“祖灵芝”等非法化妆品广告清查等若干项专项治理行动，有效地净化了我省广告市场环境。

四、进一步加大广告案件的督办和指导力度，落实广告监管职责

2013年以来，省局商广处共处理各类广告案件线索164件，其中总局交办37件，群众举报69件，其他单位移交48件，自身监测10件。以上案件线索我局向各市局转交163件，向其他部门移交1件，目前已处理完毕104件并向我局商广处反馈了处理结果，其余线索正在办理当中。

同时，为使处理投诉、举报材料流程更加制度化、规范化，我们还制定了《处理申诉、举报、投诉材料制度》，对来自社会的申诉、举报、投诉材料，从接收、审批到转交、反馈和存档都做了详细的规定。

五、谋划广告产业园区建设，提升广告业整体水平

2013年我局采取一系列措施启动我省广告园区建设。一是对全省广告业发展情况特别是广告及相关产业的聚集发展情况进行了调研，摸清了广告业发展的“家底”，为履行“指导广告业发展”职能聚集了底气。二是对有意向建设广告园区的企业进行了走访座谈，了解情况，帮助其理清思路，找准定位。三是组织外出考察学习，借鉴先进省市的经验做法。四是于10月份同河北省青年创业促进会签订了《推进石家庄国家级广告产业园区建设战略合作协议书》，为我省广告园区建设打下坚实的基础。

2013年山西省广告监管工作情况

山西省工商局广告监督管理处

山西省工商系统广告工作会议

2013 年山西省工商行政管理机关按照国家工商总局和山西省政府全年工作安排部署，紧紧以重点治理广告传播环境、规范广告市场秩序为主线，以人民群众反映强烈的、关系人民群众健康安全和违法问题易发多发的领域、环节、地区为重点，采取加大日常监管和专项整治力度，遏制虚假违法广告发布；扩大广告监测覆盖面，强化提示预警和案件公告制度；健全虚假违法广告联席会议制度，强化联合执法制度；加强行政指导，注重行业自律等措施，积极支持广告企业健康发展，营造公平诚信市场环境，为山西转型跨越发展贡献力量。2013 年全省检查广告 38.63 万条次；发现涉嫌违法广告 1696 条次；收缴违法印刷品广告 46.65 万份；行政告诫 468 条；查处违法广告案件 1228 件，罚没款共 578.97 万元。

一、注重发挥联席会议作用，深入开展虚假违法广告专项整治

2013 年以来，山西省工商行政管理机关发挥整治虚假违法广告联席会议作用，深入开展了整治虚假违法医药广告专项行动、涉嫌非法集资广告资讯信息排查清理活动、广告语言文字专项检查、打击网上非法售药行动等专项治理行动，查办了一批大要案件，全省广告市场秩序得到了进一步好转。

一是深入开展整治虚假违法医药广告专项行动。按照全国整治虚假违法医药广告专项行动电视电话会议和国家工商总局等八个部门《关于开展整治虚假违法医药广告专项行动的通知》的安排部署，山西省工商局联合省委宣传部、省政府新闻办、省通信管理局、省卫生厅、省广电局、省新闻出版局、省食药局等部门制定了《山西省整治虚假违法医药广告专项行动方案》，从四月底开始扎实开展了为期三个月的全省整治虚假违法医药广告专项行动。山西省整治虚假违法广告联席会议成员单位有效发挥各自职能作用，及时传达上级有关文件精神，设立了专项行动联络员，加强信息沟通工作，及时通报广告监测情况及相关案源信息，定期开展违法广告公示，形成沟通顺畅、信息灵敏、反应快速、运转高效的协作平台，重大广告案件联合执法、联合通报、联合督查，形成了监管合力，对虚假违法医药广告进行综合治理。7 月底，联席会议成员单位组成 4 个督查组，对各市专项整治工作进行了联合督促检查，有力促进了专项整治工作的深入开展，全省虚假违法医药广告大幅减少，整治工作取得明显成效。全省整治虚假违法医药广告专项行动期间，监测医药类广告 36389 条，责令改正 358 条，责令公开更正 26 件，公告曝光 36 条，立案查处 98 件，罚没款 75.8 万元。

二是开展非法集资广告整治，保护消费者的合法权益。根据省处置非法集资领导组《关于开展涉嫌非法集资广告资讯信息排查清理活动的实施方案》，山西省工商局决定 2013 年 8 月至 11 月在全省范围内开展为期 3 个月的排查清理涉嫌非法集资广告资讯信息活动，制定了《关于排查清理非法集资广告资讯信息的工作方案》，要求全省各级工商行政管理机关加强涉嫌非法集资广告资讯信息的检查监测，要把日常监管和排查清理工作有机结合，及时曝光典型案件和案件查处，建立长效机制，同时要积极宣传有关法律法规，引导消费者维护自身合法权益。

三是积极开展广告语言文字专项检查，创造良好的文明环境。为进一步贯彻落实《中华人民共和国广告法》、《中华人民共和国通用语言文字法》，纠正和查处目前广告中语言文字使用不规范的问题，营造规范文明的广告语言文字环境，山西省文明办、省工商局联合下发《关于开展广告语言文字专项检查行动的通知》，从 9 月份开始，在全省开展为期两个月的广告语言文字专项检查工作，要求全省各级工商行政管理机关加强日常监管和专项检查工作，对严重违法广告案件进行查处，并曝光一批典型案件。

四是强化利用互联网发布药品广告监督检查力度，打击网上非法售药行动。根据国家工商总局、国家食品药品监督管理总局等部门《关于印发打击网上非法售药行动工作方案的通知》要求，与省食品药品监督管理局等相关部门联合制定了《开展打击网上非

法售药行动实施方案》，从9月份至12月份，开展为期4个月的专项整治行动。山西省工商系统把整治虚假违法医药网络广告作为整治重点，联合相关部门开展综合治理行动，督促各市局积极探索网络广告监管的长效机制，规范广告经营行为，同时加大对网络广告的监测力度，查办一批典型的网络广告案件，并向社会公告，大张旗鼓地揭露其违法行为，有效遏制网络虚假违法药品广告活动。

二、结合广告经营资格检查及广告审查员培训，积极开展行政指导，从源头上实施广告监管

山西省各级工商行政管理机关积极创新监管理念，推进监管关口前移，综合运用广告经营资格检查、行政指导等手段，利用广告经营资格检查对全省广告经营单位的广告发布情况进行检查，督促广告媒体加强广告发布前审查，切实规范其广告发布行为，及时指出广告发布中存在的违法问题，要求各媒体严格按照广告法律法规及规章的要求，认真审查广告发布的相关资料，严把广告发布关。同时通过广告监测，处理举报投诉、召开座谈会、约见媒体负责人、行政约谈、发布提示公告、行政告诫、责令改正、查办违法案件等形式，对发布广告内容中存在的问题有针对性地进行指导，解析广告法律法规和政策，督促其增强学法守法的意识，提出整改要求，推动整治工作的开展。为进一步强化行政指导工作，山西省工商局下发了《关于进一步加强广告审查员培训通知》，在太原、忻州、临汾组织了500余人的广告审查员培训，提高广告审查员的广告法律意识及广告审查能力，使广告经营单位进一步落实了广告发布审查责任，虚假违法广告高发频发现象得到了初步遏制。目前全省广告经营单位积极行动起来，采取有效措施开展自查自纠，全面清理发布的虚假违法广告，按照《大众传播媒介广告发布审查规定》要求，进一步明确职责，将广告内容与新闻内容一并审查，各项广告管理制度落实到位，广告得到了净化，提高媒体的自律意识，营造文明诚信的广告市场环境。

三、加大广告监测力度，多措并举，净化广告市场

山西省各级工商行政管理机关以依法整治为手段，以促进规范为目的，坚持处罚与教育、专项整治与日常监管相结合，加强广告日常监测检查，立足现有监测设备，加大广告监测力度，实行专人负责、专人监测、专人处理，做到早发现、早制止、早查处。注重监测结果的运用和分析，指导建立动态预警机制，初步形成快速查处机制。及时编发《广告监测报告》或《警示公告》，同时采取下达《责令改正通知书》、召开通报会、公开曝光、行政告诫等形式，规范广告经营行为，遏制虚假违法广告的出现。对严重虚假违法广告及时督办或查处，对于广告主、广告经营者、广告发布者这三个主体一并予以处理，在没收违法所得的基础上从重处罚，并将查处结果向社会通报，同时进一步完善广告监测制度，逐步建立违法广告快速预警机制，按照“界定距离、分类监管、突出重点、强化效能”的原则，对辖区内的广告企业实行分类监管，使虚假违法医疗广告的违法率明显下降。

四、提供优质服务，争取产业园区建设，促进广告业健康有序发展

大力实施广告战略，促进广告业健康发展，是经济活动的需要，文化繁荣发展的需要。山西省工商系统广告监管部门积极探索搭建广告业发展工作平台，推动广告业发展。一是按照国家工商总局推动广告产业创意园区建设的工作要求，继续努力推进筹建山西首个国家级广告（文化）产业创意园工作；二是探索建立客户企业和广告企业定期联席会议制度，加强广告企业和客户企业的联系，促进广告业发展；三是积极引导辖区内有潜力企业加强“商标＋ 广告”宣传，提高美誉度市场竞争力；四是积极扶持本地广告企业做大做强，对广告企业专业技术人员培训高度重视，全力保障专业技术职称考试，全省300余人参加了考试，

为广告行业发展打下基础；五是积极争取放宽户外广告和固定印刷品登记条件，为中小微企业发展创造更加宽松的环境；六是运用公益广告这一载体，宣传党的十八精神，积极推出了一批“讲文明，树新风”公益广告，进一步推动正风正气的形成。

2013 年内蒙古自治区广告监管工作情况

内蒙古自治区工商局广告监督管理处

内蒙古自治区广告监测中心

2013 年，广告监管部门深入贯彻落实党的十八大、十八届三中全会精神和科学发展观，坚持以人为本，执政为民，以贯彻落实国家工商总局工作要求为主线，以落实年初全区工商工作会议精神为重点，以改革创新的精神不断推进广告监管工作，在着力治标的同时更加注重治本，在突出专项治理的同时更加注重长效监管，努力营造公平竞争、文明诚信的广告市场环境。

一、力推《关于促进广告产业发展的实施意见》的出台，促进我区广告业又好又快发展

为认真贯彻落实国家工商总局和国家发展改革委《关于促进广告业发展的指导意见》和党的十七届六中全会提出的全面推动社会主义文化大发展大繁荣的要求，促进我区广告产业发展，起草了“内蒙古自治区人民政府关于促进广告产业发展的实施意见”，并通过深入调研、召开座谈会、征求自治区相关部门意见后，报自治区政府和自治区法制办，经过多次与自治区政府沟通和协调，2013 年 2 月 1 日内蒙古自治区人民政府办公厅正式出台了“关于促进广告产业发展的实施意见”。该“实施意见”得到了广告经营企业的好评，上半年协调《内蒙古日报》社、政府新闻网站以及内蒙古电视台新闻联播政策解读栏目对该“实施意见”进行了宣传报道，这将对我区广告业又好又快发展起到很好的推动作用。

二、积极探索促进广告业发展新模式，支持推动广告企业集聚发展

重点是争取和支持包头市滨河新区广告产业园区项目建设，2012 年包头市滨河新区广告产业园区已被国家工商总局列为国家广告产业试点园区，2013 年重点是指导和推动广告园区的项目建设、优惠政策的出台和落实以及广告企业的招商等工作，并根据总局要求，责成包头市工商局和财政局，对园区建设情况进行了评估，并将评估情况上报国家工商总局，目前园区建设和运营等各项工作正在有序地进行。

三、全面开展自治区广告业普查调研工作，为推动广告业发展奠定基础

为全面掌握自治区广告业发展基本情况，更好地为领导决策和政府制定合理的产业政策提供客观、准确的依据，9 月初下发了《关于开展广告业发展调查研究工作的通知》，利用 3 个月时间，对全区广告业的发展情况进行了深入细致地普查和调研。重点对自治区广告市场主体情况、经营情况、雇员工资情况、注册资金情况、户外广告基本情况等进行了普查统计和具体分析，对广告业发展现状、特点、存在问题和制约因素等基本情况以及促进广告业发展的措施和建议等方面进行了调研。截止 2013 年 11 月底，全区广告经营单位共计 7379 户，广告从业人员共计 50759 人，广告企业雇员月平均工资为 1780 元，年实现广告经营额共计 395669 万元。

四、开展公益广告宣传活动，充分发挥公益广告在弘扬社会主义道德风尚和先进文化、塑造城市品牌形象的作用

四月份，与党委宣传部、精神文明办共同制定并印发了《内蒙古自治区关于深入开展“讲文明树新风”公益广告宣传活动实施方案》，主要围绕培育社会主义核心价值观、规范道德行为、建设生态文明等方面营造良好氛围。并对各级媒体、社会媒介在公益广告宣传方面提出了具体要求，做出了相关规定。与宣传部、精神文明办、广电局、新闻出版局联合下发了“关于内蒙古自治区首届公益广告创作展播评比活动获奖情况的通报”，对获奖单位和个人予以表彰，对评出的一、二、三等奖和优秀奖 38 件公益广告作品，协调广播电台、电视台和内蒙古报社等主要媒体进行了宣传报道，该活动社会反映良好，达到了很好的效果。

五、以打击遏制虚假违法广告为重点，加大监管力度，营造良好的广告市场发展环境

（一）强化对主要媒体的监管工作

特别是把直接关系人民群众健康安全的药品、医疗、保健食品、化妆品、美容服务，危害未成年人身心健康的非法涉性、低俗不良广告以及扰乱公共秩序、影响社会稳定的严重虚假违法广告作为整治重点，进一步加大了对电视、报纸、广播、印刷品广告的监管力度，规范广告发布行为。对群众举报的严重违法广告以及违法率居高不下，继续顶风违规发布违法广告的广告主、广告经营者、广告发布者加大了查处力度，有力打击了各类主要媒体发布违法广告行为，取得了明显成效。

（二）认真开展虚假违法广告专项整治行动

一是根据国家工商总局的安排部署，5–7 月份开展了虚假违法医药广告专项整治行动，下发了专项整治工作通知，提出了六个方面的要求和工作措施。为使专项行动扎实有效开展，全区各级工商行政管理机关成立了以分管局长为组长，各有关部门负责人为副组长的专项整治工作领导小组，负责全区医药广告市场清理整顿工作。重点围绕医药广告经营、发布的各个环节加大整治力度，严厉打击各类虚假违法医药广告。各级工商行政管理机关和各主流媒体，对《广告法》、《广告管理条例》、《大众传播媒介广告发布审查规定》等有关法律、法规进行了宣传，提高了人民群众识别虚假违法医药广告的能力，强化了药品制销企业、广告经营者、广

告发布者依法设计、制作、发布医药广告的意识，从源头上杜绝了虚假违法医药广告的发生。这次专项整治行动，全区共监测各类医药广告232203条次，其中涉嫌违法医药广告21271条次，违法率为2.6%，与2012年同期相比，违法率下降了25个百分点。共清除户外违法医药广告112块，收缴印刷品广告5671份，下达责令整改通知书826份，查处医药违法广告案件221件，罚没款201.6万元，并对严重违法的20条医疗药品广告进行了曝光。通过专项整治使医药广告在总体广告中所占比例大幅下降，比整治前减少了近70%，广告违法率也明显降低。

二是深入开展整治虚假违法“五类”广告专项行动。为贯彻落实“全区工商行政管理局长座谈会暨党的群众路线教育实践活动专题学习会”关于开展反虚假广告的要求，进一步巩固上半年医药广告专项整治成果，从9月1日到11月30日在全区范围内开展为期三个月的整治虚假违法“五类”广告专项行动，整治的重点是辖区内报纸、期刊、广播电台、电视台以及大型门户类网站发布的医疗、药品、医疗器械、保健食品、化妆品广告，监督大众传播媒介全面清理发布的“五类”广告及信息，对未按规定履行广告发布前自律审查责任的，责令有关媒体进行整改。严厉查处监测发现、群众举报投诉、有关部门移送的违法情节严重、性质恶劣的“五类”虚假违法广告。针对这次专项整治行动，由广告处牵头，监测中心、呼和浩特市工商局参加，于8月14日参与了《行风热线》节目，就“五类”广告专项整治的内容、措施、目标以及广告市场现状、违法广告危害性等情况进行了介绍，现场接听并答复了投诉咨询等相关事宜。这次专项整治行动，共下达责令整改通知书980份，立案查处“五类”虚假违法广告案件50件，罚没款56.72万元。并对严重违法的20条广告进行了曝光。

（三）强化部门协作配合，形成监管工作合力

4月25日召开了整治虚假违法广告成员单位动员会，通报了广告监管情况，并针对当前存在的问题和整顿虚假违法医药广告专项行动电视电话会议精神，进行了安排部署和动员，提出了具体要求，各单位相关部门负责人介绍了近期工作情况，并进行了表态发言，对广告监管中的薄弱环节和突出问题，各部门提出有针对性的整治措施，进一步推动了专项整治行动的落实。通过联席会议机制，充分发挥了牵头部门的作用，较好地推动了各成员单位按职责分工，各尽其职、各负其责，进一步加强了工作衔接和协作配合，强化了主管部门对本行业的指导和监管力度，增强了监管合力，提高了监管效能。

（四）采取约谈、告诫等形式，强化媒体自律意识和责任意识

5月10日，组织召开了自治区媒体单位告诫会，传达国家工商总局等八部门关于整治虚假违法医药广告专项行动的精神，通报了近期主要媒体发布违法医药广告情况，责令媒体单位对发布的医药广告进行清理和整改。针对媒体发布广告存在的问题，对个别媒体进行了约谈，强调媒体单位要讲诚信，要以社会责任和社会影响为重，全面落实媒体广告发布的各项制度，重点要选派熟悉广告业务、责任心强、敢于负责的人员担任审查、把关工作，同时，积极引导媒体创新广告形式，调整广告结构，进一步规范大众传播媒介和广告经营企业的广告发布行为，自觉杜绝发布虚假违法广告，维护新闻媒体的公众形象和社会影响力。

（五）加强盟市媒体广告监管，推动全区广告市场秩序明显好转

6月底，抽调呼市工商局监测人员和自治区工商局广告监测中心人员，利用半个月时间，对全区14个盟市的64家主要媒体发布广告情况进行了集中抽查监测，共监测广告6573条，发现涉嫌违法广告1396条，违法率为21.24%。其中监测电视广告3896条，违法率为26.98%；监测广播广告1664条，违法率为16.35%；监测报纸广告1013条，违法率为7.21%。并向全区下发了监测情况通报和严重违法广告查处通知书，以推动全区广告市场秩序的进一步好转。

截止11月底，全区共查处违法广告案件825件，罚没款476.05万元，共下达责令改正通知书384件，责令停止发布违法广告2388条。《内蒙古日报》社、《北方新报》、《呼和浩特晚报》自2012年以来已停止发布医疗、药品广告；内蒙古电视台自2012年开始，有3个频道停播了医疗、药品广告，较大程度地降低了广告违法率，从国家工商总局和我局监测中心监测情况看，各类媒体发布广告的违法率都大幅度下降。

2013年辽宁省广告监管工作情况

辽宁省工商局广告监督管理处

辽宁省工商系统整治虚假违法医药广告电视电话会议

2013年，按照省局的工作部署，深入整顿和规范广告市场秩序，认真落实“业务建设年”的各项任务要求，努力提高广告监管效能，各项工作取得积极成效。

一、深入开展虚假违法医药广告专项整治行动

整治行动中，我们不断创新广告监管方式，加大查处力度，广告市场环境进一步净化。在总局每月对全国36个省媒体广告发布抽查监测中，我省已由1、2月份倒数第一名、第二名，到下半年已稳定在20名左右，其中辽宁卫视在八月份的排名首次进入全国第七。

（一）充分发挥成员单位的合力作用

整治期间，先后3次组织省委宣传部、省广电厅、省新闻出版局等7个部门召开工作会议，做到整治前统一工作标准，整治中解决突出问题，整治后严明监管要求，切实提升整治效能，巩固整治成果。

（二）认真抓好整治工作要求和监管责任的“双”落实

一是认真部署。我们制定下发了《辽宁省工商局整治虚假违法医药广告专项行动实施意见》，明确了7项监管措施，特别强化了告诫谈话、责任追究、督察评估等工作责任惩戒措施，并将任务要求和工作责任一并部署，确保整治工作深入开展。二是积极推进。先后2次召开全省广告监管系统工作会议，进行再动员再部署的同时，坚定信心、严格要求，保障各项工

作齐头并进。三是加强督查。我们组织人员采取集中和流动监测相结合的方式，利用 1 个月的时间开展督查活动，发现问题及时纠正，并对连续 2 个月全省广告监测排名后两位的市局进行了通报，有力地保障了整治工作落实。整治期间共监测到医药广告 8155 条（次），发现严重违法广告 40 条，保持了较低的严重违法率。

（三）努力做到严查案件与行政指导相结合

整治期间，全省共查办案件 97 件，发布违法广告警示公告 23 期，做到了发现一起查处一起公告一起。各级工商机关还通过行政约谈、行政建议等方式，共对 89 个媒体单位，开展行政指导 267 次，促使媒体主动停播了一批涉嫌含有虚假违法内容的医药广告，全面清理了医药广告及信息、专题类健康资讯节（栏）目。整治期间，我省媒体在总局每月的监测通报中名次稳步上升，没有出现被总局曝光的严重违法广告。

二、认真落实业务建设年活动的各项任务要求

（一）认真规划安排

按照局党组的要求，分别制定了《广告处业务建设年活动计划》和《广告监管系统业务建设年活动计划》，并通过自身的严格落实，带动条线加强业务素质建设，完成了各项工作任务。

（二）认真抓好落实

一是更新充实了广告监管法律法规库，增加了上级机关重要的规范性文件汇总工作，夯实工作基础。二是根据监管工作需要，制定了广告监管法律法规试题库。三是制定了《辽宁省广告监测工作规范》等七个工作规范。

（三）认真开展培训

一是邀请国家总局领导授课，为全省 160 余名广告监管人员讲解广告监管工作和广告法的修订情况。二是组织全省广告审批工作人员培训座谈会，对审批工作中遇到的具体问题进行面对面的沟通解答。

三、继续加强广告日常监管

（一）加强广告日常监测

全年共监测各类广告 230 万条（次），初步实现了对省市级广播、电视、平面媒体、DM 广告的全面监测。同时更加注重监测结果的应用，对涉嫌违法的广告，做到了早发现、早制止、早查处，发布广告监测通报 122 期，责令整改广告 3900 条，停止发布广告 330 条，为广告监管工作奠定坚实基础。阜新市局克服经费紧张、人员不足的困难，利用电视精灵软件，监控电视媒体广告发布情况，花小钱办大事，值得各地借鉴。

（二）加强典型违法广告曝光

结合开展“3·15”纪念活动，在沈阳地区主流媒体上曝光了“陆陆通、风施克舒筋定痛丸、阿房宫宝牌石斛明目丸、益肾康胶囊、圣丹定喘、葛洪牌桂龙药膏、杞黄降糖胶囊”药品违法广告，太极延生丹保健食品违法广告，“白花蛇七层透骨贴、老苗汤足浴配方”宣传有治疗作用的保健用品违法广告。2013 年通过发布违法广告警示公告、监测通报等形式，共发布公告 35 期，曝光虚假违法广告 297 条，震慑了广告违法行为。

（三）坚决查办广告违法行为

共查处虚假违法广告案件 950 件，罚没款 750 万元；其中省局直接办理 4 件，罚没款 30 万元。一是继续加大重点品种违法广告的查处。查处药品广告 290 件，食品广告 102 件，医疗服务广告 193 件。二是加大解决投诉举报的力度。2013 年我处共接到各类举报 60 件，其中电话举报 12 件，信件举报 48 件，另外局信访办转给我处举报件 11 件，举报人到办公室直接举报 8 件；国家工商总局下达《违法广告查处通知书》12 份，联席会议成员单位《违法药品广告移送通知书》10 份。据投诉举报，对案发地大连、鞍山、抚顺、本溪、丹东、锦州和阜新工商局下达《违法广告查处通知书》共 10 份，做到件件有结果。三是加大专项整治工作力度。各市局结合本地实际，开展专项行动，强化执法力度。沈阳、营口市局集

中整治农村市场广告违法行为；锦州市局严厉打击各大型药店、医疗机构擅自散发违法药品医疗印刷品广告行为，共收缴21品种，2万多张印刷品传单；辽阳市局对市内美容机构广告进行了清理，立案查处4家美容机构。开展专项行动不仅拓宽了监管领域，而且有利于净化广告市场环境。

（四）规范广告经营单位的行政审核工作

一是结合开展广告经营许可证换证和广告经营资格年检，对省直广告经营单位的广告发布情况进行了检查，对10户的广告发布进行了指导。二是对部分固定形式印刷品广告经营单位进行了检查。指导整改了4户存在广告名称不规范、含有非广告信息、使用与期刊相混淆用语行为的经营单位，督办查处了3户非法发布固定形式印刷品广告经营单位。

（五）规范媒体发布行为

一是督促整改。向《辽沈晚报》、《华商晨报》、辽宁广播电视台、《沈阳晚报》发出责令整改通知书31份。二是行政指导。两次召集省及沈阳地区主要媒体进行座谈，指导、部署广告监管工作；上门指导3家媒体广告审查工作，探索广告监测前移；对辽宁广播电视台、《华商晨报》社、《辽沈晚报》社和《沈阳晚报》社的广告部负责人进行约谈累计10余次，并对违法程度较轻的广告主进行约谈共计23人（次），责令限期整改；对丹东、鞍山主要媒体广告审查情况进行了实地检查。三是严格监管。对在整治行动结束后，出现严重虚假违法广告反弹的鞍山广播电视台、辽沈晚报鞍山版、《千山晚报》社，采取跨地区执法的方式，组织锦州、铁岭市局执法人员进行查处，并及时将查处情况通报全省，遏制了违法医药广告反弹的势头。

四、积极推进广告业发展服务工作

（一）积极开展走访调研活动

由局领导带队深入辽宁广播电视台、辽宁报业集团、《华商晨报》社、《共产党员杂志》社、《时尚生活导报》社、《城市信报》社、铁岭广播电视台及龙邦慧智传播公司，征求意见，共同研究对策，推动广告市场健康发展。

（二）深入推进广告产业园区建设

一是会同省财政厅联合发文，建立沈阳、大连广告产业试点园区项目建设的考核办法，加快园区基础建设。二是积极支持沈阳广告产业园规范经营，开展调研活动并为其招商引资营造声势。

（三）认真做好广告统计工作

在完成年度报表、一季度报表的基础上，按照省统计局、省文化体制改革工作小组办公室对文化产业统计工作要求，开展了广告业专项调查，并按时完成了统计任务。

2013年吉林省广告监管工作情况

吉林省工商局广告监督管理处

吉林省广告监管与发展联席会议

2013年，广告处按照国家总局和省局党组的部署要求，认真履行广告监管职责，集中整治虚假违法广告，解决群众反映的突出问题，发挥指导行业发展职能作用，积极推进广告助农助企工作，促进广告业健康发展，全省广告市场环境得到全面改善，广告发展环境得到大幅提升。

一、2013年度重点工作如期完成

（一）实施广告监管，广告市场环境得到大幅改善

1. 广告发布审查把关责任得到进一步落实

新年伊始，在全省系统进行了部署，组织各地深入省内各主流媒体逐一进行了普法宣传，现场督促、指导各媒体单位建立健全广告审查管理制度。7月上旬，会同相关部门对媒体广告审查管理制度建立和广告发布审查责任落实情况开展了2次专项检查，对7家省属媒体21家市级媒体进行了实地踏查。省市两级媒体均建立制度，严格落实《大众传播媒介广告发布审查规定》和广告发布三级审查规定。

2. 广告监测有效性进一步增强

对省属9个电视频道、8个广播频率、4份报纸、2家网站进行全天候不间断监测，日常监测每月一次、集中监测每周一次（“双整治”期间），根据工作需要，还进行了多次专项监测和跟踪监测。截至2013年10月末，共监测省属媒体发布广告1145507条次，监测涉嫌违法广告199108条次，比2012年同期减少41.33%，减少140246条次；监测涉嫌严重违法广告160247条次，比2012年同期减少32.24%，减少76252条次。

3. 广告监管合力得到进一步加强

为进一步加强对广告市场的监管力度，整合各有关部门的监管资源，发挥整治合力，我们积极发挥联席会议制度作用，健全和完善了联席会议成员单位间广告监管信息通报制度。牵头召开广告监管与发展联席会议两次。4月22日，传达中宣部、国家工商总局等国家12部委2013年整治虚假违法医药广告电视电话会议精神和任务要求，确定并部署了今后一个时期我省虚假违法广告整治工作的重点。8月28日，总结

了前一阶段专项整治的阶段性成果，对贯彻落实党的群众路线教育实践活动，深入开展虚假违法广告专项执法行动进行了部署和动员。

4. 整治虚假违法广告成绩斐然

按照国家总局和局党组的部署，2013 年共组织开展了两次专项整治行动。一是 4 月初至 7 月末，落实国家工商总局任务部署，开展的集中整治虚假违法医药广告专项行动；二是 7 月末至 12 月末，落实省委督导组和局党组要求，开展的“解决群众反映突出问题，集中整治虚假违法广告”专项执法行动。两次整治时间衔接紧密，有效地打击了虚假违法广告的蔓延、反弹势头，净化了广告市场，维护了消费者的合法权益。全省共检查规范各类广告市场主体 4800 余户次，行政告诫 23 次，联合监管成员单位实施约谈 8 次，工商部门约谈 17 次；责令停止广告发布 258 条次，向社会公告各类虚假违法广告 5 次，曝光严重违法广告 25 批次，立案查处 260 件，结案 231 件，收缴罚没款 268.35 万元。广告违法率与 2012 年同期相比下降超过了 2 个百分点；严重违法广告，特别是晚间黄金时段的医疗、药品、保健食品类广告的播发数量、频次明显下降。国家工商总局最近一期（2013 年 10 月份）的监测通报中，我省广告违法率在被监测的 36 个省区市中排位，由第 33 位上升至正数第 11 位，取得了历史最好成绩。

（二）大力扶持指导，推动广告业发展环境进一步改善

1. 广告业发展扶持政策力争新的突破

一是积极推动国家工商总局与省政府签署《共同推进吉林省广告产业创新发展战略合作协议》。于 11 月向省政府递交了《关于以省政府名义向国家工商总局商请签订广告业发展部省合作协议的请示》（吉工商字〔2013〕48 号），争取省委省政府和国家工商总局更多更大的支持。二是充分整合各方面资源，充分挖掘政策潜力，力争以省政府名义出台支持广告业发展的实施意见。于 11 月 7 日，向省政府呈报了《关于进一步优化广告业发展环境加快推进广告业健康协调可持续发展的报告》；于 11 月 11 日，向省直相关部门发放了征求意见函（吉工商函字〔2013〕129 号），会同省委宣传部、发展改革委、财政厅、地税局等省直 15 个部门对《意见》同步进行了完善，为改善我省广告业发展环境夯实了基础。

2. 广告产业园建设得到中央资金大力支持

联合省、市、净月区三级相关部门，快速推进我省广告产业示范园区建设进度，年度园区建设计划已如期完工。财政部、工商总局已将 2013 年度和 2014 年度各 2000 万元的用于支持我省广告产业示范园区升级改造的中央财政专项扶持资金拨付到我省财政专户。截至目前，我省已成功赢得中央财政支持我省广告产业示范园区升级改造专项扶持资金共计 7000 万元。

3. 全省广告助企助农活动得到持续推进

按照忠生局长工作会议讲话要求，各地继续把广告助企助农工作作为年度考核重点任务，由主管领导带队抓落实，合力为涉农企业牵线搭桥，帮助宣传企业产品，引导企业和农民专业合作社增强形象宣传意识，提高产品市场认知度。共组织开展广告助企、广告助农活动 11 场（次），实现农广、农超对接 37 件（次），协调媒体组织开展驰、著名商标企业广告作品巡展 52 件（次），与广协配合为省内多家骨干广告企业、2800 名广告专业高校毕业生及专业人才提供了就业及用人信息；对 13 户广告企业进行了重点培育，推荐参加国家级广告企业资质评定；新申报注册广告行业商标 7 件，进一步推进了广告企业的品牌建设工作。

4. 鼓励引导公益广告发展

一是与省广协配合，组织开展了“讲文明，树新风，共筑美好吉林”公益广告大赛活动，向媒体、广告企业、各大高校和社会各界广泛征集公益广告作品；二是通过各市州媒体及各地大型 LED 电子显示屏，滚动播放工商法律法规普法、执法宣传等公益广告、安全生产标语 15600 余条次，为全省工商系统树立了良好的形象，提升了我省广告的层次。

5. 开展广告业基础数据摸底调查工作

与统计部门配合，在全省范围内组织开展了对文化企业、个体工商户的走访统计工作，初步掌握了全省各类广告市场主体的基本情况，为分析好广告业对全省经济发展的贡献率提供基础性数据。截至目前，全省共有各类广告主体（企业）9633 户，其中主营广告业务的企业数量为 4789 户，兼营广告业务的企业主体数量为 4844 户。

二、年度工作亮点

（一）违法广告整治工作取得历史性好

成绩

局党组突破性地打破了领导分工和处室职能界限，成立由关景富副局长、刘景平副局长任组长，广告处、稽查总队、广告监测中心等部门组成的整治虚假违法广告专项执法行动工作组，专门负责全省工商系统整治虚假违法广告工作的领导、组织、推进和落实，加强了与相关部门间的沟通配合，形成了监管整治合力，提升了监管整治效能。通过深入整治，全省广告市场秩序持续向好，监测数据显示，严重违法广告，特别是晚间黄金时段的医疗、药品、保健食品类广告的播发数量、频次明显下降。国家总局最近一期监测通报中，我省广告违法率在被监测的36个省区市中的排位，由最差时的倒数第二上升至正数第11位，取得了历史上最好成绩。

（二）广告业发展环境不断得到改善

一是向省政府呈报了《关于进一步优化广告业发展环境加快推进广告业健康协调可持续发展的报告》和《关于以省政府名义向国家工商总局商请签订广告业发展部省合作协议的请示》；向省直相关部门发放了征求意见函，会同宣传部、发展改革委、财政厅等省直15个部门对《意见》同步进行了逐一完善，努力营造全省广告业发展优质环境。

（三）广告园区建设得到中央资金新的支持

二是经过省局领导多次努力协调，国家工商总局对我省广告业发展特别是广告产业示范园区建设工作给予了大力支持，继2012年拨付3000万元园区改造专项扶持资金后，2013年2000万元扶持资金和2014年预先拨付的2000万元扶持资金均已到账，截至目前，我局已争取到中央财政广告园区升级改造专项扶持资金合计7000万元，为我省广告园区升级改造提供了重大资金支持。

（四）深入组织开展广告助企助农活动

培育商标品牌资质广告企业，带动全省广告产业实现健康发展。

2013年黑龙江省广告监管工作情况

黑龙江省工商局广告监督管理处

黑龙江省广告联席会议联络员会

一、强化服务职能，加大指导力度，全省广告产业稳步健康发展

针对全省广告业规模小、结构单、实力弱等突出问题，把推动广告业发展作为第一要务，以净化广告市场环境为基础，以扶持重点广告企业为牵动，以推进广告产业园区建设为重点，以开展广告行业活动为载体，全力促进全省广告业稳步健康发展。2013 年全省广告经营单位已发展到 4441 户，新增 1048 户，同比增长 24%；广告从业人员已扩大到 25388 人，新增 1377 人，同比增长 5%；广告经营额已达到 45.3 亿元，新增 2.7 亿元，同比增长 6%。一是加强广告业发展宏观指导。组织省、市两级工商局开展调研活动，全面掌握全省及各地区广告业发展的基本情况、存在问题、主要原因和对策措施，制作 15 份各地区广告业发展情况分析报告，为各级党委、政府及工商部门有效推进广告业发展提供科学依据。二是扶持重点广告企业发展。把扶持重点广告企业作为促进全省广告业发展的牵动力量，采取自下而上推荐的方法，在全省筛选了 139 户具有牵动力量的广告公司作为各级工商局重点扶持对象，制发了《黑龙江省工商局关于开展扶持重点广告企业发展活动的通知》，围绕扩大规模、自主创新、壮大人才、打造品牌、开放经营等方面扶持服务重点广告公司做大做强，发挥了引领示范带动作用，牵动了全省广告企业的快速发展。2013 年这 139 户重点广告企业经营额已占全省广告公司经营总额的 86%。三是推进哈尔滨广告园区加快建设。把推进园区建设作为发展全省广告业的重点工作，指导园区构建“一园、两区、三中心”规划布局，3 次深入园区现场办公，2 次陪同工商总局领导视察园区，在 2012 年获得国家财政支持 3000 万元的基础上，2013 年又为园区争取 2000 万元国家补助资金，落实园区建设和运营情况报告制度，协调省财政厅联合对园区开展绩效考评，促进了哈尔滨广告产业园区建设顺利实施。2013 年，园区核心区建设面积已达 27.72 万平方米，创业孵化区和交易服务区建设面积已达 13 万和 0.22 万平方米，累计投资 18.8 亿元，完成总投资 46.3%，园区招商入住广告企业已有 305 户，年经营额达 20 亿元。四是开展促进广告业发展活动。把开展行业活动作为促进全省广告业发展的有效载体，紧紧依托全省广告协会职能作用，组织 2013 年全省“讲文明树新风”公益广告大赛，全省 647 件影视类、平面类、广播类、动漫类作品参加竞赛，评出金奖 7 件、银奖 14 件、铜奖 20 件、优秀奖 98 件、组织奖 13 个单位。参加第 20 届中国国际广告节，获得中国广告长城奖铜奖 1 件、优秀奖 2 件；获得中国元素国际创意奖银奖 1 件、优秀奖 9 件；获得中国公益广告黄河奖优秀奖 13 件。开展广告资质企业评选推荐工作，全省累计一级、二级、三级广告资质企业分别有 1 户、11 户、3 户，2013 年新推荐一级、二级、三级广告资质企业分别为 1 户、7 户、2 户。组织 136 名广告从业人员参加全国职称考试，全省累计广告师、助理广告师分别有 50 人、36 人。

二、实施综合监管，加大办案力度，全省广告违法率持续大幅下降

针对全省广告违法率居高不下、排名落后的严峻形势，把整治虚假违法广告作为第一职责，以开展整治医药广告专项行动为契机，以完善广告监测体系为支撑，以实施广告综合监管为手段，以查处广告违法案件为突破，全面围堵、持续打压、综合治理虚假违法广告，使全省广告违法率持续大幅下降，全省广告市场混乱局面得到根本扭转。2013 年我省广告违法率比 2012 年下降了 80% 以上，在全国 36 个地区排名由 2012 年的 33 名上升到 2013 的 20 名，有的月份排名十几名，已经进入全国中游水平。2013 年仅全系统广告部门共查处广告违法案件 1116 件，收缴罚没款 968.56 万元；其中省工商局广告处办案 101 件，罚没款 382.8 万元，与 2012 年广告处办案数为零相比实现历史突破；受理和处理投诉举报 125 件，为消费者挽回经济损失 78 万元。一是强化广告监测。加强监测场所建设，配齐监测设备器材，健全监测制度，提升监测能力，不断完善覆盖全省广告监测体系。结合不

同时期、不同对象、不同任务等实际，灵活采取日常监测、集中监测、普遍监测、重点监测、同级监测、对下监测等方法，不断增强广告监测的针对性和实效性。严格落实信息采集、样品录制、登记统计、初审复审、分析报告等日常监测制度，对监测发现的违法广告实行责令停发、督办整改、收集反馈等跟踪监管措施，不断增强广告监测结果使用效益，形成了快速、准确、实时、动态的广告监控机制。2013 年全系统制作广告监测分析报告 168 份，监测广告 621945 条次，发现违法广告 35824 条次。二是下达停发通知。对省局监测发现的违法广告，每周下达一次停发通知书；对国家工商总局监测发现的违法广告，每月下达一次停发通知书；对群众举报、部门移送的违法广告，随时下达停发通知书；并对违法媒体实行跟踪监测、监督停发、推动整改，有效地制止违法广告持续泛滥。2013 年全系统下达违法广告停发通知书 713 份，涉及违法广告 8544 条次。三是通报违法情况。定期将国家工商总局、国家食药总局、省工商局、各市地工商局等广告监测结果，通报给各级联席会议成员单位、媒体主要领导、媒体广告部和属地工商局，充分运用违法公开、数据对比、地区排名、责任追究等方法，推动成员单位协同监管，促进媒体加强自律，指导基层实施查处，形成了一个又一个波次的高压态势，增强了整治虚假违法广告的透明度和协作力。2013 年省工商局向成员单位通报情况 240 份次，向媒体主要领导和广告部通报情况各 129 份次；市地工商局向成员单位通报情况 173 份次、向媒体通报情况 118 份次。四是公告违法广告。在红盾信息网开辟黑龙江虚假违法广告公告栏，协调省网信办在东北网、黑龙江信息港、黑龙江新闻网、哈尔滨新闻网 4 家门户网站首页，定期公告曝光全省违法广告，让违法广告受到全社会监督和谴责，让老百姓得到消费警示和消费提示，让违法广告如过街老鼠、人人喊打。省工商局公告曝光违法广告 33 期、涉及违法广告 2613 条次，市地工商局公告曝光违法广告 14 期、涉及违法广告 87 条次。五是组织告诫谈话。适时组织违法广告发布者、经营者、广告主进行警示告诫谈话，通报违法事实，指出违法原因，提出整改措施，规定整改时限，促进各违法主体高度重视、立即整改、强化自律、严格把好广告发布审查关。2013 年全系统组织警示告诫谈话 277 次，涉及谈话人员 675 人。六是加大办案力度。加大对违法广告发布者的查处力度，年初对省城 4 家主要媒体 16 件违法广告案件进行立案查处，一次性收缴罚没款 225 万元。加大对医疗违法广告主的查处力度，在 5—7 月全国医药广告专项整治期间，组织 5 个市地工商局成立 5 个办案组，对省城 30 家屡禁屡发违法广告的医院和美容院集中组织立案查处，收缴罚没款 210 万元。加大对药品违法广告主的查处力度，组织市地工商局对省城“藏秘双宝”违法广告主进行立案查处，一个案件收缴罚没款 20 万元。加大对重点违法媒体的查处力度，集中组织对《新晚报》4、5、6、7 月发布的违法广告进行立案查处，一次性缴罚没款 130 万元，对省城各媒体起到了威慑作用。加大对违法广告重灾区的查处力度，连续 8、9、10 三个月对大庆违法广告实施全覆盖监测，组织大庆市工商局开展 6 个波次的查处活动，办案 163 件，收缴罚没款 70 万元，使大庆地区广告违法率下降了 76%。加大对市地工商局办案的指导力度，依据国家工商总局和省工商局广告监测结果，下达查处督办通知 38 份，涉及违法广告 2792 条次，组织查处情况反馈 14 次，查办违法广告案件 347 件，收缴罚没款 136 万元。七是发挥联席会议作用。依托全省整治虚假违法广告联席会议平台，发挥 12 个成员单位的合力作用，制发《2013 年全省虚假违法广告专项整治工作实施意见》，完善联席会议组成部门、主要职能、工作方式和职责分工，召开 2013 年联席会议全体成员会议，协调 12 个成员单位出台 38 条整治措施，推动省委宣传部制发《整治医药广告专项行动宣传工作方案》，建立 12 部门信息共享和联合公告、联合告诫、联合检查、联合办案机制，形成了全省打击虚假违法广告的工作合力。

三、完善制度机制，加大规范力度，全省广告工作高效有序运转

针对全省广告工作基础差、队伍散、效率低等作风问题，把 2013 年定为“广告工作规范化建设年”，以完善制度机制为基础，以开展规范化活动为途径，以提升队伍素质能力为保障，全面推进全省广告工作制度化、程序化、规范化，使全省广告队伍焕发激情活力，全省广告工作开始规范运转。一是规范工作制度。在合理划分岗位、明确岗位职责的基础上，组织各级广告部门健全内部管理、广告审批、广告监测、广告监管、广告自律、广告发展、广告协会七个方面的系列制度，全面完善制度体系，坚持用制度管人管事，通过落实制度推进各项广告工作规范化，形成了上下联通、内外协调的广告工作新机制。省工商局广告处制定了 66 项工作制度，各市地工商局也分别制定了 56 个工作制度。二是规范广告监测。在完善省工商局广告监测中心软硬件建设的同时，制发了《市地级工商局规范化广告监测室达标标准和验收方法》，围绕机构设置规范、设备用品规范、素质能力规范、监测制度规范、监测运行规范、资料管理规范等六个方面标准，组织 14 个市地工商局开展规范化广告监测室达标活动，并将这项活动延伸到县区局，有力推动了省、市、县三级工商局广告监测网络的初步形成。全省各市地工商局新增监测场地 311.5 平方米、台式电脑 31 台、笔记本电脑 15 台、电视机 17 台、复印机 12 台、打印机 14 台、传真机 12 台、移动硬盘 15 块、光盘 920 片、照相机 14 台。三是规范素质能力。在全系统广告部门开展了“学法律法规、学本职业务、学办案技能”等三学活动，采取案例辅导、交叉办案、岗位练兵、评比竞赛、考核通报等方法，着力提高广告队伍的“三种”能力。在 3 月中旬举办了“全省工商系统广告业务培训班”，全系统广告人员全部参加，省局广告处 7 名同志备课授课，围绕广告发展、广告审批、广告监测、广告监管、广告办案、广告统计、广协工作等 8 个专题进行系列教育，提升了全系统广告队伍的业务水平和执法能力。四是规范工作计划。坚持计划先行，先后制发了《2013 年广告处工作要点》、《关于完善全省整治虚假违法广告联席会议制度的通知》、《2013 年全省虚假违法广告专项整治工作实施意见》、《关于开展整治虚假违法医药广告专项行动的通知》、《关于媒体自查自纠虚假违法医药广告的通知》、《关于实行广告监管执法十项制度大力提升整治虚假违法广告工作效能的通知》、《关于制定广告工作制度规范广告工作程序的通知》、《市地工商局规范化广告监测室达标标准和验收方法》、《关于开展“讲文明树新风”优秀公益广告评选活动的通知》、《关于开展 2013 年广告工作考评的通知》等 16 个文件计划，用计划规范各项广告工作，用计划引导各项广告工作落实。五是规范统计报表和文字报告。依据国家工商总局广告工作统计报表和文字报告制度，制发了《关于规范上报广告工作统计报表和文字报告的通知》，进一步明确了省工商局、市地工商局、县区工商局三级广告工作统计报表和文字报告的项目、内容、标准、方法、时限、责任等规定要求，统一规范了 6 份统计报表和 7 份文字报告事项，全面建立了全系统广告统计和报告体系，增强了广告统计和报告工作的全面性、准确性、及时性和有效性。六是规范年度考评。依据《省工商局广告处 2013 年工作要点》，制发了《关于开展 2013 年度广告工作考评的通知》，明确考评思路、考评内容、考评方法和考评要求，用规范年度考评引导全年各项广告工作的落实。

2013 年上海市广告监管工作情况

上海市工商行政管理局广告监督管理处

上海市工商行政管理局开展整治虚假违法医药广告专项行动电视电话会议

2013 年，广告管理工作以实施国家广告战略为主线，充分履行广告市场监管执法与广告行业发展指导两项职能，积极探索职能转变、管理创新，大胆改革审批制度，着力建设广告信用评价体系，不断加强虚假违法广告专项整治，努力促进上海广告市场健康有序发展，取得较好工作成效。上海广告管理工作经验先后在全国工商系统广告工作会议和全国工商局长座谈会上做视频、书面交流，总结交流材料被《中国工商报》刊发。5 月 22 日，新华社发出通电，赞扬上海工商部门整治虚假违法广告成效显著。

一、立足长远，广告业发展指导继续深入

一是解放思想、破除门槛、简政放权，率先试行自贸试验区外商投资广告企业项目备案制。积极争取总局支持，在自贸试验区内取消所有外资进入及进入后跨域发展的门槛限制，实行准入前国民待遇，外商投资者主体资格条件、成立运营年限、广告经营业绩等不再作为市场准入前的硬性要求；将事先准入条件审批改为与企业注册登记事中同步的信息材料备案，由企业注册登记窗口一并接收备案材料，备案与登记相重复的材料实现工商内部共享，企业无须重复提交；备案管理权下放至自贸试验区工商分局实施，方便报备主体就近直接办理备案手续。

二是科学扎实开展广告统计信息化工作，全面客观公布上海广告市场状况白皮书。连续第二年向社会发布《上海广告市场状况报告》白皮书，全面反映上海广告业发展状况和市场秩序状况。积极配合总局广告监管信息化工程试点工作，上海广告监管信息化数据标准已被总局大部吸纳为全国标准。积极协调市统计局，已在全市第三次经济普查中特别增加了各类主

体“广告宣传费支出”调查指标项，将从一个全新角度更全面准确反映上海广告市场情况。

三是指导推动广告业不断完善行业标准化体系。积极指导广告行业组织加快编制《上海市灯箱广告技术规范》和《上海市电子显示屏广告技术规范》等地方标准，努力提升上海广告业技术质量标准水平。

四是支持和指导中广国际广告创意产业基地建设。工商部门会同嘉定工业区管委会设立“国家广告产业园区工作指导站”，立足最前沿服务支持园区建设发展。市、区两级工商和财政部门组织开展广告园区年度绩效评价工作，指导申报服务业引导资金，并已争取获得中央财政第三期专项资助资金 1000 万元，累计已获 9000 万元。

五是推动公益广告活动，督导户外公益广告发布。协同市文明办开展“讲文明，树新风”公益广告征集活动，参与组织“远离传销、守护幸福”主题公益广告创意征集活动，联合主办第三届“申通德高杯”公益广告创意大赛和全市国防教育公益广告大赛，指导开展第 12 届上海大学生国际广告节活动。结合自身职能，积极组织“关注诚信、建设诚信”主题系列公益广告作品的委约创作和推广发布，作品在全市主要大众传播媒体以及楼宇、户外、公共交通枢纽和互联网媒体等集中刊播，取得良好社会传播效应。同时，全面梳理 2012 年度本市户外公益广告的备案发布情况，由相关分局对户外公益广告发布比例未按法定要求达标的广告发布单位予以核查和执法督导，督促户外公益广告法定发布义务的切实履行。

二、关注民生，广告监督执法持续深化

一是发挥集中监测作用，着力提升监管效能。进一步扩大监测范围，新增 10 家本市重要互联网站作为日常监测对象，切实增强对互联网广告发布行为的监管力度；运用远程监测技术全面实现对郊区（县）电视台广告的集中监测。扩展广告监测结果短信告知功能，提高广告监测结果利用效能，合力规范广告市场。2013 年 1–11 月，本市主要媒体广告监测（条数）违法率 0.37%，已连续六年保持 0.4% 以下的低位可控。在国家工商总局开展的重点类别广告月度抽查监测中，上海地区守法率继续保持全国领先。

二是依托联席会议机制，开展虚假违法医药广告等重点专项整治。根据总局等部门的要求，会同本市相关部门开展为期三个月的整治虚假违法医药广告专项行动，经整治，医疗服务、药品、医疗器械、保健食品、保健用品、消毒用品六类医药广告的监测违法率从整治前（1 月 1 日 – 4 月 24 日）的 1.35%降至整治后（4 月 25 日 – 7 月 25 日）的 0.56%；六类医药广告违法数占各类违法广告总数比例也由 23.42% 下降为 7.66%，降幅超过 67%；六类医药广告日均违法数也从整治前的 4.71 条降至 1.98 条，降幅达 58%，医药广告市场秩序进一步好转。同时，还开展重点媒体广告联合督查，并结合时政舆情热点，对假称“公务员房”、夸大宣传牙膏美白除渍功效、家电节能环保用途以及洗衣粉功效等产品广告开展专项检查，聚焦违法率较高的医药保健、教育培训、化妆品、房地产等重点类别广告，开展“红盾 3 号”专项整治行动。经过多年重点监管，本市一类媒体广告监测违法数占各类广告总违法数的比例已由 2005 年的 95% 下降至 2013 年的 59%。

三是持续加强处罚惩戒力度，保持执法高压威慑。截至 11 月底，全市工商部门共查处各类虚假违法广告案件 2915 件，罚没款 4902 万元，其中对“欧莱雅”化妆品虚假广告处罚 450 万元一案创历史之最。

四是积极引导社会力量参与广告监管。首次建立广告监管咨询专家库，聘请医学、药学和医药管理相关领域的 11 位专业人士为广告监管咨询专家，提供技术支撑和专业协助，提升上海广告监管工作的专业化水平，其中 2 位专家在“欧莱雅”化妆品虚假广告一案查办中发挥了重要的专业技术支持作用。同时，还借助舆论，主动联合新闻媒体对医药保健广告执法工作进行现场全媒体跟踪报道，并借助《新闻透视》、《市民与社会》等电视、广播的著名栏目，揭露虚假违法广告，宣传工商部门的广告整治措施和管理工作情况，

并积极应对“职业举报人”，实事求是，依法行政，借力而为，促进提高。

五是指导出台广告信用评价办法，推进广告诚信体系建设。指导市广告监测中心制定《上海市大众传播媒介和主要行业广告信用评价办法》，探索开展广告信用分类监管，评价结果将向社会公布，工商部门参考广告信用等级评价结果，对相关媒介单位和行业实施分类监管，体现奖优惩劣，提高监管效能。

三、服务基层，广告管理基础进一步巩固

一是广泛听取群众意见，深入基层一线开展调研指导。组织开展“工商所一日实践体验活动”，处室领导和相关同志分别到工商所直接参与基层一线广告监管巡查，并解答有关业务问题，提出工作指导意见。

二是组织开展在线学习与业务指导。建立广告条线微信群和利用飞信等信息化工具加强实时业务交流、指导和培训。分层开展集中业务培训，面向分局广告科（处）开展户外广告审查标准、户外公益广告发布督导培训，面向基层工商所（队）开展监管执法培训。

三是规范自由裁量权的运用，提升案件查办质量。在《关于规范行使行政处罚裁量权的指导意见》的基础上，进一步细化广告违法处罚的裁量规定，规范基层执法行为。对重点个案以督办方式指导推进落实，并协同法制部门对广告案件查办情况开展执法检查。

四是加强理论调研，积极参与《广告法》修订工作。许多修订建议得到国家有关部门采纳。开展电影广告监管的专题调研，完成《上海广告信用监管体系建设初探》、《广告产业园区的发展现状与瓶颈问题研究》的调研报告。广告处相关同志撰写的《论提升广告监管效能的顶层设计和实现途径》、《关于互联网广告监管的调研报告》分获总局广告司及中国工商行政管理学会“广告战略实施”有奖征文活动二等奖和中国工商行政管理学会第五次全国工商行政管理优秀论文评选优秀奖。

2013 年江苏省广告监管工作情况

江苏省工商局广告监督管理处

江苏省工商系统广告管理工作会议

一、强化指导，全力拓展广告业发展空间

（一）争取政府支持，将广告业发展纳入经济社会发展的总体布局

积极贯彻落实国家工商总局和江苏省政府签订的《关于推进江苏广告业发展的战略合作协议》，主动向省委、省政府汇报指导广告业发展工作，将促进广告业发展工作提升到政府层面。起草了《关于促进广告业又好又快发展的意见》，并以省政府办公厅的名义发文，在全省形成促进广告业健康发展的合力。另外，以省工商局的名义印发了《江苏省广告产业发展规划（2013－2015）》，对“广告产业发展的主要任务”和“广告产业发展的政策与措施”等相关内容进行了明确，规定了“十二五”期间我省的广告业发展目标。

（二）推进省级广告产业园区建设，落实广告业发展专项资金

以省工商局的名义印发了《江苏省广告产业园区认定管理暂行办法》，对省级广告产业园区的申报条件及认定标准进行了规定。目前，徐州、连云港、淮安、盐城四市均以市政府的名义向省局正式行文，申请认定为江苏省级广告产业园区；根据《关于推进江苏广告业发展的战略合作协议》，积极协调省财政厅，设立了江苏省广告业发展专项资金，2013年，专项资金1500万元，与省财政厅共同印发了《江苏省广告业发展专项资金管理暂行办法》，切实保证专项资金用到实处、用到关键处。

（三）探索指导广告产业园区发展新思路

2013年，在南京、常州两个国家级广告产业园区的基础上，无锡、苏州两个广告产业园区亦被纳入国家现代服务业试点，在全国29个试点园区中，我省占有4个，居全国各省市之首。纳入试点园区，只是第一步，更需要我们创新工作理念、工作举措，指导四个园区错位发展、互动发展，并为省内其他广告产业园区建设提供经验。今年9月在无锡召开了全省广告产业园区建设经验现场交流会，会议就广告产业园区（基地）建设、工商部门指导广告产业园区建设等开展经验交流，国家工商总局广告司张国华司长到会作了重要讲话。

（四）组建广告业发展专家咨询委员会

为切实提升我省广告产业政策决策水平，进一步完善广告业发展的行政决策机制，有力、有序、有效地推进指导我省广告业发展工作，10月，在南京召开了首届广告业发展专家咨询委员会大会，聘请省相关厅局处室负责人、高校学者以及广告业界的专家计39人担任专家咨询委员会委员，为我省广告业发展政策的制定和执行建言献策。

（五）评定省工商局重点联系广告企业

发文启动省工商局重点联系广告企业评定工作，强化对广告企业健康发展的引导、指导，既培育具有国际竞争力的广告龙头企业，也积极扶持中小微利广告企业做大做强。

（六）加强广告人才培养

发文启动江苏省广告实践基地、广告培训基地认定工作，准备与国家总局深圳行政学院合作举办2期培训班，通过对广告人才的专业培养，不断提升我省广告创意水平，加快广告人才国际化步伐。

（七）开展对广告业发展有关问题的理论研究

与南京大学、苏州大学合作，开展了“广告创意提升研究”、“对成长型广告企业的政策扶持研究”、“广告业对江苏国民经济增长的拉动作用研究”、“广告业及广告关联产业的构成分析”四个广告业发展专项课题研究工作，目前全部课题报告已经完成。其中与南京大学商学院合作的“广告业对江苏国民经济增长的拉动作用研究”、“对成长型广告企业的政策扶持研究”两个课题报告已经通过专家评审。

二、加强监管，努力营造良好广告市场环境

（一）加大监管力度，打击虚假违法广告

2013年，我处继续把直接关系人民群众健康安全的药品、医疗、医疗器械、保健食品、美容服务，危害未成年人身心健康的非法涉性、低俗不良广告以及扰乱公共秩序、影响社会稳定的严重虚假违法广告作

为整治重点，进一步加大对电视、报纸、广播等主要媒体的监管力度，在加大日常监管的同时，开展多次专项整治行动，有力打击了各类主要媒体发布违法广告行为，取得了明显成效。一是今年元旦、春节期间，为进一步规范食品广告宣传行为，全省统一部署，开展了虚假违法食品广告专项整治行动。整治期间，共出动车辆154台次，执法人员456人次，检查相关经营主体1544家，监测食品广告20500条次，责令相关经营者停止违法违规广告宣传154条，立案查处24件，累计罚没款55万元。二是根据国家工商总局等八部门的统一部署，自5月份起开展了为期3个月的整治虚假违法医药广告专项行动。对宣传包治百病、冒用公众人物形象和名义、夸大产品功效等群众反映强烈、社会危害性较大的六种典型违法行为进行重点整治，严厉打击。通过此次专项行动，基本遏制了违法医药广告发布行为，广告市场秩序明显好转。整治期间，共立案查处医药类广告289件，罚没款436.7万元，责令停止发布广告1285条次，公开曝光148条次。三是8月至10月开展了整治非法集资类广告专项行动。对报刊杂志、广播电视、网络媒体以及户外广告、传单、手机短信等方式发布传播涉嫌非法集资广告资讯信息进行整治。整治期间，各地共检查非法集资广告12611条次，拆除涉嫌非法集资户外广告19处，责令整改或停止发布各类涉嫌非法集资广告1202条次。立案查处55件，罚没款15.6万元，移送公安部门1件。此外，还配合食药监部门开展了非法网络售药广告专项整治行动。

（二）完善和落实整治虚假违法广告联席会议制度

充分发挥牵头部门的职能作用，认真做好各成员单位的协调沟通工作，积极推动相关行业主管部门加强对本行业的监管，真正形成职责明确、综合治理、齐抓共管的局面。4月24日，召开了省整治虚假违法广告成员单位联席会议，对全省抽查的典型违法广告案例进行了现场播放和点评，讨论明确了整治虚假违法广告联席会议各成员单位的职责，并对本年度的整治工作提出了具体要求。医药广告专项行动期间，不仅我处组织人员分四组对全省13个地市相关媒体的广告发布情况进行了暗访，还在6月底7月初与卫生、新闻出版、广电、食药监四家部门组成4个督查组，各部门一把手处长亲自参加，密切协作、相互配合，在全省开展整治虚假违法医药广告专项行动督查工作，对督查中发现的问题，立即督促整改或交办案件查处，增强了监管合力，提高了监管效能。

（三）继续强化全省联动、统一监管的广告监管执法机制

2012年，我处制定了《江苏省工商系统广告监管工作规范》，规定了全省广告监管工作“统一监测标准”、“统一监管方式”、“统一执法力度”的“三统一”的工作制度，明确和划分了各级工商广告监管部门的监管执法权限，理顺了监管执法分工，建立了层级执法、各有侧重、相互衔接、合力执法的制度。2013年上半年，我们继续强化这一工作机制的实施，4月份，省局广告处与南京市局广告处召开了广告监管碰头会，研究制定了2013年南京地区虚假违法广告整治工作目标，并对具体整治工作进行了部署。

（四）推进广告发布信用等级评价管理体系建设

2012年，我处在苏州开展了广告信用分类监管试点，在“关口前移，实现广告监督管由事后管理向全程管理转变”、“引导自律，突出企业自律与行政监管的整合”、“遵循公平，维护广告市场的有序竞争”、“可操作性，坚持日常监管与信用评价相一致”等方面，对广告经营单位进行分类监管具有积极的作用。2013年，我省在苏州试点的基础上，结合我省实际，拟定了媒体广告发布信用等级评价管理办法，办法在综合考虑全省不同地区媒体广告发布差异性基础上，从对媒体广告发布事前、事中、事后监管三个方面，制定了合理的评价指标及评分标准，下一步拟先对传统媒体报纸、广播、电视进行信用评价。

（五）积极研究探索网络广告监管新方法

随着互联网的高速发展，网络广告这种新媒体广

告形式也越来越多地受到广告主的青睐，日益成为一种极具发展潜力和前途的广告形式。与此同时，由于法规滞后、监管难度大，导致各种欺骗消费者的虚假违法网络广告和低俗信息等大量涌现，亟待采取对应之策，加强监管，着力规范。为探索网络广告监管的有效方法，我处对全省网络违法广告监管情况开展了专项调研，着重对苏州、无锡两地网络广告监管工作经验进行总结，下一步将在全省推行网络广告案件办理规范。

（六）加大行政指导力度，督促媒体严格自律

一是抓住媒体广告发布这一关键环节，采取行政约谈、行政告诫、行政建议等方式，要求媒体正视和纠正广告违法问题，切实落实广告承接登记、广告审查、广告档案管理制度，把好广告审查关。二是召开违法广告案件分析通报会。根据监测和检查中发现的倾向性问题及一段时期内查办的重点案件，召集媒体主管领导人和广告部负责人参加案件通报分析会，通报监测情况和典型违法广告，责成媒体制定切实可行的措施加以整改。三是组织对广告部负责人和广告审查员的培训，提高其法律素质、业务能力和审查水平，增强其责任意识，引导其认真规范地按标准和程序审查广告，保证审查质量。

（七）强化广告监测数据的分析运用

广告监测不是为了监测而监测，监测的目的是为了有效运用，是为了有目标、有方向更加高效地进行监管。省局主要对省属媒体和南京地区的媒体进行监测，每月编制广告监测报告并将监测结果通报相关部门，同时对监测结果进行分析，发现问题，提前介入，尽可能将违法广告造成的不良社会影响降到最低。此外，省局每季度还对全省主要新闻媒体进行集中监测，并将监测结果通报地方政府，对违法率偏高的媒体和典型虚假违法广告进行督办。

三、注重服务，不断提升行政许可工作水平

（一）部署并开展《广告经营许可证》的集中换发及广告经营资格检查工作

加强与新闻出版、交通部门沟通协作，获取并确认了全省期刊、报刊的出版许可资料和高速公路广告经营公司的户外广告审批情况资料，在《新华日报》刊发了《关于催换〈广告经营许可证〉、限期办理广告经营资格检查的公告》，规范与指导有机结合，既严格依法行政、认真把握政策，又积极作为、热情辅导，做到“一口清”、“一次明”，为市场主体提供方便、优质、高效服务，受到广泛好评。

（二）积极探索行政审批制度改革，完成国家总局和省政府相关课题调研

顺应简政放权、宽进严管、规范市场、服务企业的总要求，上半年部署开展了广告经营行政审批工作专项调研，掌握了全省基本情况，提出了加强监管的建议意见。对省政府安排的行政许可工作调查，做了认真的汇报处理。

（三）推进全省户外广告示范街创建活动

从2013年8月份开始，省局在深入调研的基础上，印发了《省工商局关于印发全省创建户外广告示范街活动工作方案的通知》，制定了创建工作标准，公布了76条示范街名称及其申报单位，从广告准入许可、经营活动、设施环境和日常监管等方面开展了跟踪指导检查，有效提升了户外广告管理水平，树立了良好执法形象，受到当地党委、政府的肯定和群众的赞誉。

（四）加强行政许可规范化、信息化建设，扎实做好基础性工作

依托经济户口管理平台，指导无锡局开发应用户外广告登记管理系统，目前系统已测试完毕，具备了在全省推广应用的条件。分类整理登记档案，建立健全受理业务台账，依法规范工作程序，提升规范化管理水平。

四、强化指导，发挥广告行业协会作用

2013年以来，我处高度重视对广告协会的指导工作，引导广告行业协会发挥规范广告市场秩序、加强

行业管理、促进行业健康发展的作用，指导广告行业协会强化行业自律，引导企业自觉遵守法律法规，认真履行社会责任；支持广告行业协会深入了解广告企业发展现状，发挥桥梁纽带作用，反映企业诉求；支持广告协会开展广告论坛、优秀广告作品评选等各项活动，提升广告创意水平，推动我省广告业上档升级，在第二十届中国国际广告节上，我省南通通州区广播电视广告有限公司公益类广告作品《节约地球资源》获得中国公益广告黄河奖金奖。

2013年浙江省广告监管工作情况

浙江省工商局广告监督管理处

浙江省整治虚假违法医药广告专项行动汇报会

2013年，全省各级工商部门继续围绕“加强监管”和“促进发展”两大主题，坚持两手抓，努力构建广告监管发展新格局。广告市场秩序进一步好转，广告产业持续健康发展。据统计，截至2013年底，全省广告经营单位已发展到27981户，广告从业人员达179573人，分别比上年同期增长21.63%和14.97%。年度广告经营额为310.58亿元，比上年同期增长31.52%。

一、广告业发展情况

（一）广告业持续健康发展，行业排名格局基本稳定

据统计，2013年广告投放量排名前五位的行业依次是房地产、食品、汽车、药品和保健食品，排序依然保持不变。其中房地产广告经营额为460986万元，同比增长28.16%，占广告经营总额的14.84%，继续成为2013年全省广告市场的主旋律；其次是食品广告，经营额为255977万元，同比增长77.80%，占广告经营总额的8.24%；汽车广告经营额为191654万元，同比增长33.46%，占广告投放总量的6.17%；药品广告经营额为172382万元，同比增长22.99%，占广告经营总额的5.55%；保健食品广告经营额为143189万元，同比增长19.7%，占广告经营总额的4.61%，经营额跃居各行业第五。广告增量显示，经济稳中趋好。

（二）媒体布局有所调整，网络广告发展迅速

据统计，2013年全省电视台、广播电台和报社三大主流媒体的广告经营额为999793万元，同比增长12.62%。传统媒介广告仍居龙头地位。其中电视台广告经营额为580308万元，同比增长39.1%；广播电台广告经营额为102160万元，同比增长27.43%；报社广告经营额为317325万元，同比下降18.73%。相比之下，纸质广告降幅较大，形势严峻。广告经营额增长幅度最大的是网络广告，伴随着信息技术的发展和网络购物的普及，网络广告越来越被广告主所重视，2013年网络广告经营额为129024万元，同比增长84.59%，接近翻番。广告经营额下降幅度最大的是户外广告，经营额为233333万元，同比下降48.32%。主要由于近年来，杭州、温州等市政府先后对户外广告进行了统一整治，拆除了一大批固定设置的展示牌、灯箱广告，户外广告经营受到了较大影响。

主要媒体广告经营情况

类　别	2013年度广告经营额（万元）	同比+−%	占广告经营总额的%
三大传统媒体广告经营额	999793	+12.62	32.19
其中：电视台	580308	+39.1	18.68
广播电台	102160	+27.43	3.29
报　社	317325	−18.73	10.22
网络广告经营额	129024	+84.59	4.15
户外广告经营额	233333	−48.32	7.51

（三）广告企业规模不断扩大，综合服务能力显著提高

统计显示，我省广告企业规模不断扩大、专业化程度不断加深、服务水平不断提高，已经形成了一大批能提供综合的、全方位广告传播服务能力的大型广告企业，专为媒体提供专业化代理、销售、品牌运营和为广告主提供媒体策划、媒体广告资源购买等专项服务以及专业化广告设计、制作。根据中国广告协会对广告企业资质等级认定的标准，截至2013年底，浙江拥有一级、二级和三级资质的广告企业分别为19家、89家和68家，分别占全国总数的7.6%、16.06%和35.23%。其中一级综合服务类企业3家，媒体服务类企业11家，设计制作类企业5家；二级综合服务类企业54家，媒体服务类企业17家，设计制作类企业18家；三级综合服务类企业21家，媒体服务类企业13家，设计制作类企业34家。

（四）广告园区建设势头良好，“三大中心”建设开局顺利

杭州广告产业园被认定为国家广告产业园，宁波广告产业园也被确定为中央财政支持广告业发展试点园区，首期获中央财政2500万元专项资金支持。目前，杭州、宁波广告产业园建设稳步推进，公共平台建设、招商引企工作成效明显，为广告产业集聚和实体经济发展，提供了强有力的支撑。据统计，2013年，杭州国家广告产业园共完成投资10.13亿元（其中西湖2.55亿元，拱墅园区7.58亿元），累计获取中央财政补助资金0.85亿元，实现广告及广告关联产业产值75亿元，同比增幅高达50%。

在省委、省政府的高度重视和积极争取下，2012年国家工商总局同意由浙江省工商局承建国家互联网广告监测中心、国家区域性广告产业教育研究中心和国家广告产业园信息交流中心（以下简称“三大中心”）。目前，国家广告产业园信息交流中心和区域性广告产业教育研究中心已经正式启用，国家互联网广告监测中心设计招标工作已经完成。“三大中心”的顺利运行，将为加快我省广告产业发展创造良好的条件。

二、广告监管情况

（一）案件总数下降，处罚力度加大

据统计，2013年全省共查处各类违法广告案件3869件，同比下降11.65%；罚没款3111万元，同比增长7.2%，其中虚假广告案件2246件，同比下降14.21%。责令公开更正605件，责令停止发布1709件。经过多年来各级工商部门持续开展的虚假违法广告专项整治行动，虚假违法广告得到了有效遏制。从查处的违法广告案件来看，也是以小额度案件居多，情节严重的广告案件逐年减少，广告市场秩序进一步好转。2013年查处的3869件违法广告案件，平均案值只有0.80万元，5万元以下的案件占98.45%。其中万元以下的案件为2547件，占案件总数的65.83%；1−5万元的案件为1261件，同比增长99.05%，占案件总数

的 32.59%；5–10 万元案件为 39 件，同比下降 39.06；10–50 万元的大案为 19 件，同比下降 57.78%；50 万元以上大案为 2 件，同比下降 81.82%。

2013 年度全省各地查处违法广告案件情况

	查处案件总数（件）	同比 +–%	其中：虚假广告案件（件）	同比 +–%	罚没款（万元）	同比 +–%
全省	3869	−11.65	2246	−14.21	3111	+7.21
省级	3	−78.57	3	−78.57	27	−69.92
杭州	533	+84.43	209	2.4 倍	617	+1.3 倍
宁波	891	+4.7	592	+25.96	439	+11.99
温州	346	−14.57	240	−8.05	399	−5.23
嘉兴	219	−43.85	168	−49.55	181	+15.39
湖州	387	−26	245	−28.78	330	−9.66
绍兴	391	−27.59	173	−49.27	228	−17.09
金华	301	+6.36	150	+12.78	384.42	−6.01
衢州	139	+7.75	60	+17.65	53.3	−6.49
丽水	205	−5.09	96	+1 倍	109.52	+33.56
台州	409	−40.72	294	−46.25	311.92	−14.07
舟山	45	−8.16	16	+6.67	31.29	+4.3

（二）关注大众媒体，有效遏制违法

2013 年共查处报纸、电视、广播三大传统媒体违法广告案件 466 件，同比下降 6.43%。其中报纸违法广告案件 126 件，同比下降 18.71%；电视违法广告案件 302 件，同比下降 4.73%；广播违法广告案件 38 件，同比增长 46.15%。

一是完善监测体系，及时制止违法广告。全国首个省、市、县“三级覆盖、三级使用”的监测系统在我省全面建成，自 2013 年 1 月份开始，省局依托省广告监测中心全面开启县级广播电视广告监测工作，并对全省广播电视媒体开展广告信用评价。目前，省局广告监测已经覆盖全省 114 家电视频道、105 家电台频率、83 家报纸，共计 302 家新闻媒体。省广告监测中心全年度监测全省广告 1911.98 万条次，发现违法广告 99068 条次，全省广告违法率为 0.52%。

省局通过浙江省广告监测中心网站，向各县级以上媒体和辖区工商局及时通报广告监测结果及媒体广告信用情况。各市、县（市、区）工商局通过查询辖区媒体违法广告监测记录，及时处置媒体相关广告违法行为。同时，督促辖区媒体上网自查广告监测结果，自觉整改。

二是发挥案件指挥系统作用，查处严重违法广告。据统计，2013 年由案件指挥系统交办的案件有 134 件。通过案件指挥系统，打击严重违法广告，平衡全省执法尺度，防止违法广告区域流动。省局通过筛查广告监测结果，对虚假违法广告、多地发布的违法广告、屡教不改的违法广告等案件线索，形成交办案件，交由各市、县（市、区）工商局处理。各地按照案件办理有关规定认真开展案件查处工作，并及时反馈结果。同时，各地结合实际，依托全覆盖系统，加强监测和筛查，提高虚假违法广告案源发现能力，进一步加大执法办案力度，营造严打严查虚假违法广告的执法氛围。

三是加强行政指导，督促媒体自律。近年来，省局要求全系统在广告监管中积极创新，强化行政指导，管理方式从“事后监管”向“事前指导”转变，实现监管关口进一步前移。各地工商部门针对违法广告量多的特点，在对严重虚假违法广告实施行政处罚的同时，积极开展行政指导，通过约谈、提醒、规劝、宣传、教育以及行政建议、行政告诫、行政提示等方式，积极引导广告经营主体加强自律，规范广告经营行为。

据不完全统计，2013 年全省工商系统集中约谈媒体 48 次，个别约谈 26 次，电话约谈 300 余次，上门指导服务 351 次，媒体主动停播和拒绝发布涉嫌违法广告 4500 余条次，行政指导取得了良好的效果。

（三）围绕“四类”重点广告，集中开展专项整治

2013 年，全省各级工商部门重点加大了对医疗、药品、医疗器械、保健食品四类广告的整治力度。省工商局联合省卫生厅、省食药局对全省各大媒体发布的“四类”广告进行专项整治。在整治行动中，各地统一思想、严密组织、部门联动，充分整合执法力量，通过省局广告指挥系统交办、监测发现、巡查发现、部门移交、投诉举报等途径严厉查处了一批典型案件，“四类”广告集中整治行动取得了显著成效。

据统计，2013 年全省共查处医疗、药品、医疗器械、保健食品四类违法广告案件 957 件，同比增长 30.03%。其中药品违法广告案件 131 件，同比下降 24.28%；医疗器械违法广告案件 77 件，同比增长 30.51%；医疗服务广告案件为 490 件，同比增长 81.48%；保健食品违法广告案件 259 件，同比增长 10.68%。

2013 年安徽省广告监管工作情况

安徽省工商局广告监督管理处

安徽芜湖广告产业园建设座谈会

2013 年以来，在国家工商总局的指导下，在省局党组和分管局长的领导下，各级广告监管部门深入贯彻落实党的十八大精神，按照全国、全省工商行政管理工作会议、全国广告工作会议精神，以服务经济、政治、文化、社会、生态文明五位一体建设为目标，以深入实施广告战略为主线，深入整顿和规范广告市场秩序，着力加强对广告业的指导，努力夯实广告工作基础。主要情况如下：

一、抓监管，营造健康有序的广告市场环境

（一）注重部门协作，发挥整治合力

一是召开了安徽省整治虚假违法广告联席会议，并联合省委宣传部等部门下发了《安徽省工商局等十二个部门关于印发〈2013 年安徽省虚假违法广告专项整治工作实施意见〉的通知》（皖工商广字〔2013〕43 号），对我省今年虚假违法广告整治工作作了部署。二是组织联席会议成员单位对各市开展虚假违法医药广告专项行动情况进行督察。

（二）注重专项整治，规范广告市场秩序

一是开展整治虚假违法医药广告专项行动。2013 年 4 月至 7 月，省工商局联合省委宣传部等八部门开展整治虚假违法医药广告专项行动，召开了全省工商系统整治虚假违法医药广告专项行动动员会、省属主要媒体专项整治工作汇报会、省属媒体广告监测结果季度通报会，下发了《安徽省工商局等八个部门转发工商总局等八个部门关于开展整治虚假违法医药广告专项行动的通知》、《安徽省工商局转发工商总局关于进一步严格监管报刊出版单位、广播电台、电视台利用医药资讯专版、节目以及购物短片等形式发布广告行为的通知》，会同省委宣传部做好专项行动的宣传报道工作，并于 6 月 24 日至 6 月 28 日联合省委宣传部、省卫生厅等八部门组成 3 个督查组，对全省各地开展整治虚假违法医药广告专项行动的情况进行督查，及

时掌握各地专项行动开展情况，对督查中发现的问题当场责令有关部门调查处理。专项整治期间，全省工商系统共监测、巡查医药广告212637条次，受理群众举报、投诉47件，行政告诫广告817条，立案查处180件，暂停3家媒体药品、医疗器械、非药品健康产品广告发布资格。

二是开展涉嫌非法集资广告排查清理活动。2013年8月至10月，省工商局部署开展了涉嫌非法集资广告排查清理活动，要求各级工商机关对在广播、电视、报纸等大众传播媒介及户外广告、印刷品广告上发布的涉及信用贷款、无风险理财等内容的非法集资广告进行专项清理。排查清理活动期间，全省工商系统共出动执法人员4268人次，执法车辆655台次，监测、排查广告135662条次，检查相关媒体、企业376户，发放宣传资料3600余份，发出行政告诫42件，立案查处涉嫌非法集资广告案件11件，罚没款11.63万元。

（三）注重广告监测，掌握违法广告发布趋势

2013年，省工商局继续完善广告监测系统，提高广告监测质量。一是调整广告监测对象，根据广告监管工作实际需要，将安徽老年报纳入了广告监测范围。二是升级广告监测系统，增加对各市广告监测及市级媒体广告进行抽查的功能。截止10月底，全省共监测媒体广告557万余条次，发现违法广告6.1万余条次。其中，省局广告监测中心共监测媒体广告136万余条次，发现违法广告1.4万条次。

（四）注重投诉举报，维护群众切身利益

截止10月底，省工商局共受理群众投诉举报121件、其他部门移交24件，做到了及时处理、及时反馈、绝不推诿，维护了群众的切身利益。

（五）注重行政指导，强化媒体把关能力

一是通过定期召开媒体通报会，及时召开媒体负责人约谈会等方式，指导媒体贯彻落实《大众传播媒介广告发布审查规定》，健全广告审查制度，落实广告审查责任。二是对广告监测发现及群众投诉举报、其他部门移交的虚假违法广告，按照违法广告处理“四步法”予以处理，重点采用行政约谈及行政告诫的方法，对大众传播媒介进行批评教育、警告警示。截至目前，省局共约谈省属媒体11次，下发行政告诫书34份。

（六）注重案件查办，加大对发布违法广告行为的震慑

截至9月底，全省工商系统共查处虚假违法广告案件955件，罚没款361万元。其中，省工商局进一步加强对大众传播媒介广告发布环节的监管，对部分省属媒体单位进行了立案调查，共查办广告案件10件，结案7件，罚没款8.18万元。

二、抓服务，促进广告业健康快速发展

（一）注重广告产业园区建设

一是出台了《安徽省广告产业园区认定和管理暂行办法》，并认定芜湖广告产业园为“安徽省广告产业园区”。二是多次赴国家工商总局汇报芜湖广告产业园建设情况，争取将芜湖广告产业园申报为国家级广告产业园区。

（二）注重“走访助企”活动

一是赴《安徽日报》、安徽广播电视台、《安徽商报》、金鹃广告股份有限公司、合肥热线等广告经营单位开展调研，详细了解其广告经营状况，及时解决广告经营中的实际问题；二是会同省局公平交易局组织召开监管对象座谈会，听取广告经营单位对广告监管执法的意见、建议；三是召开了芜湖广告产业园建设座谈会，听取广告产业园区建设单位、部分广告经营单位的意见和建议，并现场解决问题。

（三）注重管理权限下放

下发了《安徽省工商局关于下放固定形式印刷品广告登记权的通知》（皖工商广字〔2013〕8号），将固定形式印刷品广告登记权下放给设区的市、省直管县工商局，降低企业经营成本。

（四）注重广告人才培养

配合人力资源与社会保障部门开展广告专业技术人才评价工作，指导省广告协会开展广告专业技术人员业务培训，参与组织了2013年度广告专业技术人

员职业水平考试工作。全省参考 171 人，合格 54 人，合格率为 31.6%。其中，32 人通过广告师考试，22 人通过助理广告师考试。

三、抓公益，开展公益广告宣传活动

配合省文明办开展“讲文明树新风”公益广告活动，下发了《关于开展“讲文明树新风”公益广告征集活动的通知》、《安徽省工商系统“讲文明树新风”主题公益广告活动实施方案》、《关于进一步推进“讲文明树新风”公益广告宣传工作的通知》，引导新闻媒体、广告企业积极开展公益广告宣传，营造文明和谐的社会氛围。

四、抓培训，加强广告监管工作队伍建设

11 月中旬，省工商局在合肥召开全省工商系统广告业务培训会。全省各市以及省直管县工商局广告科(股)负责人、广告监测工作人员共40余人参加了培训。培训围绕广告监测判定标准、广告案例分析、广告企业资质认定、广告专业技术人员职称评定等内容展开，旨在进一步提高全省广告监管工作人员的政策水平和业务能力。

2013 年福建省广告监管工作情况

福建省工商局广告监督管理处

倪岳峰副省长，省工商局局长叶木凯参观“讲文明树新风”公益广告展暨 “乐善杯”海峡两岸公益广告获奖作品展

2013 年，全省工商系统按照全国、全省工商行政管理工作会议以及全国工商系统广告工作会议暨广告产业园区建设现场会的部署，结合开展党的群众路线教育实践活动，认真履行指导广告业发展和加强广告监管职责，积极推进广告战略实施，有效促进了全省广告业规范、健康、可持续发展。

一、保持高压态势，加强广告监管有新成效

不断提高广告监管的针对性、科学性和有效性，突出重点，加强监测，整治到位，对违法广告始终保持高压态势，广告市场秩序进一步规范。

（一）广告监测持续加强

全省工商系统充分利用覆盖省市两级 64 套广电媒体的监测网络，对全省广电媒体进行监看监听、24 小时不间断录制，及时掌握广告发布动态，充分发挥广告监测预警作用。1 － 3 季度，全省共监测医疗、药品、保健食品、化妆品、美容五类广告 146.6 万条次，发现违法违规广告 23746 条次，违法率为 6.89%。

（二）执法办案力度加大

严厉整治虚假违法广告，执法办案力度进一步加大，1 － 10 月，全省工商系统共立案广告违法案件 2464 件，罚没款 872.24 万元。一是注重案件线索的收集、分析、汇总。对有关部门移送、群众投诉举报、监测发现的违法广告线索进行认真梳理，筛选出一批典型违法广告案件，组织力量集中查办，一查到底。省局共处理省卫生、食药监、广电、新闻等部门移送件 32 件，受理群众投诉举报 19 件，涉及违法广告 169 条，做到件件有回复。二是注重典型违法案件查处。4 － 8 月医药整治专项行动期间，对工商总局监测发现的爱新觉罗参竹精颗粒、关东参茸片、万寿双宝、原花青素胶囊、参芪康元胶囊等虚假违法医药广告线索分别予以立案查处。三是加强对违法广告案件查处后的跟踪监测，对出发后继续发布的，加大力度予以严惩，防止违法广告在处罚后死灰复燃，屡罚屡犯。

（三）监管措施丰富有效

根据广告监测结果，对省内严重违法率排名靠前的媒体实行零距离重点监管。一是增加监测频次，对重点监管的媒体的监测每周不少于两次，并将监测结果及时通报媒体及主管部门，督促整改。二是定期召开广告监管情况通报会。通报媒体违法广告发布情况，其中重点通报严重违法广告及其违法表现，及时提出违法告诫，预防和防范违法行为的蔓延。三是综合运用责令公开更正、发布违法广告警示公告等“反广告”措施，增加惩治力度，强化了监管效果。自实行“反广告”监管措施以来，全省工商系统共责令违法广告媒体和广告主在省内大众媒体上发布违法广告公开更正 21 件。四是加大广告发布环节的督导力度，重点检查媒体履行广告发布审查责任情况，对违法广告的审查员给予严重警告，并根据情况暂停或取消其审查员资格，重新参加资格培训。2013 年以来，已经召开广告监管情况通报会 10 次，共通报严重违法广告 31 条，责令公开更正 8 次，发布违法广告警示公告 4 期，3 名广告审查员因参与严重违法广告审核，被暂停或取消广告审查资格。下发媒体广告抽查监测通报 3 期，并抄送各设区市党委宣传部门和各设区市人民政府办公室，加大了影响力。通过实施对重点违规媒体的零距离监管，有效提升监管效率，及时制止违法行为，保持对违规媒体监管的高压态势，取得良好的监管效果。

（四）户外广告监管到位

一是加强巡查。漳州龙文区局严格实行周巡查制度，要求各工商所必须登记造册掌握所在辖区户外广告的数量、分布、发布内容等情况，负责每周巡查一次，做好巡查记录备查。莆田市局加强城区主干道、户外广告集中设置点等重点区域的巡查，及时填写《户外广告巡查监测登记表》，建立健全工商所《户外广告登记台账》。二是积极探索户外广告监管新模式。泉州晋江市局对辖区高速公路的 202 块户外广告进行拍照存档，成功绘制了辖区高速公路户外广告电子分布图，标注户外广告牌的位置以及基本信息，并可点击查询具体信息，较好地实现了对户外广告动态监管、监测预警和精确查处的目标。漳州华安县局针对农村出现大量违法户外广告且难以查清发布者，在违法广告上发出“此广告为违法广告，请勿上当受骗”的警示信息。三是深入开展创建“户外广告示范一条街”活动。龙岩市局在总结 2012 年各县（市、区）中心城区均建立一条示范街经验的基础上，2013 年由一条街辐射建立广告规范管理示范小区。

（五）专项整治落实到位

一是开展整治虚假违法医药广告专项行动。全省工商系统认真贯彻落实《工商总局等八个部门关于开展整治虚假违法医药广告专项行动的通知》精神，科学部署，广泛动员，迅速行动，严厉整治，在专项整治行动期间，共监测医药和保健食品广告 54578 条次，发现处理违法医药广告线索2070条次，责令整改225条，责令公开更正6次，公告曝光违法医药广告10条，立案查处161件，罚没款总计119万元，严厉惩治了发布虚假违法医药广告行为，整治工作取得显著成效。二是开展清理整顿部分商品滥用“特供”、“专供”标识专项行动。针对《领导文萃》2013年第3期“平潭特·特区中特曲”广告中出现“福建省人民政府接待用酒”等使用国家机关名义内容，并假借“特供”名义进行引人误解的虚假宣传的情况，组织全省系统对部分商品滥用“特供”、“专供”标识进行违法违规广告宣传问题进行专项清理检查。在立即撤除该违法广告同时，要求广告发布单位《领导文萃》和广告主分别在相关版面刊登公开更正声明以消除影响。三是查处“老苗汤”广告。根据《工商总局关于立即查处“老苗汤”广告的通知》(工商广字〔2013〕38号)要求，立即组织全省系统对“老苗汤”广告进行全面排查，厦门、龙岩、宁德市局依法对监测到的发布“老苗汤”违法广告的广告主和广告发布者进行了立案查处。四是参加由食药监局牵头开展的全国集中开展打击“四非”专项行动。专项行动期间，全省工商部门加大监测力度，为专项行动提供精确的案件线索，并着力在打击“非法宣传”上下功夫，把各类媒体和网站发布各类专题类健康资讯节目和栏目列为整治重点，从严从重从快查处严重违法行为。在打击的同时，还加大对广告主、广告经营者、广告发布者的日常监督管理，多措并举，综合治理，构筑虚假违法广告防范体系，从源头上遏制保健食品非法宣传。五是开展全省整治非法集资类广告专项行动。重点整治以报纸、期刊、广播电视、网络媒体以及户外广告、固定形式印刷品广告等方式发布的涉嫌非法集资广告行为，净化我省金融广告市场秩序。专项行动期间，全省工商部门加强对集资类广告内容监测，督促辖区媒体对集资类广告进行一次全面清查，对不符合法律法规的融资类广告内容，一律责令停止刊登。同时加大对非法集资类案件查处力度。公告一批违法广告，曝光一批典型案例，提醒和警示消费者，引导群众自觉远离非法集资。六是开展打击网上非法售药行动，打击利用互联网发布虚假违法医药广告的行为。行动期间，全省工商部门加强互联网监测巡查，对有关部门移送、广告监测发现、群众举报的网上虚假违法医药广告线索，及时立案调查。集中公告曝光一批虚假违法医药广告案件，增强震慑力。七是迅速开展对“祖灵芝清斑霜”等违法广告的调查处理。9月30日接到工商总局通知后，立即通过短信、电话等形式向省内主要报纸、广播、电视以及主要网站发出违法广告警示，要求各媒体从10月1日起立即停止发布相关广告。约谈东南卫视、福建电视剧频道、体育频道、福建教育电视台、宁德新闻综合频道、宁德公共频道等涉案媒体相关人员，指出问题严重性，要求其立即停止违法行为并积极配合工商部门开展案件调查。部署广告专项监测，掌握“祖灵芝清斑霜”、“伊屏清斑”等违法广告近期在我省媒体的发布情况，已对在东南卫视、福建电视剧频道、体育频道、福建教育电视台、宁德电视台、《海峡都市报》、《东南快报》等媒体发布的“伊屏清斑”、“雪莲净斑霜”化妆品广告分别予以立案查处。八是落实领导指示对中国华艺广播电台(FM107.1频道)刊播违法医药广告事项进行调查处理。10月31日约谈海峡之声广播电台、华艺广播电台有关负责人，下达《违法广告告知书》，责令立即停止播出并限期作出整改。对中国华艺广播电台10月31日－11月5日的广告发布情况进行了全天候监测，期间未发现刊播违法医药广告。目前已收到华艺广播电台提交的书面整改材料。我局已下发通知，12月份在全省开展为期一个月的广播广告专项整治行动，全面整治广播违法广告。九是落实总局转来的关于《海峡消费报》违法刊登烟草广告的举报件。该报于11月28日整版刊登致歉声明，并表示将以此为鉴，杜绝类似事件再次发生。

二、加强规划指导，推动广告业发展有新举措

全省工商系统根据我省实际，认真制定产业规划，积极指导园区建设，着力营造良好氛围，全力指导广

告业发展。

（一）深入推进广告产业园区建设

2013 年 1 月出台了《福建省广告产业园区认定和管理暂行办法》，明确了福建省广告产业园区的认定条件、申报和认定程序以及管理措施。2013 年 4 月，根据该《办法》，经福建省工商局广告发展战略实施领导小组审核并研究决定，认定福州广告文化创意产业园、泉州领 SHOW 天地广告产业园为福建省广告产业园区。2013 年以来，重点指导、协助福州市、泉州市政府根据《国家广告产业园区认定和管理暂行办法》要求，申报国家广告产业园区。经多方努力福州、泉州两地园区已被财政部、国家工商总局确定为国家广告产业试点园区，首批 5000 万元中央补助资金已到位。根据工商总局下发的《关于报送广告产业园区试点工作实施方案的通知》要求，已制订试点工作实施方案，正深入推进园区建设。三明永安市局积极引导广告产业入驻闽台（永安）文化创意产业园，现已策划完成闽台广告印刷园的规划。

（二）制定出台产业发展规划

根据国家工商总局《广告产业发展“十二五”规划纲要》和省委省政府关于加快文化产业发展的有关精神，制订了《福建省广告业 2013–2015 年发展规划》。

（三）省政府和有关部门对广告业更加重视支持

一是 8 月份省政府郑晓松副省长视察省局期间，专门到广告处视察调研，了解广告产业发展和广告监管工作情况。二是向省政府报送了《福建省工商局关于提请出台促进广告业发展意见的请示》（闽工商广〔2013〕430 号），省政府 10 月份市场流通运行和监管工作例会要求征求相关单位意见后报省政府研究审定。现已根据省文改办等 16 个单位的意见对原稿进行了修改，正式提请省人民政府出台该意见。三是经过省局积极争取，省文改办安排了 170 万元省文化产业发展专项资金给 2 个广告产业项目（福建太古广告有限公司的 TIGO–3M–RPF 广告创意显示系统项目 90 万元、西岸传媒股份有限公司的全网影视内容娱乐营销广告媒介决策支持系统 80 万元）。10 月省局又向省发改委推荐 2 个 2013 年广告企业创意项目，争取得到相应的资金支持。

（四）扎实开展“讲文明树新风”公益广告宣传活动

一是借助全省“3 · 15”国际消费者权益日宣传活动大会这一平台，在福建会堂国际厅举办“讲文明树新风 · 海峡两岸乐善杯公益广告风采展获奖作品展”，省人大常委会副主任黄琪玉、副省长李红，省文明办副主任王启敏等参观了作品展。二是编辑出版《海峡两岸“乐善杯”公益广告获奖作品集》，通过画册对获奖作品再次进行展示与评析，并围绕“作品征集、高校巡展、专家评奖”三个阶段对活动全过程中的精彩阶段进行集纳式回顾，进一步扩大影响。三是开展公益广告宣传巡展活动。从 4 月起历时三个多月，巡展活动跨越全省九个设区市，吸引了全省各地来自工商系统、广告界、新闻界、院校学生及社会各界人员约 2.3 万人次观摩公益广告作品。

2013年江西省广告监管工作情况

江西省工商局广告监督管理处

江西省开展整治虚假违法广告省级联席会议

2013年，在局党组的正确领导下，在分管领导带领下，在有关部门的支持和帮助下，广告处按照国家工商总局统一部署，认真履行广告市场监管和指导广告业发展的法定职责，坚持加强监管与积极服务并重，整顿规范与指导发展并举，创新监管机制与提高服务效能并行，全省广告市场秩序良好，广告业保持了平稳较快发展，为促进全省社会经济又好又快发展作出了积极贡献。2013年1－10月份全省工商系统查处虚假违法广告案件390件，罚没款211.83万元，其中责令公开更正10件，责令停止发布115件，移送司法机关2件。办理广告经营许可证140件，固定形式印刷品广告35件，户外广告43749个。

一、切实规范广告市场秩序，为实施广告战略营造良好的市场环境

2013年以来，国家工商总局广告抽查监测通报显示，我省医疗、药品、保健食品、化妆品、美容服务类广告严重违法率有所反弹，在全国排位靠后。其中省直主要媒体情况良好，严重违法率比重下降，但地市电视台严重违法率居高不下，省局要求全省各级工商行政管理机关进一步统一思想，切实加强组织领导，从关注民生、维护和谐稳定高度，强化广告监管执法工作，严厉打击虚假违法广告，为维护广告市场秩序，深入推进广告战略实施，创造良好的广告工作环境。一是继续深入开展虚假违法广告专项整治工作。按照省工商局等12部门转发工商总局《2013年虚假违法广告专项整治工作实施意见》精神，继续深入持久地开展专项整治工作，继续把关系人民群众健康安全和违法问题易发多发的医疗、药品、医疗器械、保健食品、危害未成年人身心健康的非法涉性、低俗不良广告以及收藏品、招商加盟广告作为整治工作重点，分类别、分阶段进行治理。

继续加大对群众投诉举报集中、广告违法率居高不下地区的治理力度，继续加大对都市类报纸、省级电视台及地市以下广播电台、电视台、报纸广告发布情况监测检查力度，继续加强对大型门户网站、视频网站、网络交易平台等广告监管监控。上半年，省局下文通报批评4次，下发《行政约谈书》19份，《责令整改通知书》19份，《停止发布通知书》5份，下达《广告案件查处通知书》60余份，处理消费者投诉举报214件。二是扎实开展医药广告整治专项行动。4月22日全国整治虚假违法医药广告专项行动电视电话会议召开后，省局立即会同8部门转发了行动方案及《关于进一步严格监管报刊出版单位、广播电台、电视台利用医药资讯专版、节目以及购物短片等形式发布广告行为的通知》等文件，分管副局长魏晓奎对整治工作提出要求：所有媒体单位对各自正在发布的有关医疗、药品、医疗器械、保健食品广告以及宣称具有治疗作用的保健用品广告进行清理检查，凡有属于整治重点及主要内容的情况，要及时予以停止播发，各联合整治单位按照国家要求抓好部署落实。目前我省共通过各类媒体宣传此次专项行动21次，曝光虚假违法广告10条次，组织学习培训369人，组织全省媒体单位自查清理医药广告共4680余条，停止发布虚假违法或者不规范的医药广告1492条。全省共监测媒体医药广告21300余条次，下发《责令整改通知书》、《责令停止发布通知书》268份。

二、对媒体单位落实《大众传播媒介广告发布审查规定》进行专门检查，加强媒体自律

省局下发通知，要求各地认真开展对媒体单位落实《大众传播媒介广告发布审查规定》的情况进行检查，落实“三级审查”制。通过送法上门、分期分批培训广告审查员、督促检查健全内部审查制度等，强力推动《大众传播媒介广告发布审查规定》的实施。仅省局就对江西卫视、《江南都市报》、《信息日报》、《江西晨报》等省级主要媒体上门进行检查，不足之处当场予以行政指导。

三、积极发挥联席会议机制作用，力促广告市场秩序齐抓共管局面

2013年以来，省局牵头召开了全省整治虚假违法广告电视电话会议暨联席会议成员单位会议，努力推动联席会议机制和作用的发挥，共同推进虚假违法广告的综合治理。牵头召开了全省整治虚假违法医药广告专项行动电视电话会议，并邀请省直媒体相关负责人列席会议。召开了全省工商系统广告监管工作会议，及时传达全国广告监管工作会议精神暨广告产业园区建设现场会精神，总结交流一年来全省工商系统广告工作取得的成绩和经验，部署全年工作任务。召开省直及南昌市广告审查员培训班，重申《大众传播媒介广告发布审查规定》的各类内容，加强行业自律。全省工商系统共举办广告审查员培训班6次，培训人员540余人。下半年全省广告严重违法现象有所反弹，部分媒体、部分地区广告违法情况比较突出，已引起省委领导的高度重视，省委常委、省委宣传部长姚亚平在国家工商总局《关于2013年6月全国部分媒体广告抽查监测情况的通报》上作出重要批示：如有必要，请广电局配合省工商局工作。亦请省广电局、省新闻出版局对全省媒体广告加强监管。收到省委领导批示后，省工商局于11月15日牵头召开了江西虚假违法广告专项整治省际联席成员单位会议，传达贯彻省委领导的重要批示精神，通报2013年我省虚假违法广告整治情况和国家总局近几个月监测情况，希望联席会议成员单位进一步加强沟通和协作，齐抓共管，形成虚假违法广告整治综合合力态势。各地要继续保持整治虚假违法广告的高压态势，防止虚假违法广告反弹反复，切实加强对当地主流媒体及重点监管媒体广告的监督检查，及时制止虚假违法广告的发布，督促媒体单位认真落实《大众传播媒介广告发布审查规定》，认真履行广告发布审查的法定职责，推动虚假违法广告专项整治工作取得实效。

四、深入推动广告战略实施，努力开创广告战略实施新局面

我省广告业发展虽然保持着良好的发展态势，但与全国其他省市，特别是经济发达省市相比，还有很大差距，仍然处在较低发展水平，广告经营额占全省国内生产总值明显偏低。广告业发展中存在的这些问题，更加需要全省各级工商行政管理部门自觉、主动地服务广告业的大力发展，借力、借势、借东风，推动广告战略的实施。自 2012 年省局制定下发促进广告业发展的“六项措施”以来，各地出现一些喜人成果：赣州已将广告业发展上升为政府行为，纳入地方经济社会发展大局，正力争创建广告产业园区。九江实现户外广告全部网上审批，即时办结户外广告审批工作。上饶组织相关广告公司赴先进地区参加广告创意产业园区建设，拟与宣传部门一道建设文化广告产业园区。鹰潭结合当地产业集群优势项目（眼镜、木雕、袜业、铜业）上做文章，呈现出用一个广告带动一个产品，带强一个行业，带活一方经济。景德镇大象广告公司的广告作品在全国广告作品评选中获得金奖，实现我省零的突破。江西高速传媒有限公司、江西华赣公交文化传媒有限公司、江西虹谊文化传播有限公司被评为国家一级广告企业，赣州“标点”广告公司等一批广告公司被评选为“著名商标”。

五、按照要求，深入开展涉嫌非法集资广告资讯信息清理工作

为有效防范非法集资风险，严厉打击非法集资违法犯罪活动，维护我省经济金融秩序稳定，防止非法集资活动利用广告资讯信息进行宣传，省工商局制定下发了《关于开展涉嫌非法集资广告资讯信息排查清理活动实施方案》的通知，决定自 2013 年 8 月至 10 月底在全省范围内开展为期 3 个月的涉嫌非法集资广告资讯信息排查清理活动，将各类报刊杂志、广播电视、网络媒体以及拥有户外广告发布媒体的企业作为此次重点清理的对象，要求各地进一步加大广告监测和巡查工作力度，及时发现和制止涉嫌非法集资广告的发布，对经有关职能部门认定为非法集资内容广告的，要依法从严查处，对构成犯罪的，及时移送司法机关追究刑事责任，以维护我省金融市场秩序。全省共出动广告监管人员 3699 人次，检查大众传播媒体 180 余户，监测大众媒体广告 30 余万条（次），巡查监督户外媒体广告 9000 余块，检查广告发布企业 1670 多户，发放宣传资料 26000 余份，发布路牌、电视公益广告 310 余次。

六、深入开展打击网上非法售药专项行动

为进一步加强互联网药品销售和发布药品信息的监管，严厉打击网上销售假药和违法售药行为，整顿和规范网上售药秩序，针对当前互联网药品销售存在的突出问题，省食品药品监管局、省公安厅、省工商局等部门根据国家有关部门的统一部署，联合制定下发《关于开展打击网上非法售药专项行动工作方案》，决定自 2013 年 8 月至 12 月期间，在全省范围开展打击网上非法售药行动。根据职能分工，各级工商行政管理部门主要是加强对利用互联网发布药品广告的监督检查，依法查处利用互联网发布的违法药品广告。加强与有关部门的协作配合，形成监管执法的综合合力，坚决打击违法行为，努力净化网上售药环境。

2013 年山东省广告监管工作情况

山东省工商局广告监督管理处

国家工商总局广告司副司长黄新民率考核评估专家组对山东省三家广告产业园区的建设运营情况进行了考核评估

2013 年初，省局下发了《山东省工商局 2013 年全省工商系统广告管理工作要点》，并联合省委宣传部、省政府纠风办等省整治虚假违法广告联席会议成员单位，下发了《山东省工商局等十四部门关于印发〈山东省 2013 年虚假违法广告专项整治工作实施意见〉的通知》，于 2 月 4 日在济南召开了全省广告管理工作电视会议，对年度广告管理工作进行了部署、安排。

一、指导广告产业发展工作

2013 年截至目前，青岛、潍坊、烟台 3 家国家级广告产业园 8000 万元中央扶持资金已经到位，目前共得到中央财政 2.4 亿元的资金支持。

（一）高度重视，不断优化广告产业发展政策环境

在争取省政府出台《关于促进全省广告产业发展的意见》（以下简称《意见》）、与国家工商总局签订《关于推动山东广告产业发展的战略合作协议》基础上，经省政府同意出台了《关于实施广告拉动战略的意见》，提出了在全省实施广告拉动战略的目标、实施步骤和主要措施，在培育大型广告企业、推进产业园区建设、打造广告品牌、广告人才培养等方面进一步细化、强化了有关政策措施。与省财政厅联合出台了《山东省广告产业发展专项资金管理暂行办法》，开展了 2013 年度专项资金申报工作，经专家评审，最终确定了 11 个扶持项目，下拨专项资金 600 万元。

（二）扎实推进广告产业发展，全面启动广告拉动战略

实施广告产业园区创建工程，认真组织开展了 2012 年国家级、省级广告园区现代服务业试点绩效初评价工作，积极协助青岛、潍坊、烟台 3 家国家广告产业园争取中央扶持资金支持；建立了构建“政府统领、工商牵头、部门配合、园区带动、社会参与、共

同推进”的园区建设工作机制，吸引了一大批国内外知名广告企业入驻园区，广告业组织化、集约化、专业化程度进一步提升；继续做好省级广告产业园区培育工作，指导园区建设公共服务平台，提高服务能力。实施大型广告企业培育工程，山东新之航传媒集团广告摄影基地项目获150万元省服务业发展引导资金支持。实施广告会展项目建设工程，组织了山东省第十四届广告节。实施广告品牌创建工程，打造了“晨鸿”等驰著名商标广告企业。实施广告专业人才培育工程，认真组织广告专业技术人员职业水平考试，在山东大学对考生进行了集中培训。实施广告公共服务体系建设工程，建立了山东广告交易中心，实现了广告展示、资源拍卖、融资、信息交流等职能的融合。

（三）立足服务，做好广告行政审批工作

在有关审批、审查和办理有关手续等工作环节中，注重改进作风、提高效率，积极为广告产业发展做好服务工作。放宽广告市场准入条件，积极支持中小广告企业发展。认真做好烟草广告、固定形式印刷品广告的审批和广告经营单位的登记、年检工作。2013年共审批固定形式印刷品广告118件，办理广告经营单位年检139件，办理广告登记业务21件。

（四）切实履行职责，加强对广告协会工作的指导

成功举办了山东省第十四届广告节。开展了中国广告业企业资质认定和自律诚信会员单位培育工作，共向中国广告协会推荐中国一级广告资质企业8家，评出二级广告资质企业13家、三级广告资质企业5家。开展了山东省第十四届广告节广告作品评选、山东省第二届学院杯大奖赛、2013“讲文明树新风”公益广告评选等赛事活动，共收到参赛作品3367件，评选出获奖作品1026件。

（五）开展“关心您、保护您、帮助您”预防职务犯罪公益宣传活动

为充分发挥公益广告在传播廉政文化、推进反腐倡廉建设、促进社会和谐等方面的重要作用，我们联合省检察院开展了“关心您、保护您、帮助您”预防职务犯罪公益宣传活动，共同推动检察机关廉政短片、公益广告、廉政海报、格言警句等廉政文化作品在广播、电视、报纸、网络、公交、出租、楼宇电视、户外广告橱窗等宣传媒介进行广泛传播，取得了良好效果。

（六）做好指导山东省广告摄影研究会工作

经过近一年精心筹备，山东广告摄影研究会于2013年8月成立，并召开了成立大会暨第一次会员代表大会，举办了山东省首届“泰山体育”杯广告摄影大赛、广告摄影暨高端摄影器材体验会、广告摄影培训班等丰富多彩的活动，为提高全省广告摄影行业发展水平做出了积极贡献。

二、广告市场监管工作

省委、省政府高度重视虚假违法广告整治工作，省委常委、宣传部长孙守刚同志亲自担任整治领导小组组长，亲自部署整治工作，取得了显著成效。从第三季度监测结果看，主流媒体基本杜绝发布虚假违法医药广告，医疗、药品等“五类广告”违法率由去年同期的23.90%下降至5.25%，同比下降18.65个百分点，创历史新低。

（一）以开展虚假违法广告整治专项行动为抓手，不断加大虚假违法广告整治力度

把直接关系人民群众健康安全的医疗、药品、保健食品等广告作为整治重点，采取“下管一级”的监管方式，对一定区域内的严重虚假违法广告实现了统一掌控，采取查处一批、撤销一批、曝光一批、封杀一批、责令整改一批、停发一批等“六个一批”的措施，不断加大执法力度。4月25日–7月25日，根据工商总局等部门要求在全省开展了“整治虚假违法医药广告专项行动”；6月17日–9月底，联合省委宣传部等9部门在全省开展了“整治虚假低俗违法广告和打击网络淫秽色情信息专项行动”，取得了显著成效。

（二）以强化监管效能建设为根本，不断完善广告长效监管机制

健全“一二三四五六七”的工作机制，即“一票

否决”，指导媒体单位坚持广告审查员一票否决制；“二级配合”，对重大案件采取“下管一级”的方式，实现统一掌控；“三级审核”，推行《山东省媒体单位广告发布审查表》，指导媒体单位完善广告审查员、广告部门负责人、媒体单位分管领导三级审查；“四级联动”，完善工商系统内部省、市、县、所四级上下联动网络；“五个统一”，统一事前指导、统一事中监测、统一事后执法标准、统一大要案掌控，统一学习培训；“六个一批”，采取查处一批、撤销一批、曝光一批、封杀一批、责令整改一批、停发一批等方式，加大执法力度；“七项制度”，坚持即联席会议、广告监测、违法广告四级通报、违法广告公告、市场信用监管、违法主体市场退出、违法主体责任追究等制度，加强与司法机关的衔接，符合法定条件的重大案件及时移送司法机关处理。年内共监测各类广告600万条次，有效掌控了广告发布动态；向社会公告了600余件典型涉嫌虚假违法广告，警示消费者；暂停了1000余件产品、服务的广告发布资格，有效净化了广告市场环境。

（三）以完善广告基础建设为保障，不断提高广告监管科学化水平

一是完善监管措施，不断健全部门间和系统内部的联动机制，实现了各有关部门齐抓共管的工作格局和省局、市局、区县局、工商所“四级联动”和属地化管理。强化对媒体单位的行政指导和事先预警，在全省推行了广告发布“三级审核制”，综合运用告诫、警示、教育、建议等多种手段，有效做到了事前介人预警。二是强化广告监测，健全广告监测机构和制度，实现了省、市、县三级监测网络联通，实行了党委、人大、政府、政协，联席会议成员单位，行业主管部门，媒体单位“四级通报制”。强化广告监测与监管、执法的联动，逐步建立了证据提供、案件交办、立案查处、结果反馈一体化的监管指挥系统。

三、2013年全省广告管理亮点工作

（一）深入实施广告拉动战略

积极协助青岛、潍坊、烟台3家国家广告产业园争取中央扶持资金支持，目前已经得到中央扶持资金2.4亿元的支持，2013年近8000万元扶持资金已经到位。建立了“政府统领、工商牵头、部门配合、园区带动、社会参与、共同推进”的园区建设工作机制，共聚集了近600余家广告和传媒企业，广告业组织化、集约化、专业化程度进一步提升，集聚效应和示范效应初步显现。

（二）成功举办山东省第十四届广告节

本届广告节于10月19－20日在烟台举办，主要有以下特点：一是广告产业园区推介招商精彩纷呈。3个国家级广告园区和6个省级广告园区进行了各具特色的形象展示和招商推介，在烟台广告创意产业园举办了专家访谈活动，取得了良好效果。二是优势广告媒体推介竞卖交易成效显著。依托山东省广告交易中心首创举办了优势广告媒体推介竞卖交易会，共推出22个竞卖标的，成交14个，为推动媒企间交流、互动，促进媒企间的推介、交易拓宽了渠道。三是广告新媒体设备展示亮点突出。举办了广告新媒体设备展上，展示了裸眼3D广告设备等代表国内广告行业先进技术和科技水平的广告设备。四是活动内容更加注重实效。广告节会期由3天压缩为2天，取消了大型文艺演出、高峰论坛等活动，节会期间没有安排欢迎、答谢和招待宴会，就餐全部安排自助餐，免收参会人员、单位注册费和企业媒体资源拍卖费，杜绝了形式主义和铺张浪费，进一步提高企业参展积极性。

（三）全省整治虚假违法广告专项工作取得显著成效

4月25日－7月25日，根据工商总局等部门要求在全省开展了“整治虚假违法医药广告专项行动”；6月17日－9月底，联合省委宣传部等9部门在全省开展了“整治虚假低俗违法广告和打击网络淫秽色情信息专项行动”。省委、省政府对此高度重视，省委常委、宣传部长孙守刚同志亲自担任整治领导小组组长，亲自部署整治工作，专项行动取得了显著成效。从第三季度监测结果看，两个专项行动取得了显著成效，主流媒体基本杜绝发布虚假违法医药广告，医疗、

药品等“五类广告”违法率由2012年同期的23.90%下降至5.25%，同比下降18.65个百分点，创历史新低。专项行动结束后，继续坚持省委宣传部牵头的整治工作领导机构，保留由省委常委、宣传部长孙守刚任组长，省委宣传部、省工商局等14部门负责人共同参加的省虚假违法广告整治工作领导小组。

2013年河南省广告监管工作情况

河南省工商局广告监督管理处

王艳玲副省长莅临郑州中原广告产业园视察指导工作

2013年，全省广告工作按照国家工商总局的安排部署和省局的工作要求，严格监管，力促发展，全省广告发布市场秩序进一步规范，广告业发展进一步呈现良好局面。

一、认真履行广告监管职能，多措并举健全广告监管长效机制

（一）持续开展整治虚假违法广告专项行动

近年来，我省广告监管工作，坚持以强化日常监管和持续开展专项整治行动相结合，解决突出和疑难问题，取得了较好效果。2013年以来，一是3月15日起，根据印刷品广告发布现状，全省开展了为期1个月的固定形式印刷品广告专项整治行动，共出动5000余人次对1892个经营场所和384家DM进行检查，发现问题及时解决，对其中存在问题的64家企业进行行政告诫，下发停止发布通知书37件，立案15起，查处了一批无广告登记证，不按规定使用审批首页样式，发布非广告内容或刊登易于报纸杂志混淆用语，发布违法广告等的案件，进一步净化了固定形式印刷品广告发布市场环境。二是根据国家工商行政管理总局、中央宣传部等13个部门《关于印发〈2013年虚假违法广告专项整治工作实施意见〉的通知》精神，省局与省委宣传部、省公安厅等13部门印发了《转发国家工商总局等十三部委〈2013年虚假违法广告专项整治工作实施意见〉的通知》，并把2013年确定为虚假违法广告治理年。三是根据国家工商总局、中宣部、卫生部等8个部门的安排和部署，联合省委宣传部、卫

生厅、医药监督局等 7 个部门下发了《河南省整治虚假违法医药广告专项行动工作方案》，决定自 4 月 25 日开始，在全省开展为期 3 个月的虚假违法医药广告专项整治行动。专项行动期间，全省共出动执法人员 5 万余人次，对查出的虚假违法医药广告，下发整改通知 521 件，责令停止发布 545 件，立案查处 506 件，罚没金额 660 万元。四是根据河南省打击和处置非法集资工作领导小组《关于开展涉嫌非法集资广告资讯信息排查清理活动的通知》，从 8 月至 10 月 31 日在全省范围内开展了涉嫌非法集资广告排查清理活动。五是从 10 月 10 日开始至 11 月 30 日，在全省开展全面清理整顿违法户外广告专项行动，严查未经审批擅自发布，内容虚假、夸大，含有广告发布禁用语言，误导消费等违法违规行为，进一步营造良好的广告发布环境。

（二）扎实开展广告日常监测工作

广告监测是打击虚假违法广告、规范广告发布的基础和前提，是广告监管的重要抓手。广告处高度重视日常广告监测工作，以及监测结果的运用。2013 年以来多次专门召开监测工作会议，统一监测标准，规范监测程序，严格监测纪律，并根据近年来广告监测的实际情况，省局信息中心对全省广告监测系统进行了软、硬件的更新和升级，将广告监测工作提高到一个新的台阶。2012 年底，省局为全省 10 个直管试点县（市）局配备了广告监测设备，2013 年全部开始投入运行，使广告监测的覆盖面进一步扩大。截至 10 月底，省局广告监测中心共监测河南电视台、河南人民广播电台、《河南日报》、《大河报》等 26 家省属媒体各类广告 1027651 条次，发现违法广告 22676 条次，下发整改通知书 137 件，停发通知书 154 件，交办案件 56 件。

（三）对全省广告发布情况进行抽查监测

2013 年以来，广告处对全省 18 个省辖市新闻综合频道、日报、晚报的广告发布情况进行了集中抽查，共监测各类广告 6673 条次，发现违法广告 1010 条次，违法率为 15.14%，严重违法广告 745 条次，严重违法率为 11.16%，较 2012 年同期有所上升。为及时遏制省辖市虚假违法广告反弹趋势，将监测结果进行了通报，并对各省辖市媒体广告发布情况进行排序，要求各地加大严重违法广告的处罚力度，及时制止严重违法广告的重复发布，严厉查处抽查中发现的虚假违法广告，净化广告市场环境。

（四）联合纠风部门对全省广告发布秩序进行暗访

为切实维护广大人民群众利益，严厉打击利用虚假违法医药广告欺骗和误导消费者的行为，进一步推进虚假违法医药广告专项整治工作，营造文明诚信的广告市场环境，2013 年 3 月 4 – 11 日，广告处会同省政府纠风办对全省部分媒体虚假违法医药广告发布情况进行了暗访检查。检查发现，经过近几年持续不断地整治，大多数新闻媒体特别是省、市级报纸、电视媒体法律、法规意识增强，医药广告发布严重违规程度降低，个别媒体仍顶风违规，继续刊播严重虚假违法医药广告，损害消费者利益。对此，省局和省政府纠风办联合下发了《关于对虚假违法医药广告暗访情况的通报》，通报了电视、广播、平面等 25 例虚假违法广告，责令发布媒体立即停止发布，并对媒体进行了查处，共罚没 32 万元，有力震慑了虚假违法广告发布行为。

（五）对省直媒体广告发布情况进行督查

2013 年 5 月，省局联合省纠风办对省直媒体广告发布进行了督查，并将督查结果向媒体的主管部门河南报业集团、省广电局等分别进行了情况通报。要求其主管部门对所属媒体严格监管，并严肃处理通报的虚假违法广告。

（六）积极履行联席会议制度牵头职责

整治虚假违法广告联席会议是我省近年来打击虚假违法广告，净化广告市场秩序的重要抓手。2013 年以来，省局积极履行牵头职责，分季度召集宣传、卫生、药监、广电、公安等部门召开联席会议，传达中央 13 个部委广告市场监管有关要求，通报广告监管情况，部署广告监管工作，进一步加强相互沟通和协作，增强广告监管合力。

（七）创新媒体约谈方式收到了良好效果

媒体约谈制度包括定期召开的媒体约谈会和根据实际情况随时召集有关媒体进行的行政约谈。2013年以来，广告处多次召集省会各主要媒体负责人召开虚假违法医药广告专项整治工作暨媒体约谈会。会议以音视频、图片等形式通报典型虚假违法广告案例，并将各单位的虚假违法广告汇集刻录光盘，让其对照和自查自纠，对各媒体震动较大，取得了较好效果，使媒体单位进一步强化自律意识，严格把关审查，规范广告发布的意识进一步提高。

（八）召开全省工商系统广告工作电视电话会

全国工商系统广告工作暨广告产业园建设现场会结束后，及时召开了全省广告工作电视电话会。李明申副局长、王船起副局长、广告处全体同志，以及郑州、洛阳、平顶山、鹤壁市工商局分管副局长在省局主会场参加了会议，18个省辖市和10个省直管试点县（市）局分管局长、商广处（科）长及有关负责同志在各分会场参加了这次会议。会议传达了全国工商系统广告工作暨广告产业园建设现场会议精神，总结交流了全省工商系统广告工作取得的成绩和经验，研究部署了工作任务，动员全省工商系统统一思想，提高认识，进一步重视和加强广告监管和广告业发展工作。

（九）坚持落实违法广告公示制度

为及时提醒广大消费者在购买和使用药品、医疗器械、保健食品以及接受医疗服务时辨明广告真假，提高理性消费意识，广告处每季度在《大河报》、《东方今报》、《河南商报》等省会主要媒体发布典型违法广告公告，曝光一批典型虚假违法药品、医疗服务、保健食品广告。2013年前三季度典型违法广告公示已如期发布，曝光了“平老太降压贴”等35例典型严重虚假违法广告。

二、全力建设广告产业园区，由点带面推动全省广告产业发展

2013年以来，全省指导广告业发展工作以建设中原广告产业园为核心，通过产业集聚、政策扶持打造中原广告产业增长极，进而辐射和带动周边区域和产业共同发展。

（一）夯实全省广告工作基础

2013年，按照全国工商系统广告工作会议精神及要求，广告处利用企业年检、调研等手段，与省统计局等有关部门协调合作进行全省广告企业统计工作，为摸清家底，指导全省广告工作提供可靠依据。同时加强了广告业发展的推广宣传，进一步营造各级党委、政府和社会各界关注、支持广告业发展的良好环境。

（二）全力促进中原广告产业园建设

省局领导十分重视、关心、支持中原广告产业园建设，周局长多次到广告产业园调研、座谈和解决实际问题，及时指导中原广告产业园建设。李明申局长、王船起局长经常到广告产业园指导工作。2013年4月18日，中原广告产业园试运行，腾讯·大豫网、大河网、凤凰网河南站等100余家综合性广告运营商已陆续入驻，招商态势良好，集聚效应已初步显现。4月26日，中原广告产业园被正式确定为国家广告产业园区，成为全国第2批11家试点园区中认定的2家国家广告产业园区之一，连续两年得到中央财政补助资金3500万元。园区正式运营后，一是加强了招商引资工作，特别对国内外知名广告企业的招商工作；二是加强了对园区建设的指导工作，加快二期工程建设进度；三是加强对入园广告企业的服务工作，进一步完善对入园企业的扶持政策，确保入园企业充分享受优惠政策和优质服务，积极响应企业需求，保护企业权益。

（三）积极为我省广告业发展宣传造势

充分利用媒体资源，加大对中原广告产业园和广告业发展的宣传工作。一是定期和不定期地组织省主要媒体宣传报道产业园。二是在中原广告产业园试运营期间，组织省会主要媒体进行了集中宣传、报道，增加中原广告产业园的聚焦度，引起更大更广的社会关注，效果良好。三是组织中原广告产业园被授予国家广告产业园区新闻发布会，邀请《中国工商报》等

国家级媒体、河南电视台、《大河报》等 20 多家省内主要媒体，以及人民网、中国广告网等国内主流网络媒体进行集中宣传报道，扩大影响力，收效显著。

（四）推进各地市指导广告业发展工作

2013 年以来，我们积极指导各省辖市、省直管试点县（市）工商局贯彻落实省政府办公厅《关于促进全省广告业发展的意见》，大力谋划本地广告业发展工作。

三、积极组织“讲文明树新风”公益广告大赛，充分发挥广告在宣传正能量中的作用

为推进社会主义核心价值体系建设，充分发挥公益广告在传递文明、引领风尚方面的重要作用，培育知荣辱、讲正气、作奉献、促和谐的良好风气，省局与省文明办认真落实中央文明办和省委宣传部等部门的意见和要求，联合印发了《关于开展“讲文明树新风”公益广告大赛作品征集活动的通知》，在全省举办为期 4 个月的“讲文明树新风”公益广告大赛作品征集活动。目前，大赛已圆满结束，共征集各类作品 1304 件，评选出视频类、广播类、平面类、网络类、手机类获奖作品 25 件。优秀作品不仅上报中央文明办，而且在省主要媒体上刊播，也在我局内外网进行展示，收到了较好的社会效果。

2013 年湖北省广告监管工作情况

湖北省工商局广告监督管理处

湖北省工商系统广告监管规范化建设现场会

2013 年，湖北省工商局深入贯彻党的十八大和十八届三中全会精神，认真落实总局广告工作要求，坚持“服务发展是第一要务，监管执法是第一责任”工作理念，积极履行广告市场监管与指导广告业发展两项职能，积极有效开展虚假违法广告专项整治，大力推进广告监管“六个规范化”建设，各项工作取得新进展。

截至 11 月底，全省广告经营户达到 1.15 万户、

注册资金150.5亿元，从业人员5.51万人。1-11月份，全省广告经营额突破80亿元，同比增长超过40%。广告经营户中，国有企业151户、集体企业23户、私营企业8829户、内资企业518户、外商投资企业4户、个体经营户1685户、兼营广告业务事业单位361户；实有电视频道265个，广播频率83个，报纸68家，期刊161家；取得固定形式印刷品广告经营资质企业79户；户外广告经营单位3863户。2013年开展的主要工作：

一、抓虚假违法广告专项整治

根据总局有关虚假违法广告专项整治工作的要求，我们先后制发了《湖北省2013年虚假违法广告专项整治工作实施方案》、《关于转发〈工商总局等八个部门关于开展整治虚假违法医药广告专项行动的通知〉的通知》、《关于开展互联网违法药品广告整治工作的通知》等文件，会同党委宣传、卫生、食药局、新闻出版广电等部门，瞄准重点区域、重点媒体、重点类别广告和严重违法的广告情形，连续打出广告监测、监管、执法办案、综合治理"组合拳"，始终保持对虚假违法广告的高压态势，全省广告违法率与2012年同期相比下降近7个百分点。根据总局月度监测通报情况显示，我省在全国排名有较大幅度上升。

一是强化监测。为使广告监测更具针对性，我们改变以往按月抽查监测的方式，成立专门监测小组，对武汉地区省市主要电视、广播、报纸媒体进行定向全天候监测，每周汇总分析一次，对监测发现的虚假违法广告，迅速责令媒体停止发布。二是及时通报。牵头定期召开武汉地区省市主要媒体广告监管情况通报会，集中通报广告监测、群众举报、部门移交、领导批示等途径掌握的违法广告情况，要求媒体加强自律。为争取领导重视支持，及时将专项整治进展情况以专题简报形式向省市政府分管领导和党委宣传部长、联席会议成员单位进行通报。三是当面约谈。我们约谈了12家医药广告违法量大、违法率高、投诉举报多的媒体单位，"面对面"指出问题、批评教育，并提出整改要求及时限。四是联合检查。5月14日，我们联合省委宣传部、省新闻出版局、省食品药品监督管理局及武汉市局，对武汉地区省市11家主要媒体发布广告、执行《大众传播媒介广告发布审查规定》、落实广告发布"三级审查"制度、规范广告档案管理等情况进行了现场检查。五是责令停止发布。对经核实确认的500多条次虚假违法广告，分别向相关媒体单位下发文书责令停止发布。六是公开曝光。6月底，我们在外网上曝光了十大典型严重虚假违法广告，对2家电视媒体、4家广播媒体、5家报纸媒体进行曝光，扩大了震慑效果。七是立案查处。对总局公开曝光、有关部门移送、群众投诉举报和监测发现的违法情节严重、性质恶劣的虚假违法广告，坚决立案查处，予以严厉处罚。督促市州局对总局通报、公告的38件典型违法广告进行了查处，罚没款16.34万元。省局本级查办广告案件14件，罚没金额189.82万元。

为巩固和扩大虚假违法广告专项整治成果，9月中旬，我们联合省委宣传部、省卫生厅、省新闻出版广电局、省食品药品监督管理局组成两个检查组，对6个市州整治虚假违法广告情况进行了专项检查，同时现场检查了12家媒体执行《大众传播媒介广告发布审查规定》情况并随机抽查了1天的广告发布情况。检查结束后，以省级联席会议办公室名义通报了检查情况和发现的问题。同时，要求各地对照自查，组织开展整治工作"回头看"。

二、抓广告业发展工作

在这方面，一是着力优化广告业发展政策环境。认真落实省政府与总局签署的《推进湖北广告业发展战略合作协议》；争取省委、省政府重视支持，将广告业发展分别列入了全省"十二五"文化产业和现代服务业发展规划；组织各市州局在全省开展广告业发展情况调研，通过调研，正在制定全省广告业发展中长期规划，草拟了支持鼓励广告业发展的政策措施，拟从市场准入、财政支持、税收优惠、信贷融资、人才引进等方面提供政策支持。二是着力降低广告市场准入门槛。将广告市场主体发展作为“市场主体增量行动”的重要内容，进一步放宽了准入条件，对注册资本在1000万元以下的内资广告公司（一人公司除外），允许实收资本“零首付”；对注册资本100万元以下的内资广告公司，股东全部以货币出资的可免予提交验资报告；广告公司以商标、品牌、技术等知识产权作价出资，最高可达注册资本总额的70%。2013年全省净增广告市场主体4100户、广告从业人员10405人。三是着力推进广告产业园区建设。跟踪指导“汉阳造”广告创意产业园建设，用足用活国家广告产业试点园区支持政策。目前，该园区已入驻企业84家，其中广告及其关联企业72家；2013年已实现生产总值5.3亿元，其中广告企业经营额4.8亿元。为规范园区财政资金管理，我们联合省财政厅专门制定了《武汉汉阳造广告创意产业园现代服务业综合试点资金管理办法》，进一步明确了财政资金支持方向、方式和标准，规范了项目申报、评审及资金拨付程序，最大限度提高了资金使用效益。同时，我们积极培育省级广告产业园区，出台了《湖北省广告产业园区认定和管理暂行办法》，启动了省级广告产业园区申报工作。宜昌、襄阳、荆州等地一批条件相对成熟的广告产业园区正在有序开发建设。四是着力提升广告行政指导水平。为提供更加有针对性的“一对一”服务，结合开展群众路线教育实践活动，在全省范围建立了三个层面广告工作联系点，即：12个县级局、15个基层工商所和50家广告企业。建立联系点的目的一是研究规范县级局和工商所的广告工作职责，促进依法履职，提高指导广告业发展能力；二是加强调研指导，为联系点提供业务直通服务，在工作上给予指导帮扶；三是作为全省广告工作探索创新的试点，鼓励创新发展，总结经验做法。

三、抓广告监管“六个规范化”建设

以落实广告工作基本职责、基本制度、基本手段、基本队伍“四个基本”为抓手，在全省系统大力推进“六个规范化”建设（广告监测规范化、日常监管规范化、执法办案规范化、媒体自律规范化、综合治理规范化、目标考评规范化）。6月上旬，我们组织全省系统在襄阳专门召开了广告监管规范化建设推进会，现场观摩学习襄阳市局规范化建设成果，武汉、孝感、宜昌、咸宁、随州等市局从不同侧面作了交流发言，有关经验做法在《工商行政管理》（半月刊）2013年18期作了专题介绍。同时，加大对各地规范化建设工作的调研指导、检查督办力度，将“六个规范化”建设工作列入了市州局年度目标责任制实地检查考评内容。全省系统对照目标要求，各项工作推进比较顺利，取得了明显进展。

（一）深入推进广告监测规范化建设

按照“统一规划、分步实施、分级负责”的原则，目前全省12个市州局和近一半县级局完成了广告监测信息化系统改造升级工程，省市县三级互联互通的广告监测网络初步形成。各地结合监测工作实际，进一步健全广告监测机构，配备了专兼职监测人员，基本构建起日常监测和集中监测相结合、全面监测与定向监测相结合、重点监测与跟踪监测相结合的广告监测体系。

（二）深入推进日常监管规范化建设

通过对各类广告市场主体进行全面清理，分级分类逐一核对录入，完善了全省统一完整的广告经营主体数据库，为广告监管工作提供了基础支撑。同时，为缩短对虚假违法广告的处置周期，采取了“告知、提示，约谈、警示，处罚、公示”等综合处理措施，通过制定格式统一的责令停止发布通知书、行政告诫书、行政约谈书、违法广告查处通知书、违法广告公告等行政监管文书，规范广告日常监管工作。2013年，省局本级已经下发责令停止发布通知书10份、行政告诫书5份，行政约谈12家媒体单位负责人。

（三）深入推进执法办案规范化建设

对群众投诉举报、市场巡查发现、上级转办批办、媒体披露曝光、有关部门移送、广告监测发现“六类”广告案件线索，符合立案条件的，一律予以立案查处。2013 年全省系统广告案件查处数量同比增加 70% 左右，办案质量有所提升。

（四）深入推进媒体自律规范化建设

全省系统积极指导、督促各级媒体落实《大众传播媒介广告发布审查规定》，健全完善广告业务的承接登记、审核、档案管理制度，明确广告审查责任，履行广告审查义务。全省组织大众传播媒介广告审查员、广告经营管理部门负责人广告知识更新培训 2300 多人次，对 160 名新任广告审查员进行培训和考试。各地定期检查大众传播媒介落实广告发布审查规定情况，每季度向地方党委、政府领导和有关成员单位进行通报。省局本级 2013 年已编发 7 期简报，报送省委省政府领导、成员单位负责人及有关媒体。

（五）深入推进综合治理规范化建设

4 月份，根据省整治联席会议成员单位人员变化情况，我们及时进行调整更新，进一步明确职责分工，加强部门协作配合。全省各级通过健全完善广告联席会议制度，落实“一季一会”制度，实现了常态化信息共享和执法协作机制。针对广告市场秩序状况，各地分区域、分时段、分类别地组织开展部门联合整治行动，提高了综合治理工作合力。襄阳市积极提升联席会议规格，建立了由分管副市长任召集人的联席会议制度。黄石市成立了由市委宣传部副部长任组长、相关职能部门负责人为成员的虚假违法广告点评小组，定期召开会议评析典型虚假违法广告，现场决定综合处理措施。孝感市出台了发布违法广告媒体单位领导责任追究、广告市场信用监管、执法办案协调等七项制度，规范了成员单位工作程序及要求。咸宁、潜江等地实行成员单位之间广告监测监管情况定期通报制度，实现信息互通、数据共享，提高了数据综合利用率。

（六）深入推进目标考核规范化建设

将广告综合违法率和“五类”重点广告违法率，作为考核全省系统广告监管工作的一项重要指标纳入年度考评范围，充分发挥目标考核导向作用。武汉市工商局争取市政府将广告违法率作为市属主要媒体年度绩效考核和“治庸问责”内容，由工商部门实行“一季一考”，结果上报市政府考评办年终统一考核。鄂州市出台了《大众传播媒介广告发布审查检查考核办法》及《评分办法》，将考核结果直接与媒体单位评先评优挂钩。

我们在抓好上述重点工作的同时，针对广告处成立时间不长、广告工作基础较弱的实际状况，省局本级通过完善内部管理、细化工作标准，做了一些基础性工作。一是组织全省系统开展了广告工作基本数据调查，摸清了全省广告发展、监管和队伍人员情况；二是针对少数基层工商部门在商品包装物广告监管方面存在重复立案、随意处罚、立案前不备案等问题，制发了《省工商局关于进一步规范商品包装物广告监管和立案前备案工作的通知》，进一步规范了商品包装物广告监管执法工作。三是重新明确了广告行政审批工作程序和要求，办理固定形式印刷品广告 45 户。四是规范了广告信访投诉举报处理程序，共转办违法广告线索 38 件，协调相关单位向消费者退货退款 49 起，未发生消费者或职业举报人因工商部门处理不当引发的复议、诉讼等情况。

2013 年湖南省广告监管工作情况

湖南省工商局广告监督管理处

2013 年度湖南省广告协会工作先进集体与个人

2013 年，我局认真落实广告监管各项工作，扎实推进广告战略实施，切实履行职能，圆满实现了年度工作目标。

一、悉心部署、严密组织，广告业发展有新成就

（一）促进广告产业发展制度措施更加完善

2013 年，我们继续扩大广告产业发展领导小组成员范围，将省经信委、省商务厅、省旅游局吸纳为联席会议成员单位，6 月 28 日，省广告产业发展领导小组（省广告发展联席会议）召开会议，听取了长沙市天心区委、区政府关于长沙（国家）广告产业园建设的发展情况汇报，讨论通过了《2013 年全省广告战略实施工作安排》、《湖南省广告产业发展领导小组成员单位职责》、《湖南省广告发展联席会议成员单位广告监管信息通报和执法协作制度》，从制度层面全方位多角度为广告产业的发展提供了组织保障。省政府副省长盛茂林出席会议并做重要讲话，指出广告产业是新兴产业也是民生产业，要求各成员单位从各自职能出发，大力支持广告产业发展。

（二）广告产业园区建设稳步推进

园区是广告产业发展的有效载体，2012 年 4 月，国家级广告创意产业园试点落户长沙天心区，我省广告产业发展迎来了最好的历史机遇，我局积极向国家工商总局、财政部汇报，寻求支持，中央用于园区建设的 7500 万专项资金也已落实到位，省市区三级齐抓共管、分级负责、协调互动的管理运营机制初步形成，以嘉盛国际广场、恒力卡瑞尔为核心的先期园区，已基本建成产业要素齐备、企业聚集发展的成熟园区；选址省府新区，总投资 35 亿元，总占地面积 450 亩的核心园区，目前已启动 110 亩工程建设，建筑面积 20 万平方米；选址解放垸的拓展园区，正着手规划。目前，先期园区已成功引进了天择传媒、和光文化、新浪湖

南、腾讯湖南、荣宝斋、顺风传媒、中元文化等一批广告企业和相关产业项目。入园广告企业达到152家，涉及注册资本10.64亿元，广告业产值突破30.4亿元。此外，依托长沙（国家）广告产业园的资源管理优势，我局主动与省发改委协调，省工商局和省产业园区建设领导小组办公室联合下发《关于开展我省广告产业园认定工作的通知》，出台了省广告产业园的认定和管理办法，计划明年认定1－2家省级广告产业园，逐步打造湖南以长沙广告产业园为主体的“一体两翼”，充分激发全省广告行业的聚集效应，加速省广告产业发展。

（三）广告专业人才整体素质明显提升

广告从业人员的知识技能水品是广告发展与监管的加速器，2013年，我局联合省广告协会，加大对广告企业资质创建的支持及对广告从业人员技能培训指导，先后举办了200余人参加的“省会媒体广告审查员培训班”，组织了广告企业参加第19届中国（南京）国际广告节，开展了“讲文明，树新风”公益广告作品大赛，协办了公益广告颁奖典礼暨“白沙杯”第七届广告与品牌论坛，论坛广邀广告业精英，为湘籍广告企业的经验交流与业务合作提供了“高质量、高起点、高标准”的平台，目前全省共有广告经营主体14500户，比2012年同期增长46%，全省2013年广告经营额达130亿元，比2012年同期增长13%，全省共有11家广告公司获得中国一级广告企业资质，广告企业的发展进入快车道。

二、加强监管、严查重处，广告市场秩序有新面貌

（一）开展专项行动，集中整治重点领域和重点行业广告

2013年初，我处下发了《关于进一步规范“两会”和春节期间广告发布行为的通知》，拉开了全年虚假违法广告整治“亮剑”行动的序幕，随后，我局开展了“整治非法集资融资广告”、“整治互联网和手机媒体传播淫秽色情及低俗信息”等一系列专项行动，我局认真贯彻4月22日全国整治虚假违法医药广告专项行动电视电话会议精神，深刻认识到整治虚假医药广告的重要性和紧迫性，会后，我省以全省广告产业发展领导小组办公室的名义立即转发了国家工商总局等八部委《关于开展整治虚假违法医药广告专项行动的通知》，并制订下发了全年整治虚假违法医药广告专项行动工作方案，细化责任和步骤，明确了整治重点和难点。在全省工商系统广告监管部门的共同努力下，我省6月份全省广告的月违法率由年初的17.14%下降至2.93%，郴州、衡阳当月的广告违法率为零，同时我们还要求各市州局，加强对虚假违法广告的监测力度、加大对违法广告的打击力度，始终保持广告市场监管的高压态势，确保各媒体广告版面充分净化，广告市场秩序取得实质性好转。

（二）创新监管工作方式，强化媒体自律意识

专项整治行动伊始，各市州由工商部门牵头，施行“事前座谈、事中约谈”，分别召开了“整治虚假违法医药广告媒体座谈会”，会议向各地广告发布方传达了国家八部委《通知》的文件精神，要求各地媒体主动开展自查自纠，立即停播、停刊虚假违法广告，贯彻落实《大众传播媒体广告发布审查规定》，建立广告审查三审制，重新编审广告内容，严把广告审查关，部分市州媒体还签订了《拒绝发布虚假违法医药广告承诺书》；对座谈后广告把关不到位的媒体，工商部门随即约谈相关媒体负责人，责令其立即停止发布违法广告，限期整改并及时上报说明整改情况。经过认真调研，我局总结各市州实际工作情况，起草了《广告行政约谈工作制度》，该制度明确了利用座谈、约谈、提出行政建议等方式实现广告监管关口前移、帮助媒体提高行业自律的目的。

（三）加大案件查办力度，有效震慑违规违法广告的发生

全省工商机关按照“整改一批，曝光一批，查处一批，移送一批”的工作要求，对巡查发现、各级广告监测中心监测到的违法广告要求整改；对违法内容

多、社会影响恶劣的虚假广告公开曝光；对国家总局督办、群众反映强烈的虚假广告严查重处；对屡查屡犯、涉及刑事责任的广告坚决移送。据初步统计，全省责令停止发布违法广告15000余条，下达责令整改通知书500余份，全年省局发布12次违法广告公告，省局在5月18日的《湖南日报》上曝光了18条虚假违法医药广告，岳阳市局在岳阳红盾信息网上公开曝光25条严重违法医药广告；全省共立案查处虚假违法广告案件千余起，罚没金额650余万元，向公安机关移送1起。此外，我局还挂牌督办了"天翼牌糖乐片"、"虫草利肺胶囊"等28起虚假违法广告案件。

（四）认真处理申诉举报，最大限度地维护消费者权益

群众申诉举报是对广告监管工作的重要补充，2013年，仅省局就受理涉嫌虚假违法广告申诉举报197件，基本办结。对待申诉举报问题，我局按照"一申诉一记录，一办结一回复，一核实一查处"的工作要求，积极协调处理广告申诉举报，对已办结的申诉举报及时进行回复，对举报人提供的涉嫌违法广告线索，核实后依法进行查处，做到"事事有着落，件件有回复"。

三、深入调研、积极探索，广告基础工作再上新台阶

（一）组织《广告法》修订调研

现行《广告法》颁布于1994年，相关的法律规定与广告监管的实际存在一定的滞后，修订《广告法》成为大势所趋，2013年9月，我局广告处会同法规处、市场处、省广告监测中心等相关处室召开了《广告法》修订调研，调研会议听取了各处室对当前广告监管的建议，并针对"是否禁止发布烟草广告"、"广告鉴证者"、"网络广告监管"、"公益广告监管"等方面进行了激烈的讨论。调研后，广告处综合各单位意见并撰写《广告法》修改省级调查问卷，为《广告法》的修订建言献策。

（二）探索搭建广告监管信息化平台

当前，广告监管存在多部门管理和审批信息不畅通等问题，为实现监管信息共享，促成联席会议成员单位的广告监管工作无缝对接，省工商局联合省食药监局、省卫生厅共同规划，拟建立"广告监管信息共享平台"，整合医疗、药品、保健食品、医疗器械广告审批、案件线索、查处结果等信息，实现工商、药监、卫生三部门广告监管数据的动态共享，目前该平台正在加紧建设当中，预期2014年可投入使用。

（三）开展工作指导和监督检查

为确保各项制度落实到位，我处加大了对各市州以及省属媒体的督导监察力度，2013年7月，我局会同省纠风办对岳阳、益阳、湘西等市州进行了整治虚假违法医药广告专项行动督导；8月，召开全省广告工作座谈会，各市州局相互交流整治虚假违法医药广告经验，共同分析当前媒体、广告行业的发展形势；11月，我局联合联席会议主要成员单位开展了2013年全省广告工作督查，重点检查各地联席会议单位协作整治违法广告情况，随机抽查整治期间媒体所发布的广告，对发现的问题现场督办，防止虚假违法广告反弹，巩固整治效果。

（四）扎实做好广告相关数据统计工作

按照国家工商总局要求，我处逐步完善统计报表制度，形成了统计广告发展经济指标与统计广告监管数据的"两条线"，从月报到季报，我们对统计数据质量从严要求，力求数据的真实可靠，为制订广告发展策略、广告战略规划、整治违法广告等决策提供了客观的数据支持。近期，我局下发了《关于对广告经营单位做标记的通知》，要求各市州统计人员在"数据中心综合应用系统"中开设操作账户进行广告经营标记操作。

2013年，我局正确分析了广告市场监管和指导广告业发展的辩证统一关系，确定了"坚持一手抓发展，一手抓监管"的工作方针，初步形成了监管与发展并举，横向纵向联动，多方合力推进广告战略的工作机制。当然，我们也看到当前广告工作形势依然严峻、广告治理任务十分艰巨，工作中也有部分难题待破解，比如广告监管力度不断加大与违法现象易发多发并存、人民群众期望不断上升与违法广告短期内难以根除并存等。

2013年广东省广告监管工作情况

广东省工商局广告监督管理处

广东省工商局副局长钱永成、广州市副市长王东为广州国际媒体港揭牌

2013年，广东省工商局广告处认真贯彻党的十八大和全国工商系统广告工作会议精神，紧紧围绕服务“五位一体”建设的目标，以党的群众路线教育实践活动为契机，加强行风建设，整顿和规范广告市场秩序，深化广告行政审批制度改革，积极推进广告战略实施，努力营造法治化、国际化营商环境。

一、强化广告市场监管力度，维护公平竞争市场环境

一是强化监管执法取得显著成效，2013年前三季度全省广告违法率为1.62%，同比下降1.44个百分点。组织全省工商系统开展整治虚假违法医药广告、网络淫秽色情信息专项治理“净网”和集中清查非法金融广告等专项行动，结合药品领域“三打”、打击保健食品“四非”工作，进一步强化广告监测、查处、公告、督办和职能部门执法联动的力度，集中整治虚假违法医疗、药品、保健食品、非法集资以及非法涉性等广告，及时处置北方狼市场调查公司举报加多宝广告、《南方都市报》发布“前任张太”违法广告等突发事件。全省工商系统监测广播、电视、报纸、期刊等媒介563家，抽查网站3.1万家，联合广告监管联席会议成员单位开展专项检查386次，检查医药企业、医疗机构2492户，检查广告242.8万条次，发现违法广告6.8万条次；对648家广告活动主体进行行政告诫，责令停止发布违法广告2.7万条次。截止11月底，全省工商系统共查处广告违法案件2596件，同比增加76.5%，罚没款2867万元，其中，网络广告案件128件，同比增加178.3%，罚没301万元；停止广告业务2家，通过大众传播媒介公告严重违法广告618条，同比增加11.1倍；提请通信管理部门关闭非法网站45个；向公安机关移送涉嫌犯罪线索28件。

二是行政指导工作发挥显著作用，扩大了绿色广

告频道（频率）试点的影响。会同广东省委宣传部、省新闻出版广电局组织、指导广东电台珠江经济、城市之声频率和广东电视台嘉佳卡通频道、惠东电台 4 个绿色广告频道（频率）的建设，引导大众传播媒介完善经营管理制度，促进广告经营结构转型升级，大力促进广告业诚信自律建设。

二、深入推进广告战略实施，服务广告产业转型升级

一是国家广告产业园区建设快速推进，在新建成的广州国家广告产业园区举办了“南方广告的当下与未来”为主题的首届南方广告论坛，广州国际媒体港西塔成功纳入广州国家广告产业园区和现代服务业试点广告园区范围，深圳新媒体广告产业园招商引资工作进展顺利，横琴国际广告创意产业基地建设筹备工作有序推进。二是加强对户外广告的规范和管理。6 月 1 日开始实施的《广东省户外广告管理规定》明确了全省户外广告管理的基本原则、要求和户外广告经营者的权利、义务，推动建立透明公开、公平竞争的户外广告市场秩序，维护消费者和经营者的合法权益，受到了地方政府的重视和广告行业协会、企业的好评。三是开展广告业基础统计工作。2013 年 3 － 7 月，部署开展全省广告行业普查工作，全面实行网上直报模式，统计对象在省工商局官方网站直接填报统计数据。据统计，2012 年底，全省 14953 家广告企业、272 家事业单位广告经营收入达到 748 亿元，广告从业人员 148775 人，继续稳居全国前列。四是完成了对全省广告行业协会的普查工作。通过召开座谈会、问卷调查等方式，对目前全省广告行业协会组织情况进行了全面摸底调查，从会员数量、资产状况、会费标准、组织构成、党建等方面的情况都有全面的了解和掌握，为履行指导广告协会职能打下了基础。

三、深化行政审批制度改革，放宽广告市场准入门槛

在工商总局的支持下，经国务院批准，我省在全国率先停止了固定形式印刷品广告登记、外商投资广告企业设立分支机构审批等 4 项行政审批，给企业松绑，进一步激活了市场活力。为确保广告行政审批制度改革工作落实到位，在省政府网站和《广东省人民政府公报》上公布了《广东省工商行政管理局关于落实广告行政审批制度改革的通知》、《广东省工商行政管理局外商投资广告企业项目审批规范》。同时，启动烟草广告地方立法工作，落实烟草广告审批制度的改革。

2013年广西壮族自治区广告监管工作情况

广西壮族自治区工商局广告监督管理处

广西自治区工商局召开打击虚假违法广告媒体座谈会

2013年，我区各级工商机关紧紧围绕国家"十二五"规划纲要提出的"促进广告产业健康发展"重点，立足广告监管职能，强化广告市场监督管理，积极开展整治虚假违法医药等广告等专项行动，广告市场得到了有效的净化，广告产业得到了进一步发展。

一、深入开展虚假违法医药广告专项行动，重拳打击虚假违法广告

根据《工商总局等八部门关于开展整治虚假违法医药广告专项行动的通知》（工商广字〔2013〕69号）精神和2013年全国整治虚假违法医药广告专项行动电视电话会议精神。广西工商系统于2013年3月25日至9月30日，分三个阶段组织开展了整治虚假违法医疗药品保健食品广告专项行动。

（一）部署周密，行动迅速，确保专项整治顺利开展

2013年以来，我局将医疗、药品、保健食品虚假违法广告作为整治重点，于3月19日制定下发了《全区工商系统医疗药品保健食品虚假违法广告专项整治工作方案》，并成立了专项领导小组。4月22日，全国整治虚假违法医药广告专项行动电视电话会议召开后，及时转发了《工商总局等八部门关于开展整治虚假违法医药广告专项行动的通知》，对专项整治工作进行了进一步安排部署，要求各单位切实按照总局的工作要求，加强领导，明确分工，落实责任，结合实际开展专项整治行动。

（二）广泛开展广告媒体行政约谈会，强化诚信，加强自律

在整治工作中，我局将增强媒体自律，提升媒体诚信意识和责任意识，作为深入推进整治工作的重要

抓手，部署全区各级工商机关广泛开展广告媒体行政约谈会。采取通报医疗、药品、保健食品虚假违法广告监测情况，曝光虚假违法广告案例，点明存在问题，学习广告法律法规，传达整治文件等方式，引导媒体树立诚信意识，加强行业自律，自觉停止发布群众反映强烈的医疗、药品、保健食品等违法广告，落实各项广告监管制度措施，并配合工商部门对违法率较高的广告主开展单独约谈告诫。

（三）针对重点，强化执法，严厉打击虚假违法广告

在加大监测力度的基础上，我局组织全区各级工商系统针对医疗、药品、保健食品等广告开展了重点整治。2013 年 3 月 25 日 – 9 月 30 日，全区各级工商机关共立案查处虚假违法医疗药品保健食品广告案件 241 件，其中保健食品广告 39 件、医疗广告 230 件、药品广告 140 件，罚没款 156.817 万元，收缴违法广告印刷品 1.7267 万件。经过治理整顿，虚假违法广告得到有效遏制。

二、健全广告监测机制，不断完善预警警示工作体系

2013 年来，我局不断完善预警警示工作体系。实行区局监测与各市监测相结合，广告监管机关监测与广告审查机关、媒体主管部门监测相结合，促进互联互通，实现信息共享。加强了对自治区及市级 31 家报纸、11 个电视频道以及 5 个广播电台的日常监测，监测的范围涉及 15 个类别的广告，重点监测医疗、药品和保健食品广告，重点监管电视购物广告，整治以健康资讯节（栏）目名义和新闻报道形式变相发布的广告。对于普遍违法并呈上升趋势的商品或者服务广告，及时提醒社会注意识别；对于违法量、违法率较高的广告主、广告经营者、广告发布者进行行政告诫；对于严重违法的广告，在全区范围内停止发布，部署统一查处；对于严重欺骗和误导消费者，情节恶劣的违法广告，查处后予以曝光。2013 年 1 – 11 月份，自治区工商局广告监测中心共监测广告 100309 条，违法 6722 条：其中，监测报纸广告 93647 条，违法 4084 条；监测电视广告 5850 条、违法 932 条；广播广告 812 条，违法 0 条。下达了《违法广告查处通知书》和《责令改正通知书》62 份。

三、扎实开展“讲文明树新风”公益广告宣传和净化网络环境活动

为贯彻落实全国“讲文明树新风”公益广告宣传视讯会议精神和广西壮族自治区党委宣传部、自治区精神文明建设委员会关于深入开展“讲文明树新风”公益广告宣传工作相关文件精神，我局制定印发了《广西工商系统开展“讲文明树新风”公益广告实施方案的通知》，全区各级工商机关把“讲文明树新风”公益广告工作作为深入学习宣传贯彻党的十八大精神的具体行动，全面配合各级文明办，立足本职，结合实际，认真组织开展了相关工作。据不完全统计，截至 10 月，全区各级工商机关协调动员媒体 138 户次，发布公益广告 969919 条次。其中，《广西日报》传媒集团发布公益广告 303 次，169.11 个版面，广西电视台发布 50691 条次，时长累计 26099 分钟，广西电台累计发布 93500 条次。桂林市文化创意企业——坤鹤文化传媒公司的《可可小爱》成功登上 CCTV 少儿频道、CCTV 戏曲频道，荣获 2013 年南宁“讲文明树新风”公益广告一等奖。

此外，根据自治区党委宣传部的通知要求，我局还印发了《关于净化暑假网络环境有关工作的通知》，各级工商机关立足工作职能，认真组织落实，坚决打击利用互联网传播淫秽及低俗信息行为。在这次专项整治行动中，全区各级工商机关共出动执法人员 1300 多人（次），执法车辆 300 多辆（次），对辖区的网吧和音像制品店、娱乐场所等进行检查，立案查处“黑网吧”3 家，责令（停业）整顿 5 家，取缔“黑网吧”3 家，为广大青少年营造良好的暑假网络环境。

我区各级工商机关还加强了对户外广告的监管工作。各级工商机关加强对辖区户外、印刷品、店堂、店牌店招广告的监管，定期或不定期组织开展巡查，对辖区违法广告问题及早发现、及早制止、及早解决。

2013 年海南省广告监管工作情况

海南省工商局广告监督管理处

海南省委书记、省人大常委会主任罗保铭参观考察海南广告产业园灵狮创意有限公司

2013 年，在省委省政府和总局党组的坚强领导下，我局认真贯彻落实党的十八大、十八届三中全会和省第六次党代会精神，认真开展党的群众路线教育实践活动，以为民、务实、清廉的作风，进一步推动广告战略实施，取得了明显的成绩。

一、创新广告监测制度，加大广告监管力度

我局不断探索和创新广告监管新路子，进一步完善了广告监测制度：一是继续坚持 24 小时不间断监测，对省电视台、海口、三亚卫视等 10 个电视频道，省广播、海口广播等 7 个频道，《海南日报》、《海口晚报》等 12 家报刊，《心理医生》、《东方女性》等 11 家杂志全部纳入监测范畴。二是对广告监测信息进行改版，充实广告监测信息内容，在监测信息中增加广告监管工作建议部分，更好地为广告执法办案服务。三是加强广告监测工作人员自身业务学习。对 10 名广告监测工作人员开展计算机技术、工商管理知识、广告管理法律法规业务培训，不断提高自身素质和广告监测水平。四是建立快速移交通报典型案例制度。要求广告监测中心当天监测到的严重广告违法典型案例，第二天下班前及时移交到省局广告监管处，由商标广告监管处及时立案，依法查处。

全年广告监测中心共监测各类广告 1208849 条次，其中涉嫌严重违法广告 38304 条次，违法率为 3.17%，同比下降 5.65%。监测与人民群众生活密切相关的六类广告（药品、医疗、医疗器械、保健食品、化妆品及美容服务）共 130074 条次，涉嫌严重违法量 19771 条次，严重违法率为 15.2%。

二、加强部门联动机制，形成部门监管合力

广告监管工作涉及面广、环节多，我省整治虚假违法广告联席会议成员单位加强联系与协作，坚持

广告监管联席会议制度，互通情况，相互配合，形成共管机制。2013 年，我局组织牵头召开了两次省虚假违法广告专项整治工作联席会议，各成员单位分别通报了专项工作整治情况，提出整治措施，增强了执法合力，有效落实媒体广告发布的各项管理制度，全力完成各专项整治任务，确保了我省广告市场整治工作取得成效。

三、充分发挥监管职能，加大案件查处力度

在整治虚假违法医药广告专项行动中，全省工商系统重拳出击。凡是有关部门移交的、群众投诉举报的、广告监测中心监测到的严重违法广告，均做到立案查处，决不姑息。4 月 22 日以来，全省工商系统共查处严重违法医药广告案件 223 宗，已结案 181 宗，罚没款 84 万元。

四、主动约谈责令整改，多措并举监督落实

除了对违法案件依法立案查处，还主动采取行政约谈和下发责令整改通知书等措施，多管齐下，全面监管。2013 年，我局多次主动约谈多家发布违法广告媒体，夏文亮副局长十分重视，亲自主持了一次约谈。要求全省各媒体要严格审查商品和服务广告的证明文件，凡证明文件不全的，一律不得发布；需要有关行政部门审查的广告要提供有关批准文件，无广告批文或批文手续不全的，一律不得发布；一切以节目、讲座、新闻报道、咨询服务等形式“打擦边球”或“搞变通”的广告，一律不予发布。2013 年我局共下发责令整改通知书 112 份，对净化广告环境发挥了较好作用。

五、开展广告培训工作，落实广告审查规定

为加快广告专业人才培养，健全广告专业技术人员职业水平评价制度，加强广告从业人员知识更新教育，进一步贯彻落实虚假违法医药广告整治工作，加强行业自律，从源头杜绝虚假违法广告发布行为，省工商局、省食药监管局、省广告协会联合举办了一期广告审查员培训班。通过对广告审查员的日常培训，不断更新广告审查员的法律法规知识，提高广告审查员的法律素养和审查水平，为净化健康有序的广告市场做出贡献。

六、加强指导服务，促进广告产业发展

为推进广告战略实施，推动产业结构调整，促进广告产业发展，我局指导海南广告产业园完善园区建设规划，建立健全各项制度和工作机制，积极协调国家工商总局和省政府签订《关于推进海南广告产业发展战略合作协议》；促成省政府出台《关于促进广告业发展的若干意见》；促成国家工商总局广告司主要负责人到我省考察广告产业，指导和支持海南创建和申报国家广告产业园；促成财政部将海南广告产业园列入现代服务业综合试点广告园区中央补助资金单位(2013 年 8 月份，已拨款到位 2500 万元)，支持海南广告园建设，引导升级新浪海南、米兰广告等 103 家有实力有影响的广告企业及相关产业链企业入驻。目前，在省、市党委政府的高度重视、工商与企业的共同努力下，海南广告产业园初步形成了“五个中心、一个平台”，即品牌创新接仓中心、品牌研发中心、快速制造中心、品牌推广中心、产品体验中心和广告创意产品云计算服务平台，为海南创建申报国家广告产业园奠定了坚实基础。

2013 年重庆市广告监管工作情况

重庆市工商局广告监督管理处

国家八部门联合检查组检查重庆市医疗广告整治

一、广告监管工作情况

（一）突出工作重点，医药广告专项整治成效明显

2013 年 5-7 月，按照总局等八部门的统一部署，我局牵头各相关部门扎实开展了虚假违法医药广告专项整治工作，主要做法：一是及时动员部署，把整治要求贯彻落实到各部门、各区县和各类媒体。二是指导媒体强化自律，守住虚假违法医药广告传播的第一道门槛。三是严格监管执法，持续保持对虚假违法医药广告的高压态势。四是集中开展印刷品和医疗网站清理整治。五是开展联合督查，推动医药广告专项整治工作要求落地、见效。通过从严整治，成效明显。市局 7 月 19 日监测周报显示，我市市级媒体医药广告平均违法率为 0.01%，比 2012 年的 0.39% 下降 97.4%，处于三年来最低位。整治后，永川、黔江、江津等一批区县电视台和广播自行退出了医药广告发布市场，对净化农村广告市场起到了很好的促进作用。国家八部门督查组充分肯定我市的专项整治工作，《工商行政管理》半月刊 2013 第 20 期刊载了我局的做法。

（二）保持高压严管态势，媒体广告秩序持续好转

加强了对市级媒体广告的全天候监测和对区县媒体的抽查监测，广告监测总量 261 万条次。对监测和巡查中发现的违法广告，分别依法采取责令整改 929 起、暂停或停止广告发布 637 起、立案查处 291 起、公开曝光 151 起、移送有关部门处理 424 起。2013 年 1－11 月，市级媒体广告总违法率为 0.27%，“四类”广告违法率为 0.4%，较 2012 年同比减少 0.02 个百分点和 0.01 个百分点。在强化行政监管和行业自律的双重作用下，媒体广告发布结构逐年优化。2013 年 1－11 月，市级媒体发布“四类”广告的数量较上年同期减少 6.31%，“四类”广告占其发布总量的比例为 22.45%，同比减少 5.17 个百分点。

（三）户外广告发布规范上档，《户外广告管理条例》顺利通过修订

为巩固近年户外广告整治成果，从长效上解决户外广告内容低俗、思想性不强、创意水平不高的问题，坚持和完善了户外广告“思想性、艺术性”专家咨询机制，严格广告内容的“三性”审查。2013年，召开了专家咨询会议2次，评审户外广告13件，为提升我市户外广告档次，杜绝低俗不良广告发挥了积极作用，受到总局和社会各界积极评价。同时，我们还积极参与户外广告设置的规划论证，并在广告发布审批中严格把关，与有关部门一道较好地解决了在城区和高速公路沿线滥设户外广告的问题。

为推动户外广告规范发展，积极配合对《重庆市户外广告管理条例》进行了修订，目前，市人大常委会已审议通过。新《条例》将所有户外广告设施纳入了规划，将设施使用年限从3年延长至5年，并明确统一由联交所进行拍卖，市政部门设置许可不再作为广告发布审批的前置，并进一步简化了工商审批的有关手续。

（四）注重治本，努力实现广告市场的长效监管

一是紧紧依靠宣传部支持和各部门配合。及时提供广告监测和立案查处的数据，配合市委宣传部继续严格执行新闻媒体刊播违法广告扣分制度。同时，市局牵头每季度召开主要职能部门虚假违法广告整治协调会议，务实地开展工作，在监管部门之间形成了较为顺畅的协作配合机制和监管合力。二是坚持行政监管和行业自律相结合。以贯彻《大众传播媒介广告发布审查规定》为契机，重报集团旗下的所有媒体发布了《高扬党报旗帜杜绝虚假广告》公开承诺和倡议书，传递广告正能量；广电集团从组织机构、制度建设、发布审查、经营转型、刊播公益广告等方面进一步健全完善了广告发布自律机制；《重庆时报》、华龙网等也相继建立了有关自律机制。三是把规范引导贯穿于广告监管全过程。坚持疏堵结合，对一些带普遍性、倾向性、苗头性的广告违法现象，适时向媒体集中发布监测提示5份，提醒媒体及时纠偏，规范行为。对房地产、教育产品、商业促销等特殊类别商品和服务广告，有针对性地出台指导意见，规范广告内容，指导发布行为。

二、广告产业发展情况

（一）开展广告产业发展调研和互动交流

市局主要领导率队深入高戈、年度等广告企业进行了广告产业发展专题调研，组织本地部分媒体和广告企业到河南、广东、上海进行了考察交流，鼓励企业走出去和引进来做大做强，取得积极进展。

（二）积极指导推动广告产业园区建设

在市局的积极争取下，重庆广告产业园区已正式纳入中央财政支持广告产业发展试点。目前，我局和市财政局正在抓紧制定重庆广告产业园区试点工作实施方案及中央财政补助资金管理办法。重庆广告产业园区建设一期工程已竣工，近3000平方米示范区已开园并进驻50多家传媒、设计、印刷类广告企业。

（三）大力支持开展广告展会活动

市局与重报集团还联合主办了重庆平面广告20年回顾展；联合市商委等部门主办了第12届西部广告节暨广告新设备新材料展示会，全国各地参展企业419家，大会现场交易额6.3亿元，合作协议19亿元，成为西部地区同行业最大的展会和引领广告产业发展的风向标。

（四）认真组织参加广告职业资格考试工作

指导督促广告行业参与了2013年助理广告师、广告师考试工作，有48人参加了考试，18人合格，对引导提升我市广告行业专业人才素质起到积极作用。

截止11月底，全市广告经营单位达2.72万户、从业人员11万人，广告经营额52.3亿元、纳税4.16亿元、同比增长34.1%和31.23%。同时，在区域上主要分布在主城区和中心城区，其占比达到71.6%；电视、报纸和户外等传统媒体仍居主导地位，其市场份额占到65%。

2013年四川省广告监管工作情况

四川省工商局广告监督管理处

2013年度四川省工商局组织开展创意改变城市论坛现场

2013年，全省广告监管工作以党的十八大精神为指导，在省局领导和国家工商总局广告司的指导下，经过全省各级工商广告监管部门的共同努力下，全省广告监管工作按照年初制定的《全省工商系统广告工作要点》，坚持两手抓，一手抓监管，一手抓发展；以加强广告监管为重点，使虚假违法广告得到了有效遏制，广告产业发展长足进步，工作成效明显。

一、发挥职能，高效服务广告产业发展

（一）推进政府主导广告战略实施

协调省委、省政府相关部门，探索支持广告产业发展的合作机制，国家工商总局与省政府在西博会签署了《推进四川广告产业发展的战略合作协议》，为四川广告业发展创立了新的平台，实施广告战略成为工商部门服务经济发展新的亮点。广告业发展势头良好，2013年全省广告经营单位达到 1.65万余户，广告从业人员8万多人、广告经营额突破125亿元，比2012年同期增长21%。广告业逐渐步入健康快速的发展轨道。

（二）指导广告产业发展措施更加有力

一是政策引导实施。出台了四川省工商行政管理局关于支持成都市广告产业发展的意见。各地结合实际制定了有利于广告产业发展的措施办法，纷纷出台了《大力推进广告战略实施意见》。二是推进建立重点联系企业制度。有的市局建立了一对一的企业联系制度，增强了工作的针对性和实效性。

（三）指导广告协会发挥促进广告产业发展的作用

指导省广协做好了两期广告专业技术职称考试；指导省广协推进公益广告发展，有作品入围中广协公益广告最高奖“黄河奖”。

二、创新监管方式，促进监管水平提升

（一）严重虚假违法广告明显下降

2013年第一季度在全系统开展的“红盾春雷行动”诚信广告专项整治行动中，通过发文和出动执法人员等方式，督促媒体落实《大众媒介广告发布审查规定》，采取自查，巡查，检查，处罚，案件查办落实督查等措施，使得一批严重虚假违法广告及时受到严厉查处；开展了虚假违法医药广告专项整治工作，全省的虚假违法医药广告得到有效遏制。2013年，全系统共查处各类广告违法案件1188件，处罚金额上千万元，消费者利益得到保护，广告市场有序竞争秩序得到维护。

（二）广告监管制度创新取得新成果

一是会同通管局开展的网络广告专项整治，对全省本地备案、接入的办理了增值业务许可和事业单位网站的基本情况进行了摸排。经查，全省网站七千多家，其中90%以上是行政事业网站，企业和个人自设网站占10%。二是按照省政府的要求，经过反复研究讨论，及时下放了4个广告行政审批事项，并指导市州严格按照相关规定办理。三是在网络广告专项整治和医疗广告专项整治中，推行“联合告诫”、“联合检查”、“联合督查”等部门联动机制，充分发挥了虚假违法广告联席会议作用。四是开展了对涉嫌非法集资广告资讯信息的专项整治，全省大部分市州对虚假理财信息咨询服务业发布的虚假违法广告发出《行政提示书》，《行政建议书》等。五是开展了户外广告的专项整治，将一批未经登记审批擅自发布的，超出审批内容发布的，涉性的等违法广告进行查处。至2013年11月，全省共监测广告189万条次，发现涉嫌违法广告4.5万条次。

（三）强化广告发布主体监管

通过走访媒体，检查和督查媒体按照《大众传播媒介广告发布审查规定》建章立制，履行法定审查义务；广告处先后分四组对全省大部分地区媒体进行了暗访，监测当地广告，对发现的虚假违法广告进行了查处。

（四）广告工作基础建设得到加强

积极推进省广告监测系统建设。加强了广告统计工作，形成各市州上报省局汇总上报的工作机制。

2013年贵州省广告监管工作情况

贵州省工商局广告监督管理处

贵州省广告产业园区选址论证会

一、强化监管，广告市场秩序日趋规范

（一）以充分发挥广告监管联席会议沟通协调机制为抓手，确保虚假违法广告专项整治工作有序推进

2013 年，全省各级工商机关充分发挥牵头部门作用，与联席会议各成员单位密切配合，认真开展整治虚假违法广告专项行动，进一步增强整治合力，促进了广告市场秩序持续好转。

精心组织，周密部署。4 月初，省级联席会成员单位联合转发了国家工商总局等十三个部门《关于印发 2013 年虚假违法广告专项整治工作实施意见的通知》，并结合实际，明确了贵州虚假违法广告专项整治的目标任务。4 月 22 日，省局组织了省、贵阳市广告监管联席会议成员单位，省、市各主要新闻媒体、网站广告部负责人集中收看了国家工商总局等八部委局“整治虚假违法医药广告专项行动”电视电话会议，同时在各市、州工商局设立分会场同步收看。会议结束后，省局结合会议精神，提出了具体贯彻意见。

4 月 28 日省级联席会九个部门联合下发了《整治虚假违法医药广告专项行动实施方案》，从 4 月至 7 月，分 3 个阶段在全省范围内开展为期 3 个月的专项行动，并以此为契机，推动虚假违法广告专项整治工作的深入开展。

加强宣传，提高认识。为确保专项行动取得实效，5 月 7 日，省局组织召开了省、贵阳市广告监管联席会议成员单位和省市媒体参加的“贵州省整治虚假违法医药广告专项行动工作推进会”，进一步强化整治要求、细化整治措施、量化整治目标，要求媒体充分认识开展整治虚假违法医药广告专项行动的重要性和紧迫性，正确看待经济利益与社会责任的关系，坚持原则，守住底线，维护媒体社会公信力。同时督促媒体单位严格履行《大众传播媒介广告发布审查规定》所明确的审查职责，对照相关法律法规，对 2013 年以来已经发布或准备发布的医药广告进行全面梳理，对未按卫生部门、中医药管理部门、食药监部门审批的内容发布、未经审批擅自发布以及利用健康资讯、健康讲座等变相发布的 972 则医药广告，一律停止发布，并责令相关单位写出书面自查自纠报告。

专题培训，提升素质。为提高全省媒体单位、广告公司从业人员素质，有效遏制违法广告易发多发趋势。我局于 8 月 20 － 22 日与省广告协会联合举办了全省广告审查员培训班，并邀请到广告司领导和省食药监局领导授课，对全省媒体单位广告管理与广告审查人员、广告企业广告审查人员及全省工商系统广告口部分基层执法人员共 472 人进行培训。

以点带面，务求实效。我局以因广告违法率居高不下，在全国排名靠前，被国家督导组责令《贵阳晚报》、《贵州都市报》限期整改为契机，痛定思痛、举一反三。一是与省新闻出版局联合约谈 2 家报社负责人，督促其限期整改，并把整改是否合格作为能否通过 2012 年度《出版许可证》年检的必要条件。从 2013 年国家工商总局 1 － 4 月广告监测通报中，两家报社广告违法率逐月下降，并经省新闻出版局与我局联合验收合格，通过了 2012 年度年检。二是以规范两家媒体为契机，出台了《贵州省工商局关于对大众传播媒介发布虚假违法广告的处理意见》，明确规定了媒体单位凡是药品、保健食品、医疗、化妆品、美容服务等重点商品服务类广告违法率居高不下的，暂停发布此类广告。三是组织召开了部分媒体广告审查员培训会，特邀省食药监局、省新闻出版局、省广电局相关负责人对各媒体单位及广告代理公司的广告审查员进行专题培训。四是出台了《贵州省违法广告公告制度》，不定期在“贵州省企业诚信信息网”上向社会公告典型虚假违法广告，形成社会舆论压力，督促发布违法广告的媒体和广告主及时整改。五是结合广告经营资格年度检查工作，把媒体单位广告经营资格审查与法律法规宣传相结合，与媒体单位责任自律相结合，与规范广告经营行为相结合，从源头上遏制少数媒体单位违法广告易发多发现象。

（二）以整治虚假违法医药广告为重点，确保虚假违法广告专项整治工作取得实效

全省各级工商机关更新监管理念，创新监管举措，以“四个着力”为抓手，着力加强虚假违法医药广告等

重点类别广告整治，着力加强重点地区广告治理，着力加强重点广告媒介监管，着力加强重大活动期间广告市场专项整治，深入开展虚假违法广告专项整治工作，药品、医疗、保健食品、医疗器械等重点商品服务类广告违法率从年初的2.17%下降到10月底的1.32%。

强化监测，案件督办。2013年，我局加大广告监测监管力度，充实了广告监测机构人员，利用9个广告监测中心、分中心，对全省市州以上主流媒体105个电视频道、广播频率、报纸广告实施24小时监测。同时建立健全违法广告快速预警机制，对在监测中发现的涉嫌违法广告，采取先叫停后视情节轻重分别采取责令停止发布、责令整改、约谈媒体负责人、立案查处、典型违法案例向社会公告等处理方式，并及时将发布虚假违法广告问题严重的媒体通报相关主管部门，建议追究相关责任人的责任，做到网络监测与案件查办的有机衔接，不断增强广告监测与监管的合力与实效。截至目前，全省共监测各类媒体广告1735761条（次），涉嫌违法广告11357条（次），广告违法率0.65%，比2012年同期下降1.15个百分点。其中共监测医药广告506682条（次），涉嫌违法医药广告6709条（次），发布广告监测通报11期。

2013年以来，我局共收到国家工商总局督办案件10件（次），均已按期办结并及时反馈。共查处各类违法广告案件447件，罚没款200.69万元。收到消费者申诉举报253件（次），向各市、州工商局和刊播违法广告的媒体下发了《督查通知书》43份、《违法广告停播通知书》33份、《违法广告整改通知书》61份，做到了件件有结果，事事有回音。

上下联动，齐抓共管。全省各级工商机关在加大执法力度的同时，从细处着眼，小处着手，实处着力，切实加强行政指导力度，主动为媒体和广告企业提供咨询服务。各地工商局还结合地方实际，延伸整治重点，开展了民办学校发布招生广告内容清理整治，五一、中秋、国庆节日期间广告市场专项检查等行动，对药店门口的立式喷绘广告、橱窗张贴广告、门头悬挂的灯箱广告以及医院、公园门口的流动散发的单页广告进行了重点排查，对部分内容涉及夸大宣传、治疗百病、表明疗效、宣传治愈率以及含有涉性内容的广告进行拆除，维护了消费者的合法权益。

公开曝光，社会监督。为充分发挥社会舆论的监督作用，进一步加大对虚假违法广告的曝光力度，2013年4月，我局出台了《贵州省违法广告公告制度（试行）》。对典型严重虚假违法广告不定期在“贵州省企业诚信信息网”上向社会公开曝光。同时对列入《虚假违法广告公告》的产品及媒体，及时通报移送相关主管部门进行查处，有力遏制了部分媒体虚假违法广告滥发多发的趋势，有效维护了人民群众的生命财产安全。2013年以来，共发布“违法广告公告”4期52则，取得了良好的社会效果。

认真总结，继续推进。8月13日，省工商局牵头召开了全省广告监管联席会议暨整治虚假违法医药广告专项行动工作总结电视电话会议。会上省委宣传部、省广电局等5家单位分别通报了2013年上半年广告市场专项整治工作情况，省局杨正国局长通报了整治虚假违法医药广告专项行动的主要情况，指出了存在的主要问题，并对下一步工作提出明确要求。省局正厅级领导干部罗保林同志就落实会议精神提出了4点具体贯彻意见，对推进整治工作深入开展起到了积极作用。

联合检查，狠抓落实。11月13－15日，省广告监管联席会议成员单位组成3个联合检查组，对部分市、州2013年虚假违法广告专项整治和虚假违法医药广告整治工作进行了为期3天的联合检查，检查组在充分肯定成绩的基础上，指出了存在的问题，特别是媒体单位制度落实不到位，广告档案不规范的问题，检查组要求他们尽快整改完善，有力巩固了专项整治成果。

（三）以规范户外广告市场秩序为手段，确保虚假违法广告专项整治工作不断深入

为进一步规范户外广告市场秩序，我局于5月份组成4个检查组，对全省9个市、州辖区范围内发布的户外广告进行了一次专项清理检查。检查组采取现场查看、拍照存档、问题广告逐一登记等形式，对贵阳、遵义等9个市、州所在地及平塘、晴隆等35个县、区城市主干道，沿途高速公路及国道、省道沿线，以及黄果树、

兴义万峰林、威宁草海等省内5个知名旅游景区发布的户外广告进行专项检查。共检查户外广告2689幅（块），其中存在问题的户外广告689幅（块），占检查总数的25.6%。

根据检查中发现的问题，我局下发了督查通报，要求各市、州工商局在一个月内进行清理整改。整改期间，全省各级工商机关共出动执法车辆355台次，执法人员994人次，查处户外广告违法案件51件，拆除非法广告牌114个，对未标注审批字号、破损、不规范用语等343块广告牌进行了整改，并将无主广告牌标注“本广告未经登记、请慎重选择”字样，有效维护了消费者的合法权益。

在依法打击虚假违法广告的同时，我们也注重维护地方民族形象。年初，我局接到雷山县、黔东南州工商局反映，全国多个媒体刊播的“老苗汤”广告，其内容涉嫌冒用西江苗寨及当地居民名义进行虚假宣传。为保护地方知名品牌，我们争取到国家工商总局的支持，总局向全国发出《关于立即查处“老苗汤”广告的通知》。查处“老苗汤”违法广告的行动在全国迅速展开，有力维护了我省少数民族形象。

二、创新服务意识，助推企业发展

（一）搭建交流平台，实现合作共赢

为切实贯彻党的群众路线教育实践活动精神，进一步转变工作方式，创新服务理念，11月26日，省局广告处与商标局联合召开了商标广告战略运用暨平台搭建座谈培训会，为省内81家驰、著名商标企业和知名广告公司牵线搭桥，促进了广告企业与驰著名商标企业间的沟通了解，为双方达成进一步经济合作意向构筑沟通交流平台，并就商标、广告战略运用及《新商标法》修改内容进行培训释疑。通过座谈培训会的形式，帮助企业提高了自身的品牌保护和法律维权意识，同时也为本土企业共谋发展、互惠双赢寻找到新的商机，对推动地方经济发展有着积极的促进作用。

（二）创建广告品牌，实施广告战略

2013年，我们以贯彻落实省政府办公厅转发省工商局等4部门《关于促进贵州省广告业又好又快发展的指导意见》为契机，加大对广告创意、策划、品牌推广等综合性广告企业的支持力度，鼓励本土广告企业积极参与酒博会等重大活动创意策划，引导广告企业深入各类工业园区拓展业务，扩大知名度。同时，我们积极支持大中专毕业生和具有与广告业相适应的专业人才创办微型广告企业。截止10月底，全省新增广告企业580户。

为提高广告从业人员整体素质，根据国家工商总局统一部署，我们与省人社厅联合下发了《关于做好2013年度广告专业技术人员职业水平考试考务工作的通知》，指导广告协会完成了2013年度广告从业人员职业水平评价的组织、报名、培训、考试工作，2013年全省参加助理广告师、广告师考试人员报名158人，考试101人，根据考试成绩，全省新增助理广告师、广告师共44人。

参加公益活动，传递社会正能量。2013年全省工商系统积极配合宣传部门，立足工商职能，组织社会媒介参与到“讲文明，树新风”主题公益广告活动之中，引导个私协会、食安协会、合同协会、广告协会会员单位利用户外、大型商场、超市外墙、楼宇、LED显示屏在发布商业广告的同时，融入部分公益广告。截止11月底，全省共发布“讲文明，树新风”公益广告87176条（次），充分发挥了公益广告在弘扬社会主义道德风尚和塑造城市品牌形象方面的积极作用。

（三）创建园区，集约发展

自2012年我省提出创建广告产业园区的思路以来，省局正厅级领导干部罗保林同志多次带队深入多彩贵州城、贵阳国家高新区、贵安新区等单位进行摸底动员及调研指导工作。4月19日，我局召开贵州省广告产业园区选址论证会，经来自省委宣传部等单位和广告公司的21名专家评审，从中推荐由多彩贵州城和贵阳国家高新区2家单位按照“一园两区”模式联合创建贵阳多彩贵州广告产业园。

2013年6月，贵阳市政府致函我局，恳请以南明区多彩贵州城为主体申报创建省级广告产业园，并成立了由市政府领导亲自挂帅的园区建设工作领导小组，出

台了《关于支持贵阳多彩贵州广告产业园建设发展的政策措施》，在政策、资金、税收、土地、房租、人才引进、搭建服务平台等方面予以支持。根据贵阳市政府的申请，我局向省政府报送了《关于支持将贵阳多彩贵州广告产业园认定为省级广告产业园区的请示》，并获批复。目前各项工作正在积极进行中。

2013 年云南省广告监管工作情况

云南省工商局广告监督管理处

刘慧晏副省长到昆明广告产业园调研

一、多管齐下，全面开花，促进广告业发展工作取得突破性成果

（一）制定并出台《云南省人民政府关于加快广告业发展的意见》，为促进广告业发展制定政策支持

省局联合省政府研究室历时一年的时间，在工商部门先期调研的基础上做了更深层次、有针对性的调研，先后召开了不同对象的座谈会，赴北京、海南、南京、常州、杭州等地实地调研、考察、学习当地广告园区建设情况，多次听取昆明广告产业园的意见建议。征求了全省工商系统、广告行业涉及的 18 个政府管理部门以及国家工商总局广告司发展处的意见建议。课题小组经过查阅、参考借鉴省外先进经验，反复讨论研究、多次修改调整，形成了《云南省人民政府关于加快广告业发展的意见》（代拟稿）。《意见》经 2013 年 9 月 16 日云南省人民政府第 19 次常务会议审议通过，于 2013 年 10 月 29 日正式印发施行。《意见》的正式施行，为促进我省广告业加快发展提供了强有力的政策支持和制度保障。

（二）积极创建昆明广告产业园，为促进广告业发展打造发展高地

一是千方百计寻求地方党委政府和有关部门支持，创造园区发展的良好外部条件。云南省工商局多次以不同形式向云南省政府、昆明市党委政府、各有关部门汇报实施广告战略这一国家战略对于拉动经济、服务经济转型的重要意义，得到各级领导的高度重视，省主要领导和分管领导多次亲自赴北京去做工作、去争取，省分管领导、宣传部领导、昆明市市长、

分管副市长均到昆明广告产业园视察并做指导，文化产业办公室、财政厅等部门鼎力支持。在向昆明市委书记做了专题汇报后，促成昆明市分管副市长亲自挂帅推进昆明广告产业园建设，相关部门组成综合组、资金组来具体实施，并召开“昆明广告产业园建设推进会”，扩大园区影响，加快园区建设力度。二是时时跟进、倾力指导园区建设，打造民族文化广告业发展高地。园区从筹备、论证、申报、落地，到获准成为“试点园区”到建设，云南省工商局始终以高度的责任感和使命感在推动，在很短的时间里指导园区完成了编制项目建设方案和可行性研究报告。主动协调国家工商总局，积极争取中央、省、市、区四级财政扶持资金。及时跟进并解决园区建设难题，理顺工作关系，建立健全园区运营管理制度。帮助园区制定《昆明广告产业园试点实施方案》，指导园区定位特色、打造品牌。主动参与园区公共服务平台建设，积极配合园区开展招商引资工作。在我们的积极努力下，昆明广告产业园已由总局批准成为中央财政资金重点支持发展的 29 个试点园区之一，财政部给予昆明广告产业园 4500 万元中央补助资金，有力地促进了昆明广告产业园区的建设。

（三）借力主流媒体宣传造势，为促进广告业发展树立正确舆论导向

协调《云南日报》等主流媒体，深入开展我省广告业发展的两期系列报道，全面展示云南广告业发展现状，梳理云南广告业发展迫切需要解决的问题，分析云南广告业发展机遇和前景，大力推进云南省广告业发展的思路和想法，正确引导公众认识广告，云南省工商局在服务地方经济、推动广告产业发展所做的工作等方面专题。让更多人关注我省广告业的发展，让广告行业从“为他人作嫁衣”到“推出自己”。2013 年 9 月 16 日云南省人民政府第 19 次常务会议审议通过《云南省人民政府关于加快广告业发展的意见》，相关媒体主动进行了报道，云南省工商局及时发出简报，积极营造广告业大发展大繁荣的舆论氛围，树立公众对于促进广告业发展正确的舆论导向。

（四）开展广告企业帮扶制度，为促进广告业发展提供方便高效服务

全省各级工商部门牢固树立“服务为先”工作理念，为广告企业提供优质服务。昆明市局开展了广告企业联系帮扶制度，加强与辖区广告企业的联系，在职能范围内有针对性地解决广告企业经营发展中存在的困难。发挥广告与商标互动作用，指导拥有三级名标的企业制定中长期广告策略，通过广告业为其提供全面服务，帮助企业扩大影响，开拓市场。同时指导广告企业开展广告惠农活动，引导帮助品牌意识强的农民专业合作社等组织加强自身宣传，取得良好的经济、社会效益。在行政许可工作中，全市工商系统在严格执行首问首办负责制、限时办结制、一次性告知制的基础上，积极开展延时 + 预约 + 事前服务，提高登记服务效能。昆明市局充分利用移动执法终端的微信功能实施行政指导，广告企业可事先把户外广告电子样件发微信至窗口工作人员，窗口工作人员通过微信及时与企业进行沟通、指导，大大提高了户外广告登记一次办结率，有力促进户外广告的发展。

二、强化监管，加大力度，努力营造健康有序的广告市场环境

（一）深入开展虚假违法广告专项整治工作

云南省工商局认真贯彻落实《工商总局关于进一步严格监管报刊出版单位、广播电台、电视台利用医药资讯专版、节目以及购物短片等形式发布广告行为的通知》（工商广字〔2013〕51 号）以及《工商总局等八个部门关于开展整治虚假违法医药广告专项行动的通知》（工商广字〔2013〕69 号）精神，及时召集全省主流媒体主要负责人全部参加了国家工商总局八部门关于开展整治虚假违法医药广告专项行动电视电话会议。继续坚持整治虚假违法广告联席会议制度，形成整治合力。按照《2013 年云南省整治虚假违法广告专项行动联席会议工作要点》，各有关部门分工协作，

充分发挥部门联席会议各成员单位的职能作用，齐抓共管，完善综合治理机制。全省各级广告监管部门认真落实会议精神，省局王绪正副局长率广告处一行先后到《云南日报》报业集团、云南电视台等省级主流媒体及昆明、曲靖、玉溪、文山、红河、楚雄等州市工商局所分管的主要媒体与联席会议成员单位一同实施行政指导、行政告诫。同时临沧、大理、曲靖、昆明、楚雄、红河等单位也迅速行动，组织联席会议成员单位实施联合检查，对违法违规广告责令立即停止发布，对严重违法广告立案调查，专项整治行动期间，虚假医药广告得到有效遏制，主流媒体医药广告严重违法率为0%，其他广告违法率也明显下降，收到了显著成效。2013年8月开始，根据《云南省打击和处置非法集资工作领导小组关于开展涉嫌非法集资广告资讯信息排查清理活动实施方案》（云打非领〔2013〕14号）文件的要求，认真开展非法集资广告资讯信息广告监测检查，加大巡查力度，积极开展宣传教育工作。排查整治工作期间，全省共监测检查各类广告68445条次，其中主流媒体发布的广告65494条次，户外广告2951条次。在监测检查的各类广告中，发现涉嫌非法集资广告资讯信息的违法广告179条次，其中责令整改140条次，责令停止发布35条次，立案查处2条，拟立案查处2条。

（二）强化广告市场日常监管

一是加强监测不间断。2013年，在新旧设备更新换代的真空期，我们坚持用最原始的人工监测的办法开展了广告监测。全年全省共监测各类广告915309条次，查出并责令整改涉嫌违法广告12388条次。二是加大广告执法办案力度。不断完善案件查办工作机制，提高查办效率，及时查办上级交办、有关部门移送、监测发现的广告案件。增强执法办案威慑力，切实维护广告市场秩序。办理违法广告案件828件，罚没款489.63万元。三是及时处理广告投诉举报。做到件件有着落，及时反馈处理结果。加强与有关部门的沟通和联系，迅速处置投诉举报发现的重大违法广告，及时把危害和不良影响控制在萌芽状态，防止其蔓延或失控，切实维护群众利益。

（三）严把广告行政审批关

严格依法行政，严把广告市场准入关。一是做好广告经营资格年度检查工作。对领取《广告经营许可证》的301户广告经营单位进行了广告经营资格检查，参检率达100%，年检通过率100%。二是做好广告行政许可工作。严格依法行政，从源头上设置防止虚假违法广告流向社会的“防护网”。

（四）认真开展“迎南博会，户外广告专项整治”

根据《迎接首届“中国—南亚博览会”开展城市环境卫生整治提升行动方案》的安排，昆明市工商系统在积极配合城管、公安等部门开展小广告整治专项行动的同时，结合实际，按照强督导、重监测、严查处的标准对公交站台、火车站、机场等重点区域内发布的户外广告进行专项整治。在3月15日至今两个多月的时间中，共出动人员749人次，检查户外广告1104条，对53条存在问题的广告进行了责令改正、责令现场清除、立案调查等处理，有力地整顿了户外广告市场秩序。

三、夯实基础，提高效能，广告基础管理工作再上新台阶

（一）建设广告监测系统，完善监测体系

在总局的关心支持下，省局党组高度重视，成立了广告监测系统建设领导小组，全面推进广告监测系统建设工作，一期建成覆盖省、州市两级广告监测网络。现已安装调试完毕，进入培训、验收阶段。监测系统的建成将进一步提升我省广告监测工作效能，为广告监管奠定坚实的基础。

（二）开展广告审查员培训，强化审查责任

2013年4月17－19日，云南省工商局组织全省工商系统广告条线监管干部、省属媒体和十六个州、市主要媒体的分管广告领导、广告部负责人及省属和昆明市属主要媒体的广告代理公司负责人共计218人

的广告工作培训。此次培训邀请到中国政法大学法学院副院长何兵教授和中国传媒大学广告学院刘林清教授到场授课，对广告监测、监管与案件查处一体化工作机制构建，网络广告监测监管与网上虚假违法广告查处等十多个问题进行了专题辅导，解析了《大众传播媒介广告发布审查规定》，并对《广告法》、《广告管理条例》等法律法规疑难解答，现场和学员进行违法广告案例、广告执法经验研讨与答疑，使参训人员对目前新形势下广告监管法规及政策有了充分地了解，工商系统广告监管干部广告监管执法能力、执法水平有了切实提高，也为广大媒体合法开展广告经营活动奠定了坚实基础。

2013 年西藏自治区广告监管工作情况

西藏自治区工商局商标广告监督管理处

西藏自治区工商局向消费者讲解辨别虚假违法广告知识

2013 年，我区整治虚假违法广告工作虽取得了一定的成绩，但也存在一些突出问题，尤其是在医疗、药品、保健食品等与人民群众生活密切相关的领域，欺骗误导消费者的虚假违法广告仍然存在。

一、规范广告市场秩序取得了新成绩

2013 年上半年，在整治虚假违法广告联席会议各成员单位的密切配合下，全区各级工商行政管理机关切实履行牵头职责，采取有效措施，集中整治虚假违法广告，取得了积极成效。一是按照《2013 年虚假违法广告专项整治工作实施意见》的要求，各地工商机关坚持把专项整治作为市场监管的重要抓手，加强领导，落实任务分工，突出整治重点，整合监管力量，实施综合治理，不断巩固和扩大成果。共查处各类广告违法案件 35 件，罚没款 24.37 万元。二是认真组织开展了对报刊出版单位、广播电台、电视台等大众传播媒介利用医药资讯专版、节目以及购物短片等形式发布广告行为的专项检查，责令停止发布广告 22 条，时长 275 分钟。三是按照《国家工商总局等八部门关于开展整治虚假违法医药广告专项行动的通知》精神，对我区整治虚假违法医药广告专项行动及时进行了安排和部署。约谈了大众媒体广告负责人，督促专项行动落到实处。西藏卫视、拉萨电视台等媒体认真对待，积极行动，已停播医药广告 200 余条，时长 325 分钟，《西藏商报》、《拉萨晚报》已停刊 50 多期相关医药广告，专项行动初见成效。

二、指导广告业发展有了新突破

全区各级工商机关充分发挥职能作用，主动跟进，做好服务指导工作。一是出台了《关于认真做好 2013 年广告业发展管理的通知》，充分认识广告业在服务生产、引导消费、扩大内需和推动经济社会发展中的积极作用，提升广告业在现代服务业和文化产业中的比重，不断提高服务意识，积极扶持和促进广告业快速发展。日喀则地区工商局印发了《日喀则地区工商局关于促进广告业发展的实施意见》，明确了广告业发展的指导思想、目标任务和主要措施。截至目前，全区广告经营单位发展到 689 户，同比增长了 5.9%；从业人员 3987 人，同比增长了 3%；广告经营额 2.39 亿元，同比增长了 6%。二是积极强化行政指导。针对我区广告企业无注册商标的实际，我们深入走访了 20 多家规模较大的广告企业，积极动员其注册商标。引导已有和新增中小企业走专业化、规范化、品牌化发展之路，逐步做强小型广告企业、做大中型广告企业、培育大型广告企业。引导企业以提高竞争力为核心，向经营业务特色鲜明、技术先进、主业突出和拥有自主品牌方向发展。目前已有多家广告公司、媒体和文化产业在积极申请商标注册。三是为进一步贯彻落实《大众传播媒介广告发布审查规定》，完善广告审查制度，强化广告审查把关意识，提高广告审查员整体素质，切实落实大众传播媒介广告审查责任，2013 年 5 月 20 – 24 日，我局会同区党委宣传部、区广电局联合组织举办了为期 5 天的大众媒介广告审查员培训班。全区广告经营单位和广告发布单位的广告审查员共计 70 人参加了培训，经考试合格，颁发了《广告审查员证书》，受到了全区广告界的肯定。

三、继续深入整顿和规范广告市场秩序

整顿和规范广告市场秩序是关注民声、执法为民的重要体现，也是实施广告战略和保障广告业健康发展的重要举措。各级工商机关要牢固树立不抓监管就是失职、抓不好监管就是不称职的意识，切实提高监管执法效能，依法严厉查处虚假违法广告，营造文明诚信的广告市场环境。

（一）深入开展整治虚假违法广告专项行动

整治虚假违法广告专项行动是整合监管合力、解决突出问题的重要措施，各级工商机关要积极作为。一是切实履行牵头职责，主动做好组织协调工作，按照分工要求，抓好任务分解和责任落实。各成员单位也要各司其职，各负其责，切实履行好本部门、本行业、本系统的广告监管审查职责，共同推动我区广告市场秩序的根本好转。二是突出重点，扎实开展医药广告整治专项行动。违法医药广告整治绝非“一阵风”，任重道远，继续深入推进整治工作，避免违法医药广告死灰复燃。加大对都市类报纸、广播电台、电视台、移动通讯平台和网络等媒体广告的监测检查力度，严格监管电视购物广告，依法整治以新闻形式和健康资讯节目（栏目）变相发布广告的行为。要监督大众传播媒介开展自查自纠，清理违法医药广告，会同有关部门检查广告自律审查制度落实情况，督促媒体履行法定义务。三是加大查处力度，实现对广告发布者、经营者、广告主的全方位监管。严厉查处虚假违法医疗、药品、保健食品、美容服务、化妆品广告以及收藏品、招商加盟等广告，曝光一批虚假违法医药广告，暂停一批医药生产经销企业、广告发布者发布医药广告资格，加大对虚假广告责任人的惩治和震慑力度，对虚假违法医药广告形成高压态势，不断巩固和扩大整治成果，确保广告市场规范有序。

（二）强化广告发布环节监管

积极创新监管理念，推进监管关口前移。综合运用信用分类监管、行政指导等手段，督促媒体认真落实《大众传播媒介广告发布审查规定》，规范广告发布行为，提升广告行业诚信度。加大检查力度，及时

发现媒体广告审查环节存在的问题，推动建立发布虚假违法广告领导责任追究制，对疏于审查、放弃责任，导致虚假违法广告屡禁不止、屡查屡犯的，提请有关部门追究相关人员责任。拓展监管领域，强化对互联网、手机等新兴媒体广告的监管。积极探索互联网广告监管新技术新手段等模式。加强对重点门户网站、搜索引擎、电子商务网站广告的监测监管，促进互联网广告发布秩序健康有序。在这里，特别强调，当前，全国上下正深入开展“中国梦”的宣传教育，各大众媒介要坚守行业规定和职业道德，站在保障和改善民生、维护人民群众切身利益的高度，以对人民群众高度负责的态度，正确处理社会效益和经济效益的关系，坚持把社会效益放在首位，防止片面追求经济效益的错误倾向，以强烈的社会责任感，为实现中国梦传递正能量。

（三）强化综合治理

进一步加强与整治虚假违法广告专项行动联席会议成员单位的协调配合，对查办虚假违法广告案件过程中涉及其他相关部门职责的，要提请相关部门采取撤销广告批准文号、暂停产品销售、吊销医疗机构有关诊疗科目、关闭网站和删除非法信息等措施，形成整体合力。加强联席会议成员单位之间信息沟通和工作衔接，加强联合检查、联合公告、联合告诫、联合督查等工作，建立健全监管执法联动机制。

（四）加强广告监测工作

广告监测是实施监管的基础，对增强广告监管工作主动性、预见性，提升监管效能具有重要意义，是对广告发布活动实施动态监管的有效手段。充分利用好国家工商总局专项资金支持，力争 2013 年底前完成区局广告监测设备运行工作。

（五）积极指导广告业发展

广告业是创意经济、创意产业，是我国文化产业和现代服务业的重要组成部分。推动广告业发展，提高广告业在文化产业和现代服务业中的比重和发展水平，是促进加快转变经济发展方式、调整优化产业结构、推进文化产业发展的有效途径。一是加大宣传力度，进一步提高全社会对广告产业价值和广告工作的认识，营造推进广告战略实施的良好舆论氛围。二是建立重点联系广告企业制度，引导优势企业通过商标战略不断做大做强，推动产业升级，进一步提升行业地位，形成一批专业化程度高、创新能力强、有较强竞争力的广告企业。三是各部门要充分发挥职能作用，帮助媒体单位、广告企业解决创业扶持等各方面实际困难。西藏有着深厚的文化底蕴和独特的民族传统。实施广告战略，是促进文化产业大发展、大繁荣的基本要求。广告业是文化产业中的重要行业，是传媒生存和发展的重要经济支撑。各传媒要紧抓机遇，融民族文化，创自主品牌。

2013 年陕西省广告监管工作情况

陕西省工商局商标广告监督管理处

2013 年陕西省广告审查员继续教育培训班

2013 年，全省广告监管工作以党的十八大精神为统领，认真贯彻落实全省工商行政管理工作会议精神和省局“1513”工作思路，紧紧围绕“三强一富一美”奋斗目标和“三个陕西”建设总布局，以打击虚假违法广告、保护企业和消费者合法权益为重点，以实施广告战略、推进企业品牌建设为抓手，以推进法制建设和制度创新、着力提高监管执法效能为着眼点，进一步加强职能建设，强化服务工作，更新观念，创新举措，保证了各项工作的顺利开展。

一、加强广告经营资格检查，依法规范广告经营活动

一是根据《广告经营许可证管理办法》的有关规定，为依法规范广告经营审批登记，严把广告主体准入资格，按照省局年度工作安排，1-4 月，对在工商行政管理机关登记注册的广播电台、电视台、报刊出版单位、事业单位及法律、法规规定应进行广告经营审批登记的广告经营单位进行广告经营资格年度审查检验工作，共年审 103 户。各级工商局还结合广告日常监测情况，对一些广播电台、电视台、报社等广告经营单位进行了实地检查，对媒体内部的广告承接登记制度、广告审查员“一票否决”制度、广告档案管理制度等进行了重点检查。对工作流程不规范、广告审查员把关不严等问题现场进行了纠正并限期整改。通过广告经营资格检查工作，进一步宣传了广告经营的法律法规和有关规定，增强了广告经营单位依法经营广告的意识，及时掌握了广告经营单位的广告经营状况，为广告监管工作奠定了基础。

二是会同省广告协会，认真组织本年度广告专业技术人员职业水平考试报名工作。从 2 月 25 日至 3 月 14 日，历时 20 天，共对 230 名考生报名资料进行审查。考生通过网络报名及缴费人数为 148 人。其中，报考助理广告师人数为 62 人，广告策划人数为 46 人，广告文案人数为 10 人，影视广告人数为 13 人，广告设

计人数为17人。

三是在户外广告登记中严格审查广告内容，对不符合登记的及时提出改正意见，确保户外广告登记规范合法。截至10月底，全省各级工商行政管理机关共办理户外广告登记10034件，有效净化了全省户外广告市场。

二、开展重点广告专项整治工作，加大虚假违法广告查处力度

依据国家工商总局2013年虚假违法广告专项整治工作实施意见精神，重点对各类媒体和网站发布的医药广告、信息、开办的各类健康咨询节目、栏目为对象，对医疗、药品、保健食品、美容服务、化妆品广告以及收藏品、招商加盟广告进行重点监管。2013年，相继对“高老太降糖贴”、“怪老太前列腺贴”、“乐邦龟蛇酒”、“武状元”等医药广告进行全面清查，杜绝违法广告行为发生。对“祖灵芝清斑霜”、“伊屏清斑”、“雪莲净斑霜”、“印度海娜花”、“伊月生发液”等祛斑美白或染发、生发产品广告使用绝对化用语，夸大宣传，欺骗误导消费者进行有重点地整治。并在全省范围内开展涉嫌非法集资广告资讯信息清理整治行动，重点对媒体单位以及贷款抵押、融资咨询、担保管理、投资理财等中介机构涉嫌发布非法集资广告的资讯信息行为进行整治。全年共查处各类违法广告案件1168件，罚没金额501.72万元。

三、加强广告监测，做好广告监测与违法广告查处的衔接工作

一是加强广告监测。为有效实施对广告发布活动的动态监管，不断推进虚假违法广告专项整治工作深入扎实地开展，在日常监测的基础上，结合违法医药广告专项整治，先后组织对全省电视、报纸、期刊杂志进行了8次集中监测抽查。共抽查广告21298条次，其中涉嫌违法广告2066条次。二是及时下发通报。为做好违法广告查处工作，将每次监测结果以通报的形式下发到各市级工商局，要求对监测中的典型违法广告进行严厉查处并限时上报查处结果；同时将通报抄送市政府和市委宣传部及联席会议各成员单位，以赢得重视和支持。三是督查督办落实。对通报中要求各市级工商局查办的案件，我们在电话询问了解、跟踪督办落实的方法，对未按要求时限上报和处罚不到位的问题进行通报批评，收到了较好的效果。四是查处与教育相结合。对违法率居高不下的媒体，我们还在查处的同时，采取召集媒体领导约谈、告诫等形式，有力地促进了专项整治工作。

四、积极做好促进广告业发展工作，广告业发展呈现良好势头

为了全力推动我省广告产业的快速发展，省局于2011年对陕西广告产业园正式授牌，并积极向国家工商总局、财政部等部委汇报产业园的发展建设情况，并上报国家工商总局请求对陕西广告产业予以支持。经过不懈努力，2012年4月，陕西广告产业园作为西部地区仅有的一家，与“北京、上海、广东、长沙、南京、常州、青岛、潍坊”8家园区获批“国家级”广告产业园。与此同时，国家财政已累计拨付补助资金6000万元，有效地支持了园区的初期建设。2013年7月，国家工商总局和省政府签订了《推进陕西广告业发展战略合作协议》，确定省部共同推进陕西广告产业快速发展。在全面建设项目的同时，陕西国家广告产业园的发展已被写入《陕西省人民政府关于实施项目带动战略促进文化产业发展的意见》（陕政发〔2013〕38号）文件，项目已被列入陕西省全力推动的10家重点文化基地项目之一。

为了与国家支持西部发展广告产业的政策形成合力，加快推进我省广告产业健康发展，目前，已起草了《关于陕西国家广告产业园发展建设情况的报告》准备上报省政府，请求出台相关配套政策予以扶持。

2013 年甘肃省广告监管工作情况

甘肃省工商局广告监督管理处

甘肃省工商局副局长苏文辉、广告处任歆处长深入电视媒体单位调研

2013 年，全省各级广告监管部门坚持以邓小平理论、“三个代表”重要思想、科学发展观为指导，认真学习贯彻党的十八大、省委第十二届四次全会和全国工商行政管理工作会议精神，以构建“大工商”、甘当“保护神”为理念，以服务转型跨越发展为主线，以推动“三个转变”为动力，以提升服务、促进监管、推动产业发展为抓手，进一步开创了全省广告产业发展的新局面。

一、2013 年工作概况

（一）认真做好广告许可工作，规范广告发布行为

2013 年，简化广告许可手续指导服务对象备齐登记资料，使广告登记证的办理时间由原来的 7 个工作日，缩短到 3 个工作日内，受到了服务对象的好评。同时指导广告经营单位建立健全广告承接登记、业务人员审查、分管领导审批、广告资料归档等制度，在广告经营单位内部建起自我防范机制。

（二）突出重点，抓住难点，加强行政执法力度，规范广告市场秩序

一是 2013 年 3 月份按照工商总局《进一步严格监管报刊出版单位、广播电台、电视短片利用医药资讯专版、节目以及购物短片等形式发布广告行为的通知》要求，我们及时召集媒体单位广告负责人，进行约谈告知。

二是 4 月向全省转发了《工商总局等八个部门关于开展整治虚假违法医药广告专项行动的通知》，参加《2013 年广告专项整治工作部际联席会议》电视电话会议，进行了科学合理的安排部署，专项整治活动 2013 年 8 月受到了国家局派出的督查组的表扬。

三是 7 月份按照甘肃省打击和处置非法集资工作领导小组办公室的指示精神，开展了对非法集资广告

的整治，严格集资贷款类的广告登记、刊播，有力地配合了此项工作。

四是4、8、11月，面对虚假违法广告有所抬头的现象，及时召集各媒体单位进行约谈，对个别媒体进行了处罚。

五是在11月底，参加了由省卫生厅牵头的开展整顿医疗秩序打击非法行医专项行动。按照职责划分，查处医疗场所及媒体发布虚假医疗广告的行为。

六是地州市局广告监管部门在省局统一部署下能够积极作为，严查违法广告，兰州、酒泉、张掖、白银等市州局在对虚假违法广告的整治上成效明显。

（三）积极打造广告监管大平台，增强广告监管的预见性和主动性

我们在认真调研全省广告市场监管的实际情况的基础上，及时在广告监测系统的基础上，提出依托信息化科技手段，全面建立虚假违法广告信息公告平台、建立虚假违法广告警示平台、建立虚假违法广告案件查处平台。以此实现广告监管公开透明执法下移，服务群众的基本目的。

（四）加强联席会议制度整合执法效能

我们继续坚持和完善综合治理机制，充分发挥广告专项整治联席会议各分管部门的职能，全年以来，组织召开联席会议3次，收到联系单位发来的广告舆情信息50余份，较好地发挥了联席会议的作用。

（五）抓好《关于促进广告业发展的实施意见》的贯彻落实工作

《意见》从五个方面就广告业发展的重大意义、指导思想和发展目标、重点工作、政策措施、组织领导等方面作了部署和明确。积极督促各级工商部门依据《意见》结合各自实际制定广告业发展规划，为地方经济发展做出更大的贡献。

二、工作亮点

（一）建立健全联席会议制度，坚持和完善综合治理机制

充分发挥广告专项整治联席会议各分管部门的作用，切实履行牵头职责，不断增强监管的合力和实效。一是积极争取省、市政府对广告监管工作的重视和支持。二是坚持定期向各广告监管联席会议成员单位通报广告监测情况。三是创新载体和方法，对典型虚假违法广告，加强联合公告、联合告诫、联合查处等工作。

（二）加大惩治力度，严厉查处违法广告行为

按照国家工商总局等八个部门开展整治虚假违法医药广告专项行动通知要求，我省在全省范围内开展了针对违法医药广告的集中整治行动，加大对医药广告的监管力度。

根据我省打击和处置非法集资工作领导小组办公室的工作指示，对全省投资公司开展非法集资检查和宣传，开展涉嫌非法集资广告清理行动，严格审查、及时删除涉嫌非法集资广告信息。

配合全省卫生部门开展打击非法行医专项行动，严厉打击违法医疗广告行为。

截止2013年11月全省工商系统共查处广告违法案件637件，罚没款131.5万元。

（三）针对现状，全力打造具有前瞻性，切合我省实际的广告监管体系

一是建立虚假违法广告信息公告平台。及时将监测的虚假违法广告第一时间面向社会公布，警示广大消费者对虚假广告保持戒备，以免上当受骗。二是建立虚假违法广告警示平台。通过广告监管平台为管理对象开展自查自纠留出空间。增强广告监管的敏感性和预见性，努力把问题有效控制和解决在萌芽状态，防止蔓延或失控。三是建立虚假违法广告案件查处平台。对监测到、投诉举报的虚假违法广告，通过虚假违法广告案件查处平台由省局统一指挥，按照各级广告监管部门各自职责分工统一协调，及时交办查处。

（四）进一步规范行政审批工作，完善广告行政许可制度

规范广告行政许可行为，加强行政许可事项监督。新建广告审批业务系统，实现广告行政许可事项网上许可、网上申请、网上预受理等，在线审批，减少程序、

全面实行流程监管，不断提高广告行政许可执法水平和审批效能。

（五）积极履职、主动作为

增大对我省媒体约谈次数。省局广告处多次组织我省主要媒体召开了媒体座谈会、约谈会，要求其在广告发布中严格遵守，一是各媒体单位要有大局意识，在追求经济利益的同时，强化社会责任感；二是各媒体单位要加强行业自律，严格落实《大众传播媒介广告发布审查规定》，严把审查关；三是严把发布关，杜绝违法广告的发布。

2013 年青海省广告监管工作情况

青海省工商局广告监督管理处

2013 年，青海省整治虚假违法广告联席会议现场

一、工作成效

（一）开展了西平高速公路清理整治工作，进一步规范了广告登记工作，广告业发展迈上新台阶

为认真贯彻落实省委、省政府领导关于平西高速公路户外广告牌整治规划工作的指示精神，在省党组的统一部署下，成立了以党组书记、局长王定邦为组长、副局长韩有林为副组长，省局相关处室及基层局负责人为成员的整治规划工作领导小组，并抽调专人组成多个工作组，制订了工作方案，明确目标任务。各小组通过认真走访、档案查询、电话联系等手段摸清了辖区 198 个高立柱的基本情况，通过下发通知书、行政约谈、走访动员等方法，克服多种困难和压力，按时拆除了违章设置的广告牌 146 个。并利用卫星遥感技术和实地测量等多种手段，对该路段现有广告路牌及建筑、绿地、交通线等周边环境进行精确勘测，西部机场负责户外广告的专业人员进行了专业指导，绘制出了机场高速公路沿线户外广告现状图和规划图，按时向省政府上报了《西平高速公路沿线及 109 国道峡口段户外广告牌整治规划方案》，得到了省政府肯定，省委书记骆惠宁、省长郝鹏、副省长张建民都作出了重要批示。并针对西平高速公路沿线户外广告

牌规范清理工作中反映出的无规划、多部门审批等问题，提出了对《青海省户外广告管理条例》进行修改意见，并报省政府法制办争取列入2014年省人大立法修订计划。草拟了《青海省户外广告设置管理暂行办法》，征求了西宁市政府、海东市政府、交通厅等24家单位和广告公司的意见建议，现已上报省政府。通过西平高速公路广告牌清理整治和省局开展的提质提效工作，进一步强化了广告登记审批程序，提高了登记效率，全省登记户外广告2500条，比2012年增长30%；固定印刷品广告10户，比2012年增长6%。全省广告经营单位增加43户，达到720户，增长了6.3%；从业人员增加236人，达到4581人，增长5.4%；广告经营额增加4200万元，达到4.54亿元，增长10%。

（二）加大监管力度，净化广告市场环境

充分发挥广告监测中心作用，认真开展了省市主流媒体的广告监测工作。为了不断完善对媒体广告的监测制度，随时掌握媒体广告的动向，对监测的问题及时上门或电话予以纠正，做到了对媒体广告发布活动事前、事中、事后全过程的监督管理，全年监测广告79万余条次。其中：电视广告41万余条次，广播广告35万余条次，报纸广告3万余条次。监测出违法广告12630条次。其中电视8011条次，广播4183条次，报纸436条次。年违法率为1.6%。其中：药品广告违法率为17.7%，医疗广告为0.9%，化妆品为29.2%，保健食品为10.6%。省局通报典型违法广告25条，公告违法广告4条，通过电话、行政约谈、行政指导等方式规范违法广告4850条次，调解解决消费举报案件33件，挽回经济损失5.5万元，立案查处36件，罚款56.4万元，对媒体广告监测已形成了制度化、规范化。2013年全省工商系统查处广告案件182件，罚款94.2万元。

（三）认真开展了整治虚假违法医药广告专项行动

为严厉打击虚假违法医药广告行为，切实使损害人民群众切身利益的虚假违法医药广告得到有效治理，按照国家工商行政管理总局、中央宣传部等八个部门联合下发的《关于开展整治虚假违法医药广告专项行动的通知》（工商广字〔2013〕69号）精神，结合我省实际，由省工商局、省委宣传部、省通信管理局、省卫生厅、省文化和新闻出版厅、省广电局、省食品药品监督管理局联合制定了《青海省整治虚假违法医药广告专项行动方案》（青工商广〔2013〕79号），各州（地、市）工商局会同当地整治虚假违法广告联席成员单位，结合当地实际制订了切实可行的专项行动方案，5－7月全省工商系统以医疗、药品、医疗器械、保健食品以及宣称具有治疗作用的保健用品广告为重点，加大了对电视、广播、报纸和网站发布广告的监测力度。期间，全省系统共出动执法人员463人次，车辆139台次，检查新闻媒体82家次，监测各类广告37万条次，监测出违法广告7210条次，通报典型违法广告18条。警示整改违法广告750条，下发《行政指导建议书》整改322条次，责令停止发布违法广告52条，删除网上违法广告256条次，《公告》违法广告4条，立案48起，罚款49.7万元。通过虚假违法医药广告专项整治行动，呈现出了青海卫视违法率与元月份相比下降5.78个百分点，青海综合频道下降5.41个百分点，西宁新闻综合下降1.12个百分点，《青海日报》、《西海都市报》和《西宁晚报》连续2个月违法广告为零的良好局面。

（四）认真开展了涉嫌非法集资等金融犯罪广告咨询信息排查清理活动

为了维护广告经营秩序，规范广告发布行为，净化我省的金融广告环境，为群众提供更好的金融服务，根据省打击和处置非法集资工作领导小组制定的《青海省涉嫌非法集资等金融犯罪广告咨询信息排查清理活动方案》要求，我局及时制定下发了《关于开展涉嫌非法集资等金融犯罪广告咨询信息排查清理活动的通知》（青工商广〔2013〕141号），全省工商系统结合当地实际，积极会同文化、广电、通信等部门，对电视、广播、报刊、期刊、互联网、商场、超市和其他公共场所发布的集资类广告，特别是投融资中介、

房地产、农业、林业等集资广告进行了全面排查清理。期间，全省系统共出动执法人员 1684 人（次），检查媒体 164 家（次），超市、商场、市场 1402 家（次），指导整改不规范的集资咨询广告 82 条，向媒体下发了《行政指导建议书》10 份，省工商局会同省文化和新闻出版厅对《西海都市报》和《西宁晚报》投资咨询广告进行了全面规范，将西宁市金融工作办公室印发的《关于加强金融业务广告审查的函》印发给了省级媒体，加大了金融集资的广告审查工作，进一步规范了广告发布行为，维护了我省金融广告市场秩序。

（五）认真组织完成了广告行业职称考试工作

积极与省人力资源和社会保障厅考试中心联系，并采取一对一电话通知的方式，组织开展了广告行业职称考试网上报名和审核确认工作，全省报名参加广告职称考试 35 人，经审核通过实际参加考试的 32 人（其中：广告师 18 人、助理广告师 14 人），经考试合格取得广告师资格的 1 人，全省累计取得广告师资格的人员达到 6 人，助理广告师资格人员 3 人。

二、主要做法

（一）开展行政约谈

一是对各媒体开展上门行政约谈和现场办公。为了切实提高省（市）主流媒体发布虚假违法广告对社会危害性的认识，由主管局长韩有林同志带队分赴青海广播电视台、《西海都市报》、西宁电视台、西宁广播电台、《西宁晚报》社进行了上门行政约谈。各媒体的主要负责人、相关频道（频率）负责人及广告审查员接受了谈话和告诫。约谈中对国家工商总局监测排名靠前的西宁电视台、近期监测违法广告为零的《西宁晚报》给予了表扬。各媒体负责人从加强自律、规范广告发布行为、增强政府公信力方面做出了承诺。二是根据国家工商总局监测结果，对我省排名末位的媒体进行约谈。全年对青海电视台进行了 4 次行政约谈，《西海都市报》进行了 3 次行政约谈。三是根据我省广告监测情况，对青海广播电视台 6 名频道（率）负责人进行了 1 次集体约谈。通过对媒体负责人的行政约谈，有力地促进了媒体的广告审查工作，增强了媒体的自律意识。

（二）强化媒体广告监测

自 2013 年 1 月青海省广告监测中心试运行以来，实现了对省（市）18 个媒体频率广告的全面监测，为整治虚假违法广告起到非常重要的作用。我局每月根据广告监测情况，以《通报》的方式对典型违法广告进行通报，并印发各联席成员单位，各州（地、市）工商局和新闻媒体进行整改查处，全年下发《广告监测通报》12 份，通报典型违法广告 34 条，公告 4 条，通过电话警示、行政约谈、下发《行政指导建议书》等方式整改违法广告 4850 条，整改率达到了 38%。另外，自 7 月 10 日起，对广告监测工作实行了“日清、周结、月通报”制度。“日清”就是每天对各媒体频率发布的违法广告进行统计，上报主管局长和广告监管员，使主管领导和广告监管员做到心中有数，对症下药，个别指导；“周结”就是把一周广告监测情况上报局长、主管局长和广告监管员，分析情况，有针对性地对个别媒体进行行政约谈，对严重违法广告进行《公告》，在全省范围内封杀此广告；“月通报”就是每月向全省书面下发《广告监测情况通报》，对典型违法广告按照管辖进行立案查处。违法广告已从 7 月的 40 条次 / 日下降到了目前的 20 条次 / 日，未发现造成严重后果的违法广告。

（三）加大违法广告案件查处力度

在虚假违法广告案件查处工作中，省局首先率先垂范，克服人员少工作忙的困难，加大了主流媒体违法广告的查处力度，查处严重违法广告 27 条，立案 24 起（其中 3 条严重违法广告并案处罚），已结案 22 起，罚款 53.8 万元，案件数、罚款金额都实现了新的突破，创近 10 年的新高。一是加大处罚力度。按照《中华人民共和国广告法》、《国家工商行政管理总局关于正确行使行政处罚自由裁量权的指导意见》和《青海省规范行政处罚裁量权办法》的规定，对“有悖于党和国家方针、政策规定的阶段性工作重点的违法行为和多次发生同类违法行为并已受过行政处罚的”违法广告进行了从重处罚。如：对青海广播电视台发布的“高老太降糖贴”虚假违法广告罚款13.5万元，“哈马太湖螺旋藻”保健食品违法广告罚款5.4万元，处罚力度是近年来没有过的。二是对严重违法广告实行追根溯源。我局在加大对违法广告发布者处罚力度的同时，实行了追根溯源，对广告主、广告经营者同时进行了处罚，对于省内的广告主、广告经营者，按照管辖权移交查处。对于省外广告主、广告经营者，向属地工商行政管理局进行了移送。2013年，已向北京、上海、湖北、陕西等工商行政管理局移交广告违法案件18起，加大了从源头杜绝违法广告的力度。三是加强了消费者投诉案件的协调解决。全年收到消费者投诉33件，解决33件，办结率为100%，挽回经济损失5.5万元。其中：协调青海电视台综合频道解决了广东省消费者胡翠仙化妆品广告投诉，退款20000元；协调青海电视台新闻综合频率解决我省消费者李传东保健食品广告投诉，退款5376元；协调《西海都市报》解决消费者马占英药品广告投诉，退款3960元。我们热情周到的服务得到了社会的认可和群众的好评。

（四）加强组织领导

一是各司其职，努力打造各部门齐抓共管的良好局面。按照国家工商总局加强广告监管的总体要求，我局会同宣传部、卫生厅等7部门联合下发了《青海省整治虚假违法医药广告专项行动方案》，对全省虚假违法广告整治工作做出了全面安排，进一步明确了宣传、工商、公安、监察、纠风、通信、卫生、广电、文化新闻、旅游、药监十一部门的工作职责，明确了整治的目标、重点和突出问题。二是立行立办，认真落实省政府领导的批示精神。4月22日，组织召开了省级整治虚假违法广告联席成员单位工作会议，通报了国家工商总局2012年12月份、2013年1月份《广告监测情况通报》，认真学习和领会了省政府领导的批示精神，对整治虚假违法广告提出了更高的目标和要求。5月14日，对全省工商系统专项行动进行了督促检查。7月1日，省局召开专题会议，对整治虚假违法广告专项行动中发现的突出问题进行了研究和再部署，并由主管副局长韩有林同志牵头组织，分别在青海广播电视台、西宁市电视台召开了两次整治虚假违法广告专项行动座谈会。三是召开了省级整治虚假违法广告联席会议。7月29日，省工商局会同省委宣传部、省监察厅等整治虚假违法广告联席成员单位，召开了省级整治虚假违法广告联席会议。会议通报了2013年1–4月份国家工商总局广告抽查情况和上半年我省广告监测情况，省委宣传部、省工商局等领导就整治虚假医疗、药品广告情况作了重要讲话，对继续做好虚假违法广告整治工作做出了安排。

2013 年宁夏回族自治区广告监管工作情况

宁夏回族自治区工商局商标广告监督管理处

银川开发区工商局研究户外广告存在的问题及对策

一、基本情况

2013 年，我区广告监管工作紧紧围绕贯彻落实党的十八大和十八届三中全会精神，以科学发展观为指导，深入实施广告战略，强化广告市场监管，促进宁夏广告业健康快速发展。广告业专业水平和整体竞争力进一步提升，广告监管服务能力进一步增强，广告市场秩序进一步好转，全区广告业发展和监管服务工作取得了显著成效。截止 11 月底，全区广告经营单位 1535 家、从业人员 11560 人、广告经营额 8.7 亿元。全区共监测各类广告 298.3 万余条（次），查处各类违法广告案件 220 件。在总局 2013 年度广告监测中排名名列前茅。

二、主要工作

（一）加强政策引导和行政指导

一是引导广告企业健康发展，全力推进广告战略的纵深发展。积极开展广告企业入驻宁夏广告产业园区前期意向调查，完成了自治区《创办宁夏广告创意园调研问卷》和市政府《关于做好文化及相关产业统计调查》；组织 12 家企业 50 人参加南京第 20 届中国广告节活动；开展公益广告宣传推广，贯彻中宣部及自治区党委宣传部“大力弘扬及开展公益广告宣传推广活动”精神，自治区工商局联合自治区党委宣传部、自治区新闻出版局、《宁夏日报》报业集团开展了举办“宁夏首届原创平面公益广告大赛”活动。银川市工商局配合市政府巩固文明城市成果工作，发动广告经营单位通过其门头电子显示屏、公交车体、公交候车亭、BRT 候车亭、建筑工地围档等媒介发布“讲文明，树新风”公益广告 26150 条次。二是加强广告监管工作中的行政指导，规范广告发布行为。从法规培训、制度建设、广告审查、经营行为等方面强化对新闻媒体、广告经营单位、医疗机构的行政指导工作，督促指导广告经营单位完善并落实相关制度和责任，进一步提高广告经营单位和医疗机构守法经营意识和业务能力。对违法行为情节轻微、未产生严重后果的，采取提示、辅导、约谈、督查、提出整改措施等方式，引导广告企业健康发展。银川市工商局先后走访《银川日报》等30家市属新闻媒体单位及其代理广告公司、大型广告经营企业，与其签订2013年度杜绝虚假违法广告责任书，把预警教育、约见谈话、行政指导、行政告诫等手段融入监管之中，加强了广告行业自律；通过备案登记的形式，将在银川市机关单位和居民楼内部及商场、宾馆、公交车内等公共场所利用楼宇液晶显示屏、视频机、擦鞋机、车载电子显示屏等从事广告发布活动12家广告企业纳入监督管理范围。吴忠市工商局针对节日市场广告宣传集中整治行动中存在问题，约谈了电信、移动、联通三大电信运营商及市区十家商业零售企业，通报了三大电信运营商及市区商业零售企业在广告宣传、打折促销等方面存在的突出问题，组织约谈企业学习了《广告法》等法律法规规章，对广告内容虚假夸大，促销行为不规范的，立即进行整改。固原市工商局开展广告行政指导经营单位21家，其中向医院、药品门市部等经营主体共发《行政指导建议书》7份。

（二）强化广告监测工作

为夯实基础工作，下发了《关于加强和规范广告监测工作的通知》和《宁夏回族自治区工商行政管理局广告监测工作规定》（暂行）等工作制度和规则，对广告监测信息上报、广告监测设备的管护、广告监测工作的考评做出了具体、可操作的要求。建立了覆盖全区媒体的广告监测网络，运用现代化的监测设备和软件，将全区电视、广播、网络等广告纳入重点监测范围，实现对全区39套电视、20家广播、13家报纸、44家网络发布的广告24小时、全覆盖的监测。

（三）加大整治虚假违法医药广告力度

根据《工商总局等八部门关于开展整治虚假违法医药广告专项行动的通知》（工商广字〔2013〕69号）要求，结合本区实际，全区各级工商系统高度重视，迅速行动，以广告监测为抓手，以医疗、药品、医疗器械、保健食品广告及宣称具有治疗作用的保健用品广告为整治重点，认真开展了整治虚假违法医药广告专项行动。共监测全区39套电视、20路广播、13家报纸及44家网站发布的医药广告12350条次。监测发现严重违法医药类广告157条次，立案查处医药广告违法案件56件，罚没款37.12万元。受理相关部门移送案件7起，责令整改广告经营户、广告发布单位115户，开展行政指导120户次，责令停播违法医药广告63条。通过集中整治，全区各级媒体医疗、药品、医疗器械、保健食品广告违法率较整治前下降了80%以上，整治工作取得明显成效。在国家工商总局对全国的广告监测通报排名中名列前茅。

（四）开展涉嫌非法集资广告资讯信息排查清理活动

根据自治区处置非法集资协调领导小组办公室《关于开展涉嫌非法集资广告资讯信息排查清理活动的通知》（宁处非办发〔2013〕6号）精神，为严厉打击利用广告资讯信息宣传从事非法集资活动，保护人民群众合法权益，维护经济金融秩序和稳定，我们在全区范围内组织开展了涉嫌非法集资广告资讯信息排查清理活动。加大对辖区内利用户外、印刷品广告媒介发布的涉嫌非法集资广告普查、巡查力度，加强对含有涉嫌非法集资广告资讯信息发布者的监管和查处，加强对从事贷款咨询、担保管理、投资理财等业务的中介结构的日常巡查和监管，严厉打击了利用广告资讯信息宣传造势从事非法集资活动。共出动执法人员1261人次，执法车辆224台次，共检查新闻媒体45家、网站44家，各类广告经营户及相关企业827户，各类广告1968块（条、牌匾）。清除街面张贴的含有代理委托投资理财内容的无主小广告13条、贷款无主小广告86条。在我区的经营性网站，目前未发现有关“涉及非法集资活动广告和利用公司名义进行的非法集资活动”的广告内容。

（五）加强户外广告的登记管理

截止11月底，全区工商系统共办理户外广告登记 7113 条，在户外广告登记过程中，认真审核广告内容，严把广告登记关，对不符合法律、法规规定的广告坚决不予登记；对表达意思模棱两可容易引人误解以及房地产销售广告中未经有关部门审批的内容，加强同户外广告设置审批部门的联系和沟通；对广告内容有问题的，及时提出修改意见和建议，从源头上防范违法广告进入市场。各基层工商所在日常监管中不定期地进行户外广告、广告语言文字、促销广告、门头牌匾广告等专项检查。

（六）强化日常监管

一是增强发现虚假违法广告的敏感性和预见性，做到早发现、早制止，及时向媒体通报监测情况，对监测发现的虚假违法广告及时行政告诫、纠正、立即责令停止发布。二是整顿媒体广告。继续把直接关系人民群众身体健康、财产安全的医疗、药品、保健食品，危害未成年人身心健康的互联网非法涉性、低俗不良广告，以及扰乱公共秩序、影响社会稳定的严重虚假违法广告作为整治重点。开展了整顿报刊出版单位、广播电台、电视台利用医药资讯专版、节目以及购物短片等形式发布广告行为的专项行动，全区共停播、责令整改该类形式虚假违法广告 198 条（次）。在对媒体广告进行全面监测的同时，我们也加大了网络的整治力度，对宁夏 28 家民营医院网络广告进行了监测，其中发布违规违法虚假广告的有 13 家。我们分别采取约谈警示、责令整改、停止发布等措施，对宁夏中山医院、银川田永成美容整形门诊等 4 家医疗机构严重违法发布网络虚假医疗广告在宁夏电视台《今晚播报》公开曝光，从而有力地遏制了违法发布医疗广告势头，社会反响强烈。三是强化网格监管。在全系统基层工商所采用网格化监管巡查的形式，对辖区医院、超市、药店等重点区域，户外广告、印刷品广告等重点类别，利用节假日、假借“特供”、“专供”名义推销假冒商品和虚假广告宣传活动，各类教育、培训、招生和招商加盟广告等，开展定期巡查和不定期抽查，全面挤压违法医药广告的生存空间。四是加强与联席会议成员单位的协作，建立违法广告协查机制。起草并由自治区整治虚假违法广告联席会议十一部门联合下发了《2013 年虚假违法广告专项整治工作实施意见》，进一步明确了 2013 年整治虚假违法广告的工作重点。对广告发布审查把关、广告发布动态监管、广告发布后的依法查处和建立完善监管工作协调联动机制提出了新的要求。对各部门的职责分工和工作任务重新作了划分和明确。各市工商局分别结合工作实际，相应下发了实施方案并加以落实。石嘴山市工商局积极发挥工商的牵头作用，先后 5 次牵头召开联席会议，联合开展专项整治。每季度向各成员单位通报全市广告监测情况，较好地实现监管信息共享与执法联动，共检查各类广告经营单位 206 户，对药监等部门移送的 5 起虚假违法广告，全部调查处理并反馈处理结果。

2013 年新疆维吾尔自治区广告监管工作情况

新疆维吾尔自治区工商局广告监督管理处

新疆整治虚假违法医药广告专项行动电视电话会议

广告处根据全疆工商工作会议部署和要求，围绕国家工商总局深入推进广告战略实施的工作主线，坚持一手抓监管，一手促发展，从制度建设入手，夯实广告监管基础工作，集中整治关系人民群众身心安全健康的医疗、药品、保健品等广告，努力营造良好的广告市场秩序。

一、整治虚假违法广告取得新成效

（一）认真开展全疆违法医药广告专项整治

根据中宣部、国家工商总局等八部委联合下发的《关于整治虚假违法医药广告专项行动的通知》精神，4 – 7 月底，自治区工商系统组织全疆各地集中开展了整治虚假违法医药广告专项行动。

整治期间，召开 2 次全疆电视电话会议，自治区党委宣传部、工商局、卫生厅等 8 部门领导到会讲话，全疆各主要媒体、网站和综合性广告公司负责人 200 余人参会，会后各地媒体单位和广告公司主动清理修改非法违规的医药广告，全疆共自查停播医药广告 958 条。

为营造社会关注、人人支持的社会舆论氛围，各项整治宣传进社区、进市场、进景区，各级媒体单位利用自有媒介，开办专题或栏目 12 个，省级以上媒体刊播宣传报道 35 篇，播出公益广告 5600 条次，新疆人民广播电台、新疆电视台每日播出平均 30 条次以上，全疆共发放宣传册宣传单 29000 余件。

各级工商机关建立健全广告监测、监管与案件查处的一体化工作机制，将电视、广播媒介的综合娱乐频道和生活类、都市类报纸作为监控重点，组织专人对其发布的广告进行重点监测，对监测发现的违法医药广告，立即责令停止发布；严厉查处监测发现、群众举报投诉、有关部门移送的违法情节严重、性质恶劣的虚假违法医药广告。整治期间，全疆开展广告集中监测1次，日常监测广告110万条（次），发出责令改正通知书157件，督办通知121件，行政约谈129人（次），处理12315投诉举报536件，公开曝光典型违法广告案件45件，立案查处广告违法案件437件，罚没款155.9万元。

近3个月的集中整治取得了阶段性成果：医疗、药品、保健食品、化妆品和美容服务广告的违法率明显下降，虚假违法广告回潮势头得到有效遏制，广告行业自律水平有所提高，广告市场秩序明显好转。

（二）认真探索监管方式创新，实施对重点商品广告发布前的提前介入监管

为提升广告监管服务效能，从机制上寻求解决虚假医药广告易法多发、打压反弹的问题，年初广告处专程赴内地发达省市学习并经过广泛征求媒体单位的意见，制发了《加强我区广告监管工作的意见》，试行重点媒体发布重点商品广告的提前介入监督管理，要求重点媒体发布医疗、药品、保健食品、化妆品、美容服务等五类广告前，须向自治区工商局报备。媒体单位指定专人为联络员，定时将拟刊播的广告样件传送至自治区工商局广告处。截止到11月底，对区属媒体单位提前介入广告监管2420条（次），修改1452条次，停止刊播464条（次）。监管关口前移使都市类报纸虚假广告违法率较2012年同期下降50%左右。

（三）建立媒体广告负责人例会制度

为进一步加强与媒体单位的情况互通，及时开展广告监管的行政指导，根据《加强广告监管工作的意见》，我们确立了区属媒体单位分管领导和广告部负责人例会制度。全年召开2次媒体例会，学习广告法律法规政策，通报广告监测情况，点评媒体单位近期的广告发布情况。年初，分管局领导带队走访8家媒体单位，上门开展广告经营单位年度检查，年底，处领导带队回访，考核全年广告审查员工作情况，对在国家和自治区工商局集中监测及时有效的行政指导加强了沟通，促进了工作。

（四）筹建自治区工商局广告监测中心

年初，积极向国家工商总局和区局报请专项资金，经过努力，自治区财政安排和国家工商总局拨付解决的设备购置经费基本到位，同时与几家提供广告监测设备和服务的专业公司磋商对比，确定设备采购方案，与新疆广电网络公司洽商签署了广告信号传送协议，根据局党组决定，在机构人员暂时无法批复的情况下，先行租赁了办公场所，准备聘用工作人员学习培训，开展工作。

（五）做好日常监管工作

截至5月底，广告处办理固定形式印刷品广告经营审批登记27件，广告经营年度检查40家，处理12315等各类投诉举报282件，办理“两会”答复3件，日常监测广告35950条次，开展全疆广告集中监测2次。

二、推进广告战略的实施实现新突破

（一）推进出台广告业发展政策

配合自治区人民政府办公厅出台《促进新疆广告业发展意见》，及时转发，要求各地州市工商局组织广告经营单位深入学习、广泛宣传，积极争取当地党委政府的支持，切实把推动广告业发展纳入地方经济社会发展大局来谋划和推动。

（二）申报新疆广告产业园区

与市政府、开发区政府召开4次座谈会，实地走访广告产业园，积极向总局申请，将乌鲁木齐经济技术开发区广告产业园纳入中央财政支持广告业发展试点园区范围并给予配套财政资金支持。

（三）支持举办“新疆广告四新技术展览”

全国70余家广告设备厂商参展，为新疆广告界搭建学习交流，洽谈合作新平台。

（四）组织开展全疆广告审查员广告技术岗位资格的远程教育培训

全疆1300余人报名学习、利用网络进行学习考试，解决了基层广告人学习和工作繁忙之间的矛盾，减少集中学习培训的费用，丰富的教学内容、高效便捷的服务，得到广告人的一致好评。配合自治区人社厅完

成 2013 年度全国广告师、助理广告师考试工作，全疆 76 人参加考试。

（五）指导广告协会开展全疆广告企业资质评定

收集申报材料，组织专人初审，实地走访勘验和复核，召开评审委员会会议确定并公示评审意见，全疆共有 53 家广告公司入围参评。

2013 年大连市广告监管工作情况

大连市工商局广告监督管理处

2013 年，大连市广告工作以党的十八大精神为指导，按照国家、省、市工商行政管理工作会议要求，深入整顿和规范广告市场秩序，积极做好指导广告业发展工作，促进了全市广告业健康、协调、可持续发展。

一、优化环境，促进广告业持续发展

（一）积极推动出台促进广告业发展政策

经我局积极工作，2 月 18 日，《大连市人民政府关于促进广告业发展的实施意见》（大政发〔2013〕11 号）正式出台。《实施意见》提出了大连广告业发展的总体要求、主要任务和保障措施，是当前和今后一个时期我市广告业发展的指导性文件。根据国家工商总局《广告业发展“十二五”规划》和大政发〔2013〕11 号文件精神，我局制发了《大连市落实国家广告业发展“十二五”规划实施意见》。

（二）深入推进广告产业园区建设

目前，园区核心起步区近万平方米大楼装修已接近尾声，公共服务平台建设基本完成，广告企业孵化区和产业集聚区以及员工生活区正在建设中。经过努力，在 2012 年获得中央财政三千万元专项补助资金的基础上，2013 年又争取了两千万元的专项资金扶持。

（三）努力营造广告业发展的社会氛围

支持和鼓励具有国际竞争力的广告企业走出大连、走出中国，参与国内外广告市场竞争。积极组织我市符合条件的广告企业申报资质认定，提高企业竞争力。在第二十届中国国际广告节期间，我市有四幅作品荣获长城奖和黄河奖，我市广告业在国内、国际知名度进一步提高。

二、多措并举，营造健康的广告市场秩序

2013 年，我们不断创新广告监管方式，加大查处力度，广告市场环境进一步净化。总局每月对全国 36 个省市媒体广告发布情况进行抽查监测显示，我市排名均在前 20 名以内，最好名次是第 4 名。2013 年 4 月份召开的全国广告工作会议上，大连市广告监管经验作为典型播放，受到好评。

（一）齐抓共管，提高广告监管成效

一是落实联席会议制度。为加强部门间沟通与协作，增强广告监管合力，切实解决当前广告监管工作中存在的热点、难点问题，市工商局两次牵头召开虚假违法广告专项整治工作联席会议，进一步促进了行业主管部门对违法广告主体的对口监管，对遏制虚假违法广告发挥了重要作用。二是进一步完善了系统内广告监管上下联动机制。年初，市工商局及时下发 2013 年广告监管工作要点，进一步明确了第二、第三级网格责任人广告监管的职责、权限和工作任务，继续推进广告监管重心下移，促进监管到位。三是实现社会有效监督。2013 年以来，我局共办理人大、政协广告监管方面建议、提案 3 件，并以此为契机，邀请人大代表、政协委员深入新闻媒体单位现场督办广告发布审查工作制度的贯彻落实情况，提出意见建议。同时畅通举报渠道，社会各界可以通过举报电话、

信函、12315 投诉举报系统、民意网、民心网等各种渠道举报违法广告。截止 2013 年 10 月底广告处共受理并妥善处理各类广告信访投诉案件 50 余件次，及时消除了不良影响。

（二）突出重点，深化专项整治

一是整治虚假违法医药广告专项行动成效显著。积极贯彻《国家工商总局等八部门关于开展整治虚假违法医药广告专项行动的通知》（以下简称《通知》）和《辽宁省工商局整治虚假违法医药广告专项行动实施方案》精神，自 5 月 8 日至 7 月 25 日，联合九部门对我市违法医药广告进行专项整治。整治期间，我局对 20 个违法医药广告进行了从严查处，罚没款 79.845 万元。此次整治力度大、成效好。经过整治，我市医药广告市场秩序明显好转，医药广告违法率大幅下降。我市专项整治工作受到总局、省局及市委、市人大有关领导的充分肯定。二是开展非法集资和招生留学广告专项整治工作。涉嫌非法集资和虚假招生留学广告成为近年来侵害消费者权益、扰乱社会秩序的热点问题。我们按照有关法律法规要求，对各类媒介上发布的涉嫌非法集资内容和招生留学类广告进行了清理整顿，责令整改上述涉嫌违法广告 20 条次。三是积极配合有关部门开展城市环境综合治理，进一步做好户外广告专项整治工作。配合市城建部门拆除各类未经批准擅自设立的户外广告牌匾近 2000 余块；责令改正违规户外广告 20 余处。

（三）强化制度，实现广告常态化管理

一是强化广告监测制度。进一步加大广告监测力度，截至目前，共监测全市各类媒体广告 567131 条，其中严重违法广告 15407 条，严重广告违法率 2.7%。共编发《广告监测报告》12 期，《广告监测情况统计分析》3 期。特别是在全国开展的整治虚假违法医药广告专项行动期间，实行一日一测一报制度，做到随时发现问题，随时整改。根据监测报告，召开了 4 次媒体通报会，责成违法严重媒体认真整改，进一步提高了监测结果的分析运用水平。年初还完成了 6 个区市县广告监测系统的升级改造，将各区市县媒体广告纳入监测范围，实现了市、区县媒体广告监测的全覆盖。

二是推进行政指导制度。一方面抓住媒体发布关键环节，采取行政约谈、行政建议等方式，督促媒体正视和纠正广告违法问题，严把发布审查关。引导广告经营单位调整广告经营结构，压减违法率较高的广告发布比例。2013 年共向违规突出媒体提供重点指导服务 10 次，进一步增强各媒体自律意识。另一方面引导广告经营单位积极参与公益广告事业，弘扬良好社会风尚。与市文明办、《大连日报》社联合举办了“讲文明，树新风——平面公益广告设计大赛”，共征集作品 230 余幅，38 幅获奖作品在《大连日报》和大连新闻网等媒体进行了展示。深入贯彻国家、省、市“讲文明树新风”公益广告宣传工作会议精神，主动配合相关部门做好公益广告发布和管理工作，指导广告经营单位增加文明城市创建、廉政文化建设等公益广告，为城市文明程度指数测评工作及十二运的成功举办做出了贡献，受到有关部门的好评。全市公益广告发布比例显著增加，主要媒体、户外广告发布的公益广告均超过了上级要求的比例。

三是规范广告登记审批制度。严格把关，规范户外广告和印刷品广告的登记审批工作及广告经营资格检查工作。至 10 月底，市区县两级系统共审批户外广告 1101 件，审批和延期固定形式印刷品广告 49 件。借助企业年检通道，开展了全市范围内的广告经营资格检查工作，为进一步做好广告监管与服务广告业发展奠定坚实基础。

四是完善违法广告案件查办、曝光制度。对于上级交办、相关部门转办、各类投诉举报以及日常监测到的违法医疗、药品、保健食品、非法涉性、低俗不良广告及扰乱公共秩序、影响社会稳定的严重虚假违法广告案件，我们坚持做到有案必查、从重处罚、及时反馈。截至目前，全系统共查处虚假违法广告案件 179 件，罚没款 2245.49 万元。其中，市局查处 37 件，罚没款 116.72 万元，有效地遏制了违法广告的发布。及时发布《涉嫌违法广告警示公告》，公开曝光虚假违法医疗、药品、保健食品广告 26 件，对虚假违法广告的发布起到了震慑作用。

三、固本强基，为做好广告工作提供坚强组织保障

按照大连市委开展的“作风建设年”和省局开展的“业务建设年”活动相关要求，深入开展“作风和业务建设年”活动，下半年积极参加党的群众路线教育实践活动，全面加强干部队伍建设。在作风建设方面，认真贯彻中央关于改进工作作风、密切联系群众的八项规定及省市有关规定，定期对全处同志进行为民、务实、清廉主题教育，两次召开民主生活会，积极查找个人及支部存在的不足，制定具体整改措施，切实转变思想作风，把服务态度更好、服务质量更高、服务举措更实转化为每位同志的自觉行动；在业务建设方面，一是加强了业务基础建设。根据实际需要及时修订完善了广告监管质量管理体系文件；按照国家及省局的部署，认真做好广告基础工作的统计和档案管理；建立和完善了资料库；对广告监测系统进行了升级改造。二是加强了业务能力建设。邀请总局广告司规划发展处赵践处长为全系统干部作“广告战略与广告监管”讲座；组织全处干部积极参加市局举办的各类业务知识讲座；组织基层局 45 名干部参加总局安排的广告法律法规网上培训，均取得 98 分以上的好成绩；到十个基层局、所开展广告监管法律法规培训；制订了详细的学习计划，有目的组织干部学习广告监管与服务的法律法规及政策制度，开展多种形式的业务研讨和交流，不断提升全市广告业务条线干部的业务素质和能力；制定了对基层局的业务考核实施细则，并于 6、7 月份对各基层局进行了实地考核，形成了业务工作评价意见。三是认真抓好理论研究和业务探讨。结合市人大调研《药品管理法》执行情况，组织撰写了《大连市药品广告监管情况报告》，较详细地汇报了国家有关药品广告管理法律法规、大连药品广告发布及管理现状、存在的问题及原因和我们的建议等，得到了市人大领导的高度重视和充分理解。

2013 年宁波市广告监管工作情况

宁波市工商局广告监督管理处

2013 年的广告管理工作，认真贯彻落实总局、省局以及市委市政府工作要求，紧紧围绕市局 2013 年广告工作要点，坚持促进广告业发展与强化广告市场监管并举方针，努力构建合理高效的广告监管新格局，深入推进我市广告战略实施，取得了较好成效。截止 11 月底，全市广告经营单位 3987 家，广告从业人员 28879 人，广告经营额 30 亿元；监测和检查各类广告 481006 条次；查处广告违法案件 422 件，罚没款 286 万元。其中，“四类”广告案件 123 件，罚没款 84.7 万元，新闻媒体广告案件 74 件，罚没款 67.9 万元。据国家工商总局对全国 36 个大中城市的广告监测抽查结果看，2013 年前 11 个月，我市广告守法率继续位居全国前列。

一、促进广告业发展方面

（一）加快推进广告产业园区建设

2013 年，市局认真贯彻全国工商系统广告工作会议暨广告产业园区建设现场会精神，把大力推进宁波广告产业园区建设作为实施广告战略的重要载体和切入点，持续加大对广告产业园区的追踪服务和扶持力度。进一步加强与鄞州区政府、园区管理机构协调沟通，协调出台优惠政策，会同园区管理机构与广告企业洽谈和招商，与浙江万里学院、浙大宁波理工学院等高校座谈，听取他们对园区公共平台建设的意见。4 月份，总局副局长甘霖来我市调研指导，对我市广告产业园区建设工作表示充分肯定，园区被确定为中央财政支持的广告产业试点园区。目前，各项建

设工作有序推进。一是增配人员，优化园区运作机制。新设企业化运作的宁波广告产业服务中心，增配领导和相关人员，落实专项经费。二是落实场地，整体推进园区建设。将鄞州南部商务区二期工贸大楼 12000 平方米无偿划给宁波广告产业试点园区管委会使用，作为广告公共服务平台建设场所。目前已完成公共服务平台和交易平台各项功能设计方案招标，力争年底完成各项准备工作。三是出台政策，确保园区集聚发展。出台《关于加快鄞州区国家广告产业试点园区建设的若干政策意见（试行）》，明确具体扶持政策，如设立企业 3 年内免收房租和地方财政所得部分、暂停收取 3% 文化事业建设费等。四是多方联动，全力推进园区招商工作，专题召开宁波广告产业园区宣传推介招商会，营造浓厚氛围。目前已经和新加坡、中国、台湾、香港的相关广告企业以及国内上海 21 城广告传媒集团、镜尚传媒、分众传媒、福建西岸传媒企业和宁波市广告龙头企业进行联系沟通，达成初步意向。同时为确保园区工作推进落实，市局督促鄞州分局会同园区管委会制定了园区工作进展情况和工作计划对照表，明确时限，明确责任，逐项推进。

（二）会同广协多活动推进广告业发展提升

2 月底，为了解广告企业经营现状以及对当前形势下广告业发展的意见和建议，市工商局、市广告协会实地走访了联合动力、友谊传媒、德高、机场联合、远见、东海等广告公司，与企业负责人进行了广泛而诚恳的交流。通过《宁波广告》，及时传达相关政策和法律法规，加强交流，扩大工商部门与协会在广告业发展方面的影响力。下半年，为提升宁波广告业设计制作和创意水平，会同市人社局、总工会联合举办的首届宁波广告设计师大赛，对获得第一名的授予宁波市“首席工人”称号，获得第二名的授予宁波市“技术能手”称号，极大地提升了广告行业的凝聚力。撰写《2008 － 2012 宁波广告业发展报告》，分析当前宁波广告业发展的现状、特点，提出下一步发展的对策建议，为领导决策与广告业发展提供思路与借鉴。针对中心城区户外广告整治中一些广告公司的意见和呼声，市工商局、市广告协会走访了户外广告整治领导小组，反映诉求，提出意见。在户外广告长效机制建设上，组织企业参加户外广告设置规划编制听审会，做好沟通、服务与指导工作。

（三）开展发挥广告职能促进小微企业加快发展系列活动

6 月份，市局组织《宁波日报》报业集团和宁波广电集团下属媒体单位负责人、部分广告公司以及部分企业代表参加的服务小微企业座谈会，三方反响很好。目前从效果上看，通过发挥广告发展和监管职能，提高了广告行业能力，实施优惠方式，全面对接小微企业，助推了小微企业发展；也引导广告媒介、广告设计制作单位更加关注小微企业生存状况，为小微企业提供更多广告资源；同时，广告媒介、广告设计制作单位为小微企业优先提供服务、提供优质服务、免费或者大幅优惠设计、制作、发布等费用，加快了小微企业发展。

（四）深入开展“讲文明树新风”公益广告宣传活动

2013 年在文明指数测评工作中，市工商系统按照中宣部、中央文明办、工商总局等部门联合下发的《关于深入开展“讲文明树新风”公益广告宣传的意见》和市委宣传部宣传方案要求，广泛动员广告经营单位大力制作刊播“讲文明树新风”公益广告，认真做好职责分工范围内以及市、区文明办交办的有关公益广告管理和发布工作。为确保公益广告发布任务落实，市局要求各地要按照当地创建办要求，加大工作力度，积极做好公益广告宣传，并进行检查督促。至 10 月份，全市各级工商部门共组织发布公益广告 500 余块，受到了市、县区文明办的充分肯定。

二、广告监管方面

（一）事前防范，从源头上遏制虚假违法广告

为做好全年虚假违法广告专项整治工作，年初以来，市局积极向市委宣传部汇报广告监测监管情况，

争取领导对广告监管工作的重视、理解和支持。同时，利用4－6月份办理答复人大代表、政协委员仪案、提案时汇报我们工作，争取他们支持。发挥整治虚假违法广告联席会议制度作用，加强与宣传、卫生、药监、公安、教育等职能部门联络员的宣传沟通、横向联系工作。2013年，市局根据上级部门整治要求和我市广告监管实际，会同相关部门联合下发医药广告整治、保健食品打“四非”、教育招生、集资融资等违法广告治理文件，进行联手整治。为从源头上遏制虚假违法广告，从4月中旬开始，市局分管领导带队逐个走访新闻媒体广告发布单位，与媒体相关负责人座谈，宣传《大众传播媒介广告发布审查规定》，指导广告经营者、发布者配备熟悉广告法律法规的管理员和审查员，充分发挥媒体审查员的事前审查职能，严格控制违法医药广告进入市场。指导其建立健全承接登记、审核、档案管理等制度。同时，指导广告协会组织对广告经营单位广告审查员培训。

（二）事中制止，注重监测结果运用

一是强化广告监测。2013年，市局按照总局《广告监测工作规定》和省局广告监测全覆盖要求，强化对县级新闻媒体发布的医疗、药品、医疗器械、保健食品广告监测，共监测各类广告481006条次（虚假违法广告1443条次），其中医疗广告153178条次、药品广告97383条次、医疗器械广告60124条次、保健食品广告95919条次。二是建立违法广告快速预警机制。对在监测检查中发现的涉嫌违法广告，采取先通知叫停后行政告诫或立案查处的快速预警机制，尽量将违法广告消除在萌芽状态。三是注重监测结果的运用，每月对省局监测的各县市媒体广告信用指数情况进行通报，对信用指数特别差的，如宁海、象山、奉化部分媒体，进行集体约谈并实地走访当地新闻媒体单位和他们的主管部门。同时，督促各地分局推动当地宣传部门或媒体主管单位将广告信用指数纳入媒体单位考核。目前，除象山县外，其他地区都将广告信用指数纳入媒体单位年终考核。

（三）事后查处，严厉打击虚假违法广告

2013年，全市工商系统根据工商总局等八个部门关于开展整治虚假违法医药广告专项行动、省局关于开展全省医疗、药品、医疗器械、保健食品广告集中整治行动以及省、市食品药品局、工商局、公安局三部门印发的打击保健食品“四非”专项行动要求，加强了对辖区内报纸、广播电台、电视台、期刊以及大型门户网站、搜索引擎类网站、医疗药品信息服务类网站、医药企业及医疗机构自设网站，发布的医疗、药品、医疗器械、保健食品广告的监测和监管，进一步加强与卫生、食品药品监管管理部门的协作配合，建立完善违法广告的协调、移送、查办和查处结果通报反馈机制。截止11月底，全市共查处医疗广告案件61件，药品广告案件17件，医疗器械广告案件11件，保健食品广告案件34件，有力地规范了全市四类广告市场环境。国家、省医药广告整治行动督查组来我市督查该项工作时，给予了充分肯定。

在重点打击虚假违法医药广告基础上，全市工商系统根据市局要求，组织力量开展了教育招生、集资融资、户外、网络等虚假违法广告专项整治行动。截止到11月，全市共查处广告违法案件422件，其中网络广告案件128件，户外广告案件74件，教育招生案件9件。

2013 年厦门市广告监管工作情况

厦门市工商局广告监督管理处

一、深入开展媒体广告监管工作，广告监测手段推出新举措

截至 12 月 9 日，共监测媒体广告 827534 条次，发现违法广告 23343 条次，发现严重违法广告 3566 条次，总违法率 2.82%，严重违法率 0.43%，共监测医疗、药品、保健食品、美容、化妆品五大类广告 271210 条次，发现违法广告 12703 条次，发现严重违法广告 3508 条次，五大类广告违法率 4.58%，五大类广告严重违法率 1.29%。

2013 年，我市媒体广告的守法情况仍位于全国的前列，在目前已公布的七次全国监测情况通报中，我市有五次名列全国前五名，其中 5、6、7 三个月在十三部委联合整治违法医药广告期间，我市以零违法率持续并列全国第一。

（一）充分利用互联网，建立了媒体广告监测管理 QQ 群和医疗广告监测管理 QQ 群，实现了与媒体及医疗行业客户和卫生部门的信息政策及时互通

一是建立厦门广告监测管理群，目前已有 23 名成员，该群 2013 年已发布非正式违法媒体广告预警 15 次，有效地预防了违法广告的蔓延。二是建立厦门医疗广告监测管理群，目前已有 21 名成员，参加人员为广告监测管理中心工作人员、市卫生局医疗服务监管处工作人员，以及厦门市各医疗机构策划宣传人员，该群自 2013 年七月建立以来，主要功能是做好政策法规的解释宣导工作。

（二）建立健全广告监测体系、广告监测台账制度，及时通报媒体单位广告违法情况，有效控制了违法广告蔓延的势头

监测中心下设媒体广告监测科，负责媒体广告的日常监测工作，并对监测结果进行审核、分析和总结，按期做好广告监测周报、月报、季报和年度报告，通过每月发布广告监测报告，定期召开媒体广告部负责人会议，通报各媒体单位广告违法情况。广告监测管理工作涉及大众媒体，媒体广告行业代理商及广告客户，我们坚持做到通报及时，适时约谈，尽可能地避免由于层次较多，利益关系复杂造成的信息误传和态势误判，给媒体或者广告客户造成不必要的损失，有效控制了违法广告蔓延的势头。

建立媒体广告信用评分记录台账。对媒体的广告发布行为进行统一的记分标准，分别给予记录相应的惩戒或奖励的分值，并按累计的分值进行相应的监管。2013 年《海峡导报》等 9 家媒体进行记分值分别为惩戒记分 52 分，奖励记分 16 分。对厦门卫视等 4 家媒体发出奖励告知书。

（三）加大广告监测力度和对虚假违法广告的查处力度

加强对我市新闻媒体广告的监测，向社会公示广告监测报告。2013 年重点监测医疗、药品、化妆品、保健食品等广告，发现违法行为，立即发出警示告诫，对相关广告主、广告经营单位负责人以召开行政告诫会、面谈、书面告诫等方式实施行政告诫，责令其立即改正。对拒不整改的，依法予以立案处罚。2013 年共处理媒体广告相关投诉 18 件，其中职业投诉人 13 件，群众的投诉 5 件，投诉回复办结率为百分之百，查处媒体广告违法案件 7 件。

根据国家总局等八部委的部署，开展整治虚假违法医药广告专项行动。与厦门食药监局、卫生局等部

门共同针对现有情况召集各媒体及各大民营医疗结构进行了宣传和部署，并对前期存在违法广告的民营医疗机构：厦门大学附属眼科中心、科宏眼科中心进行了约谈。查处了《海峡导报》的“糊药”、“脾肾双补丸”等违法药品广告和厦门卫视的“老苗汤”和“李鸿章五日瘦身汤”等违法保健食品广告。

二、完善户外广告审批程序，网上审批流程制定新标准

2013年，共受理户外广告设立及变更登记3117件；固定形式印刷品广告登记6份；广告经营许可证登记4份；车身广告备案59份。

（一）进一步细化了户外广告设置标准

一是对《广告法》、《户外广告登记管理规定》、《厦门经济特区户外广告管理办法》、《厦门市户外广告设置导则》以及《城市户外广告设施技术规范》中有关户外广告设置的引导性标准和禁止性标准进行分类梳理，并将这些标准结合我市的实际进行逐条细化，制定了户外广告设置标准对照表。二是对《厦门市户外广告场地勘查意见表》进行了细化，明确了户外广告现场勘查必须填写的内容及勘查意见，进一步规范了户外广告现场勘查标准。三是严把设置关，对新增设户外广告设施，严格按照《厦门市户外广告设置导则》、《城市户外广告设施技术规范》等标准予以审批。

（二）进一步规范户外广告审批程序

一是结合政务中心拟发布的标准化规程，重新梳理受理审批流程，对户外广告登记审批系统进行升级改造，新增加固定形式印刷品及广告经营许可证网上受理流程，目前，正在对改造后的软件进行测试。二是结合年度行政执法检查及效能检查，进一步完善户外广告审批流程，规范户外广告档案管理制度。

（三）进一步规范了办事程序

严格按照效能办进一步压缩审批时效的要求，将原来审批时限压缩至40%的基础上，2013年再压缩至35%，把日常工作事项中申请频度较高的“有效期内户外广告内容变更”业务作为落实“马上就办”工作要求的第一步，实现有效期内户外广告内容变更当场办理，大大缩短了审批时效，提高了服务效率，提升了服务水平。户外广告审批登记自进驻政务中心窗口以来，审批服务工作达到零投诉。

三、加强和规范户外广告监管，户外广告的清理整治取得新成效

（一）积极推动户外广告规划制定工作，努力提高户外广告设置水平

为充分学习和借鉴兄弟省市在户外广告规划方面好的经验和做法，根据市政府关于全市户外广告清理整治工作专题会议纪要（2013年第184号）及张灿民副市长关于做好户外广告清理整顿和户外广告规划的有关批示，2013年我处会同市规划局、市交通运输管理局、市公路局、市政园林局、市城市管理行政执法局等相关成员单位，抽调人员组成考察组分别对天津、重庆、济南、广州、深圳、福州等城市的户外广告设置规划情况进行了为期11天的考察，并撰写《户外广告规划及落地实施情况考察报告》，拟上报市政府审定。

（二）全局上下同心，户外广告清理整治工作有序推进

目前，全市共拆除高立柱广告161杆，拆除中小立柱广告315杆、其他类型户外广告约12800平方米。

1. 加强组织领导

根据市委市政府的要求，我局成立了以陈海疆局长为组长的户外广告清理整治工作领导小组并设办公室，9个相关处室纳入小组成员单位。

2. 健全工作机制

在各相关处室的配合努力下，制订了我市立柱式广告清理整治工作方案和应急预案、代市政府拟定成立市户外广告清理整治工作领导小组通知和联合执法行动工作方案，同时积极协调法院、法制局等部门的意见，解决了“由谁拆、怎样尽快拆”的法律问题，并进一步明确了各部门职责分工。

3. 加强督促协调

通过发布媒体公告、召开动员会、协调会及经济检查办案力量约谈等方式，积极督促各广告经营者落实自行拆除、协商拆除；主动对接我市范围内高速公路的三个管理机构，为清理我市对外交通干道两侧立柱式广告打好基础；并协调交通运输、行政执法等部门密切协作，制定下发联合执法文书，积极稳妥地为联合行动执法做好准备工作。

4. 及时收集反馈

坚持每周各区局周会汇报制度，由局领导讲评工作进展情况、提出工作要求，明确下一步工作重点和注意事项；每周将整治数据、主要做法、整治工作中遇到的困难和问题，以及相关部门在整治过程中的协作情况和工作措施等以周工作简报的形式，送发市委市府主要领导及相关部门和各区政府，目前已制作了 16 期。

5. 注重攻坚克难

清理整治期间，市委督察室多次来电要求尽快拆除部分立柱广告。同时，我市地铁建设也涉及部分立柱式广告需提前拆除。接到通知后，我处都能在第一时间做出反应，在各区局和辖区工商所的配合下，积极稳妥地进行清理拆除，得到了市领导的高度肯定。

（三）精心组织实施店招广告改造提升，积极建设美丽厦门

2013 年共完成店招广告改造提升投资 4500 万元，对我市 35 条主要街道的店面招牌进行了改造提升。全面实行公开招投标制度，坚持以公平、公开、公正的基本原则，本着创意要有特色、形式要求多样、产品必须精良的原则去要求评标专家，从中优选最佳设计方案和施工队伍，并借助本项工作的开展，推动我市广告企业设计创意水平的不断提升。

2013 年青岛市广告监管工作情况

青岛市工商局广告监督管理处

一、深化虚假违法广告整治，广告市场秩序进一步好转

（一）加强组织领导，调动社会各界积极参与

年初与市委宣传部等 11 部门共同制定了《青岛市 2013 年整治虚假违法广告专项整治工作实施意见》，明确工作任务和职责分工。4 月底全国虚假违法医药广告专项整治行动开展以来，迅速组织部署贯彻，先后联合制定了《青岛市整治虚假违法医药广告专项整治行动实施方案》、《青岛市深入开展整治虚假低俗违法广告和打击网络淫秽色情信息专项行动方案》。组织召开了全市广告监管会议，要求各媒体和广告企业以社会效益为先，不为虚假违法广告推波助澜，主动清除各类违法和涉性低俗广告，同时加大查处规范力度。整治行动通过新闻媒体广为宣传，营造了浓厚舆论氛围。

（二）强化广告发布环节监管，指导媒体筑牢广告发布前审查“堤坝”

我局年初专门向媒体下发了《关于停止发布国家工商总局山东省工商局 2012 年以来公开曝光严重虚假违法广告的通知》，制作并组织媒体企业观看《青岛市当前广告监管形势分析》专题教育片，与媒体负责人进行行政约谈，引导他们以《青岛日报》、《青岛财经日报》等先进媒体为表率，主动严格执行《大众传播媒介广告发布审查规定》，健全广告审查管理制度和领导责任追究制度，规范使用《山东省媒体单位广告发布审查表》，做到无广告审批证明的坚决不发布，广告内容与审批内容不一致的坚决不发布。组织各媒体广告审查员参加了由中国广告协会组织举办的

广告法律法规培训班进行系统学习，并登门就具体广告案例进行现场指导、答疑解惑，有效提升了审查水平，进一步筑牢了广告监管防线。

（三）强化媒体广告监测，充分发挥预警警示作用

为辖区有独立广播电视媒体的 9 个分（市）局装备了与市局广告监测系统相匹配的先进监测设备，从而实现了对市、区两级广播、电视、报刊广告的全覆盖监测。2013 年以来已监测我市 26 个电视频道、15 个广播频道、13 个平面媒体及 8 个门户网站发布的重点类别广告 30 余万条。积极推行"教育提醒－责令改正－立案查处"三步式工作法，对首次监测发现的各类涉嫌违法广告，在第一时间向媒体发布广告监测提醒书和责令改正通知书，督促其立即主动停发。坚持每月发布《广告监测情况通报》，及时传达给联席会议成员单位、媒体及社会各界。与市卫生局、市食品药品监管局联合发布了《关于公布涉嫌严重虚假违法广告的公告》，曝光了屡查屡犯、持续发布的 25 个典型违法医药广告案例，并跟进严肃查处。2013 年以来已发布平面、广播电视广告监测通报 22 期，在第一时间责令媒体停发各类违法广告 1500 余条次。

（四）强化典型案件查处，始终保持高压监管态势

研究制定了《查处媒体违法广告案件管理办法》，建立了媒体违法广告案件线索数据库进行科学分流，明确分（市）局可以对辖区媒体发布违法广告行为实施行政处罚，充分调动了分（市）局查办广告案件的积极性和主动性，有效整合了广告执法力量，提高了监管效能。联合市卫生、食药监管等部门加大媒体、网络医药违法广告打击力度，先后查处了青岛白癜风研究所、青岛曙光医院、"根痛平胶囊"、"寿瑞祥全松茶"等一批屡查屡犯的典型违法广告案件，并对我市两家媒体 3 次下达暂停发布药品广告和保健食品广告业务 15 天的严厉处罚。同时组织开展了为期两个月的针对户外广告、印刷品广告以及非法集资广告的"三项整治"专项行动，全面净化岛城广告市场。全年共查处各类广告违法案件 471 件，罚没款 237.3 万元，同比分别增长了 14% 和 35.6%，全市虚假违法广告发布数量同比下降了 48%，人大代表和政协委员对 2013 年媒体违法广告整治工作均予以充分肯定，建议和提案满意率 100%。

（五）积极探索长效监管机制，广告监管水平实现新提升

借鉴外地媒体广告监管经验，结合我市实际，与相关部门联手，初步草拟了大众传播媒介广告信用评价管理办法，通过采取对大众传播媒介实行月评分、季评价，定期公布大众传播媒介广告信用等级和排名，促使广告发布单位进一步改善广告自行审查机制，更加严格履行广告审查职责，切实维护消费者合法权益。对信用差的媒介单位，制定相应惩戒措施，在此基础上建立健全广告市场主体信用数据库，纳入企业诚信体系。

二、着力提升服务效能，广告业发展动力进一步增强

（一）大力推进青岛国家广告产业园建设运营

一是加强园区组织领导。调整完善了联席会议制度，由分管副市长任组长，相关部门负责人为成员，将园区列入市重点项目进行推进。二是协调加快推进园区建设，园区一期 1.5 万平方米公共服务平台建成并投入使用，引进广告企业 30 余家，实现广告经营额 1.8 亿元，园区二期主体产业区全面开工建设，封顶广告产业区 6.4 万平方米。三是积极争取园区中央补助资金支持。园区 2013 年度 2500 万元中央补助资金下拨到位，相应加强资金管控，制订了专项资金使用管理实施方案，实行专款专用、科学监管，充分体现资金的引导性、鼓励性，充分发挥其带动、催化作用，发挥最佳效能。同时联合组织对前两年 4500 万元专项资金进行审计检查，均符合相关规定。

（二）全面推行网上户外广告登记

为方便企业、提高效率，从 2013 年 4 月份起全

面推广使用户外广告网上登记管理系统，广告企业足不出户便可通过互联网将户外广告文案和相关登记材料发送到工商部门预审，从而使企业办理户外广告登记的“一次性通过率”显著提高，不仅有效解决了广告企业过去因登记手续材料欠缺而来回多趟跑腿的问题，而且有效避免了工商受理人员的重复劳动，大大减轻了工作量，实现了行政服务效能和企业经营效能的双提升。户外广告登记档案管理得到加强，实现了登记工作的程序化、规范化、精细化，有效促进了服务效能的提升。

（三）加强广告行业积极引导

与相关部门联合签发了《关于广泛开展“讲文明树新风”公益广告宣传的意见》，在“3·15”、食品安全大型宣传活动期间组织广告企业积极开展公益广告宣传，与市检察院联合组织开展了“反腐倡廉”公益广告活动展，在各新闻媒体持续刊发，营造了浓厚宣传氛围。加强广告协会指导，发动优秀广告企业积极申请使用“CNAA Ⅰ”、“CNAA Ⅱ”、“CNAA Ⅲ”（一级、二级、三级广告企业）证明商标，组织企业精心制作提交了86件中国国际广告节、省广告节参展作品，130多人参加了广告节各项活动，先后获得包括中国国际广告节银奖、省广告节金奖在内的4金、12银、13铜的好成绩，并获中国国际广告节组织奖，既展示了青岛广告业形象和水平，又开阔了视野和思路。充分发挥工商职能自身优势，鼓励、引导、支持广告企业争创省市著名商标、守重企业等活动，2013年全市大型广告公司又有新增加。

2013年深圳市广告监管工作情况

深圳市市场监督管理局市场规范处

2013年，我局各级广告监管部门坚持“重服务、抓执法、促发展”的思路，继续创新工作思路，改进工作方式，着力规范我市广告市场秩序，促进广告业健康有序发展。

一、重服务，改被动的事后“救火”为主动的事前预防

一是丰富行政指导方式。综合运用广告审查员培训、违法广告提示、严重违法广告预警、集中告诫、个别约谈等方式，全年开展各类行政指导130余次，发出违法广告提示27058条次，遏制违法广告发布17000多条次。二是关注社会热点，开展强化指导。对事关社会民生、群众举报密集的违法广告类别，采取典型违法广告剖析、广告创意研讨等方式，强化指导力度，不仅告诫哪些不能做，同时还指导应该怎么做。先后开展了针对收藏品广告、化妆品广告、美容服务类广告的集中强化指导。三是注重及时互动。针对广告内容变动快的特点，利用广告监测预警系统平台，在线解决广告经营单位的业务疑问，提高服务效率。

二、重沟通，充分履行广告监管联席会议牵头职能

推动市委宣传部加大对媒体单位领导人约束；加大与各成员单位的沟通力度，主动履行广告监管牵头职能，强化联合合力作用；组织开展医药广告专项整治行动，各成员单位“各司其职、齐抓共管”，我市主要媒体严重违法医疗、药品广告首次实现0违法率的突破。

三、强执法，加大案件查处力度

一是强化对严重违法广告的执法打击力度。全年

办理媒体广告案件135宗，涉及违法广告1762条(次)，罚没款320.38万元，同比增长261.6%。二是充分发挥基层的执法力量。组织全系统广告监管人员深入学习、落实新颁布的《深圳市户外广告管理办法》，利用新上线的广告监管执法系统，指导分局加大户外广告案件的查办力度，各分局2013年共查办户外广告案件83宗，罚没50多万元。绝大部分监管所实现了户外广告案件办理的“零突破”。

四、促发展，稳步推进广告业指导工作

一是开展广告业基础数据统计工作，为制定广告业发展政策提供一手素材。我市现有广告经营单位3056家，广告经营额136亿。二是加快制定我市广告业发展指导意见。《深圳市加快广告业发展的指导意见》经过征求意见、专家评审等环节，正进入最后修订阶段。三是深入推进深圳新媒体广告产业园建设步伐。指导制定各项运营管理制度，地方政府投入8408万元，年内将启动装修改造工作，2014年5月有望成为文博会分会场。招商选商工作已同步开展，本着“专业化、高标准”原则遴选优质广告经营单位，不少国内外知名广告企业有意入住园区。四是结合深圳广告业发展新态势，将我市广告产业园调整为“一园两区”模式，目前已获总局批准。新增盐田园区将突出“深港合作+电子商务广告”特色，丰富广告产业园区建设思路。

五、增强广告正能量，促进公益广告蓬勃发展

认真履行《深圳市公益广告管理暂行办法实施细则》中关于我局对公益广告备案、监管、户外登记、协调发布等职能，开发公益广告备案系统，实时掌控全市公益广告发布情况，及时提醒广告发布单位履行公益广告发布义务。全年结合“讲文明树新风”公益广告活动，协调楼宇电梯广告发布单位大量发布公益广告，增强广告正能量。

’2014中国广告年鉴

China Advertising Yearbook

中国广告经营单位
发展成就展示专栏

The Advertising Units of China
Development Achievement Special Column

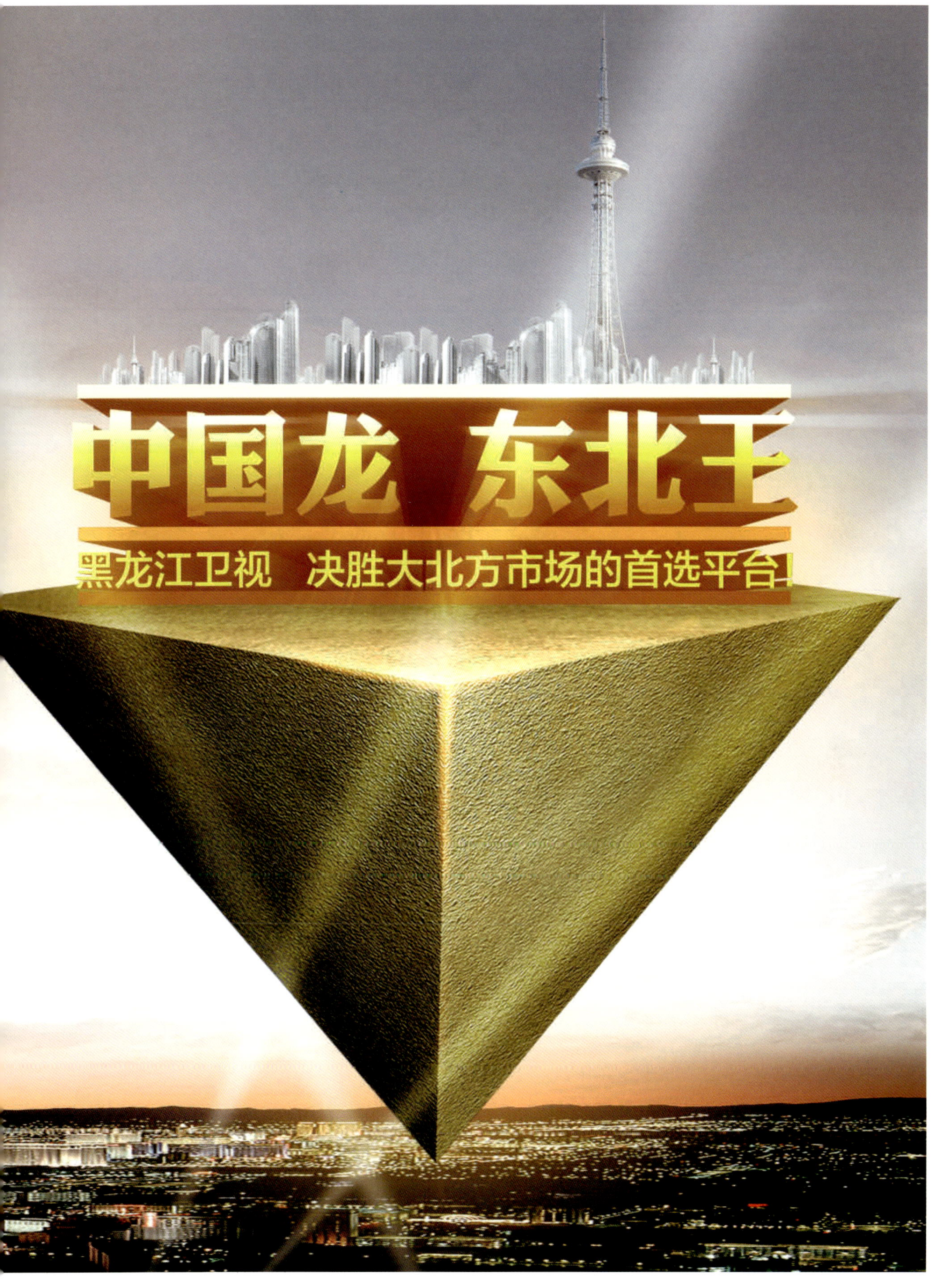
中国龙 东北王
黑龙江卫视 决胜大北方市场的首选平台!

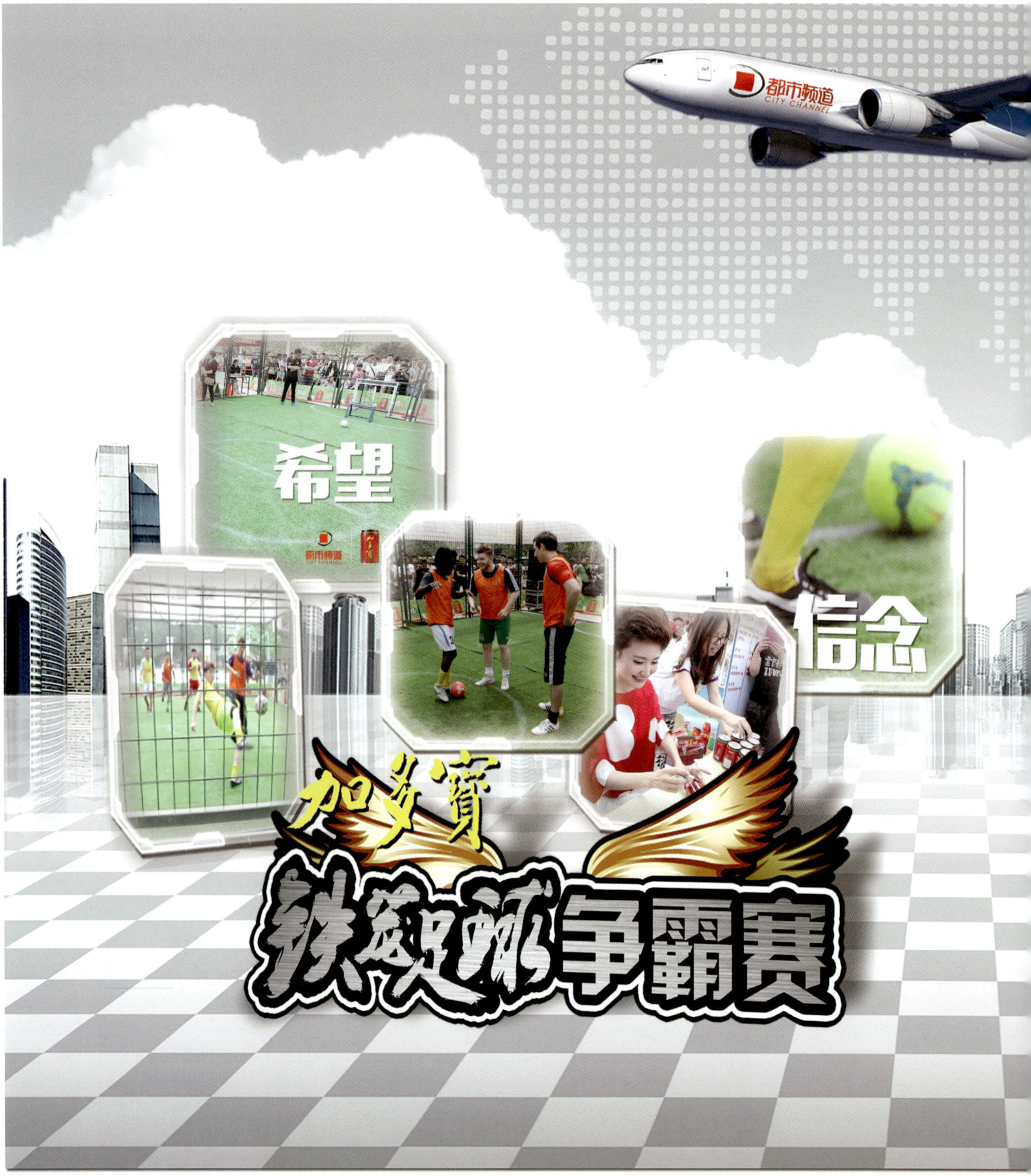

都市频道
CITY CHANNEL

希望

信念

加多寶

铁笼足球争霸賽

- “降火”凉茶让区域市场“升温”，携手 加多宝 掀起“铁笼足球”热潮。
- 结合 三元食品 的需求，将《你最有才》定制为与三元食品目标消费者更为契合的女性版《百变美人计》。
- 为 美的空调 量身定制都市验证码栏目版块，精准定位目标人群。
- 为 兰皙 提供高频次投放，实现产品销量100%提升。

湖北卫视
中国心 世界观
活·出趣
live for fun

重庆电视台
CHONGQING TELEVISION
最是金秋浓情时
四海五湖续相约
2015
重庆电视台
广告资源发布会
2014年10月启程
最新资源推介 权威资讯发布 创新经营理念
革新合作模式 搭建共赢平台
广州
深圳
重庆
北京
上海
厦门

云南广电传媒集团
云南广电传媒集团作为云南广播电视台事业、产业发展的投资、运营、管理平台，以市场化、资本化的全新体制运作，打造以影视节目、新媒体运营、广告经营等优势业务为支撑的产业集群，致力于打造云南传媒产业旗舰，现已拥有8个广播频率、7个电视频道、1份专业纸媒及机场频道、公交频道、楼宇频道等多个平台，众多富有才干和创新思想的专业人士，为全球、全国知名品牌提供全方位广告传播服务，未来，云南广电传媒集团将构建云南第一的全媒体多元化广告经营平台，为全国广告主提供更宽广、更多样的媒体投放空间。

SXBC
陕耀天下
風領前行
2014陕西广播电视台

逆势奔跑 创造奇迹

2013年是江西广播电视台全面整合后的全新启航之年，面对近年国家整体经济下行，广告市场急剧萎缩，加上新媒体的迅猛发展，广告业务分流加剧，电视行业广告经营造可以说是遭遇了改革开放30多年来最严重的冲击和挑战。江西广播电视台广告中心在全台上下的大力支持和刘建芳副台长的亲自带领下，全面整合发力，创新进取，江西卫视全新定位家庭、女性，打造中国第一女性、家庭营销平台，江西地面频道全面整合经营，拓宽营销渠道，形成大频道、大平台、大传播、大销售、大回报的全新产业经营模式。2013年江西广播电视台广告创收实现逆势上扬，电视广告除填补因政策原因所亏空的2个亿外，广告创收总量还比上年增长了18%，广告增速是全国平均速度的6倍，其中，卫视频道的品牌广告总量增幅高达62%，名列全国第二，创造了市场先锋奇迹。为此，在由国家新闻出版广电总局“2013TV地标——中国电视媒体综合实力榜”评选中，江西广播电视台台长杨玲玲因杰出贡献被授予了“省级广播电视台年度人物”称号，在全国省级电视媒体中，只有两位台长获此殊荣。同时，刘建芳副台长也获得了“中国广告长城奖．首届人物奖”，并被评为“影响中国2013年度广告领军人物”。

江西卫视荣获“影响中国2013年度最具广告传播价值创新卫视”。在追求经济发展的同时，江西广播电视广告中心始终坚持社会效益并重，加大开展公益广告制作宣传工作，2013年，江西广播电视台广告中心专门成立公益宣传科，精心组织，全力落实，创作、播出了大量公益广告，确保每月有主题，每月出新品，大力创作、刊播了一大批“讲文明、树新风”“中国梦我的梦”、“党的群众路线”、“党的廉政建设”、“文明旅游”“龚全珍发光发热篇”等公益主题广告，这些公益广告作品播出后，获得社会各界广泛好评，并受到省广电总局收听收看小组的通报表扬，为社会传递好声音，积蓄正能量，在促进社会主义精神文明建设上，发挥了积极的作用。2013年，江西广播电视台共计创作公益广告片60多条，累计播出56059次，累计时长达116万秒，折合时段广告价值达3.6亿多元。为此，江西广播电视台被国家新闻出版广电总局授予“2013年度广播电视公益广告制作播出示范单位”的荣誉称号。

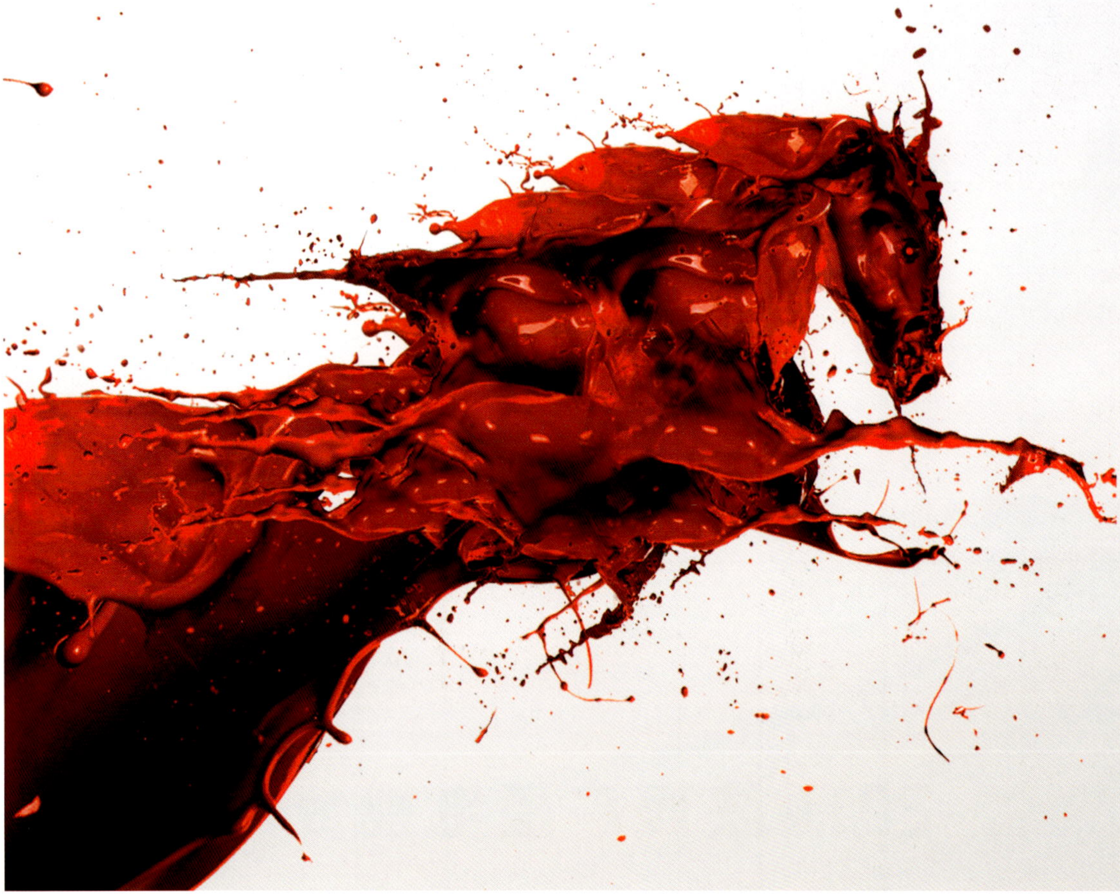

守本固元 奋勇突围

用业绩重塑信心、用努力扭转困局

2014 年 3 月，与中行内蒙古分行签订战略合作协议

2013 年，全国电视广告市场竞争格局依旧惨烈，以央视、浙江卫视、湖南卫视为首的一线卫视对省级地面频道形成持续高压态势，搜狐、土豆等传统网络媒体正在向视频业务奋力进军，微博、微信、手机 APP 等新媒体大行其道，正在从电视屏幕前拉走年轻观众。

2013 年内蒙古广播电视台及时调整营销策略，以守本固元为第一要务，立足本土，牢牢把持住区内市场，在此基础上向区外市场寻求增量。

一、以区内大客户为突破口，为全年经营创收高调定盘

2013 年，内蒙古广播电视台面对全国性的电视广告经营困局，守本固元，将区内客户牢牢抓在手里，确保了广告业务的逆势上扬。

商业行业、医疗药品、金融保险、房地产等行业是我台广告经营的最大亮点，不仅合同量大，广告形式也有新的变化，除硬广外，与品牌栏目的捆绑营销开创了广告营销的新形态。

二、净化屏幕，优化广告投放环境，打造高品质媒体平台，大力扶持盟市旗县形象宣传，努力寻找市场营销突破口

为提升屏幕质量，内蒙古广播电视台痛下决心，不良广告、二类广告全面退出晚间档，一方面，广告部与策划研发中心、总编室等部门联手推出形象广告创意大赛，将大赛中涌现出的优秀作品制作了大量公益广告，不仅填补了大量广告空段，也亮化了频道视觉感受；另一方面，结合自治区“8337”发展思路，广告部加大力度与全区十二个盟市展开业务联系，一大批盟市形象广告先后亮相内蒙古广播电视台各频道，在净化屏幕的同时创造经营增长新模式。

三、把握政策导向、研究地区产业特色，开展特色营销，把产业结构调整作为营销突破口，与企业共同分享政策红利

内蒙古旅游资源丰富，也是全国的农牧业大区，拥有羊伊利、蒙牛、鄂尔多斯等一大批农牧业知名企业。2013 年初，内蒙古自治区党委书记王君在 “8337”发展思路中提出要把内蒙古建设成为绿色农畜产品生产加工输出基地、体现草原文化独具北疆特色的旅游观光休闲度假基地。我们抓住这一政策机遇，一方面与农牧业企业联系，专门设计了支农套餐，与自治区农牧业厅联合推出了“绿色内蒙古”品牌建设活动，同时与自治区旅游局深度合作，设计专门的旅游广告产品，宣传各地的旅游景区、景点，在助力内蒙古旅游产业的发展同时也培育了政策营销新亮点。

四、实抓制度建设，提升管理水平

2013 年，广告部在大力开拓市场的同时，全面提升内部管理水平和工作流程建设。先后出台了《错漏播管理处罚办法》、《观众礼品发放管理办法》、《内蒙古广播电视台广告最低价说明》、《客户分级管理办法》等，进一步完善了客户服务规范和管理标准。

2014 年 4 月，与内蒙古自治区农信联社签订战略合作协议

五、强化业务学习和培训，全面提升了团队素质

我们把 2013 年作为团队建设年，重点做好团队建设工作，不定期举办业务分析研讨会、研究广告市场动向，分析信息资料，主动深入研究各盟市、旗县的潜在市场，全盘掌握，分步落实；充分调动了一线营销人员的积极性、创造性、自觉性，激发自信力，增强执行力，解决好利益分配问题，为市场开发提供保障。

2014 年 4 月，赵春涛台长代表内蒙古广播电视台与内蒙古自治区农信联社签订战略合作协议

2014 年 4 月，在与内蒙古自治区农信联社签订战略合作协议仪式上，牧民代表发言

2013 年 12 月，内蒙古广播电视台党委副书记张德贵出席与内蒙古自治区农牧业龙头企业协会共同举办的”绿色内蒙古“品牌建设启动仪式

深圳广播电影电视集团 2013年广播电视广告经营创收情况综述

2013年，面临宏观经济下行、国家政策管制、媒体竞争加剧等重重考验，深圳广电集团不断创新广告营销模式，努力拓宽广告代理渠道，取得广告经营创收新的突破。主要表现在：

1. 广告创收保持稳健增长，广播电视创收均实现突破。

2013年，深圳广电集团各媒体广告总收入达35.77亿元，同比2012年增长8%，继续保持稳健增长势头。其中电视媒体创收达到30.28亿，首次突破30亿大关，同比增长8%；广播媒体创收5.23亿元，突破5亿大关，同比增长9%。

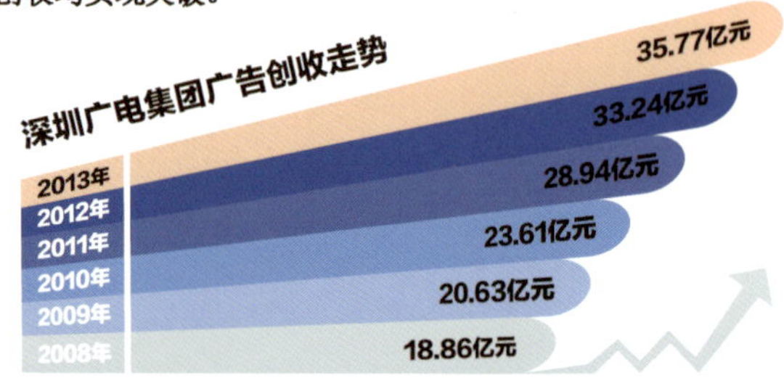

2. 深圳卫视广告创收突破10亿，进一步巩固集团首席战略频道的地位，已成为集团广告创收增长的中坚力量。

围绕“全国一流、国际有影响”的发展目标，近年来深圳卫视在内容打造与平台影响力上有了长足的进展，收视率与影响力得到了显著的提升，伴随着电视剧和品牌栏目内容建设的齐头并进，深圳卫视晚间份额已稳步进入全国前八。随着收视及影响力的提升，深圳卫视广告价值也得到了进一步的释放，通过对《年代秀》《直播港澳台》、《男左女右》等品牌栏目资源价值的深入挖掘，实现广告创收高速增长，全年实现广告创收10.5亿元，圆满完成集团交予的广告增长突破点的任务，为集团未来可持续发展奠定了坚实基础。

3. 升级广告经营模式，摸索集团新的广告增长平台。

2013年，集团梳理了现有广告经营模式，盘活思路，从产业链的销售端入手，依托广播电视媒体的强大公信力与影响力，针对不同行业、不同客户制定弹性的价格政策，创新了“保底+分成”营销模式，开拓了线上广告之外的、以实物销售、利润分成等线下经营为主的创收增长点，13年成功举办“shopping小时代”等营销活动。通过开放思想、创新模式，以展会合作、利润分成的模式分享行业巨大的增长空间的同时，也为积极探寻集团广告创收新路径积累了宝贵的经验。

4. 密切集团内外部的沟通合作，释放经营活力。

2013年，集团建立了广告中心与频道频率快速反应和沟通机制，加速产品生成力，加大内部融合的力度，形成并肩作战的合力。同时加强了内部的业务培训，建立了多层级有针对性的广告业务培训体系，全面提升广告营销队伍的业务素养和战斗力。在对外方面，加强贴身服务，渠道下沉，了解代理公司及品牌动态，以灵活有效的广告政策回应严峻的市场与经济环境的挑战。同时优化代理渠道梯级阵容，挖掘外地区域龙头代理公司，实现互利共赢。

青岛电视广告传媒有限公司

青岛电视广告传媒有限公司系青岛广电影视传媒集团有限公司下属的全资子公司，2013年8月由青岛电视广告实业总公司改组而成，公司独家代理青岛电视台全部广告业务，并负责青岛电视台全部经济栏目运作，同时提供与本公司业务相关的广播电视节目和营销活动策划、咨询服务等多项业务。

公司采取董事会负责制，董事长徐朝晖，总经理纪伟。公司下设青岛广告业务分公司、国际与新媒体广告业务分公司、国内广告业务分公司、营销策划中心、综合运营中心五大业务板块。公司将秉承"植根本土、精耕细作"的经营理念，全面提高人员素质、打造坚实团队，积极整合频道资源，以优质服务提升传播价值，凝心聚力、求真务实、开拓创新，建立起高效的运行机制和完善的价格体系，不断提高公司核心竞争力，不断拓展新的业务领域、创新广告经营形式，开创全媒体时代电视广告业务工作的新局面，为青岛广电事业的发展夯实基础。

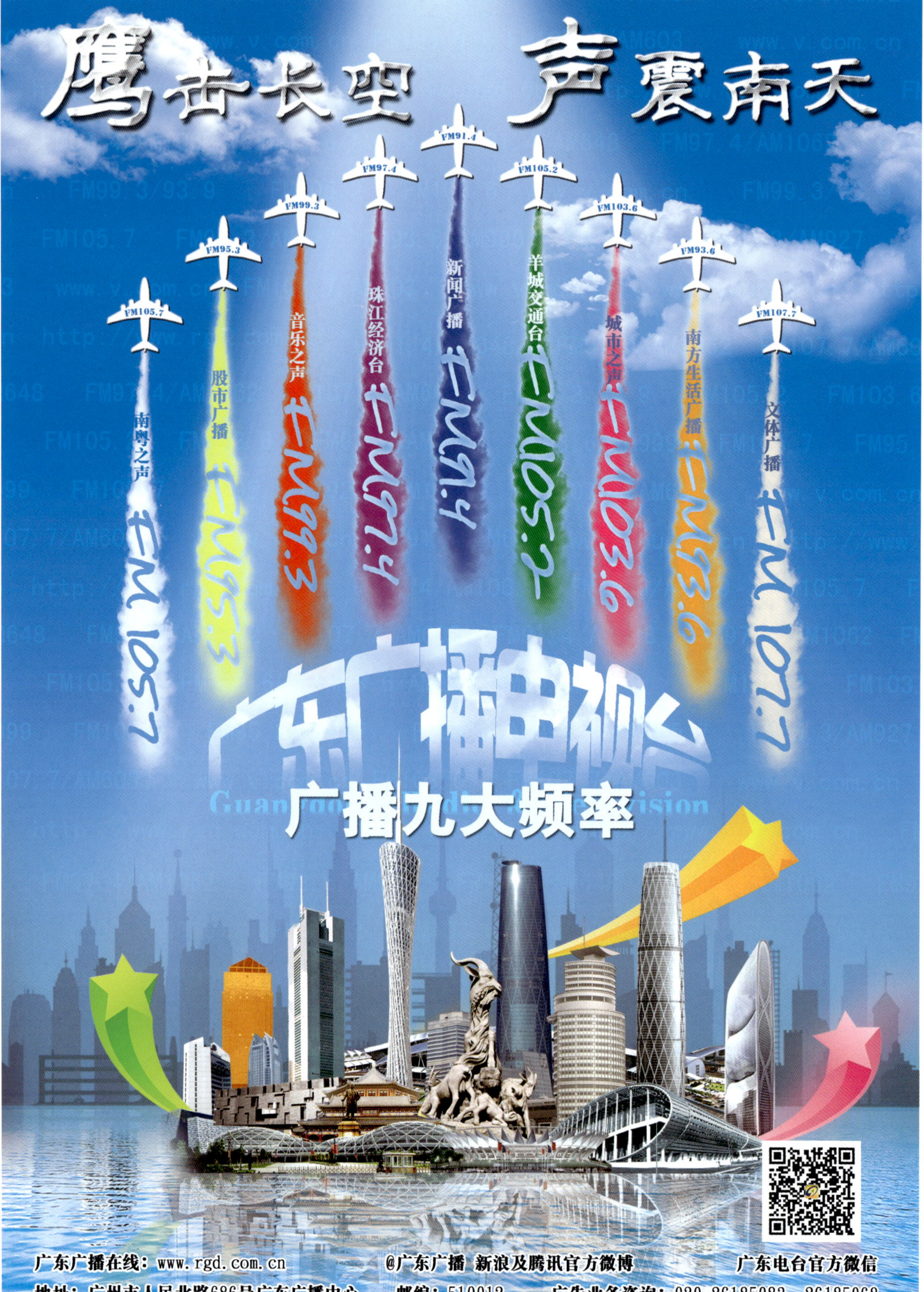

鹰击长空 声震南天
FM105.7
南粤之声
FM95.3
股市广播
FM99.3
音乐之声
FM97.4
珠江经济台
FM91.4
新闻广播
FM105.2
羊城交通台
FM103.6
城市之声
FM93.6
南方生活广播
FM107.7
文体广播
广东广播电视台
广播九大频率
广东广播在线：www.rgd.com.cn
@广东广播 新浪及腾讯官方微博
广东电台官方微信
地址：广州市人民北路686号广东广播中心
邮编：510012
广告业务咨询：020-26185083 26185068

《大河报》创刊于 1995 年 8 月 1 日，是由河南日报报业集团主办的一份以"关切民生、倡导时尚、贴近生活、服务大众"为宗旨的综合性都市生活日报。

《大河报》日出 4 开 64 版，全国发行。以"新闻立报，内容为王，深度呈现，观点制胜"为采编理念，以"激浊扬清，彰显责任，开启民智，推动进步"为核心价值观，立足于平面媒体的传播特点和都市报的报纸定位，全力做好独家原创新闻，大力推进深度新闻和观点新闻，突出好看性和独特性，以平民、高端的视角，主打发生在河南的本地新闻，放眼国内国际重大新闻事件。

《大河报》在全省设立 6 个分印点，建立了 300 多个发行站点，拥有 6000 余人的发行队伍，重点发行全省县级以上城市，高密度覆盖河南市场并向全国辐射。全国日发行量达 100 万份，郑州市日发行 40 万份，年广告收入 5.5 亿元，是河南报业市场第一品牌。

近年来，《大河报》积极尝试、探索与新媒体的融合，先后融合了互联网、手机媒体、移动终端等新媒体形态的综合性媒体。目前，拥有多个新媒体平台：大豫网、大河·沃 3G 生活门户、96211 社区网和粉丝量突破 300 万的大河报新浪官方微博，已经初步形成全媒体的立体化传播集群。

《大河报》以其巨大的发行量、广泛的社会影响力、良好的媒体形象、高速的成长性先后 8 次入选世界日报发行百强，6 次入选中国晚报都市类报纸综合竞争力 10 强，10 次入选中国 500 最具价值品牌。

2013 年《大河报》品牌价值升至 46.45 亿元，成为河南地区惟一一家集"全球百强"和"发行百万"于一身的双百大报。

第九届大河财富（中国）论坛

第二届郑州国际玉文化博览会

集古都神韵 荟世间精彩
传播主流价值 倾注民生情怀
西安晚報
http://www.xiancn.com
国内统一刊号 CN61-0002
●《西安晚报》创刊于1953年，是中共西安市委、市政府主办的一张面向市民大众的综合类都市生活报纸，隶属于西安报业传媒集团。先后获得“金长城传媒奖·中国十大晚报”、“中国品牌传播竞争力强势媒体”、“西安地区公信力强的都市生活报”、“中国报业创新奖”等殊荣。是西部精品级报纸。日发行量超过40余万份，其中90%为固定订户，发行量在西安地区占80%，形成了以西安为中心，辐射宝鸡、咸阳、渭南、汉中、铜川、延安、榆林、安康、商洛、杨凌等10个中等城市及周边县城的发行网络，是西北地区发行量最大、阅读率最高、广告千人成本最低的副省级报纸之一。
●《西安晚报》秉承崇尚公信、关注民生、创新服务的宗旨，为读者提供生动鲜活的新闻事实与深度解析的事件报道，成为西安市区覆盖率最高的报纸。
●《西安晚报》坚持“高品位、精内容、强特色”的办报理念，形成了文雅大气、清新优美的版面风格，拥有西安地区最多的中高端读者，引领着西部地区的时尚潮流。
●西安报业传媒集团全媒体已形成“微博矩阵+微信矩阵+微报版+3G网站+APP”新媒体运营架构，以及集团已经拥有的五报一网，西安报业传媒集团全方位、立体式营销架构已经形成。
◎金长城传媒奖
◎中国十大晚报
◎中国城市晚报十强
◎中国品牌传播竞争力强势媒体
◎中国报业创新奖
◎西部精品报纸
◎西安地区公信力强的都市生活报
新闻发行热线：029-88229999
广告服务热线：029-87610267
社址：西安市太阳庙门街43号
邮编：710002

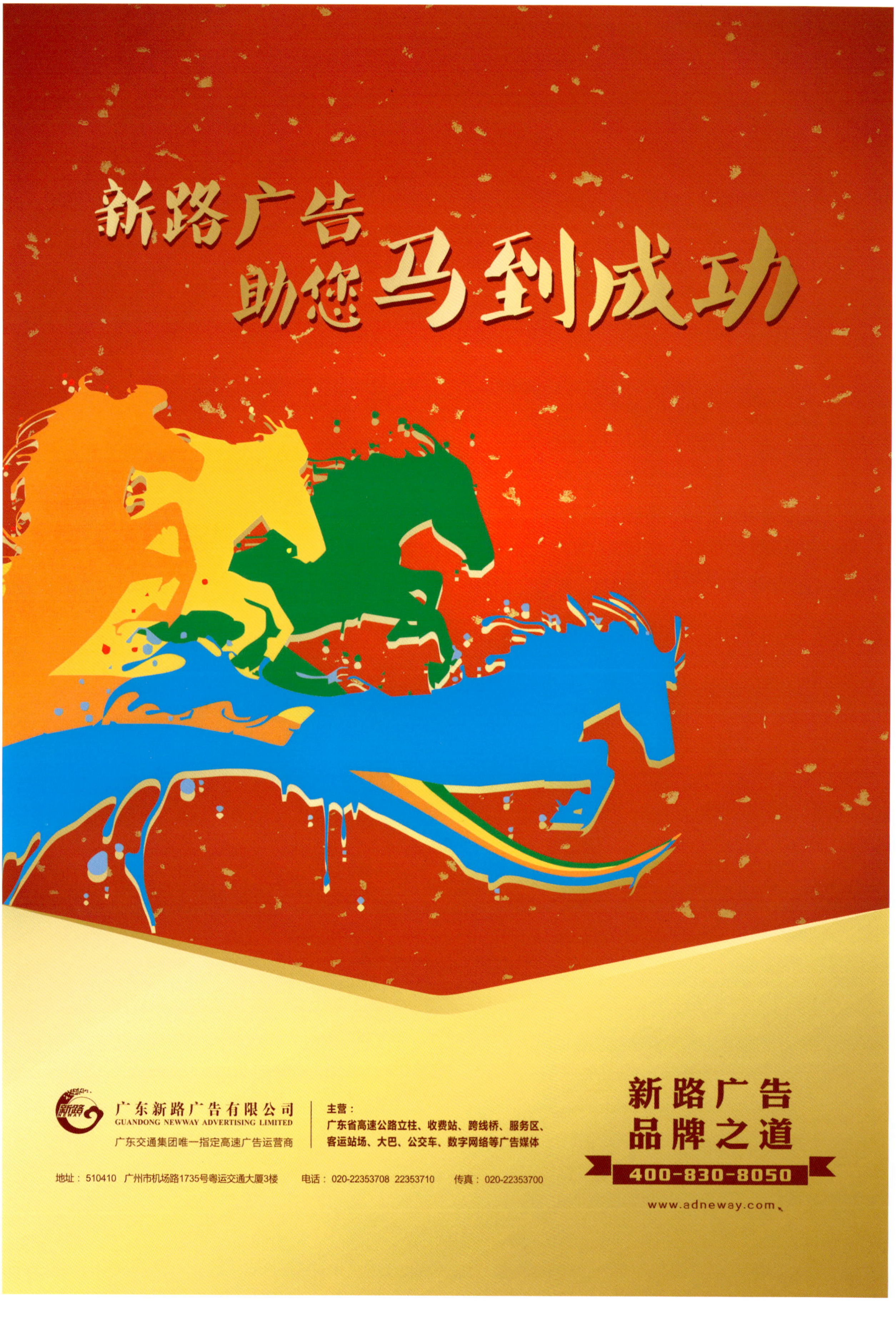
新路广告
助您马到成功
广东新路广告有限公司
GUANDONG NEWWAY ADVERTISING LIMITED
广东交通集团唯一指定高速广告运营商
主营：
广东省高速公路立柱、收费站、跨线桥、服务区、
客运站场、大巴、公交车、数字网络等广告媒体
地址：510410 广州市机场路1735号粤运交通大厦3楼
电话：020-22353708 22353710
传真：020-22353700
新路广告
品牌之道
400-830-8050
www.adneway.com

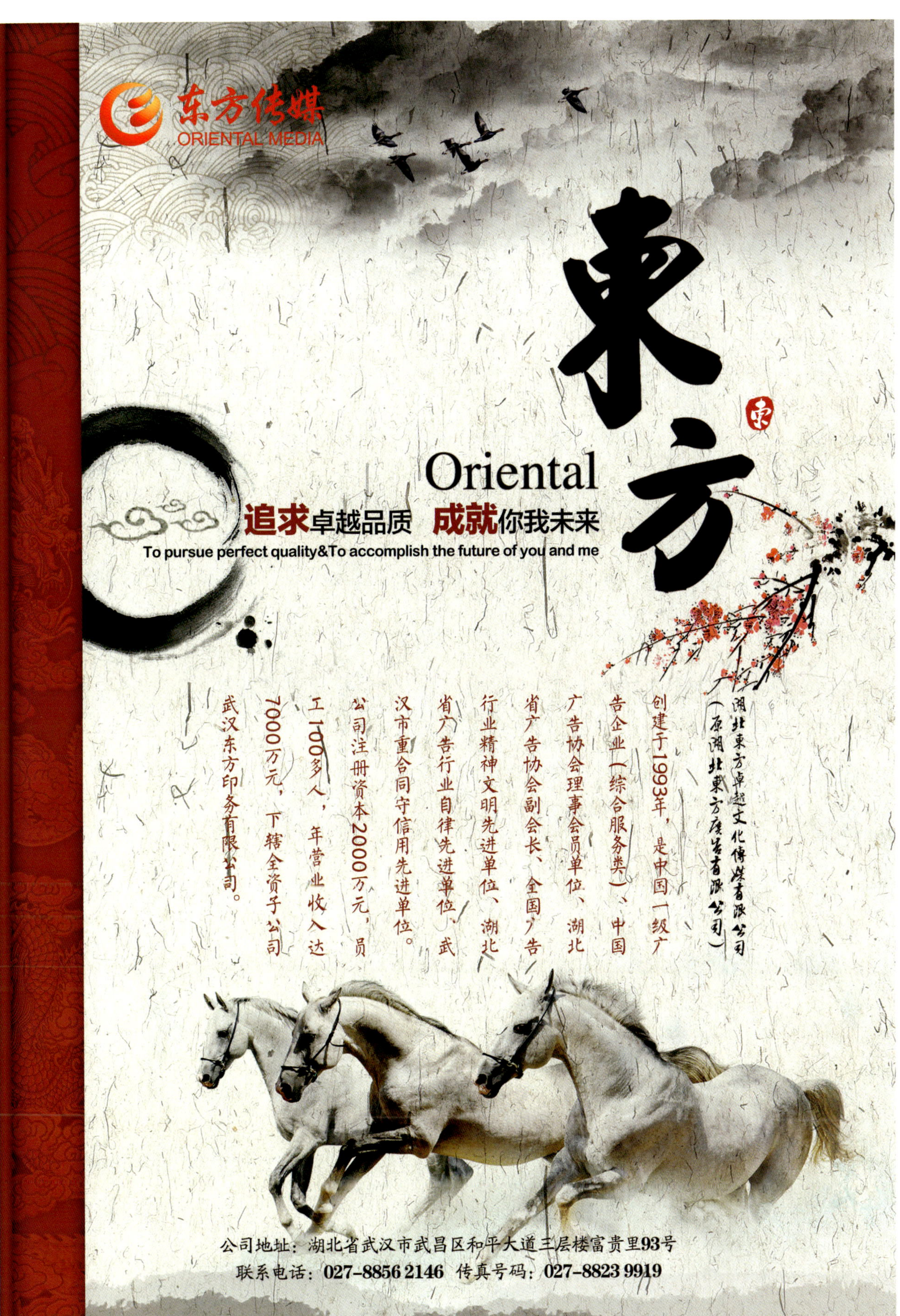
东方传媒
ORIENTAL MEDIA
東方
Oriental
追求卓越品质 成就你我未来
To pursue perfect quality&To accomplish the future of you and me
湖北東方卓越文化傳媒有限公司
（原湖北東方廣告有限公司）
创建于1993年，是中国一级广
告企业（综合服务类）、中国
广告协会理事会员单位、湖北
省广告协会副会长、全国广告
行业精神文明先进单位、湖北
省广告行业自律先进单位、武
汉市重合同守信用先进单位。
公司注册资本2000万元，员
工100多人，年营业收入达
7000万元，下辖全资子公司
武汉东方印务有限公司。
公司地址：湖北省武汉市武昌区和平大道三层楼富贵里93号
联系电话：027-8856 2146 传真号码：027-8823 9919

红河州人民的精神图腾

奔腾的力量·奔牛图

1. 奔牛元素诞生记

20多年前，白宇现代广告创始人倪文贵通过头脑风暴，创作了某企业以“奔牛”作为品牌主形象的户外广告，尽管当时没有电脑设计及图像处理技术，但作为手绘作品，仍显霸气，不失水准。10多年前，为使奔牛更显真实与力量，他亲赴斗牛之乡，利用斗牛场景拍下牛元素多达上万张。为获取牛群奔腾效果，他奇思妙想，在多头牛尾挂上千响鞭炮，刹那间，牛群狂奔，尘土飞扬。为捕获最佳效果，他冒着危险，卧仰而摄，跟他一起参与的人甚至被牛挑起几米高，摔出几丈外，险象环生。

94年初出茅庐，首稿面世

99世博会千平米大观

2. 俯首甘为孺子牛

企业领导特别认可以“牛”的精神植入该企业，这与他任劳任怨，踏实肯干，乐于奉献的精神相符。2006年成功助该企业扭亏为盈，产能产值牛气冲天。2009年单品牌全国销量名列前茅。白宇现代广告公司也迎来合作的春天，奔牛图附着单立柱广告遍布全国50多个城市，甚至全国每个角落。

中国IAI广告创意50强企业 ◆ 全国广告行业精神文明单位 ◆ 昆明市知名商标企业

中广协会员单位 | 云南省广告协会副会长单位 | 昆明市一级广告资质企业 | 《中国广告》理事单位

地址：中国.云南.昆明建工大厦十八层　电话：0871-3192098　传真：0871-3193409　QQ:168013137
网址：www.beyond-ad.cn　E-MAIL: kmbeyond@163.com　168013137@qq.com

-诞生记实

BAIYU
白宇現代廣告

奔腾的力量

奔腾的力量

奔腾-源于力量

奔腾的力量

2012/04/12 15:38

2012/04/18 16:10

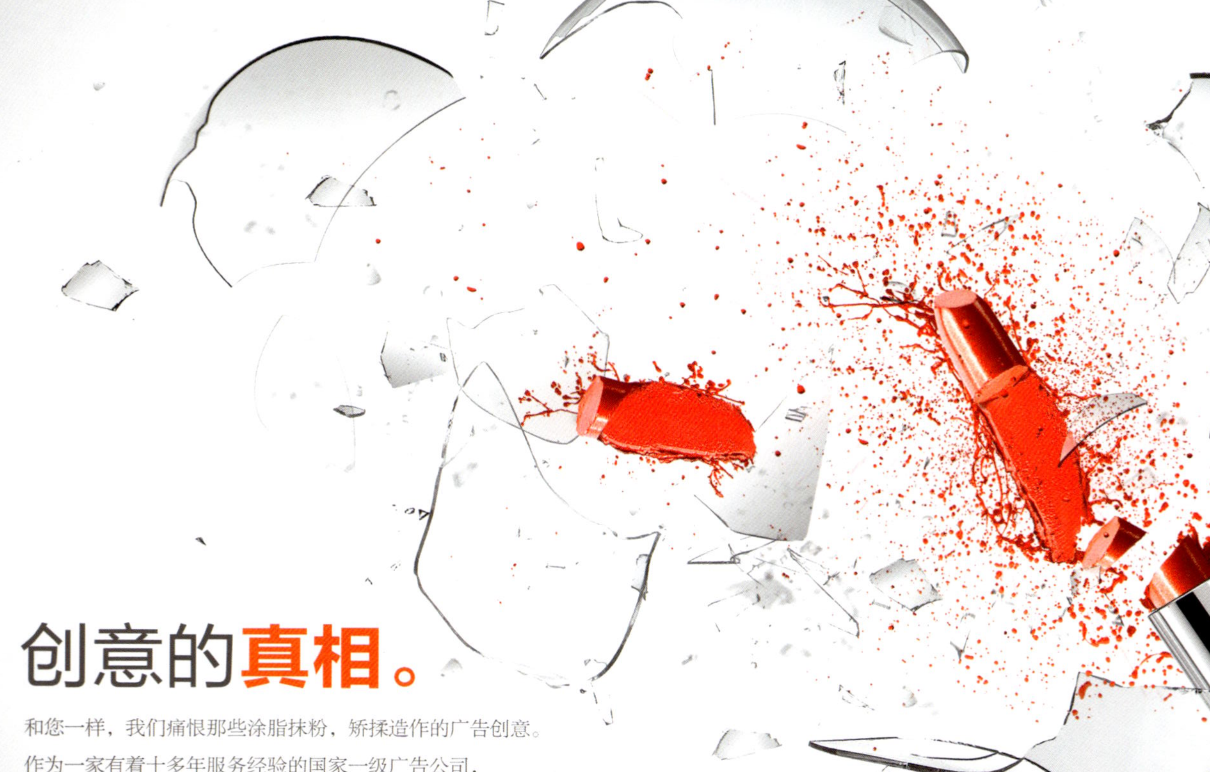

创意的真相。
和您一样，我们痛恨那些涂脂抹粉，矫揉造作的广告创意。
作为一家有着十多年服务经验的国家一级广告公司，
我们深知创意是解决问题的有效手段。
如果您同意我们的观点，并且在营销和传播的环节遇到了问题需要帮助，
那么让我们的创意成为您解决问题的终极武器吧。
·大唐灵狮广告有限公司· 中国南京市北京东路22号和平大厦9楼 Tel: 025-86896060 Fax: 025-86896060-208 www.dtclad.com

大唐灵狮

’2014中国广告年鉴

China Advertising Yearbook

中国广告协会铁路分会会员单位选介

Railway Branch Member Units Selected Column of China Advertising Association

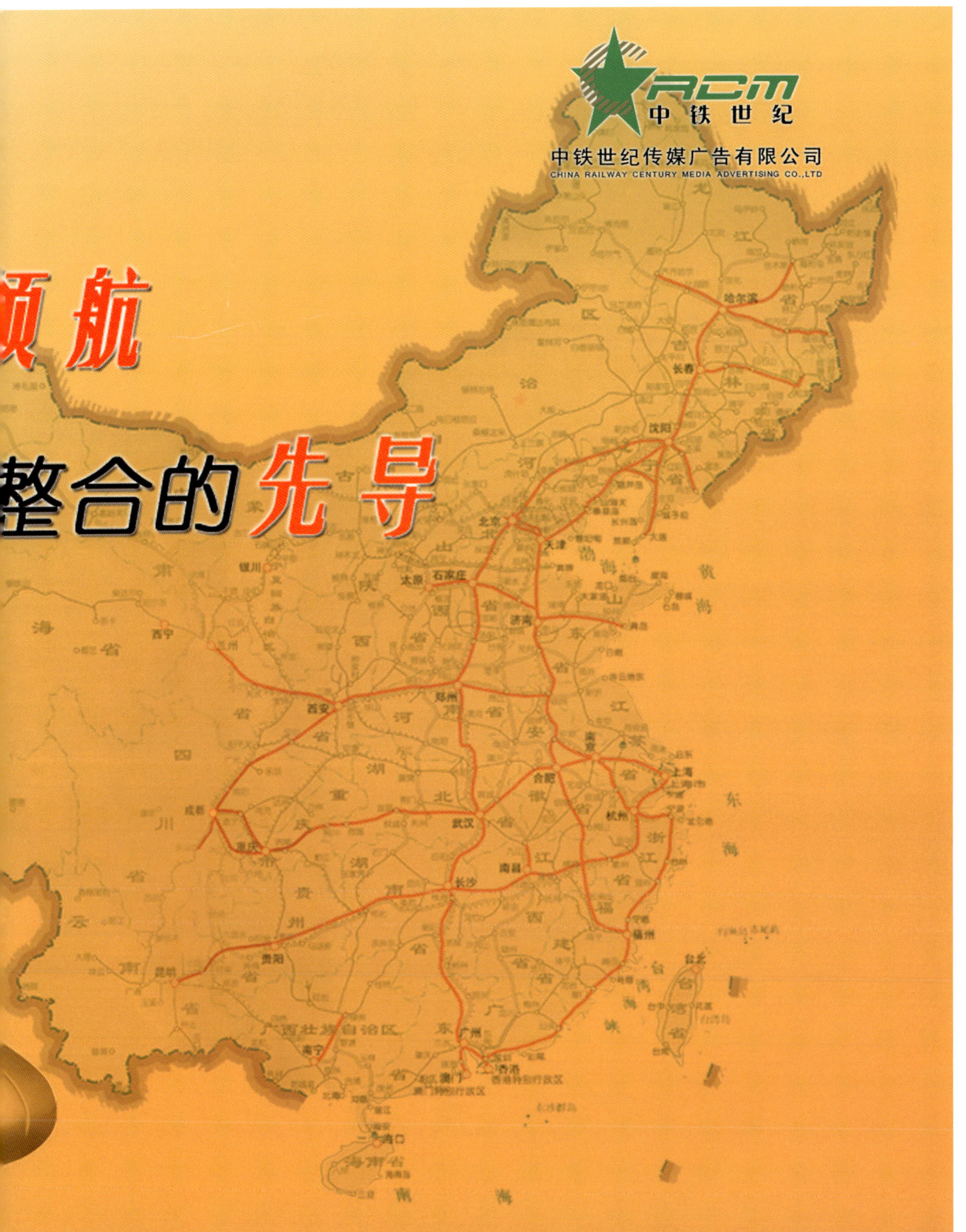

领航
整合的先导
RCM
中铁世纪
中铁世纪传媒广告有限公司
CHINA RAILWAY CENTURY MEDIA ADVERTISING CO.,LTD

上海铁路文化广告发展有限公司是上海铁路局授权开发经营铁路广告资源的专业公司，媒体产品覆盖长三角区域的上海、江苏、浙江、安徽三省一市铁路站车沿线，管内客流密集，经济繁荣，是全国广告投放竞争的重地。

伴随中国高铁快速发展，公司已开发了十多万平方米的广告媒体，主打品种有灯箱、看牌、LED大屏、LCD刷屏机、实物展示、报刊杂志、三维幻影成像、动车视频、站车WIFI等。

做大规模 Scale

做深渠道 Channel

做优品质 Quality

做好服务 Service

做新媒体 New Media

做强公司 Company

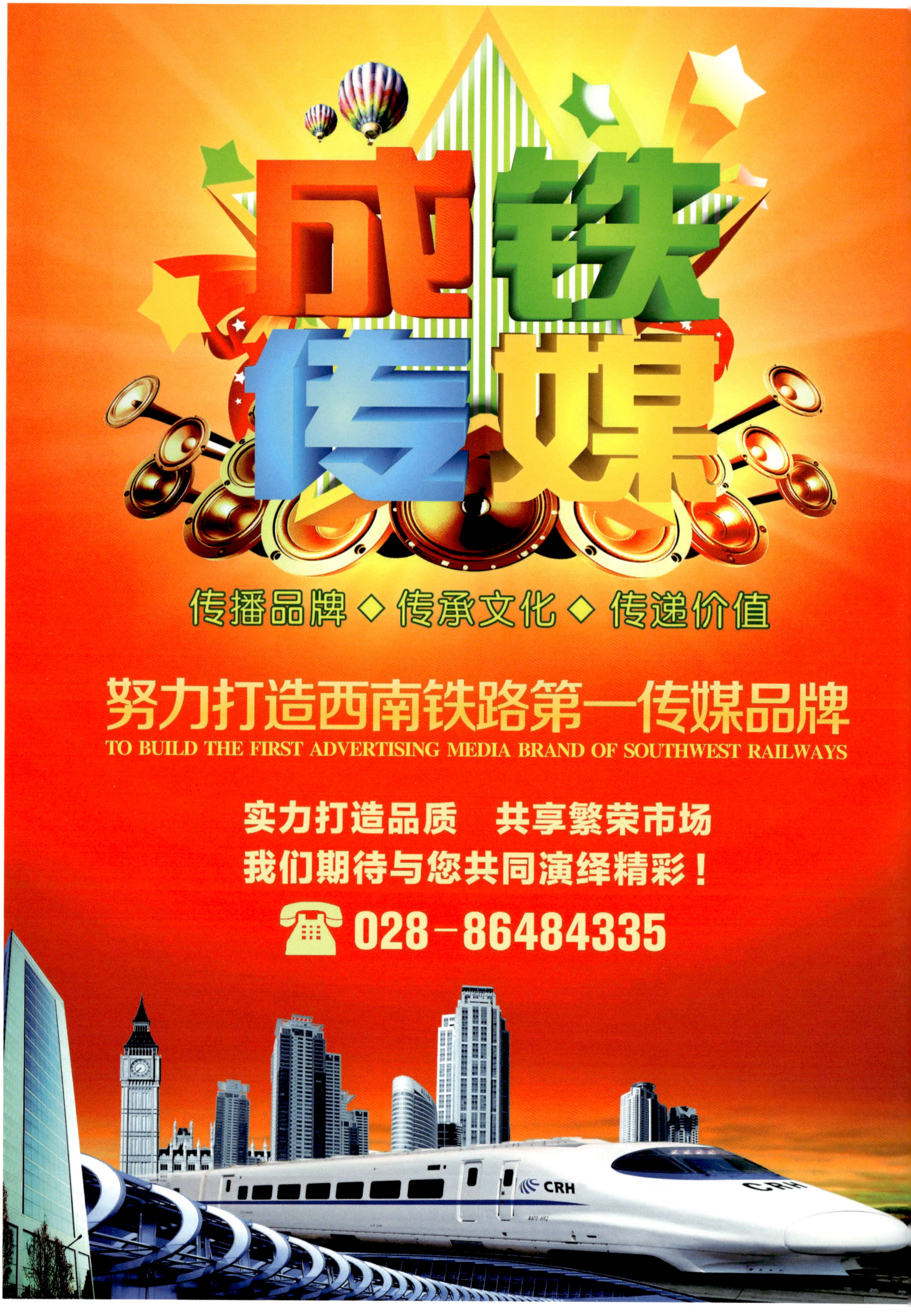
成铁传媒
传播品牌◇传承文化◇传递价值
努力打造西南铁路第一传媒品牌
TO BUILD THE FIRST ADVERTISING MEDIA BRAND OF SOUTHWEST RAILWAYS
实力打造品质　共享繁荣市场
我们期待与您共同演绎精彩！
028-86484335
CRH

传播品牌·传承文化·传递价值

成都铁路文化传媒总公司成立于2005年8月，是成都铁路局直属以经营开发铁路车站、列车、桥梁广告为主的专业化传媒公司。拥有成都铁路局管内川黔渝两省一市近600个营业车站、400列旅客列车的铁路媒体资源。现今已发展成为集户外媒体、纸面媒体、网络媒体三大传媒资源于一体的综合媒体运营商，同时涉足印刷业、文化市场、有线电视、信息技术等产业领域。九年来，公司全体员工锐意进取，以“传播品牌、传承文化、传递价值”为己任，树立敢于破解困难的信心，坚持“日事日毕、日清日高”的工作作风，艰苦创业，稳步成长，在较短的时间内实现了快速健康发展。

近年来，成都铁路文化传媒总公司先后获得“全国广告行业精神文明先进单位”、中华全国铁路总工会“火车头奖杯”、成都市“最有影响力广告传媒企业”等称号，任中国广告协会理事单位、铁路广告分会副会长单位。

媒体运营 MEDIA OPERATION

公司目前经营着成都铁路局管辖范围内的所有铁路媒体，其形式分为铁路桥梁广告、车站媒体广告、列车媒体广告、列车纸媒广告（《火车》杂志）以及列车冠名广告等形式，能为广告客户带来形式多样、全媒体的广告投放选择。

品牌策划 BRAND PLANNING

公司具备雄厚的媒体资源整合实力及优秀的设计策划团队，能根据企业需求量身打造独一无二的品牌策划方案，还能配套提供VI设计、LOGO标志设计、活动策划及营销宣传等优质服务。

编辑出版 BRAND PLANNING

公司拥有优秀的编辑团队，现已成功打造出区域内有影响力的刊物——《火车》杂志，为客户提供优质动车阅读人群。目前，公司编辑出版业务主要为刊物策划及编辑、纸质品印刷及出版等。

影视制作 VIDEO PRODUCTION

公司拥有一支有实力的影视制作团队，已拍摄出《外婆的火车》、《我的父亲》等有影响力的网络微电影。目前，公司影视制作业务包括微电影拍摄、视频节目包装以及广告片拍摄等。同时为管内企业提供动车视频宣传。

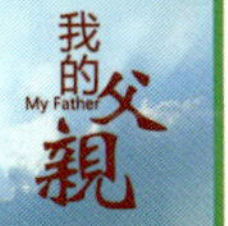

’2014 中国广告年鉴
China Advertising Yearbook

行业组织

Organizations in Advertising Industry

中国广告协会

中国广告协会职能任务

一、学习、宣传、贯彻《中华人民共和国广告法》和有关广告管理法规、规章，协助政府做好行业管理，同时向政府有关部门反映行业的意见和建议，充分发挥政府与行业沟通的桥梁和纽带作用。

二、开展广告业发展状况的调查研究，积极参与广告行业的相关法律、法规和产业政策的研究、制定，接受委托参与制订、修订广告行业标准、发展规划、准入条件，完善广告行业管理，促进广告行业发展。

三、经政府有关部门批准，开展广告业企业资质认定工作，促进企业向专业化、集约化、品牌化、规模化发展，提高经营管理水平和核心竞争力，增强企业的社会责任感。

四、开展国内国外培训、学术论坛、经验交流等活动，加强广告理论研究，努力提高从业人员的业务能力、法律素质、道德品质。

五、拓展信息资源渠道，建立信息网络。经政府有关部门授权进行行业统计、分析、整理、发布，收集与广告业有关的国内外信息，为行业和会员单位提供信息服务。依照有关规定，出版行业图书、杂志、内部刊物等，办好行业网站。

六、受政府委托或根据市场和行业发展需要，举办行业展览，推广先进的广告制作技术、设备、材料、工艺，开展促进广告的创意、设计、制作、发布水平提高的活动。

七、开展国际交流与合作。积极与国际广告组织以及各国、各地区广告组织建立联系，探讨促进业务合作，代表和统一组织中国广告界参加国际广告活动。积极支持广告企业走向国际市场，在企业参与国际竞争等方面发挥作用。

八、加强行业自律。做好广告发布前的咨询工作，根据政府有关部门的授权，开展广告内容和形式的合法性审核。建立广告监测、劝诫机制和广告投诉处理机制。组织制定行规、行约，推动企业依法、诚信经营、公平竞争。经政府有关部门批准，开展行业文明单位、优秀工作者的评选、表彰活动，逐步完善行业信用体系，努力构建和维护良好的广告经营秩序。积极宣传并向社会推荐资质优秀的广告企业。

九、有效地开展行业维权工作。开展行业法律事务咨询服务，调解行业内、外部纠纷，针对事关行业发展的重大问题进行深入调研，积极反映行业的诉求，维护行业的权益。

十、承办政府部门授权或委托的有关事项。

中国广告协会组织结构图

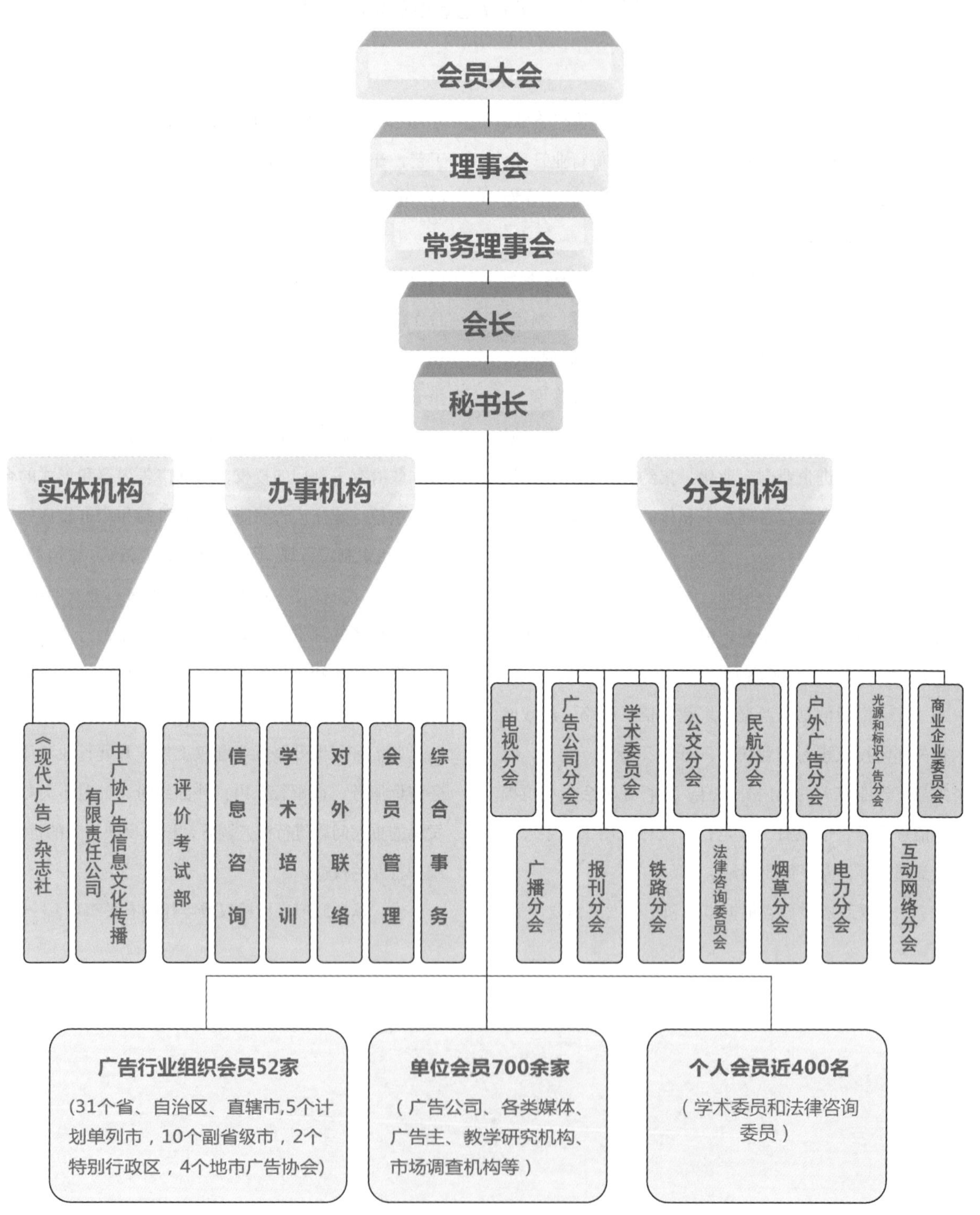

中国广告协会章程

（2009 年 8 月 25 日经国家民间组织管理局核准）

第一章 总 则

第一条 本团体的名称是：中国广告协会，英文名称：CHINA ADVERTISING ASSOCIATION，缩写：CAA。

第二条 本团体是由广告公司、广告媒体、广告主、广告调查机构、广告设备器材供应机构等经营单位、地方性广告组织、广告教学研究机构及个人自愿结成的行业性的全国性的非营利性的社会组织。

第三条 本团体的宗旨：高举中国特色社会主义伟大旗帜，以马克思列宁主义、毛泽东思想、邓小平理论和“三个代表”重要思想为指导，坚持四项基本原则，坚持改革开放，全面贯彻落实科学发展观，遵守宪法、法律、法规和国家政策，遵守社会道德风尚，代表和维护行业的合法权益，为行业服务，加强行业自律，促进广告业健康、和谐发展。

第四条 本团体接受登记管理机关中华人民共和国民政部和业务主管单位国家工商行政管理总局的业务指导和监督管理。

第五条 本团体的住所：北京。

第二章 业务范围

第六条 本团体的业务范围：

“提供服务、反映诉求、规范行为”是本会的主要职能，本会紧密围绕职能开展业务工作。

（一）学习、宣传、贯彻《中华人民共和国广告法》和有关广告管理法规、规章，协助政府做好行业管理，同时向政府有关部门反映行业的意见和建议，充分发挥政府与行业沟通的桥梁和纽带作用。

（二）开展广告业发展状况的调查研究，积极参与广告行业的相关法律、法规和产业政策的研究、制定，接受委托参与制订、修订广告行业标准、发展规划、准入条件，完善广告行业管理，促进广告行业发展。

（三）经政府有关部门批准，开展广告业企业资质认定工作，促进企业向专业化、集约化、品牌化、规模化发展，提高经营管理水平和核心竞争力，增强企业的社会责任感。

（四）开展国内国外培训、学术论坛、经验交流等活动，加强广告理论研究，努力提高从业人员的业务能力、法律素质、道德品质。

（五）拓展信息资源渠道，建立信息网络。经政府有关部门授权进行行业统计、分析、整理、发布，收集与广告业有关的国内外信息，为行业和会员单位提供信息服务。依照有关规定，出版行业图书、杂志、内部刊物等，办好行业网站。

（六）受政府委托或根据市场和行业发展需要，举办行业展览，推广先进的广告制作技术、设备、材料、工艺，开展促进广告的创意、设计、制作、发布水平提高的活动。

（七）开展国际交流与合作。积极与国际广告组织以及各国、各地区广告组织建立联系，探讨促进业务合作，代表和统一组织中国广告界参加国际广告活动。积极支持广告企业走向国际市场，在企业参与国际竞争等方面发挥作用。

（八）加强行业自律。做好广告发布前的咨询工作，根据政府有关部门的授权，开展广告内容和形式的合法性审核。建立广告监测、劝诫机制和广告投诉处理机制。组织制定行规、行约，推动企业依法、诚信经营、公平竞争。经政府有关部门批准，开展行业文明单位、优秀工作者的评选、表彰活动，逐步完善行业信用体系，努力构建和维护良好的广告经营秩序。积极宣传并向社会推荐资质优秀的广告企业。

（九）有效地开展行业维权工作。开展行业法律事务咨询服务，调解行业内、外部纠纷，针对事关行业发展的重大问题进行深入调研，积极反映行业的诉求，维护行业的权益。

（十）承办政府部门授权或委托的有关事项。

第三章 会 员

第七条 本团体的会员种类：单位会员和个人会员。

第八条 申请加入本团体的会员，必须具备下列条件：

（一）拥护本团体的章程；

（二）有加入本团体的意愿；

（三）在本团体的业务（行业、学科）领域内具有一定的影响；

（四）单位会员：

1. 具有企业法人资格或广告经营资格，依法经营两年以上，并符合下列条件之一者：

(1) 年广告营业额在 600 万元以上的广告公司；

(2) 年广告营业额在 3000 万元以上设有专门的广告经营机构的报社、电视台；

(3) 年广告营业额在 1000 万元以上，设有专门的广告经营机构的网络公司；

(4) 年广告营业额在 300 万元以上，设有专门的广告经营机构的广播电台；

(5) 年广告营业额在 100 万元以上的杂志社、广告信息服务机构、广告调查研究机构、广告器材与设备企业等单位；

(6) 年广告费投入在 500 万元以上，设有广告宣传机构的工商企业。

2. 具有社团法人资格的广告行业组织和其他相关组织。

（五）个人会员：具有较高的广告学术水平和丰富实践经验的学者、专家，并基本符合下列条件之一者：

1. 出版过广告学术专著或在全国性报刊杂志上发表过广告论文，从事广告理论研究 3 年以上的研究员或副研究员；

2. 有广告及相关学科的专著发表，在高等院校从事广告教育 3 年以上的教授或副教授；

3. 从事广告策划、创意、设计或经营管理工作 5 年以上，获得过国家级优秀广告论文或作品奖或在全国性杂志、出版物上发表过广告论文的广告经营单位的工作者；

4. 取得国家有关单位认定的广告或与广告相关领域的高级专业技术资格证书者。

第九条 会员入会的程序是：

（一）提交入会申请书；

（二）经理事会讨论通过；

（三）由理事会或理事会授权的机构发给会员证。

第十条 会员享有下列权利：

（一）本团体的选举权、被选举权和表决权；

（二）参加本团体的活动；

（三）获得本团体服务的优先权；

（四）对本团体工作的批评建议权和监督权；

（五）入会自愿、退会自由；

（六）遇到经营困难、矛盾有获得本会支持、帮助和法律援助的权利；

（七）享有本会帮助提升会员单位品牌影响力的权利。

第十一条 会员履行下列义务：

（一）执行本团体的决议；

（二）维护本团体合法权益；

（三）完成本团体交办的工作；

（四）按规定交纳会费；

（五）向本团体反映情况，提供有关资料；

（六）维护本会合法权益和形象。

第十二条 会员退会应书面通知本团体，并交回会员证。会员如果两年不交纳会费或不参加本团体活动的，视为自动退会。

第十三条 会员如有严重违反本章程的行为，经常务理事会表决通过，予以除名。

第四章 组织机构和负责人产生、罢免

第十四条 本团体的最高权力机构是会员代表大会 ，会员代表大会的职权是：

（一）制定和修改章程；

（二）选举和罢免理事；

（三）审议理事会的工作报告和财务报告；

（四）制定并修改会费标准；

（五）决定终止事宜；

（六）决定其他重大事宜。

第十五条 会员代表大会须有 2/3 以上的会员代表出席方能召开，其决议须经到会会员代表半数以上表决通过方能生效。

第十六条 会员代表大会每届 5 年。因特殊情况需提前或延期换届的，须由理事会表决通过，报业务主管单位审查并经社团登记管理机关批准同意。但延期换届最长不超过 1 年。

第十七条 理事会是会员代表大会的执行机构，在闭会期间领导本团体开展日常工作，对会员代表大会负责。

第十八条 理事会的职权是：

（一）执行会员代表大会的决议；

（二）选举和罢免会长、副会长、秘书长；选举和罢免常务理事；

（三）筹备召开会员代表大会；

（四）向会员代表大会报告工作和财务状况；

（五）决定会员的吸收或除名；

（六）决定设立办事机构、分支机构、代表机构和实体机构；

（七）决定副秘书长、各机构主要负责人的聘任；

（八）领导本团体各机构开展工作；

（九）制定内部管理制度；

（十）决定其他重大事项。

第十九条 理事会须有 2/3 以上理事出席方能召开，其决议须经到会理事 2/3 以上表决通过方能生效。

第二十条 理事会每年至少召开一次会议，情况特殊的，也可采用通讯形式召开。

第二十一条 本团体设立常务理事会。常务理事会由理事会选举产生，在理事会闭会期间行使第十八条第一、三、五、六、七、八、九项的职权，对理事会负责（常务理事人数不超过理事人数的 1/3）。

第二十二条 常务理事会须有 2/3 以上常务理事出席方能召开，其决议须经到会常务理事 2/3 以上表决通过方能生效。

第二十三条 常务理事会至少半年召开一次会议；情况特殊的也可采用通讯形式召开。

第二十四条 本团体的会长、副会长、秘书长必须具备下列条件：

（一）坚持党的路线、方针、政策、政治素质好；

（二）在本团体业务领域内有较大影响；

（三）会长、副会长最高任职年龄不超过 70 周岁；

（四）秘书长最高任职年龄不超过 70 周岁，秘书长为专职；

（五）身体健康，能坚持正常工作；

（六）未受过剥夺政治权利的刑事处罚；

（七）具有完全民事行为能力。

第二十五条 本团体会长、副会长、秘书长如超过最高任职年龄的，须经理事会表决通过，报业务主管单位审查并经社团登记管理机关批准同意后，方可任职。

第二十六条 本团体会长、副会长、秘书长任期 5 年，最长不得超过两届。因特殊情况需延长任期的，须经会员代表大会 2/3 以上会员代表表决通过，报业务主管单位审查并经社团登记管理机关批准同意后方可任职。

第二十七条 本团体秘书长为本团体法定代表人，法定代表人代表本团体签署有关重要文件。本团体法定代表人不兼任其他团体的法定代表人。

第二十八条 本团体会长行使下列职权：

（一）召集和主持理事会、常务理事会；

（二）检查会员代表大会、理事会、常务理事会决议的落实情况。

第二十九条 本团体秘书长行使下列职权：

（一）主持办事机构开展日常工作，组织实施年度工作计划；

（二）协调各分支机构、代表机构、实体机构开展工作；

（三）提名副秘书长以及各办事机构、分支机构、代表机构和实体机构主要负责人，交理事会或常务理事会决定；

（四）决定办事机构、代表机构、实体机构专职工作人员的聘用；

（五）处理其他日常事务。

第五章 资产管理、使用原则

第三十条 本团体经费来源：

（一）会费；

（二）捐赠；

（三）政府资助；

（四）在核准的业务范围内开展活动或服务的收入；

（五）利息；

（六）其他合法收入。

第三十一条 本团体按照国家有关规定收取会员会费。本团体开展评比、评选、表彰等活动，不收取任何费用。

第三十二条 本团体经费必须用于本章程规定的业务范围和事业的发展，不得在会员中分配。

第三十三条 本团体建立严格的财务管理制度，保证资产来源合法、真实、准确、完整。

第三十四条 本团体配备具有专业资格的会计人员。会计不得兼任出纳。会计人员必须进行会计核算，实行会计监督。会计人员调动工作或离职时，必须与接管人员办清交接手续。

第三十五条 本团体的资产管理必须执行国家规定的财务管理制度，接受会员代表大会和财政部门的监督。资产来源属于国家拨款或者社会捐赠、资助的，必须接受审计机关的监督，并将有关情况以适当方式向社会公布。

第三十六条 本团体换届或更换法定代表人之前必须接受社团登记管理机关和业务主管单位组织的财务审计。

第三十七条 本团体的资产，任何单位、个人不得侵占、私分和挪用。

第三十八条 本团体专职工作人员的工资和保险、福利待遇，参照国家对事业单位的有关规定执行。

第六章 章程的修改程序

第三十九条 对本团体章程的修改，须经理事会表决通过后报会员代表大会审议。

第四十条 本团体修改的章程，须在会员代表大会通过后15日内，经业务主管单位审查同意，并报社团登记管理机关核准后生效。

第七章 终止程序及终止后的财产处理

第四十一条 本团体完成宗旨或自行解散或由于分立、合并等原因需要注销的，由理事会或常务理事会提出终止动议。

第四十二条 本团体终止动议须经会员代表大会表决通过，并报业务主管单位审查同意。

第四十三条 本团体终止前，须在业务主管单位及有关机关指导下成立清算组织，清理债权债务，处理善后事宜。清算期间，不开展清算以外的活动。

第四十四条 本团体经社团登记管理机关办理注销登记手续后即为终止。

第四十五条 本团体终止后的剩余财产，在业务主管单位和社团登记管理机关的监督下，按照国家有关规定，用于发展与本团体宗旨相关的事业。

附　则

第四十六条 本章程经2008年1月12日第五次会员代表大会表决通过。

第四十七条 本章程的解释权属本团体的理事会。

第四十八条 本章程自社团登记管理机关核准之日起生效。

中国广告协会各分支机构负责人名单

1. 电视分会

主　任：

罗　明　中央电视台副台长

副主任：

金国强　（专职）

张晓建　江西电视台副台长／广告部主任

樊旭文　湖南卫视广告部主任

金仲波　上海东方传媒集团有限公司广告经营中心主任

秘书长：

金国强　（兼）

副秘书长：

钱　毅　北京电视台广告部主任

何海明　中央电视台广告部副主任

常　委：

党海燕　国家广播电影电视总局电影卫星频道节目制作中心广告部主任

郭列亚　重庆广播电视集团（总台）电视广告经营中心主任

云　燕　天津电视台副台长

郑　刚　云南电视台副台长

杨克光　广东电视台广告部主任

王悦路　河北电视台广告管理中心主任

宋士忠　山东电视台广告部主任

王军保　河南电视台广告管理中心主任

崔　军　辽宁广播电视广告有限公司总经理

张建勇　四川广播电视集团广告经营中心主任

张应敬　江苏广播电视总台电视广告管理中心

办公室主任：

查道存　安徽电视台广告中心主任

2. 广播分会

主　任：

刘宝顺　原中央人民广播电台副台长

副主任：

王　勇　天津人民广播电台副台长

王晓轩　辽宁人民广播电台副台长

杨　清　湖南人民广播电台副总编辑

史林杰　新疆人民广播电台党委书记

刘卫星　陕西人民广播电台副台长

杨　晶　黑龙江广电局副总编辑

孙　柏　山东人民广播电台副台长

杨文华　深广集团广告中心副总经理

李明月　浙江广电集团管委会委员

李忠诚　湖北广电总台编委会副主任

何　东　四川人民广播电台副台长

宋书深　河北人民广播电台副台长

张文雷　中央台央广传总经理

郑加强　国际台国广传媒副总经理

孟　立　北京台广告经营办主任

赵随意　广东人民广播电台副台长

蒋金戈　上广集团广告中心副主任

曾庆洪　江西人民广播电台副台长

覃信刚　云南人民广播电台台长

秘书长：

吴　江　中央台央广传媒副总经理

副秘书长：

曾　芳　中央人民广播电台广告部主任

刘博天　中广协学术培训部

汤永坚　南京台雷迪欧广告公司总经理

魏建文　西安人民广播电台广告中心主任

常　委：

戴玉山　国际台国广传媒广告市场部主任

刘延平　福建广电集团广播广告公司经理

范希军　沈阳人民广播电台广告部主任

王树勋　山西人民广播电台副台长

王　彬　大连台经营管理中心主任

蒋永泰　厦门广播电视集团广告公司助总

张颖福　甘肃人民广播电台广告部主任

曹　勇　江苏广电总台广播传媒中心副总裁

张一莉　浙广集团广告管理中心主任

古　城　青海人民广播电台广告部主任

王　瑾　贵州台广告营运中心主任

宋　扬　宁夏台广告经营中心主任

程　普　江西人民广播电台副台长

王德佩　南京人民广播电台副台长

刘长江　西藏人民广播电台台长

马文彬　成都台天成声音传媒有限公司总经理

范　健　广西人民广播电台副台长

梁彦琴　武汉总台广播广告业务总监

郭文秀　内蒙古人民广播电台副台长

方伟标　广州人民广播电台广告部主任

周英琼　宁波广电广告中心主任

陈经敏　吉林人民广播电台副台长

王云松　安徽人民广播电台副台长

詹　卡　重庆广电总台助总

袁　晖　佛山人民广播电台副台长

3. 广告公司分会

名誉主任：

鄢　钢　北京国安广告总公司董事长

主　任：

程小玲　中国广告联合总公司

副主任：

薛争鸣　北京国安广告总公司副总经理

李西沙　北京电通广告有限公司副总经理

郭丽娟　上海广告有限公司董事长

沈赞臣　上海灵狮广告有限公司董事长

李家舜　盛世长城国际广告有限公司大中华区首席执行官

高　峻　梅高（中国）公司董事长

潘　洋　哈尔滨海润国际广告传播（集团）有限公司董事长

潘　臻　中国国际广告公司总经理

邓超明　北京互通联合国际广告有限公司董事长

张　丽　南京银都奥美广告有限公司董事长

赵　烨　中广国际广告创意产业基地发展有限公司总经理

王启民　长春吉广传媒集团有限公司董事长

林增瑞　麦肯光明广告有限公司大中华区首席执行官

吴晓波　广东平成广告有限公司董事长

胡纪平　北京广告有限公司董事长

童　年　北京太阳圣火国际传媒有限公司总裁

孟兴中　四川省巴蜀新形象广告传媒股份有限公司董事长

萧景勋　四川西南国际广告公司董事长

秘书长：

张　鹰　中国广告协会会员管理部

常　委：

徐卫文　金鹃广告股份有限公司总经理

加藤敏明　日本株式会社博报堂上海代表处执行董事中国总代表

贺玉强　北京杰威品牌营销顾问有限公司董事长

蒋小燕　上海中宣国际传播（集团）有限公司董事长

李国平　山东省国际广告有限公司董事长

王　欣　扬罗必凯广告有限公司副总经理

周世忠　中航文化股份有限公司总经理

徐　建　北京捷成先境广告传媒有限公司总经理

王濂洪　上海美术设计有限公司总经理

陈　一　上海威汉广告有限公司 CEO

戴书华　广东省广告股份有限公司董事长

秦　朝　江苏大唐灵狮广告有限公司副总经理
李玉法　内蒙古博洋广告有限责任公司董事长
谷文通　新疆普拉纳广告有限公司董事长
姜翠玉　青岛金桥广告有限公司董事长
陈树林　天津市双木广告策划传播有限公司董事长
项建中　浙江华林广告有限公司董事长
贾丽军　江苏卓越形象媒体传播有限公司 CEO
曹　旭　智威汤逊－中乔广告有限公司行政总监
傅文俊　重庆大印文化传媒有限公司总经理
喻应龙　湖南新金果传媒有限公司董事长
吴　健　贵州天马传媒有限公司总经理
陈念端　李奥贝纳广告有限公司大中华区 CEO

4. 报刊分会

主　任：

梁勤俭　（专职）

副主任：

李　健　北京日报社
张勤耘　湖北日报社
朱长元　解放日报社
赵文华　广州日报社

秘书长：

梁勤俭　（兼）

委　员：

左　海　光明日报社（调离广告部门）
乔建宾　中国青年报社
王湘宏　参考消息报社
霍　静　天津日报社
王　克　今晚报社
陈云凌　河北日报社
王健生　新民晚报社
冯　彦　吉林日报社（退休）
关云平　深圳报业集团
刘春堂　深圳特区报社
邓晓林　安徽日报社
李　伟　山西日报社
姜　晖　南方日报报业集团
肖金生　重庆日报报业集团
高小琳　甘肃日报社
何玉明　黑龙江日报报业集团
方卫英　浙江日报社
周　杰　云南日报社
夏晓晖　羊城晚报社（离社）
唐惠明　宁波日报报业集团
白立辉　辽宁日报报业集团
梁洪文　齐鲁晚报社
董　奇　无锡日报报业集团（调离广告部门）
魏　剑　河南日报社
高卷堂　经济日报社
赵媛媛　大连日报社
谭邦君　厦门日报社
薛晓燕　陕西日报社

5. 学术委员会

主　任：

金定海　上海师范大学人文与传播学院

副主任：

黄升民　中国传媒大学广告学院
董立津　梅高（中国）创意咨询机构
丁邦清　广东省广告公司
陈　刚　北京大学新闻与传播学院
何海明　中央电视台广告部
关瑞鸿　中国广告协会学术培训部

秘书长：

关瑞鸿　（兼）

常　委：

吴晓波　广东平成广告有限公司
贾丽军　卓越形象品牌创意产业机构
江绍雄　蓝道广告公司
乔　均　南京财经大学营销与物流管理学院

胡晓云 浙江大学传媒与国际文化学院
王亚非 鲁迅美术学院大连校区
罗子明 北京工商大学传播与艺术学院
徐永新 浙报集团社长助理、红旗出版社社长
潘　阳 哈尔滨海润国际广告传播（集团）有限公司
冯帼英 天进品牌管理机构
何　春 成都大西南广告公司
谷文通 新疆普拉纳广告公司
杨同庆 首都经济贸易大学、文化与传播学院广告系
许正林 上海大学影视学院
林升栋 厦门大学新闻传播学院广告系
姚　曦 武汉大学新闻传播学院广告系
星　亮 暨南大学新闻与传播学院广告学系
曾　芳 中央人民广播电台广告部
傅夏苇 人民日报广告部编辑出版处
崔　斌 文化中国传播集团
张继宏 中铁世纪传媒广告有限公司

6. 铁路分会

名誉主任：

秦振东 原铁路分会主任

主　任：

张继宏 中铁世纪传媒广告有限公司总经理

副主任：

陈国忠 上海铁路文化广告发展有限公司总经理
宋德辉 沈阳铁道文化传媒集团有限公司总经理
方　劲 成都铁路文化传媒总公司总经理
孙长松 广州铁路集团文化广告总公司总经理
邢宁贵 副主任兼秘书长

常务副秘书长：

陆永革 上海铁路文化广告发展有限公司副总经理

副秘书长：

何　态 中铁世纪传媒广告有限公司副总经理
凌遵斌 北京时刻文化传媒中心总经理

常　委：

宋　洁 铁道知识杂志社主编
高　远 人民铁道报社广告部主任
凌遵斌 北京时刻文化传媒中心总经理
雷俊海 北京铁科驿龙传媒广告有限公司董事长
崔端平 辐轮世纪广告传媒有限公司总经理
牟景海 哈尔滨铁路广告传媒有限公司总经理
韩　浩 太原晋太广告有限公司总经理
曹　臣 内蒙古呼铁文化传媒有限公司总经理
张全生 河南中原铁道文化传媒有限公司总经理
张世福 武汉铁路中力广告装饰有限公司总经理
王富廷 山东中铁旅游广告集团有限公司总经理
陆志勇 南昌铁路文化广告传播公司总经理
马永洪 昆明铁路传媒有限公司总经理
门金耀 甘肃金伦文化传媒有限公司总经理

7. 公交分会

主　任：

马京明 北京巴士传媒股份有限公司总经理
北京公交广告有限责任公司董事长

副主任：

王建钢 上海公共交通广告有限公司总经理
王维平 上海强生广告有限公司总经理
吴凤祥 长春市公交广告有限责任公司总经理
薄玉才 山西同航公交广告有限公司总经理
高　勇 西安市振兴公交广告有限责任公司总经理
李　熙 杭州公交广告公司总经理
刘航军 南京梅迪派勒广告公司总经理
康福林 南京国广联广告公司总经理
李长清 成都公交广告有限公司总经理
戴日炳 广州市电车广告公司总经理
曾　军 北京地下铁道广告公司总经理

秘书长：

刘建国 （专职）

8. 法律咨询委员会

主　任：

李国庆　中国广告协会副会长兼秘书长

秘书长：

李方午　中国广告协会秘书长助理（已退休）

委　员：

陶　萍　中国广告协会信息咨询部主任

陈一和　江西省工商局广告处

戴如林　江苏省工商局广告处

邓从锐　湖北省工商局广告处

姜天波　国家工商总局反垄断与反不正当竞争执法局

李亚莉　国家工商总局广告监督管理司

刘　钢　湖南省工商局广告处

刘　芸　安徽省工商局广告处

刘红亮　国家工商总局法规司

王　凯　辽宁省工商局广告处

王　珊　北京市工商局广告处

韦　犁　国家工商总局反垄断与反不正当竞争执法局

余玉敏　四川省工商局广告处

张红勤　浙江省工商局广告处

庄新仿　河北省工商局广告处

程　琥　北京市高级人民法院行政庭

郭启文　国务院法制办工交司

黄　敏　国家食品药品监督管理局食品安全监管司

罗东川　最高人民法院研究室

腾　飞　国务院发展研究中心

张　迅　国务院法制办工交司

张晋京　国家食品药品监督管理局食品许可司

程永顺　北京务实知识产权发展中心

甘功仁　中央财经大学法学院

高金波　汉龙律师事务所

黄升民　中国传媒大学广告学院

琚存旭　乾坤律师事务所

李德成　中华全国律师协会知识产权专业委员会

刘双舟　中央财经大学法学院

唐广良　中国社会科学院知识产权中心

王世强　中国法学会研究员

王锡锌　北京大学法学院

王晓晔　中国社会科学院经济法研究室

吴宏伟　中国人民大学法学院

谢鸿飞　中国社会科学院民法研究室

徐孟洲　中国人民大学法学院

薛刚凌　中国政法大学法学院

赵旭东　中国政法大学民商经济法学院

朱慈蕴　清华大学法学院

陈念端　上海腾迈广告有限公司

李　怡　中央电视台广告部

李西沙　北京电通广告有限公司

沈赞臣　上海灵狮广告有限公司

王　澎　北京电视台广告部

王重义　上海广播电视台广告部

徐　建　北京捷诚先境广告公司

安利（中国）日用品有限公司

百胜餐饮集团中国事业部

宝洁（中国）有限公司

北京大宝化妆品有限公司

达能乳品销售（上海）有限公司

多美滋婴幼儿食品有限公司

高露洁棕榄（中国）有限公司

广东拉芳日化有限公司

汉高（中国）投资有限公司

好来化工（中山）有限公司

可口可乐（中国）有限公司

联合利华（中国）有限公司

玛氏食品（中国）有限公司

欧莱雅（中国）有限公司

上海家化联合股份有限公司

上海雅培制药有限公司

索尼（中国）有限公司

椰树集团有限公司

资生堂（中国）投资有限公司

资生堂丽源化妆品有限公司

9. 民航分会

主　任：

路　华　北京首都机场广告有限公司董事长

秘书长：

任　娟　北京首都机场广告有限公司

常　委：

许德仓　中国航空传媒广告公司总经理

刘　伟　上海机场广告有限公司总经理

丁新康　上海东方传媒有限公司副总经理

王真智　上海航空传播有限公司副总经理

王　卫　广州白云国际广告有限公司董事长

王建宁　中国南航集团文化传播有限公司总经理

李　建　深圳市机场广告有限公司总经理

陈华广　成都国际机场广告有限公司总经理

10. 烟草分会

主　任：

刘　杰　中国烟草杂志社社长

副主任：

赵国臣　国家烟草专卖局整顿办主任

王献生　《中国烟草》杂志社有限公司总编辑

赵百东　国家烟草专卖局办公室副主任

任　静　《中国烟草》杂志社有限公司副总经理

秦　剑　国家烟草专卖局烟草信息中心副巡视员

王　宏　中烟卷烟销售公司副总经理

董传国　中烟电子商务公司副总经理

赵　琦　中烟实业发展中心副总经理

韩旺生　中国烟草杂志社社务委员

刘伯新　《东方烟草报》社有限公司社长

唐　煦　上海烟草集团有限责任公司副总经理

麻世强　四川省烟草公司副总经理

曾献兵　湖南中烟工业有限责任公司副总经理

许　泽　云南中烟工业有限责任公司副巡视员

副秘书长：

丁广达　中烟广告公司副总经理

常　委：

林师训　福建省烟草公司办公室主任

罗　霞　浙江中烟工业有限责任公司办公室副主任

杨　军　江苏中烟工业有限责任公司党群工作部部长

李宝新　陕西中烟工业有限责任公司营销中心经理

戚新平　湖北中烟工业有限责任公司市场部部长

郝光彦　山东中烟工业有限责任公司文宣中心主任

徐海清　安徽省烟草公司办公室主任

吴　刚　吉林烟草工业有限责任公司营销中心总监

苏章耀　广东中烟工业有限责任公司办公室主任

贺连军　山东省烟草公司销售处处长

连豫民　河南省烟草公司办公室主任

江　波　红云红河烟草集团有限责任公司宣传策划部部长

潘抗浮　红塔烟草（集团）有限责任公司办公室副主任

丁广达　中烟广告公司副总经理

魏侠利　《中国烟草》杂志社有限公司市场部主任

11. 户外广告分会

名誉主任：

贺超兵　大贺传媒股份有限公司董事长

主　任：

应曙光　上海西南广告有限公司董事长

副主任：

于凯滨 吉林长春长江广告有限责任公司董事长

刘 方 湖北武汉市丽兰广告艺术有限公司董事长

陆有勇 浙江宁波友谊传媒投资有限公司董事长

杨英智 浙江高速广告有限责任公司总经理

张建国 安徽黑白广告有限责任公司董事长

陈晓彤 TOM户外传媒集团董事长

周志强 江苏永达广告有限公司董事长

赵松青 北京炎黄健康时代传媒广告有限公司总经理

宣 勤 上海东湖广告装饰有限公司副总经理

谭衍斌 海南白马广告有限公司董事长

萧景勋 四川唐码西南户外传媒有限公司董事长

秘书长：

王焕章 （专职）

副秘书长：

陈国荣 上海飞帆广告有限公司行政主管

王海鹰 四川唐码西南户外传媒有限公司总裁办主任

常 委：

王国军 大连国域无疆传媒集团有限公司董事长

吕 瑞 深圳高速广告有限公司总经理

乐 晔 上海大众广告有限公司总经理

江南春 分众传媒（中国）控股有限公司董事长

朱桂廷 狮城霓虹广告有限公司总经理

李大卫 陕西西安沙龙广告装饰有限公司董事长

何吉伦 四川分时广告传媒有限公董事长

张镇福 福建精彩广告有限公司董事长

杨允红 福建厦门市路桥广告公司总经理

邱万新 广东速度广告有限公司董事长

杨 凯 山东迅华传媒广告有限公司董事长

赵抗卫 上海新大陆广告有限公司董事长

徐君义 台州景想科技发展有限公司董事长

葛立智 北京歌华阳光广告有限公司董事长

蒋 明 南京市广告有限公司总经理

12. 电力分会

主 任：

李维正 上海电力广告有限公司董事长

副主任：

杨国昌 浙江杭州电力广告有限公司总经理

聂 赛 武汉光明广告有限公司总经理

辛 伟 青岛电力广告有限公司总经理

秘书长：

司琳娜 河南电力广告有限公司总经理

常 委：

周荣杰 北京中朗传媒广告有限公司总经理

杜镜宣 嘉兴电通广告公司总经理

刘鹏龙 济南鲁源电力广告有限公司总经理

赵亚平 洛阳市电力广告公司总经理

尤 凯 沈阳路灯广告公司总经理

于生江 天津市三源电力广告有限公经理

王 强 兰州倚能电力广告策划有限公司经理

13. 光源和标识广告分会

名誉主任：

邵国平 上海新亚霓虹广告有限公司董事长

顾 问：

温伯安 （原秘书长）

主 任：

陈 观 上海东湖霓虹灯厂有限公司董事长

副主任：

张 焰 武汉光明广告有限公司顾问

赵 勇 南京中亚景观照明工程有限公司总经理

聂振勇 北京世纪金文广告有限公司总经理

周福生 上海大生牌业制造有限公司董事长

吴国庆 江苏江阴华西霓虹广告装潢公司总经理

韩起文 大连（南昌）美霓光环境科技发展有限公司董事长

徐松炎 杭州勇电照明有限公司总经理

刘建成 陕西省广告协会标识专业委员会秘书长

黄依铭 湖北省广告协会标识展示专业委员会秘书长

常　委：

邵国平　上海新亚霓虹广告有限公司董事长

高　扬　北京美耐标识有限责任公司总经理

张　晖　上海骏昌霓虹节能照明科技有限公司总经理

王金才　合肥扬州东方霓虹广告有限公司总经理

唐开兴　云南金龙霓虹灯广告工程有限责任公司总经理

林少芝　珠海金兴科技有限公司总经理

张林生　邯郸市三木霓虹有限公司总经理

丁学忠　五色领先国际照明工程（北京）有限公司董事长

朱俊伟　上海中亚霓虹科技有限公司总经理

朱桂廷　沧州市狮城霓虹广告有限公司董事长

金　平　陕西金山炫彩光电科技有限公司总经理

姜振顺　烟台新亚霓虹广告有限公司总经理

李忠训　四川蓝景光电技术有限责任公司董事长

谢卫钢　上海光景纵横照明有限公司董事长

王小平　上海嘉塘电子有限公司董事长

罗　歌　东莞市兴煌电子科技有限公司总经理

潘　生　上海中盟国际贸易有限公司董事长

许　勇　香港视语设计顾问（亚洲）公司董事总经理

王新伟　上海申暄广告装饰工程有限公司总经理

程　群　深圳市齐普光电子有限公司代表

何　斌　福州路美光电工程有限公司总经理

顾锦涛　宁夏华艺景观照明工程有限公司总经理

14. 互动网络分会

主　任：

李国庆　中国广告协会副会长兼秘书长

副主任：

丁　磊　网易公司 CEO

马化腾　腾讯公司首席执行官

王雷雷　空中网董事长兼 CEO

冯　珏　TOM 在线副总裁

朱海龙　好耶网络传媒集团首席执行官

刘振宇　MSN（中国）总经理

陈　永　《现代广告》杂志社社长

谷永锵　优酷 CEO

苏　同　华扬联众 CEO

杨伟庆　艾瑞咨询集团总裁

李　昕　北京华瑞网标信息技术有限公司 CEO

李彦宏　百度公司董事长兼首席执行官

苏　涛　中国信息协会副秘书长

张朝阳　搜狐公司董事局主席兼首席执行官

曹国伟　新浪首席执行官兼总裁

秘书长：

陈　永（兼）

15. 商业企业委员会

主任单位：

海尔集团

副主任单位：

广州医药集团有限公司

宝洁（中国）有限公司

资生堂（中国）投资有限公司

鲁花集团

可口可乐公司

玛氏集团

常委单位：

索尼（中国）有限公司

达能乳品销售（上海）有限公司

多美滋婴幼儿食品有限公司

快克制药集团

碧生源集团

依文集团

雅诗兰黛集团

秘书长：

韩志钢　中国广告协会会员管理部

2013 年度中国广告协会工作总结

2013 年，中国广告协会紧紧围绕总局党组的总体部署，深入学习贯彻党的十八大、十八届三中全会和全国工商行政管理工作会议精神，认真落实党的群众路线教育实践活动，增强服务能力，履行协会“提供服务、反映诉求、规范行为”的职能，推进行业自律，建设和谐协会，积极筹备世界广告大会，扎实工作，圆满完成各项工作任务。

一、认真学习贯彻十八大精神，深入开展党的群众路线教育实践活动

（一）深入学习贯彻党的十八大、十八届三中全会精神

深入学习贯彻党的十八大、十八届三中全会精神，高举中国特色社会主义伟大旗帜，以邓小平理论、“三个代表”重要思想、科学发展观为指导，解放思想，改革开放，凝聚力量，攻坚克难，坚定不移沿着中国特色社会主义道路前进，为全面建成小康社会而奋斗。

1. 全面学习，深刻领会

切实把学习贯彻落实党的十八大、十八届三中全会精神作为广告行业当前和今后一个时期的首要政治任务，精心组织，深入推进，务求实效。全面学习，深刻领会党的十八大主题；深刻领会过去 5 年和 10 年党和国家事业取得的新的历史性成就；深刻领会科学发展观的历史地位和指导意义；深刻领会中国特色社会主义的丰富内涵；深刻领会夺取中国特色社会主义新胜利的基本要求；深刻领会全面建成小康社会和全面深化改革开放的目标；深刻领会社会主义经济建设、政治建设、文化建设、社会建设、生态文明建设等方面的重大部署；深刻领会全面提高党的建设科学化水平。

2. 精心组织，深入推进

以中国特色社会主义理论体系为指导，服务广告业科学发展。一是下发《关于认真学习贯彻党的十八大精神的通知》（中广协〔2013〕1 号），号召全行业学习、组织会员单位全面学习，深入领会十八大精神，把思想认识统一到党的十八大精神上来。二是采取报告会、学习座谈会、研讨会、培训班等多种形式，深入学习，学深学透。三是各级领导干部精心组织，带头学习，明确全面深化改革开放的目标，坚定不移沿着中国特色社会主义道路前进，为全面建成小康社会而奋斗。

3. 结合实际，开拓创新

紧密结合工作实际，充分发挥协会的职能作用，开拓创新。一是牢固树立服务发展是第一要务的意识，履职尽责，奋发有为。二是大力加强服务发展效能建设，不断提高服务科学发展的工作水平。三是在经济建设、政治建设、文化建设、社会建设和生态文明建设中充分发挥职能作用，进一步开创协会工作新局面。

（二）以落实党的群众路线教育实践活动为契机，推进各项工作

按照总局统一部署，认真落实党的群众路线教育实践活动，在广泛征求各方面意见建议的基础上，结合协会实际，制定《中国广告协会深入开展党的群众路线教育实践活动方案》，对任务项目、时间进度、责任人，逐一进行落实，推进各项工作的深入开展。全体党员通过自学、集中学习、集中讨论等方式学习党章、《论群众路线——重要论述摘编》等三本书、学习习近平总书记等中央领导同志重要讲话精神、中

纪委《关于八起违反中央八项规定精神典型问题的通报》，积极参加总局组织的学习活动。结合我会会员单位多、分支机构多、合作单位多等特点，以及服务会员进步、服务行业发展等职责，通过设置教育实践活动意见箱、深入联系点调查研究、发放征求意见表（159 份）等多种形式，广泛征求各方面针对“四风”问题的意见建议。按照总局要求组织“回头看”，主要负责人带头深入学习，带头听取意见，带头查改问题，并将查后情况向总局督导组和分管副局长汇报。在前期听取意见建议、查找问题的基础上，结合总局教育实践活动领导小组办公室梳理归纳的《总局机关在“四风”方面存在的突出问题》，密切结合本单位工作实际，进一步集中梳理归纳本单位在“四风”方面的突出问题 26 条。领导班子和班子成员的对照检查材料，紧扣主题，突出重点。中广协司局级党员领导干部专题民主生活会，深刻剖析问题，诚恳地开展相互批评，明确整改方向。

二、不断增强服务能力，完成重点工作任务

（一）围绕大局，服务文化产业发展

一是围绕构建现代文化产业体系，推进文化产业结构调整，鼓励有实力的广告企业跨地区、跨行业、跨所有制兼并重组，培育传统文化产业领域战略投资者；大力推动实施广告战略，积极配合推进广告产业基地规划和建设，打造各具特色的广告产业创业创意园区；加大自主知识产权保护力度，打造精细知名广告品牌。二是围绕总局中心工作和协会职能，配合总局和有关部门制定推进文化产业发展规划，完善广告发展产业政策；在充分调研的基础上，制订协会推动实施广告战略的具体措施。

（二）提升素质，服务人才队伍建设

1. 继续做好评价考试工作，适应职业水平考试改革发展的要求，积极应对，保证考试工作的顺利发展

一是重视考试宣传工作。向各地广告协会、中广协分支机构、各会员单位、各广告经营单位印发广告师考试简报，同时协会领导分别带队前往北京、天津、上海等 23 个城市督查考试报名工作，扩大行业参与度和社会关注度。二是顺利完成考试命题、考试值班巡考试、阅卷和确定考试合格标准工作。2013 年全国报名参加考试的人数是 5400 人，人数略有上升，其中通过考试的助理广告师人数是 617 人，广告师人数是 642 人。三是不断完善广告专业技术人员职业水平评价制度考试办法。完成《广告专业技术人员职业水平评价暂行规定（修订稿）》、《助理广告师、广告师考试实施办法（修订稿）》初稿，并报广告司征求意见；组织召开考试工作会议和大纲教材修订工作会议，保障考试工作科学可持续发展。四是争取经费保障，力争考试经费列入支持广告业发展长期性财政支出项目，推进职业水平评价制度的进一步实施。

2. 制定人才培养长远规划，积极构建协会多层次、全方位的培训体系，全面推进行业队伍素质提升

一是举办广告专业技术职业水平考试师资培训班，培养高校及行业相关师资。二是为进一步推动落实《大众传播媒介广告发布审查规定》，举办针对媒体广告审查人员的全国广告审查员法律法规培训班 2 期，完善管理制度，提高培训质量。三是协调指导开展“广告传媒企业内训课程”和“广告从业人员职业水平考试辅导视频教程”等网络培训工作。

（三）整合资源，服务经济社会发展

一是成功举办第二十届中国国际广告节。在总局的高度重视和关心指导下，坚持开放创新思维和与时俱进精神，认真整合品牌资源，将举办城市与广告节绑定宣传，完善管理机制，在项目运作方面遵循品牌化经营、国际化发展的原则，围绕“营造绿色广告环境，成就美丽中国梦想”的主题，全面打开国际交流的窗口。顺应中央勤俭办会的要求，大胆创新，开展 5 场高峰论坛、7 个专业奖项评选、5 项专业展览、4 场专题商务交流活动、欢迎会、开幕式、闭幕会和中国广告长城奖等 11 场大型活动。主要创新在于打破以往邀

请众多来宾登上主席台的惯例，将其融入到观众中采用更具象征意义的创意形式，展示广告节的发展历程，昭示广告业的美好未来；在全球范围内征集长城奖奖杯新设计的活动旨在以更富创意性、更具时尚感、更加国际化的新形象，开启中国广告长城奖的新历程；实现长城奖、黄河奖报送、评审环节全程网络化运作，有效增加了作品报评的精准度、便捷性和技术性，大大提升了奖项的专业度、数字化和现代化。二是主办第十一届中国大学生广告艺术节，经过规模宏大的全国推广工作，使其真正成为大学生展示创意才能和拓宽就业渠道的平台，为文化繁荣、经济发展和社会稳定服务。三是在哈尔滨举办第九届(2013)中国广告论坛，从政府、媒体、广告主、广告企业等多个角度，深入探究在国内外广告环境发生新变化的局面下，中国广告业如何转型、如何升级，广告经营企业如何重新打造自身核心价值、提升核心竞争力等重要课题，为行业发展导航，为文化繁荣助力。四是加大对地方广告协会工作的指导力度，支持各地广告协会组织开展各种广告专业活动，并协助地方政府开展以广告为重要板块的各种经贸活动。接受北京市工商局邀请作为第二届中国(北京)国际服务贸易交易会(京交会)广告专题板块——“北京国际广告周”的指导单位，为“北京国际广告周”的成功举办做大量务实的工作。五是加大行业数据统计分析工作，掌握我国广告业的发展状况。开展2012年度广告经营单位广告经营情况的统计、分析与排序工作，向行业内外提供信息服务，同时广泛宣传优秀的广告经营企业。

三、积极履行协会职能，引导行业规范发展

(一)深入调研，积极反映诉求

一是紧密跟踪国家产业发展方向和监督管理动向，开展广告审查员培训与管理方式改革调研，积极探索审查员培训与管理工作规范化、系统化建设的新途径。二是编印《2013年中国新闻·两会特刊》之《中国广告产业发展专辑》，向两会代表和社会宣传广告业发展成果，彰显广告业核心价值。三是完成《中国广告业生态调查》课题研究，积极参与总局“实施国家广告战略”课题研究，为政府部门决策提供参考意见。四是建立完善中广协与地市级广告协会的联系点制度，为中广协工作联系点颁发证书，了解工作动态，倾听业界呼声，推广先进经验，充分发挥其功能作用。五是持续跟踪《广告法》修订动态，协助总局相关司局组织召开5次《广告法》修订座谈会，提出行业建议。

(二)创新思路，服务会员进步

一是下发《关于印发中国广告协会证明商标使用管理相关规定的通知》(中广协〔2013〕15号)，做好等级广告企业证明商标的使用管理与中国一级广告企业的宣传工作。制定等级广告企业证明商标使用管理收费办法。认定第十一批证明商标一、二、三级广告企业。举办等级广告企业证明商标使用管理工作培训班，保证认定工作的规范性和严肃性，促进广告企业提高经营管理水平和核心竞争力，推动等级广告企业证明商标使用管理工作科学化发展。二是继续办好《现代广告》杂志和学刊，有效整合优化《现代广告》杂志与微博，巩固“中国第一本广告学术期刊”的品牌价值。三是将《国际广告动态》、《国内广告动态》、《品牌学院》等电子刊物精简改版为《广告动态》(含国际、国内广告动态)与《时事经济与创新管理》，管理指导《中国广告年鉴》组稿审稿工作，为会员提供更加及时、优质的信息服务。四是加强调查研究，深入会员和行业，以实地走访、组织座谈、专题会议等各种形式，了解会员和行业需求，有针对性地开展服务工作。五是组织开展中广协成立30周年系列纪念活动，形成系列活动方案并组织实施。策划、制作并于年底发布为期半月的以“广告启动内需，助推经济转型”为主题的反映广告人工作及广告业社会价值的公益广告片。经总局领导批准，在总局举办“中国广告协会三十年暨中国广告行业三十年展览”。年底召开中广协成立三十周年座谈会，张局长出席并讲话。

(三)扩大交流，加强国际合作

一是坚持“请进来”开展中外广告业交流工作，

协会领导会见国际及香港人士及代表团，引进并利用好国外成熟的奖项资源，为我国广告业发展服务。二是继续“走出去”开展好广告培训和境外考察工作。组织7个团组参加亚太广告节、戛纳广告节、釜山国际广告节等国际交流活动，组织策划“戛纳·魅力中国周”活动，宣传中国广告业发展成就，学习借鉴国际广告业先进理念和经验。三是宣传策划筹备2014年第43届IAA世界广告大会。四是开拓创新IAA中国分会的工作，组织IAA会员参加IAA分会会议和国际交流活动，积极争取我会在IAA领导层面的地位和话语权。2013年6月在戛纳召开会议选举通过IAA中国分会会长燕军同志为IAA副主席，主管中国事务。五是进一步挖掘“中国元素”国际创意大奖和中国艾菲奖等涉外广告赛事潜能并做好相关服务保障工作，保障赛事的健康、持续发展，使其成为弘扬中华传统文化和加强国际交流合作的有效平台。六是中国广告协会互动网络分会与美国互动广告局（IAB）第一次共同完成了“中美移动消费白皮书”，引起中国、美国市场广泛关注和极大影响。

四、扎实推进行业自律，积极完善行业管理

（一）扎实工作，净化市场环境

一是继续推进“广告行业诚信经营单位”创建活动，推动广告行业诚信建设，引导广告业健康有序发展，提升广告业社会形象。二是深化广告发布前的信息咨询服务工作，重视分析总结，丰富服务手段，提升服务水平，进一步规范广告制作和发布行为。三是健全广告投诉受理、纠纷调解机制，建立社会投诉、举报和监督机制。四是深化广告发布前的咨询服务工作。全年共接受广告咨询审查2000余条，较好地配合了总局广告监管工作。五是完成“互联网定向广告用户信息保护自律框架公约”的起草工作，正式提交主管部门征询意见。六是完成IP库试运行工作和市场化推广使用的前期准备工作，为我国互联网营销的发展与规范监管奠定了基础。

（二）健全管理，完善工作机制

一是健全管理制度，理顺工作机制，完善常务理事会、理事会、会员大会和分支机构会等例会制度。二是召开全国广告协会工作会议暨“双先”评选活动总结表彰大会，引导行业创先争优，推动工作迈上新台阶。三是进一步强化对分支机构的分类指导与管理。召开中国广告协会商业企业委员会成立大会、指导广告公司分会换届工作、调整光源和标识广告分会主要领导和秘书处办公地点、筹备报批中国广告协会城市轨道交通分会，发挥各分支机构的专业特长和资源优势，为协会中心工作服务。

五、加强建设和谐协会，努力提高工作效能

（一）强化制度建设

一是完善规章制定程序，完善职工参与协会制度建设的机制，建立健全专家咨询论证制度、法律顾问制度，注重发挥专家学者在制定修改广告相关法律、规章和自律公约中的作用。二是及时制定相关制度。制定《中国广告协会联系基层办法》、《中国广告协会印章使用管理办法》、《中国广告协会合同管理办法》等办法。三是加强协会自身宣传，推进协会信息化建设，对中国广告协会网进行改版。按照《关于深入开展“讲文明，树新风”公益广告宣传的意见》（文明办〔2013〕1号）要求，筛选第十九届中国公益广告黄河奖获奖影视作品，在中国广告协会网站开辟《“讲文明，树新风”公益广告专栏》；同时充分利用办公场所，在显著位置悬挂中国公益广告黄河奖获奖平面作品，营造文化氛围。四是继续加强党组织建设和党风廉政建设，认真落实民主生活会、党课教育、廉政风险点防范等项制度，深化党的群众路线教育实践活动。按《关于在总局机关开展原创廉政文化作品征集推选活动的通知》要求报送两件廉政文化征文作品，扩大宣传，提升影响力。

（二）推进协会建设

一是建立健全领导班子集体学习制度、议事制度

和决策制度，增强服务大局的能力、谋划工作的能力、团结群众的能力和廉洁从政的能力。二是健全学习机制，建立学习考勤制度，倡导全员学、自觉学，促使学习活动制度化、常态化，扎实推进学习型协会建设。三是建立并完善调研报告制度，提倡并鼓励员工有意识、有目的地做好会员和行业需求调研工作，注重结合日常工作或利用业余时间加强学习、调研，撰写学习体会或调研报告，相互沟通交流，相互促进提高。四是加大对年轻人员的培养力度，为他们创造独立完成工作的机会。五是为职工送温暖。开展“回家看”活动，邀请退休老领导、老同志回单位参观、座谈；上门探望怀孕职工、慰问生病职工及患病家属；每月通过协同网集中为当月过生日的人员祝福，生日当天送上祝福短信及生日费；每月按时为退休老干部购买药品。六是积极组织职工参加工会举办的各项文体活动，希望全体人员经常锻炼，健康快乐一辈子。参加总局组织的“红盾杯乒乓球”赛活动；组织参加在玉渊潭举办的健步走活动；纪念“三八”妇女节，组织游览颐和园活动；精心组织第九套广播操参赛，获得第三名。七是切实为员工办实事。年初为职工免费办理2013年公园年卡，为大家业余时间走出去锻炼身体、丰富业余文化生活提供便利；继续做好职工福利的发放及午餐就餐的保障工作。

（三）加强队伍建设

一是党支部以党的十八大精神为指引，在加强党的执政能力建设、保持党的先进性和纯洁性上狠下功夫。认真带领全体党员学习党章，用支部建设带动队伍建设。二是领导干部自觉争做勤奋学习、团结实干、开拓创新、勤政廉政的模范。三是建立督查、追责机制，纠正对服务对象咨询的问题不答复或答复不及时的问题。四是抓好作风建设，着力解决得过且过、安于现状、事业心和责任心不强问题。五是推荐 1 名中层干部参加总局机关第 51 期中央党校班学习，1 名优秀青年参加总局机关第三期青年骨干培训班。今年有 1 名同志被评为“国家工商行政管理总局机关优秀共青团员”。

六、申办世界广告大会，全力筹备积极宣传

（一）面向社会征集世界广告大会主题和标识

成功申办 IAA 世界广告大会之后，召开 IAA 中国分会部分会员会议讨论有关 IAA 世界广告大会主题事宜。召开 IAA 世界广告大会成功申办媒体通气会，进行宣传，并向全社会征集有关大会主题。

（二）牵头世界广告大会有关文字材料的起草和组织、协调工作

一是起草给国务院、北京市政府以及相关部委、广告园区与协办媒体的函件并协调落实了世界广告大会支持单位、特别支持单位和协办单位。二是起草总局给各地工商部门《关于做好第 43 届世界广告大会有关工作的通知》。三是起草大会组委会相关工作纪要并编发了工作简报。四是协调落实世界广告大会视觉系统的延伸设计和规范工作。五是完成第 20 届中国国际广告节地方工商局邀请接待工作。主要包括会前邀请、联络协调、会间接待以及编印《嘉宾接待手册》等繁重服务工作。

（三）积极开展宣传工作

一是“第 43 届世界广告大会官网”完成初步搭建工作并试运行，二是制作完成第 43 届世界广告大会宣传片、宣传册，并在第 20 届中国国际广告节上发布、发放。三是与总局宣传中心共同制定《第 43 届世界广告大会宣传方案》。

（四）制定各类管理办法

经讨论通过《大会综合类赞助商权利》、《大会单项类赞助商权利》和《大会实物赞助商权利》。陆续制定《中国广告协会合同管理办法》、《第 43 届世界广告大会财务管理办法》及各类赞助协议模板，增加注册费、赞助费管理等内容。办理完成大会组委会印章刻制、承办费和推广费的国际汇款。

2013年电视分会工作总结

一、会议类

2013年1月，参加中国传媒大学中国广告博物馆筹备工作会议。

2013年2月，应国家新闻出版广电总局传媒机构管理司要求，电视分会组织省级电视台在京召开广电工作会议，协助广电局下发违章名录。

2013年2月，在京召开第七届六次常委扩大工作会议。

2013年4月，“2013·中国电视广告年会·云南”，由云南广播电视台、中国广告协会电视分会联合主办，在西双版纳召开，应邀参加：国家新闻出版广电总局、中国广告协会、国家统计局、央视级、省级电视台、部分省会电视台、部分城市电视台。

2013年4月，CCTV电视公益广告新闻发布会，协助央视组织部分省级、省会、城市台到京参加。

2013年7月，电视分会城市台协作体组织全国城市电视台成立“品牌代理营销合作联盟”。

2013年10月，由中央电视台主办，电视分会承办，组织安徽、上海、湖南、浙江、江苏、云南在京召开电视的力量——中国电视影响力发展论坛。

2013年10月，由中国广告协会电视分会、北京美兰德媒体传播策略咨询有限公司（CMMR）联合主办，2013美兰德媒体传媒通路与受众研究创新调研结果发布会。

二、活动类

2013年2月，与中国广告网创建合作关系并开展网络培训服务。

2013年8月，应邀参加东北三省一市电视广告年会，由吉林电视台主办。

2013年协助省级电视台在京媒介推介会。

2013年10月，第二十届中国国际广告节在江苏省南京市举办（电视分会部分）：中央级电影电视媒体联合推介会；中国省级电视媒体联合推介会；首届中国电视媒介人物奖。

三、其他类

提供电视台专项咨询服务。

向电视台统计2012年广告创收数字化（不排名，供内部参考）。

积极发展广协会员，协助广协收取会员费。

报业分会携电视分会、铁路分会成立“中国传媒经营网”（www.caanb.com）。

2013年5月，国家新闻出版广电总局广发〔2013〕37号文件，关于开展广播电视公益广告集中制作展播活动（展播日期为3－9月），电视分会作为全国优秀影视公益广告作品库联络之一，向全国近300家电视台发放公益广告片22条。

2013年11月，协助中国广告协会学术部，组织部分省级电视台在京召开关于广协30年公益广告播出要求及资助款工作会议。

2013年12月，协助国家新闻出版广电总局，组织省级电视台在京召开“广播电视公益广告制作播出总结表彰暨发展研讨会”，由田进副局长为电视分会颁发了“2013年度广播电视公益广告突出贡献单位”荣誉奖。

2013 年广播分会工作总结

2013 年在中国广告协会的正确领导下，广播分会主要做了以下几项工作。

一、召开会长秘书长会议，研究部署广播分会工作，促进广播广告快速发展

中广协会广播分会会长秘书长会议于 2013 年 3 月在广东汕头召开。会上对中国广告协会 2013 年的重点工作进行了传达、学习和贯彻；对广播分会 2013 年的主要工作进行了研究部署；确定了第五届优秀广播广告作品评析的时间、地点和要求；对广播分会七届六次会议的重点议题进行了研究讨论，确定七届六次会议的时间、地点、中心议题（全媒体环境下广播广告的竞争策略）和重点发言台；统计通报了各主要电台 2012 年的广告经营收入情况。

二、搞好优秀广播广告评选工作，提高广播广告编播制作水平

第五届全国广播广告作品创优评析活动，2013 年 6 月在昆明举行，由云南台承办。本次评析项目为优秀公益、商业、形象三大类作品；设最佳创意、最佳制作、最佳广告语、最佳演播、最佳音效和最佳音乐 6 个专业奖项，共计 6 个专业奖项；专业奖项均从优秀作品中产生；商业、形象类广告作品时长规定在 40 秒之内，公益广告作品时长规定在 45 秒钟以内，引导广播广告作品的创作方向。各会员台共计报送 3 类作品 662 件（公益 298 件、商业 219 件、形象 145 件），来自各电台的 30 名评委参加了评析活动。本次评析工作继续发扬广播分会一贯坚持的公平、公正的原则，所有参评作品都隐去选送单位，在评析讨论中自觉回避本单位作品，使用电脑软件进行评选打分（去除两个最高分和两个最低分），保证广告作品评析工作的高质量、高品位、高效率。

三、召开中国广告协会广播分会七届六次会议

中国广告协会广播分会七届六次会议暨中国广播电视协会广告信息工作委员会一届六次会议于 2013 年 9 月在山西太原召开，与会代表 250 多名。本次会议贯彻中央会议管理精神，压缩会议时间，由原计划的 3 天，缩短为 1 天。但由于会前准备充分，与会代表普遍反应收获较大，会议取得圆满成功。

会上，中国广告协会副会长、广播分会会长刘宝顺致开幕词并对广播分会过去一年的工作进行了回顾和总结；秘书长吴江宣布了第五届全国广播广告作品评选结果；朱月昌教授做了第五届优秀广播广告作品评析工作报告；广东台副台长赵随意以“一枝一叶总关情”为题，围绕广告创意做了主题演讲，并对获奖作品进行了点评；山西台、广西台、中央台、央视市场研究股份公司、杭州大合集团的代表，围绕会议中心议题——全媒体环境下广播广告的竞争策略，集合各单位的工作实际相继发言，探讨全媒体环境下广播广告面临的新问题、新机调，解析广播广告现状，探讨未来发展趋势和实际工作中遇到的具有代表性的问题。

四、继续做好广告经营数据统计工作，提高统计数据的准确性和及时性

2013 年我们还对各会员单位的广告创收情况进行调查，数据是广播研究和发展进步的基础，我们在数据收集和统计方面做了大量的工作，包括口头询问、查阅文件、利用外部研究机构力量，以及利用分析比对等方法，将各台广告收入数据收集，纳入广播分会的日常工作，并提高统计数据的准确性和及时性，为广播广告行业研究提供最基本的数据支持。

五、积极做好协会交办的工作

中国广告协会交办的工作，广播分会从来是一丝不苟的去做，而且尽力做好。2013 年广播分会承担了迎春团拜活动协办工作，广播分会领受任务后积极行动，联络中央台、国际台、北京台联合承办，得到了他们的大力支持，活动举办的热烈祥和，广告界同仁联谊交流喜迎新春，活动取得圆满成功。

2013 年广告公司分会工作总结

2013 年 8 月 30 日上午，中国广告协会广告公司分会第七次会员大会在北京召开，国家工商总局原副局长、中国广告协会会长李东生出席会议并讲话，中国广告协会秘书长燕军主持会议并致开幕词，副秘书长刘忠学、庹登夫、周玉梅参加会议，近百家广告公司代表出席会议。会议审议通过了《中国广告协会广告公司分会第六届常务委员会工作报告》和新修订的《中国广告协会广告公司分会工作条例》，选举产生了广告公司分会第七届常务委员会（名单附后），中国广告联合总公司当选中国广告协会广告公司分会主任单位，中国广告联合总公司总经理程小玲当选广告公司分会第七届常委会主任。

8 月 30 日下午，程小玲同志主持中国广告协会广告公司分会第七届常委会第一次会议，与会委员就广告公司分会工作进行了充分讨论，达成以下共识：

广告公司是中国广告协会的主导、主力队伍。广告公司分会要在涉及广告公司整体利益的重大社会事件中，明确方向与地位，充分发挥自身影响力，切实维护广告公司的合法权益。

一是广告公司分会要积极开展各项工作，把广告公司分会办成“广告公司之家”，促进会员单位之间的交流与合作，有效增进会员单位的团结，增强会员单位的凝聚力。要利用好广告公司分会这个好平台，推动广告行业发展，充分发挥地区广告公司的地区优势。

二是广告公司分会要做好自身宣传工作，树立广告公司和广告人的正面形象，切实提升广告公司的社会地位。作为领导班子的常委会实力强，要有责任心，做好带头人。

三是广告公司分会每年至少组织开展一次大型培训和考察活动，“走出去，请进来”，组织会员单位积极参与国际性广告活动，促进广告公司的跨国合作与交流。

四是广告公司分会现有一百多家会员单位，今后要切实执行分会章程规定的入会条件，综合考虑广告公司的影响力和经营效益等因素，严格吸纳会员，提升分会整体实力和水准，适当吸纳外资企业，使广告公司分会在本任期内发展成为拥有两百家以上高质量会员单位的行业组织。

五是广告公司分会要注重加强青年后备力量的培养工作，要让中国广告业后继有人，确保中国广告业健康有序、可持续地发展。

六是广告公司分会要开展国内广告市场、广告业态的调查和研究，定期发布中国广告业蓝皮书，把广告公司分会办成中国广告协会旗下最有影响力的分会。

七是广告公司分会要建立新媒体资源共享平台，促进会员单位各方面资源的共享、交流、互动和合作，促进广告公司与广告媒体和广告主之间的互动、交流与合作。

会议指出，广告公司分会要在中国广告协会指导下，积极抓住良好发展机遇，锐意创新，加快发展，进一步壮大规模与实力，进一步提高自主创新能力，进一步增强企业市场竞争力，不断提升企业专业化水平，不断提升企业品牌知名度，同步提升企业的经济效益与社会效益，积极投身公益广告事业，大力传播社会主义先进文化，在推动社会主义和谐社会建设和提升国家形象和软实力的过程中做出应有的贡献。

2013 年报刊分会工作总结

一、围绕中国广告协会中心做好配合工作，提高分支机构的执行力

1.2013 年 3 月、9 月报刊分会报请中广协同意，先后召开全国报刊广告工作年度总结大会和第六届中国报刊广告大会，东生会长、燕军秘书长等中广协领导到会，向全国报刊广告工作者提出要求。

2.2014 年 6 月，报刊分会按中广协要求派员赴法并组织国内多家媒体对戛纳创意节魅力中国周活动进行翔实报道。

3. 认真做好第二十届中国国际广告节广告主长城奖的推荐评审颁奖工作，积极支持、配合广告人杂志社做好广告节媒体展报业馆的招展工作。

二、抓住报业热点，做好服务，提升协会工作凝聚力

1. 与时俱进打造新的现代化服务平台。2014 年报刊分会与电视分会、广播分会、铁路分会合作打造了中国传媒经营网，并与多家媒体新闻网站友情链接，点击率和注册用户逐月上升，提升了协会工作的影响力。同时开通报刊分会微信公众平台，及时发布热点资讯，与报刊业同仁分享交流。

2. 与 CTR 合作，每月推送全国广告市场数据监测报告定向服务会员单位。

3. 坚持办好内部交流刊物，及时做好报业先进典型和鲜活案例的推荐、推广工作。

三、认真做好调查研究和咨询诊断分类服务工作

报刊分会 2013 年应有关报社邀请，先后组织业界专家赴新疆、河北等地为部分报社做好培训、诊断服务咨询工作。

报刊分会工作人员分别赴河南、江苏、安徽、山东、湖北等地部分报社做好专项调研，及时掌握报业发展遇到的新问题，寻求对策。

四、推动多报刊社做好公益广告发布、抵制虚假违法广告的发布，促进行业自律和竞争秩序的规范

五、加强提高分会工作人员的政治和业务学习，努力提高自身业务和服务水平

2013 年学术委员会工作总结

2013 年，学术委员会在中广协的领导下，紧紧围绕中广协的工作部署，开展了以下几项工作：

一是 2013 年中广协成立 30 周年。为了配合中广协搞好纪念活动，学委会调集了很多委员参加中广协召开的 30 年纪念活动筹备座谈会，积极献计献策。学委会副主任，梅高公司总裁董立津先生还协助草拟 30 年纪念活动策划方案。

二是 2013 年 5 月 9 日，在浙江大学召开学术委员会第七届一次常委会，会议讨论了学委会 2013 年年会主题、讨论了如何更好地开拓学委会工作，还讨论

了 2014 年将在北京召开的世界广告大会的主题。

三是经中广协领导批准，2012 年学委会与韩国广告弘报学会签署了合作交流意见书。其内容包括了交换学术信息资料、共同举办学术活动、开展学术研究、组织参加对方国家的广告活动，等等。

2013 年 5 月 22 － 26 日，学委会主任金定海教授及相关领导接受韩国广告弘报学会邀请赴韩，参加在韩国庆州市举办的韩国广告弘报学会 2013 年会。此会议主题：中日韩网络、移动广告市场的现状与展望，参加人数 250 人。参会人员构成： 80% 为各大学广告学教授、广告机构学者，20% 为广告人。金定海教授以“中国广告产业的数字化转型与发展”为题，在会上发表演讲。

此次受邀赴韩参加韩国广告弘报学会 2013 年会，加强了学委会同韩国广告弘报学会的沟通与交流。合作双方对已经开展的合作感到满意，并期待今后合作能够更好地持续下去。

四是“2013 年全国广告学术研讨会”于 11 月 21 － 23 日在宁波大学举办。本次研讨会会聚了国内众多顶尖广告公司和营销公司的高层，广告学专业的顶尖学者也悉数前来，阵容十分强大。中国广告协会副秘书长周玉梅和宁波大学副校长冯志敏出席大会并做了开幕致辞。本次研讨会主题是“价值、责任、发展——中国广告发展战略建构”。

研讨会就广告和广告业的价值、广告和广告人的社会责任、媒体融合时代广告产业的机遇与挑战、广告传播与社会发展的关系等问题进行了热烈讨论。

本次研讨会会期仅有两天，但其内容涉及的既有对宏观层面广告业发展的探讨，也有对微观层面的广告价值、社会责任、应对变化的沟通和交流，使本次研讨会内容更加立体、更加丰富。来自不同领域人员的参会，也让学术性、洞察性和实际操作性内容在本次研讨会中很好地得到相互融合、相互映衬、相互参考。可以说，每年的学术研讨会既为广告学术界做研究提供了实际“参数”，也为广告人、广告主的应用化操作提供了理论支持。

五是 2013 年学委会发展新委员 16 名，收取会费近 6 万元。

六是编辑出版名为“价值、责任、发展——中国广告发展战略建构”年度论文集。

七是协助协会职能部门、各分支机构工作。根据需要协助考试部、会展部、会员部，铁路、公交、报刊、电视、户外分会工作，为其提供专家学者资料和信息。

2013 年铁路分会工作总结

自换届以来，中国广告协会铁路分会（以下简称“铁路分会”）按照三届一次会员大会的总体部署，按照中国广告协会和铁路分会的《章程》约定，紧紧围绕着促进铁路广告产业升级、完善招商合作平台建设、培育铁路广告企业综合创新能力的目标，加强铁路广告从业人员的培训、培养，加大国际交流、考察力度，为推进协会工作发展、开创铁路广告行业发展的新局面做出了积极努力。

一年来主要工作进展如下：

在中国广告协会的正确领导下，在铁路总公司主管部门的大力支持下，分会积极履行为会员服务的职责，不断拓展服务内容，取得了一定的成绩。

一、完善招商合作平台，推动铁路媒体联合招商、跨局合作，取得了显著成绩

（一）成功举办全路动车组列车平面广告媒体第二次联合招商竞价大会

在分会的周密组织下，经过前期的方案筹备、发

布招商公告、出台招商文件、组织公开竞价等环节，2012年12月7日在北京举办了2013－2015年度全路动车组列车平面广告媒体联合招商竞价大会。原铁道部主管部门领导、中国广告协会、学界专家及各局属广告公司代表、招商响应人代表参加了此次竞价会议，全路动车组列车平面媒体27个包件全部成交，成交额61120万元，较底价增加16550万元，增长37%。

（二）圆满完成旅客列车杂志摆放权联合招商活动

为确保旅客列车杂志摆放权成功交易，2012年12月12日，分会在武汉召开了全国铁路旅客列车杂志摆放权联合招商推介会，为招商工作营造了良好氛围。2013年1月19日14:00，全国铁路旅客列车杂志摆放权联合招商网络竞价，通过北京产权交易所官方网站顺利实施，最终，两家竞拍人分别以3.5万元／组·年的价格，各自竞得了动车组列车1种杂志的摆放权。此次竞价活动不仅是铁路首次利用产权交易所尝试面向社会市场进行网络招商，也是北京市产权交易所首次对铁路无形资产实施产权交易，此举不仅进行了市场化运作的有益尝试，同时也取得了良好的社会效益。为了确保顺利签约，2013年4月28日在长沙，由分会组织各铁路局代表与中标单位进行了集体签约，至此，圆满完成旅客列车杂志摆放权联合招商工作。

（三）积极推进铁路列车视频媒体联合招商前期准备工作

在中国铁路总公司主管部门的领导下，分会多次组织列车视频媒体招商方案调研和论证会，广泛征询意见；同时，为保证列车视频节目上载工作的安全、质量和高效，在总公司资本运营和开发部的积极推动下，中国铁路总公司下发文件并组织专题会议按车型分别对动车组视频上传设备进行改造，为动车组列车视频联合招商开展奠定了基础。目前，列车视频媒体联合招商各项准备工作正在有序推进，确保年内完成。

二、建立健全相关机制和组织，提升内部管理水平

根据新修订《中国广告协会铁路分会章程》，一年来，分会不断建立健全铁路分会相关组织机构，修订内部管理制度，提高服务水平，努力将铁路分会建设成为中广协所属分会中一个“积极向上、相互团结、开阔思路、勇于创新”且名列前茅的行业分会。

（一）建立健全分会日常管理机制

一年来，修订完善了分会会议制度，印信管理制度，文件收发制度等日常管理制度，制定了分会会员管理办法、自律规则、工作报告制度，信息沟通制度、年度工作安排和年度培训计划等内部管理机制，招聘了工作人员，设定了岗位职责，不断提高分会的管理和服务水平。

（二）建立了分会对内、对外的统一协调交流机制

充分发挥铁路分会的行业组织作用，对内强化管理，不断提升为会员的服务质量和服务水平，强化行业自律和诚信，建设铁路广告行业品牌，实现会员单位能力整体提升；对外加强协调和联络，提高铁路广告业的竞争力和话语权。

（三）组建了铁路分会专家委员会，开展铁路广告管理、经营模式创新等课题研究

为跟踪广告业前沿发展技术，提高铁路广告企业综合创新能力，推动铁路广告业品牌建设，提升企业核心竞争力，经分会三届二次理事会同意，组建了第一支铁路广告专业委员会。2013年7月12日，铁路分会在长沙召开第一次专家委员会会议，研究了铁路广告重大业务承揽招标办法和工作流程方案、铁路广告新媒体、新技术标准和规范等课题，为建立铁路广告专家库创造了条件。

（四）租赁了固定办公、联系地点，确保日常工作有序开展

在规范各项制度的同时，经过选址，租赁了北京市东城区忠实里甲2号作为分会日常办公和联络的固定场所之用，此地点距长安街仅500米，办公面积近300平方米，拥有一个独立的小院和一座两层的办公

楼，2013 年 3 月 22 日进行了揭牌，也为分会工作的开展创造良好的空间。

三、加强培训交流，提升铁路广告市场竞争力

（一）组织好铁路广告从业人员“广告师、助理广告师”的职称资格评价工作

根据国家人事部相关规定，积极做好广告从业人员相关职称资格考试考前培训工作，采取集中培训与异地培训相结合的方式，与大专院校或有资质的培训机构沟通、商谈，在保学时、保质量的前提下，最大限度地为学员提供方便，努力提升参训人员应试水平。

（二）举办首期铁路广告设计与创意培训班，提升铁路广告从业人员的业务能力和综合素质

按照计划安排，为了提高铁路广告从业人员创意策划和学术理论水平，2013 年 5 月 21 － 27 日，分会与中国传媒大学合作，举办了第一期铁路广告设计与创意培训班，分会 16 家会员单位 38 名广告业务主管和骨干人员参加为期 7 天的集中培训，取得了良好的效果。

（三）积极组织参加国际广告交流、培训活动，拓展视野，强化合作

为进一步加强与海外广告传媒业的交流，学习国际先进广告理念和运营模式，分会已组织参加两项国际广告交流活动。

一是赴法国参加第60届戛纳国际广告节交流团。根据中国广告协会安排，铁路分会在 6 月份组织 6 家会员单位 11 名管理人员参加第 60 届戛纳国际广告节，参观广告节优秀创意作品展，出席广告节论坛演讲活动并参加广告节颁奖典礼等活动，访问 IAA 意大利和荷兰分会，了解意大利广告行业发展及自律状况；参观当地广告公司，就广告运营策略、创意理念等进行探讨交流。

二是自行组织赴日本交通广告学习交流活动。2013 年 6 月份，分会组织 5 家会员单位 7 名高管人员赴日本参加交通广告学习交流活动，访问西日本铁道株式会社，考察大阪新站，访问东日本铁道株式会社，考察东京站；考察东京都内户外广告媒体及上野站、新宿站、涉谷站等广告经营；考察日本新干线列车广告经营；与日本第三大广告公司——ADK 公司的交通媒体局、企划部等部门就其公司运营、创意、开发、提案等内容进行学习交流。

（四）举办首届铁路广告创意设计大赛，提升广告创意策划整体水平

在中国广告协会和中国铁路总公司主管部门的支持和指导下，分会在全路范围内，围绕铁路的建设和发展，举办了首届中国铁路广告创意设计大赛暨中国广告长城奖铁路作品征集活动。按照活动计划作品征集阶段已完成，共收到单位和个人报送参赛作品456件，其中平面设计组参赛作品 75 件，铁路广告创意视频组参赛作品 13 件，铁路摄影组参赛作品 275 件（组），书法绘画组参赛作品 91 件。同时，组委会还组织、推荐了 10 件优秀作品参加了中国广告长城奖评选活动，以展现铁路广告独特创意和专业水平。

为了做好首届铁路创意设计大赛的作品评审工作，组委会于 10 月 10 日在北京组织召开大赛作品评审会议，分平面／视频、摄影、美术三个组进行评审；评审中遵守公开、公正原则，经初选选出入围作品，最终由专家采用无记名投票方式评定出获奖作品。

为了总结首届铁路创意设计大赛的成功经验，铁路分会于 12 月 10 － 12 日在重庆成功举办了首届中国铁路创意设计大赛颁奖典礼，为大赛画上圆满句号，达到了预期的提升铁路广告从业人员专业技能和创新思维，激励铁路广告从业人员发挥自身特长，发现和培养优秀人才的目标。

四、履职尽责，积极组织完成中国广告协会相关工作

（一）积极组织参加中国国际广告节、中国广告论坛等活动

中国国际广告节是中国最权威、最专业和规模最大、影响最广的广告行业盛会，每年举办一次。2012 年 10 月 26 日，分会积极组织会员单位参加了第十九届中国国际广告节系列活动，并首次精心布置了铁路广告展位，宣传、推广铁路广告整体形象。

根据中国广告协会安排，第二十届中国国际广告节于 2013 年 10 月 26 － 10 月 28 日在江苏省南京市举办，给进一步宣传中国铁路媒体形象，促进铁路广告的快速发展，扩大铁路媒体的影响力带来良好契机，分会积极做好第二十届中国国际广告节的参会和组织工作，以团体注册方式组织常务理事单位参加第二十届中国国际广告节，并在广告节上租设铁路展位，进行布展及宣传活动，组织各位会员参加了广告节开幕式活动。

（二）积极参加中国广告协会组织的艾菲、长城等作品参赛活动

为充分展示代表国内外广告创意和制作水平的作品，加强与世界各国和地区广告同仁的业务交流，中国广告协会每年在广告节期间对广告作品进行评选，2012 年第十九届中国国际广告节，分会会员单位上海铁路文化广告发展有限公司分别荣膺 2012 年艾菲户外媒体类铜奖、第 19 届中国国际广告节长城奖铜奖及优秀作品奖。

（三）积极做好中国广告协会“诚信经营企业”、“精神文明先进单位”等参评工作

为加强行业自律、大力推动企业诚信建设。中国广告协会每年对国内广告行业几万家广告经营企业进行“诚信经营”、“精神文明”等进行评选，2012 年度，分会有 7 家会员（其中铁路 6 家、非铁路 1 家）在近 500 名入选单位中获得“诚信经营企业”荣誉。

（四）按照中国广告协会要求做好分会广告企业资质认定和相关协调工作

根据中国广告协会要求，精心组织好分会会员单位向中国广告协会申报广告企业资质认定的咨询、组织工作；同时，加强与中国铁路总公司主管部门、中国广告协会、各铁路局等沟通协调工作，取得各方的理解和支持，为铁路广告业发展创造良好的政策环境。

2013 年公交分会工作总结

一、认真贯彻中广协的各项工作要求，努力做好分会工作

（一）将贯彻中广协对分支机构的工作要求，作为做好分会工作的根本

2013 年中广协对分支机构的管理和要求，更加正规化和精细化，中广协进一步要求各分支机构坚持：“提供服务，反映诉求，规范行为”。加强请示报告，加强上通下达，把国家对广告业的各项要求深入贯彻到各个行业广告之中。将中国的广告业提升到一个更高的层次。

2013 年，公交广告认真贯彻中广协的各项工作要求，秘书处针对中广协的各项会议精神和工作布置，都制订相应计划，认真落实执行。

（二）按照中广协要求，学习贯彻十八大精神

2013 年，在中广协领导下，我们将学习贯彻十八大精神，作为指导各项具体工作的前提条件，贯彻落实中广协的要求，使我们的各项工作都有了正确的方向。如：我们提倡公交广告的社会性和公益性，提倡广告传媒多为社会做贡献、多为树立社会正风正气做贡献、多为宣传党和国家的大政方针做贡献。在各地都取得了一定的效果，在党的群众路线教育实践活动中。中广协按照总局的要求，下发征询意见表，要求我们针对四风等问题征询意见。帮助中广协及广告行业寻找

问题、改进工作、落实党的各项要求。公交分会秘书处认真对待，在做好调查、广泛征询意见后，认真填写报表，及时完成工作。并且在自身工作中，也认真贯彻总局和中广协的要求。做好具体的每项工作，并在工作中大力宣传党的十八大精神、宣传公益事业，树立公交广告坚定跟党走。以自身特有媒体形式，努力创新发展，让传统媒体焕发出新的光辉，为各地的经济发展，为中国特色社会主义的建设做出贡献。

（三）积极动员行业参加全国广告审查员法律法规培训工作

每年进行的广告审查员法律法规培训工作，虽然是一项常规工作，但却是一项十分重要的工作。2013年，分会秘书处多次动员会员单位领导重视此项工作，要保存本单位拥有足够量的合格的广告审查员。这是做好广告业务的前提保障条件。得到了许多会员单位的响应。

“坚持行业自律，加强法律法规培训，杜绝违法广告”。这是我们广告业的一贯要求，应该肯定，公交广告行业多年来，在广告的经营发布中，特别是一线城市，自律标准还是很高的，这多得益于我们自身广告审查员的严格把关，对社会带来了很好的效果。但不能不说，在总局发布和一些城市的广告监管部门统计中，仍有一些不雅，甚至是违法广告出现。公交分会希望各会员单位高度重视，加强广告审查员的培养，使用和管理，不出现违法广告事件，把我们公交广告人的法律法规意识再提高一步，真正达到自律不违法。

（四）动员参加2013年度《广告专业技术人员职称考评》工作

《广告专业技术人员职称考评工作》已进行三年了，分会要求各会员单位都要重视这一工作，为了本企业的发展，也为了员工个人的利益，请各公司进一步宣传，鼓励和动员我们的员工在符合条件的情况下，积极参加报考。为广告业积累和培养更多广告专门人才。

（五）积极动员参加南京国际广告节工作

2013年10月26日，经国家工商总局批准，第20界中国国际广告节在江苏省南京市隆重召开。这是中国广告界的一件大事。中国广告协会、国际广告协会中国分会及南京市政府为举办这届中国国际广告节做了充分准备。这是继2012年天津国际广告节之后又一次年度重要的广告活动，是一次集国际国内广告企业，广告媒体及广告主以及广告学术界聚会和交流的盛会。为了搞好这次盛会，更好地展示各地广告协会与广告经营单位及中国广告协会各分支机构的精神面貌，中广协要求各单位要列队组织参加。分会接到通知后，即着手统计参加广告节的单位和人员，并及时组织大家在会议当天集中列队参加开幕式。彰显了公交广告行业的精神面貌，得到了与会各广告同行的认可和肯定。

（六）进一步推动广告企业资质认证工作及年度数据统计工作

要把企业资质认证工作纳入常态化管理。2012年，公交广告传媒行业已有11家公司在经过申报评定后被认证为中国一级广告企业。8家公司被认证为二级广告企业。企业资质认证是一项很重要的工作，我们希望各会员单位高度重视，在企业现阶段发展的同时，能够赋予企业相应的资质证明。这将会更有效地促进本公司的发展和社会认可。在市场经济高度发展和社会管理更加规范的今天，这一工作尤为重要。

按照中广协的要求，每年年初我们都需要把本公司在上一年度的广告经营情况统计出来。作为会员单位，要把相关数据填入“广告经营单位年度经营情况统计表”（此表可在网上下载）上报行业组织，要求数字准确，项目齐全。这是行业协会统计汇总的依据，分会要求各单位从今年年底起就认真对待这项工作。

（七）组织首评广告诚信经营单位工作

在中广协直接领导下，2012年，中国广告企业首评广告诚信经营单位，这是各广告经营单位的一件大事。对个人来讲诚信是做人之本，对一个企业来讲，诚信更是立足和发展之本。一个缺少诚信的企业，特别是广告企业，是很少有单位敢与你合作共处的。分会要求各会员单位高度重视，认真按照每年中广协的要求参与申报和评定。

除了完成上述几项工作外，2013年还相应完成了其他工作，如：参加户外广告论坛，参加《中国广告法》的修订意见。贯彻“开展讲文明，树新风”公益广告宣传活动等工作。

二、开展公交广告行业特点工作，促进公交广告行业创新发展

根据中国广告协会2013年的工作要求，分会紧贴公交广告行业自身特点，制订年度工作计划，全年预设任18项，现将此类工作总结如下：

（一）在宁夏银川召开2013年《全国公交广告经验推广交流会》

2013年6月6日，分会在宁夏银川组织召开了“2013年全国公交广告经验推广交流会”。

这是按照中国广告协会的要求，报请中广协批准的一次广告经验交流会。中国广告协会刘忠学副秘书长，中国广告协会会员部韩胜东主任、张鹰领导出席了大会。刘忠学副秘书长在大会上对公交分会开展经验推广交流活动给予肯定，并对公交分会的工作做出了重要指示。当地十分重视这次在西部召开的会议，宁夏回族自治区广告协会马耀华会长，王晓胤秘书长。银川市公共交通局陈志文局长、宁夏旅游局促进处赵明霞处长、银川市公交总公司党委书记徐建峰、总经理柯念国、副总经理刘胜春等行业主要领导均出席了会议。王晓胤秘书长、陈志文局长及赵明霞处长均发表了热情洋溢的欢迎词，祝贺中国广告协会公交分会、2013年广告经验推广交流会成功。参加会议的近百名来自全国各城市的代表进行实地考察学习，相互交流，均感到这次的交流活动非常实际、非常真切，打破了以往坐听多家单位发言介绍的老模式，而是有针对性地去参观学习宁夏动感飞扬的实际情况，直观的接触他们的工作，使我们眼见为实的学到了真东西，非常有意义。

（二）经过努力完成《中国城市公交广告企业年鉴》2013版的编辑出版工作

编辑出版《中国城市公交广告企业年鉴》是分会2013年工作计划的内容，公交分会自2006年以来相继每三年左右一次，共计出版3部《中国城市公交广告企业年鉴》，每次都收到很好社会效果。社会许多广告公司及客户商家在寻到《中国公交广告企业年鉴》后一直保存爱不释手，并作为了解查询全国公交广告行业的重要资料和工具书。此次出版新的年鉴是为了向社会及国内外传媒企业及广告主全面推介和展示公交分会各会员及广告经营单位最新的面貌和实力，以集体的力量直观的效果让广大商家青睐公交媒体，了解公交传媒的传播效果，尽管公交广告是一种传统的媒体，但他的流动性、快速传播性，直接受众性，并以其在价格，受众范围，即千人成本和到达率上的极大优势，始终成为城市和地区最亮丽的彩虹。极大的影响力。受到政府和老百姓的喜爱和高度重视。

（三）紧抓广告业创意策划灵魂，借力提升公交广告的创意水平

2013年上半年分会发文，鼓励参加中国广告策划创意的最高奖项《中国国际广告长城奖》的作品参赛活动，经报中广协批准，除新的创意作品外，凡参加过中广协公交分会主办的全国公交广告创意设计大赛，并获得过优秀奖及以上的作品，均具有参加2013年中国国际广告长城奖的参赛资格（包括车身、户外、公益三部分），号召大家勇敢参加，我们有二十多件创意作品参加，虽然最终我们没能获得奖项，但这是一次真实水平的参与，为我们行业创意水平提升带来了经验。我们自身专业水平还有待提升，但一定要相信我们公交广告行业中的大公司、大企业的创意策划水平，我们企业中的创意策划设计人才会很快提升，我们也将与中国广告界的领军大腕并列彰显出公交广告的创意策划最新水平。

（四）根据公交传媒特点，自觉组织开展“讲文明，树新风公益广告”宣传活动

在银川广告经验交流会上，分会复印和宣传了中广协《2013》7号文件及精神，中广协号召各分支机构及广告行业，积极行动起来，利用自身的传媒特点，深入学习和宣传贯彻党的十八大精神，为推动全社会

的社会主义核心价值体系建设，培育社会知荣辱，讲正气，树新风，做贡献，让社会呈现良好风尚。并且说明，这项工作是由中宣部、中央文明办和总局在分析当前社会重点问题后联合下发的，是当前国家对新闻传媒、广告业赋予的重要任务和责任，分会积极响应，并发文，动员会员单位充分利用我们自身特有的媒体资源，特别是国企和大公司，要自觉做贡献，积极与当地政府和管理部门沟通，用创意设计出的公益广告形象，为政府、为社会、为老百姓多做一些有益的推广和宣传，为社会正风正气的逐步规范和树立做出我们的贡献。

经初步调查和统计，98% 的会员单位参加都在年内参与了公益广告活动，有的公司还拿出一定比例的媒体，长期刊登公益广告。

（五）继续鼓励支持开展各地区、各城市的广告互动学习交流活动

这一鼓励互动交流活动我们已开展三年了，极大促进带动了南北东西各地的公交广告交流和互动，缩小了地域造成的差距，特别是西部的一些地区，他们主动来电，希望会里帮助提供在某个方面有先进经验单位，联系方式，他们登门请教，互通经验，收到很满意的结果。通过互动交流，还增强了地区和地区、城市和城市、公司和公司的兄弟友谊，增加了相互了解和支持，充分体现了公交广告东南西北是一家人的感觉。实践再一次证明：广告业是前沿的产业，是开放的产业，只有相互学习，取长补短，互动促进，才有利于公司发展才能创出更大效益，我们将坚持推进。

（六）筹办中广协公交分会 2013 年年会

年会是行业的家庭聚会，既要很好的总结一年的工作，又要为下一年工作做好准备；既要让大家交流好，又要符合当前的国内形势和要求。根据分会马主任的要求，我们预设了这次年会的四道讨论题，已发给大家，希望大家在会议期间，相互探讨，发表意见，也可在会后将自己的认识和见解，发至分会邮箱或中国公交传媒网，进一步探讨。总之，大家共同为我们行业的更快发展出谋划策，希望通过年会之后，各位代表将会议的精神带回去，促进自身发展，在 2013 年所剩不长的时间内，将各项工作做得更好，使 2013 年的全年工作有一个很好的结局。

（七）关于日常工作及其他方面

《中国公交传媒网》是以公交广告传媒为基础，以服务公交广告人，服务广大会员的信息需求为目的，网络工作人员在页面设计、信息交流日常管理上付出了很大心血，为了进一步提升网站管理水平，及时反映各地区情况，使大家利用这个平台互动起来，2012 年分会曾发文，要求每个会员单位要安排一名网络信息员并希望每季至少提供一则本地信息。这一工作可能没引起多数会员单位领导的重视，我们希望从现在做起，引起各位的重视，希望大家给予支持和关注。

2013 年中广协及政府和社会相继有一系列的广告传媒活动，如户外广告论坛，广告法的继续修订，特别是广告行业内的交流，互动活动，这些活动中，我们特别注意收集和吸收国内外在户外广告，特别是公交广告方面的先进经验和成果，以利促进我们的改革和发展，积极参加这些活动，得到了广告业同行的认可，也不断提升了公交广告传媒的影响力，分会的建设和发展一直得到中广协的直接领导和支持，努力做好分会工作，积极热情服务广大会员，把分会工作开展的有计划有步骤有声有色，有成效带动和推动全国公交广告行业团结、协作、共同发展，这就是分会工作的根本目的。

在日常工作上，除了认真贯彻完成中广协规定的各项计划要求外，努力开展自身特点工作，及时回应和解决广大会员的来信、来电及各种问题和建议。如：会员在企业等级申报职称以及在广告培训，广告运作等方面提出的问题，我们都会热情接待，上传下达，给予积极的帮助和解决，有些问题及时请示中广协及分会主任，保证信息畅通，并协调好上下左右的平衡关系，我们希望通过我们的努力把分会工作做好，成为大家最舒心、最可依靠的行业之家。

以上就是 2013 年中广协公交分会的工作总结。不当之处请中广协领导指正。

2013 年法律咨询委员会工作总结

2013 年，法律咨询委员会经批准筹备换届工作，现将筹备情况及 2014 年的工作计划汇报如下：

一、重新聘请法律咨询委员会委员

由于法律咨询委员会长期没组织活动，原大部分委员已经流失，需要重新聘请法律咨询委员会委员。自 11 月 19 日起至今，一共发邀请函 100 份，共收到回函 61 份。其中各工商局发 45 份，目前确定各省、自治区、直辖市、计划单列市的工商管理委员 27 人；各专家学者发函 22 份，目前确定专家学者委员 14 人；各企业发函 33 份，目前确定企业人士委员 20 人，其中包括 7 家网站的法务部人士。

二、拟订邀请总局相关负责同志的请示，并甘霖副局长已给予批示

拟订《关于邀请总局相关司局负责同志担任中国广告协会法律咨询委员会委员的请示》，并甘霖副局长已于 12 月 19 日批示。

三、配合《广告法》相关修订工作

7 月 10 日、11 日及 17 日先后配合国家工商局、国务院法制办召开《广告法》修改座谈会共五次，听取社会各界对《广告法》的意见。并从行业自律的角度对《广告法》修改草案提出意见。

四、草拟《中国广告协会法律咨询委员会工作条例》

按照协会对分支机构管理办法的要求，草拟《中国广告协会法律咨询委员会工作条例》，为委员会下一步组织结构的组成制定标准。

五、草拟邀请广告司、法规司、竞争执法局的邀请函

依据甘霖副局长的批示，草拟邀请广告司、法规司、竞争执法局的邀请函。

六、2014 年工作计划

1. 召开换届大会。

2. 继续协助《广告法》修订工作。

3. 研讨互联网广告规范。

4. 研究如何推进广告业信用体系建设。

5. 收集广告案例，并进一步整理深入讨论。

6. 以学术研究角度，调解广告纠纷，受理广告投诉，维护广告行业合法权益。

2013 年民航分会工作总结

2013 年，民航分会积极围绕中国广告协会（以下简称中广协）中心工作，结合本分会年初制订的工作计划，并在全体会员单位的大力支持下，通过调整工作思路，加大行业自律工作的力度，不断提高对会员单位服务的质量和水平，各项工作都有了新的进展。

一、及时掌握行业动态，完成广告经营情况统计工作

为掌握行业发展状况，向会员单位提供信息服务，同时按照中广协相关工作要求，民航分会积极组织会员单位完成广告经营情况统计工作。

二、完善常委会运行机制，提高服务管理能力

分会于 4 月 17 日在北京召开 2013 年第一次常委会议。会上认真传达了中广协全国工作会议精神及相关工作要求；确定了 2013 年年会暨行业发展论坛召开的时间、地点，并初步拟订年会主题；审核通过新增会员单位的资质；听取了秘书处 2012 年分会财务收支报告；会上大家还对常委单位自身，提出“忠实勤勉”的基本要求达到高度共识。

同时，于 9 月 12 日在深圳召开 2013 年临时常委会议。会上就参加第二十届中国国际广告节参展相关事宜做了简单的介绍，并确定展位的设计方案及搭建费用、服务人员等。

三、加强行业自律，组织会员单位开展资质认定工作，积极参加诚信单位评选

为进一步规范行为，推动广告经营单位诚信建设，增强诚信经营意识，树立广告行业良好形象，积极促进广告业健康发展，分会全力配合中广协在全国开展的广告行业诚信经营单位创建活动。

四、配合做好培训工作，完成首届广告师职称评定考试

认真落实职业水平考试和广告人才培育工程计划，将培训信息及时准确下发会员单位，并协助会员单位完成考试工作的有效落实。

五、积极组织召开“2013 年年会暨行业发展论坛”，增强分会各会员单位交流

民航分会于 2013 年 8 月 6 – 8 日在青海西宁举办“2013 年年会暨行业发展论坛”。年会以“沟通桥梁，合作纽带”为主题，邀请专家学者、资源管理者、广告经营者展开一场思想与观点的激烈碰撞；互动环节气氛极为热烈，为各会员单位打造一个更加专业和活跃的交流平台。中国广告协会秘书长燕军、会员部张鹰应邀请列席会议。

六、组织会员单位参加“第二十届中国国际广告节”

第二十届中国国际广告节于 2013 年 10 月在中国南京举行。中国国际广告节是中国最具权威、最专业、规模最广的广告界盛会。此次广告节集八大奖项及其颁奖典礼、八大论坛及其交流会、五大展览、三个大型活动以及媒体推介会为主要内容，民航分会积极组团参加了此次盛会。

2013 年烟草分会工作总结

2013 年，在中国广告协会的关心指导下，围绕中国广告协会“履行协会职能、提高服务水平、加强自身建设、加强行业自律、促进行业发展”的总体工作思路，结合中国广告协会烟草分会“整合资源、积极引导、规范运作、提供服务”的宗旨，积极开展分会各项工作，工作情况如下：

一是 2013 年以来，在中国广告协会的领导下，在国家局领导的关怀指导下，在国家局相关部门的支持下，在会员单位和行业各协办企业的大力协助下，积极开展工作，积极发展会员，加强行业自律，规范广告行为；充分发挥分会桥梁和纽带作用，当好烟草行业代言人；组织具有针对性的培训及相关活动；完善烟草广告事前发布咨询体系，积极为会员单位提供法律服务。较好地完成了第二届常务委员会第二次会议确定的阶段性工作目标和任务。

二是 2013 年以来，烟草分会办公室（秘书处）作为常委会具体办事机构，积极开展分会日常工作，积极为发展新会员做准备，积极推进会员单位自律，完善《工作条例》、《会员管理办法》和《自律规则》等规章制度，完善常委会日常沟通机制。注重抓各项日常工作的落实，强调会员单位利益，加强与会员单位的信息交流，及时掌握会员单位广告方面的新动向、新情况、新问题，为会员单位提供法律、广告和营销等业务咨询，对重点、难点问题及时向属地工商部门咨询，帮助会员单位解决实际困难。积极组织有关会员单位参加南昌、沈阳、天津等广告节及有关中广协分支机构的活动。同时针对新形势下烟草广告面临的问题，配合《新烟草》杂志调研活动、配合《中国烟草》杂志读者问卷调查活动，深入进行烟草广告调研，并且通过参加各种大型国际性展会与行业内外的专家学者以及关注烟草行业的各行业人士建立了广泛的联系，将最新的会员信息和动态发布在中国烟草资讯网，配以多种形式与会员单位进行交流。

三是 2013 年 8 月 1 日，中国广告协会烟草分会第二届常务委员会第三次会议暨 2013 烟草广告与营销创新论坛在大连成功举办。会议审议了第二届常委会工作报告，增补了烟草分会副主任和常务委员，明确将现在《中国烟草》杂志协办单位，逐步纳为烟草分会的会员单位，进一步提高了分会的影响力和凝聚力。同时举办了 2013 烟草广告与营销创新论坛，聚焦烟草广告、品牌培育、市场营销、终端建设、模式创新等方面的行业热点、难点问题，为行业在广告与营销创新方面提供思考和借鉴，为深化广告业务交流，顺利开展下一步广告经营活动打下了良好的基础。

四是 2013 年以来，烟草分会依托各会员单位，特别是烟草分会主任委员单位的媒体资源和平台，围绕行业中心工作，围绕中广协重点工作，结合各会员单位对新闻报道、广告宣传和市场营销的实际需求，积极使用《中国烟草》杂志、《新烟草》杂志、《烟草企业文化》杂志、《中国烟草年鉴》、中国烟草资讯网等核心媒体资源，从新闻报道、专刊制作、广告审查、活动组织、写作培训、影视摄像等多方面，为各会员单位提供多角度、多层次和全方位服务。围绕国家局提出的新定位的要求，烟草分会配合《中国烟草》杂志统一策划安排，集中重点版面，策划了《春早人勤话耕耘》、《始终为零售客户提供优质服务》、《优化烟叶结构》、《低焦油 高目标》、《10 年网建 价值非凡》等 24 个专题。围绕“532”、“461”品牌发展目标，报道分析行业重点品牌发展新趋势，对部分品牌进行全方位深入报道，撰写了《那些过百万箱的品牌》、《新世纪中国卷烟品牌发展成果》、《开创高端品牌新格局》等系列服务会员单位的深度文章。并且围绕会员单位重点品牌宣传工作，协调策划了十余个重点品牌专刊，为会员单位的品牌宣传和重大活动推广起到良好作用。

2013年户外广告分会工作总结

2013年中广协户外广告分会在中广协的领导下，以党的十八大精神及中广协的具体要求为指导，按照中广协及分会2013年度的工作计划，开展了一系列的工作和活动。现总结汇报如下：

一、召开分会常委会

2013年4月12日下午，中广协户外广告分会在海南金海岸酒店召开第三届第四次常委会。

会议总结了户外广告分会2012年的工作。2012年户外广告分会主要围绕以下几个方面开展了工作：

1. 定期召开分会常委会。

2. 举办"2012(南京)中国户外广告论坛"。

3. 到天津、济南、成都考察户外广告工作。

4. 举办首届"联建杯"LED户外显示屏媒体大赛。

5. 分会主任到新华网接受访谈。

6. 做好秘书处日常工作2012年户外广告分会又发展会员20多家，现实有会员97家。交会费创新高，达到95%以上。

会议宣读了户外分会2013年工作计划。2013年主要做好以下工作：

1. 开好户外分会常委会。

2. 号召会员学习党的"十八大"精神。

3. 筹备举办第三届"中国户外广告论坛"。

4. 继续加强户外广告企业"自律与守法经营"的宣传教育。

5. 筹备召开 " 2013户外广告企业经营年会"。

6. 继续加强信息沟通，为会员及时提供信息服务。

7. 积极参加中广协主办、倡导的各种活动。

8. 积极参与社会公益活动，支持筹备建立户外公益广告网。

9. 继续搞好户外广告分会组织建设。

10. 完成中广协交办的其他工作并做好户外分会日常工作。

会议就2013年举办"中国户外广告论坛"、会员发展等问题进行了讨论。

会议听取了湖南青基会筹备建立"中国户外公益广告网"的方案，全体常委一致支持并同意建立"中国户外公益广告网"，号召所有会员单位为慈善事业做出贡献。

二、筹备并召开"2013年中国户外广告创新经营年会"

中国广告协会户外广告分会继2012年7月初在南京成功举办第二届"中国户外广告论坛"后，2013年4月13日又在海南举办了"2013年中国户外广告创新经营年会"。

除了行业内的同仁参会外，年会还邀请了部分城市的市容和绿化管理部门、城市管理局、工商局的领导参会。

三、 积极同会员联系、为会员提供服务

（一）召开"户外广告经营交流会"

2013年10月份，我们在南京举办第二十届中国国际广告节期间召开了"户外广告公司座谈会"。

（二）了解会员情况，继续为各地会员拆牌提供咨询服务

2013年有些城市仍在拆除户外广告，一些公司的户外广告牌仍面临着被清理整顿等问题。尤其是成都、温州、厦门、东莞、莆田等城市比较严重。户外广告分会秘书处一方面将各地的情况向广告协会领导及主管政府部门反映，一方面同这些地区的政府有关部门、广告协会、广告公司等进行了积极的沟通。

2013 年我们还走访了宁波市广告协会、南京市广告协会、大贺传媒集团、东莞心域广告有限公司、京津冀广告有限公司、宁波友谊传媒投资有限公司等。通过走访掌握了一线广告公司的实际情况和当地政府的相关政策以及广告公司最关心的问题和最想解决的问题。

（三）支持参加 2013 年上海 LED 设备展

为了推动我国 LED 显示数字标牌行业内的发展与交流，以促进内外销售，引导市场供求及更好地为会员服务，由中国广告协会户外广告分会作为支持单位、在上海世博展览馆举办的“2013 第五届上海 LED 数字标牌应用展览会”及关联展会将于 2013 年 9 月 4 － 6 日在上海举办并开设了户外广告设备专区。

（四）参加上海户外领袖精英会

11 月 12 日上午，由《亚洲户外》主办的中国传媒领袖南翔峰会在上海南翔镇隆重举行。分会主任应曙光、秘书长王焕章出席会议并致辞，参加会议的还有 80 多位全国户外传媒企业的老总和高管。

峰会围绕自贸区与政府监管、市场下沉与城镇化、数字化与转型升级、体验营销与智能终端、产业聚集与政策优惠、新技术、新媒体的发展及应用六大议题展开激烈的思想碰撞，与会嘉宾抛砖引玉、分享观点，各位行业领袖各抒己见，畅谈新思想、新洞察。作为主办方的南翔镇也将借此次峰会举办的契机，把城市规划和新媒体、新技术这些转型发展中的关键要素融入到户外媒体的产业链中。

（五）参加慧聪网主办的“LED 户外广告屏大赛”

2013 年 11 月 27 日，由慧聪网主办，主题为“变革铸就机遇，品牌创造未来！”2013 年度 LED 显示屏十佳评选专家评审会在深圳隆重举行。

在评审环节中，专家们依据企业提供的数据、证书、资料以及企业代表现场宣讲，对品牌效益、品牌价值潜力、市场知晓度、产品及服务质量、产品应用成果等各项标准对企业进行了严格的评分。

（六）支持协助中国广告网进行 4A 广告学院培训

近几年我国的广告公司数量逐年不断增加，据相关部门统计全国广告媒体公司已突破 30 万家，其中超过 70% 为私营企业，达 20 万多家。但广告从业人员综合素质并无明显提升，且创新能力薄弱，在专业水准的全面性、优质性上都有待提高。针对这种情况，分会配合中国广告网为全国各地广告公司提供了专业、系统、全面的企业内部培训平台——4A 广告学院培训。培训精选了北、上、广三地担任过国际 4A 公司总监以上职务的精英，组成了超过百人的讲师团队。许多户外广告公司参加了培训，业务素质得到了一定的提高。

四、完成中广协交办的工作

（一）积极参加第二十届中国国际广告节

2013 年第二十届中国国际广告节在南京举办，为了让广大会员单位参与这一年一度广告人的盛会，户外分会向会员单位发了积极参加第二十届中国国际广告节的通知。

（二）积极参与第 43 届世界广告大会筹备工作

分会积极参与 43 届世界广告大会前期筹备工作，积极动员组织会员参加此次大会。

五、做好秘书处日常工作

户外分会秘书处是同广大会员单位之间联系的纽带。秘书处除了组织会议及活动外，还做了以下工作：加强同各会员单位的联络，继续巩固完善同各会员单位之间的联系，达到了信息通畅，有事找得到人；发简报及各类通知 10 余次；发展新会员 10 余家。

2013 年电力分会工作总结

一、按照中广协有关会议精神和会议制度举行电力分会理事会和会员大会

1.2013 年 3 月 15 日，在上海中电大酒店召开中广协电力分会第十次理事会议。

2.2013 年 12 月 14 日，在郑州市龙源大酒店召开了中广协电力分会第十次会员大会。

二、通过中广协电力分会第十次会员大会进行民主选举

会议按照法定程序与中广协会员部的相关规定，对中广协电力分会的主任单位和秘书长单位进行了民主选举，获得大家全票通过，选举结果如下：主任单位：英大传媒投资集团国网卓越传媒有限公司；副主任单位：上海电力广告有限公司；秘书长单位：河南电力广告有限公司。

三、会议通过了 2014 年度要扩大中广协会员数量及计划 2014 年度召开中广协电力分会理事会议及会员大会的决定

四、积极组织电力分会成员单位参加中广协举办的 2013 年度广告节等活动

2013 年光源和标识广告分会工作总结

2013 年中广协光源和标识分会在中广协的领导下，以“提供服务，反映诉求，规范行为”为指导，按照中广协及分会 2013 年度的工作计划，开展了一系列的工作和活动。现总结汇报如下：

一、加强分会组织建设方面

（一）充实常委领导班子

按照分会“提供服务，反映诉求，规范行为”职责，为了进一步提高常委会善于学习的能力，把握大局的能力，团结共事的能力，建言献策的能力，开拓创新的能力，更好地发挥常委的作用，分会在原中霓会常委会基础上调整充实了领导班子，原常委班子 25 人，这次调整 4 人，根据更名后工作需要，增补了光源和标识行业骨干企业 12 人（占 1/3）进新的常委会，根据实际工作需要，我们还要不断地进行调整，吸收关注行业发展、热心分会建设、无私奉献的优秀企业及领导班子，进一步发挥常委们的积极性。

（二）积极发展新会员

光源和标识行业是我国目前发展的新兴行业，其影响于各行各业，从 2013 年以来发展新会员 17 名，调整会员 17 名，现有会员 109 名。今后要动员常委和会员积极推荐行业内有影响力的骨干企业入会，充实分会成员，壮大分会力量。

（三）加强了秘书处班子建设

调整、充实秘书处工作，做好常委会交办的工作。

二、制定光源和标识行业技术标准

中国的标识行业尽管历史悠久，但目前尚无权威的品质把控标准。且由于技术标准的缺失阻碍了

标识行业的健康发展，制定行业和国家标准已成当务之急。为此分会组织标识骨干企业及相关院校专家组成“标准起草小组”，在全国标委会领导下，逐步制定各项试行质量标准，促进了行业产品质量标准的制度化、规范化、程序化，提高会员单位对自主开发优良产品的积极性、主动性，对知识产权进行有效力的保护。今后再进一步争取全国标委立项，制订国家标准，为提高中国标识的现代化发展做出贡献。

三、开展企业资质证书认定工作

认真做好企业资质认定审核工作，从2013年起凡申请资质认定的企业都须出具会计事务所出具的“审计报告”，根据我会制定的“中国光源和标识企业资质证书认定试行办法”，经企业申请，秘书处审查，专家组审核，2013年上半年认定了：一级标识制造企业5家，二级标识制造企业1家，一级光源制造企业1家，一级景观照明工程企业5家，二级景观照明工程企业1家。企业资质认定工作的开展必将进一步促进行业自律，规范行业经营管理，促进行业发展，为企业参与市场公平竞争提供条件。

四、培训标识技术人才

以提高中国标识质量，创新发展标识为基础，充分运用各种社会资源积极开展标识行业人材培训。与经国家有关部门核准，并获得“办学许可证”的单位“中国霓虹技术协作会培训中心”合作，对有需求的企业培训“初、中级标识制造技工”、“景观工程安装技工”，经考试合格的学员，颁发有劳动部门签发的“初、中级职业资格证书”。

五、加强分会网站建设

行业网站已经设立10年，更名后的改版工作基本完成，为适应形势发展需要，重新申请了“中标会域名”，有以下三个：www.中国光标.com；www.china-ls.org；www.chinaneon.org.并对网页内容进行改版扩充，建立会员信息并链接会员企业网站，推广网上展示厅，增加会员传播信息量。

六、举办“2013年第二届中国国际标识行业高峰论坛”等活动

1.2013年4月由分会主办，“广告锋标”、“环球标识网”联合承办，有“蓝景光电”独家冠名的“2013年第二届中国国际标识行业高峰论坛”，在北京国际展览中心举办。本届论坛准确把握政策、市场的脉搏，有关专家、学者在论坛上针对我国标识行业中存在的问题发表了精彩演讲。通过对话，让企业更准确、更直接了解和把握标识行业发展的新战略、新动向和新趋势。“论坛”深入探讨了相关政策、新技术、新经验，解读当前标识等相关产品和技术的发展环境，进一步发现发展机遇，找到发展对策。

2.2012年12月5日在武汉参加了主题为“标识，让城市更美好”的《2012中国城市品牌建设与标识产业发展论坛》，分会是五个联合主办单位之一，进一步加强了行业之间的交流合作。

3.积极参与推动2012年中国广告协会举办的诚信经营企业创建活动，增强广告标识企业诚信经营意识和建设，经分会推荐、申报、互查、审定，分会又有3家企业被评为“广告行业诚信经营单位”。

七、召开分会常委会

2013年9月6日中国广告协会光源和标识分会在成都市召开了五届三次常委工作会议。中国广告协会副秘书长刘忠学同志和会员部韩胜东主任、张鹰同志出席了会议。刘秘书长在会上宣读了《中国广告协会光宇光源和标识广告分会主要领导同志职务调整的意见》（以下简称意见），对分会工作做了重要讲话。经过充分讨论，与会常委一致同意《意见》：

1.接受陈观同志辞去分会主任的请求，同时免去其中国广告协会常务理事、理事职务，按相关规定履行手续。

2. 免去白勇同志中国广告协会光源和标识广告分会秘书长职务。

3. 提名邵国平（名誉主任）同志主持分会本届工作。

4. 免去张焰同志分会副主任职务，聘用为分会秘书长，其福利待遇由分会解决。

5. 分会设副秘书长岗位，建议上海新亚霓虹广告有限公司、上海大生牌业制造有限公司、北京世纪金文广告有限公司各指派一名同志担任分会副秘书长职务。

6. 分会秘书处设在北京。邵国平同志负责指派赵勇副主任具体办理秘书处工作交接。

7. 与会常委一致建议分会提请民政局将本会更名为“中国广告协会标识分会”。

八、启动分会更名工作及秘书处搬迁工作

1.2013 年 10 月启动更名工作。

2.2013 年 11 月 20 日秘书处在中广协领导下，搬迁至中广协办公。12 月 30 日与上海秘书处进行工作交接。

2013 年互动网络分会工作总结

一是在 IPB 全体成员的努力下，经过三次清洗和试运行，中国互联网 IP 地理信息库（正式版）于 3 月 6 日上线，4 月 1 日全网更新完成。并制定完成了《IP 清洗执行的审核办法》，在完成第四次清洗的基础上，11 月完成 IP 库市场运作，把统一标准的 IP 库对市场开发，实现了我国 IP 地理信息的标准化工作。

二是与美国 IAB 共同完成了《中美移动互联网消费行为调查报告》，第一次摸清了中美移动消费市场行为习惯和差异，为拓展移动消费市场加强行业规范找到了依据。8 月 21 日，中国发布会在国家工商总局十层正式召开，中广协秘书长燕军、副秘书长庹登夫出席，并致辞和主持会议。美国发布会于 8 月 14 日，在纽约隆重举行。两个发布会都引起社会广泛关注，对指导行业发展具有深远的战略意义。对转变人们对移动营销的认知，对了解两国移动营销差异具有重要的战略意义。同时开启了中美行业协会，实务领域研究探索了一条路径，是一项重大突破。

三是在全行业各主管部门和总局相关司局、协会领导的大力支持下，经过一年的紧张工作，《中国互联网定向广告用户信息保护框架标准》的调研整理资料工作已经完成，已经进入第一轮司法讨论和技术可行性实验阶段。拟于 2014 年 3 月正式对全社会发布。为规范行业发展，营造绿色市场环境，号召行业从自身做起的框架标准。这是迄今为止的我国一个保护用户信息的行业标准，也是加入了市场培育和第三方审核行业规范标准，这是行业标准的一大突破。

四是应英中贸易协会（BCCB）的邀请，为 BCCB 成员举办专场咨询演讲会，解答了英国企业家们对中国市场环境和广告环境的疑问，加强了互动网络分会与 BCCB 的相互了解。为中国广告协会在英国企业界奠定了话语基础。

五是从市场发展角度对“互动网络广告大赛”和“媒介创新营销大赛”进行创新调整，对原有的评审平台和征集作品平台完成了改造和更新，使 2013 年大赛更加市场化，更能体现互联网环境下的市场情况。

六是与北京师范大学共同完成了第二次《中国传媒公信力报告》，4 月 27 日在北京师范大学召开‘首届中国传媒公信力论坛’。与会的国内外专家学者就传媒公信力问题进行了广泛的热议和学术交流。

七是国家广告研究院互动营销实验室于 8 月在北京正式成立。目的在于促进我国互动营销实践性产品的创新研究和实验。

中国商务广告协会

中国商务广告协会章程

（中国商务广告协会第九届会员代表大会通过）

第一章 总 则

第一条 中国商务广告协会，英文名称为CHINA ADVERTISING ASSOCIATION OF COMMERCE，英译简称CAAC。

第二条 中国商务广告协会是在中华人民共和国商务部的领导下，经中华人民共和国民政部核准登记，以全国商务广告行业，包括相关的品牌和创意产业为主体的全国性行业组织，是具有法人地位的社会团体。

第三条 中国商务广告协会的基本宗旨是：坚持党的方针路线，紧密围绕商务工作，贯彻执行国家有关方针政策和法律法规，加强行业自律，引导会员洞察趋势、开拓进取，提高业务素质和整体服务水平。同时，认真听取会员的意见和要求，代表和维护会员的正当权益，发挥行业组织的桥梁和纽带作用，为建设社会主义物质文明和精神文明做出应有的贡献。

第四条 中国商务广告协会注册地址：北京市东城区台基厂头条10号。

第二章 任 务

第五条 中国商务广告协会的主要任务是：

（一）宣传贯彻国家有关法律、法规和方针政策，协助政府做好对商务广告活动的管理，制订行规行约和诚信规范，加强行业自律。为会员单位提供相关政策法规咨询和信息服务。

（二）发挥协会在政府与广告行业、企业和社会之间的中介作用，听取会员单位的意见和建议，参与制订、修改有关行业发展和管理的政策、法规或提出相关建议。

（三）开展国内外广告理论与实践的研究，掌握广告、品牌、营销、媒体、公关及创意产业、文化体育产业营销等方面的动态，引进和推广有关的新理念、新思想、新媒体、新技术，积极倡导自主创新，提高业界整体实力和水平。

（四）组织开展对广告、品牌、创意产业、传统媒体、新媒体以及公关等相关产业从业人员的培训，开展法律或政府所授权的资质认证。

（五）举办国内或国际性的有关上述产业和相关行业的展览、展示和业务洽谈活动。

（六）经相关政府部门批准，组织对优秀会员和优秀作品的评选活动，向社会推荐优秀的会员单位。

（七）开发信息资源，运用网络等技术，为会员单位和企业提供信息咨询服务。

（八）组织编辑出版专业刊物、书籍和信息资料。

（九）积极开展国际交流与合作。

第三章 会 员

第六条 会员分为单位会员和个人会员。

（一）单位会员

1．具有合法经营资格，综合实力和创新能力较强的广告企业、媒介单位或从事创意产业的经营单位；

2．港、澳、台地区及国外广告企业代表机构（需报业务主管单位核准备案）；

3. 品牌商品生产经销企业和进出口企业；

4. 广告、品牌和创意产业研究机构及信息服务机构。

（二）个人会员

1. 在广告、品牌、媒体公关和创意产业等方面有显著成绩的工作者及教学研究人员。

2. 热心并积极支持本会工作的广告界知名人士及有关方面人士。

第七条 申请加入本协会的会员，必须具备下列条件：

（一）拥护本会章程；

（二）在本协会的业务领域内具有一定的影响；

（三）行会员的权利和义务，按时缴纳会费。

第八条 会员入会的程序：

（一）提交入会申请书；

（二）经理事会讨论通过；

（三）由理事会或理事会授权的机构发给会员证。

第九条 会员享有下列权利：

（一）本协会的选举权、被选举权和表决权；

（二）参加本协会的活动；

（三）获得协会提供的信息、资料及参加协会组织的学术交流、出国考察及人才培训的优先权和优惠权；

（四）对本协会工作的批评建议权和监督权；

（五）入会自愿、退会自由。

第十条 会员履行下列义务：

（一）执行本协会的各项决议；

（二）维护本协会合法利益；

（三）完成本协会交办的各项工作；

（四）按规定缴纳会费；

（五）提供本会所需要的各项资料，主动反映情况，提出建议。

第十一条 会员退会应书面通知本协会，并交回会员证。会员如果逾期一年不缴纳会费或不参加本协会团体活动的，视为自动退会。

第十二条 会员如有严重违反本章程的行为，经常务理事会表决通过，予以除名。

第四章 组织机构和负责人产生、罢免

第十三条 本协会的最高权力机构是会员代表大会，会员代表大会的职权是：

（一）制定和修改协会章程；

（二）选举和罢免理事；

（三）审议理事会的工作报告和财务报告；

（四）决定终止事宜；

（五）研究决定协会工作方针和任务，通过大会提案并形成决议；

（六）决定其他重大事宜。

第十四条 会员代表大会必须有2/3以上的会员代表出席方能召开，其决议必须经到会会员代表半数以上表决通过方能生效。

第十五条 会员代表大会每届4年。因特殊情况需提前或延期换届的，须由理事会表决通过，报商务部审查并经民政部批准同意。但延期换届最长不超过一年。

第十六条 理事会是会员代表大会的执行机构，在闭会期间领导本协会开展日常工作，对会员代表大会负责。

第十七条 理事会的职权是：

（一）贯彻执行会员代表大会的决议；

（二）选举和罢免名誉会长、会长、副会长、秘书长，聘请顾问；

（三）筹备召开会员代表大会；

（四）向会员代表大会报告工作和财务状况；

（五）决定会员的吸收或除名；

（六）决定设立办事机构、分支机构、代表机构和实体机构；

（七）决定副秘书长、各机构主要负责人的聘用；

（八）领导本协会各机构开展工作；

（九）制定内部管理制度；

（十）决定其他重大事宜。

第十八条 理事会必须有2/3以上理事出席方能召开，其决议须经到会理事2/3以上表决通过方能生效。

第十九条 理事会每年至少召开一次会议；特殊情

况下，也可采用通讯形式召开。

第二十条 本协会设立常务理事会。常务理事会由理事会选举产生，在理事会闭会期间行使第十七条第一、三、五、六、七、八、九项的职权，对理事会负责。

第二十一条 常务理事会必须有2/3以上常务理事出席方能召开，其决议须经到会常务理事2/3以上表决通过方能生效。

第二十二条 常务理事会至少半年召开一次会议，特殊情况下也可采用通讯形式召开。

第二十三条 本协会的会长、副会长、秘书长必须具备下列条件：

（一）坚持党的路线、方针、政策，政治素质好；

（二）在本协会业务领域内有较大影响；

（三）会长、副会长、秘书长最高任职年龄不超过70周岁，秘书长为专职；

（四）身体健康，能坚持正常工作；

（五）未受过剥夺政治权利的刑事处罚的；

（六）具有完全民事行为能力。

第二十四条 本协会会长、副会长、秘书长任期4年。最长不超过2届。

第二十五条 本协会常务副会长为本协会法定代表人。本协会法定代表人不兼任其他团体的法定代表人。

第二十六条 本协会会长行使下列职权：

（一）召集和主持理事会和常务理事会；

（二）检查会员代表大会、理事会和常务理事会的落实情况；

（三）代表本协会签署有关重要文件。

第二十七条 本协会秘书长行使下列职权：

（一）主持办事机构开展日常工作，组织实施年度工作计划；

（二）协调各分支机构、代表机构、实体机构开展工作；

（三）提名副秘书长以及各办事处、分支机构、代表机构和实体机构主要负责人，交理事会或常务理事会决定；

（四）决定办事机构、代表机构、实体机构专职工作人员的聘用；

（五）处理其他日常事务。

第五章 资产管理、使用原则

第二十八条 本协会经费来源主要有：

（一）会费；

（二）国内外捐赠；

（三）政府资助；

（四）在核准的业务范围内开展活动或服务的收入；

（五）利息；

（六）其他合法收入。

第二十九条 本协会按照国家有关规定收取会员会费。

第三十条 本协会经费必须用于本章程规定的业务范围和事业的发展，不得在会员中分配。

第三十一条 本协会建立严格的财务管理制度，保证会计资料合法、真实、准确、完整。

第三十二条 本协会配备具有专业资格的会计人员。会计人员不得兼职出纳。会计人员必须进行会计核算，实行会计监督。会计人员调动工作或离职时，必须与接管人员办清交接手续。

第三十三条 本协会的资产管理必须执行国家规定的财务管理制度，接受会员代表大会和财政部门的监督。资产来源属于国家拨款或者社会捐赠、资助的，必须接受审计机关的监督，并将有关情况以适当方式向社会公布。

第三十四条 本协会换届或更换法定代表人之前必须接受社团登记管理机关和业务主管单位组织的财务审计。

第三十五条 本协会的资产，任何单位、个人不得侵占、私分和挪用。

第三十六条 本协会专职工作人员的工资和保险、福利待遇，参照国家对事业单位的有关规定执行。

第六章 章程和修改程序

第三十七条 本协会章程的修改，须经理事会表决通过后报会员代表大会审议。

第三十八条 本协会修改的章程，须在会员代表大会通过后 15 日内，经业务主管单位审查同意，并报社团登记管理机关核准后生效。

第七章 终止程序及终止后的财产处理

第三十九条 本协会完成宗旨或自行解散或由于分立、合并等原因需要注销的，由理事会或常务理事会提出终止决议。

第四十条 本协会终止决议须经会员代表大会表决通过，并报商务部审查同意。

第四十一条 本协会终止前，须在商务部及民政部的领导下成立清算组织，清理债权债务，处理善后事宜。清算期间，不开展清算以外的活动。

第四十二条 本协会经民政部办理注销登记手续后即为终止。

第四十三条 本协会终止后的剩余财产，在商务部和民政部的监督下，按照国家有关规定，用于发展与本协会宗旨相关的事业。

第八章 附 则

第四十四条 本章程的解释权属于本协会理事会。

第四十五条 本章程经协会会员代表大会表决通过，并报商务部审查同意，民政部核准后生效。

中国广告主协会

中国广告主协会章程

（2005年11月27日第一次会员代表大会通过）

第一章 总　则

第一条 本会名称：中国广告主协会。英文译名：China Association of National Advertisers；英文缩写：CANA。

第二条 本会是中国广告主自愿结成的、行业性、非营利性的全国性社团法人。

第三条 本会宗旨：以邓小平理论和“三个代表”重要思想为指导，遵守中华人民共和国宪法、法律、法规和国家的方针政策，遵守社会道德风尚，按照建立社会主义市场经济体制的要求，发挥政府和企业之间的桥梁纽带作用；实行行业自律，促进广告主广告投资的科学化、规范化；提高我国的营销传播水平，推动我国广告产业的健康有序发展；维护广告主的合法权益，不断提升广告主的市场竞争能力。

第四条 本会接受国务院国有资产监督管理委员会（业务主管单位）和中华人民共和国民政部（社团登记管理机关）的业务指导和监督管理。

第五条 本会的住所设在北京市。

第二章　业务范围

第六条 本会的业务范围：

（一）积极发挥桥梁和纽带作用，推动建立有利于广告投资的社会环境。

（二）代表本会会员同媒体、广告商及其代表组织进行协作、沟通、磋商，维护会员合法权益。逐步建立起广告主、媒体、广告商三方既合作又制约的机制。

（三）反对各种不正当竞争行为和恶性竞争行为，反对侵害国家和他人利益的行为，倡导善意、诚实、信用的商业原则，并团结会员在营销传播活动中遵从有关的各种规范和行业公约，加强自律。

（四）积极组织、推动相关的学术研究、经验交流、专业论坛、培训等活动，努力培养广告主的广告意识、商标意识、形象意识、品牌意识、公共关系意识等市场传播意识，为广告主的各类营销传播活动提供切实可行的操作标准和操作方法。

（五）致力于会员服务体系的建设工作，实现服务功能的系统化、规范化和程序化。为会员的营销传播活动提供市场调研、信息咨询、机构评估等公共服务和对策研究、效果评价、法律协助等个案服务。

（六）协调会员在市场竞争中产生的相关问题，力求避免过度竞争，促进企业间的沟通与合作。

（七）促进营销传播服务行业的发展。提倡会员本着公平、公正和诚实信用的原则与各类营销传播服务机构合作，通过评价广告商和媒体等活动，选择服务机构及媒体，扶持优秀服务商，促进服务水平和服务质量的提高。

（八）充分利用与世界广告主联合会的交流平台，与世界广告主联合会各成员及跨国公司建立广泛联系，加强国际交往和经济合作，组织会员境外考察，开展国际市场研究、境外维权等活动，推进营销传播事业与国际对接，为会员走向国际市场提供服务。

（九）办理政府有关部门委托的其他事项。

第三章　会　员

第七条 本会的会员以单位会员为主，也吸收个人会员。

第八条 申请加入本会的会员，应当符合下列条件：

（一）拥护本会的章程；

（二）有加入本会的意愿；

（二）有广告投入，在行业领域内具有一定的影响。

第九条 会员入会的程序：

（一）提交入会申请书；

（二）经理事会讨论通过；

（三）由理事会或理事会授权的机构颁发会员证。

第十条 会员享有下列权利：

（一）本会的选举权、被选举权和表决权；

（二）参与本会组织的各项活动；

（三）享受本会提供各项服务的优先权；

（四）对本会各项工作进行监督，提出意见和建议；

（五）入会自愿、退会自由。

第十一条 会员履行下列义务：

（一）遵守本会的章程；

（二）执行本会的决议；

（三）维护本会的信誉与合法权益；

（四）支持本会工作，完成本会委托的事项；

（五）按规定缴纳会费；

（六）向本会反映情况，提供有关资料。

第十二条 会员退会应书面通知本会，并交回会员证。会员如果一年不缴纳会费或不参加本会活动的，视为自动退会。

第十三条 会员如果有严重违反本章程的行为，经常务理事会表决通过，予以除名，并收回会员证。

第四章　组织机构和负责人产生、罢免

第十四条 本会的最高权力机构是会员代表大会。会员代表大会的职权是：

（一）制定和修改章程；

（二）选举和罢免理事，组成理事会；

（三）审议理事会的工作报告和财务报告；

（四）决定终止事宜；

（五）决定其他重大事项。

第十五条 会员代表大会须有2/3以上的会员代表出席方能召开，其决议须经到会会员代表半数以上表决通过方能生效。

第十六条 会员代表大会每届五年。因特殊情况需提前或延期换届的，须由理事会表决通过，报业务主管单位审查并经社团登记管理机关批准同意。但延期换届最长不超过一年。

第十七条 理事会是会员代表大会的执行机构，在会员代表大会闭会期间领导本会开展日常工作，对会员代表大会负责。

第十八条 理事会的职权是：

（一）执行会员代表大会的决议；

（二）选举和罢免会长、副会长、秘书长和常务理事；

（三）聘请名誉会长和顾问；

（四）筹备召开会员代表大会；

（五）向会员代表大会报告工作和财务状况；

（六）决定会员的吸收或除名；

（七）决定设立办事机构、分支机构、代表机构和实体机构；

（八）决定副秘书长、各机构主要负责人的聘任；

（九）领导本会各机构开展工作；

（十）制定内部管理制度；

（十一）决定其他重大事项。

第十九条 理事会经2/3以上理事出席方能召开，其决议须经到会理事2/3以上表决通过方能生效。

第二十条 理事会每年召开一次会议，由会长或会长指定的副会长召集并主持。如有重大事项，由会长决定或由1/3以上理事共同提议，可以召开特别理事会。特殊情况下，可采取通讯形式召开。

第二十一条 本会设立常务理事会。常务理事由理事会选举产生，在理事会闭会期间行使第十八条第一、四、五、六、七、八、九、十、十一项的职权，对理事会负责。

第二十二条 常务理事会须有2/3以上常务理事出席方能召开，其决议须经到会常务理事2/3以上表决通过方能生效。

第二十三条 常务理事会由会长或会长指定的副会长召集并主持，至少每半年召开一次会议；特殊情况下，也可采用通讯形式召开。

第二十四条 本会会长、副会长、秘书长必须具备下列条件：

（一）坚持党的路线、方针、政策，政治素质好；

（二）在本会业务领域内有较大影响；

（三）具有较高的领导和组织协调能力；

（四）会长、副会长、秘书长最高年龄不超过70周岁，秘书长为专职；

（五）身体健康，能坚持正常工作；

（六）未受过剥夺政治权利的刑事处罚的；

（七）具有完全民事行为能力。

第二十五条 本会会长、副会长、秘书长如超过最高任职年龄的，须经理事会表决通过，报业务主管单位审查并经社团登记管理机关批准同意后，方可任职。

第二十六条 本会会长、副会长、秘书长任期五年。因特殊情况需延长任期的，须经会员代表大会2/3以上会员代表表决通过，报业务主管单位审查并经社团登记管理机关批准同意后方可任职。

第二十七条 本会会长为本会法定代表人。因特殊情况需由副会长担任法定代表人时，应报业务主管单位审查并经社团登记管理机关批准同意后，方可担任。

第二十八条 本会会长行使下列职权：

（一）召集和主持理事会；

（二）检查会员代表大会、理事会决议的落实情况；

（三）组织制订本会的工作方针和工作计划；

（四）全面领导本会工作，代表本会签署有关重要文件。

第二十九条 副会长协助会长工作，并受会长委托行使会长的部分职权。

第三十条 秘书长协助会长组织、处理本会的日常业务，行使下列职权：

（一）主持办事机构开展日常工作，组织实施年度工作计划；

（二）协调各分支机构、代表机构、实体机构开展工作；

（三）提名副秘书长以及各办事机构、分支机构、代表机构和实体机构主要负责人，交理事会或常务理事会决定；

（四）决定办事机构、分支机构、代表机构、实体机构专职工作人员的聘用；

（五）处理会长交办的其他事项。

第五章 资产管理、使用原则

第三十一条 本会经费来源：

（一）会费；

（二）捐赠或赞助；

（三）在核准的业务范围内开展活动或服务的收入；

（四）国家财政资助和拨款；

（五）利息；

（六）其他合法收入。

第三十二条 本会按照国家有关规定收取会员会费。

第三十三条 本会会费必须用于本章程规定的业务范围和事业的发展，不得在会员中分配。

第三十四条 本会建立严格的财务管理制度，保证会计资料合法、真实、准确、完整。

第三十五条 本会配备具有专业资格的会计人员。会计不得兼任出纳。会计人员必须进行会计核算，实行会计监督。会计人员调动工作或离职时，必须与接管人员办清交接手续。

第三十六条 本会的资产管理必须执行国家有关

法律、法规的规定，接受会员代表大会和财政部门的监督。资产来源属于国家资助和拨款或者社会捐赠、资助的，必须接受审计机关的监督。

第三十七条 本会换届或更换法定代表人必须接受社团登记管理机关和业务主管单位组织的财务审计。

第三十八条 本会的资产，任何单位、个人不得侵占、私分和挪用。

第三十九条 本会专职工作人员的工资和保险、福利待遇，参照国家对事业单位的有关规定执行。

第六章 章程的修改程序

第四十条 对本会章程的修改，须经理事会表决通过后报会员代表大会审议。

第四十一条 本会修改的章程，须在会员代表大会通过后 15 日内，经业务主管单位审查同意，并报社团登记管理部门核准后生效。

第七章 终止程序及终止后的财产处理

第四十二条 本会完成宗旨或自行解散或由于分立、合并等原因需要注销的，由理事会或常务理事会提出终止动议。

第四十三条 本会终止动议须经会员代表大会表决通过，并报业务主管单位审查同意。

第四十四条 本会终止前，须在业务主管单位及有关机关指导下成立清算组织，清理债权债务，处理善后事宜。清算期间，不开展清算以外的活动。

第四十五条 本会经社团登记管理机关办理注销登记手续后即为终止。

第四十六条 本会终止后的剩余财产，在业务主管单位和社团登记管理机关的监督下，按照国家有关规定，用于发展与本会宗旨相关的事业。

第八章 附 则

第四十七条 本章程经 2005 年 11 月 27 日会员代表大会表决通过。

第四十八条 本章程由本会理事会解释。

第四十九条 本章程自社团登记管理机关核准之日起生效。

中国广告主协会企业单位会员名单

中国医药集团公司
中国国电集团公司
中国电信集团公司
中国电子信息产业集团公司
中国储备粮管理总公司
中国中化集团公司
中国石油天然气集团公司
北京有色金属研究院
中国移动通信集团公司
中国远洋运输（集团）总公司
玛氏食品（中国）有限公司
上海家化联合股份有限公司
百威英博投资（中国）有限公司
四川长虹电器股份有限公司
亚洲户外传媒有限公司
青岛港（集团）有限公司
安徽科大讯飞信息科技股份有限公司
海信集团有限公司
浪潮集团
中国储备粮管理总公司
中房集团公司
中国航空集团公司

鞍山钢铁集团
中国联合通信有限公司
中国保利集团
中国工艺美术（集团）公司
中国普天信息产业集团公司
中国中煤能源集团公司
中国航天科技集团公司
北汽福田汽车股份有限公司
中兴通讯股份有限公司
中国船舶重工集团公司
中国农业发展集团总公司
中国轻工业品进出口总公司
中国对外贸易运输（集团）公司
中国海运（集团）总公司
百事（中国）投资有限公司
中国冶金矿业总公司
北京赛波特如烟科技发展有限公司
浙江贝因美科工贸股份有限公司
联合利华（中国）有限公司
耐克体育（中国）有限公司
索尼（中国）有限公司
欧莱雅（中国）有限公司
中国汽车技术研究中心
广州宝洁有限公司
中国华录集团有限公司
厦门金龙汽车股份有限公司
招行银行总行
宁波港集团有限公司
杭州宏华数码科技股份有限公司
天津市凯立房地产公司
中国诚通集团
日辉（中国）有限公司
无锡小天鹅股份有限公司
中国水利电力对外公司
中国恒天集团公司
中国纺织科学研究院
北京兴源地产开发有限公司
中国光大对外贸易总公司
中国邮电器材集团公司
上海黄金搭档生物有限公司
北京百城置业有限公司
紫金国际矿业有限公司
中国卫星通讯集团公司
重庆太极集团
长安汽车（集团）有限责任公司
中国第一重型机械集团公司
东风朝阳柴油机有限公司
五粮液集团公司
厦门海沧投资总公司
厦门市招商中心
厦门出口加工区
红塔烟草（集团）有限责任公司
澳柯玛集团
青岛钢铁控股集团公司
青岛黄海橡胶集团有限公司
中国东方电气集团公司
宁波方太厨具有限公司
浙江东亚工程玻璃有限公司
青海中信国安科技发展有限公司
北京德道体育发展有限公司
江苏天马高科技有限责任公司
山东众智经营管理咨询有限公司
彩虹集团电子股份有限责任公司
深圳迈瑞生物医疗电子股份有限公司
北京南山石韩园林绿化工程有限公司
中国地图出版社
蓝海天扬国际传媒投资（北京）有限公司
青岛海能海洋生物科技有限公司
哈药集团制约六厂
江西万华科技有限公司
广州高露洁棕榄有限公司
青海西部矿业百合铝业有限公司

新疆生产建设兵团国有资产经营公司

北京和谐之美旅游开发有限公司

上海杰事杰新材料（集团）股份有限公司

上海瑞帮生物技术有限公司

广东合力集团

北京北方华宇科技发展有限公司

广告大观杂志社

’2014 中国广告年鉴
China Advertising Yearbook

广告专著与学术论文选登

Selected Advertising Monographs & Academic Papers

病毒式网络视频广告的特征及优化策略
——基于内容分析的研究

北方工业大学艺术学院广告学系 汪 凡
中国人民大学新闻学院 王芳菲
中国人民大学新闻学院 黄 河

摘要：本文采用内容分析的方法，分别从传播渠道、广告主属性和广告内容三个方面，对100个传播最广的网络广告视频加以评析，在此基础上进一步探讨病毒式视频广告的主要特征和优化策略。

关键词：网络视频广告 病毒式传播 优化策略 内容分析

20世纪90年代以来，网络的飞速发展与繁荣，成了中国最显著的媒介现象之一。随着网民数量的急剧增长及网络媒体的不断完善，网络广告已成为广告业的重要组成部分。

在众多的网络媒体中，视频网站是比较受网民欢迎的媒体类型。近年来，我国网络视频行业发展迅猛，用户规模从2007年年底的1.61亿增长至2012年年底的3.72亿，占总体网民比例的65.9%；网络视频广告规模亦快速增长，2012年，视频网站广告收入达67.2亿元，同比增长58.1%，高于网络广告整体46.8%的增速。

与此同时，随着微博和社交网站等社会化媒体的兴起，用户对于短视频的分享量迅速增加，这使得用户生成内容(UGC)、短视频等视频形式迅速发展。受此影响，业界也在不断探索新的视频营销方式，基于用户分享而产生良好传播和扩散效果的病毒式视频广告应运而生，并迅速成为广告主关注、业界实践的热门话题——很多作品在网络上广泛传播，在达到良好的营销效果的同时也引起了较多的社会反响。

而相对于业界实践，关于病毒式视频广告的学界研究却稍显不足，对于病毒式网络视频广告的制作、发布等方面的实务和理论研究，大多都停留在经验的层面，量化的研究与分析较少。针对于此，本研究将通过选取样本、对病毒式视频广告进行内容分析，试图提炼出病毒式视频广告得以快速传播的主要动因，从而为业界的实践和学界的后续研究提供有价值的参考。

一、病毒式网络视频广告的相关概念

由于病毒式网络视频广告仍属于比较新鲜的事物，学界和业界对其概念尚无定论，分析的视角也不一样。

比如有研究者从传播的角度对病毒视频广告加以描述，认为其可像“病毒”式扩散——“能够快速复制并向更大范围传播，能引起受众极大关注，不需要刻意的人为推广便能引发受众主动对其进行传播”(李佳，2010)。

又如，有研究者从病毒营销的本质对病毒视频广告进行定义，认为其是“那些鼓励目标受众将市场信息像病毒一样传递给他人，使市场信息呈几何级增长速度传播的一种营销策略”，视频短片是其中的一种营销形式(白玫、林云、张连永，2007)。

还如，威尔逊博士在对比病毒式营销和传统营销二者模式的基础上，提炼出病毒式营销的核心特征和基本要素，这包括：(1)提供有价值的产品或服务；

(2) 提供无须努力的向他人传递信息的方式；(3) 信息传递范围很容易从小向大的规模扩散；(4) 利用公共的积极性和行为；(5) 利用现有的通信网络；(6) 利用别人的资源 (Wilson,2000)。

基于上述梳理，本研究拟综合传播与营销的双重视角，对病毒式网络视频广告做出如下界定：它是借助病毒营销的手法制作的，在互联网平台上进行传播的，以视频广告形式呈现的一种营销方法；其中，病毒营销的基本要素是病毒式视频广告所应具备的本质特征，而“病毒”式的扩散则是其应达到的传播效果。

二、研究方法

（一）内容分析的编码方式

本研究结合视频广告的传播特性和威尔逊博士归纳的六个基本要素，将病毒式视频广告的内容分析编码表归结为以下三个方面：(1) 视频广告的观看情况，其中包括广告获得的评论、转发的数量，以及广告被转发至的平台类型；(2) 广告主的属性，其中包括广告主的地域属性和行业属性两个层面；(3) 视频广告的内容，包括广告的时长、表现形式、取材来源、主人公、题材类型、主题类型、创意类型、运用元素、标题制作手法、广告诉求类型、制作风格以及广告主被提及的方式等多个指标。其中，视频广告的观看数据在广告页面上直观可得，广告主属性及广告内容数据则通过对视频广告的内容分析而得。

（二）样本取样

本研究按照优酷网广告视频的播放次数进行降序排列，筛选出前 100 则视频广告，而对视频的上传和发布时间不设限制。

之所以选取优酷网的全体视频广告为样本总体，主要是出于以下两方面考虑：其一，通过考察病毒式视频广告的传播路径，我们发现，病毒式视频广告往往以视频网站为第一投放平台，其次才是通过营销人员或者网民自发地在微博、SNS 等社会化媒体平台上发布，取得“病毒”的扩散式传播效果。因此，视频网站的视频广告可被视为病毒式视频广告的重要来源。其二，优酷网在我国视频网站中占据最大的市场份额，日均覆盖和收纳的视频量等均位居视频行业首位，因此具有较强的代表性。从优酷网的网民点击、分享数量可窥测我国网民对视频的喜好与需求，同时通过对其中播放次数最多的前 100 则视频广告进行提炼，可总结病毒式视频广告得以成功传播的共性特征。

三、结果分析与讨论

（一）传播渠道与播放次数之间的关系

1. 广告观看情况与播放次数之间的关系分析

本部分重点分析病毒式视频广告获得的评论、分享情况与广告播放次数之间的关系。

广告获得的评论情况主要通过在视频网站上该视频所获得的评论条数来体现。在分析中，所采集样本的播放次数与获得的评论数量的相关系数 r 为 0.089，二者相关不显著 ($p>0.05$)。

导致这一结果的原因可能是：病毒式视频广告传播的机制是通过网民在微博、SNS 等其他社会化媒体平台上的转发与评论，吸引其他众多网民的点击与观看，造成广告信息的大规模扩散，进而使得广告在视频网站上的播放次数大幅提升。相对而言，网民通过浏览视频网站上的评论获知视频信息并进行观看的情况则较少。因此，对病毒式视频广告播放次数起重要影响的应为社会化媒体平台上网民关于该广告的分享与推荐，而非自身视频网站上的评论。

2. 广告转发情况与播放次数之间的关系分析

广告的分享情况可以通过广告的被转发次数与被转发至的平台类型两个方面体现。

(1) 广告被转发次数对播放次数的影响

广告被转发次数与总播放次数的相关系数 r 为 0.131，两者相关不显著 ($p>0.05$)。

这一检验结果与我们的惯常认知不符：既然病毒广告主要靠社会化媒体间的分享来获得点击量，那么视频被转发次数应该与播放次数呈现出明显的正相关系。我们认为，需结合整体的传播语境对此加以理解：在网络语境中，分享也被视作一种无声的意见表达，而在实际中往往是静默、围观的人要多于表态的人，这使得网民在对待视频广告时也是如此——通过点击进行围观者多、通过分享表达态度者少。如一项对中国网络视频用户行为的调查显示，只有13.5%的网民会使用视频网站的分享工具，将视频分享到其他网站；而习惯于在社会化媒体平台上将视频分享给网络好友的网民所占比例也仅为21.3%。这可能是转发数量与播放次数不成正比的原因。

这同样也给我们以启示，在衡量一则视频广告是否取得“病毒”式的传播效果时，不应仅仅局限在其所获得的转发、分享等表层数量指标上，而应追根溯源至其在视频网站上的播放次数，只有后者才能准确体现出广告最终所覆盖的受众人数。

(2) 广告被转发至的平台类型与播放次数之间的关系分析

虽然转发次数对播放不构成显著影响，但这并非意味着视频广告的转发情况不再重要。对于一则成功的病毒视频广告而言，转发的真正意义在于：它是视频广告进入社交网络、接触更多网民的关键渠道。如果通过转发能使视频广告进入一个优质的、可促进其扩散至更多网民的信息传播平台，便有可能获得较好的传播效果。

在此种意义上讲，对播放次数构成关键影响的应该是视频广告被转发至的平台类型。由于不同平台在用户规模、核心用户群体的属性和行为特征等方面存在差异，在该平台上分享的视频广告也会相应地面临不同的传播环境。如果一个平台的用户规模较小、核心用户群体并非广告的目标消费群体或活跃度不高，那么，即使广告被分享至该平台上并具备了一定的转发数量，囿于平台的局限，最终也不会获得很高的播放次数，更不要说促成广告主的营销目标。

为了进一步验证这一推论，我们采用方差分析探索广告被转发次数最多的平台类型与播放次数之间的关系。方差分析表明广告被转发的平台类型与最终所得到的播放次数之间具有显著的关系 ($F=2.83, df=6, P<0.05$)。

(3) 最常见的转发平台和获得最大扩散效应的平台分析

通过对这100则病毒式视频广告所被转发至的平台类型进行细化分析可以发现，从被转发至平台的整体情况上看，虽然优酷网提供了12个可进行转发的平台选项，但网民的转发情况却呈现集中的态势，通常在QQ空间、人人网、新浪微博、腾讯微博、开心网和MOP贴贴这几个平台上得到最多频次的转发，人人网上的广告被转发的次数最多，有43%的广告在人人网上获得最多的转发数量；位居二、三席的依次是QQ空间和新浪微博，各自有30%和19%的视频广告在其上获得最多转发。这说明转发至人人网、QQ空间和新浪微博三大平台上的视频广告，更容易被网民大量分享，获得“病毒”式的传播效果。

3. 广告主属性对播放的影响

(1) 国外企业的视频广告得到更为广泛的传播

在100个被统计的样本中，有64%的广告主是国外企业，其余的广告主为国内企业。这意味着涉及国外企业产品或服务的视频广告容易获得更多的点击量。导致这一现象的可能原因有两个，其一是国外企业（大多是欧美企业）的广告运作实力相对较强，不仅对媒体特性和消费者心理更为了解，同时在病毒营销等新型营销领域早有涉足，这都使得其在制作和投放病毒式视频广告时相较国内企业而言更为得心应手；其二则可能在于中国网民对国内企业存在刻板成见，由于国内一些企业近年来不断被曝出产品质量、经营管理等方面的问题，使得中国消费者一定程度上对国内企业失去了应有的信任和好感，并将这种情绪进一步转移到国内企业的广告上，减少了对它们的点击与分享。

(2) 食品饮料、化妆及卫生用品行业的广告主对病毒式视频广告的运作更为成熟

来自食品饮料、化妆及卫生用品两大类广告主所制作的广告所占样本比例分别为36%和20%，远远领先于其他行业的广告主，这显示出此类行业在投放病毒式视频广告方面的优越性。我们通常认为，IT、通信、网络服务等技术含量高、涉足互联网营销领域较早、与互联网联系更为密切的行业，在病毒营销这一新兴网络营销领域会做得更好。而本研究结果表明，食品饮料、化妆及卫生用品等直接面向广大消费者、与消费者生活密切相关的快销品行业，虽然进入网络营销领域相对较晚，但因其品牌及产品更加为消费者所熟知，其投放的病毒式视频广告可能更容易与消费者产生共鸣，从而取得不错的效果。

4. 广告内容的特征提炼

广告的评论、转发情况以及广告主的特征固然是广告得以形成规模化传播的部分原因，而决定一则广告能否打动网民、能否吸引网民的分享与关注的关键仍在于广告的内容，这包括广告的外在表现、内在创意和信息内容等方面。

（1）广告创意与表现的研究发现

广告时长与接受度之间的关系。就整体网民而言，2 分钟以内的广告更易被传播。分析显示，在这 100 则病毒式视频广告中，有 39% 的广告时长在 1 分钟以内、30% 的广告时长在 1 － 2 分钟，二者合计共占 69%；时长超过 4 分钟的广告所占比例仅为 10%，而 10 分钟以上的广告只有一则。这一结果说明，在快餐文化盛行、注意力资源稀缺的当下，消费者对其所接触的信息所能保有的注意力和耐心有限，因此一般而言，广告的时长越短（通常为 2 分钟以内）越能吸引网民的关注，从而更能达到理想的传播和扩散效果。

对广告时长与广告所被转发次数最多的平台类型做交叉分析可以发现，不同时长的广告在不同平台上被转发的次数也不尽相同：时长在 1 分钟以内的广告在各大平台上都较容易获得大量转发，而广告时间越长，则越被集中在同一种平台转发。规律显示超过 1 分钟的广告通常不能引起开心网用户的大量转发，而时长超过 5 分钟的广告只在 QQ 空间和人人网两大平台上才能获得最多转发。导致这一现象的主要原因可能在于各大网站的核心用户群体存在差异（如开心网的核心用户群体是以白领为代表的工作人士，QQ 空间的使用者多为年轻人，人人网的核心用户大多是高校学生），而不同人群由于自身空闲时间不等、保持注意力的时间长短不一（如年轻人相对于老年人可保持的注意力时间稍长、学生相对于白领的闲暇时间稍多等），对广告时长的接受程度也就有所差别，这也就导致不同时长的广告在不同分享平台上被转发的次数不同。通过这一结果，我们亦可推断学生群体、年轻网民可能更有耐心去观看并愿意分享时间稍长的广告。

病毒式广告的表现形式及制作风格。对样本的表现形式分析表明，八成的病毒式视频广告都是以影视剧的形式呈现，另外还有 11% 的广告以动画卡通的形式呈现，而采用诸如综艺娱乐、访谈、生活服务、体育竞技、专题纪录等其他视频表现形式进行制作的广告片所占比例尚不足 10%；这一比例与投放在电视媒体上的视频广告相类似。

在广告所呈现出的制作风格方面，超过半数(54%)的广告仍采用与传统电视广告所一致的拍摄手法和叙事手段——风格正统、用语正式、画质考究、情感积极；另有 43% 的广告虽进行了改良，但只是在此基础上融入了网络视频的一些特征，如加入恶搞性情节和互动元素等，在整体制作风格方面并无过多变化。而对传统电视广告完全颠覆，呈现出与由网民用手机或其他移动设备等拍摄并上传的视频短片类似的风格（如画面晃动、镜头切换生硬、视频中杂音较多等）的视频广告占样本比例仅为 3%。

既然病毒式视频广告是以互联网为投放媒介，并以吸引较追求个性化的网民的关注为目标，为何其形式与制作风格上仍与传统的电视广告相似？原因可能有二：其一，现今广告主及广告公司在制作病毒式网络视频广告时，仍采用传统电视广告的运作思路进行构思及拍摄，并未在形式上采用过多突破，只是在内容上加以改进以吸引网民注意；其二，网民对视频广告的表现形式要求也很严苛，如要求画质精美、音效好等，因此他们大多也只分享和观看符合相应特征的广告。因而，在制作方的单一供给和受众方的形式需求两个因素的作用下，现今的病毒式视频广告多呈现出与传统电视广告相类似的形式和风格，但会在情节或题材等其他内容方面进行适当创新。

病毒式视频广告在标题上的表现。对于视频广告而言，标题影响着网民对广告的第一感知，标题所运用的表现手法也会对广告的点击量、分享量产生至关重要的影响。在编码表中，我们按照表达方式、所含信息等维度将其分为了15种类型，分析结果如图1所示。

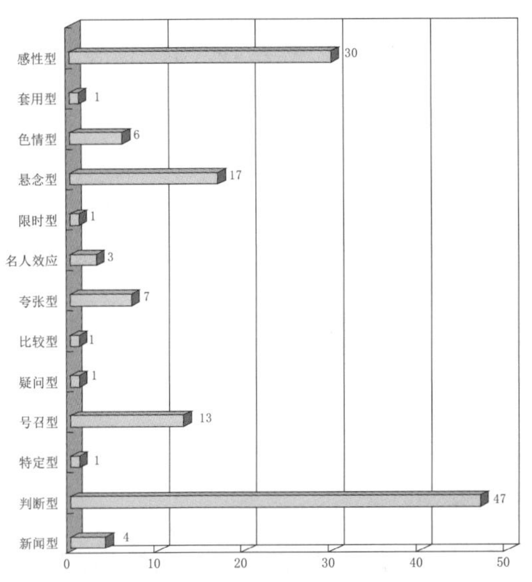

图1 广告标题所使用的表现手法

结果显示，判断型标题和感性型标题是病毒式视频广告中最为常见的标题，分别有47则和30则广告使用了这两类标题。其中，判断型标题是指直接表现商品带给消费者的好处或是直接赞扬商品的优点的标题，而感性型标题则主要是诉诸情感。二者之所以常见是因为前者通过单刀直入地切入主题，增强广告的针对性，并直接唤起商品核心消费群体的注意力和兴趣；而后者则可通过情感来引起广告受众的共鸣以吸引更广泛的人群进行点击。

位列其后的则是悬念型(17则)和号召型(13则)标题，这也是网络标题惯用的两种手法，或通过设置悬念来引发观众的好奇心，或提出号召，甚至是以赌咒的方式(如"是中国人就顶起来")来增加视频的点击量。这两种标题的成功之处在于其较好地迎合了网民的好奇心理和参与意识。

广告的演员及取材方面。广告所选用的演员以及内容素材，是视频广告的一个重要表现手法。通常人们认为在营销中"借势"——借用一个知名度高的人物、热点事件会取得更好的传播效果，但是对这100则病毒式视频广告的分析结果却与此认知相悖。

首先，在广告的主人公方面，在100个样本中，逾七成的广告是以普通人为主人公；位居次席的是主人公为动漫形象的广告。共计11则，选取各类名人(时尚名人、文体明星、媒体人、文化名人)的广告总计只有16则，尚不足总体的两成(见图2)。

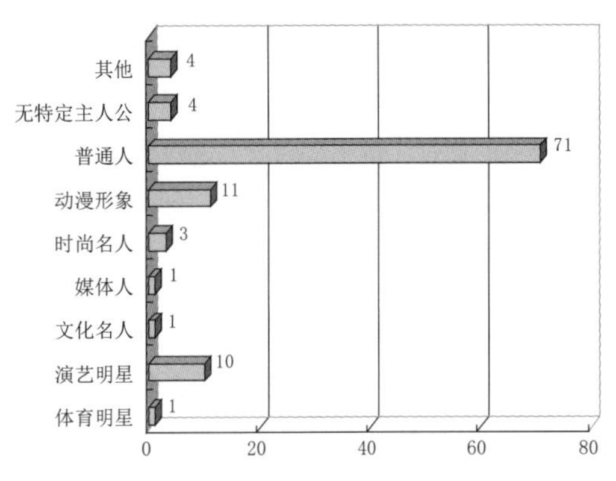

图2 广告的主人公类型

其次，在广告的取材方面，可能通常认为以已有的影视作品、文学作品、动漫卡通的情节或人物为范本，或是来自社会热点事件、普遍现象等的广告作品更容易与受众形成共鸣，从而获得大量的观看与转发，但研究结果却与此相悖，在这100则病毒式视频广告中，超过七成(73则)的广告并未借力于上述任何一个方面，其内容素材恰恰是原创内容(见图3)。

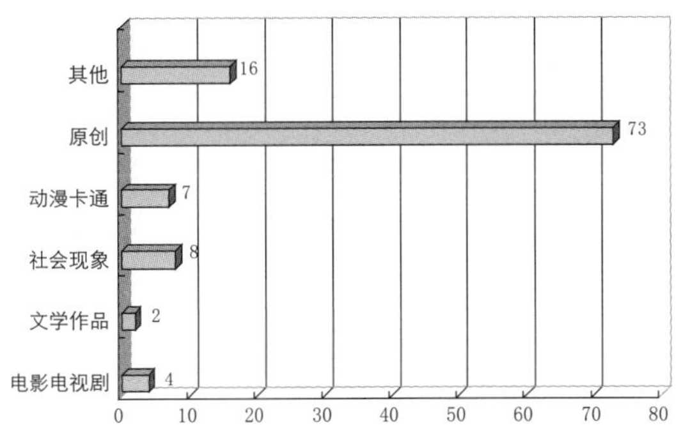

图3 广告的取材来源

为何会产生这一与常规的“借势”思路所截然相反的结果？这可能是由网民的独特心理所致。在当今追求个性与自我表达的时代，网民喜欢的不是别人身上发生的事情，而是与自己相关的、以自己为原型的草根类内容。同时，他们也喜欢看到新颖的、独特的东西，喜欢眼前一亮的感觉而非单纯改编或“新瓶装旧酒”。从这一角度上说，他们虽然关注社会焦点事件、知名人物等，但却不容易在内心深处与以这些为内容素材的广告产生共鸣。而那些以普通人为主人公的广告却可能给他们带来更大的触动，从而获得广泛的传播。

广告的创意方面。本研究将广告创意归纳为 7 种类型，它们分别是情景型创意、联想型创意、幽默型创意、示范型创意、情感型创意、定势型创意和悬念型创意。经内容分析，采用情景型创意的视频广告所占比例以 28% 居于第一位，远远领先于其他创意类型。这表明，通过渲染一定的消费情境、增强消费者消费体验的广告较为容易受到他们的欢迎，从而获得较高的点击量。位于次席的则是联想型创意，共计 18% 的成功广告采用此类创意；而幽默型创意和示范型创意并居于第三名的位置，分别有 16% 的广告采用这两类创意。它们排名居前的原因可能是因为广告主希望借广告突出产品或服务的功能或特性，因而大多广告都是为了直接凸显这一目的而制作，联想、幽默或示范是最重要的技巧与手段。

值得注意的是，定势型和悬念型创意在此次统计中所占比例较小。而证言型和对比型创意则在本研究中并未出现，可能的原因是：这些创意或是与网民追求独特、新奇的心理相悖，无法满足网民相应的需求，导致运用此类创意而成功的视频较少；抑或受视频广告的时长、广告公司的制作能力和创作思路、广告政策等方面的限制，如对比型广告很容易被认为是违反正常竞争原则而受到惩处，这使得相应类型的广告供给较少。

(2) 广告的信息内容要素

受网民青睐的情节分析。在分析广告的信息内容时，我们首先将视频广告的题材划分为 20 个类别并进行统计分析，以了解视频内容的大体风格特征。研究发现，在 100 则病毒式视频广告中，89% 的广告都符合“剧情”一项的要求，即具有丰富的故事情节和形象饱满的人物，这从一个侧面反映出网民对视频广告的情节有着较高的要求。而在具体的情节方面，爱情、悬疑、情色、励志这四类剧情因为迎合网民的相应的心理需求而受到他们的欢迎，这也使得含有上述题材的广告也得到了大量的点击和播放，跻身成功传播的病毒式视频广告行列——在 100 则样本中，带有上述题材的视频广告数量分别为 17 则、15 则、10 则、10 则（见图 4）。

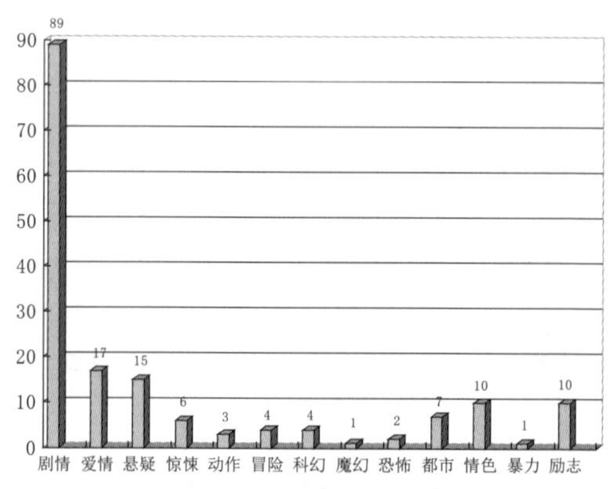

图 4 广告的题材类型

此外，需要注意的是，诸如历史、战争、武侠、警匪、犯罪、谍战等在影视剧中常见的题材，囿于广告公司制作能力、与产品契合度等多方面的限制，在病毒式视频广告中并不常见。

常见的广告主题分析。广告主题即是广告的诉求重点、希望消费者说明的问题，是广告内容和目的的集中体现。一般说来，广告主题可有如下 8 种类型：①利益主题，宣传产品的利益点，即能给消费者带来的好处，如外观造型、设计结构、独有技术等；②商品识别主题，突出商品的品牌名称、商标、包装等；③优势主题，和同类产品比较，显示自己的产品比其他同类产品的功能、质量等方面优越；④服务主题，突出企业服务；⑤企业主题，突出企业的专业、经济实力、信誉等；⑥附加价值主题，突出产品非功能性方面的特点，以增加产品附加值为主题，即指通过智力劳动（包括技术、知识产权、管理经验等）、人工加工、设备加工、流通营销等创造的超过原辅材料的价值的增加值；⑦心理主题，激发或迎合消费者的心理活动；⑧活动主题，告知正在开展的各类公关、促销活动等。

分析结果显示，宣传商品可给消费者带来的好处的利益主题和突出商品的外在标识的商品识别主题，是制作病毒式视频广告最常采用的两类主题；在100个样本中，运用上述两类主题的广告分别有35则和24则，二者合计共占样本总体近七成的比例。究其原因，可能是由于这两类主题较为契合广告主的广告投放目的——通过广告投放直截了当地向消费者宣传产品特征、增强品牌识别、树立品牌形象以促进相关产品的销售，因而采用这两类主题的广告本身就相对较多。

此外，采用心理主题和优势主题的广告也分别有20则和12则，占据着不小的比例，这意味着能够满足消费者相应心理需求的广告也会获得成功。其中，心理主题是以刺激和迎合消费者的心理活动为主，而优势主题也在一定程度上回应了消费者在购物中希望省去比较同类商品的功能、特价或是价格等方面困扰的消费心态。

四、病毒式视频广告的优化策略

对传播最广的病毒式视频广告进行内容分析的根本目的在于总结其成功经验，并据此为日后视频广告的制作和投放提供优化策略。这包括如下几个方面：

第一，广告发布方面，应选择更具有优势的转发平台。分析表明，相较于广告获得的评论及转发数量，广告所被转发至的平台类型是影响广告播放的关键性因素。因而，在病毒视频广告的扩散过程中要抓住工作的重点，即一开始就要选择更具优势的传播平台，如QQ空间、新浪微博、腾讯微博、人人网、腾讯朋友等，而非单纯地追求评论和转发数量。

第二，在广告创意及表现方面，可遵循如下原则：(1)根据受众特征确定广告时长。在制作视频广告时，应尽量将广告时长控制在2分钟以内，但也可根据受众的特点进行适当调整，如果受众总体年龄偏低，根据其注意力的特点，制作较长的广告也无不可。(2)尽力优化广告的表现形式及制作风格，使其遵循网民所青睐的传统电视广告、影视作品的拍摄规律——风格正统、用语正式、画质考究、情感积极，并致力于提升广告的精良程度；(3)多采用判断型标题与感性标题，并根据视频的特点，挖掘其中能与受众心理相契合的点，以吸引目标消费者的关注；(4)创意要贴近普通人的生活与情感，如可采用以普通人为主人公、内容为原创素材等方法；(5)合理采用情境型及可增强消费者的消费体验的创意来设计广告。

第三，广告信息内容方面，可有如下的优化策略：(1)设置爱情、悬疑和励志等对消费者更具吸引力的情节；(2)在广告中突出产品的利益点，如突出商品给消费者带来的好处、商品的外在标示等。

参考文献：

[1] 白玫，林云，张连永. 借力营销的典范，病毒性营销[J]. 商场现代化，2007(12)：176.

[2] 中国互联网络发展状况统计报告[R]. 2013.

[3] 中国网络视频蓝皮书[R]. 2012.

[4] 艾瑞咨询 .2012 年 Q4 及年度中国网络广告 & 搜索引擎核心数据发布[R]. 2013.

[5] 李佳 ."病毒式广告"在网络环境下的传播与博弈[J]. 新闻爱好者，2010(9)：98-99.

[6] Ralph F.Wilson, The Six Simple Principles of Viral Marketing, Web Marketing Today, 2000.

互联网思维下广播电视广告的营销创新

周 伟 杨兆婧 荣欣欣

广播电视广告面临新媒体广告的全面威胁，这与新媒体技术先进于传统媒体有必然联系。总体而言，相较于传统媒体，以互联网技术应用为特征的新媒体广告虽凭借其互动精准的优势特点而具有更强的竞争力和增长性，但纵观二者沉浮却可以发现，在每天都有新媒体夭折时，某些传统媒体经历过营销创新后，广告生命力反而日益增强，并始终保持收入高增长。

这一“反常”现象更揭示出广告业的一个深层规律：如以传统媒体思维经营媒体，即使经营的是新媒体，也不可避免地面临淘汰；若能以互联网思维经营传统媒体，却可以让传统媒体重新焕发生机，实现持续性增长。

我们知道，互联网对经济的重要贡献是利用网络特征、技术优势和管理优势提升并改造线下传统产业，改变其原有的产业发展节奏、建立新的商业模式。基于这样的理念，本文着重讨论互联网思维在以广播电视为代表的时间媒体广告经营中的应用及其对广播电视广告经营模式的优化和提升。

一、广播电视广告营销采用互联网思维的必然性

从我们所处历史时代来看，广播电视广告经营采用互联网思维的必然性有以下三方面：1. 我们的客户——作为发展迅猛、对市场推广渴求度高的主流企业，广告主已在有机融合互联网技术的同时使用互联网思维；2. 我们的高端受众——高学历、高收入、高影响力、高消费力的受众都是互联网，特别是移动互联、智能终端的用户，他们采用互联网思维模式和消费模式；3. 广播电视的内容编播在技术层面已经广泛利用互联网技术，但从业者的思维，特别是其在广告经营上的思维却互联网化不足。

从广告形态上看，传统的广播电视广告存在以下问题：1. 自中心点传播的大众媒体与新媒体相比缺乏精准性和互动性，且效果不易被评估、很难被广告主所感知；2. 产品不够碎片化且形态单一，与现代大众碎片化的媒体接触习惯不符，并和媒体消费者在购买中更注重体验和情感因素的需求背道而驰；3. 在新的大众传播模式中，广播电视因忽视二次传播的作用而在传播影响力上表现堪忧。

因此，广播电视广告经营管理者需要在营销中引入互联网思维，用体验营销的互联网模式经营广播电视广告：主动将广播电视广告产品碎片化和多元化，植入更多的情感营销；让广播电视广告在创意上实现跨界营销，并着力于二次传播；与此同时，将新媒体整合于广播电视广告传播链中。只有借鉴和整合，才能让广播电视广告在实现升级的同时被已具有全新思维模式、价值观的广告主和受众所接受，重新焕发生机和活力。

二、广播电视广告营销中的互联网思维

互联网思维已渗透至当今生活的方方面面、时时刻刻，从大众价值观到社会生活方式，甚至可以具体到消费模式和人际交往方式。因本文只讨论与广告营销相关的互联网思维，故仅将在广告营销中涉及的互联网思维与传统思维加以对比如下。

传统的广告营销与互联网广告营销思维对比

传统思维	互联网思维
销售广告时间资源、销售广告产品	为客户提供推广和营销解决方案
广告产品对广告产品的竞争	广告营销商业模式的竞争
注重媒体自身的广告产品	注重客户需求
重视广告产品的功能	注重广告的价值
销售靠信息不对称	关注非主流广告客户和潜在客户
关注主流广告客户	营销靠信息共享
更多的收费或羊毛出在羊身上	更多的免费，利用跨界创新消化成本
行业边界和规则清晰	跨界并不断重建规则
中心化营销	去中心化营销
坐等、叫卖	体验营销
凭感觉和经验看市场并决策	数据化营销
内容为王	端口为主
信息整体到达、直接到达	信息碎片化到达、二次传播
……	……

传统的广播电视广告销售售出的是广告时间资源、特定位置的广告产品或以收听率为指标的受众注意力；而互联网思维下广播电视广告营销的是广告的价值和客户满意。广告的价值和客户的满意通常以服务过程的满意度、投放带来的网站点击量、呼入进线量、单成交广告成本为衡量。

互联网思维的核心是“免费”和“跨界”。在此概念中的“免费”并不是传统意义上的不追求利润，而是不再以利润为中心。当传统媒体经营转“利润”中心为“流量”中心后，可以通过后者在前期获得最大规模市场，然后再将市场规模进行跨界转化，最终实现打击对手，获得利润的目标。“面向大多数人提供产品和服务是折本而通过向少数客户提供有偿服务弥补损失。因为这些公司追求‘最大化’战略，那些相对少数客户带来的回报抵得上为千百万人提供服务创造的利润”。[1]在此过程中，固定清晰的边界和规则只会禁锢传统媒体获得更大市场和更多商业机会，要打破限制自身发展的边界和壁垒让广告不再只单纯实现传播的功能，而是兼备更多的营销功能。广覆盖的广播广告不但可以替代传统渠道，实现“去中心化”营销，还可以将“免费”作为手段，抛弃固有的坐等、叫卖或推销，真正实现广告客户所要求的体验营销。

时至今日，受众的媒体接触习惯已发生颠覆性变化，最显著特征即从整体化传播、直接到达转向碎片化传播、二次到达。这种变化除体现在受众的媒体接触时间外，还表现于受众接收到的媒体内容上，后者也导致了媒体接触时间的碎片化。碎片化传播和二次到达让“内容为王”概念不断弱化，在企业、机构和个人的自媒体时代，只需将现有的海量内容进行及时、科学再编辑，即可成为新内容。与此同时，利用传媒端口占有受众注意力，引导二次传播，则成为了应对碎片化传播最有效的手段，故“端口为王”才是互联网思维的进行时。

三、互联网思维在广播电视广告经营中的应用

互联网思维在广播电视广告经营中的应用可分为三个方面：首先，将互联网思维用于广播电视广告的经营管理；其次，借鉴新媒体营销模式营销广播电视广告；最后，将新媒体整合进广播电视广告的传播链。

（一）互联网思维在广播电视广告经营管理中的应用

广播电视广告的经营管理是一个系统工程，传统的广播电视广告经营管理与新媒体相比凸显其粗放管理弊端，因此需要在广告时间资源管理、广告客户资源管理、销售队伍培养和激励、环境变化应对等多方面引入互联网思维。

1. 数据化营销

对比新媒体，广播电视广告经营最突出的一个问题是数据缺位，而仅“凭感觉看市场”。即使经营中应用数据，所涉及的数据也存在实时性差、准确性低、缺乏全面性的问题。而且，在数据使用方式上仍以散乱无序为特征，未将数据构建为科学的数学模型后再加以应用。

从新媒体的数据化营销视角来看，广播电视广告经营主要涉及三大类数据：环境数据、媒体客户数据和媒体广告业务数据。这三大类数据以及其中包含的众多细分数据间具有千丝万缕的数据关系。数据间关系又构成了一个复杂数据关系模型，其中每个数据的变化都会引起某个或某些数据的随之变化，共同构成变量环境。

如某电视台广告饱和度较高，超过“61号令”

规定的广告比例时，就应该销售消耗广告资源较少的产品，这样的产品在初期往往客户接受度低，需要适当增加优惠政策激励客户，同时还需要设法提高销售力。过程中还要根据媒体客户数量、客户使用产品情况、产品价格和优惠政策、媒体销售力状况等多方面数据进行调整。

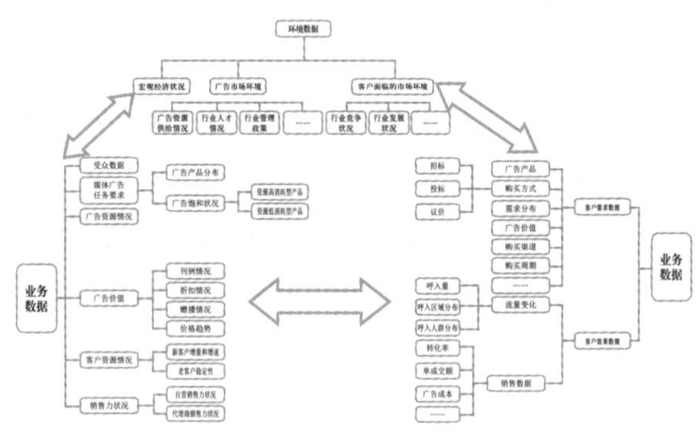

图 1 广播电视广告经营中的主要数据

传统的广播电视广告经营管理在面对众多数据和复杂的数据关系时，往往认为系统本身的复杂性决定了系统的不可控性。但当我们利用新媒体惯用的数学建模、优选法、黑箱理论进行实时数学分析时，能够清晰地发现复杂数据背后的简单逻辑关系。这与互联网思维中一句名言契合："很多事情我们找不到规律，不是因为事物本身没有规律，而是因为它有更高层次的逻辑。"

时间媒体的饱和度营销理论[2]就是很好的一个例证，这一理论利用数学模型，科学地展示了广播电视广告饱和度、广告价格、频道广告收入间的复杂数学关系，为时间媒体实现收入突破提供了理论基础。

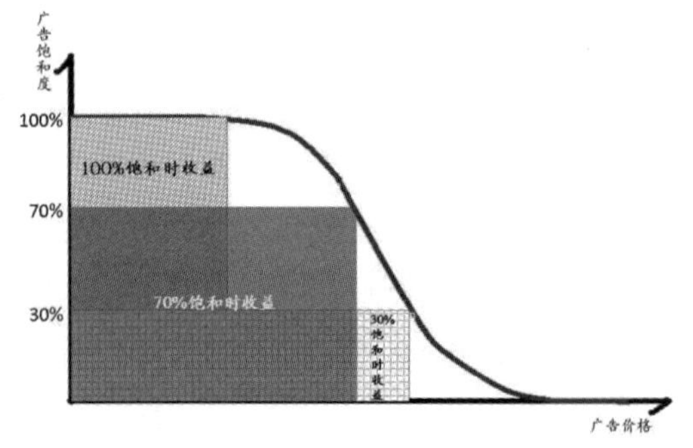

图 2 时间媒体饱和度营销模型

互联网应用下的数据化营销可以更好利用资源，这在其他营销领域也已经有了很好的范例。某些足球比赛现场，持票入场的观赛者只需登录主办方指定的网址进行注册，就可以获得座位升级的抽奖机会，并有可能抽中优于自己现有的观赛位置。主办方将自己掌握的销售数据和上座率数据进行分析后，把一定比例的未销售球票或销售后未入场观赛的座位作为奖品，让希望获得座位升级的观赛者进行注册，从而获得会员注册数据。在此过程中，除为参与者提供了更好的体验外，主办者也获得了有价值数据，并更好地利用了空置资源。基于大数据和小数据的搜集与再分析，对空置的、未获得盈利的剩余资源进行再营销同样也可用于广播电视的时间资源深度利用。在广告合同开播前可以利用此种模式为已签订合同的广告客户在剩余时间范畴内提高广告播出段位或向其提供更多的赠播。

数据化营销中对于数据有严格的要求，使用过时的、不准确的、断裂的数据必然无法实现准确的、科学的判断，那么实时的、前瞻性的判断和整体把握更无从谈起。对数据的具体要求为以下四方面：

(1) 数据必须是正确且完整的，否则无法反映真实信息；

(2) 数据需是实时的；

(3) 数据的获取应尽量是无成本的，以保证数据的充分运用；

(4) 数据的获取不能是违法的。

符合上述要求的数据既可以是来自媒体外部的"大数据"，也可能是来自媒体自身和客户效果的"小数据"。在广播电视广告数据化营销中，将来自市场的"大数据"和媒体自身的"小数据"进行对接后再从中发现规律，必将使复杂的管理更趋向于精致和有序。

2. 广告的价值重构

多元数据分析这一互联网思维方式，还给广播电视广告带来了经营理念的转变。在传统经营中买方与卖方是博弈性交易关系，但在互联网思维中，二者已转变为双赢的合作关系。在这一变化中，传统媒体的广告经营模式从销售资源转变为实现客户价值感知的最大化。也正因如此，广告的价值也需要重新构建。

在新媒体引领下，广告主对广告价值的评估现已普遍采用图 3 所示公式。其中，客户感知价值与广告效果、广告创意策划制作发布过程质量、广告价格、客户获得成本四个变量呈以下函数关系：

$$广告价值 = \frac{广告效果 \times 过程质量}{广告价格 + 客户获得成本}$$

图 3 广告价值评估公式

新媒体也带动了广告价值的再定义，广告价值分为三个方面：产品价值、服务价值和体验价值。传统媒体广告因缺乏互动性，所以客户体验价值极低，服务价值也不被重视，故产品价值在广告价值中占有较高比重；而新媒体则十分重视服务价值和体验价值。如图 4 所示，重视服务价值和体验价值是媒体广告的经营趋势。广播电视广告需要按照这样的趋势进行广告价值重构。

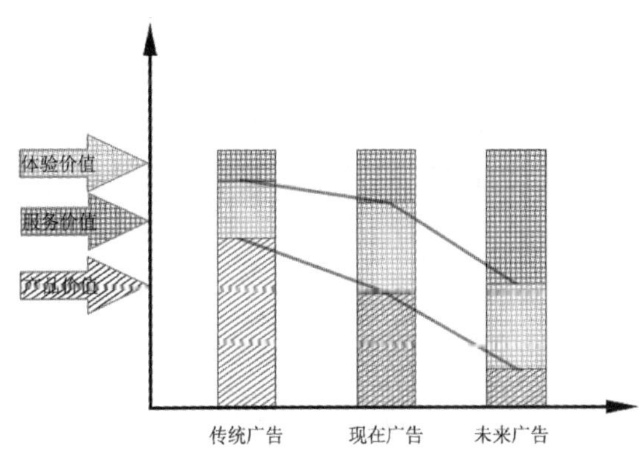

图 4 广告价值重构

3. 打造营销工具箱

作为服务性行业和文化创意行业，人才培养是限制广播电视广告行业发展的主要瓶颈。突破这一发展壁垒，可借鉴互联网思维中“信息和经验共享”理念。将营销团队中资深人才所掌握的一系列解决方法、营销技巧、项目流程等经验予以“解构”后“重构”，并加以规范化和标准化，实现其“工具化”，打造营销工具箱，最终运用于广播电视广告营销核心人才的培养。

营销工具箱实现了人与经验的分离，这种分离让毫无经验的新入职者在通过“工具箱”培训后可以迅速成长为掌握先进营销工具和理念的优秀营销人员。

在时间媒体的营销工具箱中包括价格营销、产品营销、品牌营销、事件营销、碎片化营销、甲方数据营销、多媒体联合提案等众多营销工具。每个媒体均应根据自身媒体和经营团队特点打造具有自身属性特征的营销工具箱，并且通过不断升级营销工具箱而实现营销升级。

此外还可采用项目小组模式、模块组合模式、案例组合模式等互联网常用的技术开发模式进行客户和市场开发。在广播电视广告经营中，项目小组模式是将能力不同但各有所长的人员组合在一起，共同应对复杂项目；模块组合模式是将不同功能的“标准化组件”通过“标准化接口”组合成个性化产品；案例组合模式是从成功案例中选择成功元素进行有机组合后，使之成为有针对性的高效方案。

客户需求的多元化、复杂化和高标准是困扰广播电视广告经营的普遍难题。成功的新媒体无一例外都是在向广告主提供多元化、柔性化、高附加值的广告产品，但传统广播电视的简单粗放的广告生产方式很难适应这样的市场标准。现代工业使用 IT 技术解决简单规模化生产与产品多样复杂化的难题的方法十分值得借鉴，即在批量化生产的标准化“零件”的基础上，组合多样化产品，实现柔性化服务。

如传统 5 分钟的电视专题广告片多为一个完整的视频，但新的制作模式可以是生产 3+1.5+0.5 分钟规格的组合产品。此种结构使用了插件替换模式，便于广告更新，将大大降低更新成本。

（二）广播电视借鉴互联网广告营销模式

作为传统媒体的广播电视虽然不能移植互联网的技术，但相当程度上可以借鉴互联网的广告营销方法，如碎片化营销、甲方数据营销、数字化提案、互联网化广告产品创新……

1. 碎片化营销

广播电视广告的碎片化投放是将全年、高频次、长时间广告投放提案分解为短周期、短时长、小预算、针对事件营销、体验营销、试错试投放的“碎片化”方案。

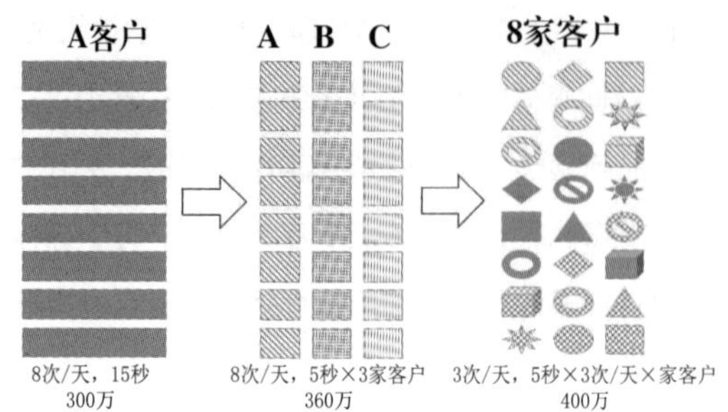

图5 广告碎片化投放模型

大企业广告投放决策链长，若提案预算涉及金额大、周期较长就需要经历多个审批环节。“碎片化”方案让企业将广告投放失败的风险降到最低，且投放过程中可全程贯彻体验营销和事件营销理念，因而被客户广泛推崇。

碎片化提案不但是传统媒体快速获得客户的有效手段，还可以直接打击选择长期提案的竞争对手，并向广告主充分展示媒体对于自身影响力和广告效果的信心。但与此同时也需要电台和电视台在经营管理、制作发播等环节上技术准备充分。

2. 甲方数据营销

广告主最相信的是自己的经营数据。在广告投放过程中，广告主提供实时的经营数据与媒体共同分析，如呼入点击量、成交额、经销商反馈等。双方根据经营数据变化情况，调整、优化广告投放方式和创意，既提高了客户感知价值，又可对广告效果即时评估，有效实现了精准化的广告投放。

3. C2B 模式的柔性化组合产品

这里的 C2B 可定义为客户定制。传统广播电视广告通常是在价格表上为客户规定固定的套播广告产品，这很难满足客户多变的事件营销、体验营销、季节性宣传、用户教育、情感沟通等多变的多元化需求。

电台和电视台以客户需求为导向，将自身的各广告开口拆分为尽量小的（如 5 秒）销售单元，同时允许客户挑选“单元”数量，再组合为不同时长、不同频次、周期变化的广告产品。这样将标准化模块再组合的解决方案向客户提供的是“类 C2B”概念的柔性化、多元化产品。

4. 将传统广告变为 B2R 广告

B2R 意为从厂商到零售商。电子商务的致命弱点是货物到达消费者的最后 500 米。正因如此，社区零售网点受到了厂商的高度重视。广播电视广告广覆盖的优势可以帮助广告主直接开发社区零售点，使广告主的电子商务与社区零售点实现有效对接。B2R 广告的目标人群不再是普通消费者，而是零售商，广告宣传重点则在于推广企业官网、推送企业微信平台。

5. 数字化提案

在新媒体广告营销中，广告主多元化需求是用多个广告版本投放来实现的；当用户的受众特征、时机等因素发生变化后，广告主的不同需求比重随之产生的变化则通过版本替换来实现；在此过程中，多元和多变均通过数字和比重来展现。

这样的数据化模式用于广播电视的广告提案，不但可以大大提升广告主对于广播电视广告的认可率，还可改变其对于广播电视“粗放、不科学”的认识。

图 6 是中央人民广播电台给中石化自助加油项目广告投放的提案模型。在这一模型中，不同版本的数量是基于项目利益点、利益点作用人群分类及不同人群的商业价值而进行的数字化分配。

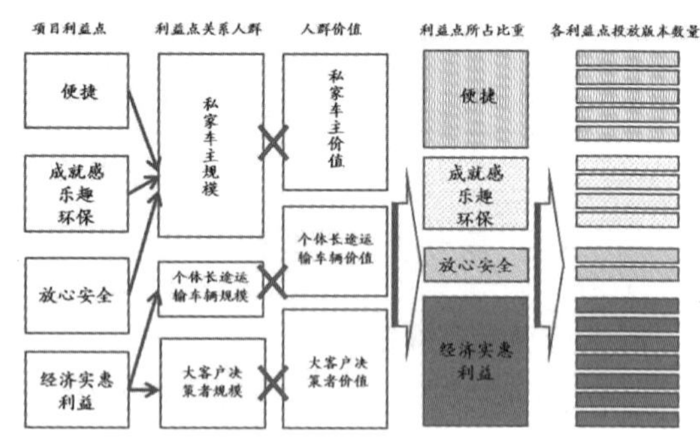

图6 中石化自助加油项目广播广告版本分布提案

（三）将新媒体技术整合进广播电视广告的传播链

对于传统媒体与新媒体的竞争，曾有人提出“打不过他就加入他”的建议，但这个建议将传统媒体置于了弱势地位；在今天，我们看到的却是广播电视广告整合新媒体技术的案例。

1. 基于搜索引擎的“关键词”广告

2013 年百度的广告收入超过了央视。搜索引擎关键词广告的飞速增长拉动了利用广播电视传播关键词的需求。

其中广播的广覆盖和伴随性特征，在关键词传播中能够发挥重要作用。特别是广播小预算、低成本制作、快速发播特征更使其成为互联网关键词营销的利器。广告时长 5 秒钟的搜索引擎关键词广告大量节省了广告时间资源，而关键词中涵盖的“品牌关键词”、“周围关键词”、“长尾型关键词”使广告主的关键词营销诉求不断膨胀。目前中国之声已有近百个此类客户。

2. 二维码广告和声音二维码广告

二维码能够与电视节目内容和画面实时互动，已在电视广告中广泛使用。电视二维码广告配合手机等个人终端，可将受众直接引导进入企业官网，与受众形成即时交互。

声音二维码是将数字信息编码转化为不超过 2 秒时长的声波信号形态。将其运用于广播广告营销中后，可将广告主宣传内容编码为声波信号，通过广播实现广泛传播后被手机应用程序所识别，再被转译为网页、文字、图片等直观信息。即使在行驶的汽车内，识别转译的准确率仍可达到 95% 以上。

二维码和声音二维码在广播电视广告中的应用解决了广播电视讯息不能驻留和广告资源有限的问题，更多应用有待营销人员的深度创意。

3. 与微信营销相融合

广播电视广告与微信的融合使大众传媒与社交媒体高效对接，无论基于移动终端定位服务的“摇一摇”，还是利用其附带的电子货币支付功能，或是二次传播，都可从多方面实现规模、精准、跨界传播一体化，传播－沟通－销售功能多元化。

广播电视与微信营销融合后形成的合力已初露锋芒，不但扩大了时间媒体的媒体空间，还一定程度上改变了其内容不可驻留的媒体性质。以电视为例，受众在微信中对某电视节目的微信账号进行关注后，在节目规定的特定时间点通过微信“摇一摇”功能即可以实现与节目的实时互动，除获得节目内容的相关信息外，还可以获得如主持人的服装赞助品牌、嘉宾的化妆品赞助品牌等软性植入信息，更精准地实现了互动营销，甚至可以直接通过微信形成消费。

广播电视与微信融合后更多的营销功能需要进一步挖掘和实现。

4. 音频比对技术

现阶段，人的语音命令已可以被智能终端识别，广播电视广告的声音也可以被手机、电脑等智能终端所识别。基于此，一般专业工作者利用近乎免费和成熟的开发工具，即可开发出与广播电视音频对接的手机应用程序，从而记忆识别广播电视广告音频，最终通过个人终端将受众带入客户的官网；除此之外，也可开发出微信应用程序，通过识别用户语音，帮助用户找到互联网云平台上存储的广播电视节目或广告……

随着媒体多元化，和人们接触媒体的碎片化，广播或电视广告都已经越来越难作为独立载体获得盈利。打造融合了新媒体的广告产品和服务，即“广播＋”、“电视＋”这样的广告升级产品，可以有效拓展传统媒体的媒体空间，实现内容可驻留性；开辟传统媒体在线下对受众持续教育和情感的沟通渠道，突破内容限制，拓展时间和空间；贴近年轻移动人群；优化自身的广告结构，更好地利用广告时间资源；为广告主提供解决方案的同时节约广告预算，让广播电视广告插上了腾飞的翅膀。

广播电视广覆盖的传播形式在今天的广告市场仍旧拥有巨大的、不可替代的商业价值。但面对受众和广告主已经变化了的思维方式和媒体接触方式，广播电视广告的经营方式必须转变。转变的前提是广播电视广告从业者需引入互联网思维。新思维的引入对于广播电视广告经营者而言是一个艰苦的过程，其难点在于广播电视广告既往的巨大成功和曾经所处垄断地位。广播电视广告从业者只有客观面对眼前的挑战和既往的成功，努力改变自己的观念和业务模式，在思维方式和营销模式上，用“互联网基因”替代广播的一部分传统媒体基因，让其变为“转基因”，才能使广播电视广告的广覆盖优势重新焕发出巨大的商业价值，实现可持续发展。

注释：

[1] 克里斯·安德森．免费：商业的未来[M]．中信出版社，蒋旭峰等．译．2009.

[2] 周伟著．广播广告的创新营销[M]．中国广播电视出版社，2013.

论数字媒体的边界

武汉大学新闻与传播学院 姚 曦
武汉大学新闻与传播学院 秦雪冰

摘要：数字媒体不是无边界的生存，数字媒体只是数字技术和互联网带来的虚拟生存空间的一个组成部分。数字媒体的质仍然是媒体，数字技术只是他的呈现形式，媒体的质决定数字媒体的边界。数字媒体的边界可从技术边界、业务边界、市场边界和盈利边界来进行界定。

关键词：数字媒体 虚拟生存 边界

随着数字技术的发展与互联网的迅速普及。数字媒体极大地丰富了媒介形态，改变了媒介格局。数字媒体也越来越成为研究的热点和重点。然而，对于数字媒体研究的很多基础性问题仍然没有得到解决。其中一个核心的问题是数字媒体的边界问题。是否互联网就等同于数字媒体，是不是在互联网中一切都是媒体？媒体也是一切？数字媒体是不是无边界、无疆域的扩张？目前还存在着认知的模糊。

近年来，数字技术的日臻成熟和更加迅猛的发展，数字媒体已在生活中变得不可或缺，并对全球尤其是中国的社会经济发展产生了全方位的深刻影响，学术界对于数字媒体的探索与争论也在持续升温，很多学者、专家、研究人员都对数字媒体概念的内涵和外延提出了自己的界定，从自己的界定和理解着手来研究数字媒体。在对数字媒体研究与使用的过程中出现了一种倾向，即将数字媒体直接等同于互联网。这不仅没有认识到数字媒体的本质，更会消解媒体的本质。使得数字媒体的研究失去了他的原点，也阻碍了对其进行更为深入的研究；更妨碍了数字媒体实践的发展。在这一背景下，对数字媒体边界的探讨应该成为学界和业界关注和迫切需要解决的问题。首先，理清数字媒体的边界将使得理论研究有明确的范畴。对数字媒体边界认识的模糊必然使得理论研究的偏离和漂移，无法将研究的注意力真正的集中于数字媒体的研究领域，这将会降低理论研究的价值和意义。其次，理清数字媒体的边界才能够使理论研究对实践产生针对性的指导意义，混乱不清的理论无法对实践产生具体的指导。尤其是在传统媒体面临数字媒体的巨大冲击之际，传统媒体要进行数字化转型，对数字媒体边界的正确认识和研究有助于这一转型的顺利进行，更重要的是，目前传统媒体向数字媒体的转型在某种程度上是丢弃了其核心能力的转型，强化对数字媒体边界的认识对建立以媒体的核心能力为出发点的转型有重要的价值和意义。同时，对数字媒体边界的研究对数字媒体的发展也将产生着重要的指导意义。将数字媒体等同于虚拟生存空间的做法，必然会偏离数字媒体本质，也将会影响虚拟生存空间的发展。数字媒体有其自身的发展模式、发展路径和其质的规定性。而虚拟生存空间也有其质的规定性。理清两者的关系，有助于数字媒体和虚拟生存空间研究的深入和实践的发展。本研究以求抛砖引玉，丰富和完善数字媒体的理论建设，促进数字媒体实践的发展。

一、虚拟生存空间与数字媒体边界认识的模糊

20 世纪 90 年代末期以来随着数字技术的深入，互联网的发展和应用远远超出了其发明之初的简单信息传递和共享的功能。目前国内外有关互联网络的研究基本上形成了一个共识，即互联网已经演变成了一个"虚拟社会"(virtual society)，并因此而成为人们社会行动和社会生活的新场域，新平台，新方式，新手段，新空间，它是一个公众性和私人化兼具的虚拟生存空间（即赛博空间）。

（一）人的现实生存与虚拟生存

尽管人的生存不完全由技术决定，但是人生存的具体方式却受到特定时代技术的影响。虚拟生存是随着数字技术的发展带来的新的生存方式。数字技术营造了人的另外一个与现实相对应的生活空间，人类在这个空间中进行物质与精神活动，并与现实进行交互与转换。这个空间的存在方式和行为方式最大的特征是虚拟性，这个虚拟性并不是指其不构成人们的社会行动方式。而是指这个空间不是以原子这个方式存在，而是以比特的方式存在。人在虚拟空间中进行的一切活动构成了人类的虚拟生存。正如尼葛洛庞蒂所说："计算机不再只和我们有关，它决定着我们的生存"。也正如迈克尔·海姆在《从界面到网络空间：虚拟实在的形而上学》中写道："赛博人坐在我们面前，仿佛被缚在需要感情投入的仪器上，完全迷失在这种世界中。赛博人离开了皮囊之囚，悬浮在电脑空间中，在一个数码感知的世界里出现。"

虚拟生存是与现实生存相对的概念，人的现实生存是目前常态的生存方式。是人在面对客观现实世界的生存方式。在数字技术带来虚拟生存以后，人的生活世界由原来的现实生存空间这一个生活空间变成两种生活空间，使得人具有现实平台和虚拟平台两个生存平台。这两种生存方式相互交叉、相互包含。

（二）虚拟生存是对现实生存的延伸和超越

虚拟生存空间不仅是人们在现实生存空间之外进行交互的新领域，而且是一个比现实生存空间更为理想的活动和交往空间。尽管虚拟生存是以现实生存为基础的，离开了现实生存将无法进行虚拟生存，但虚拟生存在一定程度上是对人的现实生存的延伸和超越。

现实生存这一方式的基本规定有两个：第一，人们面对的是真实的人，现实生存必然会受到自身的局限性的限制（比如想飞行受到人体结构的限制；想登山受到体力的限制）；第二，人们面对的是真实的社会环境和自然条件，现实生存必然会受到社会及自然的限制（比如你想去旅行受到时间的限制，想买豪宅受到自己财力的限制；想在一个群体中成为领导者，受到他人认可的限制；做错了事想重新开始，受到时间不可逆性的限制）。由于数字技术的发展，现实生存面临的这些问题都可以通过虚拟的方式得以解决。

（三）数字媒体边界认识的模糊

目前在不少的学术研究中，在对数字媒体边界的认识上比较模糊。将互联网直接等同于网络媒体、第四媒体、第五媒体、新媒体等。将虚拟生存空间中出现的一切现象理解为媒体现象，例如，将虚拟生存空间中的盈利模式直接等同于数字媒体的盈利模式；将虚拟生存空间中的虚拟经济等同于数字媒体经济。有一部分研究者将一部分的数字媒体排斥在其范围之外，例如，将数字广播排斥在数字媒体的范围之外。还有一部分学者模糊地认识到了数字媒体不完全等同于虚拟生存空间，提出虚拟生存不完全是媒体，但没有对这个问题进行更进一步的深入探讨。这种对数字媒体边界认识模糊的现象使得对数字媒体的研究失去了原点，更阻碍了对数字媒体的深入研究。

二、媒体的本质决定了数字媒体的边界

"质是一个事物区别于他事物的内在规定性，属性是它的外在表现"。一个事物如果失去了他质的规

定性将会对他造成消解，因为他失去了区别于他事物的质。笔者认为，数字媒体不是无边界生存，数字媒体有其边界，更有其区别于他事物的质。数字媒体的质仍然是媒体，数字技术只是他的呈现形式。数字媒体的本质也决定了他的边界。

（一）媒体的本质

按照传播学奠基人威尔伯·施拉姆的界定，媒体具有两层含义：第一层是指信息传递所借助的具体媒介，如报纸、电视等；第二层含义是指信息发布的机构。这个定义沿用至今，成为对媒体的最权威的界定。施拉姆曾经预言：“人类传播的基本性质不会改变，但传播本身的社会体系，很可能同我们已经知道的各个传播时期大不相同”。[1] 无论那个时期的媒介形态如何变化，媒体的本质不会改变。

虽然网络媒体、数字媒体、新媒体既涵盖有相同的领域又有各自的侧重点。由于数字媒体包含了网络媒体，对数字媒体的很多理解也源自于网络媒体，而网络媒体又是新媒体的代表。所以对数字媒体的认识我们通过对新媒体或网络媒体的认识来进行。

从新媒体和网络媒体这一概念的产生来看，新媒体是相对于传统媒体而言的宽泛的概念，包括各种新的媒介形态。网络媒体最早指的是互联网。“新媒体”这一概念的提出最早可以追溯到20世纪60年代。1967年，美国哥伦比亚电视网技术研究所所长高尔德·马克发表了一份关于开发电子录像商品的计划，在计划书中他把电子录像称为“新媒体”，“新媒体”一词便诞生了。1969年，美国传播政策总统特别委员会主席E·罗斯托在向尼克松总统提交的报告书中，多处使用“新媒体”一词。由此新媒体在美国流行并扩展至全世界。1998年5月联合国秘书长安南在联合国新闻委员会年会上的讲话中说“在加强传统文字和声像传播手段的同时应利用最先进的第四媒体——互联网，以加强新闻传播工作”。从此第四媒体这个提法在国内就被非常广泛地采用了。在2000年左右用网络媒体的概念来定义互联网。

中国传媒大学廖祥忠教授的文章《何为新媒体》，认为新媒体是通过数字化交互性的固定或移动的多媒体终端向用户提供信息和服务的传播形态。清华大学熊澄宇教授认为今天的新媒体主要指：在计算机信息处理技术的基础上产生和影响的媒体形态，包括在线的网络媒体和离线的其他数字媒体形式。国务院发展研究中心岳颂东提出：“新媒体是采用当代最新科技手段，将信息传播给受众的载体，从而对受众产生预期效应的介质”。中国社会科学院新闻所研究员闵大洪从新闻传播角度为网络媒体下的定义是“按照新闻媒体传播流程运作的有专业人员对新闻和信息进行采集、整理、加工和发布。能够产生巨大的社会影响力和能够迅速形成社会舆论的网络传播平台”。闵大洪认为在中国谈起网络媒体时主要指两大类：一类是主流新闻媒体网站；另一类是从事综合性新闻传播的门户网站。中国社会科学院哲学所科技哲学室研究员刘钢从哲学角度按广义和狭义两方面给网络媒体下的定义为“遵循TCP/IP协议传送数字化信息的计算机通讯网络。是网络媒体广义的概念，狭义的概念即指通常的网站”。

美国《连线》杂志对新媒体的定义是：所有人对所有人的传播。美国康涅狄格州在线媒体顾问、资深媒体分析师文·克罗斯比的定义是：新媒体就是能对大众同时提供个性化内容的媒体，是传播者和接收者融合成对等的交流者，而无数的交流者相互间可以同时进行个性化交流的媒体。美国俄裔新媒体艺术家列维·曼诺维奇认为，新媒体将不再是任何一种特殊意义的媒体，而不过是一种与传统媒体形式没有关联的一组数字信息，但这些信息可以根据需要以相应的媒体形式展示出来。如：计算机网络媒介＝电子报纸＋电子杂志＋交互式电视＋交互式广播＋电子图书馆＋……其形式的多样化是前所未有的。

从上文可以看出，不管是对传统媒体的界定还是对新媒体的界定，不管是国内学者还是国外学者对媒体的本质都有一致的看法。都包含着这样的关键词，即信息、传播、载体。归根到底数字媒体仍然是信息的生产、传播和经营的载体或机构，其他载体如商业载体、游戏载体或机构则不能称为媒体或数字媒体。

（二）数字媒体边界认识模糊的原因

杨富斌在 2001 年《虚拟实在与客观实在》一文中说："虚拟实在技术导致产生了一个崭新的世界——虚拟世界。就目前已经实现或部分实现的方面而言，已有虚拟驾驶、虚拟企业、虚拟银行、虚拟办公、虚拟旅游、虚拟情爱、虚拟友谊、虚拟医疗、虚拟购物、虚拟游戏、虚拟图书馆、虚拟团体、虚拟社区，甚至虚拟国家等"。[2] 如今，十几年过去了，虚拟世界或者虚拟生存空间的内容更加丰富、完善、更逼真。对沉浸其中的人的影响是全方位和多层次的。虚拟生存空间不仅仅是传递、共享和处理信息。从对虚拟生存空间和数字媒体或新媒体的分析来看，两者不能够完全等同。首先，虚拟生存空间不仅仅包含了数字媒体，数字媒体仅仅是虚拟生存空间中的一个因子。这几年虚拟经济、虚拟企业的兴起也证明了这一点。如你去商场买一件衣服，商场不能成为媒体，只能是销售的载体。你通过虚拟商场买一件衣服，这个虚拟商场同样也不能称为数字媒体，只能是数字商城。你去游戏厅玩游戏，这个游戏厅也不能称为媒体，你在网上玩一个游戏，自然也不是数字媒体或网络媒体，而是数字游戏。同样的，数字媒体还包含除了虚拟生存空间中的数字媒体以外的类别，如数字广播、数字电视等。将虚拟生存空间直接等同于数字媒体便产生了几个误区。第一个是将整个虚拟生存空间或者互联网等同于数字媒体。第二个是将一些数字媒体排斥在其范畴之外，如数字广播，数字电视等。还有一种观点认为数字媒体没有边界，呈现无边界张大的状态。对数字媒体边界认识模糊的起因在哪里呢?

从发生学的意义上来讲将虚拟生存空间等同于数字媒体，主要是源于数字技术带来的虚拟生存空间的迅速变化和数字媒体或网络媒体概念确定后的恒定状态。数字媒体或网络媒体这一概念的普及使用是在 20 世纪 90 年代中期。从互联网的发展来看可以分成三个阶段。第一个时期是 20 世纪 60 年代到 70 年代末，互联网主要是用于小范围的简单信息传输。第二时期，20 世纪 70 年代到 90 年代末，大规模的信息发布、互动和处理阶段。第三个时期是 20 世纪 90 年代中期开始的广泛的大众参与和商业活动时期。把互联网等同于新媒体或者网络媒体的代言词主要是发生在 20 世纪 90 年代中期也就是互联网发展的第二个阶段。在这个阶段互联网的功能相对单一，主要是进行信息发布、互动和处理阶段。当时的呈现形式是新闻发布、企业网站、个人通讯、搜索引擎等。商业价值和更广泛的大众参与还处于萌芽和开发阶段。这一阶段对互联网媒体属性的界定源自于互联网当时的主要功能以及人们对互联网功能预期，当时的互联网还远远没有成型，只是进入了它的少年时期。而在此后互联网的商业功能、虚拟实践功能逐步张大产生的虚拟经济远远超过了当初的设想和预期。甚至到目前为止，互联网还在成长变化，还没有最终定型。

数字媒体的碎片化与平台化发展造成了厘定的难度。据不完全统计，数字媒体包含的媒体数量不下三十种类。数字电视、移动多媒体（手机彩信、手机电视、手机电台、手机报纸等等）、移动电视、网络电视、楼宇视屏、虚拟社区、门户网站、博客(blog)、播客、微博等等。正是这种碎片化和开放式的发展，使得人们难以厘定哪些是数字媒体，似乎一切都是数字媒体。另一个方面是平台化发展。平台化发展是互联网发展的重要趋势。正如我们所熟知的网易、搜狐、新浪是媒体的代表，然而通过研究发现，如今都已转变为综合性的平台。网易 2006 年以来其网络游戏的收入占比一直超过其收入的 80%，而在 2000 年主要经营媒体的网易其广告收入占据收入的 86.6%. 搜狐在 2006 年游戏收入仅为 6%，在 2010 年超过 50%；新浪的移动增值业务在 2006 － 2010 年间一直在 25% － 45% 之间。平台化的发展使得他们除了媒体业务更融合了许多其他的业务，介于此使得网络媒体的界定更加的困难，平台化的发展又加剧了媒体业务单位的更加分散，使得媒体业务单位分散于不同的平台中，横看成岭侧成峰。同时，媒体的功能面对的是更多的人，与更多的人产生联系，媒体的概念更能被接受。游戏、增值业务还是商城针对的则是一定范围的人群，因此媒体的概念被放大。

数字技术对人际传播功能的张大也形成对数字媒体界定的难度。在数字媒体出现以前除了四大媒体以外，还有口语媒介、文字媒介、前期的电子媒介（如电话、电报）等等媒介形式。由于时空的局限性与复制的局限性造成了其影响力较小。而在数字传播时代，由于数字技术的发展，使得人际传播这一功能张大。逐渐形成自媒体，比如微信、微博、博客、播客等等。正如美国《连线》杂志对新媒体的定义是：所有人对所有人的传播。似乎一切都是媒体，媒体是一切。自媒体又是综合平台的一个组成部分，比如新浪微博、腾讯微信，这也使得媒介的概念不断张大。

三、数字媒体的边界

通过前文的分析认为虚拟生存空间不完全等于数字媒体，而数字媒体也不完全属于虚拟生存空间。那么究竟什么是数字媒体？数字媒体又包含了哪些？笔者试图从数字媒体边界的角度给出数字媒体范畴，数字媒体无边界的思想其实就是数字媒体是一切，一切都是数字媒体，这个概念则是对数字媒体的消解。本文根据一个市场主体区别于其他市场主体的四个方面来界定数字媒体的边界，即技术边界、业务边界、市场边界及盈利边界。

（一）数字媒体技术边界

从技术边界上来考虑，数字媒体是以数字技术为基础的媒体。这一技术界定区分了数字媒体与非数字媒体或者传统媒体的边界。过去广播、电视、报纸，都是工业化时代产物。而数字媒体恰恰是传统工业革命历史的终结。是数字信息技术的产物。数字媒体理所应当的包含了移动数字媒体、网络媒体和使用数字技术后的传统媒体，如数字广播、数字电视。

（二）数字媒体业务边界

媒体作为传播学的专业词汇，它与载体、介质与平台有很大不同。媒体是信息生产、传递的载体，而载体、平台则是泛化的词语。数字媒体的主要业务是信息的生产、传输、处理、发布和分享。数字媒体是以这些业务为主要内容的载体，不管是点对点的还是点对面的信息传输、处理发布和分享都包含在数字媒体的范围之内。以销售商品为主要内容的载体不是数字媒体、以游戏为主要内容的平台不是数字媒体，以虚拟体验为内容的载体不是数字媒体。

（三）数字媒体市场边界

在这里市场可以从供给的角度定义为：用相同的资源和技术提供的供应空间，也可以从需求角度定义为：可替代性的贸易产品。相应的，市场边界可以按“同质性”原则，根据产品效用、需求属性和竞争关系定义，即同一市场由同类产品（或生产要素）及其生产者、竞争者和消费者所组成。周振华提出用“需求交叉弹性”来度量市场边界。“需求交叉弹性”表示一种产品需求对另一种产品价格变化的影响程度，体现了两种产品间的关系。从产品效用上来看，数字媒体主要满足受众信息获得、接受、分享的效用；从需求属性可以定义为信息需求而非商品需求或其他需求；从竞争关系看，数字媒体的信息提供与数字商城的商品买卖、数字游戏的游戏参与间并不形成竞争，也不属于同一个市场。数字媒体的市场边界是在信息提供者对信息的提供、信息使用者对信息的使用的边界范围之内。从竞争关系上，存在信息提供、传输的竞争提供者才能构成同一市场，否则，不属于同一个市场。

（四）数字媒体盈利边界

盈利边界主要指的是数字媒体盈利的来源界限。随着数字媒体的碎片化和平台化发展，数字媒体的盈利界限似乎变得越来越模糊，但还是存在相应的边界。数字媒体的盈利模式或者商业模式主要是围绕信息为盈利点来进行的。无论其形态是如何发展，单向的还是双向的，点对点还是点对面，以其他内容为赢利点的载体不属于数字媒体的范畴。

总之，数字媒体不等同于互联网，数字媒体在虚拟生活空间中是有边界的生存，数字媒体的边界是由媒体的信息本质所决定的，只是由于媒体技术的变化带来媒体信息生产、传播及经营的变化。数字技术催生的数字媒体在更高级的层面围绕着信息的生产、传播与经营的轨迹前行。

注释：

[1] 景东，苏宝华．新媒体定义新论[J]．新闻界，2008：57－59.

[2] 杨富斌．虚拟实在与客观实在[J]．社会科学论坛，2001(6)：21－26.

参考文献：

[1] 尼葛洛庞帝．数字化生存[M]．胡泳等，译．海南出版社，1997.

[2]（美）米切尔．伊托邦：数字时代的城市生活[M]．吴启迪等，译．上海科技教育出版社，2005.

[3]（德）海德格尔．存在与时间[M]．陈嘉映，王庆节，译．三联书店，1987(15).

[4]（德）伽达默尔．科学时代的理性[M]．薛华等，译．国际文化出版公司．1988(63).

[5] 唐超．基于网络的报业数字化战略研究[D]．北京：清华大学新闻与传播学院．

[6] 蔡睿．试论我国报业在互联网的地位及发展前景[J]．记者摇篮，2001.

[7] 王能东．技术生存自反性与生存方式变革[J]．华中科技大学学报（社会科学版），2009.

[8] 屈勇．去角色互动：赛博空间中陌生人互动的研究[D]．南京大学．

[9] 刘丹鹤．赛博空间与网际互动——从网络技术到人的生活世界[D]．复旦大学．

[10] 王爱豫．生态环境、技术生存与人类可持续发展[J]．河南大学学报（自然科学版），2006.

[11] 林德宏．技术生存与自然环境[J]．河南大学学报（社会科学版），2006.

论数字传播时代的媒体协同新秩序

中央民族大学文学与新闻传播学院　沈　虹

摘要：数字时代传播环境的彻底改变，最显著体现在媒体自身和整个媒体结构的改变。从大众传播时代的线性传播到数字时代的交互性、网络化立体传播，网络数字传播平台以开放的姿态包容着各种媒体。从营销传播角度，数字传播平台形成付费媒体、自有媒体和可挣取媒体的协同格局。品牌在这三重媒体形态中，选择品牌传播的最佳契机和整合力量，为品牌建构形成协同合力。其中，在此三重媒体环境中，如何鼓励消费者参与，让他们成为品牌传播的重要协同力量，与专业广告人一起，参与品牌建构的协同创意，是本文企图尝试的研究视角。

关键词：协同创意自有媒体　付费媒体　可挣取媒体

Media anything. Idea everything. 媒体无处不在，创意才是一切。

——IRIS 传播公司司训

从浏览网页开始，技术的发展让互联网爆发出惊人的能量，过去所担忧的信息爆炸本身已不足畏惧。当我们意识到的时候，我们的生活已经无法逆转地卷入了曾是科幻大师幻想出来的便捷迷人的数字生活空间里，享用科技发展带来的种种好处。在社交网络盛行的今日，曾经遥不可及的明星或是你关注良久但无缘接触的各界高人也都在使用这些，只要会打几行对方认识的文字或是会用一种翻译应用把你会的文字转化一下，或者只是发些图标、表情，你都可能收到偶像的回复，第一次尝试成功完全够激励一周以上，发觉工作学习的动力都高涨了。当你习惯了这些，你也就是他们中的一员，成为高能的“达人”或是低调的“大手”。在多个社交网络悉心经营着真实身份账号和马甲的你，实际上进行的是个人媒体管理。网络媒体不仅唾手可得，内容也是融合了文字、图片、音频、视频的多种呈现。其间，传播者、接受者在多重交互关系里，角色变得模糊。从广告营销传播的视角看去，传播环境的改变带来消费者的改变，同时也带来媒体结构的改变。

在数字营销传播环境的崭新境况，消费者的角色同样不再是原来的产品购买者和使用者，他们与专业广告人一起，在数字传播平台上，参与品牌建构的协同创意。

一、互联网的全媒体平台

当电脑开机时，电脑安全卫士把笔者的本本123秒“蜗牛速”的开机时间评价为“慢出了水平，慢出了格调！ T.T 亲要考虑重装一下系统么？”请试想笔者当时的心理感受。一个直觉就是，这个世界什么是媒体，已经难以评说了。

数字技术的发展带来传媒界翻天覆地的变化。从历史角度看看广告营销传播领域的演进，媒体的发展变化和技术的应用对营销传播起关键作用，而其中媒体的发展与技术的进步又有着紧密的内在关联。大众传播时代的每一次媒体飞跃都是伴随技术的革命性成果而来的。现如今，依然被许多人称为“新媒体”的互联网，从其诞生之际，便打破了传统单一的媒体呈现的形态，同时调动多感官参与，成为集传统的“四大媒体”——报纸、杂志、广播、电视的传播优势于一身传播平台，数字技术让互联网、移动网络等传播平台呈现极大的媒体形式融合的态势的同时，媒体本身的概念和内涵越来越模糊，而且网络的每一个应用都成为超越了大众媒体的传播平台，呈现为一种交互融合了众多媒体形态的传播平台。

从这个角度看去，互联网不是媒体，而是人类生动的日常生活形态，是人们越来越依赖的生活空间。原来只作为信息接受者的网络使用者，不仅寻找自己需要的信息、分享自己感兴趣的各种内容、甚至传播自己认为有价值的品牌，能够主动参与自己喜欢的任何讨论。事实上人人都可以在这个平台上创造媒体、创造传播方式、创造关系。对于广告营销传播，互联网正是这样的一个全媒体功能的交互平台，营销者和消费者共享这个平台，信息想通、创意相融。一个品牌，再也不会像大众传播时代那样深藏闺阁，任由广告人打扮。品牌建构成为数字传播平台上协同创意的重要实践。

二、媒体融合正在进行

新世纪的十余年，传播领域世界范围内发生的天翻地覆的变化。传统的大众媒体与数字网络平台处于交织混杂的状态之中，风光不再的大众媒体为求生存正在转型，数字网络则以不可一世之势，无限扩张。整个媒体传播环境貌似繁荣一片实则一片乱序。

媒体与媒体之间的界限越来越模糊，整个媒体处于融合的乱序，让一切传播形态都处于竞争之中。所有的信息终端，不管是数字新宠的电脑、手机还是IP电视，还是传统媒体的报纸、杂志、广播和电视，对使用者而言都是一样的信息分享的终端。媒体融合不只是一种趋势，而是各种媒体正在前行的方向。传统媒体的单向度线性传播模式优势不再，他们必须寻找其他方式改变自己的存在。

比如传统的广播媒体是典型的以声音接触消费者的媒体，在数字时代也不得不加入除了听觉以外的其他感官元素。许多电台通过自己门户网站实现广播与网络的同步直播，听众通过网络与广播主持人时时在线交流。在数字网络平台上，传统的广播媒体与网络紧密结合，原本只闻其声的广播主持人也直接以形象面对观众。同样，平面媒体同时发布电子版本，通过互联网、移动网络等数字通道传播，消费者越来越习惯使用电脑、手机等终端阅读电子版的书籍、报纸和杂志，实现与消费者多渠道的互动沟通。而纸质印刷版的发行量则越来越少。

传统媒体在"变革"中找寻新机，他们不断寻找着相关媒体融合的契机。这种革新带着传统媒体的本质，是变革创新，还是新瓶装旧酒？报刊还是以阅读为主导的平面视角，还是超越了纸媒的一切可读性平台？电视连同电视传播的推送本质，还是原来的电视。广播也还是听觉为先的广播。追求传播过程交互性是传统媒体试图改变的根本。不可否认，事物的变化总是要历经从量变到质变的发展。当电视、广播和平面媒体在传播中的交互性达到一定比例，同时新的数字技术也会支持其更多地实现互动，传统媒体就会逐渐丧失原来固有的传播形态，转变成数字传播家族的新成员。传统媒体以融合和交互的形态出现后，也就不再是大众媒体了。这是传统媒体走向数字之路的融合过程。以 IP 电视为例，其终端虽然仍是电视，但显然它的归属必然是数字传播。观众可以在电视终端上随时点播自己喜欢的节目，并上传内容、发布信息。从营销传播角度看，品牌可以凭借消费者选择所看电视节目的内容、行为以及他们发布的信息，实现点对点的精准营销。电视广告的形态势必随之改变，主要以更加细分的消费者为传播对象，进行区隔化的品牌——消费者关系建构和内容传播。

"IP 电视让电视广告已经从大众广告形式进化成一个更加聚焦的营销传播媒体。"[1]

数字传播的发展，让媒体与媒体间的界限会越来越弱，根据不同媒体的特点、传播特性来界定传播人群和选择最佳的传播时机，这样的营销传播策略的制定模式势必要成为过去时。从传播平台看，数字网络平台涵盖几乎所有的大众传播时代的传播形式，并且达到了深度的超越。

为了吸引消费者关注，各种网络媒体乐此不疲地在做同一件事，就是在数字传播平台上制造话题以实现口碑相传的传播效果。目前营销传播把品牌传播看成一个网络营销事件，用一个又一个的网上活动来促成事件的发生发展。理想的状态是品牌总是能够选择触动消费者的话题，激发他们对品牌事件的关注，并积极参与其中。营销者同时承担引导消费者参与并作为主导方"协同"公众口碑，一步步为品牌累积忠诚度和品牌资产。消费者个人成为话题分享和再次传播的一个个关系载体。数字时代营销传播的媒体发布与其说是一种发布，不如说是一种触发，首次触发的短暂爆发力必须瞬间征服消费者，心甘情愿地成为品牌协同传播和协同创意的帮手。

对品牌来说，网络环境下的营销传播的关键在于必须在消费者被动接收信息和主动传播品牌的纠结中找寻机会。数字传播为消费者提供了无限宽广的人际传播平台，同时，社会化网络媒体的发展让品牌有机会在更为真实的传播环境下与更广泛的消费者对话，在更大范围内建立一种品牌——消费者关系体系。由于数字时代存在着众多媒体形式的社会化、网络化、多层面、立体化的结构前提，品牌建构和消费者行为的研究必然呈现更为错综复杂的多维关系。

三、媒体的协同新秩序

从营销传播角度看数字传播平台，这是一个消费者自主的传播平台，是一个媒体融合的平台。除了传统媒体特征呈现多元化状态之外，媒体传播模式已经完全打破。如果一定要从媒体角度看，这个平台与大众传播时代的营销传播的最大区别，在于数字网络平台信息主导是消费者，而大众传播时代的营销传播虽然也强调以消费者为中心，但信息主导在于营销传播者。消费者作为被动的信息接受方，其受传者身份在数字时代颠覆性地改变为既可作为信息接受者又可以作为信息传播者。消费者成为品牌建构的关系体系中的真正主人，消费者可以自主发布任何与品牌相关的信息，且不谈消费者自发性品牌的负面信息可能随时产生的品牌危机，即便那些信息没有负面意义，消费者发布、分享的品牌信息内容并不一定符合品牌营销目标和传播的需求，信息的传播方式和表达形式也不一定符合品牌形象。因此，营销传播如何在数字时代的媒体乱序中把握机遇，对数字传播平台的品牌信息进行时时监管和全面理清极为重要。如何利用媒体融合环境下的数字平台优势，重建品牌传播通道，以协同品牌、消费者与各种数字媒体的关系为目标，促成品牌——消费者关系重新秩序化，是数字媒体环境下品牌建构的一项重大课题。

从品牌与数字媒体平台的不同关系角度看，数字网络平台可以分为三种媒体形态，自有媒体(Owned media)，付费媒体(Paid media)，可挣取媒体(Earned Media)并以其各自不同的特点，在数字网络传播中扮演不同的角色：

（一）自有媒体(Owned media)

指品牌所拥有的数字媒体，包括企业品牌网站、品牌活动或产品促销网站以及其他自主开发上线的数字传播形式。拥有自己的传播媒体与目标消费者建立直接沟通关系，是品牌建构在大众传播时代难以企及的梦想，数字时代让品牌拥有真正能够与消费者沟通的自有媒体成为可能。有人认为品牌博客和微博属于自有媒体，因为博客和微博也属于企业自己创建并管理的媒体形式。笔者认为，以博客和微博为代表的社会化媒体虽然具有自媒体的某些特征，但其内容是社会化网络平台的一部分，本质上属于品牌在数字传播的公共平台上可挣取的媒体。因此，笔者更倾向于将品牌的社会化网络平台的官方账号与自有媒体相区隔而作为可挣取媒体存在（可挣取媒体在后面有详论）。

早在本世纪初的Web1.0时代，企业网站在营销传播与品牌建构中的重要性已经获得较为广泛的认同。

美国营销专家赛奇将企业门户网站视为品牌建构的主要阵地，在他的《网络时代的品牌》(From Bricks to Clicks)中认为，数字网络时代，品牌需要通过网络平台与消费者建立长久而有效的关系以使品牌经久不衰。他将网络的持久品牌建立分为5个基本阶段：

1. 发现

这个阶段包括：确保组织中的每一个人理解品牌的挑战和争论，包括时间段、市场／品牌调查、商业计划分析及其与品牌打造的关系、竞争差异、品牌的视觉分析（标识、网络图案等），以及名称分析（包括标语）。在这一阶段，要评估核心信息的传递，检测模拟演说，检查并形成完整的品牌策略。

2. 构思

这个阶段的工作有：建立品牌结构、品牌镜像、理解主品牌及下属品牌，布置未来品牌建立的基础，理解具体的命名和图案设计，开始形成网站镜像，同时分析当前的每个网站。

3. 文字表达

这个阶段的创造性在于：网站内容的开辟，包括提纲和具体文字、其他市场推广材料（说明书、广告、白皮书等）的内容开发、URL、公司名称、产品及服务，法定名称的确定、标语设计、图案设计等等。

4. 视觉、物质和感官内容的表达

在这一阶段，创造性过程继续延伸。品牌及标识的外表和感觉形成了。网络图案设计、附带的图案设计、公司色彩、广告开发图案设计与发展（包括媒体的选择）和商品设计都完成了。非视觉的感官要素（如声音）也开发并投入使用。

5. 实施

在这个阶段，开发的品牌正式推出，出现在目标受众面前。URL和网站投入使用，广告开始出现，完成附带资料的开发，完成商业包装（文具、业务卡、标识等），把合作者关系综合到网站中来，公关部的启动，并与新闻界和分析家做一些交流，交易展示安排表开始启动，等等。这一阶段实现了前面四个阶段开发的成果，并最后回到开始，成为一个新的起点。[2]

赛奇的网络品牌5步曲除了将网络媒体设计创作的特殊作为思考重点，其他基本无异于大众传播时代品牌营销传播战役的典型操作程序，从市场出发、充分考虑目标受众和竞争关系、形成整体品牌传播策略，然后根据策略进行网站设计与创作构思，实现内容在视觉与其他感官的统一传递后，最终推出品牌网站并实施与其相配合广告、公关等联合传播，形成一个类似传统广告战役的传播攻势，并为下一次新的广告传播战役奠定基础。值得注意的是，赛奇对于消费者的描述依然使用“受众”一词。可见在Web1.0时代，

数字网络技术在营销传播上的应用仍然限于传播推广的品牌——消费者关系建构形态，离真正的交互性关系结构还有质的差异。

另一位简·齐默尔曼(Jan Zimmerman)所著的《互联网营销：成功的电子商务七步计划与广告炒作的末路》(Marketing on the Internet：Your Seven Step Plan for Succeeding in e-Business Now That the Hype is Over)中，则进一步从操作层面把互联网营销分为七步：第一步，研究网站(Observe the Web)；第二步，懂得你的生意(Know Your Business)，第三步，写一个在线商业计划书(Write an Online Business Plan)；第四步，创意和发布的信息工具(Create and Distribute Info-Tools)；第五步，策划并创建一个有效的网站(Plan and Create an Effective Web Site)；第六步，维护并监测你的网站(Maintain and Monitor Your Site)；第七步，营销传播网站(Market Your Internet Presence)。齐默尔曼首次将企业网站作为自有媒体和品牌营销传播阵地，他以一项2000年6月由《商业周刊》(Business Week)发表的调查数据为依据，网络使用者获取互联网信息的四大手段依次为：搜索引擎(45.8%)、口碑营销(20.3%)、任意浏览(19.9%)、杂志(4.4%)，[3]搜索引擎作为最常用的网络工具，已经成为企业制定网络营销传播策略时的不可或缺的指标，企业必须考虑如何结合消费者的媒体使用习惯来进行企业网站的推广。此举开创了搜索引擎营销(SEM，Search Engine Marketing)的先河。

重视搜索引擎营销，带来品牌关键词优化的品牌——消费者关系在品牌建构中的积极主动的思索与探究，消费者搜索品牌关键词并与企业网站自动链接，将消费者主动参与的行动纳入营销传播与品牌建构，为品牌——消费者协同关系的系统形成提供了一个明确的观照平台。企业网站，成为一个无可取代的随时处理可能出现的客户问题与投诉的反应出口，是品牌的客户关系的坚强后盾。企业网站，同时也链接着品牌数字传播的其他形态的自有媒体，诸如季节性促销活动、新品上市推广、电子商务等等。Web 2.0时代，数字技术突破了“受众”的壁垒，消费者成为真正参与传播的主动传播者，消费者接受成为品牌建构过程中的一个中转站，品牌——消费者关系系统中所体现的是不断变化重组的交互关系。

以企业网站为主要形态的品牌自有媒体是品牌传播的起点和家园，是品牌的百科全书，也是品牌建构稳定长久的客户关系、培养更多忠诚用户的摇篮。

（二）付费媒体(Paid media)

可以理解为需要付费的一切数字广告形式，与传统广告在形态与价值上都极为相近。指广告主通过付费选择特定的媒体形式、时间、位置等，刊发品牌的产品或服务等相关品牌传播信息，比如网页广告、展示广告、视频广告等。搜索引擎营销也是一种付费传播模式，但与其他的形态有很大差异。“搜索不是单纯的搜索，而是提供了消费者需求的扳机。接下来要做的是如何整合各种可能的传播媒体，形成一种联合战斗的状态，让事件的影响力越大越好”。[4]

网络广告形式的最初发展起源于对大众传播媒体的广告形式的承继，电视、报刊上的广告形式直接转化为网络形态。早期的Web站点、横幅、按钮、赞助、插播广告和分类广告等，[5]大多是以网页为主要载体的。而如今的互联网广告的载体发生了巨大的改变，互联网广告的变化是数字技术支撑下媒体的变化，而非传播形式自身的变化。互联网传播平台增加了多种媒体，为广告营销传播与品牌建构提供了更丰富的选择。最初的网络广告依旧是将互联网作为一个媒体、将网页作为传播渠道的大众传播的思路，而将互联网作为传播平台不断创造媒体的现在，网络广告早已不再停留于传统的形式，而变成五彩纷呈的品牌传播内容。

数字网络技术的发展可以支持传播效果的精度测评，随之带来了媒体购买支付模式的改变。现代广告业的发展是以广告代理制的建立为标志的，专业广告公司以收取客户的代理费作为公司运营的主要收入来源。之后以此发展而来的项目服务费、月费等多元化收费方式也依然是立足于代理基础之上。评估广告效果并按效果取费是广告行业的百年难解之谜。

现如今的数字时代，从技术上看按效果收费已经成为可能。有一些新型营销传播公司在尝试不同的取费模式。

按照行动计费：即 CPC（Cost per click），按每次点击收费。或 CPA（Cost per Action），按每次行动收费。

按照销售计费：即 CPO（Cost per Order），根据每个订单／每次交易来收费的方式；或 CPS（Cost per Sale），营销效果是销售额。或 PPS(Pay per Sale)，根据网络广告所产生的直接销售数量而付费。

展示效果计费：即 CPM(Cost per mille/Cost per Thousand Impressions)，按每千次印象费用。或 CPTM(Cost per Targeted Thousand Impressions)，经过定位的用户的千次印象费用（如根据人口统计信息定位），展示效果计费较传统的广告代理费用相近，即按照客户投入收取 10%–20% 的媒体代理费。由于数字媒体收取代理费较传统广告更容易操作，且客户接受度高，营销传播公司认为自己提供的基本服务从本质上没有改变，媒体代理制的经营模式可以继续沿用。其中以传统的大型广告公司作为基础发展起来的新型广告公司继承了集团母公司收取代理费或收取服务费的做法，认为这样的方法很好很稳定，不愿意改变且认为没有改变的必要。而且也有人认为，促销和建立品牌是广告营销的两大目的，目前即便促销效果实际可评但是建立品牌的效果还是比较难量化的，因此效果取费还有待研究。因此，目前大多数营销创意传播公司依然采取媒体代理费加服务费的经营模式，效果模式应该是未来的一种趋势，但短时间内不会有大的改变。

“广告公司一般的盈利分为三大类：(1) 服务费，说白了就是买的脑子。(2) 代理费，就是你通过我买多少个广告位，我收你多少的代理费。(3) 活动费用。有点像网站活动，互动活动，它会卖，实际上是就像制作费的概念。互动公司跟传统公司有区别吗？实际上没有。所以有必要改变吗？”[6]

“两类客户的交集越来越大，包括比如说去做 CPS 这种客户他可能未来也有 branding 上的需求，包括比如说就是你的做 branding 的客户他未来也越来越重视整体营销到最终的一个销售的结果，这两个实际都是客户越来越多了。那这块的话从我们来说，我是这么看的，一个大的公司对于他们的一个营销的导向分析非常重要，比如说我们 80% 甚至 90% 以上还都是按照 CPS 包括 CPA 这种效果前端的更多的营销去做的，但是这块的话，我们其实也为客户准备后端，如果你要去做效果，那他的手段、媒体的选择包括方式完全是不同的 ，那这些的话我们都在给他去做。”[7]

如果纯粹从技术角度看，只要监测系统足够完善，那么消费者的一切反应就可以通过记录他们在网上行为而获得，大量数据记载消费者不同的在线行为，以此分析消费者对广告的接受度、对品牌关注度与参与度，较任何时代都更为详尽精准。消费者与品牌的协同创意及其言论表达可以成为广告公司深度挖掘的文本，借此完全可以进行准确的传播效果研究和品牌关系研究。多样化的按效果评估取费的模式在不同的范围内被采用，不仅在技术上为数字媒体经营的科学化提供可能，从品牌形象和品牌建构角度看，营销传播主题指向强化消费者忠诚度的传播，效果评估就会比较复杂，但技术上也是可以实现的。笔者认为更为重要的是，重新梳理取费方式是整个广告营销传播行业重新建立合理有效的经营管理模式和服务模式的关键，也将是数字营销传播平台重新秩序化的关键。

（三）可挣取媒体 (Earned Media)

互联网是一个对所有人开放的没有边际的超级信息发布和储存器，存在巨量的无需付费的可以被挖掘和占有的媒体，可以是社会网络化媒体的传播资源，如 Facebook、人人网、新浪微博等，也可能是以自由分享发布内容的视频网站、图文网站，如优酷、猫扑等，也可以是各种综合论坛或分类论坛，比如百度贴吧、天涯社区，中华论坛、魔兽玩家等，还有更多的不同细分的圈群平台、有影响力的个人媒体平台，比如 90 后联盟、潘石屹博客等等。

其中社会化营销正在成为品牌整合营销传播计划的重要组成部分，越来越多的企业在思考品牌的社会化营销的目标，社会化媒体活动如何转换成品牌建构的力量。社会化背后代表的真正趋势是消费者成为品牌建构的主导因素，数字网络媒体本身也正经历从以信息为中心到以人为中心的转移，社会化还意味着人与人的关系、人与品牌的关系都空前活跃，数字生活就是内容丰富、关系复杂的丰富的网络生活。

严格意义上讲，社会化媒体不应是一个广告媒体，广告媒体是付费媒体。当然，社会化媒体平台上的付费广告与可挣取媒体是两个完全不同的概念。前者与其他媒体的付费广告无异，是品牌购买的特定的广告位置和特定的广告形式，而后者是品牌自身需要花大量时间和精力去经营、维护并且管理的关系系统。消费者对于品牌的一切行为结果和消费者体验都会在可挣取媒体上毫无遮拦地展示出来。如果说付费媒体是通过广告传播增加品牌认知度或销售力，那么社会化媒体则更偏向品牌形象传播和客户关系维系，消费者可能通过你的微博爱上你。事实上广阔的、多维度的、交互的数字传播平台给品牌建构和营销传播带来丰裕的与消费者沟通的机会；同时，也埋藏着随时被消费者抱怨、吐槽，甚至恶搞的遭遇。因此，可挣取媒体既是代表品牌能够在第一时间直面消费者的企业公关代言人，又是每天与消费者相处相守的亲和大使。至于付费硬广告，个人意见，在社会化媒体平台上，还是省了吧。

越来越多的品牌利用可挣取媒体进行品牌传播，其中不乏低成本并激发消费者协同创意的成功力作，甚至不花分文，成就极佳营销传播效果。在此，笔者希望特别分享由广告代理公司发起的一项零成本传播案例——意大利超级杯决赛，尤文图斯中国行。

2012年，Jeep正式成为意大利联赛冠军尤文图斯足球俱乐部赞助商，并享有尤文图斯队胸前广告席位。而恰逢是年，尤文图斯拿下联赛冠军，意大利足协将意大利超级杯赛决赛放在中国北京鸟巢举行。Jeep希望可以借助尤文图斯访华的良机，进行宣传。但赞助商身份是由Jeep所属克莱斯勒汽车的母公司意大利菲亚特集团，采访在意大利本土操作完成，与克莱斯勒中国没有任何关系。广告人借助尤文图斯参加意大利超级杯访华的机会，用创造性的传播方式，跨越Jeep中国与赞助商无关的壁垒，成功宣传Jeep品牌，建立了众多汽车用户为主体的球迷群体的良好沟通和情感关系。

创意团队开发了一套全新的传播方式，它以普通球迷的身份进行传播，以拥趸的姿态宣扬尤文球迷的热爱和尤文精神，以此引发球迷群体的转发。这种方式在社交媒体上展开，并迅速得到了响应。这个最原始的发稿球迷宣称，要用30张平面向尤文图斯的30个意甲冠军致敬。所有的发稿时间，都是根据微博活跃时间段为参考而选择的；所有的平面，都采用了统一的尤文图斯的黑白色，并且都有巨大的球衣胸前的Jeep广告展示。从而不断强化Jeep与尤文图斯的联系，使得Jeep赞助尤文图斯成为Jeep中国的行为。从而传播品牌，拉动销售。(如下图)

传播效果异常成功，预热期间覆盖人群1400余万，整波活动共覆盖人群5000余万。

活动期间，博文曝光率在2012年8月9日见面会活动当天高达217万，8月10日上升至470多万，创一个月新高。这一事件成为奥运期间仅次于奥运比赛的热门体育事件，甚至有网友留言评论“看什么奥运看尤文”。活动期间，新浪微博网友自发提及“jeep，尤文”微博2598条。

笔者尝试从媒体的协同新秩序重建的角度，梳理品牌自有媒体(Owned media)、付费媒体(Paid media)、可挣取媒体(Earned Media)这三种数字传播媒体对于品牌建构的整合力量，发现这三种媒体形态形成互补的立体化传播效应，实现了品牌在数字网络平台从不同角度与消费者对话和交互的协同关系。

数字网络平台不同的媒体形态满足了品牌与消费者不同的沟通需求，而不同的媒体形态对品牌建构的贡献也各有不同，企业的投入和管理机制也大相径庭。对于自有媒体，企业投入越来越多的人力，以自主管理取代利用代理公司进行管理。对于付费媒体，与大众媒体的广告形式相比，数字平台付费媒体的广告形式不一定是单一的硬性广告形式，更多的是品牌信息与媒体内容相结合的软性传播，使品牌——消费者关系更为契合，让消费者更容易参与其中，媒体拥有者有责任和义务为广告主维护和管理品牌传播信息，引导消费者在正确的品牌传播轨道上参与协同。可挣取媒体本身是企业借助于大的数字传播平台的半自媒体形态，其自媒体和社会化媒体的双重性决定了其复杂性，在品牌关系上，可挣取媒体拥有偶发的(incidental)、不平衡的(imbalanced)、交互的(interactive)、整合的(integrated)的4I特质，还体现即时性、突变性和危急性等时间和紧迫等表征。

随着数字传播终端的多样化，电脑、电视、手机或其他移动终端都能随时随地提供网络服务，网络使用者的意见就是主流民意已经是一个不争的事实。截至2011年12月底，中国移动网络使用者规模达到3.56亿，2012年初，互联网使用者已突破5亿，预计2012年底移动网络使用者将突破6亿，超过传统电脑上网用户。手机为代表的个人移动网络终端是名副其实的精准营销传播平台。Google认为手机是消费者实现自主传播的舞台，因此移动运营商和内容提供商有义务为消费者和品牌营销传播提供一个管理完善的传播平台。手机用户的实名制和其点对点的传播特点使得手机平台的营销传播比互联网平台的更为深入有效，能更精准地筛选出的目标消费者，真正实现一对一的精准营销。

“手机用户的极速增长让我们的研究重心发生了变化，PC用户稳定增长速度为40%，而手机用户增长了200%。手机用户的急速增长让研究重心发生了变化。对于移动搜索各种指标的研究成为我们新的工作重点。”[8]

三个媒体形态的交叉整合与终端的多样化，让消费者得以根据自己的需求在不同的网络终端，随时随地接受、分享和参与创意发布相关产品和品牌信息，并可以随时实现购买。自有媒体(Owned media)、付费媒体(Paid media)、可挣取媒体(Earned Media)三个形态，构成数字传播平台上品牌建构的主要媒体形态，关于三种媒体形态的研究，已经成为品牌建构和营销传播必须重视的传播思想。至此，大众传播时代线性的营销传播模式有了数字时代媒体融合环境下的立体的交互式的数字传播平台的协同新秩序。

注释：

[1] 笔者2010年6月对美国Visible World公司执行副总裁Claudio Marcus的访谈。

[2]（美）赛奇．网络时代的品牌——网络时代持久品牌5步曲[M]．石晓军，译．企业管理出版社，2002：12–14.

[3] 参考Jan Zimmerman，Marketing on the Internet：Your Seven Step Plan for Succeeding in e–Business Now That the Hype is Over，2002，MaXimum Press，P21.

[4] 笔者2010年9月对日本Google资深策划Norio Imai的访谈。

[5]（美）威廉．阿伦斯当代广告学[M]．丁俊杰等，译．华夏出版社，(7)：515.

[6] 笔者2010年12月对新意互动客户总监张一的访谈。

[7] 笔者2011年1月对电众数码中国首席运营官张灵燕的访谈。

[8] 笔者2010年9月对日本Google资深策划Norio Imai的访谈。

我国商业品牌信任研究

山东淄博圣火广告有限公司董事长 李大虎

摘要：随着我国经济的高速发展，品牌信任问题逐步凸显出来。本文首先对品牌、信任的理论进行梳理，围绕品牌的概念及内涵、定位，信任研究的发展、概念等方面展开。然后以三鹿奶粉品牌事件为案例看我国品牌信任危机的产生，进而剖析我国商业品牌信任问题产生的根源，最后提出了我国商业品牌信任问题的解决方案。

关键词：品牌　信任　商业品牌信任

2013 年《财富》世界 500 强最新榜单于 2013 年 7 月 8 日揭晓，榜单显示，今年中国大陆上榜企业由去年的 73 家“稳步”增长至 89 家，中国大陆上榜企业数量连续第 10 年增加。再加上香港、台湾的上榜企业，中国上榜公司总数达到 95 家，数量创历史新高，彰显了中国公司和中国品牌的强大实力。同时，伴随着中国经济的高速增长，近年来一批中国公司和中国品牌的负面形象也被政府和媒体披露出来，中国部分企业在公众心目中的品牌信任问题也逐步凸现出来。

在中国社会的转型时期、在中国改革开放的关键时期，信任问题越来越引起社会各界的广泛关注。在商业社会中，我们如何来理解和界定品牌、信任的相关理论及与大众的相互关系，中国的品牌信任存在哪些问题与如何解决，本文将做一个初步研究。

一、品牌、信任的理论分析

（一）品牌理论

1. 品牌的概念及内涵

美国市场营销协会把品牌定义为识别一个或一群产品的名称、术语、象征、记号，以区别其他竞争者的产品。凯勒认为品牌就是具有某些特性的产品，这些特性使它以某种方式区别于其他替代品。奥格林提出品牌形象理论，他认为品牌是一种错综复杂的象征，品牌形象理论使人们将关注的焦点由产品本身转向品牌形象和个性。科特勒认为品牌是销售者向购买者长期提供的一组特定的特点、利益和服务的允诺，它是一个更为复杂的符号，包括属性、利益、价值、文化、个性和消费者评价。

年小山概括了三种有代表性的解释：第一种解释，品牌是指用来识别卖主的产品或劳务的名称、术语、记号、象征、设计及其组合；第二种解释，品牌是销售者给自己的产品规定的商业名称，通常由文字、标记号、符号、图案和颜色等要素或其组合构成；第三种解释，品牌是一种名称、术语、标记、符号、图案或其组合，用以区别竞争对手的产品或服务。

从信息经济学的角度来看，品牌是一种信息，它包含品牌名称、符号等显性信息，同时还包含品牌文化、品牌承诺等隐性信息。通过品牌，企业可以与市场、消费者及其他利益相关者直接或间接的交流沟通。因此，本文概括品牌的简洁定义：品牌是名称、符号等显性信息以及文化、承诺等隐性信息的集合。

2. 品牌定位

“品牌定位”源于“定位”。特劳特和里斯于 1969 年首次提出了“定位”的概念，认为定位始于产品，是在消费者心目中为产品寻找有利于其竞争的位置，方便消费者处理大量的信息。后来的研究者们对“定位”做了深入拓展和解读，如阿普什认为“顾客定位”是唯一的有力定位；科特勒认为定位是公司对其产品进行目标设计以使其在顾客心目中占有独特、有价值位置的行动。品牌定位的内涵可以从广告传播、营销战略、系统微观、品牌资产四个角度来理解。

广告传播视角。卢泰宏认为品牌定位是品牌战略的重要内容，是实现品牌差异化的关键要素。品牌定位的广告传播视角强调消费者心智的重要性，通过广告传播为品牌创造独特的位置，从而凸显品牌之间的差异。从广告传播的视角解读品牌定位是推动产品观念向消费者观念转变的重要因素。

营销战略视角。从营销战略的角度来看，品牌定位是营销的必要环节，是营销战略的核心。品牌定位能够在目标消费者心智中占据独特位置，从而有利于提高市场份额。品牌定位的营销战略视角为差异化营销提供了理论指导。

系统微观视角。品牌定位的系统微观视角是从品牌定位的应用性和可操作性出发，将品牌定位视为一个系统，并提出了品牌定位点的概念，品牌定位可以理解为品牌定位点选择的过程。

品牌资产视角。根据品牌资产理论，品牌资产包括财务、市场和消费者三个维度[6]。品牌定位是增加品牌资产的有效手段，它能够引导消费者形成品牌联想，通过积极持久的品牌联想增加品牌资产。

（二）信任理论

1. 信任研究的不断发展

作为当代社会学、经济学和心理学等诸多学科研究的聚焦，信任是当代社会科学的核心话题之一。信任的概念以及对其重要性的认识由来已久。据郑也夫统计，在《论语》中，“信”出现了 38 次；在《圣经》中，信任 (trust 或 confidence) 出现了数十次之多；而《古兰经》更是谆谆教导信徒，“不可不忠于你们所受的信任”。从这些智慧之书所呈现的信任图景，不仅说明社会中的信任问题早就为先人所感知和思考，更说明信任对于社会本身的维持具有不可替代的重要性（郑也夫，2006）。

在社会学领域，最早注意信任并加以研究的是齐美尔，在其不朽著作《货币哲学》中，他认为信任是“社会中最重要的综合力量之一”，甚至认为货币也是“对社会政治组织和秩序信任的最集中和最直接的形式和体现”（齐美尔，2004）。自齐美尔以后，信任研究开始在心理学、社会学、政治学和经济学领域得到重视和发展。早期学者如尼古拉斯 · 卢曼认为信任是复杂社会的一种简化机制，伯纳德 · 巴伯认为信任是“一种社会关系或一种社会体制中为所有成员增进利益的创造者”（牟斌译，1989）。

现代社会科学中关于信任的研究基本上深入到了各个领域。在政治学领域，马克 · 沃伦等学者详细地分析信任与民主、政府之间的关系，试图从信任研究的角度来了解与改良当代民主政府（沃伦，2004）。与之对应，生活在前独裁统治下的什托姆普卡则从相反的背景进行研究，描述了独裁统治下社会不信任的产生（什托姆普卡，2005）。在经济学领域中，关于信任的研究当推弗朗西斯 · 福山的著作《信任——社会美德与创造经济繁荣》。在此书中，作者分别以儒家文化圈、日本、德国以及美国等国家为例，描写了不同时期不同民族文化对信任的态度和行为方式，深刻阐述了信任对经济生活的影响（福山，1999）。新近兴盛的社会资本理论也将信任作为重要的研究对象，其开山鼻祖帕特南凭借《使民主运转起来》一书声名鹊起。他在书中认为，信任，以及网络和规范，是社会生活的特征，是重要的社会资本，可以使“参与者更有效地一起行动，去追求共同的目标”（帕特南，2001）。

我国的信任研究起步较晚，但发展很快。当代中国的信任研究主要集中于三个方面：一是信任的元理论研究，主要代表作为郑也夫的《信任论》（郑也夫，2006）。二是信任的交叉理论研究，如张维迎的《信息、信任与法律》（张维迎，2006）。三是关于信任的应用研究，主要集中在信任与企业（尤其是家族企业）和信任与电子商务等方面。总体来说，我国的信任研究并不成熟，但总体发展趋势良好。对近十年来与信任有关的学术论文进行统计分析，发现信任研究呈现多样化、学科交叉化的特点，使用的研究手段与方法也在不断变化和改进。信任研究的不断深化源自信任在社会生活中的重要作用。信任不但是社会生活的黏合剂，更在经济生活和企业组织发展中发挥着重要作用。

2. 信任

信任虽然已经成为国际、国内学术界多学科共同关注与研究的热门问题，但对信任的定义仍然多种多样，至今难以形成统一的理解和解释。本文在参考他人多种信任定义的基础上，把信任定义为：在社会交往中，信任人或信任主体，在交往结果存在不确定性和愿意承担风险的情况下，基于友好动机、情感、关系以及理性算计等因素的考虑，而对被信任人或受信任客体产生的资源与权力让渡的态度与行为方式。

二、从三鹿奶粉事件看我国品牌信任危机的产生

近几年，影响颇大的品牌信任事件层出。最著名的事件始发于2008年的石家庄三鹿奶粉事件，是一起严重的中国食品污染事件。事件起因是很多食用三鹿集团生产的婴幼儿奶粉的婴儿被发现患有肾结石，随后在其奶粉中发现化工原料三聚氰胺。根据我国官方公布的数字，截至2008年9月21日，因使用婴幼儿奶粉而接受门诊治疗咨询且已康复的婴幼儿累计39965人，正在住院的有12892人，此前已治愈出院1579人，死亡4人，另截至2008年9月25日，香港有5人、澳门有1人确诊患病。事件引起各国的高度关注和对乳制品安全的担忧。中国国家质检总局公布对国内的乳制品厂家生产的婴幼儿奶粉的三聚氰胺检验报告后，事件迅速恶化，包括伊利、蒙牛、光明、圣元及雅士利在内的22个厂家69批次产品中都检出三聚氰胺。该事件亦重创中国制造商品品牌信誉，多个国家禁止了中国乳制品进口。2008年9月24日，中国国家质检总局表示，牛奶事件已得到控制，2008年9月14日以后新生产的酸乳、巴氏杀菌乳、灭菌乳等主要品种的液态奶样本的三聚氰胺抽样检测中均未检出三聚氰胺。事件进一步升级后，中国奶制品行业在网络抽样分析中，民众的信心指数，降至最低点。不少大陆民众人心惶惶，许多人不敢吃大陆厂牌奶制品，外国奶粉销量开始上升，甚至以小三通方式到金门或马祖购买台湾奶制品，或是到香港购买奶粉，情况宛如阜阳劣质奶粉事件发生后，不少大陆民众不敢买大陆奶粉而坚持要买香港奶粉才安心。大陆不少母亲开始尝试改以母乳而非奶粉喂婴儿。奶妈业亦开始蹿红，奶妈薪水直线上升。重庆市一位75岁市民甚至将代言三鹿牌奶粉的两名艺人告上法庭。该市民称：“传递错误信息，代言人应对此负责。”并要求赔偿1万元人民币。2008年9月20日，星巴克和肯德基宣布由即日起停止供应蒙牛牛奶。肯德基称，待与蒙牛确认所有产品符合食品安全标准后，才会恢复销售。

另外该事件亦殃及三鹿牌原产地河北省一带奶农，生意明显大不如前，许多奶农由于生产的牛奶卖不出去，只好忍痛倒掉。亦有部分奶农表示他们的产品没有问题，问题是出在收购的公司。为保护奶农权益，中国农业部要求各级农业部门督促乳品企业切实履行收购生乳协议，减少奶农的经济损失。

在海外方面，新加坡与香港发现中国生产的伊利雪条和大白兔奶糖含有三聚氰胺。台湾则是在大陆进口的奶精中发现三聚氰胺，此事导致台湾使用大陆奶精的产品包括即溶咖啡、麦片等大规模下架。这是全球第一回发现大陆植物性蛋白类产品掺有三聚氰胺的案例。

综上所述，中国乳制品三聚氰胺事件严重影响了消费者对中国乳企的品牌信任。进而很多消费者对中国制造也产生了怀疑和动摇。该事件的发生，在国内与国际两个层面上都对中国企业的品牌形象、品牌信任产生了深远的负面影响。

三、我国商业品牌信任问题的根源

（一）信任危机的根源之一是中国公司缺乏的并不是实力，而是基于诚信的持久力

经历了改革开放30多年的发展，中国商业品牌的信任危机问题产生的根源是什么呢？就现实而言，信任危机的根源之一是中国公司缺乏的并不是实力，而是基于诚信的持久力，基于品牌信任的长远建构。

中国乳制品企业三聚氰胺事件发生后的消费者消费取向发生了明显的变化。据媒体研究，三聚氰胺事件过后，内地居民掀起了购买香港奶粉的热潮。来自香港的外国奶粉内地销售价格上涨超过20%以上，但丝毫没有影响奶妈们的“崇洋”热情。

要的不只是外国品牌，一定要是在国外生产的奶粉！奶粉的质量危机已经升级为行业信任危机。可能有人会记得，2005年12月1日，由部分机构联合主办的“十大受消费者信赖的中国婴幼儿奶粉品牌”调查中，三鹿、伊利、圣元竟位列前三甲，联想到三个品牌后来卷入的信任风波，无疑是莫大的反讽。

被称为“王海第二”的职业打假人刘殿林对中国产品的质量演进深有感触，他认为，改革开放初期，国产货质量不过关很常见，是技术和管理问题。现在，由于技术进步和管理改善，在绝大多数轻工产品领域，国货都能做到没有质量问题。但关键不是能不能做，而是愿不愿意做的问题。

一般来说，企业的壮大周期是15至20年，改革开放到现在，当年的小作坊、贸易部、国营工厂早已发展成大公司，摆脱了“货真货假”的初级阶段，进入品牌经营时期。在很多人看来，“打假时代”早已结束，昔日“被打假”对象可能都已成为知名企业开始打“别人的假”。

进入“后打假时代”，消费者对大品牌的信任并未因为公司的做大而增强。本是佛山一家小企业的美的公司已经成为屈指可数的家电巨头，但2010年上半年的美的“紫砂内胆”事件，再次让家庭主妇对大品牌存疑。消费者不禁质疑美的公司，这么大的品牌企业连做饭的锅都造不好吗?

（二）虚假宣传是普遍现象，是导致品牌信任危机的又一根源

打假斗士刘殿林认为，目前大品牌的信任度并没有提升，他近期曾调查过一家知名的奶制品企业，发现其特定年龄阶段奶品存在严重的虚假宣传，所谓的功能基本上都没有，存在最基本的诚信缺失。企业还从澳洲进口了大量“原装”包装材料，但因为刘殿林的“打假”，这些包装全部作废，只能最后更换。

（三）垄断性谋求暴利是导致对新兴品牌企业不信任的根源之一

新兴企业的勃兴，“不信任”的表现形式更加具有“技术含量”。互联网反垄断联盟秘书长姚克枫在向国家工商总局提请对腾讯公司的垄断审查后，获得了工商总局相关部门负责人的约见，他说看到了国家管理部门的进步，但目前还没有得到明确答复。他告诉记者，这段时间一直在寻找腾讯垄断的证据，他要用实际行动表达对腾讯的“不信任”。根据腾讯公司去年利润，结合法律规定处罚额度百分比，姚克枫要求罚款腾讯12.44亿元人民币。

复旦大学管理学院企管系主任苏勇喜欢在课堂上引用河北邯郸老太太“不讹人”的故事将企业战略与文化讲述开去。“生活中信任感缺失，延伸到商业伦理层面，则成了对品牌缺乏信任的心理映射。”

（四）不尊重消费者，也是消费者对企业品牌信任危机的根源之一

傲慢的商业品牌一次次让消费者“上当”，瓦解了商业社会最基本的信任基础。中国人对商业品牌的信任危机从来没有现在这样强烈。不尊重消费者，也是消费者对企业品牌信任危机的根源之一。腾讯和360的江湖恶斗，充分体现了这一点。

大品牌的傲慢总是以合法和体面的形式进行。垄断是傲慢的根源，也是傲慢的终极形态。2010年，马化腾和周鸿祎的“3Q之争”在中国上映，但却只能算是“乔比之争”的低级版本。腾讯公司的傲慢广为人知，360也被指责有不光彩的发家史，但这都不是重点，“3Q之争”的关键在于忽视用户的利益，腾讯让网民做的选择题恐怕会成为中国企业史上最为可笑的一段。事件平息，但网民的不信任感已经浮现：他们到底有没有扫描我们的硬盘？互联网带来信息的便捷，但用户利益和个人隐私也被放到网络巨头的砧板上。

（五）企业竞争策略的无序和政府监管不到位也是导致品牌信任危机产生的根源之一

在民企逐渐丧失信任的时候，国有企业的信任危

机也开始浮现。尽管消费者对奶制品行业的信心尚未恢复，几年前，国有伊利和民营蒙牛的争斗从未停息。

乳制品巨头之前的“争斗形式”是最常见的“营销战”和“形象战”，宇航员、奥运会都成为双方争夺的赞助对象，这种做法“肥了媒体支持了国家”，消费者没有损失。之后升级的“奶源战”则开始危及消费者利益，企业从奶农手中恶性竞价收购牛奶，破坏行业规则，出现了部分奶农为提高牛奶含量指标往饲料添加添加剂的情况。最后，私下的“斗争”索性摆到台面，扑朔迷离的“诽谤门”再次把两大奶业巨头推向舆论焦点。

显然，最终裁决结果已不再是重点，反思对企业竞争策略的改善和政府监管水平的提升才是关键。说到“诽谤门”和“3Q之争”，有人提到了广为流传的百事可乐和可口可乐“君子之争”。在百事可乐大举侵占可口可乐地盘的时候，百事可乐曾经拒绝了可口可乐叛逃者带来的秘方，并“提醒”对手可口可乐。西方大企业信任危机著名的“安然案”，最终以公司破产作惩罚。更重要的是，发达市场经济体几乎全都建立了专门的企业违法处罚制度，反观国内一次又一次的企业信任危机，并没有形成一套完善的处罚制度和管理制度。姚克枫认为政府对企业的监管应该再狠心一些，很多应该处罚的，政府都下不了手。

就在腾讯公司让中国网民做“选择题”的80年前，美国商业教育也面临 道“选择题”。上世纪30年代，哈佛两位著名商业学教授就企业是否应该承担社会责任展开辩论。贝尔教授认为企业是唯股东利益是从的股东权益受托人，应该只考虑股东利益。但多德教授则反对这一观点，他认为企业既受托于股东，也受托于更为广泛的社会，企业对雇员、消费者和社会公众都应承担相应社会责任。这场论战历经20多年，最终以多德教授的观点获胜而告终。

哈佛教授的争论在中国却无疑是个伪命题，对一些大品牌来说，尚不能做到对“内部”股东利益维护，更遑论对“外部”消费者的诚信。哈佛教授的命题对于我们来说不是“选择题”，而是空白试卷上的“论述题”。

尽管有过7个修正案，但直到现在，中国《刑法》中对于“销售有毒食品”一项罪，最高刑依旧是死刑。三聚氰胺事件印证了重典的必要性，2009年1月，张玉军和耿金平分别被以“以危险方法危害公共安全罪”和“生产、销售有毒食品罪”判处死刑。但实际上，单纯的重刑震慑连奶粉一个行业的诚信问题都没有完全解决过，就在当年11月，湖北再曝出三聚氰胺奶粉还在销售。

在复旦大学，好几位EMBA企业主学员曾在课堂上向苏勇质疑企业诚信是否必要。“公信力缺失，市场环境不好，这是大公司伦理缺失，诚信无存的根源。”苏勇表示，“十二五”期间，中国经济发展方式将逐步转变，政府也提出了要建立主流价值观的问题，重树企业伦理，解决大公司信任危机，根本上有赖于文化和政治多种因素的共同作用。

改革开放30多年，中国大企业的发展有目共睹，在民间“下海”潮流和国有企业改制的巨浪之中，内资公司最终成长为巨头，富可“敌省”。500强在中国的法人子公司也随着中国GDP飙升变为庞然大物，在汽车、日化行业跨国企业的利润表上，“中国分舵”已成为主角。“但中国大公司缺乏的并不是力量，而是基于企业伦理的持久力。”苏勇说。

四、我国商业品牌信任问题的解决方案

中国是世界四大文明古国之一，华夏五千年的文明拥有丰富的道德元素。中国的传统道德中是非常强调信任的，如儒家提出的仁、义、礼、智、信。为此，为了克服信任危机，中国必须从意识形态、法律机制、社会习俗和宗教信仰等方面加以改进，并将传统中好的因素发掘出来，发扬光大，重建社会信任。

（一）意识形态

英国著名的哲学家霍布斯有句名言：“我毫不怀疑，如果‘三角形三内角之和等于正方形的两直角之和’这一说法与任何统治权或具有统治权的一些人的利益相冲突的话，即使这种说法不受到争议，也会由

于有关的人在力所能及的情况下采取把所有几何学书籍通通烧掉的办法，而受到镇压”。

目前，中国每年都会发生多起品牌信任危机事件，很多都是因为权力部门（政府、警方调查结果）、商业合作公司等公布的调查结果和披露的信息缺乏公信力而造成的，三鹿集团甚至传出花钱要求屏蔽负面搜索信息的丑闻。一个事件发生之后，如果政府及企业及时披露的信息及公布的调查结果有公信力，就不会酿成众多品牌危机事件。

犹太裔美国政治理论家阿伦特也说过：“人们常常发现，长期洗脑的最确定结果是一种特殊的玩世不恭：对任何真理都绝对拒绝相信，不管这个真理有多么可靠的依据”。正因为我们的社会经历了一个人们不能了解基本事实的时期，才会对众多品牌事件丧失基本的信任，这二者之间的因果关系是非常明确的。

（二）法律机制

这指的是社会对于人们的行为缺乏有效的外部规范力量，对于造假欺骗行为惩罚不力。又因惩罚机制不完善，使得造假行为的成本比较低，由此导致毒牛奶、地沟油、盗版书等现象泛滥，严重影响了人们的身体、心灵健康。

于是，在蝇头小利的利益驱动之下，人们会去造假，从而彻底丧失了职业操守，也毁掉了社会的信任。与之相反，在法律机制健全的社会，人们的造假行为会带来倾家荡产的结果，诚信与造假两相比较，人们自然就会选择诚信。

（三）文化习俗

由于中国盛行对熟人社会与生人社会的区别对待，也即费孝通所提出的差序格局，就像在水中投入一颗石子，水面上会泛开一圈一圈的水纹；在中国社会中，每个人都是以自己为核心，血亲、姻亲、朋友、熟人等一圈一圈荡漾开去，按离自己距离的远近来划分亲疏。

差序格局揭示的是一种典型的熟人社会价值观：只是在熟人圈子里才有信任，对于陌生人是几乎谈不上。因而对于欺骗外人、生人的行为，就会缺乏内在的规范力量，存在侥幸心理，导致行为的一次次发生。

差序格局对应了社会学和人类学研究的一个著名理论：西方是个人本位的社会，中国是家庭本位的社会（家族本位的社会）。个人本位的社会是陌生人社会；家族本位社会是熟人社会。前者交往运作一定要靠法制，法制要求信任，就会产生相应的制度来保障信任；而后者靠的是关系，是人治，也就没有制度能够有效地保障信任。

（四）宗教信仰

这是中国人在信任问题上缺乏内在规范力量的一个重要原因。因为中国是一个无神论（或泛神论）的社会。当人们在撒谎或造假的时候，内心是没有痛苦的，因为他知道除了被抓到之外，不会有惩罚，更不会下地狱。

俄国著名文学家陀思妥耶夫斯基有一句名言：如果没有了上帝，岂不什么事都可以做了？如今，中国社会诈骗事件大量发生，新的诈骗形式层出不穷。当更多的人做坏事欺骗人时，当受骗上当的事件更多时，社会就会彻底丧失了信任。

进入二十一世纪，我国提出了构建和谐社会的构想，面对转型社会时期纷杂的社会现状，面对层出不穷的品牌信任事件，继往开来，加快构建新型社会道德体系、重塑社会核心价值观、加强理想信念宣传教育树立人们正确的人生信仰，通过法制手段建立有效法律机制，如此，中国的品牌信任问题必将迎刃而解！

参考文献

[1] 黄楠．中企“世界500强”上榜数量十连增 四大行最赚钱[N]. 中国新闻网，2013–07–09，财经频道．

[2] 蒋璟萍．企业品牌理论研究的新进展[J]. 湘潭大学学报，2007(5)：63–67.

[3] 杨芳平，余明阳．品牌动态定位模型研究[J]. 现代管理科学，2010(5)：19–21.

[4] 李雪欣，李海鹏．中国品牌定位理论研究综述[J]. 辽宁大学学报，2012(3)：100–106.

[5] 李飞．品牌定位点的选择模型研究[J]. 商业经济与

管理，2009(11)：72—80.

[6] 卢泰宏，吴水龙，朱辉煌等．品牌理论里程碑探析[J]. 外国经济与管理，2009(1)：32—42.

[7] 李达．信任与组织发展[D]．武汉大学，2011：1—13.

李大虎：淄博圣火广告有限公司董事长，中国民主同盟盟员，中国广告协会学术委员会委员，中国注册广告师（注册号 0002636），山东省广告摄影研究会会员．

融媒时代户外广告的 O2O 逆行聚合探析

百灵时代传媒集团首席运营官　王国胜

随着移动互联网技术的发展，数字和移动通讯技术的进步，以网络、手机等为代表的新媒体发展势头强劲，传统媒体的受众和广告市场受到巨大冲击，为应对快速发展的媒体变革，传统媒体正不断寻求技术创新，开拓新的媒介形式，努力改变营销理念，强化互动与大数据，重视媒体传播效果的转化等等。由此，媒体已进入“融合时代”，以资源聚合、技术融合、媒体联合、营销整合的全新媒体格局初步形成。

户外广告作为传统媒体的一支重要生力军，同样面临受众注意力分流、效果评估困难等问题。基于此，各大户外广告媒体加大技术融合力度，突破传统销售模式，并不断创造新的广告传播形式，与此同时，移动互联网的发展、人们生活环境与习惯的改变都为户外广告的技术创新和营销变革奠定了坚实的基础，随着基于户外 LBS 位置服务模式的日臻成熟，也必将会推动户外媒体实现“移动化”、“互动化”、“效果化”，通过线下户外广告曝光吸引受众、导向线上服务使受众成为用户的反向 O2O 模式，即：Offline To Online，为广告主提供更为广阔的创意环境和选择空间。

一、户外环境下的移动应用拉动碎片化经济

随着中国经济的快速发展，城市规模不断扩大，受众停留时间越来越长，漫长的出行时间让受众有更多的时间与户外广告进行接触，“无聊”的用户与碎片化需求推动了“眼球经济”的发展。

（一）户外广告受众接触度越来越高

随着城市化进程的推进，使得城市人口的越来越多。据中国国家统计局公布的数据显示，20 年内中国将有 75% 的人口生活在城市，这将是一个超过 10 亿人口的庞大受众。户外媒体的受众基数将接近电视媒体。城市的扩大将城市交通的快速发展，带来更多的交通工具和更长的交通线路，极大地增加了交通媒体的资源供给量，同时也将保证未来 10 年内交通媒体的稳定增长。综合各方资料，国务院已批和将批的城市轨道交通规划共涉及 23 个城市，预计到 2015 年，中国轨道交通总里程将达到 3000 公里，到 2020 年，轨道交通里程还将翻一番达到 6200 公里，仅轨道交通投资规模将超 1 万亿元。

因城市规模的不断扩大，人们的通勤时间将变长，花在路上的时间越来越多，暴露在户外媒体的时间越来越长。进入 2000 年以来，得益于中国城市化和轨道交通建设的快速进程，户外传媒产业呈现较快增长态势。公开数据显示，2010 年户外广告投放总额相比 2009 年增长了 23.84%；2011 年同比增长 12.3%，2012 年同比增长近 15%，2013 年实现了 22.3% 的同比增长。众所周知，户外广告是依附于城市建设的特殊媒介，接触人群广泛、传播展示效果优越、增值空间大，广告主和受众的认可度越来越高。中国城市化

的持续推进将促使户外广告市场空间进一步被放大。据 CTR 媒介智讯数据显示，在以地铁为代表的交通类媒体的强加增长刺激下，传统户外广告将持续得到包含传统业务广告主和新兴产业广告主的青睐，市场规模还将保持个位数的增长。通过综合分析各类户外媒体的发展态势，我们预计未来两年内传统户外媒体的刊例花费将保持 8–9% 左右的增速。按此推算，到 2015 年，传统户外广告市场有望达到 455 亿元。

但与此同时，越来越多的人在户外出行时，特别是乘坐公共交通工具时使用手机，新型的“低头族”正在分流受众的注意力，并渐渐地改变着我们的生活。

（二）手机和移动互联网的发展改变了人们的生活

上一个十年电脑改变了我们的生活，也完完整整地影响了一代人。通过电脑人们有了互联网，从而让我们足不出户就可以了解整个世界。而当下手机正在改变我们的生活，现在人们越来越依赖于智能手机，同时手机的功能也会越来越强大。现在手机市场的繁荣已经是不争的事实，大量的新型手机、可穿戴设备以及琳琅满目的客户端应用更加带动了消费者的热情，现在地铁上、吃饭的时候已经处处可以看到发微信玩手机的男男女女，手机的影响力正在逐渐的增大。我们之前并不重视的“碎片化”时间，现在很多都被手机占据。

据中国互联网中心（CNNIC）第三十三次《中国互联网发展状况统计报告》显示，截至 2013 年 12 月，中国网民规模达 6.18 亿，全年新增网民 5358 万人，互联网普及率为 45.8%，其中，我国手机网民规模达 5 亿，较 2012 年底增加 8009 万人，网民中使用手机上网的人群占比由 2012 年底的 74.5%提升至 81.0%，手机上网依然是网民规模增长的主要动力。互联网发展“数量”逐渐趋于饱和，向提升“质量”发展，在经济社会及网民生活形态的影响力加深。各类互联网应用的使用情况有增有减，但只要与手机端“沾边”的，都呈现持续升温的态势。

（三）丰富的客户端内容与功能占据用户“碎片化”时间

移动互联网近些年来，随着移动互联网的发展，特别是 4G 通信技术的不断成熟和业务布局的逐步完善，目前，市场上大量客户端不仅可以看视频、听歌、玩游戏等“打发”时间，还可以实现语音聊天、通信等社交功能，手机也已成为众多职场人士移动办公的必备工具。很多的开发和全面普及，现在的智能手机已经无所不能，几乎我们在电脑前的大部分功能手机同样可以完成。同时由于便携性手机可以随时随地记录我们的生活，这也让越来越多的用户开始加入手机行列。

据艾瑞咨询数据显示，以浏览器 APP 为例，2013 年，浏览器 APP 月均覆盖人数达到 1.9 亿人，月均使用次数达到 139.5 亿次，月均有效使用时间达到 7.0 亿小时，且 79% 的用户为大专和本科学历。24 岁以下用户占比 35%，25–35 岁用户占比 44%，36–40 岁用户占比 13%，40 岁以上用户占比 8%。具有较高层次的中青年社会活跃人群成为手机用户的主流，同时他们也是最具购买力的人群，为移动互联网奠定了良好的受众基础。

2013 年中国移动互联网市场规模达到 1059.8 亿元，同比增速 81.2%。其中，移动购物占比 38.9%，移动营销占比 14.6%，移动游戏占比 14%，移动增值 32.5%。预计到 2017 年，市场规模将增长约 4.5 倍，接近6000亿。移动互联正在深刻影响人们的日常生活，移动互联网市场进入高速发展通道。

具有较高品质的“娱乐性”、“互动性”的休闲娱乐客户端层出不穷，极大丰富了手机内容，也不停地侵占用户的碎片时间。手机内容在移动设备上的消费在 2013 年经历了爆发性的增长，较前一年同比增长 24 倍，手机如今约等于游戏机，当下每月活跃的游戏用户超过 1.7 亿，比 2012 年增长 5 千万。

从全球广告市场来看，根据美国电子商务市场研究公司发布的最新报告，全球移动广告支出涨势迅猛，继 2013 年翻倍之后，预计 2014 年继续大幅攀升。2012 年的全球移动广告支出为 179.6 亿美元，增幅达105%。2013年的全球移动广告支出有望再增长75.1%，达到314.5亿美元，约占今年全球数字广告支出的四分之一。

从中国广告市场来看，根据昌荣传媒市场与媒体研究中心的报告显示，2014年国内广告市场将持续增长，增长率为9.7%。2014年我国互联网广告增长率为34.8%，其中，移动互联网广告的增幅也将超过所有媒体，处于领跑的地位；户外广告市场将持续快速增长，其增长率为18.8%。为此，最具市场竞争力的手机移动互联网广告和户外广告将如何发展，成为业界关注的焦点。

二、户外视觉“大牌”广告与随行手机“小屏”广告产生碰撞

随着手机移动互联网广告不断受到广告主的青睐，有关户外广告效果的争论就没有停止过。事实上，“低头族”的确在分流户外一些媒体的受众人群，从接触度、关注度、忠诚度等方面都将产生剧烈碰撞。

（一）媒体的多样化，使受众自我选择成为主流

我们以最为常见的公交媒体为例。2013年我国户外广告市场保持稳健增长，其广告投放增幅为22.3%，而公交移动电视广告投放却出现大幅下滑，降幅为36.6%。这组数据集中反映出，随着乘客（受众）的打发“无聊时间”行为习惯改变，必将体现在户外广告整体的市场格局之中。

目前，大中型城市的居民每天上下班的时间，平均超过60分钟，乘客（受众）将串联起的“碎片时间”，以看视频、社交聊天、玩游戏为主。而之前受到智能手机的数量、手机上网资费和网速等限制，基于公交车相对封闭的空间，很多乘客多会将目光盯在公交移动电视上，甚至看不到移动电视，但也能听到电视中传播的声音信息。但现在，很多乘客专注看手机视频、玩游戏时，通常戴着耳机，营造自主的媒体接触空间。

（二）以“品牌曝光”占据短暂停留时间的媒体，依然保持旺盛的生命力

从交通安全等方面考虑，人们在行进过程或短暂停留时，是不具备使用手机看视频、玩游戏的条件和环境的。为此，以具有视觉冲击的“大牌广告”依然占据着乘客的注意力。以地铁为例，近几年全国地铁广告刊例花费明显增长，2010年地铁广告（不含视频媒体）刊例花费达到78亿元，同比增长32%，2011年刊例花费达到100亿元，同比增长28%。2012年达到116亿元，同比增长16%，2013年刊例收入131亿元，同比增长12.9%。

与此同时，纯粹的零散碎片时间也同样受到了高度关注。特别是利用等待电梯的时间，开发的楼宇液晶视频媒体依然保持着良好的发展势头。楼宇液晶电视媒体因其精准的定位，2013年广告投放增长28%；其他户外电子屏广告投放出现52.2%的增长，机场户外广告投放增长更是高达361%。

尽管传统户外大牌和楼宇液晶电视媒体趋势依然向好，但是在移动互联网抢占广告市场份额的大势是不可阻挡的。为此，众多户外媒体企业立足当下，未雨绸缪，进行着一场轰轰烈烈的媒体变革。

三、户外广告媒体借力移动互联网，线上线下联动，打造融媒体

随着更多移动互联网技术得以广泛应用，户外媒体与智能手机等移动终端的结合将带来广告展示革命性的变化。无论是视觉识别、二维码、近场通讯（NFC），还是移动APP，都有可能将户外媒体改造成交易终端，届时户外媒体将与移动终端实现对接，赋予更多的多媒体属性，并可实现交互、交易等功能，也将提升广告主的投放意愿。

（一）“小屏”生态系统与“手指”经济的户外环境

随着手机等移动媒体越来越多地被人们运用，“小屏”时代已然来临。手机上犹如繁星一样多的APP进入了一个快消时代。移动端的快消品需要寻找、感知、认知、消费、体验、评估的过程，也同样需要一个品牌和平台的知名度的推广。

在小屏生态系统中，手指经济是一种融合的过程，不仅是一个下载过程，也是“你中有我、我中有你”的融合过程，是需要多媒体介质在最有效的时间和空间内寻找最恰当的客户最恰当的渠道、实现品牌塑造的过程。

品牌营销要选择适合的媒体，这就需要大量的数据分析。大数据的分析可以界定精准人群，做到真正的细分。通过大数据分析，结合移动端即时性、本地性等特性优势，针对不同的目标受众群体和需求量体裁衣，从线上到线下、从渠道到资源进行优化整合，确保网络营销的有效覆盖和精准性。

以经营地铁广告业务为主的户外媒体公司百灵时代为例。为了实现将传统的灯箱平面广告赋予新的互动属性，该公司研发了一款基于视觉识别技术的移动客户端——百灵闪拍。用户可通过百灵闪拍客户端拍摄画面，利用视觉识别技术识别并打开该画面指向的互联网或移动互联网页面。此款应用能够识别任何形式的图片，还具有二维码、条形码扫描识别的功能，将用户带到相应的商品或者社区页面。乘客利用百灵闪拍手机客户端拍摄地铁站厅灯箱上的广告画面，手机屏幕即可链接到广告客户指定的页面，可以进行详情解读、互动、下载优惠、直接下单等，也可以获得更多的关于客户产品的打折、促销、活动等信息。地铁灯箱广告的创意改造、换乘站厅墙贴的震撼效果以及广告画面与新媒体技术的结合，将传统的户外广告推广演变成线下体验与线上互动相结合的 O2O 模式，一方面创意性的灯箱能够作为广告主发布产品信息的窗口，另一方面将传统线下平台变成网络推广的入口。

（二）移动互联网广告的户外“入口战”持续升温

面对来自移动互联网的颠覆性力量，2013 年 8 月，百度宣布以 18.5 亿美元完成收购 91 无线，成为中国互联网有史以来最大的收购案。收购完成后，百度形成移动搜索 + 地图 LBS+App 分发的移动互联网三大入口。此举百度将移动互联网的流量入口牢牢把握。

小米现在正布局各种可以在 4G 及 WIFI 环境下，让用户可使用小米终端来上网的入口。小米已经投资一家免费为咖啡馆、西餐厅、机场等商家提供 Wi-Fi 上网设备以及安装和维护服务的创业公司——叫迈外迪。

同时，在全国多个主流城市的公交、机场、万达院线等地铺设 WIFI，为用户提供免费视频内容、资讯、娱乐、游戏应用等服务的百灵时代传媒集团，目前已经与奇虎 360 开展了应用下载频道的合作，网易新闻进行资讯频道的合作等。这些公司占据“新入口”的最直接的考虑是，“得渠道者得天下”。类似此类基于特定情境、占据用户无聊时间、提供精准服务的模式，将会持续升温，并会加大抢占的速度和范围，例如高铁、地铁等。

在公交媒体领域，以公交移动电视为主的巴士在线媒体集团，为拯救公交移动电视的颓势，也高调宣布进入户外 WIFI 市场，形成一场声势浩大的户外移动互联网入口争夺战。2013 年 3 月，中兴通讯与巴士在线成功签署了战略合作协议， 双方将在智慧公交车联网领域展开合作。中兴通讯将助力巴士在线打造中国最大的“公交移动 WiFi 平台”，并改造公交移动电视系统，为百姓出行提供便利的信息化服务，打造智慧公交移动应用新场景。

（三）打通媒体资源，融合先进技术，进入全新的融合媒体时代

随着各种媒体的相互融合，传统媒体同样赋予了移动互联网属性，媒体格局正在发生新的聚合过程。报纸杂志、电视、广播、户外四大传统媒体从分化再到聚合的过程中，增加了很多互动的元素，把现在的移动互联网和科技元素融合在一起打造了一个新的传播介质，这是一个新的突破，也是一个全新的媒体嫁接过程。

从受众人群的角度分析，以前是媒体包围了受众，现在是用户自主选择媒体。每个人都是终端，每一个人都是一个信息的发布者，所以现在的受众已经变成了用户，不是被动的接受者。消费者变成了体验者，他有自主发言的机会和权利。面对受众的变化，整个

的技术推动和用户体验、媒介的传播和受众的特性改变了单一的广告投放的趋势，也反映出来消费者真正产生购买的一瞬间不会因为单纯的广告而产生购买。

由于受众人群接受信息的行为习惯改变，广告主同样需要做出相应的策略调整。更多的客户需要整合多种资源形式，达成品牌推广的目的。

在这样一个复杂的媒体环境中，广告主更愿意通过媒体渠道整合，充分利用碎片化时间，为品牌提供互动参与的良好时机等多种媒体融合方式，实现整合传播。

在现代的多媒体市场环境中，我们应从创意的角度出发。革命性的变化更多的是一种整合营销的深度开拓。比如在户外媒体中，陈列方式、二维码、条形码，以及灯箱改造成售货机，使原来静态的画面动起来等等都是一种变通。通过营销手法的创新，从而达到品牌宣传立体化的效果。

整合传播要提倡线上线下的理念。在线上媒体宣传的同时，也要有庞大的线下媒体，使受众更多的与媒体接触。百灵时代依托眼球经济和受众接触，在原有的空间内进行了线上的传达。在公交车、电影院里覆盖免费的WIFI，消费者看到这些广告，如果有需求，就可以通过登录免费的WIFI网络，直接产生下载。从触达一直到下载完全是在百灵时代的媒体环境下实现的，这样就创造了一个线下到线上产生互动、一个品牌融合的打包整合方案。同时，最大的户外楼宇媒体——分众传媒也正加大研发力度，将楼宇液晶屏与手机小屏关联起来，打造整合营销的数字化平台。

2014年，移动互联风光无限。随着4G的完善布局，智能终端的普及，获取信息及社交途径的改变，人类的网络生存升级为“移动 + 网络”的生活方式，移动互联网正在“接管”我们的生活。移动互联网下的媒体格局也随之发生颠覆的变革，受众接触媒介载体呈现出碎片时间黄金化、媒体使用情境化、用户需求个性化等特征。

面临不断升级的移动互联网，2014年户外广告市场将会呈现更为明晰的新格局。“户外 + 移动互联”O2O整合营销模式将不断进入广告主的选择范围；而随着户外移动互联网“入口”的不断完善，也将给广告主创造更多的整合推广的渠道，整合营销将成为更具创新性的广告市场的运营模式。

关于国家广告产业园服务实践与思考

青岛国家广告产业园运营管理有限公司 贾永壮

前言：本文是继2012年4月发表过《关于搭建国家广告产业示范园的思考》和2013年发表过的《关于国家级广告产业园区招商运营的思考》的再续。作者结合近三年对青岛国家广告产业园的服务实践经验与体会，通过预测、应变、示范、带动、组织能力的提升，在广告移动互联大变革时代，走出一条特色的园区运营服务之路。

一、预测：国家广告产业园区要有前瞻战略意识

目前在全国有32家国家广告产业园（含国家广告试点园区），国家大力扶持广告业发展，引起业内外人士的高度关注，也引发了一系列的疑问。目前全国文化产业园区超过2500家，其中国家已命名的文化创意产业各类相关基地、园区就已超过350个，分布于全国各地。全国文化创意产业园区90%都处于亏损或不盈利状态，那么国家广告产业园的运营如何呢？靠大规模的开发建设卖房子盈利？！靠园区的免税和

优惠房租吸引？！这都不靠谱。国家广告产业园的功能定位要有高度和前瞻性，要具备带领广告行业转型升级的能力。

只有园区提供有价值的市场供给服务才是成功运营的核心。问题是怎样提供有效的市场？有价值的市场如何预见？这需要国家广告产业园区的运营公司要有国家战略的前瞻性和市场的预见能力。

1. 顾客变了，国家广告产业园是否已预见？

随着90后逐渐成为社会焦点，各大互联网平台都开始打着聚光灯和放大镜来观察审视这一群体，从生活模式、行为习惯到三观调查，发布的数据报告层出不穷，百度一针见血地提出了“玩”的概念。在90后特别是95后的世界里，“玩”是永恒的主题，兴趣是始终如一的聚合体。他们不会用传统意义上的价值观来衡量人和事，他们的世界里没有好与坏，只有好玩与不好玩，因好玩而感兴趣，因兴趣而追求，为追求而买单。他们对传统的单向说教早已绝缘，报告显示传统广告对他们的消费行为影响微乎其微。如果想得到90后的好感和关注，就必须接受基于90后特质的营销变局，改变说教和单方面影响的营销方式，转而与他们玩在一起。无论是品牌还是个人，给用户“洗脑”的时代都一去不复返了。可以预见，未来90后的营销一定是“玩”的营销，如何投90后所好想出新玩法，是大家当前要想的首要问题。

乐视的数百万会员直接成为乐生活平台的会员，优先购买安全、优质的农产品；此外依托于超级电视、乐视网、乐视影业等将发展为流行的F2O模式，即打造类似《十二道锋味》、《舌尖上的中国》等节目，形成边看边买等商业模式，这对乐视商城来说才是最宝贵的财富。

乐视已经逐步完善的物流体系，配以LePar将极大地解决生鲜电商中的物流问题。乐视商城是乐视电商业务最先启动的项目，它所依托的优势就是超级电视的热销，以此来带动乐视商城的流量。此外如乐视网等也给乐视商城提供了足够的用户。这些都是它的优势。但更大的优势在于它依托超级电视而积累的用户群。这群用户的特点体现在消费能力强、易于接受新鲜事物。

2. 客户变了，国家广告产业园是否已预见？

2014年1月海尔发邮件通知媒体：“由于我集团战略调整，截止到2014年1月18日海尔及卡萨帝品牌杂志硬广广告媒体业务不再发生，如有产品线发生硬广投放业务，由经办人买单，海尔不会付费请周知。”在此之前，张瑞敏称，对海尔来说，无价值交互平台的交易都不应存在。现在互联网时代，外部的变化非常快，如果你还是追求传统时代企业就是等死，这个时代一定会把你扔掉。海尔成为首家放弃杂志硬广，转向新媒体广告的传统家电企业。

2014年王健林要求，万达所有系统必须要检讨，是否真正具备互联网思维。在这个时代，如果不用互联网思维、新的方式去做，可能就要落伍，就要被淘汰，即使房地产也要有互联网思维。一年营销费用是几十亿，大多投到报纸、电视、现场活动等传统营销方式上了，到达率不够，效果也不好。现在农民工都有手机了，新媒体营销应该成为我们的方法。明年开始，把传统媒体的推广费用砍掉一半用于互联网营销，没准效果会更好。武汉汉秀和电影乐园票务销售，用互联网线上营销，不到一个月就将开演半年内的票基本卖掉了。

3. 媒体变了，国家广告产业园是否已预见？

今天，全国的广告总量高达5500亿元，其中网络广告1100亿元。媒体大变脸时代到来。新华社的《现代快报》还专门成立了电子商务公司，重金打造电商平台，为南京市民甄选酒水类、保健品类、票券类等千余种产品，每种产品在保证质量的同时，确保低于市场均价，既可以在官网下单，也可到实体店选购。

京华时报通过打造亿家网，送报送菜两不误、创收增收一肩挑，在报纸发行日趋下滑、报业经营十分困难的大环境下，确实是一条可以借鉴的好模式。

《华西都市报》凭借强大的公信力和影响力，其八小时购物网意在为四川搭建一个“从农田到餐桌”的“便农、助农、惠农”的电商平台，为各地农产品和各时节时令果蔬打开销售渠道。

东西南北中，媒体电商正唱大风。电商之火已经燎原，众多媒体自己织网，一网值钱。未来 N 年，得电商者赢天下，得移动电商者和天下，越早进军电商越主动，再不上马，立马就会被电商大潮拍死。这也是众多媒体和传统行业巨头不惜血本、豪掷万金的原因之一。全国几十家上百家媒体都上了，国家广告产业园预见到了吗?

今后三四年数字广告将爆炸性的增长，全国一半的广告将数字化，届时高达 3000 亿元的蛋糕，有多少国家广告产业园的广告公司能吃到？！

二、应变：将政府主导转向引导，园区由市场主导

政府主导型文化创意产业园缺乏专业的服务和平台，但政府前期积极引导，则能充分盘活市场，提高园区效益。中国北方地区的文化创意产业园 80% 是政府主导型，而在南方 90% 的园区是政府引导、民企投资主导。文化创意产业园必须按照产业集聚规律重新规划、洗牌。政府也不可能给创意产业园过多政策优惠，应该有一种符合市场规律的激励机制。

1. 建立符合市场需求的奖励机制

青岛国家广告产业园为了适应广告产业的数字化、网络化发展，在创建初期就准确定位数字化园区。将国家的扶持资金全部用于改造搭建数字化技术公共服务平台，采购影视数字化设备和拍摄器材，并不对园区企业发放奖励和补贴，通过使用园区的影视设备和器材方面予以奖励。不论大规模公司或小规模公司，不论资历深还是资历浅的公司，不论传统服务类还是现代服务类，只对转型升级迈向数字化的公司大力扶持，通过市场达到优胜劣汰。激励机制主要靠免费使用影视拍摄设备、器材的方式予以扶持，使用越多，奖励越多，这种机制最终可以建立良好的产业环境。

建立这种奖励机制，避免了对奖励的公司进行评审、审查、审核、发放资金等许多繁杂手续，也有效地避免了人为因素的干扰，最大限度地保持公开、公平、公正。

2. 搭建符合企业需求的市场供给服务平台

许多文化园区采取“关起门来打狗”的招商模式，早已被社会警觉，采取优惠政策招进来进行“集中”也行之无效，许多“集中营”似的园区早已被诟病所弃。对于当下的中国广告业，缺少的不仅仅是优惠政策和补贴，最重要的是缺乏市场！进了园区没有业务、没有客户、没有效益还是要离开的。他们需要的是市场链，如果有了上下游的合作，就有了发展的基础。超市之所以能够吸引众多的商家进驻，靠的是顾客群。而顾客要的是采购方便，进了门什么都可以方便地买到，超市只有有效地组织符合顾客需求的货源，才能吸引顾客进来。

作为国家广告产业园来说，只有搭建符合广告需求的产业链，形成上下游产业架构，才能形成产业园的市场机制。这要求广告产业园首先要搭建市场供给服务平台。但，这是一个非常专业，非常智慧，需要非常付出的工作。

青岛园区运管公司的理念是“嫁接、升级、孵化、共享”，结合几十年从业广告业的经验，与品牌策划、创意设计、影视创意、影视制作、网络媒体、电子商务等行业相关公司搭建了“青岛 G20 创意产业联盟”。根据各加盟企业的服务特点快速嫁接，经过数字技术、数字设备、数字终端、数字内容、数字营销这一系列成体系的数字培训，很快形成了一个为广告主提供完全服务的强大功能链。

3.“微视中国 72”搭建以顾客为中心，客户和商家共享的平台

2014 年，首届青岛国际微电影节的顺利启动，再次将全球目光集聚到青岛，关注这座“影视之城”。尤其青岛国际微电影节的“微视中国 72”影视广告拍摄及体验活动，不仅推动了品牌策划、创意设计、影视创意、影视制作、网络媒体、电子商务等行业与文化创意产业的融合升级，还通过“体验式”的消费模式吸引广大百姓积极参与，将商品销售、文化传播、休闲娱乐高度融合，第三方真实纪录消费体验的服务

模式将消费者与品牌产品宣传深度融合，参照 O2O 和 C2B2S（以顾客为中心，客户和商家共享平台）的理念，开启了百姓体验娱乐广告的全新篇章，更能符合广告主的深度推广要求，也是数字营销和数字广告的一大突破。正是因为定位清晰，该活动刚刚登场，便受到用户热捧，就被海尔集团以巨额冠名抢下，声称明年优先权冠名。这也为中国广告产业数字化迈出了探索的步伐。

“微视中国 72”影视广告拍摄及体验活动，迎合了数字时代的发展需求，满足“视频互联网化”转向“互联网视频化”的社会广泛需求，其内容丰富多彩，社会参与面广，市场黏度高、视觉冲击力大等特性，不仅可以提升影视文化企业的发展空间，还可以满足众多互联网的内容需求。

三、示范：微电影将占中国数字广告半壁江山

伴随互联网的迅速发展，微电影作为一种崭新的影视表现形式深受广大影视爱好者和网民的喜爱，也是近年来互联网视频的主要内容之一。由于微电影不能像电影一样通过票房收回成本获得盈利，这就促使微电影必须通过市场的广告形式获取创作、拍摄及制作费用。

由此微电影广告与广告微电影的概念也随之出现，这两者既有相同点也存有差异。我们将从定义、区别与应用三方面进行阐述。

1. 微电影广告与广告微电影的概念

微电影广告是电影和广告跨界融合的产物，是指利用影视制作手段完整的表现广告主题，以精炼浓缩的剧情和影视特效给观众强烈的视觉冲击，留下深刻的印象。同时广告信息贯穿于整个影片中，力图挖掘品牌的深层内涵。微电影广告又可通俗理解为商业定制微电影，由广告主出全资发起，由专业影视制作团队以微电影的形式量身打造的企业广告片。

广告微电影本质是微电影，所植入的广告内容力求尽量自然、平滑地融入到微电影剧本、场景、情节之中，潜移默化地实现品牌形象、理念的渗透和推广，能够更好地实现“润物细无声”的广告宣传效果。广告微电影一般是由广告主以合作或赞助的方式，在影视制作团队拍摄的微电影中植入广告。

2. 微电影广告与广告微电影的联系与区别

微电影广告与广告微电影都是采用电影手法拍摄的、有一定情节的视频短片，它们主要在数字新媒体上播放，适合观众在短时间休闲或移动状态下广告。

但是由于微电影广告与广告微电影的出资主体本质不同导致两者存有以下区别：一是创意编剧不同，广告微电影是带有植入广告镜头的完整叙述故事的微电影，可以完整的讲完故事，其手法是通过言情、怀旧、叙事、纪实、娱乐等表现，其题材、内容和主题十分丰富宽泛，由于是多个小赞助构成的资金投入，所以不受大广告主的影响和干扰，可以完全按照导演的意愿进行拍摄，拍摄的是一个带有广告镜头的故事片；而微电影广告则是用一家广告主的资金，为其创意编剧并用电影的表现手法和艺术形式来拍的新型广告片，主要目的是为了传递广告主的相关信息，其故事创意、编剧、拍摄、后期多受广告主的导向影响，拍摄的是一个带有故事情节的广告片。二是拍摄制作过程不同，广告微电影是为了拍摄一个故事片为主，导演可以通过合理巧妙的植入多个产品、品牌或企业理念而拍摄的微电影故事片，如一个 30 万元的微电影，则通过 6 个企业赞助，每家出资 5 万元，没有一个大投资者参与。拍摄过程将商品或品牌等相关广告信息等隐含在微电影之中，其拍摄过程就不受广告主的干扰和影响；而微电影广告实质为广告主拍摄一部带有微电影故事情节的广告片，一个企业出资 30 万元，要求按照企业市场的要求来拍摄，导演编剧不能按照故事情节自由发挥拍摄，要处处考虑广告主的需求，要对广告主负责，可以不考虑市场收视率。三是企业赞助的渠道资金来源不一样，广告微电影是为了拍摄一个微电影故事片，广告公司可以将多个完全不同企业或产品融合即可，如将烟酒茶与家电汽车和房子有机结合，拉赞助的市场面很宽，相对容易；而微电影

广告则靠一家企业的自己能支撑拍片，拍微电影广告需要深入了解广告主（企业）的具体需求，深度发掘企业文化、品牌价值，通过故事创意更多展示企业产品或文化精神层面内容，找到这样的企业难度较大，范围较窄。

3. 微电影广告与广告微电影的应用

广大受众所熟知的《一触即发》、《66 号公路》、益达口香糖《酸甜苦辣》系列都属于微电影广告。通过故事情节、鲜明的人物形象诠释新的广告概念，满足企业产品、品牌推广需求。

而对于广告微电影其应用特性则明显不同。例如：《变换的时代》（广告主：三星），它运用了大量的互动技术：（1）影片结尾处采用二维码，手机扫描直接下载 APP，从互联网直接连通移动互联网；（2）人脸识别，观影过程中用 APP 扫描，获得三星手机介绍、明星演唱会信息、MV、获取并在手机上观看隐藏剧情；（3）定位系统 + 增强现实技术，在指定热点商圈通过 APP 捕捉虚拟勋章，参与抽奖，实现 O2O 的导入。又如：《极光之城》（广告主：路虎），它是首部连载式动漫广告微电影，采用漫画与实景交替演绎的剧场版悬疑动作巨制。

四、带动：搭建国家广告产业园服务实践基地

青岛园区运管公司鉴于对广告微电影和微电影广告定义及应用的理解，有效融合“微视中国 72”微电影创意拍摄活动，将搭建“微视中国 72”影视拍摄基地，实现微电影创意、拍摄、体验于一体，进行更加广泛传播与价值共享。

1. “微视中国 72”影视拍摄及体验基地的内容框架

“微视中国 72”影视拍摄及体验基地主要由品牌设计与管理、影视创意与摄制、渠道传播与销售三大职能中心构成，使基地由最初品牌设计到终端产品销售形成完整的产业链结构。

品牌设计与管理中心主要凝聚品牌创意设计与咨询服务类公司，满足基地及基地入驻企业的品牌形象设计、包装、推广需求。影视创意与摄制中心主要汇集影视、动漫及摄影类企业，一是满足消费者在基地内能够体验影视、动漫及摄影的制作过程，进行体验式消费，二是满足专业团队在基地内即可完成专业制作。渠道传播与销售中心主要聚集媒体类、电商类、广告类等企业，满足基地品牌及产品的推广与销售，同时也为消费体验者提供一个自创销售平台。

2. “微视中国 72”影视拍摄及体验基地的功能策划

“微视中国 72”影视拍摄及体验基地共有七大功能，分别为国际拍摄体验功能、民族拍摄体验功能、道具专供服务功能、植入广告专设功能、演员导演特供功能、产品推广销售功能以及休闲娱乐配套功能。

国际拍摄体验和名族拍摄体验功能主要满足专业或业务团队来基地能够享受到异域风情或民族风情，从建筑形态、内部装修到商品陈列都能满足拍摄取景需要；道具专供及演员导演特供服务功能是为满足特殊取景需要，为影视拍摄提供演员与导演，特别为业务团队及影视爱好者提供专业指导服务；植入广告特设功能一是满足影视作品的商业化创作模式，同时也是对基地内企业或品牌的有效推广。其拍摄制作的影视作品都可以成为基地产品、品牌营销的有效内容。为更好地服务于消费体验者，基地专设休闲娱乐区，满足消费者吃住娱乐于一体，可以长期在基地内体验影视拍摄过程，享受乐趣。

结语：2013 年，规模突破 5000 亿元的中国广告业需要从产业聚集效应中创造新的产业支点，也需要探索符合产业特征的园区建设思路。党的十八大报告中提出，“要发展新型文化业态，提高文化产业的规模化、集约化、专业化水平。”这是当今时代对广告业的期待和要求。今天，中国的广告行业正在向中国广告产业结构调整，市场资源优化配置发挥越来越重要的作用，未来，园区必将带领中国广告业谱写崭新的历史篇章。

农产品品牌网站营销现状探析
——基于江西名牌农产品官网的内容分析

厦门大学新闻传播学院　肖玉琴

摘要：文章对江西省名牌农产品的企业网站进行了内容分析，以此管窥我国农产品品牌的网络营销现状。研究发现，江西名牌农产品企业网站营销实施程度不高，企业网站处于发展的初级阶段，在信息传播、外观设计，更高层次的电子商务、互动沟通和关系营销等方面有待进一步提高。基于研究结果，文章最后为我国农产品品牌实施网络营销提出了一些建议。

关键词：农产品品牌　内容分析　网站营销

一、引言

为了全面实施农业名牌发展战略，推进农业产业化经营，促进农产品质量升级，1999年10月，农业部制订出《关于创名牌农产品的若干意见》，对各级农业行政主管部门的农产品名牌战略做出了纲要性的指导，拉开了一场政府倡导、以企业为主体的农业品牌化运动。在这场运动初期，主要的营销沟通媒介是电视、广播和报刊。随着互联网的兴起，一些农产品企业开始尝试通过在网上发布消息、开设网络商铺、建立企业网站等方式进行品牌推广，学者们也开始思考网络环境下的农产品营销问题（曾坤生，2000；常燕，2000）。

中国互联网络信息中心（CNNIC）的统计数据显示，中国网民数量从1997年的62万增长至2012年底的5.64亿，当前的互联网普及率超过42.1%，网络购物增势迅猛，使用率为42.9%，网购用户已达2.42亿。为了与不断变化的媒体生态格局、消费者理念、消费者习惯相适应，众多农产品企业加快了利用网络渠道销售、推广、洽商及合作的步伐，从而吸引了更多的学者关注农产品网络营销问题（查金祥、黎东升，2006；黄惠琴，2006；于宁，2010；梁文卓、侯云先、葛冉，2012；周安宁、应瑞瑶，2012等）。

一个优秀的网站有极佳的宣传效果，在一定程度上能代表企业的形象，并为它们带来更多的商机，因而越来越多的企业都在着手创建能体现自己特色、宣传品牌的网站，网站在企业营销沟通过程中扮演着越来越重要的角色。因此，本研究拟从农产品网站营销管窥农产品的网络营销状况。考虑到研究精力、财力等条件的限制，文章聚焦于江西省名牌农产品生产企业。因为江西是传统的农业大省，其以占全国2.5%的耕地生产了全国约4%的农产品，形成了在全国具有较大影响的水稻、柑橘、渔、禽和生猪五大优势产业，而且，江西近几年充分利用区位和产业优势，大力发展无公害、绿色、有机食品，初步形成了大米、生猪、水产、水禽、茶叶、柑橘、油茶、毛竹、中药材、商品蔬菜等十个主导产业，扶持了一批农业产业化龙头企业，培植了一批优质农产品品牌，因此，对江西省名牌农产品的研究具有较强的代表性。

本研究的目的具体如下：

(1) 探讨江西省名牌农产品企业网站营销的现状；

(2) 分析江西名牌农产品企业网站之内容构成特征；

(3) 讨论江西名牌农产品企业的经营变量与其网站营销应用程度之关联性；

(4) 根据本研究之发现，为我国农产品企业实施网络营销提供建议。

二、研究设计与实施

（一）研究方法

内容分析法可对各种信息交流形式的明显内容进行客观的、系统的和定量的描述。作为非介入性的研究方法，内容分析在传播学、心理学、社会学、管理学等社会科学领域应用颇广。李明 (2009) 通过对1999—2008 年 SSCI 收录的传播学论文进行内容分析发现，2004 年以来，内容分析法在互联网研究中的应用呈强劲增长趋势，已经成为互联网研究中最常用的研究方法之一，而网站是互联网内容分析的主要分析单位。综合研究目的、资料来源以及方法特性等各方面的考虑，本研究选用内容分析法，以江西省名牌农产品品牌为典型，对我国农产品的网络营销现状进行描述。

（二）样本选择

2009 年至 2011 年，江西省农业厅名牌农产品评选认定委员会共认定了 180 个名牌农产品，涉及 150 家企业（机构）。其中 74 家 (49.3%) 拥有独立域名的官方网站，文章即以这 74 家名牌农产品企业（机构）的官方网站作为内容分析的样本。

（三）类目构建

考虑到企业网站应具备“信息服务、交易处理、营销推广”等基本功能，结合对研究样本的观察分析，参考埃弗雷姆 · 特班 (Efraim Turban) 和戴维 · 金 (David King) 等 (2007, p501) 归纳的网站设计标准（见表 1）。本研究提出内容分析的类目和单元，为了尽可能使分析类目符合研究的需要，邀请了 8 名受过专业训练的编码员参与了讨论和修正。为了进一步保证内容分析的有效性和可靠性，在正式按照构建的类目将数据结构化之前，由 20 名本科生对 30 个网站进行独立分析，然后将其结果进行对比，一致性达到 100% 的类目被保留，其他类目进一步修正以求定义清晰，评判简便。

表 1 网站设计标准

项目	衡量标准
导航	访问者能否轻松找到浏览网站的方法？ 网站是否按照 3 次点击规则去设计的？
一致性	不同页面之间在设计元素特别是页面设计上是否一致？ 网站和内容是否对所有访问者表现相同？
性能	打开网页要花费多长时间？ 网站设计是否符合 12 秒原则？ 是否符合 4 秒原则？
外观	网站的设计是否令人愉快？ 网站的外观是否体现了企业期望的形象？ 网站是否便于理解，便于阅读，便于沟通？
性能保证	网站提供的计算器、导航链接、访问者注册、搜索工具等是否都正常工作？ 所有过期链接是否清除迅速？ 网站是否能提供全天候的服务？
交互性	网站是否鼓励访问者在了解企业产品或服务中扮演重要角色？ 网站是否提供齐备的联系方式以便访问者提出问题和反馈信息？
安全性	消费者信息是否被妥善保护？ 消费者使用信用卡消费时是否有安全感？
可测量性	网站的设计是否预留了未来更新和增强的接口？ 随着网站的增长，最初投资者的利益是否受到保护？

资料来源：埃弗雷德 · 特班、戴维 · 金、朱迪 · 麦凯、等，2007,501 页。

最终，本研究确定企业属性和网站属性两大类目，企业属性包括以下项目：企业类型、企业规模、企业荣誉、经营范围、企业历史、企业属地、网站建设（见表 2)，网站属性包括以下项目：信息服务、外观设计、应用支持、电子商务、互动沟通、关系营销、重点宣传。每个子项目下包含若干相应的具体指标（见表 3)。

表2　企业属性类目表

类 目	子类目	说 明
企业属性	企业类型	以工商行政管理部门对企业登记注册的类型为依据
	企业规模	以注册资本作为评判指标
	企业荣誉	是否为国家、省、市级农业产业化龙头企业
	经营范围	是单一经营还是多样化经营
	企业历史	企业成立时间
	企业属地	企业所在地
	网站建设	是否建有网站（以独立域名计）

表3　网站属性类目表

类 目	子类目	指 标
网站属性	外观设计	网站的外观是否体现了企业特性； 网站是否便于阅读； 网站是否便于理解； 页面之间在设计风格上是否一致； 网站设计是否生动化；
	信息服务	首页上有多少个频道； 近一个月内是否有信息更新； 是否有企业介绍； 是否有行业知识； 是否有产品展示； 是否有行业新闻； 是否有公司新闻； 是否有企业文化； 是否有人才招聘； 是否有招商信息；
	应用支持	网站是否有外文版本； 网站是否有导航； 网站上是否有无效链接； 是否有站内搜索功能
	电子商务	是否有网上商城； 是否有在线订单；
	互动沟通	是否提供齐备的线下联系方式以便访问者提出问题和反馈信息； 是否有论坛、留言或E-mail等网络交流方式； 是否有互动游戏； 是否有在线调查； 是否有免费咨询热线； 在线交流方式是否有效使用；
	关系营销	是否有俱乐部或会员中心； 是否有客户服务；
	重点宣传	网站是否强调名牌农产品荣誉； 网站有无名牌农产品的重点宣传。

（四）评判记录

企业属性之企业类型、企业规模、企业历史、经营范围、企业属地这几个模块的数据根据江西省工商局企业信息公开系统人工查询而得（企业历史以整数计，企业属地以地级市为单位统计），企业荣誉数据主要来自江西农业信息网公布的江西龙头企业名单、政府网站和企业网站。以拥有独立域名网站的名牌农产品企业作为集中研究对象时，由两个编码员进入各个企业网站进行统计，意见分歧处由研究者定夺，在评判各企业网站提供的在线联系方式是否有效这个子类目时，由编码员逐个发送邮件或者在线留言，在5天内得到反馈记为有效。最后，一个网站所有调查项目（去除首页频道数）的得分相加就是该网站的总分，网站总分越高，说明营销功能越强。

三、数据分析

本研究采用SPSS17.0软件进行数据处理和统计分析。数据采集条件为厦门电信校园网4M宽带，时间为2012年3月1－2日。

（一）江西名牌农产品企业总体情况描述

江西名牌农产品涉及150家企业，样本特征如下：

1．江西名牌农产品企业83.3%为私营企业，8%为国有企业，国有控股企业以及专业合作社各占2.7%，港澳台商投资企业占2%，外商投资为1.3%。

2．注册资本在100万元以下的企业占15.3%，注册资本在100－500万、500－1000万的企业各占20%，27.3%的企业注册资本在1000－3000万之间，注册资本逾3000万的企业占17.3%。

3.150家企业中，9家（6%）是国家级农业产业化龙头企业，92家（62.3%）省级农业产业化龙头企业，26家（17.3%）市级农业产业化龙头企业。

4.63.3%(95家）的企业多样化经营，36.7%(55家）的企业单一经营。多样化经营的企业基本上是在农产品行业范围内实施多样化，仅有少数几家跨行业发展。

5．企业历史平均为8.28年，最短成立时间为2年，最长为21年。

6．江西名牌农产品企业遍布各个地级市。前三甲分别是抚州（19.3%，29家）、上饶（17.3%，26家）、宜春（15.3%，23家）。

7.74家（49.3%）名牌农产品企业拥有独立域名的

官方网站，几乎所有的企业都在阿里巴巴、淘宝网、商务宝、慧聪等平台开设了商铺或简易的托管网站，本研究聚焦于有独立域名网站的名牌农产品企业。74家样本网站得分（取值范围是0–30分）超过20分的企业仅有10家（13.6%），平均值为16.50，最大值为22，最小值为7，标准差为3.11。

（二）江西名牌农产品网站特性分析

1．信息服务。样本网站平均拥有8个频道，100%有企业介绍，23%近一个月内更新了信息，45.9%有行业知识介绍，97.3%有产品展示，54.1%有行业新闻，86.5%有公司新闻，63.5%的企业网站有企业文化介绍，58.1%设有在线人才招聘，28.4%的企业网站有在线招商信息。

2．外观设计。94.6%的企业网站外观设计体现了该企业的特性，86.5%的企业网站阅读方便，97.3%的企业网站便于理解，所有的企业网站在页面设计上保持了一致的风格，58．1%的企业网站设计美观，比较生动。

3．应用支持。12.2%的企业网站有双语版本，所有的企业网站都有导航，29.7%的企业网站里存在无效链接，32.4%的企业网站有站内搜索功能。

4．电子商务。8.1%的企业网站设有网上商城，33.8%的企业网站有在线订单。

5．互动沟通。所有的企业网站都提供了较完备的线下联系方式以便访问者提出问题或者反馈信息，93.2%的企业网站同时提供了论坛、留言或者E–mail等线上交流方式，能在5天内有效回复的企业有12家（16.2%），6.8%提供免费咨询电话热线；2.7%的企业网站设置了互动游戏，5.4%的企业网站设置了在线调查。

6．关系营销。16.2%的企业网站设置了俱乐部或者会员中心，14.9%的企业网站设有客户服务。

7．重点宣传。58.1%的企业网站强调了其所获省级名牌农产品荣誉称号，85.1%的企业在网站突出介绍其名牌农产品。但没有企业进行名牌农产品的深度宣传。

8．各大类目实施情况评价。为了考察各名牌农产品企业网站营销功能实施情况，研究将各大类目的平均得分与各类目的标准分进行对比（见表4）。结果显示，名牌农产品企业网站在外观设计和重点宣传这两个方面做得最好，信息服务和应用支持两个类目总体上差强人意，做得最不好的是互动沟通、电子商务和关系营销。各企业网站在外观设计和互动沟通两大类目的实施上差距最小，而在电子商务和关系营销两大类目偏差很大。

表4　名牌农产品网站属性各大类目得分分析

	信息服务	外观设计	应用支持	电子商务	互动沟通	关系营销	重点宣传
标准分	9	5	4	2	6	2	2
实际平均得分	5.57	4.36	2.15	0.42	2.24	0.31	1.43
实施百分比	61.89%	87.20%	53.75%	21.00%	37.33%	15.50%	71.50%
标准差	1.87	0.84	0.75	0.55	0.70	0.57	0.66
差异系数	33.57%	19.27%	34.88%	130.95%	31.25%	183.87%	46.15%

（三）江西名牌农产品企业经营变量与网站建设之相关性分析

本研究选用 Pearson Chi–square 判定相关性，采用 Cramer's V 系数测定其与网站建设变量间相关程度的大小。

因为卡方检验要求所有单元中的期望值大于或等于1，并且20%以上单元中的期望值大于或等于5，所以分析之前，本研究将某些企业经营变量加以合并，以减少当中频次过少的项目，避免统计检验值高估的情况，一是将企业历史变量合并为五段：小于5年、5－10年、10－15年、15－20年、20年以上；其次将国有控股和专业合作社并为混合所有制企业，将港澳台投资和外商投资合并为外来投资，最终企业类型变量由国有企业、混合所有制企业、私营企业、外来投资企业四类构成。

从分析结果（见表5、表6和表7）来看，江西名牌农产品企业网站建设与否与六个企业经营变量都有明显关系，其中企业荣誉、企业规模两个变量和网站建设的相关性最强。

表 5 企业经营变量与企业网站建设之卡方检验

企业经营变量	卡方检验			
	X^2	df	P 值	结 果
企业类型	12.257	3	0.007**	差异显著
企业规模	25.008	4	0.000***	差异显著
企业荣誉	28.189	3	0.000***	差异显著
经营范围	5.844	1	0.016*	差异显著
企业历史	13.462	4	0.007***	差异显著
企业属地	20.143	10	0.028*	差异显著

注：* 表示 P ＜ .05，** 表示 P ＜ .01，*** 表示 P ＜ .001；下表同理。

表 6 Cramer' s V 系数

企业经营变量	Cramer' s V 系数	P 值
企业类型	0.286	0.007**
企业荣誉	0.434	0.000***
经营范围	0.197	0.016*
企业属地	0.366	0.028*
企业历史	0.3	0.009**
企业规模	0.408	0.000***

结合交叉频次分析的数据，有如下发现：

第一，外来投资企业设站比例 (80%) 高于私有企业 (53.6%)、国有企业 (16.7%) 和混合所有制企业 (12.5%)。高达 90.5% 的设站企业是私有企业，这和江西名牌农产品企业中逾八成是私有企业有关。

第二，随着注册资本的增加，农产品企业建站比例逐步提高。注册资本小于 100 万的农产品企业，仅 17.4% 有网站，注册资本为 100 万 － 500 万的企业有 26.7% 建站，注册资本为 500 万 － 1000 万的企业有 60% 建站，注册资本为 1000 万 － 3000 万的企业建站比例为 61%，注册资本逾 3000 万的企业建站比例为 73.1%。

第三，企业荣誉级别越高，设站的比例越高。100% 的国家级龙头企业建有官方网站，省级龙头企业建站比例为 57.6%，市级龙头企业建站比例为 38.5%，非龙头企业的建站比例仅为 8.7%。

第四，多样化经营的农产品企业比单一经营的农产品企业更倾向于设立官方网站，前者设站比例是 56.8%，后者是 36.4%。

第五，企业历史越长，建站比例越高。企业历史小于 5 年的企业 (34 家) 建站比例为 44.1%，企业历史在 5 － 10 年间的企业 (84 家) 建站比例为 47.6%，企业历史在 10 － 15 年间 (21 家) 的企业建站比例为 80.9%。因为企业历史超过 20 年的 2 家企业都是国有单位，9 家企业历史在 15 － 20 年之间的企业，其中 7 家国有企业，1 家专业合作社，1 家港澳台商投资企业。总数均太小，因此不作总体比较。

（四）江西名牌农产品企业经营变量与网站营销功能之相关性分析

Kruskai Wallis H 检验的结果显示 (见表 7)，不同规模的农产品企业在“信息服务”、“外观设计”、“应用支持”、“电子商务”、“互动沟通”、“关系营销”、“重点宣传”六大网站应用模块均无显著差异。

表 8 显示，不同荣誉级别的农产品企业在“电子商务”方面有显著差异。结合列联分析的结果发现，国家级农业产业化龙头企业没有一家设有网上商城和在线订单，省级农业产业化龙头企业在网站的电子商务应用模块表现稍微积极，但其比例亦很低：开设网上商城的比例是 5.4%，设有“在线订单”的比例是 21.70%。市级龙头企业中，1 家设立了网上商城，5 家设立了“在线订单”。

从表 9 可知，单一经营的农产品企业和多元化经营的农产品企业在“电子商务”功能实施上有显著差异。列联分析结果显示，单一经营的农产品企业网上商城和在线订单的设置比例 (15%、55%) 均高于多元化经营的企业 (5.6%、25.9%)。

企业历史亦对网站的“电子商务”功能有显著影响 (见表 10)，历史超过 15 年的农产品企业设立网上商城和在线订单的比例都很低 (5.3%、15.8%)，5 － 10 年历史的企业在两方面的运用稍微积极 (7.5%、40%)。

表 7 不同企业规模与网站营销应用 Kruskai–Wallis 检验

	信息服务	外观设计	应用支持	电子商务	互动沟通	关系营销	重点宣传
X^2	3.925	5.958	3.404	4.342	8.298	6.488	2.422
自由度	4	4	4	4	4	4	4
P 值	0.416	0.202	0.493	0.362	0.081	0.166	0.659

表 8 企业荣誉级别与网站营销应用 Kruskai–Wallis 检验

	信息服务	外观设计	应用支持	电子商务	互动沟通	关系营销	重点宣传
X^2	4.022	3.524	5.300	8.821	4.177	3.538	5.915
自由度	3	3	3	3	3	3	3
P 值	0.259	0.318	0.151	0.032*	0.243	0.316	0.116

表 9 企业荣誉级别与网站营销应用 Kruskai–Wallis 检验

	信息服务	外观设计	应用支持	电子商务	互动沟通	关系营销	重点宣传
X^2	0.880	1.167	0.099	7.555	0.045	0.418	0.531
自由度	1	1	1	1	1	1	1
P 值	0.348	0.280	0.753	0.006**	0.832	0.518	0.466

表 10 企业经营范围与网站营销应用 Kruskai–Wallis 检验

	信息服务	外观设计	应用支持	电子商务	互动沟通	关系营销	重点宣传
X^2	4.717	2.059	7.013	9.063	7.798	2.065	3.132
自由度	3	3	3	3	3	3	3
P 值	0.194	0.560	0.071	0.028*	0.050	0.559	0.372

四、讨论

（一）本研究结果讨论

第一，江西名牌农产品企业八成以上是私有企业，从注册资本来看，总体规模偏小。江西名牌农产品企业平均历史不长，且地区分布不均衡，过于集中在少数几个地区，与各地农业经济发展水平不相匹配。设立官方网站的江西名牌农产品企业没有过半，说明整体而言，江西名牌农产品企业网络营销意识不够强。

第二，江西外来投资的名牌农产品企业的网络宣传意识最强，国有名牌农产品企业以及合作社性质的名牌农产品企业的网络宣传意识最差。名牌农产品企业规模越大、荣誉级别越高，其设立官网的积极性越高，多样化经营的农产品企业比单一经营的农产品企业更倾向于设立网站进行宣传。

第二，在江西名牌农产品开发市场，私营企业扮演着非常重要的角色，他们的营销意识也比较强，比其他类型的企业更多的选择网站推广品牌。公有制企业网络推广的意识要低于私有制企业。基于数据，结合研究者的电话跟踪，研究发现江西省的大部分农业协会和专业合作社并没有充分起到营销主体的作用，不仅仅是线上品牌传播不力，线下传播亦是不够。

第四，很多农产品企业并没有充分利用其名牌农产品的荣誉称号进行品牌宣传，即使在网站上强调了名牌农产品荣誉的企业，也只是简单罗列而已。多数名牌农产品企业过多地强调产品类别特色，而没有强调品牌差异。

第五，总体而言，虽然江西名牌农产品企业网站框架较完整，在外观设计方面比较规范，多数企业网站风格考虑了行业或商品特色，但是，透过外在形式看本质，研究发现，江西名牌农产品企业官网营销实施程度不高，网站营销功能尚不全面，有些企业网站过于简单，从频道设计程式化、信息更新不及时和信息回馈弱化来看，大有赶潮流之嫌。

而且，除了企业荣誉、经营范围和企业历史对“电子商务”模块有显著影响外，其他企业属性在网站营销应用属性上没有显著差异。结合整体得分和各项频次数据，可见江西名牌农产品企业官方网站整体表现平平，没有被充分利用。

第六，与立顿茶和新奇士脐橙等国外知名农产品网站相比较，江西名牌农产品企业网站相比较，江西名牌农产品企业网站尚处于发展初期，还只能发挥网站的基本功能，在与消费

深度沟通方面做得不够，缺乏结合品牌特点的互动体验，对于在线营销关系的维护意识亦很差。农业产业化龙头企业更多的是通过官方网站单向度传递品牌形象，在互动沟通和关系营销层面表现均不够，电子商务实施程度很低。但是，同时我们也看到，江西有些名牌农产品企业网站营销已经有了很好的开始，三分之一的企业网站开始尝试在线订单这样的初级电子商务功能，也有了较强的互动沟通意识。

最后，从传播的角度来看，江西名牌农产品仍持“传播者本位观”，一副“姜太公钓鱼”的传播姿态，只是被动等待访问者，缺乏对官方网站的推广，导致官方网站成为信息孤岛。

（二）营销建议

与发达国家相比，我国农产品自主品牌的国际竞争力还比较弱，品牌价值比较低，提升农产品品牌形象势在必行。特别是对于农林资源丰富的欠发达地区，农产品品牌打造意义深远，而网络平台为资金和地域等条件受限的农产品生产企业提供了良好发展契机，建议政府进一步加大力度推进名牌农产品工程，并有效进行调控，继续发挥各级龙头企业的带头。

示范作用，引导农产品企业全面开展网络营销。

凭借廉价高效的优势，网站已成为很多现代企业传播形象、加强沟通、拓展业务的首选。传统农产品产业，面对日益变化的消费者，以及国内外农产品的营销冲击，在充分利用好自然资源的同时，也应秉持顾客导向，开展全面而高效的网站营销，开辟自己的网络园地，以提升品牌竞争力，更好地应对激烈的国内外市场的竞争。

名牌农产品称号是企业独特的优势资源，能给企业带来明显的品牌溢出效应，但很多名牌农产品企业并未充分挖掘利用该资源，有些名牌农产品甚至出现网络搜索不果的情况，建议名牌农产品企业加强对其荣誉称号的网络宣传，以名牌农产品为核心进行系统的品牌市场化运作，放大品牌效应。

更重要的是，在实施网站营销过程中，要将网站视为品牌营地，加强网站建设和管理，一方面充分利用各种低成本或免费的网络资源加强网站的推广，另一方面，应在网站中融入农产品的品牌个性，加强消费者和商业合作者的品牌差异联想，特别是要关注与受众的互动，强化受众与品牌的情感关联。

（三）研究局限和展望

本研究仅是粗浅的探索性尝试，有关类目的划分和评判，虽精心设计，但肯定存在缺陷。比如，在衡量企业规模时，研究者拟选用销售额、资产总额、职工人数三项指标来划定，但是限于相关资料的可获得性，最终只能选用注册资本，虽然注册资本在一定程度上反映了企业资信和规模，是企业生产经营能力的直观表现，但是在我国目前的企业注册资本管理环

境下，这必然形成评判上的某种偏颇。另外，虽然江西是农业大省，绿色食品和有机食品数量均居全国首列，但本研究以江西省名牌农产品网站营销窥探我国农产品品牌网站营销，代表性亦有缺憾。

网络营销包罗万象，网站营销仅仅是其中很小的一部分，随着农产品网络营销的不断兴起，相关研究丰富化及深入化的需要召唤着更多学术力量的投入。中国作为农业大国，其农产品的竞争力战略意义重大，如何借势网络塑造农产品品牌需要更多学者的关注，探讨农产品品牌网络营销的关键要素、实施要点和评价体系等，寻求农产品品牌网络营销的有效路径是更有意义的研究课题。

参考文献：

[1] 埃弗雷姆·特班，戴维·金，朱迪·麦凯等．电子商务：管理视角（原书第4版）[M]．严建援等，译．北京：机械工业出版社，2007：501．

[2] 常燕．网络时代下的农产品市场营销[J]．计算机与农业，2000(11)：39．

[3] 黄惠琴．论农产品的虚拟化经营[J]．生产力研究，2006(07)：41 － 42．

[4]（美）弗里·F．雷波特，（美）伯纳德·J．贾沃斯基．电子商务[M]．武忠，译．北京：北京大学出版社，2004．

[5] 李明．论定量内容分析法在互联网研究中的应用——以 1999 － 2008 年 SSCI 收录的相关论文为例[J]．新闻与传播评论，2009：119 － 128．

[6] 梁文卓，侯云先，葛冉．我国网购农产品特征分析[J]．农业经济问题，2012(4)：40 － 43．

[7] 于宁．我国农产品流通的网络建设和信任提升[J]．农业经济问题，2010(6)：13 － 18．

[8] 曾坤生．网络时代的农产品市场营销探析[J]．农业现代化研究，2003(3)：175 － 178．

[9] 查金祥，黎东升．当前农产品网络营销的系统架构研究，农业经济问题，2006(3)：72 － 74．

[10] 周安宁，应瑞瑶．我国消费者地理标志农产品支付意愿研究——基于淘宝网“碧螺春”交易数据的特征价格模型分析[J]．华东经济管理，2012(7)：111 － 114．

广告产业与相关产业关联模型指标研究

四川大学文学与新闻学院 杨效宏 左凯文

摘要：伴随着我国广告产业的发展，广告产业研究也进入了新的阶段。考察某一产业的发展必然要注意到其与相关产业的发展关系，对广告产业这一服务性产业来说尤其如此。本文立足于广告产业本身，在产业联动视域下建立针对广告产业与相关产业关联发展模式的分析模型，建立双向多维的量化指标体系，为评价广告产业与相关产业关联发展成效、指导产业发展方向提供一种新的思考方式。

关键词：广告产业研究　联动发展　关联模型　指标体系

一、创新广告产业研究方法

自 1979 年始，中国广告产业经历三十余年的发展，已成为国民经济发展整体产业结构中一支有一定产业效益的重要产业。截至 2012 年底，中国广告经营额占国内生产总值比重达 0.9%，全国广告经营单位达 37.78 万户，广告从业人员 217.78 万人，广告经营额 4698 亿元人民币，广告产业市场总体规模已跃居世界第二位。回顾我国广告产业的发展，三十年有三个明显的阶段过程：第一阶段是产业奠定时期，这一时期我国广告产业从恢复到基本发展，主要是广告职能的作用得到恢复，广告的作用特别是广告对产品销售的促进作用得到了广泛的认可，可以说前十年是中国广告产业奠定其产业基础的时期。第二个十年阶段是中国广告产业发展的时期，这一时期广告本身的职能得以完善，广告职能的完善促进了广告产业结构的完备，广告促进其他产业发展的关联作用也日益明显。因此，广告在国民经济发展中的地位也逐步确定，这一阶段是广告产业确立产业自身地位的时期。第三个十年的发展，是中国广告产业完备其产业结构并发展其产业规模的时期。这一时期广告不仅与其他产业的关联强度日益紧密，关联产业与广告之间的互动效益日益明显，更为重要的是，广告产业本身的发展壮大使其成为国民经济产业结构中一支重要的产业力量，其经营额的比重基本稳定在 1% 的水平。特别是在国家经济转型过程中，广告产业作为创意产业的重要产业力量，对创意经济发展的促进作用也越来越明显。

我国广告产业发展促动了广告研究及其理论的发展。应该说广告实践与广告理论在我国是一个相辅互为的过程，我国理论界对广告业的研究也基本与我国广告业发展的轨迹和路径相一致。在广告产业发展的前二十年，广告研究主要针对广告业本身的职能及广告价值本身的研究。这一时期的广告研究由于受到以广告效果为目的的美国实证研究和欧洲广告价值批判研究的影响，研究的重点侧重于广告信息传播的效果、广告功能价值的作用以及消费者接受广告的途径等实用性研究。直到第三个十年时期，由于广告产业自身营业额的增长，广告对关联产业影响的力度也越来越大，影响到广告研究也注意到广告产业本身行为的研究，不仅广告产业问题研究的论文数量有所增加，对广告产业自身定位和作用问题研究的力度也越来越强。

广告产业研究成为中国广告业发展第三个阶段比较明显的现象。从广告研究涉及的议题上有：中国广告产业发展研究、广告创意产业研究、广告产业的经济学研究、广告产业集群化、广告产业实务、新媒体与广告产业、广告产业定位等。议题看似广泛，但主要集中于广告产业本体，是对广告产业本体问题及其延伸性的梳理与思考。同时这些研究呈现出一些特点：

问题意识多于科学论证，描述性解释性表述多于量化与认证研究。在《2001 – 2011年我国广告产业研究回顾——基于中国知网的实证分析》文章分析中认为：广告产业研究的文章共计97篇，占总数的78%以上。……在研究方法的划分上，我们粗略地分为三类：定量研究、定性研究以及综合研究。……数据显示了一个基本的事实：定性研究在广告产业研究中占有绝对的主导地位，比例高达3/4。采用定量研究方法的文章仅有2篇：《1998到2001年究竟发生了什么——媒体集团化对于广告产业影响的宏观研究》(2007年)和《我国动漫广告产业的新崛起》(2011年)，所占比例不足2%。相比之下，两种方法综合运用的论文居于中间，共29篇，比例为23.4%，近1/4。（李新颖，《学术交流》，2012年8月，第八期，第213 – 217页）这反映出理论研究在广告产业上仍然依赖于现象定性式的研究，呈现出这几个现象：

其一，将广告产业纳入国家宏观经济进入总体思考。有研究从社会经济文化的关联角度审视互动发展中的广告产业，议题涉及制度因素对广告产业的影响、广告产业发展的模式、广告产业运作方式及效果问题等。“广告产业模式是‘中国模式’的有机组成部分，……这种模式以内在规定的原则为基础，在政策、法规和管理制度的长期实践中所发现并通过经验的概括总结而形成。广告产业模式是中国广告产业几十年发展过程中逐渐形成的制度内生性产物，属于广告产业制度中‘内生性制度安排’”（杨效宏，《制度中的“模式因素”对中国广告产业的影响》，《广告研究》，2013.03，第4 – 9页。）“国家经济发展的重大战略安排旨在推进经济发展方式转型、经济增长方式转型以及乍主经济与自主品牌的建设，这些经济战略的安排为广告产业的发展提供了空间。”（张金海，《国家经济发展战略与中国广告产业经济发展》，《广告研究》，2011.06，第4 – 10页。）

其二，将广告产业与国家经济结构转型的总体战略来进行思考。这一研究首先关注中国经济结构性变化的动向，并在这一经济过程中思考广告产业的发展。“随着大国化、全球化成为中国发展的时代主题，由学习和追随到引领和超越的转变将形成与之相适应的新的社会价值观和社会文化系统，根植于其上的广告也将经历调整……大国经济是中国广告产业持续稳步成长的坚实后盾，大国崛起所形成的聚合力和扩张性左右着中国广告产业的战略方向。”（丁俊杰，《市场化背景下中国社会发展与广告产业定位思考》，《广告研究》，2011.08，第4 – 10页。）中国经济谋求更上一层楼，就必须从“中国制造”走向“中国创造”，从制造业大国改变为创新性大国。因此，面对以转变经济发展方式和更加以人为本的经济结构转型为目的的中国经济的改变，中国广告产业首先面对是中国经济结构性的变化。陈刚认为“经济结构的转变包括城乡二元结构转变下的农村市场的增量空间、城乡消费结构差异下农村市场的继承空间为广告主提供了机会。”（陈刚，《结构、制度、要素——对中国广告产业发展的解析》，《广告研究》，2011.08，第15 – 25页。）

二、广告产业关联行为与研究目的

产业联动正在成为当下经济发展的最具活力的部分。随着第三次产业革命的不断深化发展基于工业经济时代大规模生产分工的产业边界逐渐消失，产业关联进一步加深，产业间的联动发展成为产业价值的主要增长点。这一趋势首先发端于服务业，并逐渐向制造业等传统产业渗透，产生了许多新产品、新服务与新市场，最终导致产业关联、产业结构、产业政策等方面产生根本性的变化。由此可推断，作为现代服务产业中的重要组成部分，广告产业在理论上能够在与相关产业的联动中实现产业自身的动态发展。

广告产业是为各类广告主提供以广告产品为主要类型的营销传播服务的产业。其中广告媒介和各类广告服务企业是广告产业的主体。“广告产业的发展服务于广告主的需求，归根到底是广告主的发展决定了广告产业的规模和水平”这一理念被广泛接受。在这个意义上，广告产业是一个具有高度依附性和极强相关性的产业。“广告产业属于生产性服务业，属于在整体产业价值链的中间投入，最终物化到消费终端的产品或服务中实现其差异性价值。作为生产性服务业的广告产业的优势体现在迂回生产的价值、高度的产业融合性、关联性以及独特的知识性、专业性等三个层面。广告产业作为技术密集型和知识密集型产业，以专业服务供应商角色参与到所服务企业的产生、生产、经营甚至是跨国经营的每一个环节，尤其是在资本流动、技术创新不断加快的经济全球化时代，对于促进中国企业产业、实现在全球产业价值链上的攀升发挥了至关重要的作用”。(邬盛根，《中国广告产业制度变迁的逻辑与空间》，《广告研究》，2013.03，第 32–39 页。) 因此，既要对中国广告产业自身及其发展要有明晰的认识，更要对中国广告产业在国家经济产业结构中的角色与作用有明确的认知。“中国广告产业从整体上要确立理性的责任意识。我们谈更理性的责任意识，是说广告这个产业必须融入到国家整体产业提高的序列和程序当中，要自觉地担当起在经济转型发展提高过程中的一个起推动作用的变量因素，而且是在国家整体实力提升过程中的加速剂。那么不管广告是经济发展的晴雨表的说法，还是广告是创意产业最核心的力量的说辞，都还没有完全认识到广告作为经济体结构当中起助推作用的变量因素。因此，我认为广告人必须自己要认同这个行业是国家整体经济结构中最活跃的变量因子，特别是当新兴产业依赖于更强大的科技作为发展的核心动力的时候，广告所承担的不再只是一种信息的传播与消费的劝服作用那么简单功能。广告产业或许将承担的是助推新兴产业加速发展，引导新兴产业市场的健康繁荣，促进终端消费价值链的合理布局。”(杨效宏，《产业结构转型与中国广告产业发展》，《广告研究》，2011.01，第 49 – 51 页。)

“21 世纪互联网等新传播技术的快速发展，传播环境的巨大变化已经成为广告业发展不可回避的事实。……加之中国社会、中国市场的独特性，各种因素交织在一起，构成中国广告业发展的复杂背景，因此广告业正面临着革命性的变革。传统的东西需要放在新的框架和模式里进行考量，整个行业也需要一个新的框架、新的模式。这种框架和模式将对整个行业的发展产生巨大的推动作用。”(陈刚，《结构、制度、要素——对中国广告产业发展的解析》，《广告研究》，2011.08，第 15 – 25 页。) 因此，广告产业研究不论是从实践意义还是从理论意义上都应该拓展研究空间，在产业联动视域下来考察联动中广告产业的动态发展，进而了解、指导广告产业发展现状和发展策略。在这一思路的引导下，我们也注意到经济学有关产业结构关系对市场行为的影响，特别是哈佛学派以实证分析方法推导出“结构——行为——绩效”(structure–conduct–performance，简称 SCP) 分析范式。这一结构模式认为：企业的市场结构、市场行为和市场绩效之间存在一种单向的因果联系。这一理念模型肯定了现场行为是一种结构关系行为，因此，产业的效益必须受到与产业相关联的市场行为的影响。所以，产业发展是一个市场综合资源利用与平衡发展的过程，也是一个产业行为主体与关联产业保持均衡与协调发展的过程。

基于以上思考，本文立足于广告产业本身并借助于产业经济学与传媒经济学理论，试图针对广告产业与关联产业联动发展建立具有普适意义的研究模型，并通过双向(行为与效果)多维度(方式、路径等)的分类与量化建立详细的指数体系，以期在逻辑上对广告产业与某一产业联动现状进行体现，同时从指数出发得出有针对的产业发展策略。

三、研究模型与指标体系

(一)模型思路描述

经典产业组织理论认为市场与产业结构对于产业行为与业绩有巨大的影响作用，将产业分解为特定的市场，并通过“结构——行为——绩效”三分法对产业进行分析，强调了不同的市场结构会导致不同的经济效益。

进一步结合产业经济学中相关理论，所谓“产业联动”，实际上是以产业关联为基础，位于产业链同一环节或不同环节的企业之间进行的产业协作活动。这种产业协作活动具备两个基本特征：第一，由于不同产业链条的内在结构与运行机制存在较大差异，因此产业关联存在着多种方式与路径，换言之，每一组产业联动所涉及的主体都构成了一个特定的联动模式；第二，不同主体在联动行为中的作用及贡献存在差异，这导致了联动的效果，即各主体在经济总量上增长的规模不同。

综上，研究假设广告产业与不同产业之间存在着格局差异的关联模式，在不同模式下方向一致的产业联动行为背景下，会产生不同的行为与模式绩效。继而判断出，在将产业联动行为转化为联动效果的过程中，不同联动模式存在一种效果转化的程度差异，即效率的差异性。

（二）模型构建说明

事实上，目前产业经济学中对于区域内产业关联效应、拉动效应等关联效果方面的研究已经较为普遍，其研究大多是基于国民经济各产业投入产出表建立I-O(Input-Output)模型进行分析，或对现有分析框架进行拓展——将某一产业作为生产要素纳入生产函数分析框架，借此进行进一步分析。

然而现有方法对于作为研究对象有一定的限制，即作为研究对象的产业须有较大体量，发展较为成熟。只有发展成熟、规模较大的产业在权威机构进行的国民经济数据统计中才会有较详细的指标与数据，可据此建立庞大且分类清晰的统计指标体系。反观广告产业，产业发展尚且说不上成熟，在国家经济统计体系中并不作为单独考察产业。这导致无法直接使用现有模型与理论来考察广告产业与相关产业的关联效果。

在此背景下，本文从理论逻辑出发，在有效借鉴现有分析模型的基础上，结合广告产业发展现状与产业特点，从经济活动中确实存在的产业关联途径与关联方式入手建立了现有产业关联研究模型。

（三）研究模型描述

表1 广告产业与相关产业联动发展研究框架

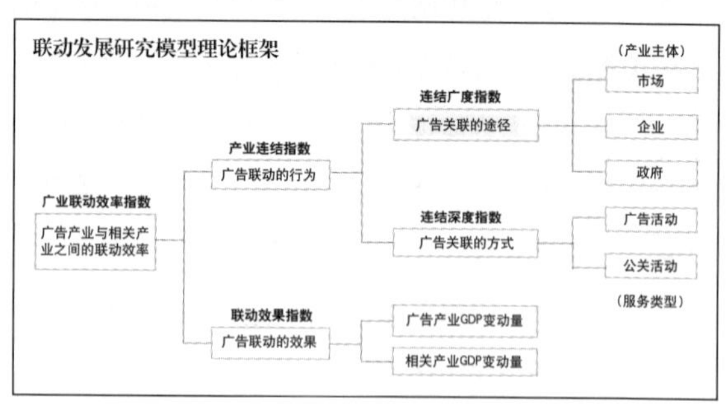

通过参考产业经济学与传媒经济学的相关模型，研究将针对广告产业与相关产业间联动模式的分析聚焦于“产业联动效率”(The Efficiency of Industry Linkage)这一核心指标之上。本研究对产业联动效率的定义是，单位产业联动行为对主导产业及广告产业GDP增长对造成的差异率。凭借该指标，就可以对广告产业与相关产业间联动模式进行总体评价。

由产业联动效率的定义可以推论，其实际上是产业联动效果与产业联动行为的比值。而就产业联动行为而言，又存在行为的途径（对象多样性）与方式（手段多样性）的差异。以逻辑范畴的大小为依据，可以将产业关联的途径按产业主体、产业职能、业务类型与业务步骤进行细分。按照业务类型进行划分，可以将产业关联的方式细分为广告与公关活动。就产业联动的效果而言，则主要受到来自相关产业GDP（国内生产总值）变动与广告产业GDP（国内生产总值）变动的影响。

基于上述逻辑，对模型中各指数进行如下层级关系分类：

1. 目标层指标。以产业联动效率为核心，并将其指数化，建立反映广告产业与相关产业关联模式效率的指标体系。

2. 结构层指标。主要从产业连结指数与联动效果指数两方面对目标层进行展开分析。

3. 功能层指标。以结构层指标为基础进行进一步指标细分，主要指从连结广度指数和连结深度指数对结构层中相关指标进行深入展开。

4. 分析指标层。以功能层指标为基础，分类关联途径与关联方式，搜集产业产值变动，涉及具体分析指标。

表2 广告产业与相关产业关联模型指标分类

A目标层指标	B结构层指标	C功能层指标	D分析层指标
产业联动效率指数	产业连结指数	连结广度指数	市场层面
			企业层面
			政府层面
		连结深度指数	广告活动类
			公关活动类
	联动效果指数		广告产业GDP变动量
			相关产业GDP变动量

（四）指标体系建设

由上表可以进一步明确，主导产业与广告产业间产业联动的效率，主要受到来自产业联动行为与产业联动效果的影响。只要对产业联动行为与效果进行概念操作化，进而进行量化统计与分析，就可以在现有模型中准确计算出广告产业与某一相关产业联动模式的效率值，全面了解联动发展中的活跃区域与待改善区域，提出有针对性的应对措施。而量化的关键又在于对产业关联途径与产业关联方式指标体系的建立。

在大量阅读和研究文献资料基础上，辅以对业界从业人员的走访调研，以全面涵盖产业关联途径、客观测度产业关联方式为目标，提炼具有代表性的产业链分解结构与广告分类体系，综合产业实际状况，初步得出对产业关联途径与产业关联方式的两套指标体系。为保证指标体系具有科学性与适用性，研究特定组织两轮专家意见征询与审议，对指标体系结构进行进一步修正，得到涵盖产业链三大主体与广告活动两大分类的完整评价指标体系。

在产业关联途径指标体系中，按照联动产业（A级）、产业主体（B级）、产业职能（C级）、业务类型（D级）与业务步骤（E级）的次序对产业联动行为的途径进行细分。如在某一相关产业的市场主体部分，下分市场认知职能包含市场环境调研、竞争对手调研、流通渠道调研、目标群体调研，在相应环节下还有更进一步的业务步骤分类（详见表3），通过层层细化落实最终实现指标体系的合理性与可操作性。

表3 广告产业与相关产业联动途径评价指标体系样表

A一级目录	B二级目录	C三级目录	D四级目录	E五级目录
相关产业	市场	市场认知	市场环境调研	……
			竞争对手调研	……
			流通渠道调研	……
			目标群体调研	……
		市场关联	……	……
		市场再造	……	……
	企业	……	……	……
	政府	……	……	……

按此体系进行设计细分，联动途径分类评价指标共分出A级分类1种，B级分类3种，C级分类15种，D级分类50种，E级分类29种，合计98种。

在产业关联方式指标体系中，按照联动方式（A级）、服务类型（B级）、服务职能（C级）与服务手段（D级）的次序，对产业联动行为的方式进行细分。如某一产业在广告活动类型包括广告类与公关类，广告类中包含实体广告等多种广告活动方式，实体广告下可继续分出多样的服务手段（详见表4）。

表4 广告产业与相关产业联动方式评价指标体系样表

A一级目录	B二级目录	C三级目录	D四级目录
相关产业	广告类	电视广告	……
		……	……
		实体广告	POP（包括室内外）
			商品（赠品／试用品）
			办公／生活应用品
			橱窗
			灯光
			大中型展台（室内外）
		……	……
		新媒体广告	……

按此体系进行设计细分，联动方式分类评价指标分出A级分类1种，B级分类2种，C级分类13种，D级分类62种，E级分类48种，合计126种。

四、应用方法

广告产业与相关产业关联途径与方式评价指标体

系的运用，为广告产业与不同相关产业联动发展情况提供一个客观考量与横向比较的方法和基本工具。根据这两个指标体系可以得知广告产业与相关产业的关联广度（途径）与关联深度（方式），从而得到产业间的连结指数。通过对于产业年度GDP变动值计算，可算出宏观层面的广告产业与相关产业的联动效果指数。最终结合产业连结指数与联动效果指数，得到产业联动效率指数。

（一）连结广度指数

将产业关联途径各细分类型与广告营销的六种职能（管理咨询／营销策划／创意设计／广告制作／媒体发布）进行比对，如相关产业在某一途径通过广告产业某一职能产生产业关联则标记"1"，根据对应的职能数量总数作为评价依据，则

$F_{sc}=（F_1+F_2+F_3+F_4+F_5+F_6+F_6\cdots F_X）$ [1]

通过指数化转换（将上述求和结果除以横向对比产业的平均关联数并乘以100），最终得出特定主导产业与广告产业间的连结广度指数。

（二）连结深度指数

连结深度的数值计算，是将现行广告形式在相关产业中运用的频率加以赋值（高频、中频、低频分别对应5、3、1），通过计算各个形式的总平均值以得出。

$F_{dc}=(F_{ad}+F_{pr})/2$ [2]

最终对产业联动形式频数的指数化（将上述求平均结果除以横向对比产业的平均关联强度并乘以100），换算最终得出其连结深度指数。

（三）产业连结指数

综上，某一相关产业与广告产业的产业连结值计算公式如下：

$F_{ic}= F_{sc}F_{dc}$ [3]

最终，通过指数换算（上述相乘结果除以横向对比产业相乘结果平均值并乘以100），可以得出该产业与广告产业的产业连结指数。

（四）联动效果指数

联动效果指数的计算，来自于对广告产业GDP变动量与选定主导产业GDP变动量的比值，即反映在一个自然年内，两者GDP的变动速率差异。公式如下：

$EI_{X+1}=（A_{X+1}-A_X）/(L_{X+1}-L_X)$ [4]

将产值变动比指数化（将上述结果除以横向对比产业产值变动平均比值并乘以100），得到该产业与广告产业的联动效果指数。

（五）产业联动效率

因此，对任意一个相关产业而言，其与广告产业的联动效率计算如下：

$LE_X=RI_X/EI_X$ [5]

将联动效率指数化（将上述结果除以横向对比产业联动效率平均比值并乘以100），得到该产业与广告产业的联动效率指数。

以四川省食品饮料产业为例进行说明：

1. 连结广度指数

食品饮料产业在管理咨询、营销策划、创意设计、广告制作、媒体发布、公关活动等六项职能中市场、企业、政府三大产业组成部分与广告产业发生关联的频次分别为11、56、5，其途径关联数为72。研究中四川省主导产业平均途径关联数为58。则食品饮料产业连结广度指数为72/58100=124。

2. 连结深度指数

食品饮料产业在广告类与公关类两种联动方式间的联动强度分别为3.54、3.03，其产业关联强度为3.29。研究中四川省主导产业平均关联强度为2.57。食品饮料产业连结深度指数为3.29/2.57100=119。

3. 产业连结指数

食品饮料产业总连结频数与连结强度相乘结果为723.29=236.88。研究中四川省主导产业相关数值平均值为163.08。食品饮料产业与广告产业连结指数为236.88/163.08100=145。

4. 联动效果指数

四川省广告产业产值变动与四川省食品饮料产业产值变动比结果为(70 － 65)/(2904.83 － 2649.1)=0.0196。研究中四川省广告产业与主导产业平均比值为0.0286。则食品饮料产业与广告产业联动

效果指数为 0.0196/0.0286100=69。

5. 联动效率指数

四川省广告产业与食品饮料产业联动效率为 0.0196/236.88=0.008274232。四川省广告产业与主导产业联动效率平均值为 0.017363496。则广告产业与食品饮料产业联动效率指数为 0.008274232/0.017363496100=48。

表 4 四川省广告产业与食品饮料产业关联指数统计

连结广度指数	123
连结深度指数	119
产业连结指数	145
联动效果指数	69
联动效率指数	48

从指数统计可以看出，食品饮料产业与广告产业有广阔的关联途径与深刻的关联强度，产业连结指数较高，反应食品饮料产业与广告产业联动行为模式发展较为成熟。但产业间关联效果较差，产业联动效率较低，反映出食品饮料产业与广告产业在联动水平上仍属较低层次，结合四川省实际情况分析，可能一方面是由于食品饮料产业少数龙头企业主导市场的同时存在大量的中小型企业的市场结构，另一方面是产业专业化程度低和营销传播理念滞后导致联动效率低下。这需要在进一步的实证研究中进行验证。

注释：

[1] "F_{sc}" 代表产业关联的各种途径与六种职能对应的总频数，F_j 代表某一关联主体下关联路径统计频数．

[2] "F_{dc}" 代表各种产业关联方式的总使用强度，"F_{ad}" 为广告方式总强度，"F_{pr}" 为公关方式总强度．

[3] "F_{lc}" 是由 "F_{sc}"、"F_{dc}" 相乘而来的，反映产业联动整体行为程度的数值．在计算连结广度指数与连结深度指数时，均涉及对特定对象的进行赋值行为．为了保证数据的有效性，研究人员专门邀请广告管理部门、主要媒介机构、广告主、广告公司以及专家学者组成了一个 10 人的评判小组，各项数值均由 10 人小组的加权平均来确定．

[4] 在该公式中，"EI" 代表联动效果指数 "EI_{X+1}" 代表当年的相关产业与广告产业的联动效果值；"A" 代表广告产业，"A_{X+1}"、"A_X" 分别代表广告产业在当年与去年的产值；"L" 代表特定相关产业，"L_{X+1}"、"L_X" 分别代表该主导产业在当年与去年的产值．

[5] 在该公式中，"LE_X" 代表该相关产业与广告产业在当年的联动效率值，"RI_X" 代表当年相关产业与广告产业的连结值，"EI_X" 代表该相关产业与广告产业在当年的联动效果值（变动比值）．

参考文献：

[1] 苏东水．产业经济学 [M]. 北京：高等教育出版社，2010.

[2] 郑高明．产业融合：产业经济发展的新趋势 [M]. 北京：中国经济出版社，2011.

[3] 杜朝晖．产业组织理论 [M]. 北京：中国人民大学出版社，2010.

[4] 李新颖 .2001—2011 年我国广告产业研究回顾——基于中国知网的实证分析 [J]．学术交流，2012：213 － 217.

[5] 杨效宏．制度中的"模式因素"对中国广告产业的影响 [J]．广告研究，2013：4 － 9.

[6] 张金海．国家经济发展战略与中国广告产业经济发展 [J]．广告研究，2011：4 － 10.

[7] 丁俊杰．市场化背景下中国社会发展与广告产业定位思考 [J]. 广告研究，2011：4 － 10.

[8] 陈刚．结构、制度、要素——对中国广告产业发展的解析 [J]. 广告研究，2011：15 － 25.

[9] 邬盛根．中国广告产业制度变迁的逻辑与空间 [J]. 广告研究，2013：32 － 39.

[10] 杨效宏．产业结构转型与中国广告产业发展 [J]. 广告研究，2011：49 － 51.

[11] 吕涛，聂瑞．产业联动的内涵理论依据及表现形式 [J]. 工业技术经济，2007：1 － 4.

[12] 李丹．生产性服务业对辽宁装备制造业的拉动效应研究 [J]. 辽宁大学学报，（哲学社会科学版），2012：62 － 70.

[13] 韩嵩．区域产业关联及波及效应统计指标体系及测算 [J]. 统计与决策，2012(13)：23 － 27.

[14] 肖永亮，姜振宇．创意城市和创意指数研究 [J]. 同济大学学报，（社会科学版），2010：49 － 57.

韩国广告产业的发展及展望

韩国韩信大学媒体映像广告弘报学部教授 文哲秀
韩国 Allwin Communications 代表 慎云哲

一、前言

今年4月，韩国银行将2013年韩国的经济增长率下调为2.6%。韩国已经进入2－3%左右的低速发展时代，可见在整个市场规模层面看，广告产业与经济发展速度相互联动，呈低速发展阶段。

在韩国的广告市场，各种媒体的发展情况不尽相同，如传统媒体呈负增长或停滞状态，而互联网和移动媒体仍然保持着持续发展状态。目前这种倾向的原因是互联网、移动媒体得到广泛普及，国民的消费形态随之发生变化，这种趋势将会保持一段时间（黄学益，2012)。在韩国广告市场，目前随着新媒体的迅猛发展，地面波放送广告的比例相对被减少。

（一）地面波放送广告规模缩小的原因是

第一，由于互联网等的影响，绝对电视收视时间随之减少，过去广告主以电视为中心的广告媒体战略发生了变化。实际上，大型企业的境外全球广告和境内广告中互联网广告支出相对增加，同时，更加关注对广告以外的营销活动（如，BTL等形式）。还有，企业对广告费用相对低廉且广告效果相对出色的互联网广告支出规模增加，因此，有限的广告市场蛋糕被互联网等新媒体所瓜分。

第二，在韩国，广告营业额在GDP所占比例的最高纪录为1996年创下的1.25%，之后始终没有越过1%的水平，这是因为由于经济发展的低迷，广告主的广告投入规模没有明显的增加。

第三，从制度层面看，由于韩国政府允许在有线电视、卫星电视等媒体上播放中插播广告、广告总量制，这样的举措吸引了广告主的兴趣和瞩目，而地面波放送媒体由于制度上的问题，难以再创造出全新的广告效果。

在韩国，2012年末，互联网广告经营总额已经超过了地面波电视和报纸媒体，一跃成为最大广告媒体，而有线电视和户外广告排名第四和第五位。也就是说，数字媒体的持续发展势头，正在改变韩国广告市场的格局。

二、 韩国广告产业的现状及变化趋势

（一）广告媒体分析

2012年，韩国的广告产业的市场规模达到9万7706亿韩元，比前一年2011年的9万5606亿韩元相比，增长了2.2%，发展速度缓慢。虽然当年举办了丽水世博会、伦敦奥运会、总统选举等国内大型政治事件等众多大型活动，由于全球金融危机等不确定性因素的增加、国内消费低迷等，韩国企业的预算支出呈现非常保守的态势。

表一 各主要媒体广告规模走向

单位：亿韩元

区分		2012年	2011年	2010年	2009年	2008年	2007年	2006年
四大媒体	地面波TV	19307	20775	19307	16709	18997	21076	21839
	RADIO	2358	2604	2565	2231	2769	2807	2799
	电视类总计	21665	23379	21872	18940	21766	23883	24638
	报纸	16543	17092	16729	15007	16581	17801	17013
	刊物	5077	5236	4889	4388	4804	4841	4591
	平面类总计	21620	22328	21618	19395	21385	22642	21604
	四大媒体总计	43285	45707	43490	38335	43151	46524	46242
户外广告		9105	8448	7494	6248	6395	6793	7737
移动媒体		2100	600	5	–	–	–	–
四大媒体制作及其他		9269	9327	8881	8115	7628	7873	7711

续表

新媒体	有线电视（包括综合编成电视媒体）	13218	11741	9649	7794	8600	8297	6271
	互联网	19540	18560	15470	12430	11900	10200	7790
	SO	655	664	590	524			
	Sky Life	130	122	153	95	95	120	120
	DMB	169	267	271	176	114	88	19
	IPTV	235	170	205	114	53		
	小计	33947	31524	26338	21133	20762	18706	14650
合计		97706	95606	86208	73831	77971	79897	76339

※ 数据来源：根据韩国第一企划（2013）的资料整理

从各个媒体群看，地面波电视、广播、有线电视、综合编成频道、IPTV、Sky Life、DMB、SO等放送媒体的广告规模为36072亿韩元，较前一年的11%同比负增长了0.7%，在整个广告经营额中所占的比例也从38.0%小幅降低为36.9%。

作为代表性的放送媒体，地面波电视和广播广告分别下跌了7.1%、9.4%，其在整个广告营业额的比例也有所减少。此外，报纸和杂志等传统印刷媒体广告额达到21620亿韩元，比前一年减少3.2%，在整体广告额中所占的比例也分别缩小了23.4%和22.1%。

从互联网广告看，广告营业额较前一年增长了5.3%，达到19540亿韩元，一跃发展成为第一大广告媒体，在整个广告经营额中所占的比例也从19.4%增长为20.0%。移动广告也形成了2100亿韩元的市场规模，其发展速度在所有媒体的发展速度中呈现最高水平。

户外广告经营额创下9105亿韩元，较前一年增长了7.8%，其所有媒体中所占比例也从8.8%增长为9.3%。这是由于剧场、竞技场、网络购物等娱乐媒体得到持续性发展。

综上所述，从韩国媒体的整体广告经营规模看，包括地面波电视在内，报纸、广播、杂志等所谓的四大传统媒体的广告规模呈现萎缩状态。在广告营业总额中，四大媒体的比例呈持续降低趋势（2000年78.7%、2006年60.6%、2008年55.3%、2010年50.4%、2011年47.8%、2012年44.3%）。造成这种现象的原因是，受众的媒体利用时间没有明显增加，相比之下，新的平台不断应运而生，受众从传统媒体分散到各种新概念媒体上。（参照〈表一〉）

实际上，纵观过去几年媒体广告额的走势，2009年的放送广告市场由于经济停滞、消费萎缩及由此而引发的企业营销费用的缩小等因素，比2008年相比，呈最大幅度的降低态势。尤其是，地面波电视，虽然为了扩大广告销售引进了大幅折扣和奖励制度，但是2009年的广告销售率创下历史上的最低值，比前一年减少了12%，达到1万6,709亿韩元。从2010年的广告营业额走向看，地面波电视的广告规模较前一年增长15%，达到1万9,307亿韩元；2011年由于植入广告、虚拟广告等的增加，比前一年增加7.6%，创下2万775亿韩元，呈小幅复苏态势；但是到了2012年降低为1万9,307亿韩元，较前一年减少7.1%。（参照〈表一〉）

从另一个层面看，2011年的互联网广告市场规模较前一年增长20.0%，达到1万8,560亿韩元，超越报纸媒体，成为第二大广告媒体；2012年力压地面波电视，跃居广告媒体榜首（参照〈表一〉）。互联网广告自2006年以后，呈持续发展趋势，超越地面波电视，发展成为最具实力的强大媒体。

总而言之，较之地面波电视等传统媒体，广告主更加看好和偏爱新媒体广告，由此一来，地面波广告将面临更加严峻的市场考验。此外，由于消费者意识的变化、企业营销传播战略的变化、放送广告流通结构问题等综合性因素，地面波电视的销售将不断减少。

三、各行业、企业及品牌的分析

以四大传统媒体为准，2012年的21种行业广告营业额中，唯独6种行业的广告营业额得到增长，其余15种行业呈现负增长趋势，得到增长的行业依次为：(1)金融、保险、证券行业；(2)计算机、信息通信行业；(3)食品行业；(4)服务行业；(5)时装行业；(6)化妆品及保健用品行业。（第一企划，2013）值得关注的是，前六名行业均呈现出0.5%–10%左右的负增长趋势，但是在整个行业广告经营额中所占的比例却为53.8%，呈现出较高的比例。

从各个企业的情况看，继2011年之后，三星电子的广告规模在2012年仍然跃居企业榜首；现代汽车、LG电子、KT(韩国电信)、SK电信依次排名第二、第三、第四、第五名；也就是说，电子、通信、汽车领域的广告主投放了较大规模的广告费用。此外，生活、饮料、化妆品、金融部门的广告主也相对投放了较多的广告费用。(参照〈表二〉)也就是说，大型广告主对韩国广告市场的影响力没有明显的变化。

表二　2012年十大广告主

单位：亿韩元

排名	2012年		2011年	
	广告主	广告额	广告主	广告额
1	三星电子	199979	三星电子	182521
2	现代汽车	90424	LG电子	80068
3	LG电子	80982	现代汽车	80043
4	KT	68595	SK电信	77556
5	SK电信	67693	KT	76238
6	起亚汽车	56565	起亚汽车	63490
7	LG U+	56533	韩国宝洁	52087
8	韩国宝洁	48820	韩国通用	47926
9	东西食品	46323	爱茉莉太平洋	42731
10	企业银行	41861	乐天HIMART	41043

从品牌的种类看，传统信息通信品牌投放了最多的广告费用，2012年，三星电子智能手机投入了最多的广告费用，KT olleh排名第二，LG U+和SK电信分别排名第三、第四，电子产品专门连锁店HIMART位居第五名。

2013年2月，韩国广告协会面向韩国广告代理公司进行了“广告公司现状调查”，其结果有51家代理公司参与了调查。从这51家广告代理公司的应答情况看，2012年广告营业总额创下14万2773亿韩元，而这是国内外广告营业额的总合。(韩国广告协会，2013年)

51家企业的2012年广告营业额142773亿韩元，较2011年的127000亿韩元相比，增长了约12%。其中，韩国十大广告代理公司的总营业额为119000亿韩元，比2011年103000亿韩元增加了15%，然而由于全球经济萧条对韩国经济形势的影响，其他广告公司的广告营业额大部分呈减少趋势。

表三　2012年十大广告代理公司营业额及较2011年的增长率

单位：百万韩元

排名	企业名称	总营业额	增长率
1	第一企划	5118249	23
2	伊诺盛 World Wide	3891415	12
3	HS广告（LG）	717114	19
4	Daehong企划（乐天）	586117	9
5	SKPlenetM&C部门	456275	7
6	TBWA韩国	288248	−7
7	LBest（LG）	277402	4
8	Hancomm（韩华）	216136	13
9	Oricom（斗山）	186444	18
10	电通媒体韩国	170145	−1

纵观2012年各大广告代理公司的广告营业额看，第一企划、伊诺盛World Wide、HS广告、Daehong企划依次排名前四大广告公司。(参照〈表四〉)在韩国，十大广告公司的营业额增加的主要原因是境外广告营业额的增加带动了广告营业额的增加，这是由于，韩国的广告代理公司标榜跨国广告企业，通过对全球跨国广告公司的并购和相互签订合作协议等开展积极的全球营销战略的努力已经初见成效。

四、韩国广告产业的现状与主要话题

(一) 随着综合编成频道的出台，放送广告市场发生变化

在韩国，总管放送政策的国家机关放送通信委员会于2010年12月认准朝鲜日报、中央日报、东亚日报、每日经济新闻等韩国的代表性报刊企业开展综合编成频道的事业。这意味着放送广告市场登台了强有力的新竞争主体。

此后，2011年12月1日，TV朝鲜(朝鲜日报)、jTBC(中央日报)、Channel A(东亚日报)、MBN(每日经济)等综合编成四大企业，正式开展了广告营业活动。

综合编成频道虽然属于有线电视范畴，但是与地面波电视一样，可以播放多种形式的电视节目，甚至可以进行24小时全天播放，具有很多优势。此外，作

为有线电视义务传送频道，综合编成频道自建立之日起，就可以面向全韩国播放，而无需单独构建播放网络。还有，与以往有线电视一样，可以直接开展广告营业，可以进行插播广告等，比起地面波电视，其广告运营相对灵活。

与此同时，综合编成项目的控股企业均为韩国强势报社，这些报社被政府认准为综合编成事业方以后，韩国的学界、业界、市民团体等纷纷提出了很多反对意见。这是因为，从现实来看，韩国国内广告市场规模有限的情况下，新的平台的出现并没有促进广告需求的增加，而是瓜分广告市场，这些团体担忧的是，新生综合编成频道以报社权力为背景，将与现存媒体企业形成激烈的竞争格局。

综合编成频道是通过有线传输的，从受众的角度看，除了传输渠道的区别以外，综合编成频道与地面波放送没有任何区别。目前，地面波放送的资本来源已经饱和的状态下，综合编成频道与地面波放送一样，其收入来源只能依靠广告收入。这意味着在现有的市场上，又增加了新的竞争对手，因此在有限的市场里只能加剧竞争水平。

（二）政府通过 Media Rep（媒体销售企业）法律，地面波放送进入媒体销售竞争时代

在韩国，《关于放送广告销售代理等的法律》（又称为 Media Rep 法）从 2012 年 5 月 23 日开始实行。自此，过去 30 年间 KOBACO（韩国放送广告公社）的地面波放送广告垄断媒体销售代理的时代一去不复返。同日，KOBACO 重新改编成为公营媒体销售公司－韩国放送广告振兴公社；同年 8 月 22 日，韩国民营放送－SBS 的媒体销售公司（株式会社）Media Create 进入正式的营业活动阶段。这意味着韩国正式进入了地面波放送广告销售的竞争时代。

公营、民营媒体销售公司体制启动后已经过了 1 年多的时间，现在谈论客观的成果还为时过早，但是放送广告的销售从垄断改为竞争体系后，其最大的变化是销售制度发生了多样化。

虽然株式会社 Media Create 的竞争作用有限，但是它实行了反映广告收视率、广告效率、购买偏爱度等的变动价格制，还有，与 KOBACO 垄断销售时期不同，提供了多样的可选择权，提示了 Upfront 套餐解决方案（重视广告效率的奖励集中型、保障人气电视节目选择权的质量型、通过广告执行期间调整提高灵活性的弹力型等），扩宽了广告主的选择范围。

与此同时，KOBACO 同样为了扩大广告销售加强了折扣及奖励政策，更加完善了已有的 Stewardship 套餐（根据收视率／广告费用需要预测的销售方式，2010 年 8 月获得商务模式特许专利），为了将市场价值反映到销售层面正在全力以赴。

将来，在这样的公营、民营体制下，广告主的协商能力将越来越提高，媒体销售公司之间的媒体销售营业战争将愈演愈烈，而越来越多的广告主和广告公司将会利用这种竞争获得利益。

（三）受众的电视收视形态变化派生出新类型广告

随着智能手机的出现，通过 iPad 阅读报纸，互联网检索企业谷歌（Google）进军电视产业等，最近，媒体行业迎来了全新的变革期，特别是，最近智能手机及智能电视等“智能”的新媒体成为热门，不断创造媒体与传播的新秩序。但是这种新范式变化，将会对数十年以来不断夯实媒体领域主导权的地面波电视，起到最大的影响。

首先，这种变化发生在硬件层面，也就是说，互联网与电视结合的“谷歌电视”等新概念电视服务－智能电视（Connected TV）将会对迄今为止多媒体、多频道环境下仍然确保大多数受众阶层的地面波电视形成了巨大的挑战。“谷歌电视”无需顶置盒等复杂的设备，也可以利用智能手机操作互联网，可以通过电视机的画面消费影像内容，带来了电视收视模式的全新变化。

随着这样的变化，较之实时收看电视节目，以个别的内容为单位收看电视的收视形态将得到越来越多的普及，而这种新形态的普及，将会使媒体之间的区分更加变得模糊。

此外，随着内容企业或电视机制造商也接二连三地进军智能电视市场，智能电视对传统放送市场施加什么样的影响，成为人们关注的内容。实际上，苹果或

者三星、索尼等电视机制造商，以及谷歌等互联网企业陆续宣言进军智能手机事业，智能电视市场将会变得越来越热。智能手机的登场带来了主客颠倒的现象，即，过去受地面波电视或有线电视支配的受众将会主动地支配媒体。

这种变化，使得实时电视收视时间减少，预计，随着安装回避广告的应用软件(APP)变得越来越方便，免费应用软件的扩散，应用软件对传统广电媒体的广告收入将会起到越来越大的影响。随着智能手机和平板电脑的使用者与日俱增，预订收看型视频服务得到扩散，所谓的"死守直播时间"的受众比率也不断减少。

其结果，从放送媒体的角度看，如今将受众吸引到电视画面前，成为迫在眉睫的课题。如果第四代移动通信服务开始，数据传送速度将会不断加快，上下班时间在地铁里利用移动IPTV将会成为现实。"死守直播时间"的时代结束后，广告收视率和关注度也会大大降低，同时智能电视时代，频道的转换(Zapping)将会更加频繁，因此，收看电视节目时回避广告的受众将会越来越多。

综上所述，智能手机时代，频道不断出现和增多，以往在媒体平台上位居有利地位的地面波电视，将难以维持龙头老大的地位。也就是说，地面波电视平台的主导性地位会受到越来越大的挑战，为了迎接这种挑战和威胁，传统电视需要更加积极地供应完成度高的优质电视节目和内容，同时面对强势新媒体的挑战，要确保稳定的市场竞争力，可谓四面楚歌。

（四）论收费放送广告和地面波放送广告的非对称性限制

随着放送通信的融合和多种多样的数字新媒体的出现，传统媒体的领域优势将一去不复返，媒体之间的全方位竞争不断加剧等，媒体环境发生着前所未有的变化。

实际上，在韩国，1995年有线电视开播以后，放送市场出现了地面波数字电视、卫星电视、地面波／卫视DMB、IPTV各分天下的局面，新的媒体不断出现。最近，又正在准备提供3D电视、UHD电视等服务。这种变化将会导致媒体产业内部的竞争压力与日俱增，其结果不断在强化市场逻辑。

此外，新涌现的综合编成频道成为地面波电视的强有力的竞争对手，而综合编成频道既可以像传统有线PP直接运营广告，还可以进行插播广告等，比地面波电视的广告运营更加灵活，更加具有优势。因此，对于地面波电视广告和收费放送广告的非对称性限制，将会引发越来越大的话题和争论。

目前，对于地面波电视的广告限制中，最为代表性的不公平限制是关于中间插播广告的限制。对于插播广告而言，它既不那么损害放送的公益性，也可以通过广告财源提高特定题材节目的品质，因此，有可能对提高放送产业的竞争力做出贡献，还可以提高受众对电视节目的满意度。所以，在韩国越来越多的言论在建议政府要允许地面波广告进行插播广告。

除此之外，地面波插播广告不仅可以提高节目编成的灵活性，而且可以制作高质量的电视节目，这种积极的影响也是不能忽视的。实际上，在韩国插播广告可以在有线电视上得到实施，因此消费者接受地面波插播广告不会有很大的心理障碍。

越来越多的观点认为，既然插播广告已经在有线电视和卫星电视上得到允许，对于地面波电视而言，这种制度的引进并不会对地面波电视媒体构成制度上的偏向，而是有可能成为可以解决对地面波媒体的非公平问题的解决方案。

很多观点认为，政府对于地面波电视广告的限制比较过分，这是因为在多媒体、多频道环境下，地面波电视的媒体影响力不断减少，而政府的限制严重制约着地面波电视的媒体竞争力。实际上，地面波媒体的电视节目制作费用大多依赖于广告的收入，而为了制作优质的节目从而履行放送的公益性义务，迫切需要扩大广告的财源。

在韩国，为了改善目前对于地面波放送的限制，需要引进广告总量制和插播广告制度，这样不仅可以通过市场自律机制协调广告供应情况，广告总量也可以维持现有的水平，因此被越来越多的言论看作为合理的放送广告编成放案。

五、韩国广告产业的未来展望

韩国广告市场的规模与韩国国内的经济增长率息

息相关，而韩国银行将 2013 年的经济增长率下调为 2.6%，这比年初的预测是不太乐观的。从这一数据看，今年韩国的广告市场将纪录 2.0% 的增长速度，也就是说，2013 年年末统计的韩国广告年度规模要比 2012 年约增长 2.0%，将会达到 9 万 9960 亿韩元左右。

特别是，韩国国内电视广告市场的当前规模为 3 万 2 千亿韩元（地面波电视 1 万 9 千亿韩元 ／有线电视 1 万 3 千亿韩元），到今年年末，这一规模将有所减少，估计达到 3 万 1 千亿韩元。也就是说，据行业的预测，电视广告市场不会有进一步增长的可能性。（参照〈表四〉）

导致这种放送广告环境变化的原因是，在广告市场规模没有很大变化的情况下，传统放送企业和新秀企业之间的服务竞争越来越加剧。在这一变化的过程中，过去数十年在广电市场享受垄断地位的地面波放送，随着新媒体的不断涌现，将处于停滞或者退步的境地。

表四　2012 年、2013 年媒体广告总量比较

单位：亿韩元

区分		广告营业额		增长率		比例	
	媒体	2012 年	2013 年(F)	2012 年	2013 年(F)	2012 年	2013 年(F)
广电	地面波电视	19307	18800	−7.1	−2.6	19.8	18.9
	广播	2358	2430	−9.4	3.0	2.4	2.4
	有线电视（包括综合编成频道）	13218	13300	12.6	0.6	13.5	13.3
	IPTV	235	280	38.2	19.1	0.2	0.3
	Sky Life	130	140	6.6	7.7	0.1	0.1
	DMB	169	150	−37.1	−10.7	0.2	0.2
	SO	655	650	−1.3	−0.8	0.7	0.7
	小计	36072	35750	−0.7	−0.9	36.9	35.9
平面	报纸	16543	15800	−3.2	−4.5	16.9	15.9
	杂志	5077	4800	−3.0	−5.4	5.2	4.8
	小计	21620	20600	−3.2	−4.7	22.1	20.7
互联网	搜索	12950	13650	4.1	5.4	13.3	13.7
	暴露式	6590	7150	7.7	8.5	6.7	7.2
	小计	19540	20800	5.3	6.4	20.0	20.9
移动		2100	4000	250.0	90.5	2.1	4.0
户外		9,105	9200	7.8	1.0	9.3	9.2
广告制作及其他		9,269	9310	−0.6	0.4	9.5	9.3
总计		97706	99690	2.2	2.0	100.0	100.0

* 资料来源：第一企划（2013）

此外，互联网广告仍然会创造较高的发展态势(6.4%)，将会继续媒体榜首地位，而移动广告也会创造惊人的发展速度，其增长率将会达到 90.5%。

2012 年正式开播的四大综合编成频道，在开播初期投入了巨大的制作费用，其母企业－报社也进行了直接或间接的财政支援，所以初期的营业额被预测为 4000 － 5000 亿韩元，但是由于新内容的欠缺，以及 50% 以上的重播比率等因素，造成受众对综合编成频道的回避，因此，2013 年的广告营业额继 2012 年仍然会停留在 2000 亿韩元的水平和规模。

此外，从智能手机领域看，今年韩国国内共销售了 4000 万台智能手机，从而创造了受众媒体消费形态的变化，正在引领韩国广告市场的变化。今后，在移动媒体领域，过去互联网中出现的各种多样的双向互动广告将会不断涌现。

特别是，在有线互联网上发挥巨大影响力的 SNS 与移动媒体相结合，将不断搞活与消费者的相互作用。过去在移动媒体上比较低迷的购物得到不断发展，使得移动广告以新的广告技术为基础，不断主导广告市场的发展。

如前所述，地面波媒体由于长期以来的经济不景气和新媒体不断进入广告市场，其收益结构被极度恶化，这种放送广告环境的变化将不断继续。随着广告销售不断减少，外包制作的扩大，制作费用的高速提高，以及放送权费用的提高等，地面波媒体的内容供应费用其价格上涨率超过了普通物价的上涨率。

但是从放送广告的制度层面看，地面波放送广告发展的制约因素来源于政府在运营放送广告方面实施了限制政策。

这种限制政策的根据是，1934 年美国 FCC (Federal Communications Commission) 发表的受托理论：即，“获得放送许可的媒体企业要作为广播电视频道的最终支配者－国民的受托者履行其义务”的理论。但是作为这种放送受托理论的基本概念的“频率资源的稀有性”逻辑，在进入多媒体、多频道时代，实际上丧失了其原有的意义。

虽然时代发生了很多变化，在现行放送广告的运营层面，对于地面波放送的不公平待遇及限制仍然存在，因此这种困难与日俱增。实际上，为了地面波放送能够进行稳定的经营和持续的投资，需要改善同类媒体之间的差别和不公平因素，需要改善不公平的广告限制制度，从而确保稳定的经营财源。在这种情况下，韩国代表性地面波放送媒体之一的 MBC(文化放送) 向放送政策的主管部门－放送通信委员会提出建议，要求允许地面波媒体运营插播广告，打破只有收费电视频道才能进行插播广告的现状，而实现同类媒体之间的公平竞争。(联合新闻，2013.10.7)

最后，2014 年新年，为了攻略有限的地面波放送广告市场，公营、民营媒体销售公司之间将会展开激烈的竞争。特别是，2014 年将会陆续举办巴西世界杯、俄罗斯索契冬奥会、仁川亚运会等大型体育活动，这些事件将会对韩国的放送广告市场注入新的活力。

参考文献：

[1] 金峰贤 . 智能媒体环境下的移动广告制度的改善[J]. KAA 刊物，2013，11—13.

[2] 金在永 . 放送财源结构和媒体销售公司 [J]. 媒体政策论，CommunicationBooks， 2010.

[3] 文哲秀 . 媒体销售公司和广告市场的变化：媒体销售公司争论的过程与课题 [J]. 新闻与放送， 2011：6—11.

[4] 方石浩 . 媒体环境变化与法律、广告市场 [J].KAA 刊物，2004：8—9.

[5] 联合新闻 .MBC 向政府建议：“地面波也要允许做插播广告”[J].2013.

[6] 尹石年 . 关于放送广告限制政策的变化与影响研究：民营媒体销售公司的引进与允许插播广告为中心 [J]. 放送与传播，2008,9(2)：37—66.

[7] 全宗雨 . 地面波放送财源的结构与变化的展望 [C]. 韩国放送学会特别研讨会发表论文集 .2013.

[8] 第一企划 . 广告年鉴 [M].2013.

[9] 韩国广告协会 . 韩国广告协会 2012 KNP(Korea Netizen Profile) 调查结果 [J]. 广告界动向 ,2013：9—10.

[10] 黄学益 . 广告市场 2012 年总结及 2013 年展望 [J]. 广告界动向 ,2012：24—25.

※ 备注：1 美元约合 1100 韩元。

'2014 中国广告年鉴
China Advertising Yearbook

广告出版物

Advertising publications

2013 年广告类新书书目

广告创意强化教程

书　　号：978-7-5322-8079-7

作　　者：（英）汤姆·阿尔茨蒂尔，（英）格罗

译　　者：郭鸿杰等

定　　价：￥88.00

出版时间：2013 年 1 月

出 版 社：上海人民美术出版社

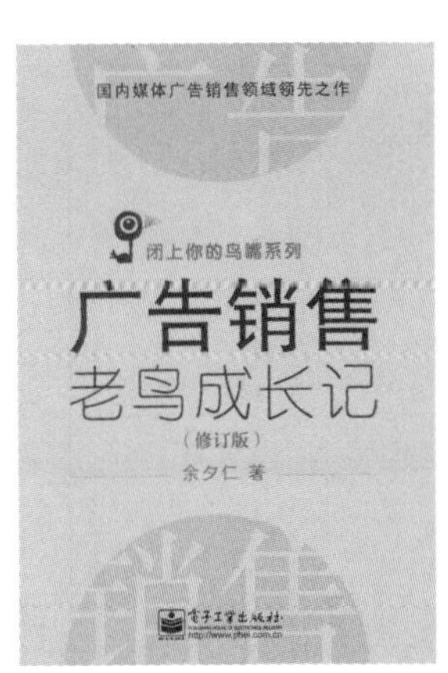

广告销售老鸟成长记（修订版）

书　　号：978-7-121-19003-2

作　　者：余夕仁

定　　价：￥29.00

出版时间：2013 年 1 月

出 版 社：电子工业出版社

案例学 –Photoshop 商业广告设计（DVD）

书　　号：978-7-030-35768-7

作　　者：前沿文化

定　　价：￥79.00

出版时间：2013 年 1 月

出 版 社：科学出版社

广告文案创作与评析

书　　号：978-7-5487-0769-1

作　　者：蔡学平

定　　价：￥38.00

出版时间：2013 年 1 月

出 版 社：中南大学出版社有限责任公司

广告与营销策划

书　　号：978-7-115-29688-7

作　　者：(美)威廉·阿伦斯，迈克尔·维戈尔德，克里斯蒂安·阿伦斯

定　　价：¥88.00

出版时间：2013 年 1 月

出 版 社：人民邮电出版社

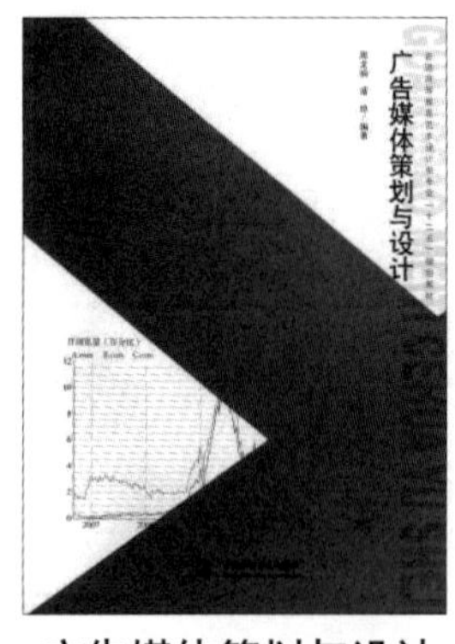

广告媒体策划与设计

书　　号：978-7-5170-0421-9

作　　者：周文娟，潘琼

定　　价：¥35.00

出版时间：2013 年 3 月

出 版 社：中国水利水电出版社

现代广告学概论（第 3 版）

书　　号：978-7-5638-1131-1

作　　者：陈培爱

定　　价：¥35.00

出版时间：2013 年 3 月

出 版 社：首都经济贸易大学出版社

70 天分销联盟实战：网络广告赚钱秘诀

书　　号：978-7-121-19661-4

作　　者：伊维根·基诺·帕拉斯科夫

译　　者：蔡雷，宋静波，巩忠玉

定　　价：¥56.00

出版时间：2013 年 3 月

出 版 社：电子工业出版社

基于双边市场理论的搜索广告平台动态运作机制研究

书　　号：978-7-307-10517-1

作　　者：李小玲

定　　价：¥35.00

出版时间：2013 年 3 月

出 版 社：武汉大学出版社

广告媒体（第二版）

书　　号：978-7-307-10523-2

作　　者：夏琼

定　　价：￥24.00

出版时间：2013 年 3 月

出 版 社：武汉大学出版社

广告学

书　　号：978-7-5121-1290-2

作　　者：田明华

定　　价：￥32.00

出版时间：2013 年 4 月

出 版 社：北京交通大学出版社

广告荐证的行为规范与责任解构

书　　号：978-7-5068-3317-2

作　　者：于林洋

定　　价：￥49.00

出版时间：2013 年 4 月

出 版 社：中国书籍出版社

中国广告学术史论

书　　号：978-7-301-22339-0

作　　者：祝帅

定　　价：￥39.00

出版时间：2013 年 4 月

出 版 社：北京大学出版社

电通“鬼十则”

书　　号：978-7-5086-3870-6

作　　者：（日）柴田明彦

译　　者：郑燕，王婕，马洪月

定　　价：￥32.00

出版时间：2013 年 5 月

出 版 社：中信出版社

广告策划：实务与案例（第 2 版）

书　　号：978-7-111-42350-8

作　　者：吴柏林

定　　价：￥35.00

出版时间：2013 年 5 月

出 版 社：机械工业出版社

中国广告主营销传播趋势报告 NO.7(2013 版)

书　　号：978-7-5097-4430-7

作　　者：黄升民，杜国清，邵华冬

定　　价：￥148.00

出版时间：2013 年 5 月

出 版 社：社会科学文献出版社

广告创意与制作

书　　号：978-7-118-08735-2

作　　者：郑文昭，刘亚光

定　　价：￥29.00

出版时间：2013 年 5 月

出 版 社：国防工业出版社

新中国老广告 1949—1966

书　　号：978-7-5476-0712-1

作　　者：张家荣

定　　价：￥98.00

出版时间：2013 年 6 月

出 版 社：上海远东出版社

中国近代广告史研究

书　　号：978-7-5615-4683-3

作　　者：杜艳艳

定　　价：￥42.00

出版时间：2013 年 6 月

出 版 社：厦门大学出版社

不一样的广告学

书　　号：978-7-5123-4428-0
作　　者：陈峻峰
定　　价：￥32.00
出版时间：2013 年 6 月
出 版 社：中国电力出版社

政治广告（政治心理学前沿译丛）

书　　号：978-7-300-17448-8
作　　者：（美）布拉德尔
译　　者：乔木
定　　价：￥35.00
出版时间：2013 年 6 月
出 版 社：中国人民大学出版社

当代广告学（第 11 版，通用教材版）

书　　号：978-7-115-31649-3
作　　者：（美）阿伦斯，（美）维戈尔德
译　　者：丁俊杰，程坪，陈志娟
定　　价：￥68.00
出版时间：2013 年 6 月
出 版 社：人民邮电出版社

广告文案写作

书　　号：978-7-5153-1438-9
作　　者：鲍德里
定　　价：￥58.00
出版时间：2013 年 7 月
出 版 社：中国青年出版社

广告文案写作

书　　号：978-7-040-33298-8
作　　者：初广志
定　　价：￥27.20
出版时间：2013 年 7 月
出 版 社：高等教育出版社

房地产广告策划与实务

书　　号：978-7-5640-7850-8

作　　者：陈雨

定　　价：¥55.00

出版时间：2013 年 7 月

出 版 社：北京理工大学出版社

现代广告通论（第三版）

书　　号：978-7-5657-0681-3

作　　者：丁俊杰，康瑾

定　　价：¥45.00

出版时间：2013 年 7 月

出 版 社：中国传媒大学出版社

中国优秀广告案例与鉴赏大全

书　　号：978-7-5136-2097-0

作　　者：肖开宁

定　　价：¥198.00

出版时间：2013 年 7 月

出 版 社：中国经济出版社

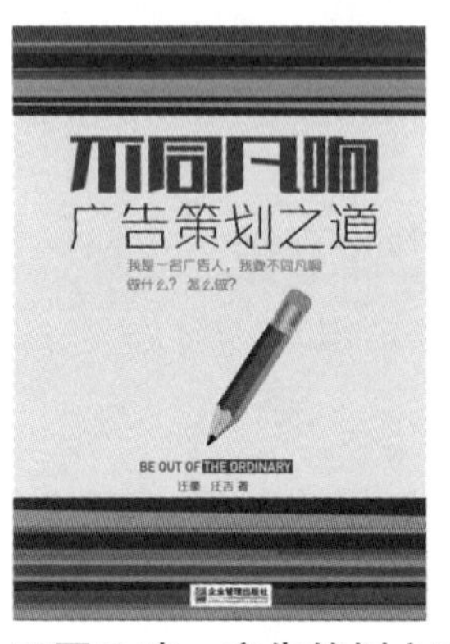

不同凡响：广告策划之道

书　　号：978-7-5164-0392-1

作　　者：汪豪，汪吉

定　　价：¥28.00

出版时间：2013 年 7 月

出 版 社：企业管理出版社

广告创意思维训练

书　　号：978-7-5130-2064-0

作　　者：胡瑾，李新颖

定　　价：¥38.00

出版时间：2013 年 7 月

出 版 社：知识产权出版社

广告策划实操

书　　号：978-7-5663-0694-4

作　　者：孙媛媛，田伟

定　　价：￥34.00

出版时间：2013 年 7 月

出 版 社：对外经贸大学出版社

中国广告创意：学与术

书　　号：978-7-5426-4277-6

作　　者：郑欢

定　　价：￥69.00

出版时间：2013 年 8 月

出 版 社：上海三联书店

影视广告创意与制作

书　　号：978-7-5621-6359-6

作　　者：陈滢竹

定　　价：￥49.00

出版时间：2013 年 8 月

出 版 社：西南师范大学出版社

广告设计 创意有道

书　　号：978-7-113-16402-7

作　　者：王欣东

定　　价：￥78.00

出版时间：2013 年 8 月

出 版 社：中国铁道出版社

广告设计理念与经典案例（第 2 版）

书　　号：978-7-121-20644-3

作　　者：（美）费尔顿

译　　者：李艳霞

定　　价：￥98.00

出版时间：2013 年 8 月

出 版 社：电子工业出版社

Illustrator 平面广告创意 108 招

书　　号：978-7-113-16075-3

编　　者：数码创意

定　　价：¥79.00

出版时间：2013 年 8 月

出 版 社：中国铁道出版社

奥格威谈广告（全彩版）

书　　号：978-7-111-43414-6

作　　者：（美）大卫·奥格威

译　　者：曾晶

定　　价：¥99.00

出版时间：2013 年 8 月

出 版 社：机械工业出版社

广告的没落 公关的崛起

书　　号：978-7-111-43706-2

作　　者：（美）里斯

译　　者：寿雯

定　　价：¥35.00

出版时间：2013 年 8 月

出 版 社：机械工业出版社

引爆创意

书　　号：978-7-5100-6184-4

作　　者：（英）史蒂夫·哈里森

译　　者：杨凯，赵霁婧

定　　价：¥32.00

出版时间：2013 年 8 月

出 版 社：世界图书出版公司

广告学

书　　号：978-7-5675-0405-9

作　　者：郑欢

定　　价：¥68.00

出版时间：2013 年 8 月

出 版 社：华东师范大学出版社

广告策划

书　　号：978-7-302-32460-7

作　　者：曲欣

定　　价：￥49.00

出版时间：2013 年 8 月

出 版 社：清华大学出版社

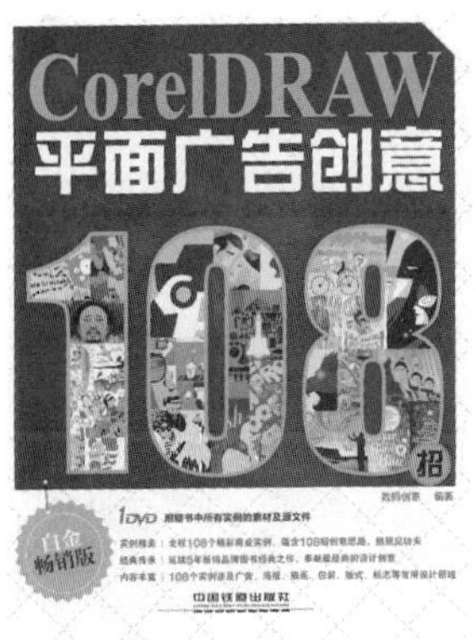

CorelDRAW 平面广告创意 108 招

书　　号：978-7-113-17049-3

作　　者：数码创意 编著

定　　价：￥89.00

出版时间：2013 年 9 月

出 版 社：中国铁道出版社

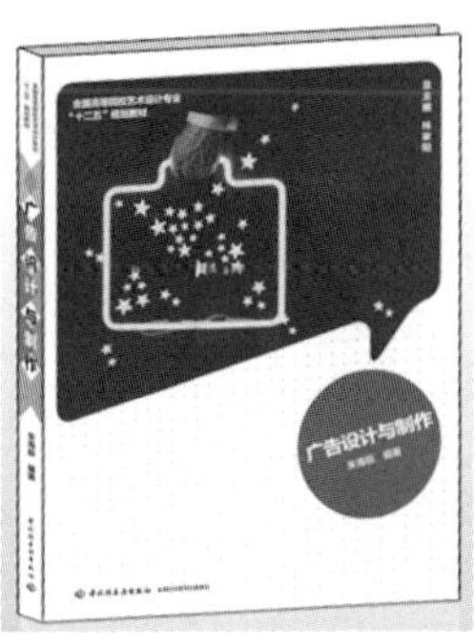

广告设计与制作

书　　号：978-7-5019-9235-5

作　　者：朱海辰

定　　价：￥48.00

出版时间：2013 年 9 月

出 版 社：中国轻工业出版社

文案创作完全手册

书　　号：978-7-5502-1652-5

作　　者：（美）布莱

译　　者：刘怡女

定　　价：￥45.00

出版时间：2013 年 9 月

出 版 社：北京联合出版公司

广告学：原理与实务（第 9 版）

书　　号：978-7-300-17868-4

作　　者：维尔斯

译　　者：桂世河

定　　价：￥75.00

出版时间：2013 年 9 月

出 版 社：中国人民大学出版社

平面广告设计与制作 (Photoshop+CorelDRAW)

书　　号：978-7-115-31839-8

作　　者：周建国，郑龙伟

定　　价：￥49.80

出版时间：2013 年 9 月

出 版 社：人民邮电出版社

广告的社会史

书　　号：978-7-301-22990-3

作　　者：（日）山本武利

编　　译：赵新利

审　　译：黄升民

定　　价：￥39.00

出版时间：2013 年 9 月

出 版 社：北京大学出版社

医药广告创意设计

书　　号：978-7-5641-4459-3

作　　者：李芳

定　　价：￥55.00

出版时间：2013 年 9 月

出 版 社：东南大学出版社

视频广告概论

书　　号：978-7-5629-4118-7

作　　者：方迎丰，余思慧，简予繁

定　　价：￥39.00

出版时间：2013 年 9 月

出 版 社：武汉理工大学出版社

广告原理与实务

书　　号：978-7-5121-1651-1

作　　者：秦勇，李东进

定　　价：￥42.00

出版时间：2013 年 9 月

出 版 社：北京交通大学出版社

西方广告经典原著选读

书　　号：978-7-5130-2272-9

作　　者：左晶

定　　价：¥42.00

出版时间：2013 年 10 月

出 版 社：知识产权出版社

电视广告视觉注意研究

书　　号：978-7-5115-1845-3

作　　者：丁汉青

定　　价：¥26.20

出版时间：2013 年 10 月

出 版 社：人民日报出版社

全球一流文案：32 位世界顶尖广告人的创意之道

书　　号：978-7-5086-4198-0

作　　者：英国设计与艺术指导协会（D&AD），阿拉斯泰尔・克朗普顿

译　　者：邹熙

定　　价：¥58.00

出版时间：2013 年 10 月

出 版 社：中信出版社

笔尖的智慧与舌尖的艺术之一・世界优秀广告短语 7000 句

书　　号：978-7-5082-8293-0

作　　者：巫龙春

定　　价：¥25.00

出版时间：2013 年 10 月

出 版 社：金盾出版社

广告学（英文版）

书　　号：978-7-300-17832-5

作　　者：阿伦斯 等著，程坪 等改编

定　　价：¥65.00

出版时间：2013 年 10 月

出 版 社：中国人民大学出版社

广告文案

书　　号：978-7-5638-2074-0

作　　者：郑建鹏

定　　价：¥25.00

出版时间：2013 年 11 月

出 版 社：首都经济贸易大学出版社

中国历年广告事件研究（2001–2011）

书　　号：978-7-5615-4830-1

作　　者：王晶

定　　价：¥35.00

出版时间：2013 年 11 月

出 版 社：厦门大学出版社

广告文案写作教程

书　　号：978-7-308-12608-3

作　　者：吴海浩

定　　价：¥45.00

出版时间：2013 年 12 月

出 版 社：浙江大学出版社

广告狂人：奇迹之子理查德克·什鲍姆自传

书　　号：978-7-5502-2027-0

作　　者：（美）克什鲍姆

译　　者：赵鲲

定　　价：¥39.80

出版时间：2013 年 12 月

出 版 社：北京联合出版公司

'2013 中国广告年鉴

书　　号：978-7-5166-0857-9

编　　者：《中国广告年鉴》编辑部

定　　价：¥380.00

出 版 社：新华出版社

全国主要广告类刊物名录

北京市

现代广告 /Modern Advertising

主管单位：国家工商行政管理总局

主办单位：中国广告协会

编辑出版：《现代广告》杂志社

地　　址：北京市宣武区广安门外大街 248 号机械大厦 909 － 910 室

邮　　编：100055

电　　话：(010)63317498

传　　真：(010)63317499

电子邮件：ad6898@vip.sina.com

网　　址：www.maad.com.cn

国内刊号：CN11－3168/F

国际刊号：ISSN 1007－2888

邮发代号：82－685

开　　本：16 开

出版周期：双周刊

定　　价：￥12.00/ 期　￥192.00/ 年

国内发行：北京市报刊发行局

订　　阅：全国各地邮局

广告经营许可证号：京宣工商广字第 0079 号

国际广告 /International Advertising

主管单位：中华人民共和国商务部

主办单位：中国商务广告协会

编辑出版：《国际广告》杂志社

地　　址：北京市建国门外大街 12 号 4 层

邮　　编：100022

电　　话：(010)65684490

传　　真：(010)65681942

电子邮件：hhh@v.com.cn

创刊年代：1985 年

国内刊号：CN11－2487/F

国际刊号：ISSN 1000－4122

邮发代号：82－705

开　　本：大 16 开

出版周期：月刊

定　　价：￥15.00/ 期　￥180.00/ 年

国内发行：北京市报刊发行局

订　　阅：全国各地邮局

广告经营许可证号：京朝工商广字第 0088 号

艺术与设计 /Art and Design

主管单位：中华人民共和国新闻出版总署

编辑出版：《艺术与设计》杂志社

地　　址：北京市西城区阜外大街 34 号干休所 3 号楼 5 层

邮　　编：100832

电　　话：(010)68583578

传　　真：(010)68570937

电子邮件：joanna_chen@vip.163.com

网　　址：www.artdesign.org.cn

国内刊号：CN11－3909/J

国际刊号：ISSN 1008－2832

邮发代号：82－273

开　　本：大 16 开

出版周期：月刊

定　　价：￥25.00/ 期　￥300.00/ 年

订　　阅：全国各地邮局

广告直通车 /AD Express

主管单位：中华全国供销合作总社

主办单位：中华全国供销合作总社信息中心

协办单位：北京北奥广告有限公司

出　　版：《中国供销商情》杂志社

地　　址：北京市复兴门内大街45号

邮　　编：100801

电　　话：(010)62006999-606/607

传　　真：(010)62009595

电子邮件：ztc@bestall.com.cn

国内刊号：CN11-3966/F

国际刊号：ISSN 1008-7443

邮发代号：80-380

开　　本：大16开

出版周期：月刊

定　　价：￥15.00/期

国内发行：北京市报刊发行局

订　　阅：全国各地邮局

广告经营许可证号：京西工商广字0016号

广告主市场观察 /Advertiser Market Observer

主管单位：国务院国有资产监督管理委员会

主办单位：中国企业家协会

编辑出版：《市场观察》编辑部

地　　址：北京市海淀区紫竹院南路17号

邮　　编：100044

电　　话：(010)68484583

电子邮件：guanggaozhu@vip.sohu.com

网　　址：www.advertiser.cn

国内刊号：CN11-3281/F

国际刊号：ISSN 1006-9089

邮发代号：2-790

开　　本：大16开

出版周期：月刊

定　　价：￥15.00/期

订　　阅：全国各地邮局

广告经营许可证号：京海工商广字0151号

21世纪广告 /21ST Century Advertising

主办单位：中国广告协会广告公司分会/中国广告协会公交分会

协办单位：北京国安广告总公司/北京公交广告有限责任公司

编辑出版：21世纪新闻传媒出版集团有限公司

地　　址：北京市朝阳区农光南里1号龙辉大厦7层

电　　话：(010)87579571

传　　真：(010)67321146

电子邮件：ad51168@vip.163.com

网　　址：www.21ad.org.cn

国际刊号：ISSN 1999-5547

开　　本：8开

出版周期：周刊

定　　价：￥10.00/期

上 海 市

中国广告 /China Advertising

主管单位：中国出版集团

主办单位：东方出版中心/上海百联集团有限公司/上海市广告协会

编辑出版：《中国广告》杂志社

地　　址：上海市宁海东路200号申鑫大厦1805室

邮　　编：200021

电　　话：(021)63552298

传　　真：(021)63551811

网　　址：www.ad-cn.net

电子邮件：china-ad@online.sh.cn

创刊年代：1981年

国内刊号：CN31-1174/F

国际刊号：ISSN 1005-9156

邮发代号：4-408

开　　本：大 16 开

出版周期：月刊

定　　价：￥15.00/ 期

国内发行：上海市报刊发行局

订　　阅：全国各地邮局

网络发行：当当网

广告经营许可证号：3101014000003

设计新潮 /Architecture & Design

主办单位：上海社会科学院

编辑出版：《设计新潮》杂志社

地　　址：上海市中山西路 1800 号兆丰环球大厦 28 楼

邮　　编：200233

电　　话：(021)64400372/0374/0379

传　　真：(021)64400850

电子邮件：public@a-d-cn.com

网　　址：www.a-d-cn.com

国内刊号：CN31-1538/J

开　　本：16 开

定　　价：￥40.00/ 期

广告经营许可证号：3101064000026

江 苏 省

广告大观 /AD Pandrama

主办单位：江苏省广播电视集团

编辑出版：《广告大观》杂志社

地　　址：南京市长江路 99 号长江贸易大厦 23 楼 D 座

邮　　编：210005

电　　话：(025)84798501

传　　真：(025)84798505

电子邮件：adp@vip.163.com

国内刊号：CN32-1730/F

国际刊号：ISSN 1672-9005

邮发代号：28-292

开　　本：大 16 开

出版周期：月刊

定　　价：￥20.00/ 期　￥240.00/ 年

广告经营许可证号：3200004040733

广告研究 /Journal of Advertising Study

主办单位：广告大观杂志社 / 北京大学新闻与传播学院广告系

编辑出版：《广告研究》编辑部

地　　址：南京市长江路 99 号长江贸易大厦 23 楼 D 座

邮　　编：210005

电　　话：(025)84798502

传　　真：(025)84798505

国内刊号：CN32-1730/F

国际刊号：ISSN 1672-9005

邮发代号：28-359

开　　本：大 16 开

出版周期：双月

定　　价：￥20.00/ 期

广告经营许可证号：3200004040733

中国标识 /China Sign

主管单位：江苏省广播电视集团

主办单位：《广告大观》杂志社

编辑出版：《中国标识》编辑部

地　　址：南京市成贤街 39 号成贤公寓 02 栋 1-202 室

邮　　编：210018

电　　话：(025)83693950/83693951

传　　真：(025)83693950-1010

电子邮件：chinasign@vip.163.com

国内刊号：CN32-1730/F

开　　本：大 16 开

出版周期：月刊
定　　价：￥15.00/期

江西省

广告人/ADMEN
主办单位：江西省人民广播电台/江西电视台/江西省广播电视学会
出版单位：《声屏世界》杂志社
编辑单位：《广告人》编辑部
地　　址：天津市河西区永安道泰达园1号楼2门101室
邮　　编：300204
电　　话：(022)23241100/1101
传　　真：(022)23241087
电子邮件：mggg@public.tpt.tj.cn
国内刊号：CN36-1149/G2
国际刊号：ISSN 1006-3366
定　　价：￥15.00/期
广告经营许可证号：(赣)002-209号

广东省

包装&设计/Package & Design
主办单位：中国包装进出口广东公司
编辑出版：《广告包装&设计》杂志社
地　　址：广州市侨光路2号5楼
邮　　编：510116
电　　话：(020)83341674
传　　真：(020)83341694
电子邮件：pnd@package-design.net
国内刊号：CN44-1262/TB
国际刊号：ISSN 1007-4759
开　　本：特大16开
出版周期：双月刊
定　　价：￥25.00/期　￥150.00/年
国内发行：自办及邮局发行
广告经营许可证号：4400004000473

贵州省

广告导报/Advertising Pointer
主办单位：贵州人民出版社
编辑出版：《大市场》杂志社
地　　址：贵阳市中华北路289号
邮　　编：550004
电　　话：(0851)6828370
电子邮件：ad@vip.sina.com
网　　址：www.newad.net
国内刊号：CN52-1129/F
国际刊号：ISSN 1671-7902
邮发代号：66-61
开　　本：大16开
出版周期：月刊
定　　价：￥15.00/期　￥180.00/年
订　　阅：全国各地邮局
广告经营许可证号：黔工商广字0015号

香港特别行政区

龙吟榜/Longyin Review
出 版 商：龙吟榜有限公司
地　　址：香港湾仔轩尼诗道24-34号大生商业大厦23楼
电　　话：(852)28249999
传　　真：(852)28249998
电子邮件：info@longyinreview.com
开　　本：16开

亚洲户外/Asia Outdoor
出版机构：亚洲户外传媒有限公司
地　　址：香港中环皇后大道中148号鹿角大厦305室

电　　话：(852)25120198

传　　真：(852)25108908

国际刊号：ISSN 1814-4918

开　　本：16 开

定　　价：HK$30/ 期

Design360° 观念与设计

主办单位：三度文化传媒（香港　广州　上海）

协办单位：三度　国际设计师联盟

编辑出版：《Design360°》编辑部

地　　址：Room 803, Tsuen Fet Commercial Building, 362 Sha Tsui Road, Tsuen Wan, HongKong

电　　话：(020)84348377

电子邮件：sd_design360@yahoo.com.cn

21 世纪广告

主办单位：中国广告协会广告公司分会、中国广告协会公交分会

出版机构：21 世纪新闻传媒出版有限公司

地　　址：香港湾仔轩尼诗道 145 号安康商业大厦 18 楼

电　　话：(852)39711675

传　　真：(852)35430978

电子邮件：ad51168@vip.163.com

网　　址：www.21ad.org.cn

国内刊号：G000Y0065

国际刊号：ISSN 1999-5547

开　　本：16 开

出版周期：月刊

定　　价：￥10.00/ 期　HK$20/ 期

国内发行：自办及邮局发行

台 湾 省

创意情报 /Creative Information

出版机构：百页出版有限公司

地　　址：台北市民权东路二段 92 巷 7 弄 13 号 1 楼 104 台北邮局第 55-35 号信箱

电　　话：(8862)25212233

传　　真：(8862)25318833

国际刊号：ISSN 1808-1908

开　　本：16 开

定　　价：NT$380/ 期

广告 /Adm

出 版 商：滚石文化股份有限公司

地　　址：台北市光复南路 290 巷 1 号

电　　话：(8862)27216121

传　　真：(8862)27751132

开　　本：16 开

出版周期：月刊

定　　价：NT$200/ 期　NT$2000/ 年

意 /Campaign Brief

出版机构：百页出版有限公司

地　　址：台北市民权东路二段 92 巷 7 弄 13 号 1 楼 104 台北邮局第 55-35 号信箱

电　　话：(8862)25212233

国际刊号：ISSN 1812-917X

开　　本：16 开

Lurzer 广告档案（中文版）

出 版 人：Walter Lurzer, David Choi

地　　址：台北市民权东路二段 92 巷 7 弄 13 号 1F

电　　话：(8862)25212233

电子邮件：dc@100p.com

国际刊号：ISSN 0893-0260

开　　本：16 开

出版周期：双月刊

XFUNS 放肆创意设计杂志

出版机构：长松文化兴业股份有限公司

地　　址：104 台北市中山北路二段 112 号

电　　话：(8862)25117257
传　　真：(8862)25417406
电子邮件：service@holdland.com.tw

动脑杂志

地　　址：10457 台北市中山区南京东路 2 段 100 号 12 楼
电　　话：(8862)27132644
传　　真：(8862)25621578
电子邮件：askme@brain.com.tw
定　　价：NT$150/ 期　NT$1500/ 年
开　　本：16 开
出版周期：月刊

全国主要广告专业书店名录

北京龙之媒广告文化书店

地　　址：北京市东城区东直门南大街 9 号华普花园 A 座 205 室

邮　　编：100007

电　　话：(010)84094096

全中广告人书店

地　　址：北京五芳园邮局 73 信箱

邮　　编：100040

电　　话：(010)51651520

北京俊杰视点广告文化书店

地　　址：北京市西城区南礼士路 3 号龙蕃写字楼 B 座 207 室

邮　　编：100037

电　　话：(010)68038931

北京麦迪逊广告人书店

地　　址：北京市东城区和平里北街 6 号楼

邮　　编：100013

电　　话：(010)64226982

北京广告人书店

地　　址：北京市宣武区宣武门外大街 73 号

邮　　编：100052

电　　话：(010)66111740

北京创意之道图书有限公司

地　　址：北京市朝阳区东三环南路北人泽洋大厦 0101

电　　话：400-080-6588

邮　　编：100083

天津新思路工具书店

地　　址：天津市长江道 37 号玉泉北里 1 号楼 2 门 202 室

邮　　编：300074

电　　话：(022)27461559

大连广告人书店

地　　址：大连市沙河口区民政街 419 号科技广场大厦 A 座 1206 室

邮　　编：116021

电　　话：(0411)84519927

上海龙之媒书店

地　　址：上海市淮海中路 381 号中环广场

邮　　编：200020

电　　话：(021)63916848

传　　真：(021)63916910

上海麦迪逊广告人书店

地　　址：上海市黄浦区湖北路 20 号底楼

邮　　编：200001

电　　话：(021)33040306

上海广告人书店

地　　址：上海市普陀区白玉路 669 号

邮　　编：200063

电　　话：(021)52363238

中国网尚广告人书店

地　　址：南京市中央路 6-8 号

邮　　编：210008

电　　话：(025)66848756

南京龙之媒书店

地　　址：南京市新街口汉中路 108 号金轮大厦（副楼）汇贤楼 216 室
邮　　编：210029
电　　话：(025)84728505

杭州广告人书店

地　　址: 杭州市文三路 100 号 305 室(西溪数码港旁)
电　　话：(0571)88226411/56776030
传　　真：(0571)88226411

浙江艺博设计书店

地　　址：杭州市文三路 100 号 305 室
邮　　编：310012
电　　话：(0571)88226411

温州广告人书店

地　　址：温州市鹿城区蒲鞋市学院西路 52 号
邮　　编：325000
电　　话：(0577)8351956

宁波龙图艺术书店

地　　址：宁波百丈路 44 号
邮　　编：315040
电　　话：(0574)87844777

山东广告人书店济南店

地　　址：济南市历山路 72 号
邮　　编：250013
电　　话：(0531)86991358

郑州广告人书店

地　　址 ：郑州市经五路 12 号附 1 号
电　　话：(0371)65969289
传　　真：(0371)65923659

长沙龙之媒书店

地　　址：长沙市五一大道 635 号锦绣中环大厦 1602 室
邮　　编：410005
电　　话：(0731)82324695

中国麦迪逊广告人书店（总店）

地　　址：广州市天河路 16 号南油大厦首层 1105B
邮　　编：510075
电　　话：(020)38361012

重庆广告人书店

地　　址：重庆市渝中区校场口 85 号大元广场 12–2 号
邮　　编：400010
电　　话：(023)63725730

成都龙之媒书店

地　　址：成都市绵江区东大街蓝光大厦 1610 室
邮　　编：610016
电　　话：(028)66815866

昆明麦迪逊广告人书店

地　　址：昆明市翠湖北路 52 号
邮　　编：650011
电　　话：(0871)3120529

西安龙之媒书店

地　　址：西安市长安中路 100 号西北文化艺术大厦 B 座 109
邮　　编：710061
电　　话：(029)85360278

乌鲁木齐广告人书店

地　　址：乌鲁木齐市中山路 116 号国际合信大厦 14 楼 1405 室
邮　　编：830002
电　　话：(0991)2826296

’2014中国广告年鉴

China Advertising Yearbook

中国广告协会30年纪念专栏

China Advertising Association for 30 years

中国广告协会30年

——让影像见证历史

《天津日报》在全国率先恢复报纸的商业广告，拉开报纸广告的序幕。

丁允朋的署名文章《为广告正名》在《文汇报》发表。作为"文革"后为广告正名的第一篇言论，被认为是中国恢复商业广告的历史标志。

上海电视台播出了中国第一条电视广告——"参桂养容酒"，这是改革开放之后也是中国电视史上第一例商业广告。

日本航空公司在上海市南京路上树立了第一块外商路牌广告。

中国第一支时装表演队诞生。

日本电通应上海广告公司的邀请，派团访问上海，与上海广告公司洽谈建立电通上海事务所事宜。

应日本电通公司的邀请，北京广告公司派出全国第一个广告考察团，出席了日本第33届电通赏颁奖典礼，并参观了年度电通赏获奖作品展。

中国广告联合总公司成立。国家工商局颁发了营业执照。

1982年2月18日 星期四 第四版

今年五月一日起施行

国务院发布广告管理暂行条例

要求各地区、各部门近期对广告管理工作进行整顿

新华社北京2月17日电 新中国第一个广告管理暂行条例经国务院批准将从今年5月1日起施行。

国务院为发布这个条例新近向各地区、各部门发出了通知。

国家工商局组织编写的《实用广告学》出版，这是我国大陆广告事业恢复以来的第一本广告学理论书籍。

《广告知识与技巧》一书，由内蒙古人民出版社出版。这是中国广告恢复时期第一本广告类书籍。

国务院颁布《广告管理暂行条例》，这是新中国成立以来第一个全国性广告管理法规。

第一届全国广告优秀作品展金奖作品。

第一届全国广告装潢设计展在北京举行。

中国广告学会成立。推选张仃为会长，苍石、安岗、陈角榆、王庆元为副会长，郭济川为秘书长，蒋又良为副秘书长。常务理事会决定聘请庞熏琴、徐百益为顾问。

▲北京地铁出现广告。

◀画家丁浩为中国广告学会成立题词作画。

▼丰富多彩的地铁广告。

▼贵阳电视台播出《请君注意节约用水》的公益广告，这是改革开放后制作的第一支电视公益广告，标志着广告业对精神文明与社会道德的关注与参与。

【旁白：水是人类赖以生存不可取代的有限资源，水是城乡建设必不可少的物质条件。水源危机已引起联合国的高度重视。目前，贵阳市已面临水源匮乏的危险，主要水源水位比去年同期下降9米之多，严重威胁人们的生活和生产。】

▼中央电视台引进并播放了第一部带广告的电视动画片《铁臂阿童木》。

中国广告协会第二次会员代表大会召开。

时任中国广告协会会长费开龙率中国广告代表团参加国际广告协会(IAA)第30届世界广告大会，会上，中国代表团与IAA领导人就中国广告界加入IAA问题达成了协议。

中国大陆第一个广告专业在厦门大学设立。

《国际广告》杂志创刊。

《中国广告年鉴（1988）》正式出版发行，这是我国第一部广告年鉴。

具有行业影响力的《广告人》杂志创刊。

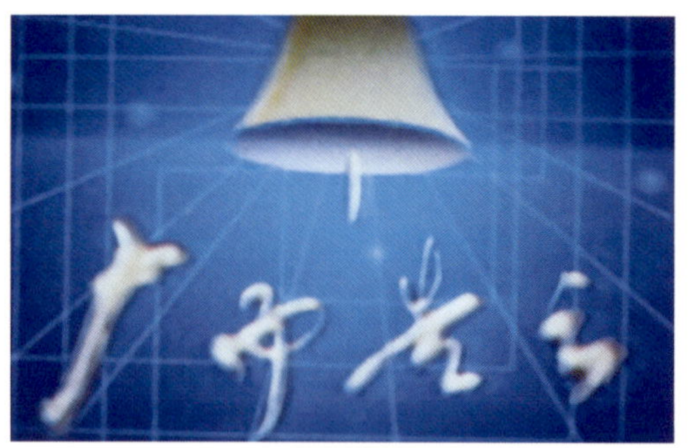

中央电视台推出《广而告之》栏目，这是中国第一个真正意义上的电视公益广告栏目。

12

民以食为天

厦門市糧食局
厦門經濟特區糧油進出口貿易公司

胃得樂片 Weidele

厦門經濟特區建設發展公司

本公司竭誠歡迎台灣各界人士前來洽談業務，開展合作。

杭州 民生集團 簡介

胃得安（原名：無價金丹）

中國福建福州市將製藥廠

華景花園

中國廈門儀器儀表公司

台湾《自立晚报》刊登的大陆企业整版广告。

首部《广告行业自律规则》在中国广告协会第三次代表大会上获得通过。

“首届中国国际广告研讨会暨展览会”在北京举行。

时任中国广告协会会长田树千致词。

从1992年—1997年，以邓小平“南方谈话”和社会主义市场经济体制目标的确立为标志，中国广告进入快速发展阶段。

中国广告协会第四次会员代表大会在北京召开。

“CI设计高级讲习班”开班。“CI设计”在海外的盛行反映了新的企业营销理念和企业文化的发展，对经济全球化产生着重要影响。

中国广告协会第4次全国代表大会在京召开。这次大会是在国家领导同志直接关怀下召开的。会议通过了《中国广告协会章程修改草案》、《中国广告协会自律规则》等文件，选举产生了中国广告协会第四届理事会。

深化改革，加强自律，提高服务质量，推动行业发展。

中国广告协会第四次全国会员代表大会开幕

94.11.30.

中国广告协会自律规则

（1994年12月7日第四次会员代表大会通过）

为树立良好的行业风气，维护正当竞争，抵制不正当竞争，建立良好的广告经营秩序，提高广告业道德水准和整体服务水平，特制定本规则，会员须共同遵守。

第一条 一切广告活动均应建立在为社会主义服务、为人民服务、为经济建设服务的原则基础上，力求广告的经营效益和社会效益的统一，并以此原则检验广告效果。

第二条 广告经营单位要建立严格的广告承接、验证、内容审查、合同、财务等各项管理制度，特别是应当认真查验证明、审查广告内容，以保证广告内容的真实性，提高工作效率。

第三条 实施广告，应进行市场调查、消费者研究及相关法规许可范围的研究，以保证广告的科学性和合法性，避免盲目性。

第四条 广告创作要坚持创新、尊重版权，不得抄袭他人的创意，不得侵犯公民的肖像权。

第五条 广告经营单位的竞争应体现在优质服务方面，不得采取贿赂或竞相压价等不正当手段拉广告。要按规定支付国内外广告代理费用，不得随意压低或抬高代理费标准。

第六条 广告发布价格标准应根据媒介的收视率、收听率、读者范围、媒介权威性、以及服务水平来制定。各经营单位需按媒介价格标准统一、公开报价，不得随意抬高或压低广告价格。

第七条 广告经营单位之间应友好合作，密切配合。对于广告公司经过认真策划，设计创作的广告，各媒介单位应予支持。广告公司应按媒介特点和技术要求代理广告，保证广告质量。

第八条 会员单位以广告协会及其成员名义组织的有关广告涉外活动应报中国广告协会备案，接受中国广告协会的协调和指导。

第九条 中国广告协会各专业委员会可根据此规则和专业特点制定本专业的自律规则和实施办法。

杭州西泠电器集团的空调广告在《文汇报》上以头版整幅形式刊登，广告赫然醒目，在全国引起强烈反响。

中国广告协会主办的《现代广告》杂志出版发行。

1994年10月27日，《中华人民共和国广告法》经第八届全国人民代表大会常务委员会第十次会议通过，并于1995年2月1日起正式施行。

“孔府宴”酒以3079万元夺得首届中央电视台广告“标王”桂冠。这是中央电视台第一次广告资源公开招标。

首届国际广告“四新”展示交易会在京举办。

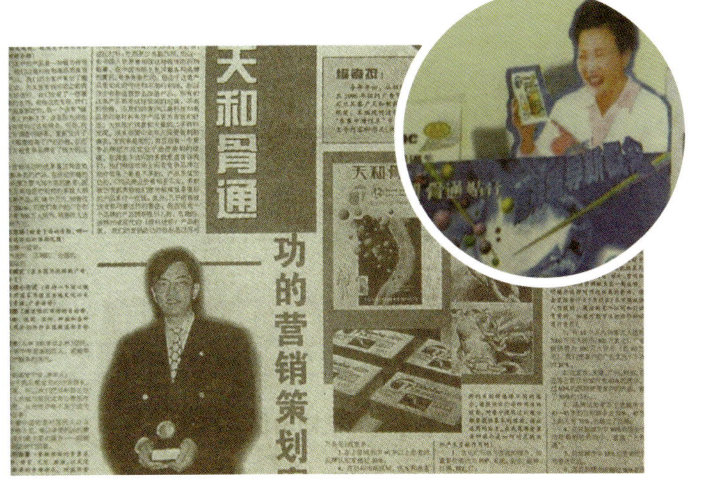

桂林梅高广告策划公司所作的广告营销企划案，获得了美国“纽约节”主办的1996年度AME国际大奖赛医药保健类的银奖。

中国第一家报业集团——广州日报报业集团在广州成立，集报纸、杂志、出版社和网站为一身，具有很强的竞争能力。

“广告饕餮之夜”首次在我国展映，两场共有5000多名观众观摩了“广告饕餮之夜”汇集的来自全球的精彩广告影片，成为当年一项专业盛事。

从 1998 年—2002 年，以中国加入 WTO 面对机遇和挑战为标志，中国广告业进入了多元发展阶段。

可口可乐户外巨型广告

中国最大外墙广告在上海人民广场亮相，该广告已被列人中国广告吉尼斯纪录，并申请成为吉尼斯世界最大的外墙广告。

中国广告协会组织的首批德国培训团在不莱梅市。

中国广告协会报刊分会工作会议在青岛召开。

中国代表团在戛纳广告节上

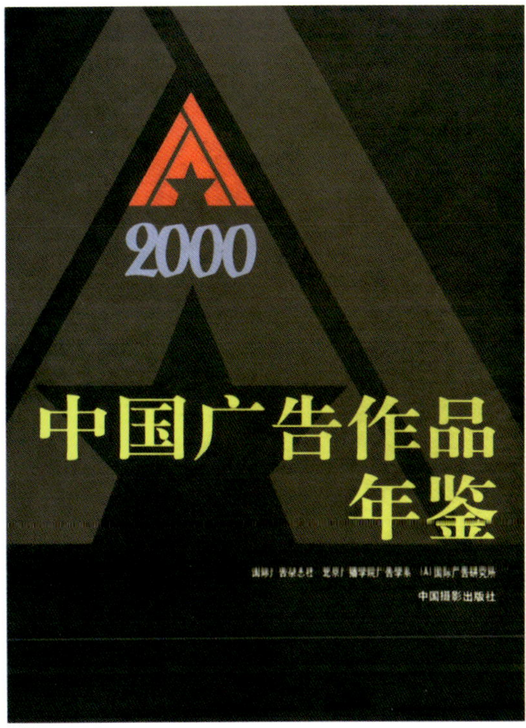

《中国广告20年》光盘封面封底

中国广告协会举办的“中国广告信誉年”活动现场。

时任广告司司长刘保孚等会见日本专家中西元南先生。

时任中国广告协会秘书长时学志亲切看望来自中国的两位“洋实习生”。

中国广告协会组织的首届全国广告摄影作品大赛评选现场。

中国广告协会组织的首届全国广告摄影作品大赛获奖作品。

广东白马广告公司上市

“盖中盖”现象评论文章

五人行

关注盖中盖现象

网络广告的投放格局首次发生重大转变，新浪、搜狐、网易、e龙四大网站共同播出了伊利集团的横幅和浮标广告，成为国内乳制品品牌最早投放的网络广告，引发了一系列品牌的“触网”。

中日营销研究交流项目（2001年至2004年）启动，签字仪式在北京人民大会堂举行。2002年5月16日，“中日营销研究交流项目”中的第一届“中日企业广告交流研讨会——品牌与传播国际论坛”在北京和上海两地举行。

从 2003 年至今，以党的十六大召开为标志，中国广告以科学发展观为指导，进入持续稳定发展阶段。

以“突破——从现在到未来”为主题的国际广告协会第 39 届世界广告大会在北京召开。

加入 WTO 后，中国广告市场与国际广告业的交流进一步深化。时任中国广告协会会长杨培青与国际嘉宾进行交流。

分众传媒成功登陆美国 NASDAQ，成为海外上市的中国纯广告传媒第一股，并创造当时的 IPO 纪录。

以“中国广告业发展趋势与中国广告教育问题”为主题的“2005 全球华人广告教育论坛”在北京召开。

第二届“广告人·中国”峰会及由中国广告协会报纸委员会和电视委员会以及《广告人》杂志社共同主办的《广告人·中国·案例丛书》首发式在湖南省长沙市举办。

全国广告行业文明单位表彰大会在北京隆重举行，充分肯定了中国广告界在抗击“非典”中所做的突出贡献。

“非典”期间的宣传广告

全球人类抗击SARS

“中国首届电视广告交易会”在沈阳举行，这是我国有史以来规模最大的一次电视广告交易会，盛况空前。

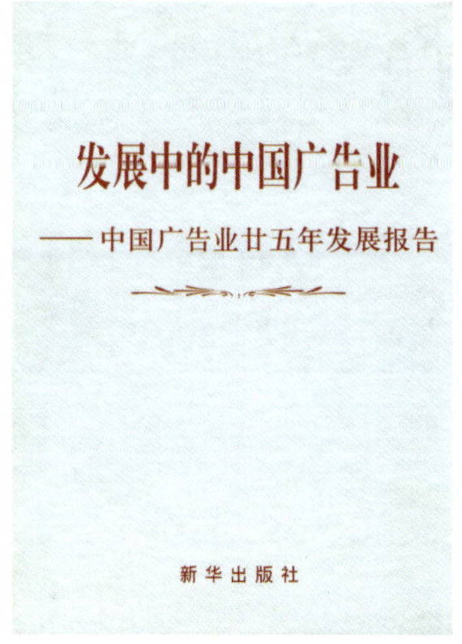

为迎接第39届世界广告大会全球广告业盛会，更好地向国内外广告界和企业界展示我国广告业恢复发展25年来所取得的巨大成就，《发展中的中国广告业——中国广告业廿五年发展报告》出版。

全国广告行业文明单位表彰大会在京召开。

中国广告协会和中央电视台广告部携业界顶级企业高层、高校权威学者、知名策划人，陆续在全国有影响力的高校中围绕广告、营销等主题开展系列巡回演讲。

中国广告行业发展报告

2006

中国广告协会 编

新华出版社

《中国广告行业发展报告》首度出版。这份报告由中国广告协会领导成立的中国广告行业发展报告编辑委员会编辑。

以“立足本土．关注国际．经验分享”为主题的“2006 中国广告论坛”在北京召开。

国家工商总局领导出席中国广告协会第五次会员大会暨“全国广告行业文明单位”表彰大会。

“中国广告与品牌大会”在安徽合肥召开。此次大会的主题是“数字时代的创意”。

黄浦江上出现了第一艘带有电视功能的移动 LED 广告船，广告船的概念在户外广告的历史上是绝对的创新。

“我们爱你，汶川”——中国广告人发出的共同心声，北京广告人赈灾捐款在行动。

北京航美传媒（AirMedia）正式在美国纳斯达克上市，成为中国第一家进驻纳斯达克的航空传媒。

图1 对目前商业广告宣传的总体评价

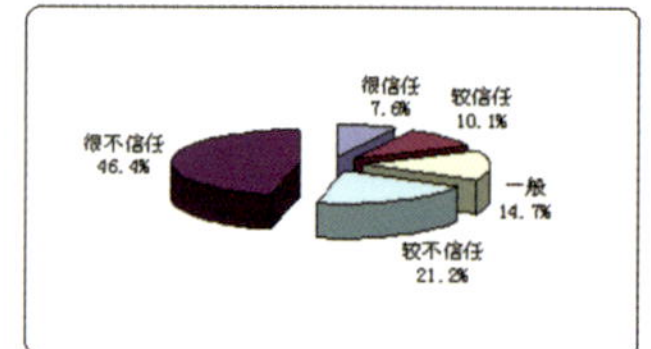

图2 最不可信的媒体商业广告

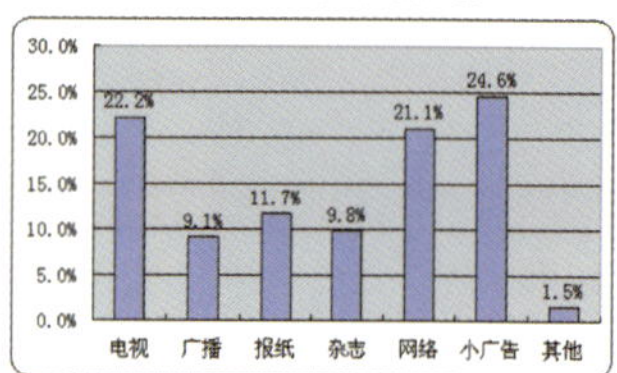

图3 虚假宣传问题最严重的产品或服务

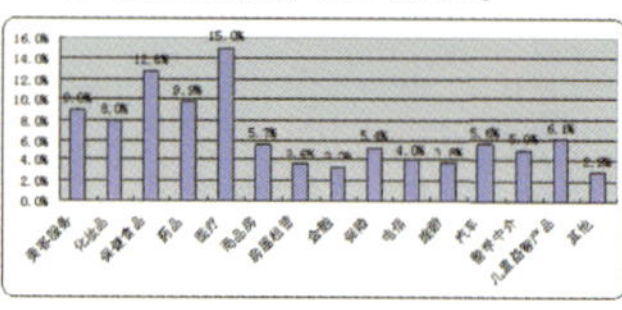

图4 遇到虚假违法广告伤害后通常的处理方法

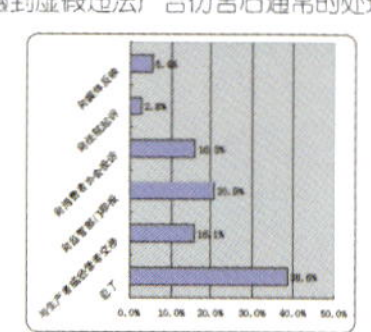

图5 发布虚假违法商业广告后最应当追究谁的责任

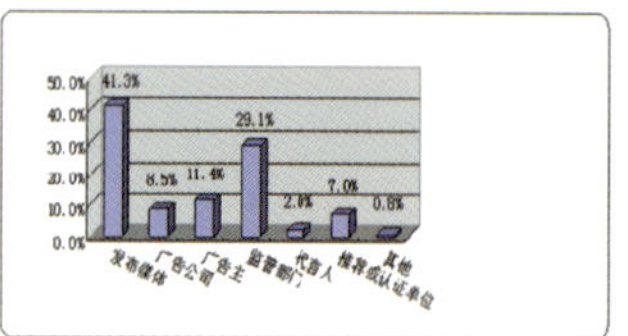

图6 对于发布违法虚假广告的主要参与者，最有效的处罚措施

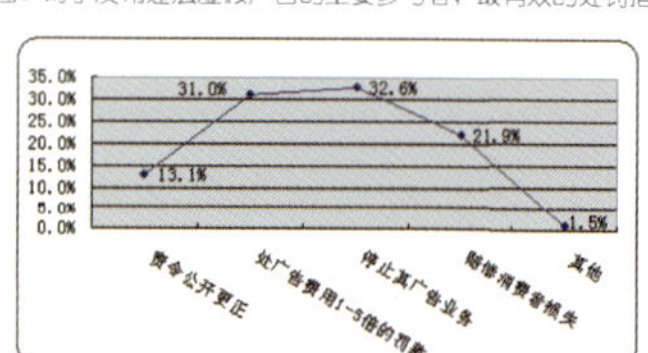

“广告公信度”网上调查结果

时任国家工商总局副局长刘凡为获得全国广告行业精神文明先进单位称号获得者颁奖。

时任中国广告协会秘书长李国庆出席中国公益广告发展专题研讨会。

备受瞩目的题为“2008，中国有我”的中央电视台第14届黄金资源广告招标会落幕。招标总额80.2861亿元，比上一年增长12.3299亿，增幅达18%。

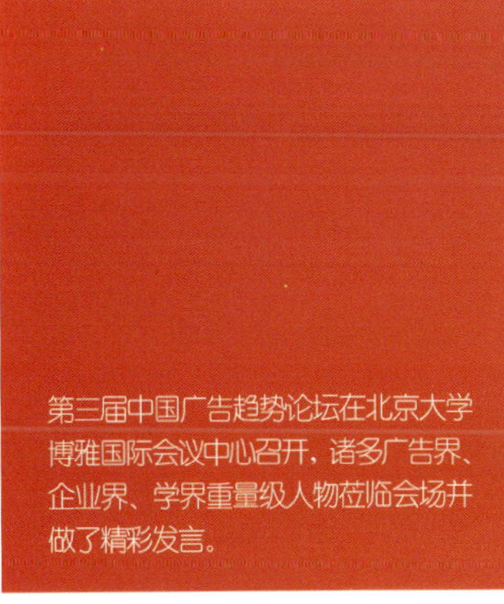

第三届中国广告趋势论坛在北京大学博雅国际会议中心召开，诸多广告界、企业界、学界重量级人物莅临会场并做了精彩发言。

时任国家工商总局周伯华局长出席第十九届中国国际广告节开幕式。

国家工商总局甘霖副局长出席第十九届中国国际广告节。

时任广告司司长孙鸿志参加广告业发展论坛。

北京国家广告产业园区成立仪式。

国家工商总局甘霖副局长视察指导广告业园区建设工作。

国家工商总局张茅局长到中国广告协会视察指导工作。

广告专业人员职业水平评价专家委员会成立。

中国广告协会举办全国广告审查员法律法规培训班。

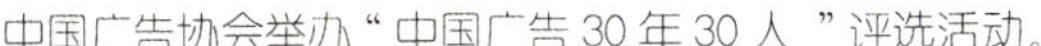

中国广告协会举办“中国广告 30 年 30 人”评选活动。

亚洲广告公司协会联合会 2012 年执行委员会会议在天津举行。

中国广告协会李东生会长与世界广告主联盟（WFA）的来宾进行座谈。

第十五届中国国际广告节中国公益广告黄河奖正式启动。

“中国广告创意维权联盟”在北京成立。

中国广告协会举办的第二十届中国国际广告节在南京开幕。

第二十届中国国际广告节上“2013 年中国广告长城奖广告主奖颁奖盛典”隆重举行。

省级台授奖仪式。

第二十届中国国际广告节上“中国报企联盟”成立。

第十一届中国大学生广告艺术节学院奖，创意风潮席卷中国大地，作品量突破 10 万件。

第十一届中国大学生广告艺术节学院奖颁奖会现场。

戛纳创意节 60 周年之际，中国广告协会成功举办“戛纳魅力 · 中国周”活动。

戛纳 · 魅力中国周
中国功夫派海滩派精彩亮相，吸引着来自世界各地的友人共同感受中国文化的魅力。

戛纳 · 魅力中国周中国日（China Day）主题论坛在戛纳著名的爱斯特尔剧院举行

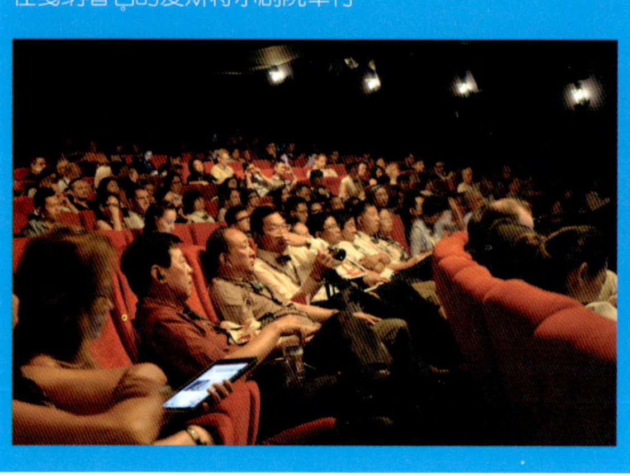

戛纳 · 魅力中国周四大主体活动之一
中广国际互动会成功举行

中国广告业大事记年表（1979–2013）

1979 年

1 月 4 日，《天津日报》第三版刊登了天津牙膏厂蓝天牌牙膏的广告，在全国率先恢复报纸的商业广告，拉开报纸广告的序幕，这是中国广告沉寂十几年来的第一条广告。

1 月 14 日，丁允朋的署名文章《为广告正名》在《文汇报》发表。这篇文章引起国内外的广泛关注，成为中国广告业恢复发展的舆论转折点，被认为是中国恢复商业广告的历史标志。

11 月 8 日，中央宣传部发出《关于报刊、广播、电视台刊登和播放外国商品广告的通知》正式批准新闻单位承办广告。要求各地要调动各方面的积极因素，开展广告业务，有力地推动了广告行业的迅速恢复和发展。

1980 年

1 月 1 日，中央人民广播电台播出了建台以来的第一条广播广告。

9 月 15 日，姚依林副总理作了“同意国务院财贸小组关于广告工作由工商局统一管理意见”的批示。根据批示，国家工商局着手制定广告管理法规，筹建广告管理机构。

12 月，中央电视台引进播放了第一部带广告的电视动画片《铁臂阿童木》。

1981 年

4 月 15 日，经上海市政府财贸办公室、中共上海市委宣传部批准，我国第一本广告专业杂志——《中国广告》杂志第一期在上海试出版发行。这是改革开放之后，中国首份广告专业期刊。

8 月 21 日，经国务院、对外贸易部批准成立“中国对外贸易广告协会”，这是第一个外贸系统广告组织。

9 月 1 日，国家工商局组织编写的《实用广告学》出版，这是我国大陆广告事业恢复以来的第一本广告学理论书籍。

1982 年

2 月 6 日，国务院颁布《广告管理暂行条例》，这是新中国成立以来第一个全国性广告管理法规，该条例的出台结束了恢复广告业务以来，广告活动无章可循，无法可依的状况。

6 月 5 日，国家工商局下发了《关于整顿广告工作的意见》，要求对不顾广告内容真实与否给钱就登、多头收费、乱拉广告等不良行为进行整顿。

12 月，国家工商局建立广告统计制度，年底发布统计数据。

1983 年

5 月 30 日，我国院校第一个广告专业——厦门大学新闻传播系广告专业成立，开创了我国大专院校广告教育的先河。

10 月，国家工商局会同财政部发出《关于企业广告费用开支问题的若干规定》，确认广告费用可列入成本从销售费用中开支。

12 月 27 日，中国广告协会在京成立。

12 月 27—31 日，中国广告协会在北京召开了第一次代表大会．来自全国 28 个省、自治区、直辖市和香港地区的 270 名代表参加了会议，会议制定了《中国广告协会章程》，选举产生了第一届理事、常务理事、副会长、会长和秘书长。

1984 年

4 月 18 日，中国广告协会第一次常务理事会召开，会长费开龙主持会议。

6 月 18 日，中国广告协会广播工作委员会成立。

10 月 2—5 日，中国广告代表团赴日本东京参加国际广告协会第 29 届世界广告大会，大会的主题是：“广告的未来”。

1985 年

8 月 6—9 日，中国广告协会在河南安阳召开 1985 度全国广告学术研讨会。

9 月，中国广告协会创办中国广告函授学院。中国广告函授学院开创了广告专业成人高等教育的先河，为今后的广告专业成人教育积累了经验。

10 月 2 日，中国广告协会通过澳大利亚广告联合会向澳大利亚有关广告公司派出 5 名学员，这是中国第一次派遣从业人员到外国广告公司实习。

11 月 22 日，中国广告协会报纸委员会成立。

1986 年

3 月 22—27 日，中国广告协会电视委员会在深圳市举办首届电视广告交易会。

5 月 27—30 日，中国广告协会组团参加了在美国芝加哥举办的 IAA（国际广告协会）第 30 届世界广告大会。会议期间，与 IAA 领导人就中国广告界加入 IAA 问题达成了协议。

7 月 7 日，亚洲广告协会联盟（简称“亚广联”）接纳中国为正式成员国。

12 月 22—26 日，中国广告协会第二次会员代表大会在北京召开。大会修改了《中国广告协会章程》，明确规定中国广告协会是中国广告界的行业组织，同时增写了个人会员和企业会员的条款。

1987 年

2 月 7 日，国家工商局广告司、中国广告协会、中国环球广告公司、新华出版社就《中国广告年鉴》的编辑出版达成四方协议。《中国广告年鉴》是国内外广告业同行了解中国广告业的一个重要窗口。

5 月 12 日，IAA 中国分会成立，31 名中国广告界人士成为中国分会会员。

6 月 15 日，“亚广联”中国国家委员会在北京成立。“亚广联”中国国家委员会由中国广告协会和中国外贸广告协会联合组成。

6 月 16—20 日，第三世界广告大会在北京召开，国家主席李先念接见与会代表。

8 月 6 日，中国广告协会学术委员会召开成立大会。

10 月 26 日，中国第一个电视公益广告栏目——《广而告之》诞生。

1988 年

1 月，国家工商局发布《广告管理条例施行细则》，对申请经营广告业务和兼营广告业务的企业、事业单位和个体工商户的开办条件作了具体规定。

2 月初至 5 月 28 日，甘肃广告美术公司组建了中国第一支广告模特队并赴全国 23 个省会城市进行广告宣传。

5 月 2—9 日，中国代表团参加在澳大利亚悉尼举办的 IAA 第 31 届世界广告大会。

12 月 20 日，中国广告协会二届四次常务理事会讨论决定在行业开展“重信誉、创优质服务活动”，同时还讨论在行业内实行“广告业务员证制度”和“广告收费专用章制度”。

1989 年

9 月 1 日，中国广告函授学院第一期 2510 名学员结业。

10 月 18 日，中国首届国际广告媒介展示介绍会在广州举行

10 月 31—11 月 9 日，中国广告协会在杭州市举办了全国第 2 届广告优秀作品展览。

1990 年

1 月 4—8 日，全国广告专业高级培训班在深圳教育学院举办。

3 月 30 日，台湾《自立晚报》上刊登福建闽东电机集团广告，这是中华人民共和国成立后首则在我国台湾地区出现的内地广告。

4 月 11—12 日，台湾广告访问团来大陆参观访问。

10 月 19 日，国家工商局发布《关于实行“广告业务员证”制度的规定》，明确从事承揽、代理广告业务的人员，一律凭省、自治区、直辖市工商局核发的”广告业务员证”方可从事广告业务。

12 月 5—20 日，中国广告协会第 3 次全国代表大会在大连、长沙、天津、成都、上海 5 城市分片召开。大会讨论了《中国广告协会章程》修改草案、《广告行业自律规则》草案、《广告行业岗位职务规范》草案等文件。

1991 年

1 月 23 日，中国广告协会推出中国广告行业第一部自律性准则《广告行业自律规则》。

5 月 8—13 日，首届中国国际广告研讨会暨展览会在京举行。来自美国、日本、英国、法国、澳大利亚、西班牙、中国、中国台湾及香港等十几个国家和地区广告传播媒介、工商企业的近 572 名代表出席了会议。本次会议是我国广告界首次独立举办的大型国际广告交流活动，引起国内外广泛关注。

6 月 17 日，中国广告协会在行业推行《广告行业岗位职务规范》。该《规范》第一次提出了行业岗位设置和任职条件，对会员单位的岗位设置、人才培训等工作起到规范和指导作用，促进了行业的专业化建设。

1992 年

1 月 7—10 日，由广州日报社出资主办的首届“全国优秀报纸广告奖（后改名为广州日报杯）”评选在广州举行。

6 月 3—8 日，中国广告协会举办《营销与广告高级研修班》。研修班培训对象是国营大中型企业和广告宣传做得较好的其他企业的经理、副经理，厂长、副厂长，营销与广告部门负责人等。

6 月 22—28 日，中国广告协会组团参加第 6 届世界户外广告会议。

9 月 26—30 日，中国广告协会组团参加在西班牙巴塞罗纳举办的 IAA 第 33 届世界广告大会。

7 月 16 日《文汇报》刊登了第一个头版广告一上菱冰箱广告。

10 月 26 日—11 月 2 日，第三届全国广告作品展在南昌举办。

10 月 16 日，亚洲广告协会联盟第 13 届国际理事会在北京召开。

1993 年

3 月，国务院批转国家计委《关于全国第三产业发展规划基本思路》的通知，明确提出，作为知识密集和技术密集的广告业，要加快广告人才的培养。

4 月 11—13 日，“93 户外广告‘三新’国际研讨会”在沪举办。

8 月，中国广告协会制定《< 关于加快广告业发展的纲要 > 实施要点》。

10 月 13—18 日，中国广告协会、IAA 中国分会与 IAA 香港分会共同举办的“CI 设计高级讲习班”开班。

1994 年

4 月 6 日，中国广告协会铁路委员会在北京成立。

4 月 11 日，中国广告协会公交委员会在天津召开成立会。

4 月 20 日，中国广告协会主办的《现代广告》杂志出版发行。

10 月 27 日，《中华人民共和国广告法》经第八届全国人民代表大会常务委员会第十次会议通过，并于 1995 年 2 月 1 日起正式施行。

11 月 4—8 日，首届国际广告“四新”展示交易会在京举办。

11 月 8 日，“孔府宴”酒以 3079 万元夺得首届中央电视台广告“标王”桂冠。

12 月 6—8 日，中国广告协会第 4 次全国代表大会在京召开。会议通过了《中国广告协会章程修改草案》、《中国广告协会自律规则》等文件，选举产生了中国广告协会第四届理事会。

12 月 15 日，“花都杯全国电视广告大赛”在中央电视台举行现场直播颁奖晚会。此次大赛是经国家工商局批准，由中国广告协会与中央电视台联合主办的。

1995 年

3 月 2 日，中国广告协会成为国家外专局认定的具有派遣团体和人员出国培训资格的社会团体之一。

4 月 28 日，三九药业的大型中文广告牌出现在美国纽约曼哈顿时代广场上，这是中国广告首次在这里亮相。

6 月，央视调查咨询中心（CVSC）在北京成立。

11 月 16—18 日，“古汉杯”全国第四届优秀广告作品评选颁奖活动在长沙举行。

12月8日，国家工商局发布了《户外广告登记管理规定》。

1996年

1月15日，中国第一家报业集团——广州日报报业集团在广州成立，集报纸、杂志、出版社和网站为一身，具有很强的竞争能力。

5月10日，“广告饕餮之夜”首次在我国展映。5000多名观众观摩了来自全球的精彩广告影片，成为当年一项专业盛事。

6月24日—7月3日，中国广告协会派团参加第43届戛纳广告节。

9月10日—12月10日，中国广告协会在南京、重庆、北京、上海、广州、西安等十几个城市举办第43届戛纳广告节获奖作品巡回展览和讲评会。

11月11日，中国广告协会制定《广告宣传精神文明自律规则》，由第四届三次理事会通过。这是中国广告行业第一个关于精神文明的自律规则。

1997年

3月10日，中国对外贸易广告协会作为团体会员加入中广协。

4月1日，IAA认定中国分会为IAA证书考试在中国唯一考试中心和管理部门。

8月25日，中国广告协会广告主委员会在广州成立。

8月26—29日，中国（广州）广告节暨第五届全国优秀广告作品展举办。

11月18日—12月6日，第44届戛纳广告节获奖作品讲评会在在武汉、无锡、重庆、乌鲁木齐四市举办。

12月，央视—索福瑞（CSM）媒介研究有限公司在北京成立。

1998年

8月8日，首次中国广告界网上联谊会召开会议期间，全国各地的广告人陆续在网上向广告界首次的网上联谊会表示祝贺。

8月12—15日，西藏自治区广告协会成立。成立大会在拉萨市自治区人民会堂隆重召开，约300名代表出席了会议。

8月21—22日，中国广告协会广告主委员会在青岛举办“品牌与营销研讨会”。

10月7—9日，“98全国广告学术研讨会”在成都召开。

12月，中国广告协会向中央精神文明指导委员会报告，反映关于征收3%文化事业建设费的问题与建议。

12月16日，国家工商局制定了《广告活动道德规范》，详细规定了各类主体参与广告活动应遵循的原则和道德标准。

12月28日，中国广告协会颁布《霓虹灯（灯箱）广告工程技术规程》及《霓虹灯变压器的安全及性能要求》两项行业标准，这是中国广告协会首次在行业内颁布并推行专业技术标准。

1999年

2月1日，可口可乐贺岁广告——在上海人民广场亮相，广告面积近9000平方米，重达2900公斤，该广告被列入中国广告吉尼斯纪录。

4月26日，《广告行业公平竞争守则》颁发。

5月17日，中国广告协会向中央精神文明指导委员会第二次呈报《关于对广告公司征收3%文化事业建设费的意见和建议》。

5月26—28日，中国广告协会组团参加汉城召开的第46届世界广告主大会。

9月11—13日，首届中国广告协会学院奖作品评选在厦门举行。

10月20日，全国首届广告摄影作品大赛在无锡举行。

11月25日起，全国广告学术研讨会在互联网上召开。这是我国广告业首次应用网络技术举办全国性专业会议。

2000年

1月，《浙江沪杭甬高速公路沿线户外广告设置标准》诞生，这是全国第一个省级户外广告设置标准。

2月24日，中国广告协会在京召开“1998—1999年度争创广告行业精神文明先进单位活动总结表彰大会”和“中国广告业二十一世纪发展战略研讨会”。

3月28日，北京日报报业集团正式组建。

6月6—9日，中国广告协会组团参加在英国伦敦举行的第37届IAA世界广告大会。

9月25日，中国广告协会发布“城市公共交通广告发布规范（试行）”通知。

10月18—22日，第7届“全国广告优秀作品展”更名为中国广告节，在江苏省无锡市举行。

12月，《中国广告业二十年统计资料汇编》出版。

2001年

1月16—19日，中国广告协会报委会联合报业协会广委会与北京扬智信息咨询有限责任公司合作在北京举办“WTO下中国晚报广告经营战略峰会”。

1月24日，中央电视台春节联欢晚会首次融入广告。

3月13日，中国广告协会倡导开展“中国广告信誉年——真实承诺我先行活动”。

3月20日，中国广告协会向国家税务总局反映《企业所得税税前扣除办法》中2%的问题。

8月5日，国家税务总局发出《关于调整部分行业广告费用所得税前扣除标准的通知》，将广告费用所得税前扣除标准从2%调整到8%。

10月17日，第八届中国广告节在厦门国际会展中心隆重举行。

11月10日，中国广告协会法律咨询委员会成立。

12月，央视市场研究股份有限公司(CTR)在北京成立。

2002年

1月22日，世界传媒大亨默多克新闻集团旗下的STAR集团宣布，将其获准在中国南方落地的新的综艺频道命名为“星空卫视”，这是中国首次将有线网落地权授予一个外资的新频道。

3月8—9日，由中国广告协会和广东羊城晚报广告公司联合主办的“广告饕餮之夜”展映羊城。

10月23日，以“交流、竞合、超越”为主题的第九届中国广告节在大连举办。

12月21日，中国第一个网络视频广告——“摩托罗拉”赞助电影《英雄》的片花，30秒的广告，借助icast技术在新浪网上进行了投放，这是用户看到的最早的互联网富媒体广告形式。

2003年

3月22日，中国广告协会报纸委员会制订颁发《全国报纸广告工作自律守则》。

4月1日，中国广告协会制定《中国广告企业资质认定暂行办法》。《办法》规定了企业资质认定等级和标准，资质申请、认定和监督管理。

8月20日，中国广告协会民航委员会在成都成立。

9月22日，中国广告协会在京举办“首届中国网络广告发展与合作高峰会”。

10月23日，第十届中国广告节在南京国展中心开幕。

11月26日，中国广告协会及6院校与日本电通公司共同启动的“促进中国广告人材培养共同项目”签字仪式在京举行。南京第一届大学生广告节。

12月，艾菲登陆中国。

2004年

3月2日，国家工商总局、商务部公布《外商投资广告企业管理规定》。

5月22日，中国广告协会户外委员会在京成立。

9月7—10日，以“突破一从现在到未来”为主题的IAA第39届世界广告大会在北京国际会议中心召开。

10月12日，“中国首届电视广告交易会”在沈阳举行。

11月30日，国家工商总局公布了修改后的《印刷品广告管理办法》。

2005年

3月17日，中国广告协会发布《企业资质认定公告》，认定了中国一级广告企业 29 家，核准了中国二级广告企业 101 家，中国三级广告企业 48 家。

5 月 20 日，中国广告协会与北京广告协会共同举办“2005 中国广告论坛”。

6 月 1 日，中国广告协会发布《广告专业技术资格评定试行办法》。

10 月 28 日，第 12 届中国广告节在西安国际展览中心开幕。

2006 年

3 月 24 日，“BENQ 明基”在 3G 门户发布无线互联网上第一个商业手机广告。

4 月 8 日，由中国广告协会主办的“2006 中国广告论坛”在北京召开。

7 月 13 日，全球最大的中文搜索服务提供商百度公司推出全新的“百度精准广告”。

10 月 27 日，第十三届中国广告节在云南昆明市隆重开幕，这是广告节首次引进市场运作并取得成功的尝试，媒介展成为最大亮点，面积达到 15000 平方米。

2007 年

5 月 21 日，国家工商总局、江苏省人民政府、中国广告协会联合举办的“中国广告业发展高层论坛”在南京市举行。

6 月 13 日，中国广告协会互动网络委员会成立。

8 月 8 日，首届“中国品牌节“在北京隆重开幕。

9 月 21—23 日，第十四届中国国际广告节在青岛举行，中国传媒论坛、第六届中国大学生广告艺术节启动仪式同期举行。

11 月 15 日，中国首届广告主论坛在京召开，由世界广告主协会和中国广告主协会主办。

2008 年

1 月 11—12 日，中国广告协会第五次会员大会暨“全国广告行业文明单位”表彰大会在京召开。大会审议并通过了《坚持科学发展观，切实履行职责，为促进中国广告行业的健康发展多做贡献》的工作报告、《中国广告协会财务审计情况及会费缴纳与管理办法的报告》、《中国广告协会章程（修订草案）、《中国广告行业自律规则（草案）》。

4 月 2 日第十五届中国国际广告节“国酒茅台杯”中国公益广告黄河奖正式启动。这是中国广告协会主办的目前广告业最有影响力的公益广告奖项。

4 月 23 日，国家工商总局、国家发展和改革委员会发出《关于促进广告业发展的指导意见》。

5 月 31 日，由中国广告协会主办、广告人杂志社承办的“2008 中国广告协会广告主工作会议”在北京梅地亚中心召开。

6 月 3 日，中国广告协会、第 29 届奥运会组委会市场开发部联合向全国广告行业发出《迎奥运新起点 树广告新形象——防范奥运隐性市场广告行为倡议书》。

6 月 17 日，上海 TBWA 腾迈广告公司为阿迪达斯公司所作的奥运宣传系列广告，在第 55 届戛纳国际广告节中获得户外类金狮奖，这也是中国广告人获得的第一座戛纳金狮奖。

7 月 1 日，中国广告协会发布《中国广告行业自律规则》、《广告自律劝诫办法》、《奶粉广告自律规则》、《卫生巾广告自律规则》等行业自律文件。

10 月 21—23 日，第十五届中国国际广告节在合肥举行，此次广告节首次升格为中国国际广告节，以扩大在国际广告界的影响力，着眼增强国际竞争力，希望借助这个平台整合国内外的相关资源，推动产业多元化的市场发展。

12 月 19 日，中国广告协会召开新闻发布会公开点评五个涉嫌违法违规广告。

2009 年

3 月 13 日．国家工商总局发布了《关于深入贯彻落实科学发展观 支持和促进广告协会拓展职能 增强服务能力完善行业管理的意见》。

6 月，在第 56 届戛纳国际广告节上，香港麦肯光明荣获设计类全场大奖，这是中国首次获得戛纳国际广告节全场大奖。

7 月 22 日，国务院讨论并原则通过我国第一部文化产业专项规划《文化产业振兴规划》，广告业被列入国家文化产业振兴规划。

9月10日，国家广电总局出台《广播电视广告播出管理办法》，对电视广告播出的时长和广告播出的类型作出明确规定。

10月30日，第十六届中国国际广告节在南宁开幕，此次广告节首次颁发新的奖项“中国广告主长城奖”，将广告主大规模引入广告节，进一步建立了广告主、媒介、广告公司三方关系。同期，“中国主流电视推介会”、“广告代言人行为规范与社会责任”论坛召开。

2010年

2月24日，“莫比国际广告奖”揭晓一年一度的荣耀榜单，触动传媒成为了本届唯一一家为中国赢得金奖的企业。

4月22—23日，第六届中国广告论坛在宁夏回族自治区银川市成功举办。

6月，第53届纽约广告节全球颁奖典礼暨全球峰会在中国上海揭幕。

8月17日，国家工商总局在其网站上首次表态，“植入式广告”成为一种新的营销模式，已向国家立法机关提出相关立法建议。

8月26日，中国广告协会举办的“民族团结专题公益广告大赛”颁奖盛典在新疆乌鲁木齐市隆重举行。

10月22日，第十七届中国国际广告节在江西南昌开幕。本年度，中国广告协会全面整合了广告奖项，“广告主长城奖”更名为“中国广告长城奖广告主奖”。

2011年

1月14日，由国家工商总局与中央电视台联合组织拍摄的专题片《广告的力量》与全国观众见面。

1月17日，《中国国家形象片——人物篇》在纽约时代广场的大屏幕上以每小时15次、每天300次的频率播出。

4月18日，首届海峡两岸公益广告作品展在福州与第十三届海峡两岸经贸交易会一同开幕，开创两岸广告业交流与合作的新天地。

6月11—12日，由国家人力资源与社会保障部、国家工商总局共同实施的广告师考试首次开考。考试在全国30个省、自治区、直辖市同时举行，2万多名广告专业技术人员参加考试。

9月25—27日，第十八届第中国国际广告节在辽宁省沈阳市国际展览中心举办。

12月21日，经国家工商总局批准设立的全国性广告研究基地“国家广告研究院”揭牌仪式在中国传媒大学举行。

2012年

4月19日，国家工商总局在南京为北京国家广告园区、中广国际广告创意产业基地、南京国家广告产业园、常州国家广告产业园、山东潍坊广告产业示范园区、青岛国家广告产业园、长沙广告产业园、广州国家广告产业园区、陕西国家广告产业园等9个首批“国家广告产业园区”授牌。

10月27日，第十九届中国国际广告节在天津梅江会展中心开幕，国内外共五万余名广告业界人士出席此次广告盛会。开幕式上，国家工商总局党组书记、局长周伯华，天津市委副书记、市长黄兴国出席开幕式并致辞。此次广告节增设了国家广告产业园展区。

2013年

6月19日，在第六十届戛纳创意节上，“戛纳魅力中国周”成为最大亮点。

7月3日，由中国广告协会主办，《广告人》杂志承办的第十一届中国大学生广告艺术节学院奖颁奖盛典在北京梅地亚中心举行，作品首次突破10万件，参赛高校院系过千所。

10月26日，第二十届中国国际广告节在南京开幕。“中国报企联盟”成立，“中国电视媒介人物奖”颁奖。

11月21日，中国广告协会学术委员会议在宁波举行。

'2014 中国广告年鉴
China Advertising Yearbook

广告优秀作品评选

Excellent Advertisements

第二十届中国国际广告节长城奖获奖名单

全场大奖

作品名称：Buick Encore SUV 2nd Campaign
参赛单位：睿狮广告传播 / Lowe China

金奖

作品名称：《买一送一》系列
参赛单位：长沙盛美广告有限公司

作品名称：支付宝 － 钥匙阿姨
参赛单位：睿狮广告传播 / Lowe China

作品名称：六神《烦》系列（又名缠绕篇）
参赛单位：阳狮广告有限公司上海分公司

作品名称：《五月花水墨艺术 art of absorption》
参赛单位：阳狮广告有限公司上海分公司

作品名称：摔跤熊
参赛单位：智威汤逊－中乔广告有限公司上海分公司

作品名称：相扑象
参赛单位：智威汤逊－中乔广告有限公司上海分公司

作品名称：拯救大兵瑞恩
参赛单位：智威汤逊－中乔广告有限公司上海分公司

银奖

作品名称：百度手机输入法－意思篇
参赛单位：北京车语文化传媒有限公司

作品名称：Skin Food 水果防晒系列
参赛单位：北京杰尔思行广告有限公司

作品名称：钉子系列
参赛单位：北京杰尔思行广告有限公司

作品名称：潜水打屁篇
参赛单位：长沙反正广告有限公司

作品名称：华晨汽车大海狮自由空间系列－大象篇、犀牛篇、鲸鱼篇
参赛单位：广东省广告股份有限公司

作品名称：TCL 冰箱《串味篇》
参赛单位：广东太平网联广告有限公司

作品名称：三得利黑乌龙茶－消解每餐油腻
参赛单位：麦肯光明广告有限公司上海分公司

作品名称：surface 窗户篇系列
参赛单位：南京银都奥美广告有限公司

作品名称：青岛老年公寓“孤寂才是凶手”系列－《刀片篇》、《药片篇》
参赛单位：青岛天马广告有限公司

作品名称：Buick Encore SUV 1st Campaign
参赛单位：睿狮广告传播 / Lowe China

作品名称：Buick EXcelle Campaign
参赛单位：睿狮广告传播 / Lowe China

作品名称：Buick Encore SUV 2nd Campaign × 5 print ads
参赛单位：睿狮广告传播 / Lowe China

作品名称：Buick Encore SUV Post'80 Campaign single Sticker

参赛单位：睿狮广告传播 / Lowe China

作品名称：女人生来美丽
参赛单位：上海奥美广告有限公司

作品名称：一号店动物系列－《驴子篇》、《猩猩篇》、《蜗牛篇》、《鸵鸟篇》
参赛单位：上海奥美广告有限公司

作品名称：联想 YOGA 翻转生活
参赛单位：上海境与观文化传播有限公司

作品名称：小熊电器爱不停炖系列
参赛单位：上海喜邑广告有限公司

作品名称：别克《棋中棋》、《Hello》、《失眠》、《危机》、《读心术》
参赛单位：阳狮广告有限公司上海分公司

作品名称：六神《烦》系列（又名《缠绕篇》）
参赛单位：阳狮广告有限公司上海分公司

作品名称：快速生长篇
参赛单位：智立方国际品牌管理顾问（北京）有限公司

作品名称：哥斯拉
参赛单位：智威汤逊－中乔广告有限公司上海分公司

作品名称：摔跤熊
参赛单位：智威汤逊－中乔广告有限公司上海分公司

作品名称：分享柔软一面（女人）
参赛单位：智威汤逊－中乔广告有限公司上海分公司

作品名称：六神花露水《隐形人篇》
参赛单位：卓越形象品牌创意产业机构

铜奖

作品名称：达克宁－嘲笑系列《美人鱼嘲笑渔夫篇》、《灯神嘲笑阿拉丁篇》、《美杜莎嘲笑珀尔修斯篇》
参赛单位：GOOD & MOOD 广告公司

作品名称：Real. Good./ 真薯条
参赛单位：TBWA\SHANGHAI\ 腾迈广告有限公司

作品名称：有 Zippo 就有可能
参赛单位：安徽巨灵广告有限责任公司

作品名称：请文明使用手机
参赛单位：合肥新方舟广告传媒

作品名称：好友趣薯片－凹凸贩卖机
参赛单位：北京杰尔思行广告有限公司

作品名称：玩年轻系列
参赛单位：北京杰尔思行广告有限公司

作品名称：《远在眼前篇》
参赛单位：北京杰尔思行广告有限公司

作品名称：Samsung GalaXy 全景相机－新视角系列
参赛单位：北京杰尔思行广告有限公司

作品名称：玩年轻系列
参赛单位：北京杰尔思行广告有限公司

作品名称：钉子系列
参赛单位：北京杰尔思行广告有限公司

作品名称：水果防晒系列
参赛单位：北京杰尔思行广告有限公司

作品名称：Samsung Smart TV－用手玩足球互动体验
参赛单位：北京杰尔思行广告有限公司

作品名称：好友趣薯片－凹凸贩卖机
参赛单位：北京杰尔思行广告有限公司

作品名称：洗白系列之红十字会篇、王力宏篇

参赛单位：北京蓝色广告有限公司

作品名称：牙齿受难记系列之柠檬篇、火锅篇、巧克力篇、冰激凌篇
参赛单位：北京蓝色广告有限公司

作品名称：英大车险《正反读－万一一万篇》
参赛单位：北京日全食广告有限公司

作品名称：英大车险《正反读－我靠靠我篇》
参赛单位：北京日全食广告有限公司

作品名称：梨树
参赛单位：博达大桥国际广告传媒有限公司上海分公司

作品名称：掌声响起
参赛单位：博达大桥国际广告传媒有限公司上海分公司

作品名称：《趣多多巧克力味曲奇饼干 LOVE STORY 篇》
参赛单位：博达大桥国际广告传媒有限公司上海分公司

作品名称：鳄鱼
参赛单位：博达大桥国际广告传媒有限公司上海分公司

作品名称：骆驼
参赛单位：博达大桥国际广告传媒有限公司上海分公司

作品名称：牛
参赛单位：博达大桥国际广告传媒有限公司上海分公司

作品名称：蝴蝶
参赛单位：博达大桥国际广告传媒有限公司上海分公司

作品名称：《叉鱼》篇
参赛单位：长沙盛美广告有限公司

作品名称：《你笑笑系列》
参赛单位：长沙盛美广告有限公司

作品名称：《踩碎》系列
参赛单位：长沙盛美广告有限公司

作品名称：《鸡挑战鸭》
参赛单位：长沙盛美广告有限公司

作品名称：《鸡鸭比赛》
参赛单位：长沙盛美广告有限公司

作品名称：《你笑笑》系列
参赛单位：长沙盛美广告有限公司

作品名称：玉锦湾动物与乐器篇
参赛单位：成都伍拾广告有限公司

作品名称：想真有机挂面－母乳篇
参赛单位：成都伍拾广告有限公司

作品名称：益力多－过关斩将篇
参赛单位：大广（广州）广告有限公司

作品名称：禅意系列《静发篇、净发篇》
参赛单位：大广（广州）广告有限公司

作品名称：《爱因斯坦篇》、《姚明篇》
参赛单位：大广（上海）广告有限公司

作品名称：《维纳斯篇》、《掷铁饼者篇》
参赛单位：大广（上海）广告有限公司

作品名称：潘家驴肉广告
参赛单位：高唐县潘家肉制品有限公司

作品名称：银环蛇篇 、蝎子篇 、蓝色箭毒蛙篇
参赛单位：广东广旭广告有限公司

作品名称：红星二锅头《切篇》、《雷篇》、《崔篇》
参赛单位：广东省广告股份有限公司

作品名称：华瑞汽车金杯智尚 S30 心在野系列－丛林篇、沙漠篇
参赛单位：广东省广告股份有限公司

作品名称：长方 LED 照明“省省”系列《总统篇》、《国务卿篇》
参赛单位：广东省广告股份有限公司

作品名称：佳隆青芥辣酱后劲更足系列《分手篇》、《婚礼篇》
参赛单位：广东省广告股份有限公司

作品名称：佳隆食品芥辣酱系列《辣椒篇》、《青蒜篇》、《洋葱篇》
参赛单位：广东省广告股份有限公司

作品名称：金帝巧克力－保持好心情系列《花瓶篇》、《考试篇》、《纪念日篇》
参赛单位：广东省广告股份有限公司

作品名称：两面针脸色系列《黑脸篇》、《红脸篇》、《白脸篇》
参赛单位：广东省广告股份有限公司

作品名称：两面针战场系列《赤壁篇》、《斯大林格勒篇》、《凡尔登篇》
参赛单位：广东省广告股份有限公司

作品名称：中国移动《挂了篇》
参赛单位：广东省广告股份有限公司

作品名称：中国移动－流量追加套餐撕书系列－《漫画篇》、《小说篇》
参赛单位：广东省广告股份有限公司

作品名称：中国移动－遮挡系列－《红绿灯篇》、《路标篇》
参赛单位：广东省广告股份有限公司

作品名称：康统冠物流《宝贝篇》
参赛单位：广东省广告股份有限公司

作品名称：康“优谷大地”晚上照送系列 《雪梨篇》、《橙子篇》、《苹果篇》
参赛单位：广东省广告股份有限公司

作品名称：中国移动通信 －10086 简单点系列广播《问路篇》、《优惠篇》
参赛单位：广东省广告股份有限公司

作品名称：娃哈哈启力《划龙舟篇》、《自行车篇》
参赛单位：广东太平网联广告有限公司

作品名称：娃哈哈启力《雪地篇》、《沙漠篇》
参赛单位：广东太平网联广告有限公司

作品名称：广州农商银行个人贷款《童话故事篇》
参赛单位：广东太平网联广告有限公司

作品名称：奥康“一路我享”系列
参赛单位：广东英扬传奇广告有限公司

作品名称：SALAV 贝尔莱德挂烫机－波折篇
参赛单位：广州交易会广告有限公司

作品名称：领馆 1 号之空间思想篇
参赛单位：广州金燕达观广告有限公司

作品名称：广州农商银行微电影
参赛单位：广州金燕达观文化传播有限公司

作品名称：小鸡篇
参赛单位：广州市旭日因赛广告有限公司

作品名称：奇瑞新 QQ 上市《快乐胎教篇》
参赛单位：广州市旭日因赛广告有限公司

作品名称：碎得超混乱
参赛单位：广州市中传威思广告有限公司

作品名称：保利品牌大院中国之院落文化篇
参赛单位：广州天橙房地产策划咨询有限公司

作品名称：箭牌 5 口香糖《钢铁侠》篇
参赛单位：广州万狮广告有限公司

作品名称：Ole 超市－苹果＼梨系列

参赛单位：杭州柏立广告有限公司

作品名称：了然于心的生活真意系列
参赛单位：杭州及时沟通广告有限公司

作品名称：原味系列
参赛单位：杭州有氧文化创意有限公司

作品名称：中国联通《动听篇》
参赛单位：河北人民广播电台

作品名称：力加能－跨栏篇、篮球篇、跑道篇
参赛单位：黑龙江亚龙文化传媒有限公司

作品名称：红星美凯龙 2012 年爱家日微电影《时间门》
参赛单位：红星美凯龙家居集团股份有限公司

作品名称：修正感愈胶囊
参赛单位：吉林省中麒影视制作有限公司

作品名称：中国重汽 SITRAK 广告片
参赛单位：济南亚美远传文化传播有限公司

作品名称：恒顺节气养生系列电视广告
参赛单位：江苏国视影音技术有限公司

作品名称：《三鸿肉松－小象篇》、《二鸿肉松　积木篇》、《三鸿肉松－奶嘴篇》
参赛单位：江苏雅智广告有限公司

作品名称：城市树叶篇
参赛单位：昆明唐码风驰传媒有限公司

作品名称：态度改变孩子的人生
参赛单位：临沂市广播电视台

作品名称：MALIBU 迈锐宝《省油篇》
参赛单位：麦肯光明广告有限公司上海分公司

作品名称：南孚电池－小汽车篇
参赛单位：麦肯光明广告有限公司上海分公司

作品名称：中电光伏形象稿
参赛单位：南京嘉佑品牌策划管理有限公司

作品名称：南京广播绝招篇
参赛单位：南京雷迪欧广告公司

作品名称：南京交通广播－新鲜篇
参赛单位：南京雷迪欧广告公司

作品名称：南京聋校－新声系列
参赛单位：南京银都奥美广告有限公司

作品名称：《战地篇》、《食人族篇》
参赛单位：南京银都奥美广告有限公司

作品名称：天翼宽带－《保安篇》、《天翼宽带－赛车手篇》
参赛单位：南京银都奥美广告有限公司

作品名称：邦迪防水创可贴
参赛单位：南通贝莱特广告有限公司

作品名称：Polo GTI 上市系列
参赛单位：钦选（上海）广告有限公司

作品名称：上海大众途安小游戏
参赛单位：钦选（上海）广告有限公司

作品名称：桑塔纳回顾期复刻真情系列
参赛单位：钦选（上海）广告有限公司

作品名称：桑塔纳 预热期 名人篇
参赛单位：钦选（上海）广告有限公司

作品名称：青岛书城“人、人、众”系列
参赛单位：青岛天马广告有限公司

作品名称：Buick Encore SUV 2nd Campaign × 5 print ads

参赛单位：睿狮广告传播 / Lowe China

作品名称：BUICK ENCORE PRE LAUNCH – 集装箱
参赛单位：睿狮广告传播 / Lowe China

作品名称：《勺子游戏》
参赛单位：山东长城梅地亚文化传播有限公司

作品名称：亨氏果酱
参赛单位：山东长城梅地亚文化传播有限公司

作品名称：高尔夫 GTI 系列
参赛单位：山东省国际广告有限公司

作品名称：山东出版集团产业篇、网络教育篇
参赛单位：山东新之航传媒集团有限公司

作品名称：一号店动物系列《驴子篇》、《猩猩篇》、《蜗牛篇》、《鸵鸟篇》
参赛单位：上海奥美广告有限公司

作品名称：SOHO 中国 Interview Film
参赛单位：上海奥美广告有限公司

作品名称：LEE 暗念释放
参赛单位：上海奥美广告有限公司

作品名称：沟通渠道篇
参赛单位：上海东方广播有限公司

作品名称：白蘭氏 – 不宜透露的赢考法宝
参赛单位：上海颉摩广告有限公司

作品名称：“2”之歌
参赛单位：上海众人行艺术设计有限公司

作品名称：西城往事
参赛单位：深圳市博思堂广告有限公司

作品名称：海伦堡 · 爱 ME 公园《扎根计划》系列
参赛单位：深圳市及时沟通广告有限公司

作品名称：李时珍的三间房《成功》系列
参赛单位：深圳市及时沟通广告有限公司

作品名称：盛世长城 2013 实习生招募系列《你够不够杀气》
参赛单位：盛世长城国际广告有限公司

作品名称：德意油烟机 –《静音篇》
参赛单位：思美传媒股份有限公司

作品名称：九阳原汁机 – 鸡蛋壳系列
参赛单位：思美传媒股份有限公司

作品名称：佳能广角系列
参赛单位：苏州工业园区展望广告策划有限公司

作品名称：《自动面部识别，叫你无处躲藏》
参赛单位：苏州市明日企业形象策划传播有限公司

作品名称：万顷微山湖 大美在滕州（红荷湿地形象片）
参赛单位：滕州广播影视总台

作品名称：雨虹防水 –《钓鱼篇》、《潜水篇》
参赛单位：天津世纪座标广告有限公司

作品名称：创维 4k 极清电视“红毯篇”
参赛单位：天联广告有限公司上海分公司

作品名称：碧生源减肥茶
参赛单位：潍坊市公共交通总公司广告分公司

作品名称：一块钱篇
参赛单位：香港商黄禾国际广告有限公司台湾分公司

作品名称：香港迪斯尼大开奇幻眼界
参赛单位：雅仕维集团

作品名称：父亲
参赛单位：烟台广播电视台

作品名称：广发银行电子银行广发网上银行分身篇
参赛单位：扬罗必凯（北京）广告有限公司广州分公司

作品名称：轻松变大
参赛单位：扬罗必凯（北京）广告有限公司广州分公司

作品名称：白兰氏－《蒸排毒》、《夜即眠》、《淋巴排毒》篇
参赛单位：阳狮广告有限公司上海分公司

作品名称：五月花《武装篇》、《溺爱篇》、《甘心篇》
参赛单位：阳狮广告有限公司上海分公司

作品名称：杀气系列之《大蒜篇》、《榴莲篇》、《咸鱼篇》、《香烟篇》
参赛单位：叶茂中营销策划机构

作品名称：A.O 史密斯热水器
参赛单位：宜昌市美辰广告营销有限公司

作品名称：品水浒美酒 悟人生大义
参赛单位：郓城县广播电视局

作品名称：面向世界－比斯迪拜塔篇、瑞士再保险大厦篇、纽约帝国大厦篇、埃及金字塔篇
参赛单位：浙江高速广告有限责任公司

作品名称：三高爸爸篇
参赛单位：浙江省丽水市启鹏工业设计有限公司

作品名称：猎豹安全浏览器之对峙系列
参赛单位：智立方国际品牌管理顾问（北京）有限公司

作品名称：哥斯拉
参赛单位：智威汤逊－中乔广告有限公司上海分公司

作品名称：拯救大兵瑞恩
参赛单位：智威汤逊－中乔广告有限公司上海分公司

作品名称：相扑象
参赛单位：智威汤逊－中乔广告有限公司上海分公司

作品名称：分享柔软一面（男人）
参赛单位：智威汤逊－中乔广告有限公司上海分公司

作品名称：冰点金银花凉茶“拳战江湖”系列
参赛单位：重庆高戈广告有限责任公司

作品名称：黄河龙老酿世家酒
参赛单位：淄博电视台

作品名称：魅力原山 休闲如月湖
参赛单位：淄博电视台都市频道

作品名称：文姜酒业－历史传承篇
参赛单位：淄博海艺广告传媒有限公司

作品名称：精艺红木形象宣传片
参赛单位：淄博锐高广告有限公司

作品名称：崽崽兔婴幼儿服饰广告
参赛单位：淄博太阳海文化传媒有限公司

媒介营销奖

电视

作品名称：M&M's 缤纷星光汇
公司名称：星传流线
获得奖项：金奖

作品名称："主宰这一秒"李宁篮球 CBA 电视合作战役
公司名称：浩腾媒体中国李宁团队 & FUSE
获得奖项：银奖

作品名称：高姿美白 BB 霜《我为歌狂》
公司名称：安徽广播电视台广告中心
获得奖项：铜奖

电子商务

作品名称：突破重围，一夜成名（百度整合营销实现京东专属网购狂欢月）
公司名称：百度
获得奖项：金奖

作品名称："爱更夜，爱更多"奔驰新 B 级车天猫预售活动
公司名称：阿里妈妈
获得奖项：银奖

作品名称：一汽大众"爱心抢捷"行动
公司名称：腾讯网
获得奖项：铜奖

公益类 – 非媒体类

作品名称：雪佛兰红粉笔乡村教育计划
公司名称：上海通用汽车雪佛兰市场营销事业部
获得奖项：金奖

作品名称：361° 买一善一公益行动
公司名称：凤凰网
获得奖项：金奖

作品名称：361° One cares One 买一善一公益项目
公司名称：三六一度（中国）有限公司
获得奖项：银奖

作品名称：明星微公益拍卖
公司名称：新浪
获得奖项：银奖

作品名称：联想公益创投 2012—寻找公益行动派
公司名称：联想集团
获得奖项：铜奖

作品名称：触动心灵·为爱举手无偿献血行动
公司名称：触动传媒
获得奖项：铜奖

互动 – 非媒体类

作品名称：和明星一起挑战没有手机的 48 小时生活公司名称：Cheil OpenTide 三星鹏泰
获得奖项：金奖

作品名称：可伶可俐全定制 high 唱会
公司名称：腾讯网
获得奖项：金奖

作品名称：别克昂科拉新车上市传播
公司名称：华扬联众数字技术股份有限公司
获得奖项：银奖

作品名称：渣打银行现贷派－改变生活，现在时
公司名称：氩氪互动
获得奖项：银奖

作品名称：洋河雾霾环境硬广
公司名称：搜狐公司
获得奖项：银奖

作品名称：2012 新浪微博之夜 微博之力
公司名称：新浪
获得奖项：银奖

作品名称：谷粒多疯狂早起团
公司名称：Cheil OpenTide 三星鹏泰
获得奖项：铜奖

作品名称：雪佛兰雪拼季活动
公司名称：华扬联众数字技术股份有限公司
获得奖项：铜奖

作品名称：Zespri “社交离线日、真的很开心”
公司名称：安索帕（上海）广告传播有限公司北京分公司
获得奖项：铜奖

作品名称：虎牌啤酒“组个乐队去旅行”
公司名称：新浪
获得奖项：铜奖

作品名称：2012 年九牧王优雅绅仕形象大使评选
公司名称：搜狐公司
获得奖项：铜奖

作品名称：一汽丰田花冠 经典与时间同行
公司名称：网易
获得奖项：铜奖

技术创新类

作品名称：三星 Note II 百人证言－无处不在的 Note II
公司名称：Cheil OpenTide 三星鹏泰
获得奖项：金奖

作品名称：纯果乐“史上最活粒”创意户外候车亭
公司名称：百事纯果乐品牌组
获得奖项：银奖

作品名称：百度魔图“PK 大咖”整合营销
公司名称：百度在线网络技术（北京）有限公司
获得奖项：铜奖

跨媒介整合－非媒体类

作品名称：Gillette Shave Sexy 性感剃须
公司名称：天联广告有限公司上海分公司
获得奖项：金奖

作品名称：魔兽音乐会 联想终结者 B 系列跨界推广
公司名称：网易
获得奖项：金奖

作品名称：可爱多“这一刻爱吧”
公司名称：腾讯网
获得奖项：银奖

作品名称：蒙牛酸酸乳整合营销
公司名称：华扬联众数字技术股份有限公司
获得奖项：银奖

作品名称：2012 - 2013 赛季欧洲足球冠军联赛“邀您共赏”HTC 项目方案
公司名称：北京未来广告有限公司
获得奖项：银奖

作品名称：带上天翼去旅行
公司名称：新浪
获得奖项：银奖

作品名称：西门子家电 敞开厨房向老味道致敬
公司名称：上海聚胜万合广告有限公司
获得奖项：铜奖

作品名称：ChatON 吧！骚年
公司名称：Cheil OpenTide 三星鹏泰
获得奖项：铜奖

作品名称：OLAY TE“HOLD 住 25 岁”系列微电影
公司名称：爱奇艺
获得奖项：铜奖

作品名称：奥迪闪耀 2012 华人经济领袖盛典
公司名称：凤凰网
获得奖项：铜奖

作品名称：“齐家乐业 孝行天下”Mazda8 孝心大使评选
公司名称：新浪
获得奖项：铜奖

内容营销非媒体类

作品名称：Jeep 尤文图斯中国行“code double J”campaign
公司名称：灵狮中国（北京）广告有限公司
获得奖项：金奖

作品名称：2013 年欧珀莱美白系列 Campaign——“预见未来，接力幸福”
公司名称：北京电通广告有限公司
获得奖项：银奖

作品名称：三星 Note II 百人证言 - 无处不在的 Note II
公司名称：Cheil OpenTide 三星鹏泰
获得奖项：铜奖

内容营销类 - 非互联网媒体类

作品名称：呼啦（湖南卫视官方手机客户端）
公司名称：湖南卫视
获得奖项：金奖

作品名称：红牛“不插电”演唱会网络直播，营造全民视频娱乐时代
公司名称：乐视网
获得奖项：金奖

作品名称：欧莱雅恋上《男左女右》
公司名称：深圳卫视
获得奖项：银奖

作品名称：BMW 3 系 GT - 寻找城市新视角
公司名称：凤凰网
获得奖项：银奖

作品名称：《真维斯土豆最音乐》掀起 Young For You 风暴
公司名称：土豆
获得奖项：银奖

作品名称：2013 年蒙牛酸酸乳《中国最强音》
公司名称：湖南卫视
获得奖项：铜奖

作品名称：联想 K900& 巴塞尔表展时尚营销案例
公司名称：搜狐公司
获得奖项：铜奖

作品名称：中国联通 WCDMA 21M HSPA+ ——中国首届智能手机运动会
公司名称：搜狐公司
获得奖项：铜奖

作品名称：中国联通“第三届北京国际电影节”娱乐事件整合营销案例
公司名称：搜狐视频
获得奖项：铜奖

平面户外类

作品名称：H&M 绽放春日之美
公司名称：北京地下铁道通成广告有限公司
获得奖项：金奖

作品名称：相宜本草黑茶男士之城市原人篇
公司名称：印纪影视娱乐传媒有限公司
获得奖项：银奖

作品名称：甲壳虫平面广告“动”起来
公司名称：竞立媒体
获得奖项：铜奖

社会化营销－非媒体类

作品名称：三星 Note Ⅱ百人证言－无处不在的 Note Ⅱ
公司名称：Cheil OpenTide 三星鹏泰
获得奖项：金奖

作品名称：小米 2 手机微博末日开卖
公司名称：新浪
获得奖项：金奖

作品名称：士力架：全城悬赏大“饿”人
公司名称：人人公司
获得奖项：金奖

作品名称：雀巢咖啡 in 乐季
公司名称：豆瓣网
获得奖项：银奖

作品名称：可口可乐奥运整合营销
公司名称：腾讯网
获得奖项：银奖

作品名称：海尔·一句话的力量
公司名称：广东赛铂互动传媒广告有限公司
获得奖项：银奖

作品名称：奥迪 R8《一句话造车》
公司名称：腾讯网
获得奖项：银奖

作品名称：曼妥思清劲“清劲行动 拯救重口味”
公司名称：北京华扬创想广告有限公司
获得奖项：银奖

作品名称：“少年说·爱要合拍”联想 S890 照片征集大赛
公司名称：搜狐公司
获得奖项：银奖

作品名称：蒙牛 2013 春节互动营销项目
公司名称：华扬联众数字技术股份有限公司
获得奖项：铜奖

作品名称：妮维雅男士“莫守陈规”Campaign
公司名称：华扬联众数字技术股份有限公司
获得奖项：铜奖

作品名称：伊利巧乐兹 浪漫告白季
公司名称：电众数码（北京）广告有限公司
获得奖项：铜奖

作品名称：联想 IdeaPad Yoga：Yoga Style 翻转校园
公司名称：人人公司
获得奖项：铜奖

作品名称：奔驰 smart 新年限量款微博售车
公司名称：新浪
获得奖项：铜奖

作品名称：大众 –Beetle Fender 摇滚动力汇
公司名称：豆瓣网
获得奖项：铜奖

作品名称：匡威：寻找新噪音
公司名称：人人公司
获得奖项：铜奖

作品名称：“弘扬酒魂中国梦，探寻宿迁酒之都”洋河酒文化体验团整合营销活动
公司名称：网易
获得奖项：铜奖

作品名称：海飞丝 NBA 实力评论员
公司名称：腾讯网
获得奖项：铜奖

视频非媒体类

作品名称：这一刻，爱吧 2013
公司名称：北京恒美广告有限公司上海分公司
获得奖项：金奖

作品名称：联想 Yoga《屌丝男士》内容植入营销案例
公司名称：搜狐视频
获得奖项：金奖

作品名称：7 喜圣诞许愿寄
公司名称：腾讯网
获得奖项：银奖

作品名称：我的大众故事
公司名称：北京美广互动广告有限公司
获得奖项：银奖

作品名称：OLAY NW 走进阳光 走出最美时光 创意视频营销
公司名称：爱奇艺
获得奖项：银奖

作品名称：用“热点”制造“热点”–S4 热点明星视频广告
公司名称：Cheil OpenTide 三星鹏泰
获得奖项：铜奖

作品名称：上海大众全新桑塔纳 世说真力量
公司名称：凤凰网
获得奖项：铜奖

作品名称：HTC 微电影《微笑的真相》，异国穿越邂逅蒙娜丽莎
公司名称：优酷
获得奖项：铜奖

作品名称：蒙牛酸酸乳《美淇的甜蜜日记》微电影“攻心营销”案例
公司名称：搜狐视频
获得奖项：铜奖

无线类

作品名称：亲情锁
公司名称：Cheil OpenTide 三星鹏泰
获得奖项：金奖

作品名称：上海大众汽车《驭道》APP
公司名称：北京恒美广告有限公司上海黄浦分公司
获得奖项：银奖

作品名称：联想智能手机 S890“爱要合拍”移动互联网推广
公司名称：3G 门户 &GO 桌面
获得奖项：铜奖

优秀奖（共 67 件，名单略）

互动创意奖

公益类

作品名称：温暖搜索框创意公益活动
公司名称：百度在线网络技术（北京）有限公司
获得奖项：金奖

作品名称：亲情锁
公司名称：Cheil OpenTide 三星鹏泰
获得奖项：金奖

作品名称：星巴克随行杯－小转变 大改变
公司名称：搜狐公司
获得奖项：银奖

作品名称：杜蕾斯－向“零艾滋”迈进富媒体广告
公司名称：网易
获得奖项：银奖

作品名称：保护生态之海洋的反击篇
公司名称：搜狐视频
获得奖项：铜奖

作品名称：纳爱斯小行动改变大世界
公司名称：北京搜狗科技发展有限公司
获得奖项：铜奖

视频类

作品名称：六神“爱上夏天”系列病毒视频
公司名称：上海维拉沃姆文化传播有限公司
获得奖项：金奖

作品名称：特立独行 Levi
公司名称：分众传媒央视三维
获得奖项：银奖

作品名称：雕牌《妈妈对不起》
公司名称：英扬传奇 & 喜邑互动
获得奖项：银奖

作品名称：护舒宝，选择率性而活
公司名称：爱奇艺
获得奖项：铜奖

作品名称：网易新闻－态度就在你身上
公司名称：天时广告
获得奖项：铜奖

作品名称：ChatON 追女大作战
公司名称：Cheil OpenTide 三星鹏泰
获得奖项：铜奖

微型网站－非媒体类－非快消

作品名称：可口可乐快乐昵称瓶－畅爽夏日，分享快乐
公司名称：安索帕（上海）广告传播有限公司
获得奖项：全场大奖

作品名称：专属表情狂
公司名称：Cheil OpenTide 三星鹏泰
获得奖项：金奖

作品名称：可口可乐快乐昵称瓶－畅爽夏日，分享快乐
公司名称：安索帕（上海）广告传播有限公司
获得奖项：金奖

作品名称：杜蕾斯 前戏之王
公司名称：北京美广互动广告有限公司
获得奖项：银奖

作品名称：星巴克星历
公司名称：智威汤逊－中乔广告有限公司上海分公司
获得奖项：银奖

作品名称：指尖上的马拉松－匹克 2013 悦跑新鞋上市推广
公司名称：华扬联众数字技术股份有限公司
获得奖项：银奖

作品名称：网易新闻－我的思考 DNA
公司名称：天时广告
获得奖项：银奖

作品名称：多乐士“一百万个多彩开始”整合传播
公司名称：琥珀传播
获得奖项：铜奖

作品名称：是谁撬动世界，让世界翻转－联想平板笔记本 Yoga 人人网状态大翻转行动
公司名称：电众数码（北京）广告有限公司
获得奖项：铜奖

作品名称：护舒宝“ Free to Choose”（自由选择）
公司名称：护舒宝品牌
获得奖项：铜奖

作品名称：“摩登在造”造音乐
公司名称：上海广告有限公司
获得奖项：铜奖

作品名称：KFC 新年套餐－兔出没，请注意
公司名称：华扬联众数字技术股份有限公司
获得奖项：铜奖

作品名称：末世之战 全民上阵－匹克篮球 2012－13NBA 新赛季推广
公司名称：华扬联众数字技术股份有限公司
获得奖项：铜奖

微型网站－媒体－快消类

作品名称：格力高求爱上上签
公司名称：腾讯网
获得奖项：金奖

作品名称：蒙牛焕轻：拥抱“第二童年”
公司名称：凤凰网
获得奖项：银奖

作品名称：可口可乐 2013 新年活动
公司名称：腾讯网
获得奖项：银奖

作品名称：寻找正宗味道
公司名称：搜狐公司
获得奖项：铜奖

作品名称：珠江纯生“月满琶醒”生啤酒派对专题
公司名称：网易
获得奖项：铜奖

作品名称：麦当劳 –2013 新“年”来袭保味战
公司名称：人人公司
获得奖项：铜奖

微型网站 – 媒体 – 其他类

作品名称：速度与激情 6
公司名称：网易
获得奖项：金奖

作品名称：我们一起飞过的日子 – 邀你探索印尼赢取机票大奖
公司名称：搜狐公司
获得奖项：银奖

作品名称：阿迪达斯 Adipure 活动
公司名称：腾讯网
获得奖项：银奖

作品名称：卡萨帝“创意启示录”
公司名称：凤凰网
获得奖项：铜奖

作品名称：英国航空“好事成双”互动创意
公司名称：豆瓣网
获得奖项：铜奖

作品名称：奥妙 – 玩出更棒的未来
公司名称：腾讯网
获得奖项：铜奖

微型网站 – 媒体 – 汽车类

作品名称：荣威 W5 丈量边关 \ 致敬英雄
公司名称：凤凰网
获得奖项：金奖

作品名称：路虎 鉴证传奇时光之旅
公司名称：豆瓣网
获得奖项：银奖

作品名称：通用别克昂科拉 – 年轻！就去 SUV
公司名称：腾讯网
获得奖项：银奖

作品名称：2013 新浪河北首届春季网络车展
公司名称：新浪
获得奖项：铜奖

作品名称：一汽大众全新捷达狂欢派对
公司名称：优酷
获得奖项：铜奖

作品名称：大众尚酷 – 急速甩客挑战
公司名称：人人公司
获得奖项：铜奖

微型网站－媒体－消费电子

作品名称：戴尔－随触梦想 随触飞
公司名称：人人公司
获得奖项：金奖

作品名称：联想－畅享 PC ＋今夏游太空
公司名称：凤凰网
获得奖项：银奖

作品名称：联想 Yoga 双屏互动：放肆翻转挑战赛
公司名称：优酷
获得奖项：铜奖

无线类－非媒体类

作品名称：支持就业活动，送您免费美食券的 WALKFORCE
公司名称：博报堂／博报堂 DY Media Partners Incorporated
获得奖项：金奖

作品名称：Durex APP“Voice of Love”
公司名称：im2.0 互动营销（北京）
获得奖项：银奖

作品名称：蒙牛酸酸乳品牌 APP
公司名称：华扬联众数字技术股份有限公司
获得奖项：银奖

作品名称：英菲尼迪集客试驾移动互联网推广
公司名称：3G 门户 &GO 桌面
获得奖项：银奖

作品名称：网易有态度“我的思考 DNA”
公司名称：网易
获得奖项：银奖

作品名称：西门子家电 时尚厨房 Cooking Follow Me APP
公司名称：上海聚胜万合广告有限公司
获得奖项：铜奖

作品名称：谷粒多疯狂早起团
公司名称：Cheil OpenTide 三星鹏泰
获得奖项：铜奖

作品名称：Dell XPS 12 超级本潘石屹版 AR 推广
公司名称：竞立媒体
获得奖项：铜奖

作品名称：百度魔图“PK 大咖”整合营销
公司名称：百度在线网络技术（北京）有限公司
获得奖项：铜奖

在线广告－非媒体类

作品名称：多乐士“一百万个多彩开始”整合传播
公司名称：琥珀传播
获得奖项：金奖

作品名称：三星吸尘器 大力士篇
公司名称：Cheil OpenTide 三星鹏泰
获得奖项：银奖

作品名称：加多宝 2012 年更名计划
公司名称：好耶集团
获得奖项：银奖

作品名称：卡萨帝－双温区
公司名称：易传媒
获得奖项：铜奖

作品名称：奥迪 A1sportback 上市“大有门道” campaign

公司名称：灵狮中国（北京）广告有限公司

获得奖项：铜奖

作品名称：粘锅问题

公司名称：博达大桥国际广告传媒有限公司上海分公司

获得奖项：铜奖

在线广告－媒体类

作品名称：三星 Samsung GALAXY S4－带你进入无限可能的世界

公司名称：搜狐公司

获得奖项：金奖

作品名称：情人节浪漫邂逅星巴克

公司名称：街旁

获得奖项：银奖

作品名称：新浪 ADBOX－重新定义展示广告新标准

公司名称：新浪

获得奖项：银奖

作品名称：361° 永不言败 跑酷篇

公司名称：网易

获得奖项：铜奖

作品名称：戴尔播放页全屏 60 秒 crazy 贴片广告

公司名称：优酷

获得奖项：铜奖

作品名称：MINI 中国任务－巷战

公司名称：搜狐视频

获得奖项：铜奖

优秀奖（共 86 件，名单略）

广告主奖人物奖获奖名单

功勋奖

姓名：蔡金

职务：盼盼食品集团 董事长、总裁

姓名：解永军

职务：山东翔龙实业集团有限公司／施可丰化工股份有限公司 董事长

姓名：方广宏

职务：广州王老吉药业股份有限公司 总裁

姓名：李柯

职务：光明乳业股份有限公司 副总裁

姓名：许自淡

职务：恒安集团卫生巾发展部 总负责人

姓名：常建伟

职务：山西杏花村汾酒集团 副总裁

姓名：周树立

职务：深圳京润珍珠控股有限公司 董事长

姓名：李明政

职务：四川郎酒集团有限责任公司 总经理

成就奖

姓名：周超

职务：雅迪科技集团有限公司 总裁助理兼品牌总监

姓名：陈绍洪

职务：益海嘉里食品营销有限公司 小包装油高端油种品牌总监

姓名：崔政

职务：内蒙古蒙牛乳业（集团）股份有限公司 媒介管理中心总经理

姓名：王冬

职务：广州立白企业集团有限公司 媒介传播部总监

姓名：刘赛群

职务：加加食品集团股份有限公司 企划总监

姓名：何毅彬

职务：广州市雅兰国际化妆品有限公司 总裁

姓名：赵兴继

职务：内蒙古蒙牛乳业（集团）股份有限公司 市场管理系统品牌三中心总经理

姓名：刘燕

职务：益海嘉里食品营销有限公司 小包装油基础品牌组品牌高级经理

姓名：修远

职务：修正药业集团营销有限公司 营销公司副总经理

姓名：马玉民

职务：河北三鑫集团实业有限公司 副总裁、首席品牌官

姓名：赵敏

职务：广州王老吉大健康产业有限公司 副总经理

姓名：宋建宏

职务：特步（中国）有限公司 副总裁

姓名：苏彦

职务：盼盼食品集团 市场企划中心总监

姓名：闫立军

职务：亳州古井销售有限公司 副总经理

姓名：贾怡

职务：中国太平洋保险（集团）股份有限公司 品牌建设部总经理

姓名：何伟光

职务：奥洛菲集团 菲乐品牌总经理

姓名：龚志云

职务：广东唯美陶瓷有限公司 总经理

姓名：黄崇友

职务：四川黄老五食品有限公司 董事长

姓名：程雷

职务：天喔食品（集团）有限公司 市场部总监

姓名：詹慧川

职务：红星美凯龙家居集团股份有限公司 副总裁

姓名：蒋德坤

职务：联想集团 中国区消费事业部产品营销推广高级总监

姓名：郝刚

职务：酒鬼酒股份有限公司 董事、副总经理，酒鬼酒供销有限责任公司总经理

姓名：吴敬铭

职务：中粮集团 品牌管理部总监

姓名：胡绍航

职务：一汽－大众汽车有限公司 奥迪市场推广部部长

姓名：马晓辉

职务：唯品会（中国）有限公司 营销副总裁

姓名：徐雷

职务：北京京东世纪贸易有限公司 高级副总裁

姓名：王从勇

职务：金冠（中国）食品有限公司 营销总经理

姓名：郑威

职务：华硕集团 中国业务总部副总经理兼新闻发言人

姓名：王华

职务：阿里妈妈 事业部总经理

姓名：钟文

职务：中国联合网络通信有限公司 市场营销部品牌宣传处处长

贡献奖

姓名：李洪祥

职务：山东翔龙实业集团有限公司 副总裁

姓名：王传佳

职务：上海巴克斯酒业营销有限公司 市场总监

姓名：张涛

职务：厦门明晖光学眼镜有限公司 品牌总监

姓名：齐金祥

职务：中石化宁夏易捷石化有限公司 总经理

姓名：王正

职务：四川黄老五食品有限公司 品牌总监

姓名：李艳

职务：公牛集团有限公司 品牌总监

姓名：杨海波

职务：湖北稻花香酒业股份有限公司 常务副总经理

姓名：李清安

职务：劲酒 事业部总经理

姓名：计友良

职务：中国超人集团有限公司 营销事业部副经理

姓名：刘秀岑

职务：奥洛菲集团 市场总监

姓名：叶磊

职务：东风日产乘用车公司 市场部部长

姓名：王同筱

职务：三棵树涂料股份有限公司 品牌文化中心总监

姓名：万守朋

职务：天津市利民调料有限公司 总经理

姓名：岳建东

职务：天津市海河乳业有限公司 总经理

姓名：孙庆飞
职务：碧生源控股有限公司 企划部经理

姓名：李佳
职务：修正药业集团营销有限公司 品牌管理中心总监

姓名：徐颖
职务：内蒙古蒙牛乳业（集团）股份有限公司 品牌总监

姓名：林骞
职务：福建柒牌集团有限公司 品牌总监

姓名：姜磊
职务：北京云辰科技有限公司 营销总监

姓名：成力
职务：宇龙计算机通信科技（深圳）有限公司 品牌总监

姓名：赵志刚
职务：中国邮政储蓄银行股份有限公司 战略发展部副总经理

姓名：李莉
职务：河北承德露露有限公司 市场部经理

姓名：席文婷
职务：福建恒安集团 七度空间品牌负责人

姓名：唐剑
职务：慈铭健康体检管理集团股份有限公司 品牌经理

姓名：李鹏
职务：中国长城计算机深圳股份有限公司 品牌部主任

姓名：王双江
职务：博西家用电器（中国）有限公司 媒体及数字营销经理

姓名：崔欣
职务：联想集团 市场推广部高级经理

姓名：赵丰硕
职务：重庆登康口腔护理股份有限公司 副总经理

姓名：夏寅
职务：上海华昌珠宝有限公司 品牌营销部总监

姓名：王海峰
职务：联想集团 网络营销经理

姓名：张玥
职务：山西亚宝药业集团股份有限公司 媒介经理

姓名：门海涛
职务：北京首都农业集团有限公司 业务经理

姓名：郭宗铠
职务：金立通信设备有限公司 品牌管理部总监

姓名：邓启强
职务：加加食品集团股份有限公司 广告部经理

姓名：高雪松
职务：北京四季沐歌太阳能技术集团有限公司 媒介总监

姓名：罗莉红
职务：深圳市富安娜家居用品股份有限公司 媒介公关副总监

姓名：高璐
职务：内蒙古蒙牛乳业（集团）股份有限公司 品牌总监

姓名：霍建明
职务：海尔集团 公关传播部部长

姓名：刘锐
职务：内蒙古蒙牛乳业（集团）股份有限公司 高级媒介经理

姓名：王颖
职务：山西亚宝药业集团股份有限公司 市场部经理

姓名：陈永华
职务：内蒙古蒙牛乳业（集团）股份有限公司 媒介副总监

姓名：肖锋
职务：重庆百亚卫生用品有限公司 市场部卫品分部部长

姓名：王东辉
职务：红牛维他命饮料有限公司 渠道拓展与品牌推广总监

姓名：沈诏焕
职务：喜力亚太酿酒（中国）企业管理有限公司 全国市场总监

电视媒介人物奖

台长奖

姓名：孙旭阳
职务：广东电视台 副台长

姓名：凌红
职务：广西电视台 副台长

姓名：徐龙河
职务：山东广播电视台电视齐鲁频道 总监

姓名：郑刚
职务：云南广电传媒集团 董事长

姓名：耿昆中
职务：吉林电视台 副台长

姓名：石小兵
职务：河南电视台 副台长

姓名：刘卫星
职务：陕西广播电视台 副台长，广告运营总公司董事长、总经理

姓名：刘建芳
职务：江西广播电视台 副台长

姓名：张晓建
职务：江西广播电视台 副台长

姓名：张建勇
职务：四川广电传媒集团有限公司 董事、副总经理

姓名：仝华
职务：宁夏广电传媒集团 副总经理

姓名：云燕
职务：天津广电传媒集团、天津广播电视台 副总经理兼广告部主任

姓名：刘向群
职务：湖南广播电视台 常委委员、副台长兼湖南广播电视台卫视频道党委书记

姓名：沈刚权
职务：青岛市广播电视台 青岛广电影视传媒集团副总经理

主任奖

姓名：何海明
职务：中央电视台 广告经营管理中心主任

姓名：党海燕
职务：国家广播电影电视总局电影卫星频道节目制作中心 广告部主任

姓名：吴瑞艳
职务：华风气象传媒集团有限责任公司 广告部主任

姓名：杨克光
职务：广东电视台 广告部主任

姓名：杨伯英
职务：山西广播电视台 地面广告部主任

姓名：王勇
职务：山东广播电视台电视齐鲁频道 广告部主任

姓名：樊旭文
职务：湖南广播电视台 广告经营管理中心兼卫视广告部主任

姓名：陈万银
职务：河南电视台 卫视频道广告部主任

姓名：张毅
职务：贵州广播电视台 卫视副总监、贵州卫视广告运营中心主任、节目购销部主任

姓名：潘杰
职务：青海广播电视台 青海夏都新传媒文化有限公司总经理

姓名：赵琼芳
职务：云南广播电视台 卫视频道总监兼云南广电传媒集团广告部总经理

姓名：邢喆
职务：黑龙江电视台 广告部主任

姓名：陈晓光
职务：吉林电视台 广告经营中心主任

姓名：王军保
职务：河南电视台 广告管理中心主任

姓名：王瑄
职务：辽宁广播电视台 卫视副总监

姓名：袁春杰
职务：上海广播电视台 东方卫视副总监兼广告营销部主任

姓名：刘先政
职务：大连广播电视台 广告经营管理部主任

姓名：杨志勇
职务：山东卫视 山东卫视频道副总监兼广告部主任

姓名：罗大成
职务：河北电视台 广告经营管理中心主任

姓名：任元君
职务：宁波广播电视广告有限公司 总经理

姓名：夏小燕
职务：深圳广播电影电视集团 广告管理中心主任

姓名：王娟
职务：重庆广播电视集团（总台） 电视广告经营中心主任

姓名：胡春凌
职务：天津广播电视台 卫视频道副总监兼广告部主任

姓名：赵青
职务：四川广播电视台 广告经营中心电视广告部主任

姓名：王俊
职务：浙江卫视 浙江卫视频道副总监兼营销中心主任

姓名：杨剑虹
职务：宁夏广电传媒集团广告分公司 总经理

姓名：李强
职务：陕西广播电视台 常务副总经理

姓名：赵力
职务：新疆电视台 广告部主任

广告主奖品牌奖获奖名单

知名品牌奖

获奖企业名称：天津中新药业集团股份有限公司
获奖品牌名称：中新药业

获奖企业名称：上海雪中飞实业有限公司
获奖品牌名称：雪中飞

获奖企业名称：美即控股国际有限公司
获奖品牌名称：美即面膜

获奖企业名称：盼盼食品集团
获奖品牌名称：盼盼食品

获奖企业名称：碧生源控股有限公司
获奖品牌名称：碧生源（常润茶、减肥茶）

获奖企业名称：修正药业集团营销有限公司
获奖品牌名称：修正

获奖企业名称：深圳市富安娜家居用品股份有限公司
获奖品牌名称：富安娜

获奖企业名称：加多宝饮料加多宝（中国）饮料有限公司
获奖品牌名称：加多宝（凉茶）

获奖企业名称：四川沱牌舍得酒业股份有限公司
获奖品牌名称：沱牌舍得酒业

获奖企业名称：三星（中国）投资有限公司
获奖品牌名称：三星电子

获奖企业名称：汇丰银行（中国）有限公司
获奖品牌名称：汇丰银行

获奖企业名称：北京现代汽车有限公司
获奖品牌名称：北京现代

获奖企业名称：乌镇旅游股份有限公司
获奖品牌名称：乌镇旅游

获奖企业名称：天津市中央药业有限公司
获奖品牌名称：中央（麻仁软胶囊）

获奖企业名称：中国银行股份有限公司
获奖品牌名称：中国银行

获奖企业名称：贵州省人民政府新闻办公室
获奖品牌名称：走遍大地神州，醉美多彩贵州

获奖企业名称：九华山风景区管委会
获奖品牌名称：神奇灵秀地 大愿九华山

获奖企业名称：湖北省旅游局
获奖品牌名称：荆楚大地 灵秀湖北

获奖企业名称：河南省旅游局
获奖品牌名称：心灵故乡 老家河南

获奖企业名称：北京市旅游发展委员会
获奖品牌名称：北京市旅游品牌

获奖企业名称：大连万达集团股份有限公司
获奖品牌名称：万达广场

获奖企业名称：安徽金种子集团有限公司
获奖品牌名称：金种子（白酒）

获奖企业名称：泰康人寿保险股份有限公司
获奖品牌名称：泰康人寿保险

获奖企业名称：河北承德露露有限公司
获奖品牌名称：承德露露

获奖企业名称：雅培贸易（上海）有限公司
获奖品牌名称：雅培

获奖企业名称：施可丰化工股份有限公司
获奖品牌名称：施可丰

获奖企业名称：神龙汽车有限公司
获奖品牌名称：东风标致

获奖企业名称：飞利浦（中国）投资有限公司
获奖品牌名称：飞利浦

获奖企业名称：浙江曼卡龙珠宝股份有限公司
获奖品牌名称：曼卡龙（珠宝）

获奖企业名称：云南白药集团医药电子商务有限公司
获奖品牌名称：云南白药牙膏

营销传播奖

企业名称：招商银行
案例名称：招商银行“一卡通 M ＋卡，潮人新玩法”上市营销案例

企业名称：海南快克药业有限公司
案例名称：第十一届中国大学生广告艺术节学院奖快克创意实战奖

企业名称：上海精锐教育信息咨询有限公司
案例名称：精锐教育 暑期推广－微博推广案例

企业名称：飞利浦（中国）投资有限公司
案例名称：飞利浦 LIVE 生活音乐会

企业名称：MINI 中国
案例名称：宝马 MINI《PACEMAN 城市微旅行》四屏联动整合营销案例

企业名称：东风雪铁龙
案例名称：东风雪铁龙天猫汽车节活动案

企业名称：上海巴克斯酒业营销有限公司
案例名称：RIO 锐澳鸡尾酒上市活动

企业名称：红星美凯龙家居集团股份有限公司
案例名称：红星美凯龙“27 周年”活动

企业名称：杭州娃哈哈集团有限公司
案例名称：“跟着感觉走 麦香传中国”娃哈哈格瓦斯品牌创意策划案

企业名称：鲁中汇源食品饮料有限公司
案例名称：汇源 · 齐鲁台主持人新春送挂历

企业名称：公牛集团有限公司
案例名称：公牛品牌形象“天南地北”

企业名称：益海嘉里食品营销有限公司
案例名称：金龙鱼免费午餐公益推广活动

企业名称：红牛维他命饮料有限公司
案例名称：翼装飞行

企业名称：青岛海信集团
案例名称：VIDAA 推广营销活动

企业名称：上海奔腾企业（集团）有限公司
案例名称：会呼吸的电饭煲 – 奔腾新品全球首发

企业名称：康师傅（天津）饮品有限公司
案例名称：康师傅每日 C 移动端推广

企业名称：梅赛德斯 – 奔驰
案例名称：梅赛德斯 – 奔驰 C63 AMG 车型推广

企业名称：中国移动通信集团江苏有限公司
案例名称：中国移动精准活动营销

企业名称：中国电信股份有限公司浙江分公司
案例名称：带上天翼去旅行

企业名称：伊利集团液奶市场部
案例名称：伊利优酸乳：改写常规 嗨翻青春状态

企业名称：杭州娃哈哈集团有限公司
案例名称：“启力足球宝贝”选拔赛

企业名称：上海大众汽车
案例名称：全新桑塔纳 · 世说真力量

企业名称：北京迷笛音乐学校
案例名称：2013 深圳迷笛音乐节“摇滚吧！青春”移动整合传播案例

企业名称：江西旅游局
案例名称：江西“首席旅游体验师”竞聘项目旅游线路产品的社会化营销

企业名称：红牛维他命饮料有限公司
案例名称：“红牛时间到，朝焕新能量！”营销活动

企业名称：广汽本田汽车有限公司
案例名称：歌诗图第二届：境无止尽，由我天地 – 跨界西域

企业名称：滇虹药业集团股份有限公司
案例名称：皮康王越南“痒痒舞”病毒视频传播

企业名称：玫琳凯（中国）化妆品有限公司
案例名称：玫琳凯 love · 自然 · kiss 环保时尚音乐会

企业名称：嘉实多（深圳）有限公司
案例名称：嘉实多极护钛强我时 1%

企业名称：华润雪花
案例名称：中国古建筑大型纪录片

企业名称：卡萨帝家电
案例名称：卡萨帝《生活在创艺》

企业名称：益海嘉里食品营销有限公司
案例名称：河北卫视《家政女皇》助力金龙鱼抢滩“80后”市场

企业名称：雅迪科技集团有限公司
案例名称：雅迪“中国梦想秀”

企业名称：内蒙古蒙牛乳业（集团）股份有限公司
案例名称：《蒙牛酸酸乳 中国最强音》宣传策划

企业名称：广州市活泉国际贸易有限公司
案例名称：活泉《中国梦想秀》特约项目

企业名称：广州长隆集团有限公司
案例名称：长隆“世界级旅游景区”品牌营销战略

企业名称：山西杏花村汾酒销售有限责任公司
案例名称：汾酒全品牌传播

企业名称：天津市中央药业有限公司
案例名称：中央药业携手河北台农民频道《绝对有戏》让成功如约而至

企业名称：天喔食品（集团）有限公司
案例名称：喝啥哟乐享嘉年华

企业名称：深圳市金立通信设备有限公司
案例名称：走你，那些年的日子－暨 ELIFE+E6 智能手机第四届网友节

企业名称：捷豹中国
案例名称：搜索引擎 ALIVE 品牌推广

企业名称：唐山蓝猫饮品集团有限公司
案例名称：蓝猫饮品携手河北电视台农民频道《全民总动员》掀起新品传播浪潮

企业名称：中国人民保险集团股份有限公司
案例名称：中国人保“倾听心生 绿动中国”

企业名称：美即控股国际有限公司
案例名称：《the magic mement 美即时刻》微电影

企业名称：碧生源控股有限公司
案例名称：碧生源缘公益，正能量传播

广告主奖金伙伴奖获奖名单

企业名称

湖南卫视
乐视网
齐鲁电视台
北京未来广告有限公司
中国气象局华风气象传媒集团
张默闻策划集团
天畅宏声
北京启迪超凡传媒广告有限公司
深圳市迅雷网络技术有限公司
中国中央电视台广告经营管理中心
金鹰卡通卫视
湖南顺风传媒有限公司
上海 25HOURS 广告有限公司
旭美传播
山东广播电视台电视卫星频道广告部
河北日报报业集团广告信息中心
北京电视台广告部
引力传媒
河北电视台
江西电视台广告中心
智美广告
昌荣传播集团
中视金桥国际传媒集团
黑龙江电视台广告信息部
网易
安徽广播电视台广告中心
新浪网
搜狐公司
优酷土豆集团
东方卫视
凤凰网
京报传媒经营有限公司
河南电视台都市频道
北京首都机场广告有限公司
河南卫视
今晚报
重庆广电集团（总台）电视广告经营中心
福建电广东南卫视广告有限公司
天津电视台广告部
湖北广播电视台
江苏广播电视总台
瑞诚传媒集团
北京行上行广告有限责任公司

文案奖获奖名单

获得奖项：金奖
作品名称：Buick Encore SUV 1st Campaign
参赛单位：睿狮广告传播 / Lowe China

获得奖项：银奖
作品名称：Gillette 猎艳刀法
参赛单位：天联广告有限公司上海分公司

获得奖项：银奖
作品名称：一号店动物系列《驴子篇》、《猩猩篇》、《蜗牛篇》、《鸵鸟篇》
参赛单位：上海奥美广告有限公司

获得奖项：铜奖
作品名称：中央电视台"关爱老人"系列－《打包篇》、《老爸的谎言》、《妈妈的等待》
参赛单位：盛世长城国际广告有限公司

获得奖项：铜奖
作品名称：碎得超混乱
参赛单位：广州市中传威思广告有限公司

获得奖项：铜奖
作品名称：中国移动《挂了篇》
参赛单位：广东省广告股份有限公司

获得奖项：优秀奖
作品名称：TCL 冰箱《串味篇》
参赛单位：广东太平网联广告有限公司

获得奖项：优秀奖
作品名称：康"优谷大地"晚上照送系列 《雪梨篇》、《橙子篇》、《苹果篇》
参赛单位：广东省广告股份有限公司

获得奖项：优秀奖
作品名称：Buick Encore SUV 2nd Campaign
参赛单位：睿狮广告传播 / Lowe China

获得奖项：优秀奖
作品名称：了然于心的生活真意系列
参赛单位：杭州及时沟通广告有限公司

获得奖项：优秀奖
作品名称：百度手机输入法－意思篇
参赛单位：北京车语文化传媒有限公司

获得奖项：优秀奖
作品名称：《你笑笑系列》
参赛单位：长沙盛美广告有限公司

获得奖项：优秀奖
作品名称：《趾间插刀》篇
参赛单位：长沙盛美广告有限公司

获得奖项：优秀奖
作品名称：海伦堡·爱 ME 公园《扎根计划》系列
参赛单位：深圳市及时沟通广告有限公司

获得奖项：优秀奖
作品名称：支付宝－钥匙阿姨
参赛单位：睿狮广告传播 / Lowe China

获得奖项：优秀奖
作品名称：科鲁兹－改装精神
参赛单位：麦肯光明广告有限公司上海分公司

2013 年大中华区艾菲奖获奖名单

产品与服务类

机动车内

案例编号：E130343
案例名称：Jeep Compass 指南者"遇见你的城"campaign
参赛单位：灵狮中国（北京）广告有限公司
广 告 主：克莱斯勒（中国）汽车销售有限公司
奖　　项：金奖

案例编号：E130626
案例名称：全新奔驰 B 级豪华运动旅行车夜行独享版爱更夜 · 爱更多
参赛单位：北京奥美
广 告 主：梅赛德斯－奔驰
奖　　项：银奖

案例编号：E130217（台）
案例名称：Kymco 爱車研究所
参赛单位：BBDO Taiwan
广 告 主：光陽工業股份有限公司
奖　　项：铜奖

案例编号：E130788
案例名称：宝马 MINI《PACEMAN 城市微旅行》四屏联动整合营销案例
参赛单位：乐视网
广 告 主：MINI 中国
奖　　项：铜奖

美容产品与服务类

案例编号：E130697
案例名称：性感剃须
参赛单位：天联广告
广 告 主：宝洁
奖　　项：金奖

案例编号：E130388
案例名称：巴黎欧莱雅 2013 戛纳巨星挚爱彩妆
参赛单位：上海程迈文化传播有限公司
广 告 主：巴黎欧莱雅
奖　　项：银奖

案例编号：E130244
案例名称：宝洁为母亲喝彩
参赛单位：腾讯科技
广 告 主：宝洁
奖　　项：铜奖

案例编号：E130389
案例名称：白兰氏纤梅饮 真排毒
参赛单位：Publicis Advertising Co. Ltd, Shanghai Branch
广 告 主：白兰氏
奖　　项：铜奖

饮料类－酒水类

案例编号：E130369（台）
案例名称：阿母乀辦桌菜

参赛单位：McCann
广 告 主：台灣菸酒股份有限公司
奖　　项：金奖

案例编号：E130445
案例名称：百威皇想曲（百威音乐王国）
参赛单位：im2.0 互动营销（上海）
广 告 主：百威
奖　　项：银奖

案例编号：E130327
案例名称：百利 Cream With Spirit
参赛单位：百比赫广告（上海）有限公司
广 告 主：帝亚吉欧上海有限公司
奖　　项：铜奖

饮料类－非酒水类

案例编号：E130077
案例名称：可口可乐昵称瓶夏日战役
参赛单位：环时互动（北京）科技有限公司
广 告 主：可口可乐饮料（上海）有限公司
奖　　项：金奖、全场大奖

案例编号：E130760（台）
案例名称：找个理由多喝水
参赛单位：Ogilvy &Mather
广 告 主：味丹
奖　　项：银奖

案例编号：E130539
案例名称：那些年之我们的同学会
参赛单位：汉扬葛瑞集团 GREY ARTM Marketing Communications Group
广 告 主：可口可乐
奖　　项：铜奖

案例编号：E130686
案例名称：加多宝“对不起体”
参赛单位：上海友拓公关顾问有限公司
广 告 主：加多宝（中国）饮料有限公司
奖　　项：铜奖

食品类

案例编号：E130690
案例名称：把乐带回家 2013
参赛单位：天联广告
广 告 主：百事（中国）有限公司
奖　　项：金奖

案例编号：E130631
案例名称：伊利巧乐兹“雪糕棍浪漫告白”整合传播
参赛单位：奥美北京
广 告 主：伊利巧乐兹
奖　　项：银奖

案例编号：E130364（台）
案例名称：多力多滋夜電嚇鬼
参赛单位：OMD Taiwan
广 告 主：台湾百事食品股份有限公司
奖　　项：铜奖

案例编号：E130387（台）
案例名称：乖乖造句包語言養成
参赛单位：JWT Taiwan
广 告 主：乖乖股份有限公司
奖　　项：铜奖

餐饮类

案例编号：E130313
案例名称：麦当劳“愤怒的小鸟”合作营销

参赛单位：TBWA\Shanghai
广 告 主：麦当劳（中国）有限公司
奖 项：金奖

案例编号：E130279
案例名称：夜亮了
参赛单位：上海新网迈广告传媒有限公司
广 告 主：麦当劳
奖 项：银奖

案例编号：E130481（港）
案例名称：i' m Amazing
参赛单位：DDB Group Hong Kong
广 告 主：麦当劳有限公司
奖 项：铜奖

企业声誉与专业服务类

案例编号：E130344
案例名称：多乐士“一百万个多彩开始”互动整合传播
参赛单位：琥珀传播
广 告 主：多乐士
奖 项：金奖

案例编号：E130352
案例名称：北京灵狮“0 Coffee”campaign
参赛单位：灵狮中国（北京）广告有限公司
广 告 主：灵狮中国（北京）广告有限公司
奖 项：金奖

案例编号：E130064
案例名称：杜蕾斯官方微博
参赛单位：环时互动（北京）科技有限公司
广 告 主：利洁时家化（中国）有限公司
奖 项：铜奖

电子产品类

案例编号：E130616
案例名称：三星 Note II 百人证言－无处不在的 Note II
参赛单位：Cheil OpenTide 三星鹏泰
广 告 主：三星电子中国总部
奖 项：金奖

案例编号：E130420
案例名称：和明星一起挑战没有手机的 48 小时生活
参赛单位：Cheil OpenTide 三星鹏泰
广 告 主：三星电子中国总部
奖 项：银奖

案例编号：E130175
案例名称：联想运动达人
参赛单位：OgilvyAction
广 告 主：联想
奖 项：铜奖

案例编号：E130221
案例名称：社会化网购首单——小米手机 2 末日微博开卖
参赛单位：新浪
广 告 主：北京小米科技有限责任公司
奖 项：铜奖

娱乐与运动类

案例编号：E130074
案例名称：电影《中国合伙人》新媒体推广
参赛单位：环时互动（北京）科技有限公司
广 告 主：我们制作有限公司
奖 项：铜奖

休闲产品与服务类

案例编号：E130202
案例名称：以姐妹之名，全倾全力
参赛单位：TBWA\Shanghai
广 告 主：阿迪达斯集团大中华区
奖　　项：金奖

案例编号：E130058
案例名称：胶囊蝉翼
参赛单位：锐勇市场营销策划（上海）有限公司
广 告 主：南京边城体育用品股份有限公司
奖　　项：银奖

时尚风格类

案例编号：E130345
案例名称：酷乐仕维他命获得2013："活出天然色彩"互动整合营销
参赛单位：琥珀传播
广 告 主：酷乐仕维他命获得
奖　　项：金奖

案例编号：E130270
案例名称：三叶草请进团队热情广告战役
参赛单位：TBWA\Shanghai
广 告 主：阿迪达斯三叶草
奖　　项：银奖

案例编号：E130806
案例名称：每克拉美，网络定制剧打磨钻石人生
参赛单位：乐视网
广 告 主：每克拉美
奖　　项：铜奖

案例编号：E130105
案例名称：周大福"觅'逸'爱之物语"
参赛单位：宣亚国际品牌管理（北京）股份有限公司
广 告 主：周大福珠宝金行有限公司
奖　　项：铜奖

营养产品与服务类

案例编号：E130383
案例名称：安利纽崔莱蛋白质粉"加一勺"
参赛单位：Publicis Advertising Co. Ltd，Shanghai Branch
广 告 主：安利纽崔莱
奖　　项：金奖

案例编号：E130635
案例名称：暗恋
参赛单位：奥美北京
广 告 主：中美天津史克制药有限公司
奖　　项：银奖

案例编号：E130373（台）
案例名称：Feel Like Natural Eyes Day to Night
参赛单位：McCann
广 告 主：台湾娇生股份有限公司
奖　　项：铜奖

家居用品与家政服务类

案例编号：E130112
案例名称：五月花 水墨艺术 art of absorption
参赛单位：Publicis Advertising Co. Ltd，Shanghai Branch
广 告 主：五月花
奖　　项：金奖

案例编号：E130664
案例名称：中国孩子玩起来
参赛单位：Profero
广 告 主：奥妙
奖　　项：银奖

案例编号：E130549
案例名称：舒肤佳洗手篇
参赛单位：盛世长城国际广告有限公司上海第二分公司
广 告 主：宝洁
奖　　项：铜奖

案例编号：E130781
案例名称：布料世界
参赛单位：Ogilvy &Mather，Shanghai
广 告 主：联合利华（中国）有限公司
奖　　项：铜奖

家用电器与家具类

案例编号：E130240（台）
案例名称：日立冷气　幸福温度计画
参赛单位：Bremen Digital Creative
广 告 主：日立冷气
奖　　项：金奖

案例编号：E130768（台）
案例名称：好卧房为妈妈充电
参赛单位：Ogilvy &Mather
广 告 主：宜家家居
奖　　项：银奖

案例编号：E130302
案例名称：多乐士“一百万个多彩开始”互动整合传播
参赛单位：琥珀传播
广 告 主：多乐士
奖　　项：铜奖

案例编号：E130648
案例名称：卡萨帝“创艺启示录”
参赛单位：网易公司
广 告 主：青岛海尔营销策划有限公司
奖　　项：铜奖

工业与农业类

案例编号：E130641
案例名称：西门子 140 周年品牌传播战役
参赛单位：奥美北京
广 告 主：西门子（中国）有限公司
奖　　项：银奖

案例编号：E130681
案例名称：卡特彼勒挖掘机“卡特英雄”整合传播
参赛单位：奥美北京
广 告 主：卡特彼勒（中国）投资有限公司
奖　　项：铜奖

案例编号：E130281
案例名称：极致钛度，挑战极限
参赛单位：上海新网迈广告传媒有限公司
广 告 主：嘉实多
奖　　项：铜奖

零售商与电商类

案例编号：E130554
案例名称：361°　One cares One　买一善一公益项目
参赛单位：奥美世纪（北京）广告有限公司
广 告 主：三六一度（中国）有限公司
奖　　项：金奖

案例编号：E130022

案例名称：小熊电器《爱不停炖》

参赛单位：英扬传奇 & 喜邑互动复合品牌事务机构

广 告 主：广东小熊电器有限公司

奖　　项：铜奖

网络、电信、软件产品与服务类

案例编号：E130043

案例名称：百度魔图“PK 大咖”整合营销

参赛单位：百度在线网络技术（北京）有限公司

广 告 主：百度在线网络技术（北京）有限公司

奖　　项：金奖

案例编号：E130065

案例名称：杜蕾丝 BABY APP 社交网络推广

参赛单位：环时互动（北京）科技有限公司

广 告 主：利洁时家化（中国）有限公司

奖　　项：银奖

案例编号：E130706

案例名称：腾讯《弹指间 心无间》品牌形象三部曲

参赛单位：北京葛瑞传众广告有限公司

广 告 主：腾讯科技（深圳）有限公司

奖　　项：银奖

案例编号：E130069

案例名称：温暖搜索框创意公益活动

参赛单位：百度在线网络技术（北京）有限公司

广 告 主：百度在线网络技术（北京）有限公司

奖　　项：铜奖

媒体公司类

案例编号：E130693

案例名称：我的思考 DNA

参赛单位：天时广告

广 告 主：网易

奖　　项：铜奖

金融、保险产品与服务类

案例编号：E130166

案例名称：支付宝，知托付

参赛单位：Lowe China / 睿狮广告传播

广 告 主：阿里巴巴

奖　　项：金奖

案例编号：E130646

案例名称：广发银行电子银行 · 兵马俑篇

参赛单位：扬罗必凯（北京）广告有限公司广州分公司

广 告 主：广发银行

奖　　项：银奖

案例编号：E130254（台）

案例名称：萬泰銀行靈活卡

参赛单位：ADK Taiwan

广 告 主：萬泰銀行

奖　　项：铜奖

旅游景点与房地产类

案例编号：E130574（港）

案例名称：100 years before the birth of DORA－EMON @ Harbour City

参赛单位：海港城置业有限公司

广 告 主：海港城置业有限公司

奖　　项：金奖

案例编号：E130164

案例名称：全国最大二维码草坪

参赛单位：西安曲江智讯互动营销策划有限公司

广 告 主：合肥万科瑞翔地产有限公司

奖　　项：银奖

案例编号：E130173

案例名称：我“摇”去加州

参赛单位：威动（上海）营销咨询有限公司

广 告 主：美国加利福利亚洲旅游会展局

奖　　项：铜奖

政府机构类

案例编号：E130516

案例名称：民工孩子的奢侈品

参赛单位：Cheil

广 告 主：新公民计划

奖　　项：银奖

案例编号：E130307

案例名称：《会生长的“种子展厅”》

参赛单位：广州市旭日因赛广告有限公司

广 告 主：广州国家广告产业园区管理委员会

奖　　项：铜奖

2013 年第八届中国元素国际创意大赛获奖名单

文化贡献奖

类　别：人物

获奖者：马云

类　别：品牌

获奖者：微信

类　别：事件

获奖者：木心文化现象

类　别：社团

获奖者：乌镇戏剧节

全场大奖

类　　别：影视动画

作品名称：回家系列：过门的忐忑、迟到的新衣、63 年后的团圆、家乡的味道

参赛单位：麦肯光明广告有限公司上海分公司 McCann Shanghai

参赛单位官网：http://mccann.com/

金奖

类　　别：平面图形

作品名称：青聪泉 –《走进星星的世界》邀请邮件画

参赛单位：睿狮广告传播 LOWE CHINA

参赛单位官网：http://www.lowechina.com/

类　　别：影视动画

作品名称：别克君越五部曲 – 棋中棋

参赛单位：阳狮广告 Publicis Groupe

参赛单位官网：http://www.publicis.com/

类　　别：户外环境
作品名称：五月花卷纸水墨艺术
参赛单位：阳狮广告 Publicis Groupe
参赛单位官网：http://www.publicis.com/

类　　别：产品包装
作品名称：快乐输液
参赛单位：阳狮广告 Publicis Groupe
参赛单位官网：http://www.publicis.com/

银奖

类　　别：平面图形
作品名称：多芬－女人生来美丽
参赛单位：奥美中国
参赛单位官网：http://www.ogilvy.com.cn/#/cn/ogilvy

类　　别：平面图形
作品名称：人之家系列之孤独老人参赛单位：阳狮广告
参赛单位官网：http://www.publicis.com/

类　　别：影视动画
作品名称：爱父母，多回家看看之打包篇、妈妈的等待篇、爸爸的谎言篇
参赛单位：盛世长城 Saatchi & Saatchi
参赛单位官网：http://saatchi.com/en-us/

类　　别：互动体验
作品名称：胤禛美人图
参赛单位：中央美术学院
参赛单位官网：http://www.cafa.edu.cn/

类　　别：互动体验
作品名称：民工孩子的奢侈品
参赛单位：北京杰尔广告有限公司参赛单位官网：http://www.cheil.com/web/

类　　别：户外环境
作品名称：舒洁面巾 分享柔软一面
参赛单位：智威汤逊－中乔广告有限公司上海分公司
参赛单位官网：http://www.jwt.com/shanghai

类　　别：Radio
作品名称：百度手机输入法－意思篇
参赛单位：北京车语文化传媒有限公司
参赛单位官网：http://www.autoradio.cn/

类　　别：Radio
作品名称：捍卫食品安全
参赛单位：东北林业大学（许张毅 团队）
参赛单位官网：http://www.nefu.edu.cn/

类　　别：Radio
作品名称：英大车险广播广告《正反读－故事事故篇》、《正反读系列－万一一万篇》、《正反读－我靠靠我篇》
参赛单位：北京日全食广告有限公司
参赛单位官网：http://www.fse-ad.com/

类　　别：产品包装
作品名称：结合
参赛单位：东北师范大学人文学院 （刘洋、蔡猛）
参赛单位官网：http://www.chsnenu.edu.cn/

类　　别：产品包装
作品名称：老舍茶行古树茶、200 克茶饼装、陶器装、竹筒装

参赛单位：林韶斌设计团队

参赛单位官网：http://www.linshaobin.com/

铜奖

类　　别：平面图形

作品名称：六神驱蚊花露水系列黑帮篇、屠夫篇

参赛单位：阳狮广告

参赛单位官网：http://www.publicis.com/

类　　别：平面图形

作品名称：中国成语之社会表情系列

参赛单位：海南师范大学美术学院 Institute

参赛单位官网：http://second.hainnu.edu.cn/yuanxisz/yishu/temp/fb/index.asp

类　　别：平面图形

作品名称：道之相生

参赛单位：广西艺术学院 （赵婷）

参赛单位官网：http://www.gxai.edu.cn/

类　　别：影视动画

作品名称：五月花－抗癌妈妈假发篇

参赛单位：阳狮广告 Publicis Groupe

参赛单位官网：http://www.publicis.com/

类　　别：影视动画

作品名称：别克凯越人生系列：1. 风雨飘摇的日子；2. 爱的安全感；3. 爸爸的温度；4. 人生的牌局；5. 母亲的礼物；6. 成功的秘诀；7. 老公的谎言

参赛单位：睿狮广告传播 LOWE CHINA

参赛单位官网：http://www.lowechina.com/

类　　别：户外环境

作品名称：明日山河

参赛单位：苏海江 Su Haijiang

类　　别：户外环境

作品名称：过度设计是种浪费

参赛单位：江西华赣公交文化传媒有限公司

参赛单位官网：http://www.ncgjgg.com/

类　　别：户外环境

作品名称：马路凶猛之鳄鱼篇、猛蛇篇

参赛单位：北京电通广告有限公司

参赛单位官网：http://www.beijing-dentsu.com.cn/

类　　别：户外环境

作品名称：餐盘里的孩子

参赛单位：广州市蓝色创意广告有限公司

参赛单位官网：http://www.bluecreative.cn/

类　　别：Radio

作品名称：春节后请多关爱父母

参赛单位：湖南广播电视台广播传媒中心

参赛单位官网：http://www.hnradio.com/

类　　别：Radio

作品名称：TCL 冰箱不串味

参赛单位：广东太平网联广告有限公司

参赛单位官网：http://www.elinkinter.net/

类　　别：Radio

作品名称：中国节日节气——贯口篇

参赛单位：中央人民广播电台

参赛单位官网：http://www.cnrmz.com/

类　　别：产品包装
作品名称：凤凰单枞
参赛单位：林韶斌设计团队
参赛单位官网：http://www.linshaobin.com/

类　　别：产品包装
作品名称：Every year there is fish 余
参赛单位：湖南农业大学（黄瑀晗团队）
参赛单位官网：http://www.hunau.edu.cn/

类　　别：产品包装
作品名称：清·雅·净·贤
参赛单位：狼卜品牌营销机构
参赛单位官网：http://www.alongbrand.com/

第十一届学院奖获奖名单

碧生源平面类、综合类

平面广告

金奖

作品编号：MILP2013042313093143609
作品名称：力不从心
作　　者：宗朝阳
指导老师：刘渊
学　　校：华北电力大学（保定）

作品编号：EHMG2013042417514064433
作品名称：心意
作　　者：覃玉婷
指导老师：汪晓东
学　　校：广西职业技术学院

作品编号：QGTE2013041217475084460
作品名称：媒体好 资讯广
作　　者：杨威
指导老师：王友江、张野
学　　校：北京交通大学

作品编号：ADMT2013040817272729417
作品名称：你看不到的我帮你看到
作　　者：梁颖妍、陈红玲、程靖熹
指导老师：林涛
学　　校：广州美术学院

作品编号：ISXC2013041808141958758
作品名称：被揉皱的青春
作　　者：王桧鲒
指导老师：刘秀伟、任丽凤
学　　校：北京城市学院

作品编号：LKGN2013042816090464070
作品名称：Gift
作　　者：冯冰蕊
指导老师：曾珊
学　　校：四川传媒学院

作品编号：SUAS2013042712182874251
作品名称：《盼》
作　　者：吴倩、雷佳媛、唐伟伟
指导老师：刘斌
学　　校：福州大学厦门工艺美术学院

作品编号：RACC2013042815375366903
作品名称：在平凡中精彩
作　　者：杨宝莹
指导老师：刘境奇、郑龙伟
学　　校：广东轻工职业技术学院

作品编号：DPUC2013042710344546952
作品名称：每日新报—菇、笋、辣椒系列
作　　者：刘佩琪
指导老师：秦宇新、潘洁卿、陈少烽
学　　校：广东交通职业技术学院

作品编号：JEMM2013042619255696702
作品名称：露趾很潮！

作　　者：李金鑫
指导老师：朱颖芳、赵世勇、王旭
学　　校：天津财经大学珠江学院

作品编号：BYCS2013043002503225304
作品名称：AI 呀呀 ~ 我要全部！
作　　者：李知燃
指导老师：彭涌
学　　校：天津工业大学

作品编号：UKZD2013041217053559084
作品名称：别装黑白
作　　者：杨威
指导老师：王友江、张野
学　　校：北京交通大学

作品编号：GXLC2013043000205376243
作品名称：58 同城何必让自己那么费事
作　　者：李聪
指导老师：肖畅
学　　校：天津工业大学

作品编号：UZNZ2013042919312883675
作品名称：非乐系列广告
作　　者：李科、陈尚正、赵超伟
指导老师：王若鸿
学　　校：西安工业大学

作品编号：RSDA2013042815441471525
作品名称：TRY 旅行篇、美食篇
作　　者：张宇芹
指导老师：李馨、陈立民
学　　校：西南交通大学

作品编号：IYOL2013042801470018094
作品名称：金镶玉水墨系列
作　　者：徐心迪
指导老师：冯晓娟
学　　校：南京林业大学

作品编号：KCGY2013042613561125721
作品名称：《魅力人生，“颈项”之选》
作　　者：吴月华
指导老师：王宏奇
学　　校：江苏大学

作品编号：YLAO2013042816573989057
作品名称：有你相伴，黄老五花生酥
作　　者：曹蒙雨
指导老师：刘秀伟
学　　校：北京印刷学院

作品编号：OQLY2013042823240460736
作品名称：填出未来
作　　者：韩玉恒
指导老师：吕月米
学　　校：浙江工业大学

银奖

作品编号：NTXB2013042701055878974
作品名称：关注流浪儿童
作　　者：崔丽莎
指导老师：李少博
学　　校：内蒙古师范大学

作品编号：KZKX2013042023561136659
作品名称：生活系列
作　　者：黄飞扬
指导老师：彭李千慧
学　　校：昆明理工大学

作品编号：ZMTS2013042523531752644
作品名称：绿色胶囊
作　　者：黄崇天、潘丽欣、朱媚霞
指导老师：谢琼梅
学　　校：萍乡高等专科学校

作品编号：HYYB2013042723321364413
作品名称：感冒了，快克可以替代的
作　　者：秦冬雪
指导老师：邓超群、白丽平
学　　校：黄石理工学院

作品编号：SDBP2013042806381189474
作品名称：精彩不“指”一点点、让生活多一点精彩
作　　者：曾繁荣、莫韵燃
指导老师：黄蓓
学　　校：广东工业大学

作品编号：XSRX2013040817540630913
作品名称：腾讯微博《旅游篇》、《时尚篇》、《美食篇》
作　　者：魏星
指导老师：张慧娟
学　　校：华中农业大学楚天学院

作品编号：OXSC2013042801181446015
作品名称：小小指尖 · 大大世界
作　　者：潘春林、徐传明
指导老师：李馨、陈立民
学　　校：西南交通大学

作品编号：ZAUR2013042807240218397
作品名称：看新闻，我用掌上神器！
作　　者：范庆晨、贺梦云
指导老师：王晔
学　　校：武汉大学

作品编号：WAMK2013041610073337039
作品名称：我的青春很酸甜
作　　者：缪雨彤
指导老师：宗振举、周光辉
学　　校：天津轻工职业技术学院

作品编号：LMBI2013042516263861289
作品名称：狠酸甜，就是在一起
作　　者：白杨
指导老师：刚强
学　　校：内蒙古师范大学

作品编号：LYEO2013043000231334780
作品名称：七度空间之少女童话
作　　者：曹琳爽、黄睿婧
指导老师：向静
学　　校：重庆大学

作品编号：BMMD2013042013534990206
作品名称：七度空间工作、运动、睡眠篇
作　　者：王虎
指导老师：王可
学　　校：北京航空航天大学

作品编号：KUAR2013042711035446961
作品名称：所盼即所得
作　　者：彭创
指导老师：刘秀伟、张群力、张锦华
学　　校：北京城市学院

作品编号：ILHV2013042716173425995
作品名称：直到那天遇到了你
作　　者：王玉婷、黄凯彬
指导老师：周华设
学　　校：广东科学技术职业学院

作品编号：XMLH2013043013153945348
作品名称：“代”替之打开心门
作　　者：郑闵谦、陈晨、徐焕超
指导老师：高彬
学　　校：天津工业大学

作品编号：XMLH2013043013153945348
作品名称：给我一杯咖啡的时间
作　　者：刘永红、马丽娟
指导老师：徐莉、王岩、王玉庭
学　　校：山西大学商务学院

作品编号：SNCV2013042521524892595
作品名称：每日新报—蔬菜篇、水果篇、鲜花篇
作　　者：陈亚汝
指导老师：鲍静
学　　校：浙江万里学院

作品编号：LNFE2013042523111652446
作品名称：一样？不一样！
作　　者：柳旸、彭晓敏
指导老师：凃志初
学　　校：湖北美术学院

作品编号：PUCG2013041016040221057
作品名称：让胃舒缓一点
作　　者：陈俊彬、章煜、郑悦
指导老师：江明磊
学　　校：南海东软信息技术职业学院

作品编号：ERRR2013042618392236561
作品名称：管用唯达宁
作　　者：于航
指导老师：王世龙
学　　校：辽宁师范大学

作品编号：BBBH2013042810485925679
作品名称：把“AI”戴身边
作　　者：王丽娜、李旭红
指导老师：马磊
学　　校：阜阳师范学院

作品编号：TDHL2013042822590512957
作品名称：《礼物之小女孩篇》《礼物之母亲篇》
作　　者：上官宗杰
指导老师：吕月米
学　　校：浙江工业大学

作品编号：VQXY2013042611073421572
作品名称：好“色”之徒
作　　者：童竹青
指导老师：肖科坤
学　　校：安徽建筑大学

作品编号：QFKL2013042515112873075
作品名称：我的五彩世界
作　　者：徐磊、薛亦君
指导老师：许雯
学　　校：宁波大学

作品编号：HDSP2013042010484392353
作品名称：58 蝙蝠侠篇与 58 超人篇
作　　者：龙喆、安丽颖、尹秋云
指导老师：付启银、陈涛
学　　校：湖北青年职业学院、湖北第二师范学院

作品编号：ILXW2013042708180487707
作品名称：58，让生活更简单
作　　者：马亚楠、杜爽
指导老师：何轩、魏坤、丁一
学　　校：江汉大学

作品编号：UIQX2013041801260924871
作品名称：菲乐就是纯（纯天然、纯植物、纯营养）

作　　者：麦永明
指导老师：黄丽燕
学　　校：仲恺农业工程学院

作品编号：UIUR2013042713340752775
作品名称：菲乐－植物纯生之美
作　　者：赵世明、张文静、相兵
指导老师：李双
学　　校：福州大学厦门工艺美术学院

作品编号：XXGQ2013042120455751941
作品名称：唯我精彩
作　　者：林昊、陈乙欣
指导老师：刘秀伟
学　　校：北京城市学院

作品编号：VFUE2013042416263378065
作品名称：高跟鞋篇、口红篇、香水篇
作　　者：严娟
指导老师：张智乐
学　　校：西南林业大学

作品编号：OFUC2013042617390476024
作品名称：华昌珠宝国际信件 100 年
作　　者：吴　茜
指导老师：吕月米
学　　校：浙江工业大学

作品编号：RKJZ2013042822302937919
作品名称：中国金镶玉——刺绣篇、雕刻篇、瓷器篇
作　　者：鲍龙卉
指导老师：门小勇
学　　校：内蒙古师范大学

作品编号：FWRJ2013042320154634567
作品名称：百年苏丝，爱永不褪色
作　　者：宋丽行、袁婧、杨雅霓
指导老师：沈德坤
学　　校：昆明理工大学

作品编号：PVOG2013042621475962944
作品名称：苏丝丝巾，100 年不褪色
作　　者：申祺、刘璐、张志娟
指导老师：刘文忠、王俊祥
学　　校：信阳师范学院

作品编号：GVEW2013042322444435829
作品名称：赶考
作　　者：黄石、虞晨
指导老师：钟旭
学　　校：北京师范大学珠海分校

作品编号：RMCI2013042612093661848
作品名称：只有黄老五
作　　者：管伊园、罗鑫、徐瑾
指导老师：夏琳
学　　校：华中农业大学、武汉大学、湖北美术学院

作品编号：NGEP2013041711082793603
作品名称：三人行，必有广告人
作　　者：宋佳
指导老师：申琳
学　　校：长春师范大学

作品编号：VAJF2013042417060014862
作品名称：广告师“露脸篇”
作　　者：梅朱振、顾大明、陈佳佳
指导老师：王健、刘棠
学　　校：南京航空航天大学金城学院

铜奖

作品编号：VDKK2013042317215794713
作品名称：公车篇

作　　者：覃海飞
指导老师：张富饶
学　　校：广西大学

作品编号：SQHM2013042313433511296
作品名称：碧生源“情”系你我他
作　　者：朱梓豪
指导老师：傅昕
学　　校：广东商学院

作品编号：VJJC2013042521530040015
作品名称：绿色 需要你动一下手
作　　者：李丹丹
指导老师：赵莹
学　　校：平顶山学院

作品编号：JYAZ2013032015244827162
作品名称：快克上门
作　　者：王萌
指导老师：赵虹、张艳
学　　校：南京师范大学泰州学院

作品编号：PXII2013042115330425495
作品名称：“粒”刻恢复；“粒”刻消失
作　　者：陈文智（第一作者）
指导老师：马良华
学　　校：广州美术学院

作品编号：UCCT2013042310214924192
作品名称：魔力小快克
作　　者：蔡壁如、陈丽东（第一作者）、陈岱芸
指导老师：汪欣
学　　校：广东商学院

作品编号：AKNC2013042718101979742
作品名称：享我所想，腾讯微博

作　　者：郭梓键、梁嘉业、梁嘉健
指导老师：周文娟
学　　校：广东工业大学

作品编号：TCEC2013042421271325826
作品名称：逆袭利器
作　　者：苏晓美、哈丽雅
指导老师：任镝
学　　校：长春理工大学

作品编号：HUHF2013042607333354839
作品名称：采访篇、体育篇、花样滑冰篇
作　　者：林志吉、吴莉莉、苏燕玲
指导老师：周华清
学　　校：福建工程学院

作品编号：URJE2013041814240331321
作品名称：我不喜欢！
作　　者：向羿箫
指导老师：黄丽燕
学　　校：仲恺农业工程学院

作品编号：YKMJ2013042613115665671
作品名称：大脑神经系列篇
作　　者：张玉、张新心、王金霞
指导老师：李文辉
学　　校：郑州华信学院

作品编号：AITG2013042320304286001
作品名称：酸甜藏不住
作　　者：王朝昌、陈琳
指导老师：彭姝
学　　校：福建师范大学协和学院

作品编号：ZDUK2013042722355742939
作品名称：蒙牛系列作品

作　　者：洪增明、祝章榕
指导老师：周华清、黄恩武
学　　校：福建工程学院

作品编号：AOJN201304281345084515O
作品名称：青春，狠酸甜！
作　　者：王如月、张莉、蒋慧
指导老师：樊传果
学　　校：徐州师范大学

作品编号：LPNR2013042521333297347
作品名称：自由时刻
作　　者：丁宁、张国丹、鄢然
指导老师：温鑫、倪龙娇
学　　校：淮南师范学院

作品编号：ODDT2013041419394218209
作品名称：有它的日子，随心所欲
作　　者：顾依婷
指导老师：葛越
学　　校：上海理工大学

作品编号：FWEA2013042602441413936
作品名称：七度空间　　小气篇、刻薄篇
作　　者：庄小清
指导老师：彭姝
学　　校：福建师范大学协和学院

作品编号：GNNV2013042817120826138
作品名称：盼友
作　　者：梁洁颖、陈慧妃、孔钦芳
指导老师：吕月米
学　　校：浙江工业大学

作品编号：URVT2013041016180181751
作品名称：盼的味道

作　　者：黄敏贞、吴嘉丽、陈嘉宁
指导老师：江明磊
学　　校：南海东软信息技术职业学院

作品编号：XYPZ2013042910515181416
作品名称：盼盼带给我的欢乐
作　　者：肖力亮
指导老师：张晓东
学　　校：北京印刷学院

作品编号：GCBU2013042323513843939
作品名称：活出真我，活出敢性
作　　者：谢小东
指导老师：刘洁
学　　校：浙江理工大学

作品编号：JJJN2013042715343452506
作品名称：罢课篇、罢工篇
作　　者：罗慧连
指导老师：田辉龙
学　　校：赣南师范学院

作品编号：LOJW2013042602285088837
作品名称：回味梦想，活出敢性
作　　者：李镛
指导老师：张超
学　　校：广东工业大学

作品编号：KVFK2013042500005560793
作品名称：每日新报，每日在您身边
作　　者：林峰
指导老师：全宁
学　　校：金陵科技学院

作品编号：MLYE2013050220292245488
作品名称：每日新报系列

作　　者：杨波
指导老师：张晓东
学　　校：北京印刷学院

作品编号：RNPF2013042520061447690
作品名称：每日亲民报
作　　者：李桓稼
指导老师：张群力
学　　校：北京城市学院

作品编号：XJNS2013042814572892450
作品名称：除臭篇、杀菌篇、止痒篇
作　　者：胡雅慧
指导老师：李少博
学　　校：内蒙古师范大学

作品编号：EZTJ2013041220145831833
作品名称：酸痛胀
作　　者：孟凡杰
指导老师：许丹桂
学　　校：安徽财经大学

作品编号：MTRF2013041920024366445
作品名称：胃道好、味才好
作　　者：张惠敏、孙康
指导老师：叶国庆、康洁
学　　校：武汉科技大学城市学院

作品编号：ISAS2013042523351010316
作品名称："我的爱，超愉快"
作　　者：李凡
指导老师：陈海英
学　　校：青岛科技大学崂山校区

作品编号：PNGM2013043011112222298
作品名称：看得见的"爱"

作　　者：翁莉琼、潘树峰
指导老师：张春新
学　　校：重庆大学

作品编号：JWLM2013042809361916330
作品名称：我的 Aiyaya
作　　者：张雪梅
指导老师：许康
学　　校：淮阴师范学院

作品编号：QYAE2013042512015293380
作品名称：开启 RIO——遇见多彩童年
作　　者：林文伟、郑文森
指导老师：范啟华、高媛媛
学　　校：福建师范大学闽南科技学院

作品编号：TJZE2013042312383244500
作品名称：我的彩色世界
作　　者：林欣、梁晓伶
指导老师：骆小欢
学　　校：浙江大学城市学院

作品编号：KTCF2013042809271061633
作品名称：my only king—— RIO!
作　　者：赵津、袁晓婷
指导老师：杨蕾
学　　校：中国传媒大学

作品编号：FDKU2013042708092959517
作品名称：按"步"就班
作　　者：周专
指导老师：姜吉荣
学　　校：徐州师范大学

作品编号：JYHM2013042513283765037
作品名称：58 同城之成语新编系列

作　　者：刘印鼎、胡亮
指导老师：范薇
学　　校：华中师范大学武汉传媒学院

作品编号：WROF2013042519134566474
作品名称：58 同城，让生活更简单
作　　者：蔡楠莎、梁朝辉、侯婷
指导老师：唐朝辉
学　　校：湖南商学院

作品编号：COTD2013042701101425877
作品名称：菲乐—纯生魅力
作　　者：潘慧敏
指导老师：刘光宇
学　　校：华南理工大学

作品编号：NRFL2013042812433973250
作品名称：给你的就是最纯的
作　　者：蒋千、宋美玲、张慧宇
指导老师：芦玉铭、刘哲
学　　校：鲁迅美术学院

作品编号：QPYR2013042417091148198
作品名称：清纯篇
作　　者：吕君倩、朱虹、曹玉娇
指导老师：王健、刘棠
学　　校：南京航空航天大学金城学院

作品编号：WRRC2013042508451255362
作品名称：不追随，敢尝新
作　　者：孙亚宁、訾磊磊、喻迟
指导老师：倪鹏飞
学　　校：山东建筑大学

作品编号：NESF2013042717481622104
作品名称：爱挑战、爱冒险、爱表现 我和你一样

作　　者：罗丹、茆苑、刘运良
指导老师：王辉
学　　校：南京理工大学

作品编号：YHOT2013041813113317036
作品名称：勇敢尝新——思想篇
作　　者：余蓉
指导老师：姜蕾歌
学　　校：仲恺农业工程学院

作品编号：TLOS2013042921520089969
作品名称：最华丽的水墨画
作　　者：黄仟
指导老师：严薇
学　　校：北京印刷学院

作品编号：NCPF2013042819482450193
作品名称：金玉良缘
作　　者：徐申如
指导老师：刘秀伟
学　　校：北京印刷学院

作品编号：ARHU2013040102094859008
作品名称：白雪公主篇、灰姑娘篇
作　　者：高洁
指导老师：刘秀伟、任丽凤
学　　校：北京城市学院

作品编号：QEYP2013041912203267156
作品名称：爱一生
作　　者：黄枭
指导老师：胡桩
学　　校：南宁职业技术学院

作品编号：QCTD2013042323023893718
作品名称：苏丝丝巾，风靡世界

作　　者：盛怡岚
指导老师：孙屹
学　　校：上海理工大学

作品编号：TLFV2013042601373677750
作品名称：爱你就要缠着你
作　　者：陈旻、李盼飞
指导老师：杨杰
学　　校：南京林业大学

作品编号：AIVR2013042015195727593
作品名称：奶奶的花生酥
作　　者：吴征、温馨、王必杰
指导老师：张龙、韦超现
学　　校：广西师范学院

作品编号：GUMY2013042520312193966
作品名称：黄老五老人篇
作　　者：王星惠
指导老师：刚强
学　　校：内蒙古师范大学

作品编号：KOBU2013042612441835636
作品名称：追求健康时尚生活品质
作　　者：张洪宪
指导老师：倪鹏飞
学　　校：山东建筑大学

作品编号：TCCG2013042223163153131
作品名称：请不要把能力藏起来
作　　者：王彦
指导老师：田罡
学　　校：天津天狮学院

作品编号：TOXJ2013043011094492427
作品名称：广告师，何止单单是广告师！
作　　者：谈超
指导老师：刘东涛
学　　校：济南大学

作品编号：WTON2013041517432533821
作品名称：防水篇，向上篇
作　　者：尤超、袁杏茹
指导老师：陈涛
学　　校：重庆邮电大学

腾讯微博人气奖

作品编号：ETIE2013042709502160221
作品名称：随时随地、微博你的生活
作　　者：林晨、秦倩、袁甲
指导老师：魏坤、丁一、何轩
学　　校：江汉大学

影视广告

全场大奖

作品编号： GOCY2013041915464892436
作品名称：colorful life
作　　者：项敬超、王文琦、王鼎
指导老师：宋明冬
学　　校：浙江农林大学

评委特别推荐大奖

作品编号：UAQI2013042610545927397
作品名称：酥脆齐分享
作　　者：应佳妮、吴凯丽
指导老师：施州
学　　校：上海外国语大学贤达经济人文学院

作品编号：CAMS2013042217051137533
作品名称：笑是一种“传染病”
作　　者：郑松杰、李洁莹、郑植元、杨帅、石焕
指导老师：周严、王艺锦、易琛
学　　校：吉林大学珠海学院

作品编号：HAFA2013042114393465496
作品名称：腾讯微博——我在世界每一处
作　　者：赵振龙
指导老师：夏春秋
学　　校：华中师范大学武汉传媒学院

作品编号：OUJM2013042618394271974
作品名称：亲情递，盼爱归
作　　者：程遨宇、马倩茹
指导老师：黎青、尹晓燕
学　　校：湘潭大学

作品编号：FMMF2013042622414353980
作品名称：分享快乐
作　　者：熊雅迪、孟梦、郝淼、王熙雅
指导老师：罗力
学　　校：四川美术学院

作品编号：GMIV2013042410374665931
作品名称：斯达舒《打印机篇》
作　　者：李晓佳、石语琴、王紫恩、李长江、邓茜
指导老师：宋伟龙、丁晓正
学　　校：河北大学

金奖

作品编号：CAMS2013042217051137533
作品名称：笑是一种“传染病”
作　　者：郑松杰、李洁莹、郑植元、杨帅、石焕
指导老师：周严、王艺锦、易琛
学　　校：吉林大学珠海学院

银奖

作品编号：QOII2013042911472877944
作品名称：小手传爱
作　　者：吴玲丹、邝立
指导老师：赵鹏
学　　校：山东大学

作品编号：CTPX2013042410380069554
作品名称：《小快克，最贴心》
作　　者：李杰
指导老师：胡振宇
学　　校：天津师范大学

作品编号：KBVG2013041222362527778
作品名称：我的犯“二”青春
作　　者：张鑫、师永涛、徐雪萍、蒯彦俊、宁旭霞
指导老师：刘前红、刘成瑜、杜霞
学　　校：郑州大学升达经贸管理学院

作品编号：MONV2013042112390660193
作品名称：七日完美冒险
作　　者：石岚、翁稚昕、张影
指导老师：倪莉
学　　校：上海师范大学

作品编号：IHJF2013042700071954211
作品名称：少女物语
作　　者：张嘉慧、林子殷
指导老师：孙友全、张燕丽、陈睿
学　　校：广东农工商职业技术学院

作品编号：AOIG2013042616051347673
作品名称：锐澳多彩世界篇
作　　者：詹磊、王点、陈平波、任怡安、汪丽萍
指导老师：谭可可、罗艺颖
学　　校：湖南大学

作品编号：VKTS2013042514431624303
作品名称：梦想中的“万能老公”
作　　者：肖欢、吕达、向旭
指导老师：黎青、尹晓燕
学　　校：湘潭大学

铜奖

作品编号：DPDB2013042412502693726
作品名称：一元钱
作　　者：邢瀚元、金兆阳、芦经俊、许萌
指导老师：金明琨
学　　校：浙江传媒学院

作品编号：HSQE2013042619525480919
作品名称：火柴小人的感冒日记
作　　者：李静杰
指导老师：雷涛
学　　校：浙江传媒学院

作品编号：BBRI2013042916442278633
作品名称：思维碰撞
作　　者：高晓曦、陈韦达、梁泽宇、江小玲、吴悠
指导老师：刘一儒
学　　校：江西师范大学

作品编号：VNQZ2013042520492322062
作品名称：五味青春，“狠”酸甜
作　　者：许志刚、王艳芬、江莹、金宸贤
指导老师：罗芳萍、杨璐潞
学　　校：龙岩学院

作品编号：ZFPE2013042314435292925
作品名称：玩美生活，完美生活
作　　者：刘炜璇、李婕、陈若、李瑶瑶、王尧
指导老师：汪滢
学　　校：浙江师范大学行知学院

作品编号：UOKE2013042510135858586
作品名称：快乐时光
作　　者：杨欣、陈蕾、张雨晨、李颖洁
指导老师：陈贞旭
学　　校：武汉体育学院体育科技学院

作品编号：JGSC2013042701244727553
作品名称：有所盼，盼不够
作　　者：俞星屹
指导老师：胡建红
学　　校：武夷学院

作品编号：SQWQ2013042701414624313
作品名称：生活无所不能，只要你敢
作　　者：林丹阳、郭清雨
指导老师：张燕丽、孙友全、陈睿
学　　校：广东农工商职业技术学院

作品编号：SPSA2013042613313867922
作品名称：宿舍篇
作　　者：李栋、李杨、于振洲、程一朔、黄炜新
指导老师：冯智敏、胡睿
学　　校：西南交通大学

作品编号：NKDP2013042900343958765
作品名称：胃袋
作　　者：陈钰、章颖、王瑞
指导老师：胡骅
学　　校：温州大学瓯江学院

作品编号：KDQX2013042813390137962
作品名称：无需装饰的精彩
作　　者：安刘德、闫晗、齐亚宜、毛官平、胡园园
指导老师：李双
学　　校：福州大学厦门工艺美术学院

作品编号：ISBF2013042512495925406
作品名称：年轻本色
作　　者：虞梦澜、徐钰涵、郑冰洁、徐聪琳
指导老师：苏歆海
学　　校：浙江大学城市学院

作品编号：WNTJ2013042720240457370
作品名称："惨叫鸡"篇
作　　者：缪汉钊、董定勇、李匡国、庄宇骏、张丹青
指导老师：李佳伦 朱洁
学　　校：西南交通大学

作品编号：MRDM2013042714212177797
作品名称：凤安
作　　者：陈祥
指导老师：彭超
学　　校：海南大学三亚学院

作品编号：RPJP2013042221460128378
作品名称：华昌珠宝之珠宝篇
作　　者：杨柳
指导老师：黄辉
学　　校：安徽师范大学

作品编号：TVSJ2013042512172229769
作品名称：爱，不褪色
作　　者：包雪瑜、杜梦、陈玲玲
指导老师：徐永顺
学　　校：南京航空航天大学金城学院

作品编号：REAT2013042715254192725
作品名称：最佳奖励
作　　者：朱凯、陈姗姗、王奕璇、李涛
指导老师：单禹
学　　校：浙江传媒学院

营销策划

金奖

作品编号：PVWF2013043014412153297
作品名称：一个感冒人的自白
作　　者：赵孝莉、安琪、曹妍、艾冬梅、涂文军、张宇
指导老师：胡振宇
学　　校：天津师范大学

作品编号：BJAT2013042719512283320
作品名称："讯"息万变 、"秒"为人先
作　　者：邹倩、李雪琳、陈思伊、李杰民
指导老师：万木春、杨先顺
学　　校：暨南大学

作品编号：NVQO2013042912092934853
作品名称：异想日记
作　　者：高智慧、韩志祺、闫广玲、邱雪、刘虹、杨男
指导老师：张馨友
学　　校：内蒙古师范大学

作品编号：UFSI2013042820174070243
作品名称：映射时代的"服务力量"
作　　者：任昊、高航、王琳琨、张得咏、张力元、耿
指导老师：周光辉、李冰玉、邹芙蓉
学　　校：天津师范大学津沽学院

作品编号：JPGB2013042819161719170
作品名称：哎呀呀爱要多一点
作　　者：邹琴、黄佳、邵小凤、　青琳
指导老师：代婷婷、陈薇
学　　校：武汉纺织大学

作品编号：YRED2013042709050750715
作品名称：管得也太宽了！
作　　者：王娇娇、王鹤、刘加恒、赵丹
指导老师：祝胜军、黄清华、孙平
学　　校：江西师范大学

作品编号：JSIS2013042620591483321
作品名称：感生活敢人生
作　　者：杨晓孟、陈奕希、胡发英、王东明、孙方永、于振
指导老师：刘波、王静静、郑晓迪
学　　校：山东艺术学院

作品编号：ZZAX2013042511292929496
作品名称：重新定义金镶玉
作　　者：司徒茵、吴君彦、卫炽明
指导老师：周严、王艺锦、彭兰
学　　校：吉林大学珠海学院

作品编号：OCOS2013042708221170931
作品名称：第 1 夫人
作　　者：马树更、王晓明、肖俊
指导老师：沈月娥
学　　校：长春工业大学

银奖

作品编号：IYAE2013043008532699734
作品名称：《非大学、不碰头》
作　　者：戴婷婷、汪潇、陆大召、袁雯、唐雨茜、丁林杰
指导老师：王慧灵
学　　校：江苏师范大学

作品编号：QNOM2013042811113662121
作品名称：纯纯欲动
作　　者：胡卫、陈芬、陈佳昊、胡薇
指导老师：李林平、胡胜
学　　校：北海艺术设计职业学院

作品编号：HGJR2013042809193666253
作品名称：“有情今相遇”华昌珠宝品牌营销策划案
作　　者：贺雨萌、赵佳蒙、李秋霖、侯洁静、姜文
指导老师：罗峻峰
学　　校：南京林业大学

铜奖

作品编号：GFZW2013042721305383925
作品名称：绿色微动力 · 推动下一个 20 年
作　　者：杨皓天、蒋婉露、黄惠、陈兰、王紫薇、赵翔宇
指导老师：金佳林
学　　校：成都理工大学广播影视学院

作品编号：XVCE2013042817210818383
作品名称：就爱碎遂念
作　　者：白静、张莉宁、鄂晶心、郭月、李赢汇
指导老师：李冰玉
学　　校：天津师范大学津沽学院

作品编号：PVKI2013042813252449246
作品名称：腾讯掌上直播室
作　　者：傅潇雨、卓四毛、黄翼飞
指导老师：赵新华
学　　校：江西财经大学

作品编号：QPWP2013042619550692466
作品名称：新报用心报
作　　者：韩雪霜、王凯、范冬月、程琳
指导老师：李宝林、杨松明、刘爽
学　　校：长春工业大学

作品编号：YYXD2013042517111716929
作品名称：Ai 尚非奢
作　　者：刘静、胡晓彤、王潇、崔艳明
指导老师：郭有献、李丽
学　　校：石家庄经济学院

作品编号：CSOV2013042009134233071
作品名称：爱上一座城——58 同城推广策划案
作　　者：郑懿、张玉润、杨扬、冯珍珍
指导老师：王娟珍
学　　校：商丘学院

作品编号：RDSP2013042309245117239
作品名称：pure time，活出纯度
作　　者：洪盈钰、杨春玲、冯文美、董彦君
指导老师：李斐飞
学　　校：华南师范大学

作品编号：YGBD2013042308175499269
作品名称：爱上菲乐恋上纯
作　　者：杨茜玫、孙璐璐、陈贝津
指导老师：张晓龙
学　　校：辽宁大学

作品编号：WOWN2013042808291718404
作品名称：爱尚行动派
作　　者：陈小园、雷惠惠、吴路路
指导老师：李林平、胡胜
学　　校：北海艺术设计职业学院

作品编号：FFAZ2013042521461739522
作品名称：敢爱，敢表白——朵唯女性手机营销策划书
作　　者：孙晓彤、刘莉、高桂钗、许秋艳、王美玲、吴星格
指导老师：薄立伟、赵国祥、李毅
学　　校：保定职业技术学院

作品编号：TUGF2013042700191181198
作品名称：美人如丝
作　　者：杨宴微、徐育、张娜
指导老师：周艳
学　　校：宁波大学

包装设计

金奖

作品编号：VJXQ2013042712495611592
作品名称：大红灯笼高高挂
作　　者：徐盈
指导老师：蔡洁
学　　校：武夷学院

银奖

作品编号：PXIQ2013042516441877094
作品名称：甜蜜的时光
作　　者：盛砚语、杨清、胡超慧
指导老师：王健
学　　校：淮阴工学院

作品编号：EBCL2013042816545813193
作品名称：记忆中的味道
作　　者：余雪蕾、严爽之
指导老师：许康
学　　校：淮阴师范学院

作品编号：PXIQ2013042516441877094
作品名称：甜蜜的时光
作　　者：盛砚语、杨清、胡超慧
指导老师：王健
学　　校：淮阴工学院
作品编号：EBCL2013042816545813193
作品名称：记忆中的味道

作　　者：余雪蕾、严爽之
指导老师：许康
学　　校：淮阴师范学院

铜奖

作品编号：FWXA2013042616490079605
作品名称：《黄老五花生酥包装》
作　　者：周千里、万成
指导老师：李娜、陈娟
学　　校：湘潭大学

作品编号：PGHI2013042816072630697
作品名称：黄老五花生酥
作　　者：陈素文、丁艳
指导老师：许康
学　　校：淮阴师范学院

作品编号：RZMY2013042803191291493
作品名称：黄老五花生酥迷你桶装
作　　者：吴佩娟
指导老师：杨敏
学　　校：广东工业大学

标志延展

金奖

作品编号：PZUG2013042412390784784
作品名称：黄金叶——唇印
作　　者：詹晓雪
指导老师：张光祥、关荣
学　　校：淮阴工学院

银奖

作品编号：SSTH2013050911521025482
作品名称：果之味
作　　者：贾小林
指导老师：王若鸿
学　　校：西安工业大学

作品编号：YIIE2013042616550880298
作品名称：厚重、时代系列
作　　者：潘斌、范正娟、黄唯琪
指导老师：丛婧
学　　校：福建工程学院

铜奖

作品编号：GATD2013042418363380696
作品名称：黄金叶标志延展
作　　者：高则锋
指导老师：王慧卉
学　　校：青岛滨海学院

作品编号：TQLJ2013042619282555665
作品名称：金的品质，叶的奉献
作　　者：李凯丽
指导老师：王蔓蓓
学　　校：四川音乐学院

作品编号：SMWM2013042420235070245
作品名称：“黄金叶”标识延展创意图形设计—鲜活感
作　　者：蒋晓
指导老师：吕燕
学　　校：淮阴工学院

产品设计

金奖

作品编号：JBVY2013042608380046710
作品名称：韵玉

作　　者：杨文斌、李春晓
指导老师：聂鑫鑫
学　　校：成都理工大学工程技术学院

银奖

作品编号：HEHM20130427171645414I9
作品名称：《始·终》
作　　者：张羽佳
指导老师：赵靖娜
学　　校：上海建桥学院

作品编号：MXBF2013042710090728527
作品名称：一碧千里
作　　者：瞿雪文
指导老师：赵靖娜
学　　校：上海建桥学院

铜奖

作品编号：MSYW2013042716322468368
作品名称：花钿－云裳仙子
作　　者：田曼
指导老师：聂鑫鑫
学　　校：成都理工大学工程技术学院

作品编号：GVCS2013042622380884791
作品名称：十二生肖传奇
作　　者：赵丽媛
指导老师：李宏、付巧慧
学　　校：广州铁路职业技术学院

作品编号：XOPV2013042717463697548
作品名称：丝绸之路
作　　者：林肯
指导老师：赵靖娜
学　　校：上海建桥学院

广告文案

银奖

作品编号：QIBC2013042913591879200
作品名称：触摸真实的温度
作　　者：吴雄
指导老师：李冰玉
学　　校：天津师范大学

作品编号：XXFB2013042516275024975
作品名称：盼，是一种等待
作　　者：周楚
指导老师：胡国华、陈玉蓉
学　　校：江西科技师范学院理工学院

作品编号：QRNG2013042511255076821
作品名称：来杯“雀巢咖啡”，让爱更持久
作　　者：郑枫枫
指导老师：杨乃近
学　　校：浙江传媒学院

铜奖

作品编号：PBGU2013042616080849170
作品名称：碧生源大与小篇
作　　者：鲁鹏程
指导老师：陈相雨
学　　校：南京林业大学

作品编号：WWVA2013042620464858931
作品名称：盼盼－等待篇
作　　者：林丽
指导老师：陈然
学　　校：福建农林大学

作品编号：IVWH2013041813313921458

作品名称：敢

作　　者：林秋霞

指导老师：姜蕾歌

学　　校：仲恺农业工程学院

作品编号：NYVW2013042100125646001

作品名称：津在掌握

作　　者：石煜、唐洁、张亚

指导老师：陈涛

学　　校：重庆邮电大学

礼品设计

金奖

作品编号：JLDT2013042415172264359

作品名称：黄金叶红木礼盒

作　　者：金盛鑫、卢淑婵、吴凯

指导老师：杨蕾、郭开鹤

学　　校：中国传媒大学

银奖

作品编号：EPKU2013050214394578201

作品名称：云墨

作　　者：汤婕、陈志龙

指导老师：刘秀伟

学　　校：北京印刷学院

作品编号：FMXN2013043005552217284

作品名称：四美堂

作　　者：张静雯

指导老师：刘秀伟

学　　校：北京印刷学院

铜奖

作品编号：FHOT2013051000490282043

作品名称：黄金叶礼品包装设计

作　　者：高彦彬

指导老师：袁恩培

学　　校：重庆大学

作品编号：DHKE2013042922335467792

作品名称：水墨黄金叶

作　　者：杨婧博

指导老师：刘秀伟

学　　校：北京印刷学院

作品编号：WYQG2013042917352622722

作品名称："金叶"起风

作　　者：张辛晨、鲁玲

指导老师：刘秀伟、张禹

学　　校：北京印刷学院

网络及微电影

金奖

作品编号：LSDE2013042718220859475

作品名称：《我的青春关键词》

作　　者：宋亚东、刘小军、刘久一、徐超、刘姣

指导老师：刘星河

学　　校：中国传媒大学南广学院

银奖

作品编号：EAEO2013042715421138234

作品名称：舞衣

作　　者：夏培蕾、吴晨阳、叶璐、钟君锡

指导老师：胡天状

学　　校：浙江师范大学行知学院

作品编号：MYUA2013042519501735268
作品名称：《朵朵》
作　　者：龙威、佟宇钦、孙引玉
指导老师：唐丽雯
学　　校：南京林业大学

铜奖

作品编号：NXZN2013042912521656130
作品名称：腾讯 与世界共呼吸
作　　者：王储、赵森
指导老师：王命洪
学　　校：西南大学

作品编号：MKDA2013042613541630528
作品名称：我等你
作　　者：梁思雅、袁丽、林楚倩、林楚淇、汤禄斌
指导老师：陈南
学　　校：广东农工商职业技术学院

微电影

金奖

作品编号：DODP2013042401001663740
作品名称：纯纯欲动篇
作　　者：陈艳艳
指导老师：于潇
学　　校：闽江学院

银奖

作品编号：KYKY2013042018025011887
作品名称：《今天和昨天不一样》
作　　者：蒋委君、刘淑云
指导老师：熊雅静
学　　校：衡阳师范学院

作品编号：VIJD2013042512490421821
作品名称：苏丝，爱你才缠你
作　　者：李丹、周婷、欧黎洛、藤蓉、闫蓉
指导老师：李渝
学　　校：四川美术学院

作品编号：FUCQ2013042700324889283
作品名称：花生的梦想
作　　者：罗乐、黄楚洁、王珂云、孙一诺、周尧
指导老师：朱洁
学　　校：西南交通大学

铜奖

作品编号：MNHT2013042912281843292
作品名称：因为 · 爱
作　　者：姜庆、张宇畅、马蕾
指导老师：高峰、丁磊
学　　校：江苏城市职业学院

纹样设计

金奖

作品编号：VGWP2013042717234594577
作品名称：《贵之秀系列》
作　　者：纪婷婷
指导老师：王安霞、朱华
学　　校：江南大学

银奖

作品编号：VTOR2013042701185519228
作品名称：孔雀
作　　者：王雅璇
指导老师：关国红
学　　校：北京理工大学

作品编号：BKZD2013042512075532036
作品名称：丝韵
作　　者：杜颖、蒋轲
指导老师：朱华
学　　校：江南大学

铜奖

作品编号：PAOB2013041711294446929
作品名称：山涧
作　　者：王月
指导老师：秦栗
学　　校：武汉纺织大学

作品编号：QZWQ2013042711540037120
作品名称：活力苏丝、轻柔苏丝
作　　者：杨大乔
指导老师：刘利
学　　校：云南民族大学

作品编号：GQWM2013042711070290744
作品名称：苏丝——中国味
作　　者：刘哲艺
指导老师：刘永黎
学　　校：西南交通大学

招贴设计

金奖

作品编号：KUOO2013042419180064547
作品名称：太阳离我们这样遥远
作　　者：宋小蒙
指导老师：夏远升
学　　校：三峡大学

银奖

作品编号：BDBA2013042310525251409
作品名称：温暖，就在身边
作　　者：张瑶
指导老师：周潇斐
学　　校：南京林业大学

作品编号：CGTE2013042809205599895
作品名称：未来不再遥远
作　　者：张园
指导老师：许康
学　　校：淮阴师范学院

铜奖

作品编号：DFPC2013042520052157210
作品名称：太阳雨太阳能屋子、公益伞
作　　者：王彬彬、林羽丰、李星辰
指导老师：彭姝、黄恩武
学　　校：福建师范大学协和学院

作品编号：JKCE2013041711532080055
作品名称：温度篇——最温暖的温度
作　　者：贺诗云、朱锦红、李小坤
指导老师：林涛
学　　校：广州美术学院

作品编号：DVVG2013042612400648887
作品名称：太阳雨太阳能之爱心篇
作　　者：侯梦竹
指导老师：王文琴、姜芳
学　　校：山东建筑大学

’2014 中国广告年鉴
China Advertising Yearbook

公益广告

Public Welfare Advertising

第二十届中国国际广告节"国酒茅台"中国公益广告黄河奖获奖名单

金奖

作品名称：餐盘篇
参赛单位：广州市蓝色创意广告有限公司

作品名称：过门的忐忑
参赛单位：麦肯光明广告有限公司上海分公司

作品名称：青聪泉——走进星星的世界
参赛单位：睿狮广告传播 / Lowe China

作品名称：德育《视力表》篇
参赛单位：山东长城梅地亚文化传播有限公司

作品名称：节约地球资源
参赛单位：通州区广播电视广告有限公司

作品名称：Happy Shot
参赛单位：阳狮广告有限公司上海分公司

银奖

作品名称：民工孩子的奢侈品
参赛单位：北京杰尔思行广告有限公司

作品名称：驾车化妆睫毛膏篇、驾车化妆口红篇
参赛单位：北京左右时光文化传播有限公司

作品名称：公益你们太小看我了系列《苹果篇》、《废纸篇》、《易拉罐篇》
参赛单位：广东省广告股份有限公司

作品名称：公益食品安全系列《鱼篇》、《鸡篇》、《猪篇》
参赛单位：广东省广告股份有限公司

作品名称：影视公益广告《浪费就是犯罪篇》
参赛单位：合肥市广播电视台广告中心

作品名称：厉行节约《加班》篇
参赛单位：江西华赣公交文化传媒有限公司

作品名称：珍惜时间
参赛单位：君盛元熙广告（重庆）有限公司

作品名称：迟来的新衣
参赛单位：麦肯光明广告有限公司上海分公司

作品名称：BIAAG——ANGIE
参赛单位：睿狮广告传播 / Lowe China

作品名称：青聪泉——"关注自闭症儿童"平面
参赛单位：睿狮广告传播 / Lowe China

作品名称：中央电视台"关爱老人"系列 –《打包篇》、《老爸的谎言》、《妈妈的等待》
参赛单位：盛世长城国际广告有限公司

作品名称：孤独老人
参赛单位：阳狮广告有限公司上海分公司

铜奖

作品名称：关注的力量
参赛单位：安瑞索思（中国）

作品名称：黑暗中的游戏
参赛单位：安瑞索思（中国）

作品名称：《酒驾篇》
参赛单位：北京电通广告有限公司

作品名称：文明使用手机系列
参赛单位：北京杰尔思行广告有限公司

作品名称：拒绝浪费
参赛单位：佛山市北奥广告传媒有限公司

作品名称：世界名筑系列
参赛单位：昆明唐码风驰传媒有限公司

作品名称：63年后的团圆
参赛单位：麦肯光明广告有限公司上海分公司

作品名称：家乡的滋味
参赛单位：麦肯光明广告有限公司上海分公司

作品名称：老弱病残孕专座
参赛单位：内蒙古博洋广告有限责任公司

作品名称：反腐意思篇
参赛单位：南京雷迪欧广告公司

作品名称：BIAAG——DAUGHTER
参赛单位：睿狮广告传播 / Lowe China

作品名称：CCTV——红包篇
参赛单位：睿狮广告传播 / Lowe China

作品名称：留下关注　留住希望
参赛单位：山东通广传媒广告有限公司

作品名称：交通广告——《雪篇》、交通广告——《泥篇》
参赛单位：上海金汇通品牌管理咨询有限公司

作品名称：CCTV——打包篇
参赛单位：盛世长城国际广告有限公司

作品名称：纸割
参赛单位：盛世长城国际广告有限公司

作品名称：派丽蒙《杨欣篇》
参赛单位：厦门大峡谷影视有限公司

作品名称：孤独老人
参赛单位：阳狮广告有限公司上海分公司

作品名称：节约用电
参赛单位：中央电视台新闻中心视觉艺术部

优秀奖：（共323件，名单略）

’2014 中国广告年鉴
China Advertising Yearbook

广告网站

Advertising Websites

全国主要广告网站名录

北京市

中国广告监管网

主办单位：国家工商行政管理总局
网　　址：www.saic.gov.cn/jgzf/zzwfgg
地　　址：北京市西城区三里河东路八号

中国广告协会网

主办单位：中国广告协会
网　　址：www.cnadtop.com
地　　址：北京市宣武区广安门外大街248号机械大厦10层1001室
邮　　编：100055
电　　话：(010)63317484
电子邮箱：cnadtop@126.com

中国广告主协会网

主办单位：中国广告主协会
网　　址：www.cananet.org.cn
地　　址：北京市海淀区西三环中路10号望海楼C座2层
邮　　编：100142
电　　话：(010)88028838
传　　真：(010)88028895

中国广告年鉴网

主办单位：中国广告年鉴编辑部
网　　址：www.nianjian100.com
地　　址：北京五芳园邮局100信箱
邮　　编：100040
电　　话：(010)68628860
传　　真：(010)68627480
电子邮箱：ad@nianjian100.com

中华广告网

网　　址：www.a.com.cn
地　　址：朝阳区广渠路28号珠江帝景210楼2107室
邮　　编：100086
电　　话：010-59527001/59527331-800、806
传　　真：010-62140055/0066转230
电子邮箱：webmaster@a.com.cn

北京市广告监测中心网

主办单位：北京市工商行政管理局
网　　址：ggjg.baic.gov.cn
地　　址：北京市海淀区苏州街36号
邮　　编：100080
电　　话：(010)82690905

广告资讯网

主办单位：全中广告文化发展集团（机构）
网　　址：www.adnews.com.cn
地　　址：北京五芳园邮局72信箱
邮　　编：100040
电　　话：(010)68628810
电子邮箱：ad@adnews.com.cn

广告导报

网　　址：www.newad.net
电　　话：(010)85800848

广告行业—hc360慧聪网

网　　址：www.ad.hc360.com
电　　话：(010)80706099

广告门

网　　址：www.adquan.com

地　　址：北京市朝阳区建国路 89 号华贸商务楼 4 号楼 602 室

邮　　编：100025

电　　话：010–85887919

北京广告网

网　　址：www.bjads.com

电子邮箱：bjads@126.com

广告买卖网

网　　址：www.admaimai.com

地　　址：北京市南三环东路顺三条 21 号嘉业大厦 II 期 2 号楼 909 室 1109 室

邮　　编：100079

电　　话：010–56292999

传　　真：010–67686234

中国媒体广告刊例在线

主办单位：北京光耀东方国际广告公司

网　　址：www.cmtad.com.cn

地　　址：北京市朝阳区立水桥

邮　　编：100012

电　　话：(010)84675196/57196095

电子邮箱：cmtad@126.com

品牌中国网

网　　址：www.brandcn.com

地　　址：北京市海淀区中关村南大街甲 6 号铸诚大厦 B 座 16 层

邮　　编：100086

电　　话：(010)51581866

报纸广告

网　　址：www.soubaoad.com

地　　址：北京市朝阳区东三环北路丙 2 号天元港中心 5 层

电　　话：(010)84626566

邮　　编：100027

电子邮箱：cau@263.net.cn

广告行业招聘

网　　址：guanggao.01hr.com

电　　话：(010)59646999/57930055

天津市

中国广告媒体网

主办单位：中国广告媒体网

网　　址：www.ad163.com

电　　话：022–59210163

电子邮箱：applemedia@126.com

辽宁省

辽宁省广告监测中心网

主办单位：辽宁省工商行政管理局

网　　址：www.lngs.gov.cn

吉林省

吉林省广告协会网

主办单位：中国广告协会

网　　址：www.cnadtop.com

电　　话：(010) 63317484

上海市

上海广告监督管理网

主办单位：上海市工商行政管理局

网　　址：www.shad.gov.cn/alc

地　　址：上海市肇嘉浜路 301 号 1709 室

上海市广告协会网

网　　址：www.shaa.org.cn

地　　址：上海市闸北区长安路 1001 号长安大厦 4 楼

电　　话：(021)63178546

传　　真：(021)63178546

互动中国

网　　址：www.damndigital.com

地　　址：上海市曹杨路 505 号尚诚国际大厦 1404 室

电　　话：(021)52340080

电子邮箱：damndigital@damndigital.com

中国广告设计网

网　　址：ad.cndesign.com

电　　话：(021)51115599

电子邮箱：chndesign@126.com

江苏省

江苏广告网

网　　址：www.jsads.com

电子邮箱：webmaster@jsads.com

苏州广告网

网　　址：suzhou.zg168.net

电子邮箱：adceo@163.com

常州广告网

网　　址：cz.jsads.com

电子邮箱：webmaster@jsads.com

浙江省

浙江省广告监测中心网

主办单位：浙江省工商行政管理局

网　　址：www.zjggjc.com

地　　址：杭州市孩儿巷思敬 1 号凤起大厦南 8 楼

电　　话：(0571)87028633

电子邮箱：zjggjc@163.com

浙江广告网

网　　址：www.zjadw.com

电　　话：(0571)28183900

杭州广告网

网　　址：www.a571.com

地　　址：杭州市文三路 199 号创业大厦 1008 室

电　　话：(0571)56803900

电子邮箱：kf@a571.com

温州广告网

主办单位：温州市广告协会

网　　址：www.wzggxh.com

安徽省

中国广告网

网　　址：www.zg168.net

电　　话：(0551)2655114

电子邮箱：adceo@163.com

福建省

中国广告门户网

网　　址：www.yxad.com

电子邮箱：yxad@tom.com

福建省厦门市广告协会网（厦门广告信息网）

网　　址：www.ad189.com

电　　话：(0592)2052923

福建媒体资源网

网　　址：www.059a.com

地　　址：福建省福州市华林路 131 号 307#（福建

日报社正对面）

邮　　编：350001

电　　话：0591－88812998

电子邮箱：270277120@qq.com

福建省工商局广告监管网

主办单位：福建省工商行政管理局

网　　址：www.fjaic.gov.cn

地　　址：福州市五四路358号

邮　　编：350003

电　　话：(0591)87725970

江西省

江西广告网

网　　址：www.ad119.cn

电子邮箱：info@jxad.org

江西省工商局广告监管网

主办单位：江西省工商行政管理局

网　　址：www.jxaic.gov.cn

地　　址：江西省南昌市省政府大院东三路2号

邮　　编：330046

电　　话：(0791)86350001

山东省

主角广告网

网　　址：www.zhujiao.com

地　　址：山东省淄博市华光路79号6号楼804室

电　　话：(0533)2097818

电子邮箱：zhujiao1369@163.com

山东广告网

网　　址：www.sdggw.com

电子邮箱：sdggw@sdggw.com

河南省

中国户外广告传媒网

网　　址：www.0127.cn

电　　话：(0371)63977090

电子邮箱：0127.cn@163.com

河南省广告监管网

主办单位：河南省工商行政管理局

网　　址：www.haaic.gov.cn

地　　址：郑州市郑花路10号

邮　　编：450008

湖北省

中国媒体广告刊例网

网　　址：www.mtklw.com.cn

地　　址：北京市朝阳区北苑路180号 加利大厦4号楼301

电　　话：(010)63961111

传　　真：(010)81521763

电子邮箱：1207090@qq.COM

湖北省广告协会网

网　　址：www.hbad.org.cn

地　　址：武汉市武昌区东湖路145号

电　　话：(027)86770020

湖北省广告监管网

主办单位：湖北省工商行政管理局

网　　址：www.egs.gov.cn/structure/index.htm

地　　址：湖北省武汉市武昌区东湖路145号

电子邮箱：egsweb@egs.gov.cn

湖南省

新潮流影视广告网

主办单位：新潮流文化传播有限公司

网　　址：www.xincl.com

地　　址：长沙市中山路三角花园

电　　话：(0731)82680881

电子邮箱：xincl.com@126.com

广东省

中国广告网

网　　址：www.cnad.com

地　　址：广州市天河区天河北路 368 号都市华庭日彩轩 19C－D

电　　话：4000－222－773

邮　　箱：cnad2009@163.com

中国广告礼品网

主办单位：深圳市文联文化发展有限公司

网　　址：www.adgift.cn

地　　址：罗湖区宝安南路 2052 号宝丽大厦 A 座 22G

电　　话：(0755)25567600

广东省广告协会网（广东广告网）

主办单位：广东省广告协会

网　　址：www.ad.88917.com

地　　址：广州市天河区体育西横街一号 2 楼

电　　话：（020)85587152

邮　　编：510620

广东省佛山市广告协会网

网　　址：www.fsad1993.cn

地　　址：佛山市禅城区季华四路 33 号创意产业园 10 号楼 212 室

电　　话：(0757)83805448

邮　　编：528000

深圳市广告协会网

网　　址：www.szadtop.com

地　　址：深南大道 6008 号特区报业大厦三楼西

邮　　编：518009

电　　话：(0755)83518852

中国照明广告照明网

网　　址：www.zmads.com

电子邮箱：zmads@zmads.com

广告英才网

网　　址：ad.job1001.com

电　　话：(0755)26037585

广西壮族自治区

广西广告监管网

主办单位：广西壮族自治区工商行政管理局

网　　址：www.gxhd.com.cn

地　　址：南宁市怡宾路 1 号

邮　　编：530028

电　　话：(0771)5533551

重庆市

重庆市广告协会网（重庆广告资讯网）

网　　址：www.cqad.com

地　　址：重庆市渝中区沧白路 73 号

电　　话：(023)63800118

四川省

中国广告人网

网　　址：www.chinaadren.com

电子邮箱：neology2006@gmail.com

四川省成都市广告协会网

网　　址：www.cdadu.net

地　　址：成都市致民东路 6 号工商大厦附楼 10 楼

电　　话：(028)85394051

四川省广告监管网

主办单位：四川省工商行政管理局

网　　址：www.scaic.gov.cn

地　　址：成都市玉沙路 118 号

邮　　编：610017

电　　话：(028)86740569

贵州省

贵州广告监管网

主办单位：贵州工商行政管理局

网　　址：www.gzaic.org.cn

地　　址：贵州省贵阳市中华南路 66 号

电　　话：(0851)5850107

电子邮箱：info@gzgs.gov.cn

陕西省

西安广告网

主办单位：西安广告网网络中心

网　　址：www.xaad.com

地　　址：西安市太白南路 269 号中天国际 b1004 室

电　　话：(029) 88238755

电子邮箱：xaadcom@163.com

宝鸡广告传媒网

网　　址：baojiad.com

电子邮箱：baojiad@yahoo.cn

甘肃省

中国 LED 广告照明网

网　　址：www.ledcac.com

地　　址：甘肃省兰州市城关区秦安路 105 号亚盛大厦西 512

电　　话：400-0931-020

电子邮箱：ledcac@163.com

甘肃省工商广告监管网

主办单位：甘肃省工商行政管理局

网　　址：www.gsaic.gov.cn

电子邮箱：gsaic@gsaic.gov.cn

新疆维吾尔自治区

新疆维吾尔自治区工商局广告监管网

主办单位：新疆工商行政管理局

网　　址：www.xjaic.gov.cn

地　　址：乌鲁木齐市人民路 267 号

邮　　编：830002

'2014 中国广告年鉴
China Advertising Yearbook

广告监测与研究机构

Advertising Research and Supervision Institutes

全国主要广告监测与研究机构名录

北京市

国新出版物发行数据调查中心

成立时间：2005 年

地　　址：北京市海淀区太平路 5 号复兴路 22 号金盾出版社大厦 5 层

邮　　编：100036

电　　话：(010)68010749

传　　真：(010)68010749

研究与服务范围：

国内唯一从事出版物发行量调查统计和认证的机构，主要职能是向出版社、报刊社、互联网等出版单位、广告客户、广告商及有关调查研究机构提供图书、报刊、互联网等出版物印刷量、发行量及相关数据的认证和信息发布服务等。

中国广告教育研究会

研究与服务范围：

全国广告教育研究会学术年会是国内广告教育最高级别的学术盛会，由厦门大学、武汉大学、中国传媒大学、复旦大学、深圳大学等发起成立。之前每两年召开一次，2006 年之后每年一次。

传　　真：（010）65779096

央视－索福瑞（CSM）媒介研究有限公司

成立时间：1999 年

地　　址：北京市朝阳区建国路甲 92 号世茂大厦 24 层

邮　　编：100022

电　　话：(010) 85086666

传　　真：(010) 85086888

电子邮箱：csminfo@csm.com.cn

网　　址：http://www.csm.com.cn

研究与服务范围：

致力于专业的电视收视和广播收听的市场研究，为中国内地地区和香港传媒行业提供可靠的、不间断的收视率调查服务，并提供独立的收视率及收听率调查数据。

（CTR）央视市场研究

成立时间：1995 年

地　　址：北京市西城区德外大街 5 号

邮　　编：100088

传　　真：(010)63262416

电　　话：(010)82015388

电子邮箱：angelnest@ctrchina.cn

网　　址：http://www.ctrchina.cn

研究与服务范围：

主要致力于提供专业的市场调查和在市场调查基础上的分析与咨询建议服务。开展的主要研究业务包括：消费者固定样组、媒体与产品研究、媒体策略研究、广告监测和个案研究。

全中广告文化发展机构

地　　址：北京市五芳园邮局 73 邮箱

邮　　编：100040

电　　话：(010)68611900

传　　真：(010)68635808

研究与服务范围：

以广告资讯的搜集整理及研究为基础，多年来参与编辑出版大型广告行业指导性资料工具书《中国广告年鉴》、《2009 － 2010 环球广告资讯》、《中国广告经营单位名录》和《中国广告行业发展报告》等。

DCCI 互联网数据中心

地　　址：北京市朝阳区和平东街东土城路 12 号院 3 号楼怡和阳光大厦 C 座 1602 室

邮　　编：100013

电　　话：(010)51281006

传　　真：(010)59457008

电子邮箱：dcci@dcci.com.cn

网　　址：http://www.dcci.com.cn

研究与服务范围：

是中国互联网独立的第三方市场监测、受众测量平台，专业数据采集与研究平台。通过线下、线上等不同渠道，采用专业研究人员与技术相结合的手段，面向产业市场、用户受众两个方向，进行动态、精确的监测、测量、统计、分析、研究、预测。

数据服务产品线主要包括：Netmeasure 受众测量、Netmonitor 市场监测和 Netguide 年度调查报告／数据等。

中国传媒大学广告主研究所

研究与服务范围：

主要从事企业营销战略、品牌传播战略以及广告活动业务的基础理论与实务研究。负责编辑《市场观察——广告主》杂志。出版每年度的《中国广告主营销广告活动趋势发展报告》。

地　　址：朝阳区定福庄东街 1 号中国传媒大学广告学院 302 室

电　　话：(010)65453755

传　　真：(010)65453755

中国传媒大学传媒经济研究所

地　　址：北京市朝阳区定福庄东街 1 号

邮　　编：100024

电　　话：(010)65779096

中国传媒大学 IAI 国际广告研究所

成立时间：1995 年 6 月

研究与服务范围：

进行广告业务与理论研究、专项的委托研究以及广告学术交流。每年编辑出版《IAI 中国广告作品年鉴》。

北京大学现代广告研究所

成立时间：1999 年

地　　址：北京大学畅春园

邮　　编：100871

电　　话：(010)62761189

传　　真：(010)62761189

研究与服务范围：

广告学术研究是立所之本，研究所通过不断扩大海内外广告界的学术交流，定期举办各种学术活动，陆续编辑整理和出版广告资讯方面的图书，并译介海外广告研究的最新成果和最新著作。

联大应用文理学院现代广告传播研究所

成立时间：2003 年

地　　址：北京市西城区丰盛胡同 13 号

电　　话：(010)62011883

研究与服务范围：

研究所采用专业教育、行业指导和专业公司相结合的新型知识经济实体管理模式，实行系所合一的体制，建立广告教育与广告市场相激励的营运机制。主要从事广告传播方面的学术交流、课题研究、出版广告教材和专业项目操作的活动。同时，接受企业、政府和社会团体的委托，提供关于以上专业方向的咨询、诊断、管理策划和培训服务。

尼尔森（中国）市场研究有限公司

地　　址：北京市王府井大街 138 号新东安市场写字楼（尼尔森楼）第 1 座 11 层

邮　　编：100006

电　　话：(010)65125511

传　　真：(010)65125522

网　　址：http://cn.acnielsen.com

研究与服务范围：

在以顾客为核心的市场营销和媒介研究领域的创新中，为客户了解其经营业绩以及市场营销活动对收入和利润的影响，提供了可靠而公正的信息；提供市场动态、消费者行为，传统及新兴媒体监测及分析等。其为当今电视观众调查及其他媒介研究服务的全球巨人，也是当今市场资讯、媒介调查及媒介资讯以及商业媒介行业无可争议的全球领导者。

北京慧聪国际资讯有限公司

成立时间：1992 年

地　　址：北京市西直门北大街 42 号节能大厦 B 座 5 层

电　　话：(010)82297421

传　　真：(010)82297075

网　　址：http://www.huicong.com

研究与服务范围：

涵盖慧聪研究、慧聪 B2B 电子商务、慧聪黄页商情广告；顺应市场对于信息的不同需求，在全国形成了跨多行业、拥有多种媒体、提供全面信息服务的体系，为中国内地首席商务信息资讯服务商。公司拥有三大核心业务：以买卖通（MMT）为核心产品的 B2B 电子商务平台、“慧聪商情”和“行业资讯大全”黄页广告以及慧聪研究(HC Research)。

易观国际

成立时间：2000 年

地　　址：北京市朝阳区望花西里 18 号望京大厦 D 座 1 － 4 层

邮　　编：100102

电　　话：(010)64666565

传　　真：(010)646678599

研究与服务范围：

提供中国信息化、互联网和新媒体以及电信运营行业规模最大的中国科技市场领先的研究和分析报告，包括连续性的技术市场追踪、技术及行业应用热点分析报告的多用户服务，以及顾问式专项咨询服务的全方位解决方案。

北京缔元信互联网数据技术有限公司

地　　址：北京市东城区朝阳门北大街 8 号富华大厦座 16A 室

邮　　编：100027

电　　话：(010)65546305

传　　真：(010)65546325

网　　址：http://www.dratio.com

电子邮箱：service@dratio.com

研究与服务范围：

采用全球领先的互联网数据采集、统计和数据挖掘技术，专业从事互联网数据监测、统计分析的技术研究、产品开发和应用服务。

上海市

上海艾瑞咨询（iResearch）集团

成立时间：2002 年

地　　址：上海市徐汇区南曹溪北路 333 号中全国际广场 B 栋 701 室

邮　　编：200030

电　　话：(021)51082699

传　　真：(021)51082699 － 28

网　　址：http://www.iresearch.com.cn

研究与服务范围：

主要专注于网络媒体、电子商务、网络游戏、无线增值等新经济领域，深入研究和了解消费者行为，并为网络行业及传统行业客户提供市场调查研究和战略咨询服务，提供网络广告行业发展相关资讯。

艾瑞市场咨询（iResearch）目前的主要服务产品有 iAdTracker（网络广告监测分析系统）、iUserSurvey（网络用户调研分析服务）、iDataCenter（网络行业研究数据中心）等。

好耶广告网络公司

成立时间：1998 年

地　　址：上海市长宁区长宁路 1018 号龙之梦购物中心大厦 21 楼

邮　　编：200042

电　　话：(021)62630808

传　　真：(021)33729066

电子邮箱：webmaster@allyes.com

网　　址：http://www.allyes.net

研究与服务范围：

一家集网络广告技术服务、线上营销服务和效果营销服务为一体的专业网络互动营销服务公司。

山东省

山东瑞丰广告制品研究所

地　　址：山东省淄博市张店区金乔小区 31 号

邮　　编：255000

电　　话：(0533)8078200

电子邮箱：litad@tom.com

网　　址：http://act-1842.atobo.com.cn

研究与服务范围：

超薄灯箱、灯箱、广告制品、广告材料、灯具。

聊城大学广告装饰艺术研究所

地　　址：山东聊城市文化路 34 号

邮　　编：252000

电　　话：(0635)6931007

研究与服务范围：

主要从事景观、雕塑、园林艺术的研究设计和施工，以及室内装潢，平面广告设计等。

主要产品／服务一览：雕塑、园林、广告、文具、电机、控制器、太阳能空调、玩具、陶艺、电动黑板、电动黑板擦。

广东省

广东省广告摄影研究会

成立时间：1991 年

地　　址：广州市新河浦二横路 6 号 3 楼

邮　　编：510080

研究与服务范围：

主营产品及服务：研究总结、技术咨询、展览组织、摄影设计制作。

四川省

四川大学文学与新闻学院广告研究所

成立时间：1998 年

研究与服务范围：

旨在加强广告学创新体系研究，提高师生广告理论的创造力和实践能力，形成广告学专业的产、学、研一体化良性发展。

陕西省

西安传媒与广告研究所

成立时间：2006 年

电　　话：(029)85520922、83012188

地　　址：西安市西影路 74 号西安市社会科学院 312 室

研究与服务范围：

研究新型传媒对社会的影响及传媒广告创新趋势和运用，为传媒及广告业发展提供智力支持。

’2014 中国广告年鉴
China Advertising Yearbook

广告行业展会

Advertising Exhibitions

全国主要广告行业展会名单

中国国际广告节

展会地点：不固定

展会周期：一年一届

创办时间：1982 年

主办单位：中国广告协会

展会简介：

中国国际广告节经国家工商总局批准，由中国广告协会主办，始办于 1982 年，原为“全国优秀广告作品展”活动，首届举办城市为北京，此后，先后在中国其他 11 个城市举办。自第七届（2000 年）开始更名为“中国广告节”，随着广告节自身内容和参会群体的不断国际化，从第十五届（2008 年）起，改为“中国国际广告节”。

中国国际广告节是中国最具权威、最专业、规模最大、影响最广的广告界盛会，它集专业比赛评比、媒体展会、设备展会、商务交流、高峰论坛等为一体，成功地推动了中国广告业发展，促进了国内国际广告业交流与合作。

随着戛纳国际广告节、纽约广告节、伦敦广告节、亚太广告节、日本电通赏、ONE SHOW 等国际顶极广告赛事的优秀作品展进驻中国国际广告节，国际知名企业领袖、传媒风云人物、广告大师的身影也频繁出现在广告节的嘉宾和演讲嘉宾中，跨国广告集团也越来越重视以参赛、参展、参会等形式参与中国国际广告节。中国国际广告节的专业化、综合性与代表性，使其成为国际广告业考察中国市场最便捷的通道，成为众多国际广告节及广告赛事最佳推广、展示平台。

中国国际广告节在运作上，采用由国家工商行政管理总局和举办地省政府批准，中国广告协会、国际广告协会中国分会、举办地省级工商局、市级人民政府共同主办，具体项目由中广协广告信息文化传播有限责任公司及地方省、市级协会、市级工商局等承办，每年 9 － 10 月间举办。

中国国际广告节参与单位包括：中外知名广告公司、中国强势媒体、中国大型广告主企业、全国广告行业发展管理部门及行业组织系统、高等院校广告、设计、营销等相关专业师生和众多广告爱好者，每年约有 3000 － 5000 广告界主流群体注册参会，3 万－ 4 万相关人士到会。

北京市

中国北京国际广告新媒体、新技术、新设备、新材料展示交易会（北京四新展）

展会地点：北京

展会周期：一年一届

创办时间：1994 年 11 月

展会简介：

交易会是展现北京广告标识行业市场现状和发展趋势的重要窗口。它是中国北方地区规模最大的广告展，也是中国广告标识行业历史最悠久的展览会，代表了中国北方地区 13 个省、自治区、直辖市的广告行业市场，面对约 5 亿人口的消费市场。 交易会主要内容有广告与数码影像制作设备、广告制作材料、标识系统、展览展示系统、户内外广告媒体、大众传播媒体技术及设备和广告制作与广告礼品等，力图根据地域特点，打造一个国际化东北亚广告行业交易平台。

北京国际广告展

展会地点：北京

展会周期：一年一届

创办时间：2003 年

展会简介：

展会借助于北京区域优势，主动与国外同行及媒体、相关的国际企业协会、政府组织合作，每年吸引来自美国、法国、韩国、日本、俄罗斯、东南亚、中东、中亚五国等十几个国家的客商前来展会参观采购，协商合作，取得了很好的效果。展会主要内容有广告制作技术设备、广告材料及物料、户内外广告媒体、标识系统、展览展示器材、新媒体技术设备、创意创新设计产业、大屏幕及户外媒体、店铺商用技术设备及产品、广告礼品、书籍、图库软件、气模和广告摄影技术及设备等，致力于为广大的参展商和观众打造一个更全面、更规范、更先进、更直接、更集中、更高效的交流平台和机会。

辽宁省

大连国际广告技术和设备展览会

展会地点：大连

展会周期：一年一届

创办时间：2002 年 8 月

展会简介：

博览会以环渤海经济带为主，辐射到全国各地，内容涉及广告与数码影像制作设备、雕刻切割与亚克力设备、广告制作材料、标识系统、展览展示系统、店铺商用技术、户内外广告媒体和广告制作领域等，受到了行业内企业的高度重视和认可，是行业品牌展示先进技术、设备争夺大连乃至东北市场的新平台。

吉林省

长春广告博览会

展会地点：长春

展会周期：一年一届

创办时间：1998 年

展会简介：

博览会面对广告业快速成长的吉林地区，制订全面营销计划，以“专业专注、创新服务”为核心理念，凭借科学、全面的策划推广和快速、创新的宣传攻势在业界树立了专业地位，为参展商和参观商提供双向服务。展会内容涉及喷绘设备、霓虹灯及制作技术、广告印刷材料及物料、户内外媒体推广范围、展览展示媒体和广告礼品等，致力于 为海内外同行创造充分了解和合作的良机。

上海市

上海广告新技术、新设备、新材料、新媒体展览会

展会地点：上海

展会周期：一年一届

创办时间：1999 年

主办单位：中国商务广告协会

展会简介：

展会由中国商务广告协会等行业权威部门支持与主办，以上海为中心的长江三角洲是中国经济发展的重镇，历来是海外商家和买家重点关注的地方，展会凭借其规模大、专业水准高、参展厂商多、展出产品新而在业界影响深远、声誉卓著。展会内容涉及广告制作设备、广告材料、物料、展览展示系统及广告标识、霓虹灯及 LED 相关产品和大屏幕显示应用设备等几大部分，旨在借助上海区域优势，为企业创造一个交流、贸易、展示的良好平台。

上海国际广告技术设备展览会

展会地点：上海

展会周期：一年一届

创办时间：1993 年

展会简介：

展会保持了其一贯的“国际化、品牌化、专业化”的特点，秉承了“引领中国广告技术设备市场与全球知名企业强强对话，成就您的广告事业”的宗旨，通过十几年品牌发展壮大，已在广告设备行业中，获得极高赞誉和极大支持，成为同行业展览会中的“新航标”。展会内容有数字印刷喷绘技术设备、打印机及耗材、标识、标牌设备及标识标牌、展览展示、POP 及商用设施、新媒体技术设备和照明设备等，不遗余力地将众多品牌汇聚于此，让买卖双方省时、省力、节约成本，实现展会打造全球采购贸易平台的目标。

江苏省

南京广告四新及 LED 展览会

展会地点：南京

展会周期：一年两届

展会简介：

LED 是户外广告，是 21 世纪最具有发展前景的高新技术产业，正在引发全球性的照明光源和显示革命。展会将 LED 用于广告制作系统、商业标识设计系统、商业标识制作系统、商业标识影像制作处理系统、商业标识传播系统和广告礼品等各种新形式得以体现，并选择南京这一江苏省的政治、经济、文化中心，凭借科技力量，进一步挖掘 LED 市场的潜力。

福建省

福建国际广告四新展览会

展会地点：福州

展会周期：一年一届

创办时间：1999 年

展会简介：

展会由地区贸促会、行业协会、商会以及驻华大使馆等紧密合作筹办，集中展示最新的技术、设备，以及顺应业界发展及市场的需求。展会内容涉及广告与数码影像制作设备、标识、展览展示系统、广告媒体、耗材、广告制作材料、广告礼品、杂志、书刊、报刊、网络等，把专业观众及国际采购商的组织作为工作重点，力争打造亚洲重要的交流贸易平台。

山东省

山东国际广告四新展

展会地点：济南

展会周期：一年一届

创办时间：2007 年

主办单位：山东省国际经济贸易联合会和山东省轻工业协会

展会简介：

展会由山东省国际经济贸易联合会和山东省轻工业协会等权威部门支持与主办，以山东为中心，云集众多知名品牌，满足广告企业展示新技术、新材料、新媒体、新设备发展的需要，给供需双方提供一个产品展示、交流合作、贸易洽谈的平台。展会内容有广告设备及技术、展览展示系统、数字影像领域、广告设计、广告媒体及耗材、广告物料及耗材和广告礼品等，力图打造相关广告企业开拓北方市场、树立良好形象的最佳平台。

济南国际广告标牌、网印技术暨摄影器材展览会

展会地点：济南

展会周期：一年一届

创办时间：2000 年

主办单位：中国贸促会济南分会和山东省包装印刷工业协会

展会简介：

展会由中国贸促会济南分会和山东省包装印刷工业协会联合主办，内容包括印前制版设备、印刷设备、印刷油墨、胶片、各类膜、刀片、印后加工设备、制版印刷新技术、包装加工设备、纸制、玻璃、金属、塑料包装材料及制品、各种制浆造纸机纸制品、造纸机械设备及化学品、环保及综合利用新技术设备等，在山东广告业界具有较大影响力和专业地位。

河南省

河南国际广告展览会

展会地点：郑州

展会周期：一年一届

创办时间：2006 年

展会简介：

展会以广告新技术、新设备、新材料、新媒体为核心，辅之以数码影像、婚纱影楼、标志标牌、霓虹灯和 LED 设备和技术进行现场展示洽谈。展会范围包括广告耗材及物料、媒体产品、印前处理系统、亮化与照明设备与技术材料、展览展示用品、广告资料和广告礼品等，力图为国内外客户提供高质量的现场服务。

中原国际广告展

展会地点：郑州

展会周期：一年一届

创办时间：1999 年

展会简介：

“中原国际广告四新展览会”从 1999 年创办以来，它的规模、影响都在其诞生的九年中持续递增着，其影响力已覆盖到全国，成为全国继上海、广州、北京之后行业最可信赖的广告品牌展会之一。

在中原地区，参加展会寻求商机是众多广告参展商的共识。其中的大多数，都把参加中原国际广告展作为首位；在全国，越来越多的广告供货商和采购商把目光投向中原，聚焦优质产品和企业。每届中原国际广告展吸引着众多的国内广告供货商和来自全国各地的数万名专业广告人士参观。中原国际广告展卓有成效的供采体系孕育巨大的商机。

湖北省

湖北广告与传媒展览会

武汉春季印刷包装技术设备展览会

展会地点：武汉

展会周期：一年一届

创办时间：1998 年

展会简介：

展会主题是“服务中小企业、促进技术升级”，旨在通过专业化的展览会平台，协助印刷包装企业适应市场形势的新变化，推介符合技术升级和产品结构调整方向的新设备、新工艺和技术进步服务方案，为湖北及武汉印刷包装行业科学发展贡献绵力。展会内容涉及广告制作系统、广告印制材料及物料广告设计、公共广告媒体电视媒体、电波媒体、印刷媒体、网络媒体（ICP、ISP）、户外广告媒体、电子显示设备、网络多媒体服务、影像处理系统、商业摄影、数字摄影、电子出版及印刷系统和电子出版物等，为中部的广告业注入新的活力。

湖南省

湖南广告四新及传媒展览会

展会地点：长沙

展会周期：一年一届

创办时间：2001 年

展会简介：

广告是现代城市发展必需的品牌推广方式。面对竞争日益激烈的广告市场，我们将全力为您打造中部广告商务采购平台，为各广告设备及材料供应商拓展中南市场做好用户邀请和接待服务工作。长沙作为国务院批准的长、株、潭城市群，全国资源节约型和环境友好型社会建设综合配套改革试验区，28%的年增长率吸引了大批中外知名企业涌进湖南，使湖南经济空前活跃。湖南广告行业将搭乘国家“中部可持续发展战略”的快车，全力打造长、株、潭新型城市化道路，树立企业广告品牌意识，使湖南成为中部经济强省。每年一届的湖南广告展已成为中部地区广告行业的大聚会。

广东省

中国网印暨广告牌业展览会

展会地点：广州

展会周期：一年一届

创办时间：1985 年

展会简介：

展会是中国网印业的品牌展会，吸引了国内外的大量业者，为商家和客户提供良好的交流机会，在业内具有较大影响力。

华南国际数码影像暨广告设备展览会

展会地点：广州

展会周期：一年一届

创办时间：2001 年

主办单位：中国对外贸易中心（集团）

展会简介：

展会由中国对外贸易中心（集团）主办，内容以数码影像系统及相关设备和广告设备为主，一般分为印前专区、数码印刷专区、大幅面喷绘机专区、柔印专区、标签专区、印刷包装专区、印刷专区和广告设备专区几部分，是行业品牌展示先进技术、设备争夺华南市场的重要平台。

广州国际广告展览会

展会地点：广州

展会周期：一年一届

创办时间：1997 年

展会简介：

展会以交流、合作、共赢为主旨，为与会者带来了巨大商机，为买卖双方提供了全新的交流渠道，也为中国本土企业拓展海外市场、与世界零距离接触提供了展示平台。展会内容涉及广告制作技术设备及材料、打印机及耗材、展览展示及商用促销器材、户外发光体及城市景观照明和广告传播媒体等几大部分，是华南地区广告设备商和采购商与国内外同行交流合作的专业化贸易平台。

重庆市

中国西部广告与传媒博览会

展会地点：重庆

展会周期：一年一届

创办时间：2003 年

展会简介：

博览会是中国西部地区最具影响的行业盛会，被誉为中国西部广告博览的航母。展会汇聚海内外精品，内容涉及户外广告制作技术设备及材料、大众传播媒体技术及设备、多媒体技术及设备、大屏幕显示及应用设备、广告摄影、摄像技术及设备、广告礼品及工艺品、照明器材、广告霓虹灯设备及技术材料和霓虹灯产品等，通过现场展示、高级研讨会，为企业的新产品、新技术、新设备在重庆地区寻求合作伙伴，为已进入重庆的知名品牌扩展市场，缔造贸易良机。

四川省

德纳（成都）国际广告四新展览会

展会地点：成都

展会周期：一年一届

创办时间：2003 年

展会简介：

“德纳（成都）国际广告展”（CDAE）经过多年的品牌积累，目前已经成为中国西部地区最具影响力的行业风向标，并被“亚洲标识”、“广告制品与制作”等知名媒体及众多的参展商、参观商一致评为“西部广告第一展”。

备注：展会地点安排将根据主办方的总体规划作相应调整。

'2014 中国广告年鉴
China Advertising Yearbook

广告教育

Advertising Education

中国广告教育 30 年巡礼与研究述评

厦门大学新闻传播学院 陈培爱
浙江工业大学人文学院 杜艳艳

摘要：1983 年，厦门大学在中国大陆首创广告教育。至 2013 年，中国广告教育已走过 30 年的历史。本文回顾了中国广告教育 30 年的历程，对中国广告教育发展阶段的分期、学科定位、教材建设及广告教育研究成果进行梳理与澄清，为后 30 年的发展理清思路，并对广告教育的未来提出建设性建议。

关键词：中国广告教育　30 年　研究述评

2013 年 6 月，中国广告教育创办 30 周年。

现有资料表明，中国的广告教育最早可以追溯至五四时期，“这时期的广告教育从无到有，渐趋活跃，为当时的广告界培育了大批人才，同时也奠定了现代广告教育多种模式的特点和学科属性”（陈培爱、杜艳艳，2010）。但是，近代广告教育尚处于课程教育阶段，没有成立专门的系，人才培养依托于新闻学专业和职业教育中的商科教育，培养报社和广告公司所需的实务人才。另外，外商也通过函授学校的方式，培育所需的广告人才。这一时期还出现了以“广告”为研究方向的毕业论文，如 1934 年私立沪江大学工商管理系吴铁三的《中国旧式广告之探讨》，1941 年私立沪江大学工商管理系李文莲的《广告与推销技术》等（现存上海档案馆）。

近代广告人才的培养，客观上推动了普通大众对广告的认知和态度。新中国成立后，我国长期实行计划体制，广告学科的发展与教育中断，直至 1983 年，厦门大学在中国大陆首创广告学专业，至今已走过了 30 个年头。30 年广告教育实践与探索创新，为中国广告界输送了大批专业人才。古语云，“三十而立”、“三十而壮”，回顾审视 30 载中国广告教育的发展有着重要的现实意义，不仅可以回忆和记录 30 年来广告教育在中国的发展历程，借此感谢为中国广告教育做出重要贡献的前辈，还希冀能为未来中国广告教育的发展谋求清醒的历史认知和发展判断。

一、中国广告教育 30 年发展的几个阶段

广告教育最早作为课程出现，可以追溯至五四时期。这时期的新闻教育、商科教育，已把广告学作为必修的课程开列出来，旨在培养学生有关报业和商业的经营管理能力。而广告教育作为一门独立的专业，走进高等学府，则是在 1983 年，厦门大学创办了新中国成立后的第一个广告学专业。据中国在线发布的统计，截止到 2012 年全国开办广告专业的有 421 所（次），开设类别及各专业数量，如表 1 所示。

表 1　2012 年全国广告专业开办情况表

分类	专业名称	数量
文学／新闻传播类	广告学	323
财经类	广告经营与管理	2
艺术设计传媒类	影视广告	6
	广告设计与制作	86
	广告与会展	4
共计		421

如表 1 所示，截至 2012 年，开办广告专业的院校中，本科院校有 323 所，专科有 98 所。可见，中国广告教育 30 年的发展，就专业属性、学科地位而言，大部分本科院校的专业设置，坚持以教育部的学科指导规划为纲，以文科类的新闻传播学为主，毕业颁发

文学学位。98所专科院校中，分别以广告设计制作、会展、媒体开发等作为职业教育培养的方向。

表2 2012年各省市开设广告学专业数量表

省份	北京	天津	上海	重庆	黑龙江	吉林	辽宁	山西
数量	21	8	14	10	11	16	11	4
省份	山东	河南	河北	安徽	浙江	江西	福建	广东
数量	29	18	23	14	24	21	17	16
省份	广西	湖北	湖南	四川	云南	贵州	甘肃	西藏
数量	8	34	23	20	9	4	8	1
省份	新疆	青海	陕西	宁夏	内蒙古	江苏	海南	
数量	2	1	17	2	2	29	4	

如表2所示，就地域分布而言（港、澳、台数据暂缺），开办广告学专业数量最多的省份依次是湖北、江苏、山东、浙江、河北、湖南、北京等，最少的地区分别是青海、西藏，分别只有1所学校，其次为新疆、宁夏、内蒙古，为2所。从中可以看出，广告专业的发展，一方面受各地区办学条件教育水平的限制，另一方面又与各省市经济发展、广告产业的发达程度息息相关。[1]

按广告专业开办的时间纵轴，综合各位专家学者的研究，基本同意“1992”和“1999”作为中国广告教育的分水岭。1992年邓小平南方讲话，改革开放的春风为市场经济发展带来新的契机，依托于经济发展的广告教育也迎来新的增长点。1999年中国高等教育体制改革，对体制内的广告专业教育带来了很大变化。因此，将中国广告教育30年的发展，分为以下三个阶段：[1]

（一）初探期：1983—1991年

自1983年厦门大学开办中国大陆第一个广告学专业，随后开办广告学专业的有北京广播学院(1988)、深圳大学(1990)。这几家学校的创办，陈培爱教授认为，“办学态度是严谨的，条件虽然差一些，但准备是充分的”。1990年，由厦门大学和中国广告协会牵头，“第一届全国高校广告教学研讨会”在厦门大学召开，会议集中讨论了广告教育、人才培养的方向问题。

（二）发展期：1992—1998年

“1992年是中国广告教育的一个分水岭”（陈培爱，2000)，邓小平同志的南方讲话，改革开放为市场广告业带来了良好的发展机遇，对人才的需求更加迫切，原本还处于观望态度的高校纷纷着手创办广告学专业，南昌大学（1992)、四川大学(1992)、浙江广播电视大学（1992)、上海大学(1993)、武汉大学(1993)、暨南大学(1994)、吉林大学（1994)、兰州大学(1994)、复旦大学(1995)等，开办广告学专业的高校有90所左右。这时期的广告教育由于部分院校准备不足，仓促上马，使得中国广告教育的发展参差不齐。

（三）快速发展期：1999—2005年

1999年，高校教育体制改革，扩大招生，而广告学专业就业前景较好，自然成了各大院校争相开办的专业之一。不仅数量上增多，在培养层次方面，逐渐形成专科、本科、硕士、博士等的多元化办学格局。据统计，目前招收广告学方向博士的院校有11所，[2]还有部分院校招收广告学方向的博士后，使我国的广告人才培养和广告学术研究上了一个新的台阶。专业方向亦开始分化，由传统的文科新闻传播类为主，分化出经营管理类、公关会展等，适应广告市场对人才的不同需求。

（四）稳定期：2006—2013年

2005年是中国广告业发展历程的关键之年，按照WTO的规定，2005年年末广告业向外资全面开放，跨国广告公司大规模进入，整个产业面临结构性洗牌，中国广告业经历一场新的高层次的国际性竞争的变革。加入WTO以后，中国广告教育由外延式扩张，走向内涵式发展，面临转型期。2006年之后，高校创办广告专业的速度开始下降，各广告教育单位已注重提高教育质量，稳住阵脚，寻求独特的、有个性的发展道路，实际上本时期也是一种发展，是整合发展的时期。

中国高校广告学专业的建设，从1983年的懵懂，办学观念上经历了很大的变化；由最初的冲破疑虑尝试办学，到1992年的审慎跟随，再到1999年的随波跟风。现如今，人们对广告学专业发展亦进行了反思，认为中国高校广告专业建设，将由“量”向“质”转变，应摒弃一味学习美国、日本等西方教育模式，建立适应中国国情和地区发展的办学理念。30年来，广告学专业的发展，对人才的需求是创办广告学专业的根本；另一方面，服务地方经济是地方院校创办广告学专业的重要因素。但是在创办过程中，由于缺乏师资，缺少地方广告业的调查和广告公司的互动发展，使人才本身不能很好地满足市场需求。

二、广告专业学科定位的变化

广告学自开办以来，就一直存在"术"与"学"之辩，人们普遍认为"广告无学"。1983 年，厦门大学新闻传播系成立广告学专业时，最初引来很多人的质疑，人们普遍认为广告无非就是"吹牛"，就是电影海报、美术设计等。随着越来越多广告教育者与研究者的进入，广告学的基础理论得到了较大提升，广告学的专业属性和学科地位有了很大的改变。

（一）20 世纪 90 年代初——广告学专业定位不清

Advertising，"广告"一词延伸出的广告活动、广告作品、广告业等的不同，使得广告学专业在最初的学科教育发展中，一直处于模糊不清的地位，缺乏统一的认知。经管类院校认为从广告活动的经济功能来看，广告的最终目的就是要推销产品、树立品牌形象，因此广告学科应属于经济类或企业管理类。新闻传播学类从广告的本质是传播信息这点来看，广告学科应以传播学理论为理论基础。艺术设计类则从广告作品本身的艺术性，认为广告需要美学和艺术的基础，广告学应归属于艺术类。这也恰恰印证了广告学专业的综合属性及广告学科学性与艺术性并存的特点。

（二）20 世纪 90 年代末——二级学科传播学下的专业

随着广告学专业的发展，90 年代初，教育部在修改"文科专业目录"时，在新闻大类中增加了"广告学专业"。把原有个别学校设置的专业方向上升为"专业"。1997 年，教育部再次修订专业目录，把新闻类从文学中独立出来，"新闻传播学"升格为一级学科，"广告学"为"传播学"二级学科下的三级学科。这时期新建的广告学专业大多以此为发展定位，1997 年中国广告协会及 2004 年武汉大学的全国广告专业调查，广告学专业（系）设在新闻学院的比例最高。但同时，设在经营管理、设计美术学院的也占很大比例。

（三）2011 年至今——二级学科"广告与传媒经济"

随着近年来国家对广告产业的重视，广告学专业的学科地位也得到了相应的提升。广告学被提升为二级学科——"广告与传媒经济"。广告与传媒经济的天然联系是不言而喻的，但两者合为一体能否被提升到学科的地位，笔者仍持怀疑态度。这其中反映的仍然是广告学的专业地位与广告人才培养两相矛盾的尴尬与困窘。

三、30 年广告专业的教材建设

30 年来，高校广告教育的发展不仅为中国广告业输送了大量优秀人才，也编著了大量的广告专业教材，为广告学学科体系的发展和基础理论建设做出了一定贡献，在一定程度上也构建了与业界和其他学科对话的平台。总体而言，中国广告教育 30 年的教材建设，经历了"从无到有"、"从引进到改进"、"从模仿到创新"、"从单一到多元"的过程。

（一）摸索期——从无到有

1983 年厦门大学创办广告学专业时，当时市面上关于广告学的著作除民国时期的苏上达、丁馨伯的著作之外，由国内学者自编的教材很少，潘大钧等的《广告知识与技巧》、唐仲朴的《实用广告学》、傅汉章等的《广告学》为早期广告从业人员提供了最初的专业读本。这时期高校的广告教材，以英文教材为主。著名传播学者余也鲁教授将香港中文大学的教材引进厦门大学，笔者曾在厦门大学图书馆过期期刊阅览室发现整整两架的广告学英文著作，最初使用的教材都是英文原版的教科书。随后各地广告函授、培训的兴起，一些"入门"类的广告册子逐渐增多。心理学等研究的介入，使得广告专业的教材建设逐渐丰富起来。1984 年中国广告协会组织编写广告教材，作为广告专业大专函授班的教材使用。

1987 年陈培爱《广告原理与方法》的出版，奠定了国内以传播学研究广告的框架和理论方法，提出了以信息传播为主线贯穿广告原理，这一观点得到学术界的认同。之后，陈培爱主持编撰的“21 世纪广告丛书”(10 卷本)，是我国学者出版的第一套高校广告学系列教材，“为培养适应中国市场的广告人才做出了贡献”(覃胜南、姜智斌，2005)，具体包括《广告原理与方法》、《广告策划与策划书撰写》、《广告调研技巧》、《广告经营管理术》、《企业 CI 设计》等，这套教材 20 年来先后三版多次印刷，得到百所以上高校的认可。

(二)改进期——模仿创新

北京广播学院(现中国传媒大学)、深圳大学、武汉大学、中国人民大学等高校广告专业的发展，纷纷自行出版教材，使中国广告教育的教材建设得到了较快发展。另外，高校之间开始合作编辑教材，可以形成更广泛的市场认知。丁俊杰等主编的“高等学校广告学专业系列教材”，参与高校24所，包括教材有《广告策划》、《广告文案写作》、《广告调查》、《广告公司经营与管理》、《广告社会学》、《广告创意与表现》、《中外广告史》等，由武汉大学出版社于 1996 年出版。在上海地区，1995 年由近代著名广告人徐百益先生牵头，编辑出版“广告技巧丛书”，共6本，包括《广告运作入门》、《广告策划技术》、《广告创意设计》、《广告语言运用》、《广告文案技法》、《广告调查方法》。

1997 年，由中国第一个广告专业书店“龙之媒广告文化书店”编辑的“龙媒广告选书”问世，这套丛书第一辑共 9 本，在当时的广告界产生了重大反响。许多年轻的广告人，正是通过这套书，了解并投入到广告行业中来。同时，龙之媒——广告专业书店的问世，也吸引了更多的人关注广告类专业书籍的出版与销售，更好地为广告业和广告教育服务。

(三)发展期——多元化

随着中国广告业的发展，高校广告教育各自办学、封闭办学的模式被打破。在教材的出版方面，我国广告界急需一套比较全面、和谐、系统、与国际接轨，适应中国国情和教学需求的“全面规划的广告学教材”。在这一背景下，国家教育部高教司、国家工商总局广告司、教育部高等院校教学指导委员会、中国广告协会学术委员会、中国高等教育出版社等，开始组建由权威专家组成的编辑委员会，以全国统编教材的方式规范广告学科体系建设，以实现教材规范化和与时俱进的要求。各高校在统编教材的基础上，亦开始有针对性的实现专业教材本土化与系统化的新突破，出版有特色的教材，作为统编教材的补充，扩充广告教材体系的深度和广度。

目前在中国国家图书馆网上，以“广告”为题名关键词，可以搜索到的著作有 5100 多个条目。就出版社而言，形成了以高等教育出版社为教育部统编教材，各高校出版社，如北京广播学院、厦门大学、武汉大学、复旦大学等环环相卫的出版社模式。统编教材有普通高等教育“十五”国家级规划教材，“十一五”、“十二五”规划教材等。丛书出现了“珞珈广告学丛书”(武汉大学出版社，2002 年版)、“北京广播学院广告专业系列教材”(第一辑6本，2003年版)、“博学·广告学系列”(12 本，复旦大学出版社，2003 年版)等，增加了《网络改革》、《图形创意》、《西方广告学经典著作导读》等，吸收最新的媒介形态和研究成果，满足不同时期广告教育教学改革对知识理论的更新观念的需求。

此外，还出现了专题性质的教材新作，例如杨海军主编的“21 世纪广告史研究丛书”，丛书共 4 册，包括《中国古代商业广告史》(杨海军)、《中国近现代商业广告史》(苏士梅)、《中国当代商业广告史》(黄艳秋、杨栋杰)、《世界商业广告史》(杨海军、王成文)，以专著的形式出版，将最新的研究成果囊括其中，推进了“中外广告史”研究的深入。在“龙之媒广告书店”的网站中，我们可以看到将广告图书分为：广告大师、著名公司、广告创意、广告文案、广告作品、广告策划、媒介计划、心理效果、广告历史、广告学术、公司运营、广告法规、广告英语、广告新知、广告通论、影视广播广告、平面广告、数据报告、年鉴名录等，丰富并细化了广告教材体系建设。

30 年来，中国广告教材建设的从无到有，到如今的自成体系，不仅为高校广告教育的发展提供了丰富的给养，也为现代广告理论的传播与研究提供了平台。高校学者、广告研究组织、业内人士一起通过著书立说、教育、培训、交流等形式，使得我国现代广告意识逐步觉醒，为中国广告的彻底转型、现代广告观念的初步形成提供了强大的理论基础。

四、30 年有关广告教育的研究述评

自 1983 年厦门大学开办中国大陆第一个广告学专业以来，有关广告教育的办学思路和方法就引起学界的重视，他们纷纷著书立说，为中国广告教育的发展出谋划策。1987 年胡耀武在《中国广告》上发表《西方广告教育与教学史探》，这是中国广告研究史上第一篇与“广告教育”直接相关的论说，结合西方社会政治经济的发展和媒介技术的变革，介绍了不同历史时期西方广告观念、广告教学和课程方法的发展。西方广告教育观念经历了由“美术设计”到“视觉设计”，再到“传播知识和审美教育的”(胡耀武，1987) 不同的文化艺术形态，广告教学也从单纯的图形设计、美术设计课程，强调现代科学知识教育体系的培养，扩大了技术、原理和普通文化的教育，以及心理应用和经济学管理学的课程。

截止到目前，通过全国报刊索引和中国知网数据库搜索，以标题中含有“广告”并“教育”，经过筛选共找到 390 篇与广告教育相关的论文，[3] 在中国优秀硕士学位论文全文数据库中找到 6 篇与“广告教育”直接相关的硕士论文，《关于广告实践能力培养的研究——“1+3”广告实践教学模式探索》、《江西高校广告教育的现状及改革研究》、《广告设计教育的社会适应性问题研究》、《美国广告教育产学互动研究》、《山东省高校本科广告学教育现状及对策研究》、《中美广告教育比较研究》。其他还有两本专著，张树庭的《广告教育定位与品牌塑造》、查灿长的《国外高校广告教育研究》是国内少量以专著形式研究广告教育的论著，通过大量的调查研究，向我们展示中国广告教育概况和国外高校广告教育的理念目标、课程体系等。

（一）有关广告教育的研究论文呈上升趋势

如图1所示，随着广告教育的发展，1987 － 1998 年，有关广告教育研究的文章共15 篇，其中有关广告设计教育的 4 篇，国外广告教育的 6 篇，广告的调查 2 篇，宏观研究的 2 篇，其他1 篇。设计教育和国外广告教育的介绍占主要部分，同我国的广告教育还处于探索阶段有关。徐百益 1993 年发表在《上海大学学报》上的《提高我国广告水平的关键是教育》，把 90 年代中国广告教育与 30 年代的中国、国外相比，提出提高广告水平应以大学本科为核心，向多个方面辐射。

1999 － 2005 年为第二个阶段，这时期的广告教育研究论文由每年的个位数上升到两位数，共 67 篇。1999 年，我国高等教育体制发生了重大改革，全国各大高校纷纷大规模扩张，广告专业也因此受到了各大高校的青睐，纷纷上马。一些老牌院校开始思考广告专业的发展，实践与理论的孰轻孰重，职业院校则在思考广告设计教育的转型发展，而随着高校广告教育学会的成立和日本电通等国际 4A 公司的介入，高校与业界之间开始进行谈话，共同思考中国广告人才的培养问题。

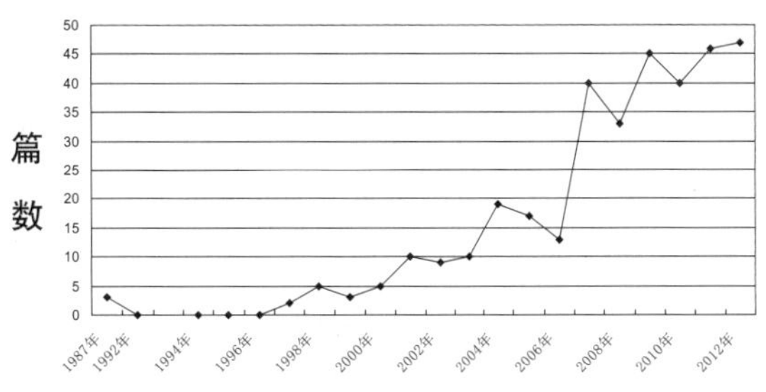

图 1 30 年有关广告教育的研究论文数量变化图

2006 年至今，为第三个阶段。这时期的广告教育研究论文呈高速增长，共 294 篇，平均每年 40 篇以上。随着中国广告专业的发展以及新媒体、新技术对广告

教育的冲击，人们开始思考传统的广告教育是否适合现在人才市场的需求，广告课程教育中的素养教育、实践教育等也受到关注。

（二）广告教育研究分类评析

通过对390篇广告研究论文的分类，我们发现，关注最多的是广告教育“宏观层面”的探索，有168篇，占全部文章的43%；其次为“课程改革”，有96篇，占25%。课程改革文章的增多，一方面与广告学课程体系改革与创新教育有关，一方面也是国家各大高校本科专业教学内容和课程体系改革的客观需要。内容涉及广告概论、广告心理学、广告设计、广告创意等。“调研报告”和“中外广告教育”分别为29篇，占7%。其他还有广告教育个案、广告教育思想、广告教育论坛等。

1. 宏观研究以时间和技术为动力，以反思和对策推进

徐百益先生（1993）以美国的广告教育为例，提出中国的广告教育应以大学本科为中心，向多方面辐射，是提高我国广告水平的关键。许俊基于1997年对中国高校广告教育中存在的问题进行总结，提出“不少院校并不具备进行系统广告教育的条件，广告高等教育的结构也不能满足社会的需要和学生的求知欲”（许俊基、陈海涛，1997），进而提出了“4+2”工程，前4年为文理科的广告基础教育，再接受2年的专科教育，坚持教育与社会实践相结合，进行多次社会实践，建立社会实践基地，建立本校的实践基地，加强与社会的横向联系，为市场培育更多合格的优秀广告专业人才。

进入广告教育的第三个阶段，陆续有一批学者如陈培爱、丁俊杰等，开始总结和反思中国广告教育的经验和问题，以此展望21世纪媒介技术的发展对广告教育带来的挑战和应对等。这批学者都不约而同的提到，中国广告教育中存在“不少学校盲目办学”、“学科定位归属不清”、“师资不足”、“课程设置不科学”、“重理论轻实践操作”、“经费不足”、“设备落后”等不少问题。何佳讯（2003）提出传统的由文科或新闻专业开班的广告专业办学思路受到市场的挑战，同一模式下培养出来的毕业生与市场需求存在很大脱节，同时技术发展挑战广告专业办学思路，提出要继续推进文理兼收的办学思路，在人才培养定位上可以为广告主培育人才，而不仅是为广告公司，改变由文学院办广告专业的办学模式。中国的广告教育一直面临“国际化”、“本土化”的争论。在人才培养上，多次提到要培养“复合型、创新型人才”。

新媒体、全媒体传播形态的发展，也引发学者对广告教育的革新探讨。舒咏平（2008）撰文，新媒体技术的发展要求确立内涵全新的广告观，培养媒介融合的策略力、形成数字化操作表现力，同时提出革新广告教育的路径，要分层次定位人才培养，加大实验性教学比重，多渠道开辟实战型课堂，培养实操型师资，优化课程设置和教材体系等。

2009年之后，学界开始思考“素养教育”问题，新媒体网络、手机等技术的发展，使得广告对社会的渗透力和影响力增强。倪宁、谭宇菲提出，中国的广告教育进入到“大广告”时代，应正确定义广告地位，树立广告教育的自尊和自信，建立“素质”为核心的人才观，坚持“通才”教育，重视基础教育，帮助学生建立专业素质和职业素质并重的结构体系，并且“这一专业素质体系具有较强的专业性、适应性以及自我调整、丰富发展的能力”（倪宁、谭宇菲，2009）。

另外，张树庭的《广告教育定位与品牌塑造》是十年广告教育研究的汇总。全书分为三部分；第一部分对高校广告教育的现状、教育效果、广告专业在校生的学习状态与需求、广告公司人才需求与反馈等进行了全方位的调查研究；第二部分对当代高等教育的专业发展、专业定位、课程设置与教学内容、教学方法等进行了宏观层面的研究；第三部分对民国时期的广告学术发展和广告职业的发展历史进行了梳理。此书对“当代广告教育的参考价值和指导价值是毋庸置疑的”（张青、王韶松，2008）。查灿长的《国外高校广告教育研究》是第一本以专著形式研究美、英、日等西方国家广告教育发展的起源与现状，广告教育理念与课程体系，学科归属与学科交叉等的专著，本书辅以大量的图标和资料，对我国广告教育具有一定的

参考和指导价值。

2. 课程改革以创新为导向，实践和理论素养并重

广告课程体系的构建，应遵循广告专业发展的学科支柱文化学、经济学、社会（传播）构筑广告学的课程体系，同时科学规划基础理论、专业知识和业务能力的课程体系结构，培养学生的人文精神和创造力，提高学生的全面素质和专业成长（李苗，1999）。

广告设计教育作为广告教育的重要分支，自 20 世纪初就已出现在职业院校的培训课堂中和广告公司的画室中。新中国成立初期的广告公司也是以美术设计为主，如上海生生美术设计公司等。设计教育是广告课程改革中的一个重心，课程改革的 90 多篇文章中，有 40 篇与“设计”相关。人们也在不断思考，如何在设计教育的课堂中，加强“人文精神”和“营销理念”的培养。程华认为，以文科生为主要生源的广告教育中，文科广告专业的设计教育应“进行设计思维的启迪，而不是绘画基础技能的训练”（程华，2001）。另外，还要加强创新性思维的训练和素养教育。

在“实践教学”和“案例教学”方面，一些院校通过推行“情景体验式”的教学模式，运用“学习创造价值”的教学理念，提升将“现实的问题”转化为“课堂教学的案例”的能力。在教学和时间环节，引入职场教育的方式，推进广告教育的理论践行和案例教学创新（汗前军，2008）。

徐红结合武汉科技学院的教学实践，推出多元集成式“三合一”的广告人才培养模式，包括“一专三元”因材施教的广告人才培养定位系统和“1+1+1”的广告学专业毕业设计模式的探索和创新，及围绕专业课程进行的各项教学改革。经过几年的探索和大量创新实践，证明此种培养模式是可行且成果显著的，此研究为工科院校提供了可供借鉴的宝贵经验和参照模式（徐红、王君、冯易、陈薇，2009）。

近些年来，广告教育重实践轻理论的问题开始出现。刘英华针对广告学专业的“广告史论教学”，提出开展以学生自主选题研讨的互动教学和教育与科研结合的研讨式教学为主要内容的“有效教育”，提高学生研究性学习能力（刘英华，2010）。

3. 调研报告从全国到地方，在反思中寻求发展

万事万物的发展总离不开总结、反思和发展，因此调研成了一切发展的开始。最早的调查报告是北京广播学院基于 1996 年招收广告专业的 49 所院校为调查样本进行的“全国 30 所高等院校广告教育状况调查分析报告”（中国广告人才需求与培养课题组，1997，89 － 116 页），该报告就广告专业、师资、学生的基本情况，课程教材设置和院校广告教育的了解和建议进行了问卷调查，对了解中国广告教育初探期和尝试期做了大量的考察。

随后，2003 － 2011 年，南京财经大学、武汉大学、中国人民大学、华东师范大学、厦门大学等高校为发起单位，对中国高校广告学专业发展现状进行调查，调查的问题主要有：广告院校数量及分布、生源师资情况、课程设置、专业认可、教学手段、教学设置、就业去向等。调查报告认为，广告学专业的发展速度很快，但长期以来，专业地位低下，教学队伍严重不足，科研经费、设备投入方面仍有很多不利影响。崔银河主持的《广告学高等教育发展现状与专业设置调查报告》认为，“应加快广告学高等教育改革研究，重新予以广告学专业一个学科定位”（崔银河、林莹、司徒丹东等，2007），提高广告学专业地位，得到调查者的普遍认可，厦门大学陈培爱教授、中国传媒大学黄升民教授等，曾多次提议提高广告学的学科地位。“十二五”期间广告学发展的总体目标，第一条即“加强广告学学科体系的建设，整体提升广告学的学科地位”。（崔银河、林莹、司徒丹东等，2007）在专业培养方面，乔均认为应更多地为企业策划商务、树立和推广品牌服务，应建立“课程结构调整的快速反应机制”（乔均，2003）。

另外，还有分地区对河南、江西、广西、浙江、云南、山西、重庆、山东、江苏、陕西等地的广告教育现状的调查，根据各省市的经济发展和高等教育的

状况，对本地区广告教育的办学规模、办学条件、办学定位等进行总结反思，普遍存在的问题是学科建设不完善、师资匮乏、办学条件差、与实务界互动较少等，这也是全国各院校的通病，各地区都在思考应对。

4. 借鉴学习美国、日本的广告教育

中国现代广告业的发展，从源头上讲，受西方广告业的影响较大。近代西方资本进入中国，将广告这一传播媒介和宣传方式带入中国，并逐渐为国人所熟悉和运用。中国广告教育一路走来，自会向“前行者”学习和借鉴。29 篇中外广告教育的研究中，涉及美国广告教育的有 19 篇，占 66%；日本广告教育的有 7 篇，占 24%，其他几篇为我国台湾地区、澳大利亚等。

19 篇与美国广告教育相关的论文，美国密歇根州立大学广告学博士哈筱盈在两篇论文中，就美国广告学专业的开设情况、课程设置、广告教育方式、学科归属等进行了介绍。John C. Schweitzer 追述了美国广告教育在课程设置、学生数量、教师数量的变化及其发展，广告教育面临师资不够，聘请并留住师资的难题(John C. Schweitzer、李世凡，2006)。陈月明认为，美国的广告教育致力于培养文科理论传统上的“全人”，重视学生综合素养和理论素养的教育，淡化专业和实践技能教育，从帮助学生从“最初的职业”转向“最终职业”(陈月明，2006)。

南京财经大学乔均教授对美国广告教育的发展和变迁进行了研究。美国高校广告教育的课程，在本科，硕士、博士方面，已形成了不同层次的课程模块和特点，与中国不同的是，美国对博士研究生的课程学习要求很高，“博士生学习的课程通常在 20 门以上。”广告专业的发展从商学院向新闻传播学院过渡，名称设置从“广告学”向“广告与公共关系”易名，体现了更加开放多元的办学视角。美国广告研究的热点集中在消费者行为、消费者文化、国际广告和新媒体广告几个方面，值得中国广告学者思考和借鉴。

日本高校没有开设广告教育，广告人才的培养通过社会上的资深人士到大学开设专题性的广告讲座，或者大广告公司内部对职员的培训，包括初入职培训和职业再教育(王润泽，2002)。

借鉴美国、日本等国广告教育的发展，丁俊杰教授认为，中国应“加大广告教育改革的力度”(丁俊杰，2005)。综合美国高校广告教育和日本无广告学专业的教育模式，刘悦坦(2007) 认为，中国的广告教育不应纠缠于“广告”这一概念，应根据高等教育对人才培养的需求，采用适合自身特点的教育方式，大学教育不能简单等同于“职业教育”，应培养具有可塑性和发展潜力的“高等”人才。

随着新媒体的发展，传统重技术轻理论的教育观念在美国的广告教育中同样受到挑战。张幼斌对美国德州大学奥斯汀分校的实地调研发现，随着新媒体的涌现和媒介融合趋势的发展，美国广告教育开始基础理论和实践创新并重，以培养理论素养和创新能力兼具的人才为培养目标。在专业课程设置方面，注重专业的综合性和融通性，以适应融媒体时代“专业知识融合”(张幼斌，2012)。教学方式上，启发式教学、案例分析、仿真与模拟训练、专题讨论等多元并行。这些为中国广告教育的发展和国际广告业接轨，提供了个案借鉴和发展启示。

5. 广告教育个案与思想百家争鸣

30 年来“摸着石头过河”的广告教育，也涌现出一批敢于创新尝试的引领者和践行者。2008 年，由国家工商行政管理总局指导，中国广告协会主办，《现代广告》杂志社承办，历经七个月的“中国广告 30 年 30 人活动评选”揭晓，余也鲁和陈培爱被评为“中国广告 30 年历史贡献奖”。余也鲁是中国广告传播教育的奠基人，他为 1983 年厦门大学广告学专业的创办，积极奔走，在经费、师资、图书、专业及学科设置方案等方面做了大量开创性的努力。陈培爱参与 1983 年厦门大学广告专业的创办，30 年来致力于中国广告学理论的研究和建立，创建了厦门大学广告人才培养模式并积极推广，被誉为“桃李满天下的广告学者”。在“中国广告 30 年－突出贡献奖”环节，丁俊杰－力撑学术一片天的学院管理人，陈刚－借助业界的力量共育后学的广告学人，何洁－专注广告设计教育的

学科带头人，金定海－推动课堂与市场高效双向互动的实践者，黄升民－用理性燃烧激情的广告学者。他们分别在中国广告学校教育的一方讲台，探索广告人才培养的不同模式和办学思路，用理想和热情构建多元化、多层次的广告教育模式，对中国广告教育30年的发展做出了重要贡献。

一些学子和同行，也曾试图用更细致的笔触，描摹这些广告教育先行者的学术源流、学术思路、学术成果等，梳理和总结他们对于中国广告教育学科理论体系的构建，广告学术历程及自身的人格魅力，让更多的人可以近距离围观30年中国广告教育者的拓展与坚守。

在学校教育的个案中，北京大学拥有百年文化积淀和得天独厚的地位优势，采用通才与专业教育相结合，固定教师与业界专家共同执教的方法，使学生在点滴中领悟和培养人文精神素养，在广告讲坛中与广告业界专家交流探讨广告的奥秘，增强学生的动手能力和操作能力。暨南大学结合国际广告教育与中国广告教育的实情，确立新的培养目标，“建构以创新为核心的广告学专业的能力系统”，“建立与优秀广告人才相适应的情商教育体制”，“探讨开放式办学的新模式，与著名广告公司合作创设专业训练营”（杨先顺，2008)，重点培养学生的创造力和对市场的洞察力，既有深厚的文化底蕴，又有扎实的专业素质，培养卓越的营销与传播整合力的创新人才。

6. 广告论坛搭建学界与业界对话的平台

中国的广告教育从最初的各自为政，跑马圈地，到1999年高等教育体制改革快速发展，高校的办学层次、办学理念也日益多元化。针对广告教育中学界、业界之间的沟通不足等问题，一些广告教育的论坛、会议等相应出现，与会的高校广告教育者、业界的广告实践者及新闻传播学其他学科的专家等，以对话的方式，共同探讨中国广告教育中的新问题、广告学科的归属和地位、人才培养、课程体系和教学方法改革等。

1999年10月，在厦门大学召开的第一届中国广告教育研讨会上成立了“中国广告教育研究会”，该研讨会在中国新闻学会的领导下“团结全国从事广告高等教育的院校和教师大力推动中国广告教育向国际化、高素质的方向发展”（毕鸣，2001)。中国广告教育研究会成立以来，从最初的两年一届举办研讨会，到现在每年一次，至2013年已连续举办十二届广告教育研讨会。每次论坛主题都会结合广告产业与广告教育的前沿问题，提出年会的论坛主题，致力于推动高校广告教育研究、教学方法的交流改革等。

广告教育者也开始寻求国际的力量，在更广阔的范围内开展高层次的专业对话和沟通交流，“全球华人广告论坛”即是如此，2004年由北京大学新闻与传播学院广告学系发起，《时报》广告金犊奖组委会及《天津日报》报业集团联合主办。此论坛举办过两届，把来自中国、韩国、日本、新加坡等地的广告人集合在一起，旨在广告业界、媒体、广告教育专家学者之间构建对话的桥梁，拓展广告教育与广告产业的勾连，勾勒中国乃至世界广告产业的趋势未来，探讨广告教育、广告人才培养的问题和方法。

国际4A公司也积极投身于中国广告教育的行列中来，日本电通公司作为全球最大的跨国广告公司，自1996年起与中国教育部开展合作，其中的“电通·中国广告人才培养研讨会”自2006年起，连续举办五届广告人才培养研讨会，约2000余人参与，派遣广告学科骨干和专业教师到电通总部研修，使广告专业的师生亲身感受业界的最新动态。电通集团在支持中国广告教育的发展方面，作出了重要贡献。“电通·中国广告教育高端论坛”启动于2011年，旨在通过日本电通公司与中国广告教育专家，就新媒体环境下广告传播领域所面临问题和对将来展望进行高水准、前瞻性的研讨和互动，“为拓展双方广告人才视野，提高国内广告教学水平，探索中国广告教育和广告行业发展之路，提供鲜活的素材和启示”。此次活动是电通与教育部人才培养的第三次项目合作。

五、小结：未来中国广告教育的发展

中国广告教育自1983年以来，经历30年的风雨砥砺，从最初的“三无”（无教材、无课程体系、无教师队伍）到由少及多，从量的增长到质的发展，每一步都饱含着一代人的努力和开拓。中国广告教育也呈现出厦门大学模式、中国传媒大学模式、武汉大学模式、北京大学模式、上海师范大学模式、深圳大学模式等（郑欢，2008），本科、硕士、博士人才培养层次完整，每年为广告业界和企业等输送了大批人才。但大学教育与广告专业的属性之间，始终有许多解不开的疑虑和困惑。大学教育是培养通才，还是专才，是培养人才，还是解决就业？

30年的广告教育始终无法回避如下问题：广告学科地位不高，目前仍然在新闻学下，在学科建设方面得不到高层次的认同，高校教育的管理者对广告学科的建设没有给予全力的支持；专业师资不足，许多教师缺乏广告专业实践经验，有经验的专业人士因工作时间、学历关系和高校体制，不能到高校教授学生；行业发展日新月异，对高校的课程体系和教育方法的灵活应变提出挑战，实践教学“无法回避业界与现实之间的差距”（戎青、郑丽勇，2010）。

在人才培养方面，“通识教育”的呼声渐起。著名广告创意大师詹姆斯·韦伯·扬被誉为“通才杂学广告人”，他在《怎样成为广告人》中提出“通才”教育对广告人的充分发展最为紧要，无论这教育是得自校内或校外。那些称之为人文科学的学科，经常会是“通才”教育计划中的主要部分。我只能说：你越是能以人文科学强化你的心智，你就越能启发你直觉力的敏感度。我想我已经证明，直觉力是广告创造过程中的核心。现代营销大师菲利普·科特勒在2010年广告前沿问题国际学术研讨会中提出，广告教育应“兼顾广告的专业知识和广阔的社会科学知识”，“教育者有责任培养学生追求事业，而不是追求一个永远锁定于技巧上的工作”（戎青、郑丽勇，2010）。大学的广告教育应区别于职业院校的技能教育，重视基础理论的学习，加强专业素养和技能培养，提高对社会的责任感和意识，增强对消费者的认知和调查研究等。

新的传播环境和营销环境，中国的广告教育任重而道远，在“十二五”期间，中国广告教育亟须重构知识框架，全面提升广告学研究的学术水平和与世界的对话水平，加强广告学基础理论研究和中国问题研究，全面回应中国广告业发展的现实需求，促进中国广告业健康持续发展，进一步充分发挥广告教育在中国经济社会建设和高等教育中的重要作用。30年风风雨雨，我们仍在路上。

注释：

[1] 目前分期仍有一些争论，持“三阶段论”者有：陈培爱．中国广告教育二十年的发展与基本经验初探[J]，江西财经大学学报，2000(2)，1979—1983、1983—1992、1992至今；潘向光、丁凯．中国大陆院校广告教育的历史走向[J]，现代传播，2000(1)，1983—1992、1993—1996、1997至今；刘英华，知行道理 辩章学术：中国当代广告教育与学术研究三十年回眸[J]，现代传播，2009(4)，1979—1991、1992—2000、2001—2008；肖雪峰，对1983—2008年中国广告教育研究的总结和思考[J]，新闻知识，2010(1)，1983—1992、1993—1998、1999—2008；持“四阶段论”的有郑苏晖、孔清溪，广告教育：变革期的反思[J]，现代传播，2010(2),1983—1992、1993—1998、1999—2003、2004至今．

[2] 中国传媒大学、厦门大学、武汉大学、北京大学、复旦大学、中国人民大学、华中科技大学、上海大学、暨南大学、华东师范大学、山东大学．

[3] 本次文献收集时间截至2013年4月，不排除有少量文献尚未被知网收录的情况出现．

原载：《现代广告》2013年第21期．

全国高等院校广告专业名录

北京市

中国人民大学

院系全称：新闻学院
专业全称：广告学
学　　制：本科 4 年
地　　址：北京市海淀区中关村大街 59 号
邮　　编：100872
电　　话：(010)62511009

北京大学

院系全称：新闻与传播学院广告学系
专业全称：广告学
专业设置年份：1993 年
学　　制：硕士 3 年 本科 4 年 专科 3 年
地　　址：北京市海淀区北京大学新闻与传播学院
邮　　编：100871
电　　话：(010)62761189

清华大学

院系全称：美术学院装潢艺术设计系
专业全称：广告设计
地　　址：北京市海淀区清华园 1 号
邮　　编：100084
电　　话：(010)62798135

北京师范大学

专业全称：艺术设计
地　　址：北京市新街口外大街 19 号
邮　　编：100875
电　　话：(010)58809248

中央民族大学

院系全称：文学与新闻传播学院
专业全称：广告学
专业设置年份：2004 年
学　　制：本科 4 年
地　　址：北京市海淀区中关村南大街 27 号
邮　　编：100081
电　　话：(010)68932911

中国传媒大学

院系全称：广告学院
专业全称：广告学　艺术设计
专业设置年份：1988 年　2000 年
学　　制：博士 2 年　硕士 3 年　本科 4 年　函授 3 年
地　　址：北京市朝阳区定福庄东街 1 号中国传媒大学新闻传播学院
邮　　编：100024
电　　话：(010)65779370

北方工业大学

院系全称：艺术学院
专业全称：广告学
专业设置年份：2001 年
学　　制：本科 4 年
地　　址：北京市石景山区晋元庄路 5 号
邮　　编：100041
电　　话：(010)88803366

北京电影学院

院系全称：美术系
专业全称：广告学
地　　址：北京市海淀区西土城路 4 号
邮　　编：100088
电　　话：(010)82045883

北京林业大学

院系全称：材料科学与技术学院
专业全称：艺术设计系
地　　址：北京市海淀区清华东路 35 号
邮　　编：100083
电　　话：(010)62338150

中央美术学院

院系全称：设计学院
专业全称：平面设计
地　　址：北京市朝阳区花家地南街 8 号
邮　　编：100102
电　　话：(010)64771000

北京工业大学

院系全称：人文社科学院广告系
专业全称：广告学
专业设置年份：2001 年
学　　制：本科 4 年
地　　址：北京市朝阳区平乐园 100 号
邮　　编：100022
电　　话：(010)81990770

北京工商大学

院系全称：传播与传媒学院广告学系专业全称：广告学
专业设置年份：1993 年
学　　制：硕士 3 年　本科 4 年
地　　址：北京市海淀区阜成路 33 号
邮　　编：100037
电　　话：(010)68984723

北京联合大学

院系全称：广告学院
专业全称：广告学
地　　址：北京市海淀区温泉镇东埠头路 1 号
邮　　编：100095
电　　话：(010)62489663

北京印刷学院

院系全称：出版传播与管理学院出版系专业全称：广告学
专业设置年份：2000 年
学　　制：本科 4 年
地　　址：北京市大兴区兴华北路 25 号
邮　　编：102600
电　　话：(010)60227128

首都经贸大学

院系全称：文化与传播学院
专业全称：广告学
地 址：北京市丰台区花乡张家路121号（西校区）
邮 编：100070
电 话：(010)83951667

北京航空航天大学

院系全称：视觉传达设计系
专业全称：艺术设计
地 址：北京市海淀区学院路37号
邮 编：100191
电 话：(010)82315088

北京服装学院

院 系：商学院
专业全称：广告学
地 址：北京市朝阳区和平街北口
邮 编：100029
电 话：(010)64288410

北京理工大学

院系全称：设计与艺术学院
专业全称：艺术设计
地 址：北京市海淀区白石桥路7号
邮 编：100081
电 话：(010)68912682

中央财经大学

院系全称：文化传播学院
专业全称：广告学
专业设置年份：2004年
学 制：本科4年
地 址：北京市西直门外学院南路39号
邮 编：100081
电 话：(010)62288251

北京吉利大学

院系全称：新闻与信息传播学院
专业全称：广告学
学 制：本科4年
地 址：北京市昌平区马池口
邮 编：102202
电 话：(010)60751710

华北电力大学（北京）

院系全称：人文与社会科学学院
专业全称：广告学
学 制：本科4年
地 址：北京市昌平区回龙观
邮 编：102206
电 话：(010)80796341

北京工商大学嘉华学院

院系全称：语言与传播系
专业全称：广告学
学 制：本科4年
地 址：北京通州区宋庄南路甲1号
邮 编：101118
电 话：(010)69597736

北京工业大学耿丹学院

院系全称：经济与管理系
专业全称：广告学
学 制：本科4年
地 址：北京市顺义区牛栏山镇牛富路牛山段3号
邮 编：101301
电 话：(010)60413297

首都师范大学科德学院

院系全称：艺术设计学院
专业全称：会展艺术与技术
学 制：本科4年
地 址：北京市大兴区榆垡镇榆祥路10号
邮 编：102602
电 话：(010)89229201

北京化工大学北方学院

院系全称：艺术院
专业全称：广告学
学 制：本科4年
地 址：北京东燕郊开发区迎宾北路45号
邮 编：065201
电 话：(0316)3380153

北京信息职业技术学院

院系全称：数字媒体与艺术系
专业全称：广告设计与制作
学 制：专科3年
地 址：北京市朝阳区芳园西路5号
邮 编：100015
电 话：(010)64312725

天津市

天津师范大学

院系全称：新闻传播学院
专业全称：广告学
专业设置年份：1992年
学 制：硕士3年 本科4年 专科2年
地 址：天津市滨水西道延长线
邮 编：300384
电 话：13001380628

天津工业大学

院系全称：艺术设计学院
专业全称：广告学
专业设置年份：2000年
学 制：本科4年
地 址：天津市河东区程林庄路63号
邮 编：300160
电 话：(022)24528157

天津理工大学

院系全称：经济管理学院广告学系
专业全称：广告学
专业设置年份：2001年 1994年
学 制：本科4年
地 址：天津市南开区红旗南路221号
邮 编：300191
电 话：(022)23679753

天津财经学院

院系全称：贸易经济系
专业全称：艺术设计
专业设置年份：2003年
学 制：本科4年
地 址：天津市河西区珠江道25号
邮 编：300222
电 话：(022)28114323

天津科技大学

专业全称：艺术设计
地 址：天津市河西区大沽南路1038号

邮　　编：300222
电　　话：(022)28340538

天津职业技术师范大学

专业全称：艺术设计
地　　址：天津市河西区大沽南路1310号
邮　　编：300222
电　　话：(022)28117059

天津城市建设学院

院系全称：艺术系
专业全称：艺术设计
地　　址：天津市西青区津静公路
邮　　编：300384
电　　话：(022)23783161

河北工业大学

院系全称：建筑与艺术设计学院
专业全称：艺术设计
地　　址：天津市红桥区丁字沽光荣道29号
邮　　编：300132
电　　话：(022)26582623

天津国土资源和房屋职业学院

院系全称：艺术设计系
专业全称：广告设计与制作
学　　制：专科3年
地　　址：天津市大港区学府二路600号
邮　　编：300270
电　　话：(022)63303817

河北省

河北师范大学

院系全称：传播学院广告传播系
专业全称：广告学　广告设计
专业设置年份：1994年　1999年
学　　制：本科4年
地　　址：石家庄市桥西红旗大街469号河北师大西校区
邮　　编：050091
电　　话：(0311)86263227

河北经贸大学

院系全称：人文学院
专业全称：广告学
专业设置年份：2001年
学　　制：本科4年
地　　址：石家庄市学府路47号
邮　　编：050061
电　　话：(0311)87655553

石家庄经济学院

院系全称：艺术设计学院
专业全称：广告学
专业设置年份：2000年
学　　制：本科4年
地　　址：石家庄市槐安东路136号
邮　　编：050031
电　　话：(0311)87207228

河北科技师范学院

专业全称：艺术设计
专业设置年份：2004年
学　　制：本科4年
地　　址：昌黎县城关四街
邮　　编：066600
电　　话：(0316)6062198

河北大学

院系全称：新闻传播学院广告学系
专业全称：广告学
专业设置年份：1993年
学　　制：硕士3年　本科4年
地　　址：保定市合作路88号
邮　　编：071002
电　　话：(0312)4120195

石家庄学院

院系全称：文学与传媒学院
专业全称：广告学
学　　制：本科4年
地　　址：石家庄高新技术产业开发区长江大道6号
邮　　编：050035
电　　话：(0311)66617200

防灾科技学院

院系全称：人文社科系
专业全称：广告学
学　　制：本科4年
地　　址：三河市燕郊学院大街
邮　　编：065201
电　　话：(010)61596035

河北师范大学汇华学院

院系全称：文学学部
专业全称：广告学
学　　制：本科4年
地　　址：石家庄市红旗大街601号
邮　　编：050091
电　　话：(0311)83825041

石家庄经济学院华信学院

院系全称：人文社会科学学院
专业全称：广告学
学　　制：本科4年
地　　址：石家庄市汇丰路18号
邮　　编：050091
电　　话：(0311)87207400

保定科技职业学院

院系全称：人文艺术系
专业全称：广告艺术设计
学　　制：专科3年
地　　址：保定市南二环路1956号
邮　　编：071000
电　　话：(0312)6796022

山西省

山西大学

院系全称：文学院
专业全称：广告学
专业设置年份：1999 年
学　　制：本科 4 年
地　　址：太原市坞城路 580 号
邮　　编：030006
传　　真：(0351)7010466
电　　话：(0351)7666258

太原理工大学

专业全称：艺术设计
地　　址：晋中市榆次区迎宾街 113 号
邮　　编：030600
电　　话：(0354)3362192

太原重型机械学院

院系全称：艺术系
专业全称：艺术设计
地　　址：太原市柏林区瓦流路 138 号
邮　　编：030024
电　　话：(0351)6222123

山西财经大学

院系全称：文化传播系
专业全称：广告学
专业设置年份：2000 年
学　　制：本科 4 年
地　　址：太原市坞城路 696 号
邮　　编：030006

运城学院

专业全称：艺术设计
专业设置年份：2004 年
学　　制：本科 4 年
地　　址：运城市河东东街 333 号
邮　　编：044000
电　　话：(0359)2090418

晋中学院

院系全称：美术学院
专业全称：艺术设计
学　　制：本科 4 年
地　　址：晋中市榆次区文苑街 1 号
邮　　编：030600
电　　话：(0354)3035777

内蒙古自治区

内蒙古大学

专业全称：艺术设计
地　　址：呼和浩特市新城区大学路 1 号
邮　　编：010010
电　　话：(0471)4973162

内蒙古民族大学

院系全称：美术学院
专业全称：广告学
地　　址：通辽市霍林河大街 22 号
邮　　编：028043
电　　话：(0475)8314175

内蒙古师范大学

专业全称：广告学
地　　址：呼和浩特市新城昭乌达路
邮　　编：010022
电　　话：(0471)4393022

内蒙古科技大学

院系全称：艺术与设计学院
专业全称：广告学
专业设置年份：2001 年
学　　制：本科 4 年　专科 2 年
地　　址：包头市阿尔丁大街 7 号
邮　　编：014010
电　　话：13171209153

辽宁省

辽宁大学

院系全称：文化传播学院
专业全称：广告学
专业设置年份：1994 年
学　　制：硕士 3 年　本科 4 年
地　　址：沈阳市皇姑区崇山中路 66 号
邮　　编：110036
电　　话：(024)86864547

沈阳工业大学

院系全称：文法学院艺术设计系
专业全称：广告学
地　　址：沈阳市铁西区兴华南街 58 号
邮　　编：110023
电　　话：(024)25496111

沈阳航空工业学院

专业全称：艺术设计
地　　址：沈阳市皇姑区黄河北大街 52 号
邮　　编：110034
电　　话：(024)86141586

沈阳建筑大学

专业全称：广告学
地　　址：沈阳市浑南新区浑南东路 9 号
邮　　编：110168
电　　话：(024)24693969

渤海大学

院系全称：文理学院新闻系
专业全称：广告学
专业设置年份：2000 年
学　　制：本科 4 年　专科 3 年
地　　址：锦州市渤海大学东校区
邮　　编：121000
电　　话：(0416)3400179

辽宁师范大学

院系全称：文学院中文系
专业全称：广告学
地　　址：大连市黄河路 850 号
邮　　编：116029
电　　话：(0411)82158305

大连外国语学院

院系全称：国际艺术学院
专业全称：艺术设计
地　　址：大连市中山区延安路 94 号
邮　　编：116002
电　　话：(0411)82803168

大连民族学院

院系全称：工业艺术设计系
专业全称：艺术设计
地　　址：大连市开发区辽河西路 18 号
邮　　编：116600
电　　话：(0411)87656193

大连大学

院系全称：美术学院
专业全称：艺术设计
地　　址：大连市大连经济技术开发区学府大街 10 号
邮　　编：116622
电　　话：(0411)87402590

东北财经大学

院系全称：新闻传播学院
专业全称：广告学
学　　制：本科 4 年
地　　址：大连市沙河口区尖山街 217 号
邮　　编：116025
电　　话：(0411)84710505

辽宁工学院

院系全称：文化传播系
专业全称：广告学
学　　制：本科 4 年
地　　址：锦州市古塔区士英街 169 号
邮　　编：121001

辽宁科技学院

院系全称：艺术系
专业全称：广告学
学　　制：本科 4 年
地　　址：本溪市经济开发区香槐路 176 号
邮　　编：117004

吉林省

东北师范大学

院系全称：媒体科学学院广告学系
专业全称：广告学
专业设置年份：2000 年
学　　制：硕士 3 年　本科 4 年
地　　址：长春市东北师范大学净月校区
邮　　编：130117
电　　话：(0431)4531188

吉林大学

院系全称：文学院广告学系
专业全称：广告学
专业设置年份：1994 年
学　　制：本科 4 年　专科 3 年
地　　址：长春市朝阳区前卫路 10 号
邮　　编：130012
电　　话：(0431)5166160

吉林艺术学院

院系全称：设计学院
专业全称：视觉传达系
专业设置年份：1993 年
地　　址：长春市红旗街 2077 号
邮　　编：130012
传　　真：(0431)5882579

长春理工大学

院系全称：文法学院广告学系
专业全称：广告学
专业设置年份：2000 年
学　　制：本科 4 年
地　　址：长春市卫星路 7989 号
邮　　编：130022
电　　话：(0431)5583072

长春工业大学

院系全称：艺术学院
专业全称：广告学
地　　址：长春市延安大街 17 号
邮　　编：130012
电　　话：(0431)5914753

吉林工程技术师范学院

院系全称：艺术学院
专业全称：艺术设计
地　　址：长春市宽城区凯旋路 52 号
邮　　编：130052
电　　话：(0431)6908120

东北电力学院

院系全称：艺术学院
专业全称：环艺与装潢系
地　　址：吉林市长春路 169 号
邮　　编：132012
电　　话：(0432)4806384

吉林农业大学

院系全称：视觉艺术学院
专业全称：广告学
学　　制：本科 4 年
地　　址：长春市新城大街 2888 号
邮　　编：130118
电　　话：(0431)4532983

长春师范学院

院系全称：传媒科学学院
专业全称：广告学
学　　制：本科 4 年
地　　址：长春市长吉北路 677 号
邮　　编：130012
电　　话：(0431)6168222

吉林动画学院

院系全称：广告学院
专业全称：广告学
学　　制：本科 4 年
地　　址：长春市高新开发区博识路 168 号
邮　　编：130012
电　　话：(0431)87021942

长春理工大学光电信息学院

院系全称：人文分院
专业全称：广告学
学　　制：本科 4 年
地　　址：长春市高新技术产业开发区大新路 399 号
邮　　编：130012
电　　话：(0431)86903888

黑龙江省

黑龙江大学

专业全称：广告学
地　　址：哈尔滨市南岗区学府路 74 号黑龙江大学文学与新闻传播学院
邮　　编：150080
电　　话：(0451)86608643

东北林业大学

专业全称：广告学
地　　址：哈尔滨市和兴路 26 号东北林业大学
邮　　编：150040
电　　话：(0451)82113443

哈尔滨理工大学

专业全称：艺术设计
地　　址：哈尔滨市动力欧林园路 4 号南区 315 信箱
邮　　编：150080
电　　话：(0451)86392804

佳木斯大学

专业全称：艺术设计
专业设置年份：2004 年
学　　制：本科 4 年
地　　址：佳木斯市学府街 148 号佳木斯大学美术学院艺术设计系
邮　　编：154007
电　　话：(0454)8603975

齐齐哈尔大学

院系全称：艺术学院
专业全称：艺术设计
地　　址：齐齐哈尔市中华西路 35 号
邮　　编：161006
电　　话：(0452)2738301

上海市

同济大学

院系全称：传播与艺术学院
专业全称：广告学
专业设置年份：1995 年
学　　制：硕士 3 年　本科 4 年
地　　址：上海市四平路 1239 号
邮　　编：200092
电　　话：(021)65628565

复旦大学

院系全称：新闻学院广告学系
专业全称：广告学
专业设置年份：1994 年
学　　制：博士 3 年　硕士 3 年　本科 4 年　专科 2 年　函授 3 年
地　　址：上海市国定路 400 号
邮　　编：200433
电　　话：(021)65643694

华东师范大学

院系全称：人文学院传播学系
专业全称：广告学　艺术设计
学　　制：本科 4 年
地　　址：上海市中山北路 3663 号
邮　　编：200062
电　　话：(021)54343075

上海外国语大学

院系全称：新闻传播学院
专业全称：广告学
专业设置年份：1998 年
学　　制：硕士 3 年　本科 4 年
地　　址：上海市大连西路 550 号
邮　　编：200083
电　　话：(021)65311900–2941

上海工程技术大学

院系全称：艺术设计学院广告系
专业全称：广告学
专业设置年份：1997 年
学　　制：本科 4 年
地　　址：上海市仙霞路 350 号
邮　　编：200336
电　　话：(021)62752832

上海师范大学

院系全称：人文学院广告与网络传播系
专业全称：广告学
学　　制：硕士 3 年　本科 4 年
地　　址：上海市桂林路 100 号
邮　　编：200234
电　　话：(021)64321849

上海大学

院系全称：广告系
专业全称：广告学
地　　址：上海市宝山区上大路 99 号
邮　　编：200444
电　　话：(021)66135068

上海建桥学院

院系全称：广告艺术设计系
专业全称：艺术设计
地　　址：上海市唐桥路 1500 号
邮　　编：201419
电　　话：(021)58137181

华东理工大学

院系全称：艺术系
专业全称：艺术设计
地　　址：上海市梅陇路 130 号
邮　　编：200237
电　　话：(021)64253226

上海应用技术学院

专业全称：艺术设计
地　　址：上海市漕宝路 120 号
邮　　编：200235
电　　话：(021)64941077

上海戏剧学院

院系全称：广告系
专业全称：艺术设计
地　　址：上海市华山路 630 号
邮　　编：200040
电　　话：(021)62482920

上海理工大学

院系全称：印刷出版学院
专业全称：广告学
学　　制：本科 4 年
地　　址：上海市杨浦区军工路 516 号
邮　　编：200093
电　　话：(021)55530157

上海海事大学

院系全称：文理学院
专业全称：艺术设计
学　　制：本科 4 年
地　　址：上海市浦东临港新城海港大道 1550 号
邮　　编：200135
电　　话：(021)38282200

上海外国语大学贤达经济人文学院

院系全称：新闻传播学院
专业全称：广告学
学　　制：本科 4 年
地　　址：上海市虹口区东体育馆路 402 号
邮　　编：200083
电　　话：(021)51278087

江苏省

南京林业大学

院系全称：人文社会科学学院广告学系
专业全称：广告学
专业设置年份：1996 年
学　　制：本科 4 年　专科 2 年
地　　址：南京市龙蟠路 159 号
邮　　编：210037
电　　话：(025)85427485

南京大学

院系全称：新闻传播学院
专业全称：广告学
专业设置年份：1993 年
学　　制：硕士 3 年　本科 4 年
地　　址：南京市汉口路 22 号
邮　　编：210093
电　　话：(025)83593551

南京师范大学

院系全称：新闻与传播学院广告学系
专业全称：广告学
专业设置年份：1999 年
学　　制：硕士 2 年　本科 4 年
地　　址：南京市宁海路 122 号
邮　　编：210097
电　　话：(025)83598524

南京财经大学

院系全称：营销与物流管理学院
专业全称：广告学
专业设置年份：1993 年
学　　制：本科 4 年
地　　址：南京市南京财经大学仙林校区 13 号信箱
邮　　编：210046
电　　话：(025)84028455

南京工业大学

院系全称：艺术设计学院
专业全称：艺术设计
地　　址：南京市中山北路 200 号 87 号信箱
邮　　编：210009
电　　话：(025)83239617

南京艺术学院

院系全称：设计学院
专业全称：艺术设计
地　　址：南京市北津西路 74 号
邮　　编：210013
电　　话：(025)83498099

三江学院

院系全称：策划系
专业全称：广告学　艺术设计
学　　制：本科 4 年
地　　址：南京市雨花台区铁心桥龙西路 10 号
邮　　编：210012
电　　话：(025)52897066

江苏大学

院系全称：艺术学院艺术设计系
专业全称：艺术设计
专业设置年份：1991 年
学　　制：本科 4 年　专科 3 年　函授 3 年
地　　址：镇江市学府路 301 号
邮　　编：212014
电　　话：(0511)8791498

江苏技术师范学院

院系全称：艺术设计系
专业全称：艺术设计
专业设置年份：1985 年
学　　制：本科 4 年　专科 3 年　函授 3 年
地　　址：常州市育英路 2 号
邮　　编：213001
电　　话：(0519)6999778

江南大学

院系全称：设计学院
专业全称：广告学
专业设置年份：1998 年
学　　制：硕士 3 年　本科 4 年
地　　址：无锡市钱荣路 68 号
邮　　编：214064
电　　话：(0510)5501491

苏州大学

院系全称：文学院广告系
专业全称：广告学
专业设置年份：1993 年
学　　制：硕士 3 年　本科 4 年　专科 2 年
地　　址：苏州市苏州大学东区 535 信箱
邮　　编：215021
电　　话：(0512)67156443

苏州科技学院

院系全称：传媒与视觉艺术学院
专业全称：艺术设计
专业设置年份：1994 年
学　　制：本科 4 年
地　　址：苏州市苏州科技学院石湖校区
邮　　编：215009
电　　话：(0512)68418422

徐州师范大学

院系全称：商学院广告学系
专业全称：广告学　艺术设计
专业设置年份：1993 年　2004 年
学　　制：本科 4 年　函授 3 年
地　　址：徐州市和平路 57 号
邮　　编：221009
电　　话：(0516)3867587

淮阴工学院

院系全称：社科系
专业全称：艺术设计
地　　址：淮阴市北京北路 89 号
邮　　编：223001
电　　话：(0517)3591010

淮阴师范学院

专业全称：广告学
专业设置年份：2004 年
学　　制：本科 4 年
地　　址：淮阴市师专路 24 号
邮　　编：223001
电　　话：(0517)3511021

南京邮电大学

院系全称：传媒学院
专业全称：广告学
学　　制：本科 4 年
地　　址：南京市新模范马路 66 号
邮　　编：210003
电　　话：(025)83492251

宿迁学院

院系全称：社会服务系
专业全称：广告学
学　　制：本科 4 年
地　　址：宿迁市黄河南路 399 号
邮　　编：223800
电　　话：(0527)96889666

南京财经大学红山学院

专业全称：广告学
学　　制：本科 4 年
地　　址：南京市鼓楼区铁路北街 128 号
邮　　编：430074
电　　话：(025)83495939

南京师范大学泰州学院

院系全称：人文传媒学院
专业全称：广告学
学　　制：本科 4 年
地　　址：泰州市东风南路 518 号
邮　　编：225300
电　　话：(0523)86152006

扬州环境资源职业技术学院

院系全称：人文科学系
专业全称：广告设计与制作
学　　制：专科 3 年
地　　址：扬州市润扬南路 33 号
邮　　编：225127
电　　话：(0514)87436888

浙江省

浙江大学

院系全称：人文学院新闻传播系
专业全称：广告学
专业设置年份：1993 年
专业师资：副教授 4 人　讲师 5 人
学　　制：硕士 3 年　本科 4 年 函授 3 年
地　　址：杭州市天目山路 148 号
邮　　编：310028
电　　话：(0571)88973989

浙江工业大学

院系全称：人文学院新闻传播系
专业全称：广告学
专业设置年份：1999 年
学　　制：本科 4 年
地　　址：杭州市朝晖六区浙江工业大学人文学院
邮　　编：310014
电　　话：(0571)85290295、88320114

浙江工程学院

院系全称：艺术与设计学院
专业全称：广告学
专业设置年份：2001 年
学　　制：本科 4 年
地　　址：杭州市下沙高教园区西区
邮　　编：310018
电　　话：(0571)86843114

浙江财经学院

院系全称：人文艺术学院
专业全称：广告学
地　　址：杭州市文华路 269 号
邮　　编：310012
电　　话：(0571)88922827

浙江传媒学院

院系全称：广告系
专业全称：影视广告
专业设置年份：1992 年
学　　制：本科 4 年　专科 3 年
地　　址：杭州市下沙高教园区学源区 998 号
邮　　编：310018
电　　话：(0571)86832172

杭州商学院

院系全称：人文与公共管理学院
专业全称：广告学
专业设置年份：1999 年
学　　制：本科 4 年
地　　址：杭州市教工路 149 号
邮　　编：310035
电　　话：(0571)88075603

中国美术学院

院系全称：职业技术学院
专业全称：艺术设计
专业设置年份：2004 年
学　　制：专科 4 年
地　　址：杭州市南山路 218 号
邮　　编：310024
电　　话：(0571)87091375

浙江科技学院

院系全称：艺术学院
专业全称：艺术设计
地　　址：杭州市留和路 318 号
邮　　编：310023
电　　话：(0571)85070553

杭州师范学院

院系全称：美术学院
专业全称：艺术设计
地　　址：杭州市西湖万塘路 258 号
邮　　编：310036
电　　话：(0571)28865736

浙江农林大学

院系全称：人文学院
专业全称：广告学
专业设置年份：2000 年

学　　制：本科 4 年　函授 3 年
地　　址：临安市环城北路 88 号
邮　　编：311300
电　　话：(0571)63730908

宁波大学

院系全称：传播与艺术学院传播系
专业全称：广告学
专业设置年份：1995 年
地　　址：浙江省宁波市江北区风华路 818 号
邮　　编：315211
电　　话：(0574)87600441

浙江万里学院

院系全称：设计艺术与建筑学院
专业全称：艺术设计
地　　址：宁波市高教园区钱湖南路 8 号
邮　　编：315100
电　　话：(0574)88222480

湖州师范学院

院系全称：人文学院
专业全称：广告学
地　　址：湖州市学士路 1 号
邮　　编：313000
电　　话：(0572)2321128

温州大学

院系全称：管理学院
专业全称：广告与广告管理
专业设置年份：1998 年
学　　制：硕士 3 年　本科 4 年
地　　址：温州市茶山
邮　　编：325035
电　　话：(0577)86598000

温州师范学院

院系全称：美术系
专业全称：平面设计
专业设置年份：1998 年
学　　制：本科 4 年
地　　址：温州市温州师范学院美术系
邮　　编：325000
电　　话：(0577)86680929

浙江师范大学

院系全称：文化创意与传播学院
专业全称：广告学
地　　址：金华迎宾大道 688 号
邮　　编：321004
电　　话：(0579)2282645

浙江理工大学

院系全称：艺术与设计学院
专业全称：广告学
学　　制：本科 4 年
地　　址：杭州市下沙高校园区 2 号大街
邮　　编：310018
电　　话：(0571)86843285

浙江工商大学

院系全称：人文学院
专业全称：广告学
学　　制：本科 4 年
地　　址：杭州市下沙高教园区学正街 18 号
邮　　编：310018
电　　话：(0571)28877065

宁波工程学院

院系全称：人文学院
专业全称：广告学
学　　制：本科 4 年
地　　址：宁波市风华路 201 号
邮　　编：315211
电　　话：(0574)87616023

安徽省

安徽大学

院系全称：艺术系
专业设置年份：2004 年
地　　址：本科 4 年
地　　址：合肥市龙河路 3 号
邮　　编：230039
电　　话：(0551)3861230

安徽农业大学

院系全称：轻纺工程与艺术学院
专业全称：艺术设计
地　　址：合肥市长江西湾 130 号
邮　　编：230036
电　　话：(0551)2823795-3455

合肥工业大学

专业全称：广告学
地　　址：合肥市屯溪路 193 号
邮　　编：230009
电　　话：(0551)2901517

淮南师范学院

院系全称：中文与传媒系
专业全称：广告学
地　　址：淮南市学院路
邮　　编：232001
电　　话：(0554)6672620

安徽师范大学

专业全称：广告学
地　　址：芜湖市北京东路 1 号
邮　　编：241000
电　　话：(0553)5910027

安徽工程科技学院

专业全称：广告学
专业设置年份：2004 年
学　　制：本科 4 年
地　　址：芜湖市赭山东路 8 号
邮　　编：241000
电　　话：(0551)2871043

阜阳师范学院

院系全称：美术系
专业全称：艺术设计
地　　址：阜阳市清河路 741 号
邮　　编：236041
电　　话：(0558)2596220

淮北煤炭师范学院

院系全称：美术系
专业全称：艺术设计
地　　址：淮北市淮北煤炭师范学院
邮　　编：235000
电　　话：(0561)3802248

安徽财经大学

院系全称：文学与艺术传媒学院
专业全称：广告学
学　　制：本科 4 年
地　　址：蚌山区曹山路 962 号
邮　　编：233030
电　　话：(0552)3173101

巢湖学院

院系全称：中文系
专业全称：广告学
学　　制：本科4年
地　　址：巢湖市半汤温泉度假区
邮　　编：238000
电　　话：(0565)2361098

福建省

福建工程学院

专业全称：广告学　艺术设计
学　　制：本科4年
地　　址：福州市铜盘路软件大道89号
邮　　编：350007
电　　话：(0591)28081500

仰恩大学

专业全称：广告学
地　　址：泉州市仰恩大学
邮　　编：362014
电　　话：(0595)22091988、22085622

华侨大学

院系全称：文学院
专业全称：广告学
学　　制：本科4年
地　　址：泉州市城华北路269号
邮　　编：362021
电　　话：(0595)22693656

福建农林大学

院系全称：人文社科学院广告系
专业全称：广告学
学　　制：本科4年
地　　址：福州市金山学区
邮　　编：350002
电　　话：(0591)83789324

泉州师范学院

院系全称：人文学院
专业全称：广告学
学　　制：本科4年
地　　址：泉州市丰泽区东海滨城
邮　　编：362000
电　　话：(0595)22919911

漳州师范学院

院系全称：新闻传播系
专业全称：广告学
学　　制：本科4年
地　　址：漳州市芗城区县前直街36号
邮　　编：363000
电　　话：(0596)2591337

江西省

南昌大学

院系全称：新闻与传播系
专业全称：广告学　艺术设计
专业设置年份：1993年　2004年
学　　制：本科4年　专科3年
地　　址：南昌市南京东路235号南昌大学新闻与传播系
邮　　编：330047
电　　话：(0791)8320289、3816475

江西师范大学

院系全称：传播学院
专业全称：广告学
专业设置年份：1992年
学　　制：硕士3年　本科4年
专科3年　函授3年
地　　址：南昌市北京西路437号
邮　　编：330027
电　　话：(0791)88506130

江西科技师范学院

院系全称：文学院
专业全称：广告学
地　　址：南昌市江西科技师范学院（红角洲）
邮　　编：330013
电　　话：(0791)3832211

南昌航空工业学院

院系全称：艺术系
专业全称：艺术设计
地　　址：南昌市丰和南大道696号
邮　　编：330063
电　　话：(0791)3863762、3863768

东华理工大学

专业全称：广告学
地　　址：抚州市学府路56号
邮　　编：344000
电　　话：(0794)8258828、8258835

宜春学院

专业全称：广告学
地　　址：宜春市学府路576号
邮　　编：336000
电　　话：(0795)3201916

江西理工大学

院系全称：文法学院
专业全称：艺术设计
专业设置年份：2003年
学　　制：本科4年
地　　址：赣州市红旗大道86号
邮　　编：341000
电　　话：(0797)8312129

赣南师范学院

院系全称：美术学院
专业全称：广告学
专业设置年份：1993年
学　　制：本科4年
地　　址：赣州市赣南师范学院黄金校区
邮　　编：341000
电　　话：(0797)8393658

九江学院

院系全称：文化传播学院
专业全称：广告学
学　　制：本科 4 年
地　　址：九江前进东路 551 号
邮　　编：332005
电　　话：(0792)8310030

南昌理工学院

院系全称：传媒系
专业全称：广告学
学　　制：本科 4 年
地　　址：南昌市英雄经济开发区 288 号
邮　　编：330013
电　　话：(0791）87040586

江西城市职业学院

院系全称：人文学院
专业全称：广告学
学　　制：本科 4 年
地　　址：南昌市新建联福大道 001 号
邮　　编：330100
电　　话：(0791)83653588

江西大宇职业技术学院

院系全称：艺术学院
专业全称：广告设计与制作
学　　制：专科 3 年
地　　址：南昌市湾里区翠岩路 200 号
邮　　编：330004
电　　话：(0791)3767666

江西工业贸易职业技术学院

院系全称：工程技术与艺术设计系
专业全称：广告设计与制作
学　　制：专科 3 年
地　　址：南昌市红谷滩新区红角洲嘉言路 699 号
邮　　编：330038
电　　话：(0791)3777831

江西工程职业学院

院系全称：新闻广告系
专业全称：广告设计与制作
学　　制：专科 3 年
地　　址：南昌市安石路 69 号
邮　　编：330025
电　　话：(0791)86571682

江西科技职业学院

院系全称：艺术分院
专业全称：广告设计与制作
学　　制：专科 3 年
地　　址：南昌市银三角昌南高校园(316 国道金山 1 号）
邮　　编：330200
电　　话：(0791)5160008

江西旅游商贸职业学院

院系全称：艺术设计系
专业全称：广告设计与制作
学　　制：专科 3 年
地　　址：南昌市经济技术开发区丁香路 1 号
邮　　编：330100
电　　话：(0791)83771915

江西经济管理职业学院

院系全称：工商管理系
专业全称：广告设计与制作
学　　制：专科 3 年
地　　址：南昌市红角洲卧龙路 269 号
邮　　编：330088
电　　话：(0791)83956683

山东省

山东大学

院系全称：文学与新闻传播学院
专业全称：广告学
地　　址：济南市山东大学南路 27 号
邮　　编：250100
电　　话：(0531)88364608

山东工艺美术学院

院系全称：人文艺术学院
专业全称：广告学
专业设置年份：1998 年
学　　制：本科 4 年　专科 2 年
地　　址：济南市历下区千佛山东路 23 号
邮　　编：250014
电　　话：(0531)89619416

山东建筑大学

院系全称：艺术学院
专业全称：广告学
专业设置年份：1999 年
学　　制：本科 4 年
地　　址：济南市临港开发区凤鸣路 1000 号
邮　　编：250101
电　　话：(0531)86361827、86362000

济南大学

院系全称：艺术学院
专业全称：艺术设计
地　　址：济南市市中区济微路 106 号
邮　　编：250022
电　　话：(0531)82765825

山东轻工业学院

院系全称：艺术设计系
专业全称：广告学
地　　址：济南市西部新城大学科技园
邮　　编：250353
电　　话：(0531)89631999

山东艺术学院

专业全称：广告学　艺术设计
专业设置年份：2004 年
学　　制：本科 4 年
地　　址：济南市文化东路 91 号
邮　　编：250014
电　　话：(0531)86423552

山东理工大学

院系全称：文学与新闻传播学院广告学系
专业全称：广告学
专业设置年份：2000 年
学　　制：本科 4 年
地　　址：淄博市张周路 12 号
邮　　编：255049
电　　话：(0533)2782070

山东科技大学

院系全称：艺术与设计学院

专业全称：广告学 广告设计
学 制：本科 4 年
地 址：青岛市经济技术开发区前湾港路 579 号
邮 编：266590
电 话：(0532)86057531

青岛大学

院系全称：文学院广告学系
专业全称：广告学 广告艺术设计
专业设置年份：1992 年
学 制：博士 3 年 硕士 3 年 本科 4 年
地 址：青岛市宁夏路 308 号
邮 编：266071
电 话：(0532)85951066

青岛科技大学

院系全称：文学与艺术学院
专业全称：广告学
专业设置年份：1997 年
学 制：本科 4 年
地 址：青岛市高科园松岭路 99 号
邮 编：266061
电 话：(0532)88958981

青岛理工大学

院系全称：人文社会科学学院
专业全称：广告学
地 址：青岛市抚顺路 11 号
邮 编：266033
电 话：(0532)85071118

莱阳农学院

院系全称：传播学院
专业全称：艺术设计
地 址：青岛市城阳区长城路 700 号
邮 编：266109
电 话：(0532)86080222

德州学院

院系全称：美术系
专业全称：艺术设计
地 址：德州市德城区大学西路 566 号
邮 编：253023
电 话：(0534)8985880

潍坊学院

院系全称：美术系
专业全称：艺术设计
地 址：潍坊市潍城区东风东街 149 号
邮 编：261061
电 话：(0536)8785130

烟台师范学院

专业全称：艺术设计
专业设置年份：2004 年
学 制：本科 4 年
地 址：烟台市红旗中路
邮 编：264025
电 话：(0535)6246451

曲阜师范大学

院系全称：信息技术与传播学院
专业全称：广告学
专业设置年份：2000 年
学 制：本科 4 年
地 址：日照市烟台路 80 号
邮 编：276825
电 话：(0633)3980316

临沂师范学院

专业全称：广告学
专业设置年份：2004 年
学 制：本科 4 年
地 址：临沂市双岭路中段
邮 编：276005
电 话：(0539)8766021

山东建筑大学

院系全称：艺术学院
专业全称：广告学
学 制：本科 4 年
地 址：济南市临港开发区凤鸣路
邮 编：250101
电 话：(0531)86367222

山东经济学院

院系全称：文学院
专业全称：广告学
学 制：本科 4 年
地 址：济南市历下区二环东路 7366 号
邮 编：250014
电 话：(0531)88525423

山东农业大学

专业全称：广告学
学 制：本科 4 年
地 址：泰安市岱宗大街 61 号
邮 编：271018
电 话：(0538)8242206

青岛农业大学

院系全称：艺术与传媒学院
专业全称：广告学
学 制：本科 4 年
地 址：青岛市城阳区长城路 700 号
邮 编：266109
电 话：(0532)6080517

青岛滨海学院

院系全称：基础部
专业全称：广告学
学 制：本科 4 年
地 址：青岛经济技术开发区嘉陵江西路 425 号
邮 编：266555
电 话：(0532)86728687

青岛酒店管理职业技术学院

院系全称：艺术学院
专业全称：广告设计与制作
学 制：专科 3 年
地 址：青岛市李沧区九水东路 599 号
邮 编：266100
电 话：(0532)86051666

日照职业技术学院

院系全称：艺术学院
专业全称：广告设计与制作
学 制：专科 3 年
地 址：日照市烟台北路 16 号
邮 编：276826
电 话：(0633)8172111

山东省工会管理干部学院

院系全称：艺术学院
专业全称：广告设计与制作
学 制：专科 3 年
地 址：济南市桑园路 60 号
邮 编：250100
电 话：(0531)88960001

河南省

河南财经政法大学

院系全称：文化传播系
专业全称：广告学
专业设置年份：1997 年
学　　制：本科 4 年
地　　址：郑州市文化路 80 号
邮　　编：450002
电　　话：(0371)63519165

郑州大学

院系全称：新闻与传播学院广告系
专业全称：广告学
专业设置年份：1994 年
学　　制：本科 4 年
地　　址：郑州市高新技术开发区 100 号郑州大学文化与传播学院
邮　　编：450001
电　　话：(0371)67761556

河南工业大学

院系全称：新闻与传播学院
专业全称：广告学
地　　址：郑州市高新技术产业开发区莲花街
邮　　编：450001
电　　话：(0371)67756380

郑州航空工业管理学院

专业全称：艺术设计
专业设置年份：2004 年
学　　制：本科 4 年
地　　址：郑州市大学中路
邮　　编：450015
电　　话：(0371)66002054、68889638

洛阳师范学院

院系全称：美术学院
专业全称：广告学
地　　址：洛阳市龙门路 71 号美术学院
邮　　编：471022
电　　话：(0379)65515020

河南大学

院系全称：新闻与传播学院
专业全称：广告学
专业设置年份：1996 年
学　　制：本科 4 年　专科 3 年　函授 3 年
地　　址：开封市明伦街 85 号河南大学
邮　　编：475001
电　　话：(0378)2859388

河南理工大学

院系全称：文学与传播系
专业全称：广告学
学　　制：本科 4 年
地　　址：焦作高新区世纪大道 2001 号
邮　　编：454000
电　　话：(0391)3987226

河南机电高等专科学校

院系全称：艺术设计系
专业全称：广告设计与制作
学　　制：专科 3 年
地　　址：新乡市平原路东段 699 号
邮　　编：453002
电　　话：(0373)3691000

河南大学民生学院

专业全称：广告学
学　　制：本科 4 年
地　　址：开封市明伦街
邮　　编：475001
电　　话：(0378)3880262

河南职业技术学院

院系全称：环境艺术工程系
专业全称：广告设计与制作
学　　制：专科 3 年
地　　址：郑州市郑东新区龙子湖高校园区祭城路
邮　　编：450046
电　　话：(0371)65687733

河南商业高等专科学校

专业全称：广告设计与制作
学　　制：专科 3 年
地　　址：郑州市惠济区英才街 2 号
邮　　编：450045
电　　话：(0371)63515953

湖北省

湖北大学

院系全称：文学院新闻传播系
专业全称：视觉传达设计
专业设置年份：1994 年
学　　制：本科 4 年
地　　址：武汉市武昌区湖北大学
邮　　编：430062
电　　话：(027)88663809

湖北美术学院

院系全称：设计系
专业全称：广告学
专业设置年份：1985 年
学　　制：本科 4 年
地　　址：武汉市武昌区小东门中山路 374 号
邮　　编：430060
电　　话：(027)68895070

中南民族大学

院系全称：文学院广告学系
专业全称：广告学
专业设置年份：1996 年
学　　制：本科 4 年
地　　址：武汉市洪山区民院路 708 号
邮　　编：430074
电　　话：(027)67842696

武汉大学

院系全称：新闻与传播学院广告学系
专业全称：广告学
专业设置年份：1994 年
学　　制：博士 3 年　硕士 3 年
　　　　　本科 4 年　专科 2 年
地　　址：武汉市武昌珞珈山武汉大学新闻与传播学院
邮　　编：430072
电　　话：(027)68756969

华中农业大学

院系全称：文法学院广告与传播学系
专业全称：广告学
专业设置年份：1999 年
学　　制：硕士 3 年　本科 4 年
　　　　　函授 3 年
地　　址：武汉市洪山区狮子山街特 1 号
邮　　编：430070
电　　话：(027)87282069

华中科技大学

院系全称：新闻与信息传播学院
专业全称：广告学
专业设置年份：2000 年
学　　制：本科 4 年
地　　址：武汉市洪山区珞瑜路 1037 号
邮　　编：430074
电　　话：(027)87543520

江汉大学

院系全称：人文学院新闻传播系
专业全称：广告学
地　　址：武汉市沌口经济开发区
邮　　编：430056
电　　话：(027)84226819

武汉科技学院

院系全称：社会科学系
专业全称：广告学
专业设置年份：1999 年
学　　制：本科 4 年
地　　址：武汉市鲁巷纺织路 1 号
邮　　编：430073
电　　话：(027)87611623–371

武汉理工大学

院系全称：人文学院
专业全称：广告学
专业设置年份：1995 年
学　　制：本科 4 年
地　　址：武汉市洪山区珞狮路 122 号
邮　　编：430070
电　　话：(027)87651131

湖北工业大学

院系全称：艺术设计学院
专业全称：广告学
地　　址：武汉市武昌南湖李家墩一村 1 号
邮　　编：430068
电　　话：(027)88034039

湖北经济学院

专业全称：艺术设计
地　　址：武汉市江夏区藏龙岛开发区杨桥湖大道 8 号
邮　　编：430205
电　　话：(027)81973935、81973870

咸宁学院

专业全称：艺术设计
专业设置年份：2004 年
学　　制：本科 4 年
地　　址：咸宁市咸安区永安大道 2 号
邮　　编：437005
电　　话：(0715)8338004

襄樊学院

院系全称：艺术学院
专业全称：广告学
地　　址：襄樊市 296 号
邮　　编：441053
电　　话：(0710)3593223

长江大学

院系全称：文学院
专业全称：广告学
学　　制：本科 4 年
地　　址：荆州市南环路 1 号
邮　　编：434023
电　　话：(0716)8060550

武汉工程大学

院系全称：艺术设计学院
专业全称：广告学
学　　制：本科 4 年
地　　址：武汉市洪山区雄楚大街 693 号
邮　　编：430073
电　　话：(027)87194663

湖北师范学院

院系全称：文学院
专业全称：广告学
学　　制：本科 4 年
地　　址：黄石市磁湖路 11 号
邮　　编：435002
电　　话：(0714)6572179

孝感学院

院系全称：人文学院广告系
专业全称：广告学
学　　制：本科 4 年
地　　址：孝感市交通大道 272 号
邮　　编：432000
电　　话：(0712)2345678

湖北第二师范学院

院系全称：文学院
专业全称：广告学
学　　制：本科 4 年
地　　址：武汉市东湖新技术开发区高新二路 129 号
邮　　编：430205
电　　话：(027)87803403

武汉理工大学华夏学院

院系全称：人文系
专业全称：广告学
学　　制：本科 4 年
地　　址：武汉东湖新技术开发区关山大道 589 号
邮　　编：430223
电　　话：(027)81695501

华中科技大学文华学院

院系全称：人文社会学学部
专业全称：广告学
学　　制：本科 4 年
地　　址：武汉市光谷创业街文华路 1 号
邮　　编：430074
电　　话：(027)87599065

武汉科技学院外经贸学院

专业全称：广告学
学　　制：本科 4 年
地　　址：武汉市江夏区庙山开发区阳光大道 1 号
邮　　编：430020
电　　话：(0931)8698906

武汉大学东湖分校

院系全称：新闻学院
专业全称：广告设计与制作 广告学
学　　制：专科 3 年，本科 4 年
地　　址：武汉市江夏区纸坊街正汤北路 1 号

邮　　编：430212
电　　话：(027)81931188

湖北城市建设职业技术学院

专业全称：广告设计与制作
学　　制：专科 3 年
地　　址：武汉市东湖高新技术开发区藏龙岛科技园区藏龙大道 28 号
邮　　编：430205
电　　话：(027)81326809

长江职业学院

院系全称：艺术学院
专业全称：广告设计与制作
学　　制：专科 3 年
地　　址：武汉市武昌雄楚大街 918 号
邮　　编：430074
电　　话：(027)87170202

湖北交通职业技术学院

院系全称：设计艺术系
专业全称：广告设计与制作
学　　制：专科 3 年
地　　址：武汉市洪山区雄楚大街 455 号
邮　　编：430079
电　　话：(027)87424984

武汉科技大学中南分校

院系全称：艺术学院
专业全称：广告设计与制作
学　　制：专科 3 年
地　　址：武汉市武昌江夏大道 18 号
邮　　编：430223
电　　话：(027)81652037

湖南省

湖南大学

院系全称：新闻传播与影视艺术学院
专业全称：广告学
专业设置年份：2003 年
学　　制：硕士 3 年　本科 4 年
地　　址：长沙市麓山南路 1 号
邮　　编：410082
电　　话：(0731)88821699

湖南商学院

院系全称：艺术设计系
专业全称：艺术设计
地　　址：长沙市岳麓区岳麓大道 569 号
邮　　编：410205
电　　话：(0731)88686604

中南大学

院系全称：艺术学院
专业全称：广告学
地　　址：长沙市岳麓山
邮　　编：410083
电　　话：(0731)8836761

湖南师范大学

院系全称：新闻与传播学院
专业全称：广告学
专业设置年份：2003 年
学　　制：博士 1 年　硕士 3 年　本科 4 年　函授 3 年
地　　址：长沙市麓山南路 36 号
邮　　编：410081
电　　话：(0731)88662109

湖南工程学院

院系全称：纺织工程系
专业全称：艺术设计
专业设置年份：1996 年（专科）2000 年（本科）
学　　制：本科 4 年　专科 3 年
地　　址：湘潭市东湖路 18 号
邮　　编：411104
电　　话：(0732)8680041

湖南农业大学

专业全称：艺术设计
专业设置年份：2004 年
学　　制：本科 4 年
地　　址：长沙市东郊西湖
邮　　编：410128
电　　话：(0731)4617888、4618001

湘潭大学

院系全称：文学与新闻学院广告系
专业全称：广告学　艺术设计
专业设置年份：1997 年　2004 年
学　　制：本科 4 年
地　　址：湖南湘潭市湘潭大学文科楼 4 楼
邮　　编：411105
电　　话：(0731)858292169、858292439

湘潭工学院

院系全称：广告学
专业设置年份：2000 年
学　　制：本科 4 年
地　　址：湘潭市北郊
邮　　编：411207
电　　话：(0732)8290011

湖南理工学院

院系全称：新闻传播学院
专业全称：广告学
专业设置年份：2001 年
学　　制：本科 4 年　专科 3 年
地　　址：岳阳市学院路
邮　　编：414006
电　　话：(0730)8640952

中南林业科技大学

院系全称：家具艺术设计学院
专业全称：艺术设计、广告学
专业设置年份：1986 年、2004 年
学　　制：博士 3 年　硕士 3 年　本科 4 年　专科 3 年
地　　址：湖南省长沙市韶山南路 498 号
邮　　编：410004
电　　话：(0731)85623096

湖南文理学院

院系全称：美术学院
专业全称：艺术设计
地　　址：常德市洞庭大道 170 号
邮　　编：415000
电　　话：(0736)7186137

怀化学院

院系全称：艺术设计系
专业全称：艺术设计
地　　址：怀化市怀化学院
邮　　编：418008

电　　话：(0745)2855188

吉首大学

院系全称：文学与新闻传播学院
专业全称：广告学
地　　址：吉首市吉首大学文学与新闻传播学院
邮　　编：416000
电　　话：(0743)8564106

湖南科技大学

院系全称：艺术学院
专业全称：艺术设计
学　　制：本科4年
地　　址：湖南省湘潭市桃园路
邮　　编：411201
电　　话：(0731)58290011

湖南工业大学

院系全称：文学与新闻传播学院
专业全称：广告学
学　　制：本科4年
地　　址：株洲市文化路
邮　　编：412008
电　　话：(0731)22261003

衡阳师范学院

院系全称：新闻与传播系
专业全称：广告学
学　　制：本科4年
地　　址：衡阳市黄白路165号
邮　　编：421008
电　　话：(0734)8486679

湖南科技学院

院系全称：新闻传播系
专业全称：广告学
学　　制：本科4年
地　　址：永州市零陵区杨梓塘路130号
邮　　编：425100
电　　话：(0746)6382188

广东省

暨南大学

院系全称：新闻与传播学院
专业全称：商业美术设计
专业设置年份：1994年
学　　制：硕士3年　本科4年
地　　址：广州市黄埔大道601号
邮　　编：510632
电　　话：(020)85222397

广州大学

院系全称：艺术与设计学院
专业全称：艺术设计
地　　址：大学城外环西路230号
邮　　编：510091
电　　话：(020)86237571

广州美术学院

院系全称：装潢艺术设计系
专业全称：广告学
地　　址：广州市海珠区昌岗东路257号
邮　　编：510260
电　　话：(020)84017740

广东商学院

院系全称：人文传播学院
专业全称：广告学
专业设置年份：2001年
学　　制：本科4年
地　　址：广州市海珠区仑头路21号
邮　　编：510320
电　　话：(020)84096903

广东外语外贸大学

专业全称：艺术设计
专业设置年份：2004年
学　　制：本科4年
地　　址：广州市白云大道北2号
邮　　编：510420
电　　话：(020)86627595

广东技术师范学院

院系全称：艺术设计系
专业全称：艺术设计
地　　址：广州市天河区中山大道293号
邮　　编：510665
电　　话：(020)38257155

华南农业大学

院系全称：艺术学院
专业全称：艺术设计
地　　址：广州市天河区五山路
邮　　编：510642
电　　话：(020)85280048

华南师范大学

院系全称：美术学院
专业全称：艺术设计
地　　址：广州市石牌华南师范大学美术学院
邮　　编：510631
电　　话：(020)85211338

韶关学院

院系全称：美术学院
专业全称：艺术设计
地　　址：韶关市韶关学院
邮　　编：512005
电　　话：(0751)8121423

韩山师范学院

院系全称：美术系
专业全称：艺术设计
地　　址：潮州市韩山师范学院
邮　　编：521041
电　　话：(0768)2526493

汕头大学

院系全称：长江艺术与设计学院
专业全称：广告学
专业设置年份：1988年
学　　制：本科4年
地　　址：汕头市大学路243号
邮　　编：515063

深圳大学

院系全称：文学院传播系
专业全称：艺术设计
专业设置年份：1989年
学　　制：本科4年　专科3年　函授3年
地　　址：深圳市南山区南海大道3688号
邮　　编：518060
电　　话：(0755)26535207、26536114

肇庆学院

院系全称：美术系
地　　址：肇庆市端州区迎宾大道
邮　　编：526061
电　　话：(0758)2716352

吉林大学珠海学院

院系全称：中国语言文学系
专业全称：广告学
学　　制：本科 4 年
地　　址：珠海市金湾区草堂湾
邮　　编：519041
电　　话：(0756)7626296

华南理工大学

专业全称：广告学
学　　制：本科 4 年
地　　址：广州市天河区五山路 381 号
邮　　编：344000
电　　话：(0794)87114544

北京师范大学—香港浸会大学联合国际学院

院系全称：人文与社会科学学部
专业全称：广告学
学　　制：本科 4 年
地　　址：珠海市唐家湾金凤路 28 号
邮　　编：519085
电　　话：(0756)3620615

广东农工商职业技术学院

院系全称：广东农工商职业技术学院计算机科学系
专业全称：广告设计与制作
学　　制：专科 3 年
地　　址：广州市天河区粤垦路 198 号
邮　　编：510507
电　　话：(020)85230071

广州城市职业学院

院系全称：广州城市职业学院艺术设计学院
专业全称：广告设计与制作
学　　制：专科 3 年
地　　址：广州市广园中路 248 号
邮　　编：510405
电　　话：(020)86375471

广东女子职业技术学院

院系全称：艺术设计与信息技术系
专业全称：广告设计与制作
学　　制：专科 3 年
地　　址：广州市番禺区市莲路南浦段 2 号
邮　　编：511450
电　　话：(020)34557001

广西壮族自治区

广西大学

院系全称：文化与传播学院
专业全称：广告学
专业设置年份：1993 年
学　　制：本科 4 年　专科 3 年
地　　址：南宁市大学路 100 号
邮　　编：530004
电　　话：(0711)3232310

广西艺术学院

院系全称：设计学院
专业全称：广告学
专业设置年份：1993 年
学　　制：硕士 2 年　本科 4 年
地　　址：南宁市教育路 7 号
邮　　编：530022
电　　话：(0771)5358915

玉林师范学院

专业全称：艺术设计
专业设置年份：2004 年
学　　制：本科 4 年
地　　址：玉林市教育中路 229 号
邮　　编：537000
电　　话：(0775)2803156

桂林理工大学

院系全称：人文社会科学学院
专业全称：广告学
学　　制：本科 4 年
地　　址：桂林市建干路 12 号
邮　　编：541004
电　　话：(0773)5896575

广西师范学院

院系全称：新闻传播系
专业全称：广告学
学　　制：本科 4 年
地　　址：南宁市明秀东路 175 号
邮　　编：530001
电　　话：(0771)3903928

广西财经学院

院系全称：国际经济与贸易系
专业全称：广告学
学　　制：本科 4 年
地　　址：南宁市明秀西路 100 号
邮　　编：530003
电　　话：(0771)3859737

海南省

海南大学

专业全称：广告学
地　　址：海口市海甸岛人民路 58 号
邮　　编：570228
电　　话：(0898)66259926

海南大学三亚学院

院系全称：人文与传播学院
专业全称：广告学
学　　制：本科 4 年
地　　址：三亚市迎宾大道学院路
邮　　编：572022
电　　话：(0898)88386666

海南科技职业学院

院系全称：人文学院
专业全称：广告设计与制作
学　　制：专科 3 年
地　　址：海口市琼山大道 18 号
邮　　编：571126
电　　话：(0898)65969889

重庆市

四川外语学院

院系全称：新闻传播学院
专业全称：广告学
专业设置年份：2003 年
学　　制：本科 4 年
地　　址：重庆市沙坪坝烈士墓壮志路 33 号
邮　　编：400031
电　　话：(023)65385337

重庆工商大学

院系全称：文学与新闻学院
专业全称：广告学
地　　址：重庆市南岸区学府大道 19 号
邮　　编：400067
电　　话：(023)62769390

重庆交通大学

院系全称：人文学院
专业全称：广告学
学　　制：本科 4 年
地　　址：重庆市南岸区学府大道 66 号
邮　　编：400074
电　　话：(023)62652497

四川省

四川大学

院系全称：文学与新闻学院广告系
专业全称：广告学
专业设置年份：1993 年
学　　制：博士 3 年　硕士 3 年
本科 4 年　专科 2 年
地　　址：成都市望江路 29 号
邮　　编：610064
电　　话：(028)85412710

四川农业大学

院系全称：人文社科学院
专业全称：广告学
专业设置年份：2002 年
学　　制：本科 4 年
地　　址：雅安市雨城区新康路 46 号
邮　　编：625014
电　　话：(0835)2882232

成都理工大学

院系全称：传播科学与艺术学院
专业全称：广告学
专业设置年份：2001 年
学　　制：本科 4 年
地　　址：成都市二仙桥东三路 1 号
邮　　编：610059
电　　话：(028)84076718、84079968

四川师范大学

专业全称：广告学
地　　址：成都市镇江区静安路 5 号
邮　　编：610068
电　　话：(028)84442612

西南民族学院

院系全称：艺术学院
专业全称：艺术设计
地　　址：成都市一环路南四段西南民族学院
邮　　编：610041
电　　话：(0812)85524112

西南交通大学

院系全称：艺术与传播学院
专业全称：艺术设计
地　　址：成都市二环路北二段 111 号
邮　　编：610031
电　　话：(028)87600508

西南财经大学

院系全称：工商管理学院
专业全称：广告学
地　　址：成都市光华村街 55 号
邮　　编：610074
电　　话：(028)87352246

绵阳师范学院

专业全称：艺术设计
专业设置年份：2004 年
学　　制：本科 4 年
地　　址：绵阳市仙人路一段 30 号
邮　　编：621000
电　　话：(0816)2200018

西南石油学院

专业全称：广告学
专业设置年份：2004 年
地　　址：南充市油院路 30 号
邮　　编：637001
电　　话：(0817)2642302

内江师范学院

院系全称：美术系
专业全称：艺术设计
地　　址：内江市桐梓坝
邮　　编：641112
电　　话：(0832)2341742

宜宾学院

院系全称：美术系
专业全称：艺术设计
地　　址：宜宾市五粮液大道东段西圣路 8 号
邮　　编：644000
电　　话：(0831)3545011

西南科技大学

院系全称：文学与艺术学院
专业全称：广告学
学　　制：本科 4 年
地　　址：绵阳市涪城区青龙大道中段 59 号
邮　　编：621010
电　　话：(0816)6089071

四川师范大学成都学院

院系全称：人文社科系
专业全称：广告学
学　　制：本科 4 年
地　　址：成都市郫县团结镇学院街 65 号
邮　　编：611745
电　　话：(028)87953080

贵州省

贵州民族学院

院系全称：传媒学院
专业全称：广告学
专业设置年份：1995 年
学　　制：本科 4 年
地　　址：贵阳市花溪区贵州民族学院文学与传播学院
邮　　编：550025
电　　话：(0851)3610255、3613465

贵州财经学院

院系全称：文化财经学院
专业全称：广告学
学　　制：本科 4 年
地　　址：贵阳市鹿冲关路 276 号
邮　　编：550004
电　　话：(0851)6902969

云南省

云南大学

院系全称：艺术与设计学院
专业全称：广告学
专业设置年份：1994 年
学　　制：本科 4 年
地　　址：昆明市翠湖北路 2 号
邮　　编：650091
电　　话：(0871)5036627

云南师范大学

院系全称：艺术学院
专业全称：广告学
专业设置年份：1993 年
学　　制：本科 4 年　专科 3 年　函授 3 年
地　　址：昆明市一二一大街 298 号
邮　　编：650092
电　　话：(0871)5516203

陕西省

西北大学

院系全称：新闻传播学院广告系
专业全称：广告学
专业设置年份：1993 年
学　　制：本科 4 年
地　　址：西安市高新四路 15 号
邮　　编：710075
电　　话：(029)88302525

曲靖师范学院

专业全称：艺术设计
专业设置年份：2004 年
学　　制：本科 4 年
地　　址：曲靖市麒麟区三江大道
邮　　编：655011

西安美术学院

院系全称：设计系
专业全称：展示设计
地　　址：西安市含光南路 100 号
邮　　编：710065
电　　话：(029)88222342、88216989

西安工业学院

院系全称：人文学院
专业全称：广告学
专业设置年份：2002 年
学　　制：本科 4 年
地　　址：西安市金花北路 4 号
邮　　编：710032
电　　话：(029)83208308、83208114

西安石油大学

院系全称：人文学院
专业全称：广告学
专业设置年份：2001 年
学　　制：本科 4 年
地　　址：西安市电子二路 18 号
邮　　编：710065
电　　话：(029)88382753

长安大学

院系全称：人文社会科学学院广告学系
专业全称：广告学
专业设置年份：2001 年
学　　制：本科 4 年
地　　址：西安市南二环路中段长安大学
邮　　编：710064
电　　话：(029)62630089

渭南师范学院

专业全称：艺术设计
专业设置年份：2004 年
学　　制：本科 4 年
地　　址：渭南市朝阳路西段
邮　　编：714000
电　　话：(0913)2133041

宝鸡文理学院

院系全称：中文系
专业全称：广告学
专业设置年份：2001 年
学　　制：本科 4 年
地　　址：宝鸡市高新大道 1 号
邮　　编：721013
电　　话：(0917)3364307

西安工程大学

院系全称：服装与艺术设计专业
专业全称：广告学
学　　制：本科 4 年
地　　址：西安市金花南路 19 号
邮　　编：710048
电　　话：(029)82330087

咸阳师范学院

院系全称：文学与传播学院
专业全称：广告学
学　　制：本科 4 年
地　　址：咸阳市文林路
邮　　编：712000
电　　话：(0910)3722373

西安外国语大学

院系全称：文化传播学院
专业全称：广告学
学　　制：本科 4 年
地　　址：西安市郭杜教育科技产业开发区文苑南路
邮　　编：710128
电　　话：(029)85319274

西安财经学院

院系全称：文法学院
专业全称：广告学
学　　制：本科 4 年
地　　址：西安市长安区韦常路南台 2 号
邮　　编：710100
电　　话：(029)82348361

西安民族学院

院系全称：新闻传播学院
专业全称：广告学
学　　制：本科 4 年
地　　址：咸阳市文汇东路 6 号
邮　　编：712082
电　　话：(029)33755799

西安翻译学院

院系全称：艺术设计系
专业全称：广告学
学　　制：本科 4 年
地　　址：西安市长安区太乙宫
邮　　编：710105
电　　话：(029)85896666

西安财经学院行知学院

院系全称：人文社科系
专业全称：广告学
学　　制：本科 4 年
地　　址：西安市灞桥区狄寨路 57 号
邮　　编：710038
电　　话：(029)82617590

西安思源学院

院系全称：人文学院
专业全称：广告设计与制作
学　　制：专科 3 年
地　　址：西安市东郊水安路 28 号
邮　　编：710038
电　　话：(029)82601888

陕西青年职业学院

院系全称：人文社会科学系
专业全称：广告设计与制作
学　　制：专科 3 年
地　　址：西安市含光北路 155 号
邮　　编：710068
电　　话：(029)88413889

甘肃省

兰州大学

院系全称：新闻与传播系
专业全称：广告学
地　　址：兰州市嘉峪关西路 9 号
邮　　编：730000

兰州交通大学

院系全称：艺术设计学院
专业全称：广告设计系
专业设置年份：2001 年
学　　制：本科 4 年
地　　址：兰州市安宁区西路 88 号
邮　　编：730070

兰州商学院

院系全称：商务传媒学院
专业全称：广告学
地　　址：兰州市段家滩 496 号
邮　　编：730020
电　　话：(0931)5252090

西北民族大学

院系全称：新闻传播学
专业全称：广告学
学　　制：本科 4 年
地　　址：兰州市西北新村 1 号
邮　　编：730030
电　　话：(0931)2938003

兰州商学院长青学院

院系全称：艺术系
专业全称：广告学
学　　制：本科 4 年
地　　址：兰州市城关区店子街 45
邮　　编：730020
电　　话：(0931)8698906

青海省

青海民族大学

院系全称：文学与新闻传播学院
专业全称：广告学
学　　制：本科 4 年
地　　址：西宁市八一中路 3 号
邮　　编：810007
电　　话：(0971)8808501

宁夏回族自治区

宁夏大学

院系全称：人文学院新闻系
专业全称：广告创意与传播
专业设置年份：2000 年
学　　制：专科 3 年
地　　址：银川市西夏区贺兰山西路 489 号
邮　　编：750021
电　　话：(0951)2061705，2077800

北方民族大学

院系全称：文史学院
专业全称：广告学
学　　制：本科 4 年
地　　址：银川市西夏区文昌北街 204 号
邮　　编：750021
电　　话：(0951)2066992

新疆维吾尔自治区

新疆大学

院系全称：人文学院新闻系
专业全称：广告学
地　　址：乌鲁木齐市胜利路 14 号
邮　　编：830046
电　　话：(0991)8582815

新疆艺术学院

院系全称：影视戏剧系
专业全称：广告学
学　　制：本科 4 年
地　　址：乌鲁木齐市团结路 734 号
邮　　编：830049
电　　话：(0991)2568202

'2014 中国广告年鉴
China Advertising Yearbook

全国广告经营单位选介

Introduction of Selected Advertising Units in China

北京市

广播电视类

中央电视台

地　址：北京市海淀区复兴路11号
邮　编：100036
电　话：(010)68507484

北京电视台

地　址：北京市朝阳区建国路甲98号北京电视台广告部
邮　编：100022
电　话：(010)68429520

中国农业电影电视中心

地　址：中关村南大街10号1号楼708室
邮　编：100081
电　话：(010)82101813

国家广播电影电视总局电影卫星频道节目制作中心

地　址：北京市西土城路2号
邮　编：100088
电　话：(010)82046622

中央人民广播电台

地　址：北京市复兴门外大街2号
邮　编：100866
电　话：(010)86090261

北京人民广播电台

地　址：北京市朝阳区建外大街甲14号
邮　编：100022
电　话：(010)85013970

中国教育电视台广告中心

地　址：北京市朝阳区东三环南路98号韩建丹阳大厦10层1007室
邮　编：100021
电　话：(010)58611311

北京密云广播电视中心广告部

地　址：北京市密云县西大桥路18号
邮　编：101500
电　话：(010)89095550

中国国际电视总公司广告部

地　址：北京市海淀区羊坊店路9号京门大厦
邮　编：100038
电　话：(010)63950016

中国国际广播电台广告部

地　址：北京市石景山区石景山路甲16号广告部
邮　编：100040
电　话：(010)68892521、68892080

新闻出版类

中国证券报社

地　址：北京市宣武门西大街甲97号
邮　编：100031
电　话：(010)63072603

中国烟草杂志社

地　址：北京市西城区月坛南街55号
邮　编：100055
电　话：(010)63605472

中国矿业报社广告部

地　址：北京市西城区广安门南滨河路23号
邮　编：100037
电　话：(010)63422533

北京广播电视报社

地　址：北京市崇文区安乐林路18号
邮　编：100075
电　话：(010)67134368

北京晨报社

地　址：北京市朝阳区广渠路3号竞园
邮　编：100600
电　话：(010)87955757

北京青年报社广告部

地　址：北京市朝阳区白家庄东里23号院A栋
邮　编：100026
电　话：(010)65902199

北京商报社

地　址：北京市朝阳区和平里西街21号
邮　编：100013
电　话：(010)84285566

北京晚报广告部

地　址：北京市建国门内大街26号
邮　编：100734
电　话：(010)85201183

电子游戏软件杂志社广告部

地　址：北京市安德里北街恒通伟业大厦4层403
邮　编：100011
电　话：(010)64472920

法制晚报社

地　址：北京市朝阳区建国路71号惠通时代A1座
邮　编：100025
电　话：(010)58635355

工人日报社广告部

地　址：北京市东城安德路甲61号
邮　编：100718
电　话：(010)84151121

光明日报社广告部

地　址：北京市西城区永安路106号
邮　编：100050
电　话：(010)67078200

华夏时报社

地　址：北京市西城区太子街甲6号富力摩根B座8层
邮　编：100022
电　话：(010)59250005

环球时报社

地　址：北京市朝阳区金台西路2号
邮　编：100026
电　话：(010)65091871

解放军报社

地　址：北京市西城区阜外大街 34 号
邮　编：100832
电　话：(010)68570796

金融时报社

地　址：北京市海淀区中关村南大街甲 18 号北京国际 D 座 22 层
邮　编：100081
电　话：(010)82198333

经济日报农村版

地　址：北京市西城区月坛南街 26 号
邮　编：100825
电　话：(010)68516119

科技日报社广告部

地　址：北京市复兴路 15 号
邮　编：100038
电　话：(010)58884125、58884126

瞭望周刊社

地　址：北京市宣武门西大街甲 97 号 701 室
邮　编：100031
电　话：(010)63073937

人民日报海外版

地　址：北京市朝阳区金台西路 2 号
邮　编：100733
电　话：(010)65369288

人民日报社

地　址：北京市朝阳区金台西路 2 号
邮　编：100733
电　话：(010)65368759

人民邮电报社

地　址：北京市朝阳区安苑路 11 － 1
邮　编：100044
电　话：(010)64962994

首钢日报社

地　址：北京市石景山区首钢总公司大院内
邮　编：100043
电　话：(010)68873088

新京报社

地　址：北京市东城区幸福（北）大街 37 号新京报社
邮　编：100061
电　话：(010)67106666

中国妇女报社广告部

地　址：北京市西城区地安门西大街 103 号
邮　编：100009
电　话：(010)83226311

中国工商报社

地　址：北京市丰台区花乡纪家庙
邮　编：100070
电　话：(010)63711924

中国国防报社广告部

地　址：北京市西城区阜外大街 34 号
邮　编：100832
电　话：(010)68570796

中国花卉报社

地　址：北京市丰台区东铁匠营横六条 19 号
邮　编：100073
电　话：(010)87680622

中国化工报社

地　址：北京市西城区六铺炕北小街甲 2 号
邮　编：100011
电　话：(010)82037800

中国环境报社

地　址：北京市东城区广渠门内大街 16 号 1105 室
邮　编：100061
电　话：(010)67167403

中国教育报刊社

地　址：北京市海淀区文慧园北路 10 号
邮　编：100082
电　话：(010)62257722、82296688

中国经济导报广告策划部

地　址：北京市西城区广安门内大街 315 号信息大厦 B 座
邮　编：100824
电　话：(010)63691591

中国经营报社广告部

地　址：北京市西四环北路 6 号院 1 号楼
邮　编：100089
电　话：(010)88469630

中国贸易报社

地　址：北京市朝阳区北三环东路静安西街 2 号
邮　编：100028
电　话：(010)64671063

中国企业报社广告部

地　址：北京市海淀区紫竹院南路 17 号
邮　编：100044
电　话：(010)68420501

中国汽车报社广告部

地　址：北京市海淀区阜成路 115 号北京印象 1 号楼 2 门 4 层
邮　编：100036
电　话：(010)88136860

中国青年报社广告部

地　址：北京市东城区海运仓 2 号
邮　编：100702
电　话：(010)64098333、64098277

中国日报社

地　址：北京市朝阳区惠新东街 15 号
邮　编：100029
电　话：(010)64995000

瑞丽杂志社

电　话：(010)85119820

中国食品报社

地　址：北京市丰台区太平桥东里 5 号
邮　编：100073
电　话：(010)63272076

中国体育报业总社广告部

地　址：北京市东城区体育馆路 8 号
邮　编：100061
电　话：(010)67111386

中国信息报社广告部

地　址：北京市西城区月坛南街 57 号
邮　编：100073
电　话：(010)63376799

作家文摘报社

地　址：北京市东城区王家园 10 号
邮　编：100026
电　话：(010)65518029

公 司 类

北京市首发高速公路经营管理有限公司

地　址：北京市通州区台湖镇京哈高速田家府服务区北区
邮　编：101116
电　话：(010)61530705

北京通惠恒源投资管理有限公司

地　址：北京市朝阳区西大望路甲12号
邮　编：100124
电　话：(010)67797777

中铁世纪传媒广告有限公司

地　址：北京市海淀区羊坊路17号育通写字楼A座三层
邮　编：100038
电　话：(010)51019337

北京品尚广告有限公司

地　址：北京市朝阳区广渠路28号珠江帝景210楼2107室
邮　编：100124
电　话：(010)59527001

北京北方国联信息技术有限公司

地　址：北京市朝阳区广渠路28号珠江帝景210楼2107室
邮　编：100124
电　话：(010)59527001

北京地下铁道通成广告有限公司

地　址：北京市东城区长安街1号东方广场W3座1201室
邮　编：100738
电　话：(010)85010888

北京维美盛景广告有限公司

地　址：北京市东城区东直门外大街46号天恒大厦2207
邮　编：100000
电　话：(010)84608006

北京七彩通达广告传媒有限责任公司

地　址：海淀区西三环北路21号久凌大厦南楼6层
邮　编：100089

百度在线网络技术北京有限公司

地　址：北京市海淀区上地十街十号
邮　编：100085

北京巴士传媒股份有限公司广告分公司

地　址：海淀区紫竹路32号北京巴士传媒股份有限公司广告分公司
邮　编：100048
电　话：(010)84045159

广东警视文化传播有限公司北京分公司

地　址：北京市朝阳区朝阳北路237号复星国际中心1703室
邮　编：100020

中国气象局华风气象传媒集团

地　址：北京海淀区中关村南大46号
邮　编：100081

北京国联视讯广告有限公司

地　址：北京市海淀区北洼路西里甲3号嘉城商务中心
邮　编：100089

北京华诚广告有限公司

地　址：北京市西城区北展北街F座7层
邮　编：100044
电　话：(010)88320378

北京新浪互联信息服务有限公司

地　址：北京市海淀区北四环西路58号理想国际大厦
邮　编：100080
电　话：(010)82628888

北京未来广告有限公司

地　址：北京市朝阳区建国路甲92号世茂大厦B座19层
邮　编：100022
电　话：(010)59573188

北京搜狐新媒体信息技术有限公司

地　址：北京市中关村东路1号搜狐网络大厦15层
邮　编：100084
电　话：(010)62726666

北京东方博杰广告有限公司

地　址：北京市朝阳区麦子店街53号
邮　编：100125
电　话：(010)89986688

北京海潮瑞德尔电子技术有限责任公司

地　址：北京市昌平区回龙观二拨子新村龙祥工业园8号
电　话：(010)51659765

蒙卫国际传媒广告（北京）有限责任公司

地　址：北京市朝阳区东三环北路38号院北京国际中心4号楼903室
邮　编：100026
电　话：(010)85879495

广而告之合众国际广告有限公司

地　址：北京市西城区金融街35号国际企业大厦B座6层
邮　编：100033
电　话：(010)88091099

北京航美传媒广告有限公司

地　址：北京市东城区东直门外大街46号天恒大厦15层
邮　编：100027
电　话：(010)84608181

北京地铁广告事业部

地　址：北京市东城区苏州胡同61号
邮　编：100005

北京环宇广告公司

地　址：北京市西城门西大街甲97号
邮　编：100031
电　话：(010)63076490

全中广告文化发展机构

地　址：北京市五芳园邮局100邮箱
邮　编：100040
电　话：(010)68611900

北京世纪双龙广告有限公司

地　址：北京市密云县鼓楼东大街13号
邮　编：101500
电　话：(010)69049788

北京华奥广告有限公司

地　址：北京市丰台区右安门外大街2号迦南大厦1408室

邮 编：100028
电 话：(010)84405701

北京奥美地亚广告有限公司

地 址：北京市朝阳区建国路88号SOHO现代城C座1201室
邮 编：100022
电 话：(010)85806066

北京白孔雀广告有限公司

地 址：北京市顺义区站前东街商业楼321室
邮 编：101300
电 话：(010)69420580

北京超炫广告有限公司

地 址：北京市石景山区苹果园南1号
邮 编：102488
电 话：(010)88790717

北京创意时空广告有限公司

地 址：北京市西城区广内大街338号
邮 编：100053
电 话：(010)83518560

北京大有视界传媒广告有限公司

地 址：北京市东城区安定门外大街2号安贞大厦2001室
邮 编：100013
电 话：(010)51278910

北京第七传媒广告有限公司

地 址：北京市朝阳区光华路七号汉威大厦C区11层B1106号
邮 编：100004
电 话：(010)64447262

北京缔元信互联网数据技术有限公司

地 址：北京市东城区青龙胡同1号歌华大厦A座612室
邮 编：100007
电 话：(010)84186666

北京电通广告有限公司

地 址：北京市东城区富华大厦F座11层
邮 编：100027
电 话：(010)65545085

北京东方捷先广告传播公司

地 址：北京市朝阳区裕民路12号华展国际公寓A座604室
邮 编：100029
电 话：(010)82253750

北京东方情缘广告有限公司

地 址：北京市朝阳区惠新东街8号2号楼设计大厦9层
邮 编：100101
电 话：(010)84662096

北京东方仁德广告有限公司

地 址：北京市朝阳区建国路93号万达商务大厦A1座21层
邮 编：100022
电 话：(010)58205551

北京斐思态广告有限公司

地 址：北京市朝阳区朝外大街18号丰联广场A座810
邮 编：100020
电 话：(010)65881406

北京福禄财广告有限公司

地 址：北京市平谷区西环北路2号
邮 编：101200
电 话：(010)69984927

北京高狮广告公司

地 址：北京市朝阳区裕民路12号华展国际公寓A座703
电 话：(010)82252551

北京公交广告有限责任公司

地 址：北京市东城区交道口南大街16号
邮 编：100007
电 话：(010)64007772

北京古韵广告有限公司

地 址：北京市密云县檀城北区1号9门
邮 编：101500
电 话：(010)69042919

北京光耀天润广告公司

地 址：北京市海淀区北小马厂6号华天大厦22层
邮 编：100038
电 话：(010)63322460

北京恒华伟业广告有限公司

地 址：北京市朝阳区半壁店290号小红帽物流中心3层
邮 编：100061
电 话：(010)87741845

北京华教通用航空公司

地 址：北京市海淀区彰化路银利娜物业6号楼
邮 编：100089
电 话：(010)51505298

北京金羽翼广告中心

地 址：北京市门头沟区新桥大街58号门头沟残联4层
邮 编：102300
电 话：(010)69861384

怀柔广电中心广告部

地 址：北京市怀柔区府前街政府旁北京大世界对面
邮 编：101400
电 话：(010)69656374

北京联合趋势国际广告有限公司

电 话：(010)85805202

北京凌鹏时代科技有限公司

地 址：北京市海淀区安宁庄东路30号
邮 编：100085
电 话：(010)51299131

北京绿谷缘广告有限公司

地 址：北京市平谷区新平北路63号
邮 编：101200
电 话：(010)89989001

北京伦世达广告企划有限公司

地 址：北京市珠市口东大街1号新阳商务楼B座5层
邮 编：100061
电 话：(010)67082355

北京平谷金鼎广告公司

地 址：北京市平谷区旧城街8号
邮 编：101200
电 话：(010)89984730

北京瑞成创亿广告有限公司

地　址：北京市朝阳区大郊亭金海国际
电　话：(010)58200846

北京三基色广告有限公司

地　址：北京市门头沟区潭柘寺新大街1号
邮　编：102300
电　话：(010)69863458

北京桑夏广告公司

地　址：北京市朝阳区霞光里66号远洋新干线A座7层
邮　编：100027
电　话：(010)84466415

北京盛事晨威广告公司

地　址：北京市西城区珠市口西大街120号太丰慧中大厦5层522室
邮　编：100050
电　话：(010)63552772

北京世邦联合广告有限公司

地　址：北京市朝阳区建国路88号现域SOHO－COFT－0327号
邮　编：100022
电　话：(010)85802468

北京太阳圣火广告有限公司

地　址：北京市朝阳区建国路88号现代城SOHO－A座2309
邮　编：100022
电　话：(010)85800003

北京天龙时代广告有限公司

地　址：北京市密云县鼓楼东大街26号
邮　编：101500
电　话：(010)69025898

北京视奥联合广告有限公司

电　话：(010)84263333

北京未名广告有限责任公司

地　址：北京市长春桥路新起点嘉园2号楼2108
邮　编：100089
电　话：(010)82561156

北京西藏国风广告有限公司

地　址：北京市朝阳区霞光里9号
邮　编：100125
电　话：(010)65088200

北京新文化广告公司

地　址：北京市昌平区南环路26－6号
邮　编：102200
电　话：(010)69714687

北京炎黄时代广告有限公司

地　址：北京市西城区文津街7号国图2层
邮　编：100802
电　话：(010)66129928

北京研桑广告制作中心

地　址：北京市顺义区拥军路（电视台院内）
邮　编：101300
电　话：(010)69423368

北京友林广告公司

地　址：北京市顺义区顺平路579号
邮　编：101300
电　话：(010)69476663

北京远大工商广告公司

地　址：北京市大兴区兴政街23号
邮　编：102600
电　话：(010)69247401

北京中视电传广告公司

地　址：北京市建国路93号院万达广场10号楼15层
电　话：(010)58208858

北京中天艺圣广告公司

地　址：北京市丰台区长辛店镇杜家坎南路8号321室
邮　编：100072
电　话：(010)83884812

北青传媒股份有限公司

地　址：北京市朝阳区白家庄东里23号院A栋
邮　编：100026
电　话：(010)65902199

迪思传播集团

地　址：北京市朝阳区高井文化产业园东正国际C－7号楼
邮　编：100022
电　话：(010)65661919

北京海润新时代广告公司

地　址：北京市朝阳区安慧北里安园5号海润大厦3层
电　话：(010)64899933

北京蓝之象启划机构

地　址：北京市海淀区成府路华清嘉园18号楼－2－101
电　话：(010)82867007

北京中视北广广告有限公司

地　址：北京市朝阳区建国路18号
邮　编：100020
电　话：(010)65403066

海天网联公关顾问公司

地　址：北京市大兴区旧宫镇旧桥路1号富力盛悦居22号楼703－705
邮　编：100020
电　话：(010)85655666

麦肯光明广告有限公司

地　址：北京市朝阳区酒仙桥路14号兆维大厦9楼
邮　编：100015
电　话：(010)58040000

全景视觉网络科技有限公司

地　址：北京市朝阳区朝外大街乙12号昆泰国际大厦707室
邮　编：100020
电　话：(010)58790667

三星影视交流中心

地　址：北京市海淀区什坊院6号京都信苑饭店6层
邮　编：100036
电　话：(010)63901020

宣亚国际广告公司

地　址：北京市朝阳区八里庄1号莱景创艺产业园
邮　编：100022
电　话：(010)85079666

央视市场研究股份有限公司

地　址：北京市西城区德外大街5号
邮　编：100088
电　话：(010)82015388

中国高新技术产业导报社有限公司

地　址：北京市海淀区木樨地茂林居18号5层
邮　编：100043
电　话：(010)68667266

中国邮政广告有限责任公司

地　址：北京市西城区北礼士路甲8号
邮　编：100868
电　话：(010)88381361

铁旭广告有限责任公司

地　址：北京市朝阳区亮马桥路32号高斓大厦18F
邮　编：100016
电　话：(010)64642122 - 3807

天津市

广播电视类

天津电视台广告部

地　址：天津市和平区电台道19号天宇大酒店3层
邮　编：300070
电　话：(022)28201908

天津人民广播电台广告经营中心

电　话：(022)23374567

新闻出版类

天津市今晚报

地　址：天津市南京路358号
邮　编：300100
电　话：(022)27500172

天津日报社

地　址：天津市大沽南路873号天津日报大厦
邮　编：300211
电　话：(022)28201284

每日新报广告部

地　址：天津市大沽南路873号天津日报大厦
邮　编：300211
电　话：(022)28201943

天津广播电视报社

地　址：天津市和平区卫津路143号
邮　编：300070
电　话：(022)23601038

公　司　类

天津市北岛广告发展有限公司

地　址：天津市南开区卫津南路78号立达公寓E座2F
邮　编：300381
电　话：(022)23955538

天津市天健广告有限责任公司

地　址：天津市河西区绍兴道罗马花园D座1802
邮　编：300074
电　话：(022)28010288

天津市新地广告有限公司

地　址：天津市和平区云南路12号清华园商务大厦B座120F
邮　编：300051
电　话：(022)83525081

河北省

广播电视类

邯郸县电视台广告部

地　址：邯郸市邯郸县陵园路东段
邮　编：056001
电　话：(0310)8025848

邯郸市人民广播电台

地　址：邯郸市人民路246号
邮　编：056002
电　话：(0310)3090313

石家庄市电视台广告部

地　址：石家庄市体育南大街302号
邮　编：050000
电　话：(0311)81587158

河北电视台广告经营管理中心

地　址：石家庄市建华南大街101号中方商务4层
邮　编：050031
电　话：(0311)66613226

河北人民广播电台

地　址：石家庄市裕华东路63号
邮　编：050012
电　话：(0311)86044143

保定电视台广告经济信息中心

地　址：保定市朝阳南大街105号
邮　编：071000
电　话：(0312)3095332

张家口电视台广告信息中心

地　址：张家口市桥东区建国路17号
邮　编：075000
电　话：(0313)2081518

滦平县广播电视局广告部

地　址：承德市滦平县滦平镇新建路南山广播电视局内3层
邮　编：068250
电　话：(0314)8585752

丰宁县广播电视台广告部

地 址：丰宁爱民街 25 号
邮 编：068350
电 话：(0314)8010452

唐山市丰润区广播电视局

地 址：唐山市丰润区新丰路 80 号
邮 编：064000
电 话：(0315)5116518、5122417

唐山市丰南区电视台

地 址：唐山市丰南区广电局内
邮 编：063000
电 话：(0315)8160661、8169951

霸州电视局广告部

地 址：霸州建开发区
邮 编：065700
电 话：(0316)7213312

大厂县电视台广告部

地 址：廊坊市大厂县广播电视局
邮 编：065000
电 话：(0316)8835854

固安县广播电视局

地 址：廊坊市固安县电视局
邮 编：065000
电 话：(0316)6161798

廊坊电视台广告部

地 址：廊坊市永丰道 8 号
邮 编：065000
电 话：(0316)2311376

廊坊人民广播电台广告部

地 址：廊坊市永丰道 8 号
邮 编：065000
电 话：(0316)2311383、2311332

文安县广播电视局

地 址：廊坊市文安县城北
邮 编：065800
电 话：(0316)5232797、5231786

香河县广播电视台广告部

地 址：廊坊市香河县府前街 2 号
邮 编：065000
电 话：(0316)8316185

任丘市电视台广告信息部

地 址：任丘市西环路 12 号增 1 号
邮 编：062550
电 话：(0317)2223643

黄骅市广播电视局广告策划中心

地 址：黄骅市建设大街
邮 编：061100
电 话：(0317)5325400

衡水电视台广告部

地 址：衡水市红旗大街 693 号
邮 编：053000
电 话：(0318)2106003

南宫市电视台信息部

地 址：南宫市 106 国道西侧
邮 编：055750
电 话：(0319)5222956、5263856

沙河市广播电视局广告文艺部

地 址：沙河市体育路
邮 编：054100
电 话：(0319)8801896

抚宁县广电中心广告部

地 址：抚宁县城关迎宾路 133 号
邮 编：066300
电 话：(0335)6683727

秦皇岛广播电台

地 址：秦皇岛市迎宾路 9 号
邮 编：066000
电 话：(0335)3601001

秦皇岛市电视台广告部

地 址：秦皇岛市迎宾路 9 号
邮 编：066000
电 话：(0335)3065139

秦皇岛电台广告部

地 址：秦皇岛市迎宾路 9 号秦皇岛电台广告部
邮 编：066000
电 话：(0335)3601001

新闻出版类

精品导报

地 址：石家庄市中山东路 313 号
邮 编：066000
电 话：(0311)88629319、88629291

河北法制报

地 址：石家庄市裕华西路 120 号
邮 编：050051
电 话：(0311)85208367、83027456

河北工人报社广告部

地 址：石家庄市中华南大街 68 号
邮 编：050051
电 话：(0311)87017658、87019885

河北广播电视报广告部

地 址：石家庄市青园街 156 号
邮 编：050031
电 话：(0311)85672177、85675866

河北经济日报

地 址：石家庄市裕华西路 186 号
邮 编：050081
电 话：(0311)88606081

河北科技报社广告部

地 址：石家庄市富强大街 92 号
邮 编：050021
电 话：(0311)85814557

河北青年报

地 址：石家庄市友谊北大街 330 号
邮 编：050091
电 话：(0311)83838000

石家庄日报

地 址：石家庄市中山东路 313 号
邮 编：050011
电 话：(0311)88629340

糖烟酒周刊杂志社

地 址：石家庄市广安大街 36 号银泰国际大厦 15 层
电 话：(0311)89105660

燕赵晚报

地 址：石家庄市中山东路 313 号
邮 编：050011
电 话：(0311)88629345

张家口日报社广告部

地 址：张家口市桥东区建国路 39 号

邮　编：075000
电　话：(0313)2019390、2017983

张家口广播电视报社广告部

地　址：张家口市桥东建国路 26 号
邮　编：075000
电　话：(0313)2014623

唐山晚报

地　址：唐山市西山道 4 号
邮　编：063000
电　话：(0315)2826001

开滦日报社

地　址：唐山市增盛路东街 8 号
邮　编：063000
电　话：(0315)3022073

廊坊日报广告部

地　址：廊坊市文明路 18 号
邮　编：065000
电　话：(0316)2035405

邢台广播电视报社广告部

地　址：邢台市郭守敬北路 265 号
邮　编：054000
电　话：(0319)2211228

邢台日报广告部

地　址：邢台市桥东区南园街 2 号
邮　编：054000
电　话：(0319)3129962

秦皇岛晚报广告部

地　址：秦皇岛市迎宾路报业大厦 3 层
邮　编：066000
电　话：(0335)3088755

秦皇岛日报社

地　址：秦皇岛市海港区迎宾路 139 号
邮　编：066001
电　话：(0335)3636449

公 司 类

邯郸市东宇广告有限公司

地　址：邯郸市复兴路 27 号
邮　编：056003
电　话：(0310)4188089

邯郸市亚太广告有限公司

地　址：邯郸市城内中街 96 号
邮　编：056002
电　话：(0310)3155850

邯郸市银华广告有限公司

地　址：邯郸市中华南大街 44 号
邮　编：056001
电　话：(0310)3051546

大道广告公司

地　址：石家庄市中山东路 85 中学
邮　编：050019
电　话：(0311)86045297

河北亚太广告有限公司石家庄分公司

地　址：石家庄市广安大街 77 号安侨商务 5 层 513 室
邮　编：050000
电　话：(0311)85260317

河北益和文化传播有限公司

地　址：石家庄市广安大街 36 号时代方舟 B 座 1706
邮　编：050011
电　话：(0311)86045640

河北春秋文化传播有限公司

地　址：石家庄市裕华东路 100 号省军区二招 B 座
邮　编：050000
电　话：(0311)85819390

河北霓虹广告有限公司

地　址：石家庄市广安大街 24 号财富大厦
邮　编：050000
电　话：(0311)85266188

河北邮电广告有限公司

地　址：石家庄市健康路 33 号
邮　编：050011
电　话：(0311)86677842

声屏之友广告部

地　址：石家庄市体育南大街 302 号
邮　编：050000
电　话：(0311)81587348

石家庄都市文化传播有限公司

地　址：石家庄市广安大街 77 号安桥商务 1201
邮　编：0500511
电　话：(0311)86053626、85115577

石家庄辉煌商务广告公司

地　址：石家庄市中山西路 322 号开元大厦 1603 室
邮　编：050011
电　话：(0311)86684966

石家庄极艺投资顾问有限公司

地　址：石家庄市裕华西路 9 号裕园广场 C 座 C2601
邮　编：050000
电　话：(0311)85288568

石家庄天马广告有限公司

地　址：石家庄和平东路 260 号－1 号
邮　编：050000
电　话：(0311)86672119

中仁广告艺术有限公司

地　址：石家庄市体育北大街 56 号美丽华大酒店 26 层
邮　编：050000
电　话：(0311)85260222

河北省安通广告公司

地　址：保定市永华南路双彩广场北侧 186−39 号
邮　编：071000
电　话：(0312)2038880

保定市东风广告有限责任公司

地　址：保定市东风中路 1 号
邮　编：071051
电　话：(0312)3037657

保定市宏图广告有限公司

地　址：保定市恒通财富中心 1540 室
邮　编：071000
电　话：(0312)3330886

怀来县天缘广告有限责任公司

地　址：张家口市怀来县沙城镇府前东街建设局 201 室
电　话：(0313)6234000

益民伟业广告装饰有限公司

地　址：张家口市宣华西马道 15 号
邮　编：075100
电　话：(0313)3038063

张家口市天元广告有限责任公司

地　址：张家口市桥西区坝岗 78−9
邮　编：075000
电　话：(0313)2163566

张家口宣化国美广告有限公司

地　址：张家口市宣化玉皇庙街 10 号
邮　编：075100
电　话：(0313)3023183

河北大智广告资讯有限公司

地　址：唐山市新源道和馨园 1 楼 2 门 203
邮　编：063000
电　话：(0315)2234567

唐山市唐新集团

地　址：唐山市丰润区光华道 39 号
邮　编：063030
电　话：(0315)3242706

唐山市天翼广告有限公司

地　址：唐山市路北区华严路体育场西
邮　编：063000
电　话：(0315)7257111

唐山原创文化传媒有限公司

地　址：唐山市路南区新天地购物乐园 E1 区 18、19 号
邮　编：063000
电　话：(0315)2326168

河北消费广场广告有限公司

地　址：银河六大街东口
邮　编：065000
电　话：(0316)2032588

新世纪广告有限公司

地　址：廊坊开发区四海路 71 号
邮　编：065000
电　话：(0316)6087270

廊坊利辉广告图文设计制作有限公司

地　址：廊坊市解放道东安市场 1 栋
邮　编：065000
电　话：(0316)2011883

廊坊市手拉手广告装潢有限公司

地　址：廊坊市迎春路
邮　编：065000
电　话：(0316)2011112

廊坊市消费广场广告有限公司

地　址：廊坊市新华路 6 号
邮　编：065000
电　话：(0316)2038833

任丘市远大广告有限公司

地　址：任丘市京开北道远大商贸城 1 楼
邮　编：062550
电　话：(0317)2230000

沧州市红斑马广告有限公司

地　址：沧州市西环中路 68 号
邮　编：061001
电　话：(0317)2102625

艺源文化广告有限公司

地　址：任丘市燕山道 24 号
邮　编：053000
电　话：(0317)2751799

邢台市飞天广告有限公司

地　址：邢台市港龙商业中心 C 座 502
邮　编：054000
电　话：(0319)3608079

邢台宝业广告有限公司

地　址：邢台市邢州南路五一桥岗南斜街 50 米路东
邮　编：054000
电　话：(0319)3029107

邢台市新城广告有限公司

地　址：邢台市中心东大街 111 号商银大厦 7 楼
邮　编：054000
电　话：(0319)3607999

八达广告公司

地　址：秦皇岛市海港区港城大街 176 号
邮　编：066000
电　话：(0335)3088333

长虹广告公司

地　址：秦皇岛市海港区香格里拉一栋 402
邮　编：066000
电　话：(0335)3077345

秦皇岛青年美术制作公司

地　址：秦皇岛市海港区民族南路 99 号鸿祥大厦 1004 室
邮　编：066000
电　话：(0335)3251820

山西省

广播电视类

朔州电视台

地　址：朔州市振华东街朔州电视台
邮　编：036002
电　话：(0349)2165535

山西省人民广播电台

地　址：太原市迎泽大街 318 号
邮　编：030001
电　话：(0351)8302563

山西广播电视台

地　址：太原市迎泽大街 318 号
邮　编：030001
电　话：(0351)8302200

太原电视台广告中心

地　址：太原市漪汾街 2 号
电　话：(0351)5676234

大同电视台

地　址：大同市迎宾东路云汽园 8 号
邮　编：037008
电　话：(0352)5801852

阳泉广播电视总台

地　址：阳泉开发区宁波路 1 号广电楼广告经营中心
邮　编：045000
电　话：(0353)2903555

大同人民广播电台

地　址：大同市迎宾西路 17 号广电大楼大同人民广播电台
邮　编：037006
电　话：(0352)5033417

长治市广播电视总台

地　址：长治市英雄中路 87 号
电　话：(0355)2024938

晋城人民广播电台

地　址：晋城市凤台东街晋城人民广播电台广告部
邮　编：048000
电　话：(0356)2056962

晋城电视台

地　址：晋城凤台西街广电中心四楼广告部
邮　编：048000
电　话：(0356)2038684

临汾电视台

地　址：临汾市广宣街 10 号临汾电视台
邮　编：041000
电　话：(0357)2220098

吕梁电视台

地　址：吕梁市离石区新华街一号吕梁电视台
邮　编：033000
电　话：(0358)8283246

新闻出版类

山西法制报

地　址：太原市二营盘狄村北街 11 号
邮　编：030012
电　话：(0351)2681173

山西经济日报

地　址：太原市桃园北路水西关街 26 号
邮　编：030002
电　话：(0351)4660888、4660881

山西老年杂志

地　址：太原市劲松路 5 号
邮　编：30002
电　话：(0351)4045011

山西晚报

地　址：太原市双塔寺街 124 号
邮　编：030012
电　话：(0351)4282226

山西商报

地　址：太原市新建路 78 号
邮　编：030002
电　话：(0351)8222158

太原日报社广告管理中心

地　址：太原市新建路 78 号
邮　编：030002
电　话：(0351)8222009

长治日报社上党晚报广告部

地　址：长治市长兴中路 116 号
邮　编：046000
电　话：(0355)2049096

公　司　类

山西领先广告有限公司

地　址：太原市新建北路 39 号
邮　编：030000
电　话：(0351)8225555

太原汪氏广告有限公司

地　址：太原市平阳路 173 号
邮　编：030006
电　话：(0351)7239110

山西日报报业集团广告总公司

地　址：太原市双塔寺街 124 号
邮　编：030012
电　话：(0351)4282231

大同市经典广告设计有限公司

地　址：大同市大东街路南 4 号楼
邮　编：037006
电　话：(0352)7558813

大同市美好广告装饰有限公司

地　址：大同市新建北路甲 8 号
邮　编：037006
电　话：(0352)2065088

吕梁市阿里郎文化传媒有限公司

地　址：吕梁市离石区长治路 9 号
邮　编：033000
电　话：(0358)8281825

吕梁大地广告有限公司

地　址：吕梁市离石区新华街金融大酒店三楼
邮　编：033000
电　话：(0358)8231796

吕梁市邮政局广告分局

地 址：吕梁市离石区永宁中路 65 号
邮 编：033000
电 话：(0358)8238000

太原市苹果印刷设计有限公司

地 址：太原市迎泽区建设南路 161 号
邮 编：030012

山西思高传媒有限公司

地 址：太原市万柏林区漪兴路 1 号 801 座
邮 编：030024

吕梁非凡传媒有限公司

地 址：吕梁市离石区文化路 32 号
邮 编：033000

河津市大地广告有限公司

地 址：河津市新耿街
邮 编：043300

内蒙古自治区

广播电视类

内蒙古广播电视台

地 址：呼和浩特市新华大街 71 号内蒙古电视台广告部
邮 编：010058
电 话：(0471)6630087

呼伦贝尔电视台

地 址：呼伦贝尔海拉尔区满洲里路 43 号
邮 编：021008
电 话：(0470)3992123

呼和浩特电视台广告中心

地 址：呼和浩特市公园西路 159 号
邮 编：010031
电 话：(0471)6968371

包头电视台广告部

地 址：包头市青山区钢铁大街 12 号
电 话：(0472)6988628

包头人民广播电台

地 址：包头市钢铁大街 12 号广电大厦电台广告部
邮 编：014030
电 话：(0472)2885688、2885658

通辽电视台

地 址：通辽市霍林河大街 2066 号
邮 编：028000
电 话：(0475)8237327

赤峰电视台广告部

地 址：赤峰市红山区钢铁西街广播电视大楼 101 室
邮 编：024000
电 话：(0476)8880899

鄂尔多斯电视台

地 址：鄂尔多斯市东胜区满都海巷 11 号
邮 编：017000
电 话：(0477)8377004

鄂尔多斯人民广播电台

地 址：鄂尔多斯市东胜区宝日陶亥东街 4 号（军分区对面）鄂尔多斯人民广播电台广告部
邮 编：017000
电 话：(0477)8320944

巴彦淖尔电视台

地 址：巴彦淖尔市临河区新华西街 26 号
邮 编：015000
电 话：(0478)8215151

锡林郭勒电视台广告部

地 址：锡林浩特市开发区广电大楼锡林郭勒电视台广告部
邮 编：026000
电 话：(0479)8207001

锡盟东乌旗广播电视台

地 址：东乌旗里雅思太镇乌拉盖西路 28 号
邮 编：026300
电 话：(0479)3221039

锡盟西苏旗广播电视局广告中心

地 址：包头市锡盟西苏旗赛汉塔拉镇
邮 编：011200
电 话：(0479)7222645

新闻出版类

包头日报

地 址：包头市昆区乌兰道 20 号
邮 编：014010
电 话：(0472)2100312

包头电视报社

地 址：包头市青山区钢铁大街 12 号
邮 编：014010
电 话：(0472)5153236

包头家庭周报社

地 址：包头市青山富强路 8 号
电 话：(0472)3325000

包头晚报广告部

地 址：包头市昆区乌兰道 20 号
电 话：(0472)2529107、2529117

包头日报社

地 址：包头市昆都仑区乌兰道 20 号
邮 编：014010
电 话：(0472)2100312

呼和浩特日报

地 址：呼和浩特市金桥新市区滨河路传媒大厦东
邮 编：010020
电 话：(0471)6564010、6290543

内蒙古晨报

地 址：呼和浩特市回民区中山西路海亮广场 A 座 14 层
邮 编：010050
电 话：(0471)3369755

内蒙古法制报

地　址：呼和浩特市新华大街东影南路 124 号
邮　编：010010
电　话：(0471)4687563

内蒙古广播电视报

地　址：呼和浩特市新华大街 71 号
邮　编：010058
电　话：(0471)6631021、6631005

内蒙古日报

地　址：呼和浩特市新华大街 74 号
邮　编：010058
电　话：(0471)6656562

锡盟日报社广告中心

地　址：锡林郭勒市锡林大街 43 号
邮　编：026000
电　话：(0479)8213684

公　司　类

内蒙古锐意广告有限公司

地　址：呼和浩特市新城区北垣东街 272 号
邮　编：010010
电　话：(0471)4974455

内蒙古盛典广告公司

地　址：呼和浩特市西街 72 号
邮　编：010010
电　话：(0471)6600380

内蒙古邮政广告有限公司

地　址：呼和浩特市锡林北路 58 号
邮　编：010010
电　话：(0471)6260433

内蒙古世爵领跑文化传媒有限公司

地　址：呼和浩特市大学西街 71 号银都大厦 B 座 1101–02
邮　编：010020
电　话：(0471)6680006

内蒙古先行广告有限公司

地　址：呼和浩特市公园西路先行大厦
邮　编：010030
电　话：(0471)6289800

内蒙古博洋广告有限公司

地　址：呼和浩特市新城南街新世纪鼓楼商厦大同体育北 6 楼
邮　编：010010
电　话：(0471)6263039

包头市精信广告策划有限责任公司

地　址：包头市钢铁大街 46 号精顶大厦 11 层
邮　编：014030
电　话：(0472)5155092

包头市双子广告有限公司

地　址：包头市万达写字楼A座 2301 室
邮　编：014030
电　话：(0472)5995555

包头邮政广告

地　址：包头市昆区钢铁大街 64 号
电　话：(0472)2122668

赤峰春晖文化传媒有限责任公司

地　址：赤峰市红山区文化广场东侧春晖大厦
邮　编：024000
电　话：(0476)8255388

内蒙古恒隆广告有限公司

地　址：鄂尔多斯市东胜区伊金霍洛西街 34 号
邮　编：017000
电　话：(0477)8363228

巴彦淖尔市星宇文化传播广告装饰有限公司

地　址：巴彦淖尔市沁坟西街新天地 15 楼 1503 院
邮　编：015000
电　话：(0478)8217277

锡盟起点广告有限公司

地　址：锡林郭勒市交通局 1 楼
邮　编：026000
电　话：(0479)8248078

锡盟邮政局广告部

地　址：锡林郭勒市锡林大街 26 号
邮　编：026000
电　话：(0479)8235548

内蒙古盛唐广告有限公司

地　址：呼和浩特市新华大街
邮　编：010010
电　话：13848176684

辽宁省

广播电视类

辽宁卫视传媒有限公司

地　址：沈阳市和平区青年街 286 号华润大厦 3307 号
邮　编：110004

铁岭电视台

地　址：铁岭电视台广告部 0116
邮　编：112000
电　话：(0410)2215999

铁岭人民广播电台

地　址：铁岭市南环路 61 号广电大厦 0107 室
邮　编：112000
电　话：(0410)2215669

大连广播电视台有限公司

地　址：大连市民权街 162 号
邮　编：116110
电　话：(0411)88118668

大连电视台天歌传媒

地　址：大连市沙河口区东北路 99 号天歌传媒
邮　编：116021
电　话：(0411)88116666、88116128

鞍山电视台

地　址：鞍山市铁东区二一九路 3 号鞍山电视台广告部
邮　编：114001
电　话：(0412)2227751

丹东电视台广告部

地　址：丹东市振兴区山上街 111 号
邮　编：118000
电　话：(0415)2190459

营口电视台广告部

地　址：营口市站前区渤海大街东 10 号
邮　编：115000
电　话：(0417)2834288

阜新电视台

地　址：辽宁省阜新市海东区新华路 127－7
邮　编：123000
电　话：(0418)3339516

辽阳广播电视台广告部

地　址：辽阳市青年大街 59 号
邮　编：111000
电　话：(0419)4125533

盘锦人民广播电台

地　址：辽宁省盘锦市兴隆台区市政大街
邮　编：124010
电　话：(0427)2824558

新闻出版类

沈阳日报

地　址：沈阳市生河街北三经街 51 号 A 沈阳日报广告部
邮　编：110014
电　话：(024)82171404

华商晨报社

地　址：沈阳市皇姑区崇山东路 71 号
邮　编：110032
电　话：(024)86207666

时代商报

地　址：沈阳市沈河区北三路 17 号
邮　编：110014
电　话：(024)22699556、22878400

沈阳晚报社广告部

地　址：沈阳市沈河区北三经街 67 号
邮　编：110014
电　话：(024)22690350

本溪日报

地　址：本溪市东明路 59 号
邮　编：117000
电　话：(024)43223474

大连日报

地　址：大连市中山区民康区 15 号
邮　编：116001
电　话：(0411)82560669

丹东日报广告部

地　址：丹东市十纬路 23 号
邮　编：118000
电　话：(0415)2124489

锦州日报广告部

地　址：锦州市复东路 2 号
邮　编：121003
电　话：(0416)3705727

盘锦日报

地　址：盘锦市兴隆台区市政府大街 10 号
邮　编：124010
电　话：(0427)2831955

公　司　类

沈阳创源广告有限公司

地　址：沈阳和平区南三经街 22 号嘉隆大厦 A 座 11 楼
邮　编：110003
电　话：(024)23252233

沈阳龙邦国际广告有限公司

地　址：沈阳市沈河区三经街七纬路 27 号
邮　编：110041
电　话：(024)22856388

沈阳逐日数码广告传播有限公司

地　址：沈阳市和平区三好街 84 号东软电脑城 F 座 8 单元 2 楼
邮　编：110004
电　话：(024)83687233

沈阳智虹商情广告有限公司

地　址：沈阳和平区南京北街 21 号
邮　编：110002
电　话：(024)22511410

铁岭先锋广告有限公司

地　址：铁岭市银州区工人街44号(西安丰宾馆)
邮　编：112000
电　话：(0410)4893999、4895333

大连国域无疆传媒有限公司

地　址：大连市中山区人民路 68 号宏誉大厦 8 层
邮　编：116001
电　话：(0411)82734888

葫芦岛市霓虹装饰公司

地　址：葫芦岛市连山区新华大街 5 号北院
邮　编：125001
电　话：(0429)2131911

葫芦岛银河实业有限公司

地　址：葫芦岛市新华大街 11 号
邮　编：125001
电　话：(0429)2666333

葫芦岛邮政局函件广告分局

地　址：葫芦岛市连山区中央大街 12 号
邮　编：125000
电　话：(0429)2121372

沈阳铁道文化传媒集团有限公司

地　址：沈阳市和平区新心街 19 号
邮　编：110006

吉林省

广播电视类

长春人民广播电台广告部

地　址：长春市百草路 149 号
邮　编：130061
电　话：(0431)88929092

吉林电视台

地　址：长春市卫星路 2066 号
邮　编：130033
电　话：(0431)85817503

吉林人民广播电台

地　址：长春市卫星路 2066 号
邮　编：130033
电　话：(0431)85815099

吉林市电视台广告中心

地　址：吉林市南京街 2 号
电　话：(0432)2498111

吉林市人民广播电台

地　址：吉林市南京街 2 号
电　话：(0432)2461300

吉林市有线广播电视传输有线责任公司

地　址：吉林市恒山路龙润大厦广电公司
邮　编：132014
电　话：(0432)4688742

沈阳铁路局白城有线电视站广告部

地　址：白城市明仁南街 175−1 号
邮　编：137000
电　话：(0436)6123310

通榆县电视台广告部

地　址：通榆县开通镇北
邮　编：137200
电　话：(0436)4262133

白城电视台广告部

地　址：白城市幸福南大街 86 号
邮　编：137000
电　话：(0436)3677809

新闻出版类

新文化报社

地　址：吉林省长春市人民大街 6906 号
邮　编：130022
电　话：(0431)85388822

长春日报

地　址：长春市新民大街 1002 号长春日报广告部
邮　编：130021
电　话：(0431)85649912

长春晚报

地　址：长春市新民大街 1002 号长春晚报广告部
邮　编：130021
电　话：(0431)85611851、85651077

吉林日报

地　址：长春市自由大路 6426 号吉林日报广告部
邮　编：130033
电　话：(0431)88600711

都市新报

地　址：吉林市解放东路 139 号江城报业大厦
邮　编：132002
电　话：(0432)2523419

白城日报社广告部

地　址：白城市中兴西大路 43 号
邮　编：137000
电　话：(0436)3323838

视听导报社白城分社

地　址：白城市幸福南大街 82 号
邮　编：137000
电　话：(0436)3677935

公　司　类

长春吉广集团

地　址：长春市高新技术开发区星火路 106 号
邮　编：130012
电　话：(0431)85199088

吉林省广告公司

地　址：长春市南湖大路 1999 号 南湖假日 1714
邮　编：130012
电　话：(0431)88952699

吉林省大禹广告有限公司

地　址：长春市同志街 3536 号
邮　编：130021
电　话：(0431)85695290

吉林省天成龙行广告有限公司

地　址：长春市绿园区青年路 81−83 号彩云间大厦南门 8 楼
邮　编：130062
电　话：(0431)86158577

吉林省正进供求世界广告有限公司

地　址：延吉市河南街 24 号
邮　编：133000
电　话：(0433)8903330

白城市东方广告公司

地　址：白城市洮安东路 84 号
邮　编：137000
电　话：(0436)3248866

白城市万达广告公司

地　址：白城市海明东路 41 号
邮　编：137000
电　话：(0436)3223512

大安市气象局广告部

地　址：大安市锦华街 3 委 6 组
邮　编：131300
电　话：(0436)5223275

辽源市邮政邮购广告有限公司

地 址：辽源市西宁大路 130 号
邮 编：136200
电 话：(0437)3112199

吉林省正进供求世界广告集团有限公司

地 址：延吉市河南街 24 号
邮 编：133000
电 话：(0433)2817745

新文化报社

地 址：长春市人民大街 6906 号
邮 编：130022
电 话：(0431)85374358

黑龙江省

广播电视类

黑龙江电视广告公司

地 址：哈尔滨市南岗区汉水路 333 号
邮 编：150090
电 话：(0451)82890099

哈尔滨电视台广告部

地 址：哈尔滨市南岗区满洲里街 33 号
邮 编：150006
电 话：(0451)53638085

哈尔滨广播电视报社

地 址：哈尔滨市南岗区满洲里街 33 号
邮 编：150006
电 话：(0451)53636011

黑龙江人民广播电台

地 址：哈尔滨市汉水路 333 号
邮 编：150001
电 话：(0451)82898888

齐齐哈尔电视台新闻综合频道广告部

地 址：齐齐哈尔市中环南路 10 号
邮 编：161005
电 话：(0452)2465678

齐齐哈尔人民广播电台

地 址：齐齐哈尔市中环南路 2 号
邮 编：161005
电 话：(0452)2465539

佳木斯人民广播电台

地 址：佳木斯市顺和路 35 号
邮 编：154002
电 话：(0454)8240121

绥化电视台

地 址：绥化市西直北五路口
邮 编：152000
电 话：(0455)8217881

大兴安岭电视台总编室

地 址：大兴安岭广播电视台生活频道
邮 编：165000
电 话：(0457)2127958

大庆电视台

地 址：大庆市东风路甲 1 号
邮 编：163311
电 话：(0459)6377147

七台河人民广播电台

地 址：七台河市桃山区广播电视中心 102 室
邮 编：154600
电 话：(0464)8259913

鹤岗电视台

地 址：鹤岗市向阳区九马路广播电视局广告中心
邮 编：154100
电 话：(0468)3213628

新闻出版类

哈尔滨日报报业集团有限责任公司

地 址：哈尔滨市道里区友谊路 399 号哈尔滨日报社广告部
邮 编：150018
电 话：(0451)84890888

哈尔滨广播电视报社

地 址：哈尔滨市南岗区满洲里街 33 号
邮 编：150006
电 话：(0451)53636011

公 司 类

哈尔滨工大集团广告传媒有限公司

地 址：哈尔滨市南岗区红旗大街 301 号会展办公区 313 室
邮 编：150090
电 话：(0451)82273090

哈尔滨天鹅购物有限公司

地 址：哈尔滨市平房区会宾路 21 号
邮 编：150060
电 话：(0451)86812606

哈尔滨北方广告发展有限责任公司

地 址：哈尔滨市香坊区珠江路 010 号
邮 编：150036
电 话：(0451)55150000

哈尔滨高阳广告有限公司

地 址：哈尔滨市南岗区华山路 8 号
邮 编：150090
电 话：(0451)82288000

哈尔滨海润国际广告传播集团

地 址：哈尔滨市南岗区昆仑商城天顺街 22 号
邮 编：150090
电 话：(0451)82343255

哈尔滨南方智典广告公司

地 址：哈尔滨市道里区田地街副 24 号田地大厦 9 楼 B 座
邮 编：150001
电 话：(0451)84679163

哈尔滨潜龙广告公司

地 址：哈尔滨市经开区南岗集中区闽江路 248 号
邮 编：150036
电 话：(0451)82311105

哈尔滨日月广告公司

地 址：哈尔滨市赣水路 30 号地工大厦 1205 室
邮 编：150090
电 话：(0451)82283885

哈尔滨神笔画业广告公司

地 址：哈尔滨市南岗区康顺街 28 号
邮 编：150010
电 话：(0451)82313022

哈尔滨市公共汽车广告公司

地 址：哈尔滨市南岗区国民街 93 号
邮 编：150001
电 话：(0451)87007763

哈尔滨市共和广告公司

地 址：哈尔滨市道里区新阳路 329 号
邮 编：150076
电 话：(0451)84623538

哈尔滨市邮政局信函广告公司

地 址：哈尔滨市南岗区松花江街 15 号
邮 编：150001
电 话：(0451)84689465

哈尔滨希望鸟文化传播广告公司

地 址：哈尔滨市南岗区大顺街 17 号
邮 编：150090
电 话：(0451)82656488

哈尔滨晓升广告传媒集团有限公司

地 址：哈尔滨市南岗区长江路 135 号
邮 编：150090
电 话：(0451)82353093

哈尔滨亚龙广告有限公司

地 址：哈尔滨市南岗区富水路 99 - 3 号
邮 编：150090
电 话：(0451)87001708

首都机场广告公司黑龙江分公司

地 址：哈尔滨市香坊区民航路 30 - 1 号
邮 编：150001
电 话：(0451)82896696

黑龙江润通广告公司

地 址：哈尔滨市南岗区衡山路 58 号
电 话：(0451)82289125

讷河市博闻广告有限责任公司

地 址：讷河市康安路 193 号
邮 编：161300
电 话：(0452)3332419

讷河市策思广告有限责任公司

地 址：讷河市育才街 118 号
邮 编：161300
电 话：(0452)3393363

齐齐哈尔劳动信息广告部

地 址：齐齐哈尔市龙沙区永安大街市社保局内
邮 编：161005
电 话：(0452)2419009

齐齐哈尔起点广告有限责任公司

地 址：齐齐哈尔市铁锋区龙华路 339 号
邮 编：161000
电 话：(0452)2181777

齐齐哈尔任侃广告有限公司

地 址：齐齐哈尔市富拉尔基区春阳街明珠城 46 号
邮 编：161041
电 话：(0452)6887945

齐齐哈尔市海燕广告有限公司

地 址：齐齐哈尔市铁锋区龙南小区 17 号楼 6 门
邮 编：161000
电 话：(0452)2443788

齐齐哈尔市文龙广告有限公司

地 址：齐齐哈尔市龙沙区安智小区 14 号楼
邮 编：161005
电 话：(0452)2440360

齐齐哈尔市鑫峰广告装饰有限公司

地 址：齐齐哈尔市龙沙区龙沙小区 37 号
邮 编：161005
电 话：(0452)2436041

齐齐哈尔铁道广告有限责任公司

地 址：齐齐哈尔市铁锋区站前大街 32 号
邮 编：161000
电 话：(0452)2142770

上海市

广播电视类

上海东方传媒集团有限公司

地　址：上海市静安区南京西路 651 号 11F
邮　编：200041
电　话：(021)62565899-2803

浦东广播电视台

地　址：上海市浦东新区丁香路 716 号 A 座
邮　编：200135
电　话：(021)68541000

新闻出版类

新闻报社

地　址：上海市都市路 485 号 1 号 10 楼
邮　编：201199
电　话：(021)24176427

申江服务导报社

地　址：上海市都市路 4855 号解放日报大厦 2 号楼 8 楼
邮　编：201199
电　话：(021)24176500

解放日报报业集团

地　址：上海市汉口路 300 号
邮　编：200001
电　话：(021)635211112

新闻晨报

地　址：上海市汉口路 300 号
邮　编：200001
电　话：(021)63601016

上海日报社广告部

地　址：上海市静安区威海路 755 号 37 楼
邮　编：200041
电　话：(021)52920163

上海文艺出版总社

地　址：上海市延安西路 593 号
邮　编：200050
电　话：(021)61229100

文汇报社广告部

地　址：上海市延安中路 839 号 3 楼
邮　编：200040
电　话：(021)62793809

新民晚报广告经营中心

地　址：上海市延安中路 839 号
邮　编：200040

公　司　类

上海申通德高地铁广告有限公司

地　址：上海市长宁区仙霞路 333 号 21 楼
邮　编：200336
电　话：(021)61511888

上海基美文化传媒股份有限公司

地　址：上海市静安区南京西路 1717 号 4801 室
邮　编：200400
电　话：(021)62718777

上海信息广告有限公司

地　址：上海市江苏路 500 号 12 楼
邮　编：200050
电　话：(021)62713002

郁金香广告传播（上海）股份有限公司

地　址：上海市延安西路 1088 号 2701 室
邮　编：200052
电　话：(021)62523000

上海公共交通广告有限公司

地　址：上海市建国东路 525 号 9 楼
邮　编：200025
电　话：(021)53857878

上海翡翠东方传播有限公司

地　址：上海市徐汇区长乐路 989 号 3201 单元
邮　编：200030
电　话：(021)54051161

上海广告有限公司

地　址：上海市长宁区华山路 888 号
邮　编：200050
电　话：(021)63668828

上海铁路文化广告发展有限公司

地　址：上海市闸北区天目中路 59 号 306 室
邮　编：200071
电　话：(021)51236020

上海电力广告有限公司

地　址：上海市浦东新区徐家汇路 430 号 611 室
邮　编：200025
电　话：(021)64154303

上海分众德峰广告传播有限公司

地　址：上海市长宁区江苏路 369 号兆丰世茂大厦 27A
邮　编：200050
电　话：(021)22165143

上海迪岸广告有限公司

地　址：上海市闸北区广中西路 757 号多媒体大厦 15 楼
邮　编：200072
电　话：(021)61801999

上海匡吉太乐广告有限公司

地　址：上海市普陀区真南路 1051 弄 4 号楼 501 室
邮　编：200040
电　话：(021)66081360

上海机场德高动量广告有限公司

地　址：上海市浦东新区浦东南路 1118 号 8 层
邮　编：200122
电　话：(021)38600191

上海新民传媒广告有限公司

地　址：上海市延安中路 839 号上海

新世纪广告交易中心 15 层
邮 编：200040
电 话：(021)60844016

上海东方娱乐传媒集团有限公司

地 址：上海市和平威海路 298 号
邮 编：200041
电 话：(021)62565899

中广国际广告创意产业基地发展有限公司

地 址：上海市长宁区凯旋路 369 号龙之梦雅仕大厦 1706 室
邮 编：200052
电 话：(021)52581122

上海大统广告有限公司

地 址：上海市长宁区江苏路 369 号兆丰世贸 25 楼 A 座
邮 编：200050
电 话：(021)52401333

上海文广广告有限公司

地 址：上海市延安西路 1358 号 2 号楼 13 － C 座
邮 编：200042
电 话：(021)62831795

上海东湖广告装饰有限公司

地 址：上海市徐汇区东湖路 70 号 4 号楼 3 层
邮 编：200031
电 话：(021)64156934

上海高越文化传媒股份有限公司

地 址：上海市南京西路 1717 号会德丰国际广场 4801
邮 编：200040
电 话：(021)62718777

上海李奥贝纳广告有限公司

地 址：上海市淮海西路 570 号红坊 F 栋 2 楼
邮 编：200240
电 话：(021)62816611

上海旭通广告有限公司

地 址：上海市淮海中路 887 号 1005 室
邮 编：200002
电 话：(021)64674118

上海中智广告有限公司

地 址：上海市徐汇区衡山路 922 号 18 楼 A 座
邮 编：200030
电 话：(021)54594547

上海新云传媒有限公司

地 址：上海市浦东新区浦东南路 2304 号
邮 编：200127
电 话：(021)50588282

上海杨航文化传媒有限公司

地 址：上海市杨浦国定东路 233 号甲栋 1205 室
邮 编：200433
电 话：(021)51673636

上海中润解放传媒有限公司

地 址：上海市电江路 60 号 13A08
邮 编：200433
电 话：(021)33044599

上海翰荣文化传播有限公司

地 址：上海市黄浦区广东路 500 号世界贸易大厦 32 楼
邮 编：200001
电 话：(021)63520099

上海赤兔广告有限公司

地 址：上海市恒丰路现代交通大厦 218 号 1002 室
邮 编：200070
电 话：(021)51286996 － 66

上海大众广告有限公司

地 址：上海市中山西路 1515 号 707
邮 编：200235
电 话：(021)64289139、64287280、64285636

上海美术设计公司

地 址：上海市徐汇区漕溪路 258 弄 23 号
邮 编：200233
电 话：(021)64836488

上海景色广告有限公司

地 址：上海市徐家汇路 158 弄 1 号 5F
邮 编：200025
电 话：(021)64560027

上海市外滩广告装潢有限公司

地 址：上海市黄浦区中山南路 100 弄 10 号 116 室
邮 编：200025
电 话：(021)64153083

上海唐神广告传播有限公司

地 址：上海市金陵东路 2 号 25 楼
邮 编：200002
电 话：(021)51087800

上海魅惑广告有限公司

地 址：上海市余姚路 339 号 3 楼
邮 编：200040
电 话：(021)51098699

东方航空传媒有限公司

地 址：上海市虹桥机场空港一路 280 号
邮 编：201500
电 话：(021)64398821

大广广告（上海）有限公司

地 址：上海市中心西路 2366 号
电 话：(021)62178585

上海前景广告有限公司

地 址：上海市浦东大道 720 号国际航运金融大厦 17 楼 D － E 座
电 话：(021)50367101

北京电通广告有限公司上海分公司

地 址：上海市南京西路 128 号永新广场 2003 室
邮 编：200003
电 话：(021)635016660 － 2088

海南白马广告媒体投资有限公司上海分公司

地 址：上海市黄陂北路 227 号 2602 － 2604 室
邮 编：200003
电 话：(021)637558789 － 308

前锦网络信息技术（上海）有限公司

地 址：上海市浦东新区张东路 1387 号 5 号楼
邮 编：201203
电 话：(021)61601888

上海 DMG 国际广告有限公司

地 址：上海市卢湾区斜土路 468 号
邮 编：200023
电 话：(021)53027711

上海昂立广告有限公司

地 址：上海市宜山路 700 号 A5 楼 105 室
邮 编：200233
电 话：(021)54271688

上海奥美广告有限公司

地 址：上海市长乐路 989 号世纪商贸广场 26 楼
邮 编：200031
电 话：(021)24051888

上海博报堂广告有限公司

地 址：上海市淮海西路 1118 号龙之梦大厦 12 楼
邮 编：200052
电 话：(021)52306776

上海博派广告有限公司

地 址：上海市嘉定区嘉戬公路 398 号
邮 编：201822
电 话：(021)59985133

上海彩虹广告装潢有限公司

地 址：上海市会文路 50 号 18 楼
邮 编：201800
电 话：(021)63045730

上海池田广告有限公司

地 址：上海市罗秀新村 112 号
邮 编：200231
电 话：(021)64466950

上海传广广告传播有限公司

地 址：上海市嘉定区嘉罗路 2079 号－783
邮 编：201800

上海传能广告有限公司

地 址：上海市南京东路 61 号
邮 编：200010
电 话：(021)63610848

上海大同广告有限公司

地 址：上海市长宁区兴义路 48 号新世纪广场 C 座 403 室
电 话：(021)62209966

上海电气（集团）广告装潢公司

地 址：上海市德州路 292 号
邮 编：200135
电 话：(021)63596385

上海东方明珠移动电视有限公司

地 址：上海市浦东新区世纪大道 1 号 3 号门
邮 编：200001
电 话：(021)58791888

上海东艺广告有限公司

地 址：上海市黄埔老西门西藏南路 769 号 801 室
邮 编：200071
电 话：(021)64037638

上海飞帆广告有限公司

地 址：上海市中山南二路 777 弄 2 号 14 楼
邮 编：200032
电 话：(021)54253029

上海高文传播装潢有限公司

地 址：上海市闽行区革松路 275 号
邮 编：200050
电 话：(021)63273141

上海国际广告展览有限公司

地 址：上海市恒丰路 218 号现代交通商务大厦 21 层
邮 编：200070
电 话：(021)51797008

上海合力广告有限公司

地 址：上海市 420 号 15 楼 B 座（和一大厦）
邮 编：200041
电 话：(021)51154493

上海华映文化传媒有限公司

地 址：上海市徐汇区古宜路 11 号西岸创意园 B 栋 1 － 3 楼
邮 编：203235
电 话：(021)64669997

上海焦点广告传播有限公司

地 址：上海市虹口区东大名路 558 号 17 楼
邮 编：20080
电 话：(021)63055858

上海解放广告有限公司

地 址：上海市汉口路 309 号
邮 编：200001
电 话：(021)63609610

上海锦德国际物流有限公司

地 址：上海市延安东路 700 号 14 楼
电 话：(021)51154493

上海蓝梦广告有限责任公司

地 址：上海市大统路 988 号 B 座 19 楼
邮 编：200070
电 话：(021)56555666

上海联纵智达咨询顾问机构

地 址：上海市浦东小区陆家嘴银城中路 68 号时代金融中心 1801 － 1803
邮 编：200120

上海灵诺策划传播机构

地 址：上海市愚园路 1258 号绿地商务大厦 1103 － 1106
电 话：(021)52389190

上海灵狮广告有限公司

地 址：上海市长灵区愚园路 1258 号绿地商务大厦 22 楼
邮 编：200050
电 话：(021)22087800

上海龙韵广告传播股份有限公司

地 址：上海市浦东东宫路 18 号保利广场 E 座 17 楼
邮 编：200120
电 话：(021)58822988

上海马良广告有限公司

地 址：上海市普陀区淡家湾路 28 号南区 613
邮 编：201818
电 话：(021)59513220

上海美景广告传播有限公司

地 址：上海市长寿路 587 号沙田大厦 1712 － 1717 室
邮 编：200060
电 话：(021)62305798

上海麒麟在线文化传媒中心

地 址：上海市长宁区武夷路 695 弄 5 号

邮　编：200051
电　话：(021)62741199

上海强生广告有限公司

地　址：上海市南京西路 934 号 101 室
邮　编：200041
电　话：(021)62151522

上海三欣广告装潢有限公司

地　址：上海市静安区威海路 567 号晶采世纪大厦 10 楼

上海上腾娱乐有限公司

地　址：上海市浦东新区东方路 2200 号 18 楼 1806 室
邮　编：200125
电　话：(021)62074301

上海上知营销策划有限公司

地　址：上海市徐汇区中山西路 180 号北丰环球大厦 13 层 A – B 室

上海申空广告有限公司

地　址：上海市徐家汇蒲西路 166 号 1 号楼 704 室
邮　编：200030
电　话：(021)64388672

上海申通德高广告公司

地　址：上海市天山路 310 号 3 楼
邮　编：200333
电　话：(021)61511800

上海世博广告有限公司

地　址：上海市四平路 2500 号 23 楼
邮　编：200433
电　话：(021)55092266

上海腾隆广告有限公司

地　址：上海市普陀区西康路 1243 号

上海天波广告有限公司

地　址：上海市延安中路 839 号 16 楼 16B 室
邮　编：200050
电　话：(021)62475404

上海天润广告传播有限公司

地　址：上海市海防路 421 号 1 号楼 7 楼
邮　编：200437
电　话：(021)62667878

上海网迈广告有限公司

地　址：上海市徐汇区枣陵路 899 号
电　话：(021)51506258

上海——庆余广告有限公司

地　址：上海市苑革路 9 号
邮　编：20030
电　话：(021)64339988

上海西南广告有限公司

地　址：上海市中山南二路 777 弄 2 号 14 楼
邮　编：200032
电　话：(021)54253029

上海欣影国际传播有限公司

地　址：上海市普陀区曹杨路 540 号 7 楼
邮　编：200063
电　话：(021)62444869

上海雅仕维广告有限公司

地　址：上海市长宁路 1027 号兆丰广场 2102 室
邮　编：200050

上海雅视广告有限公司

地　址：上海市黄浦区中山南路 100 弄 10 号 316 室
邮　编：200023
电　话：(021)53960847

上海弈动广告传媒有限公司

地　址：上海市长宁区延安西路 1118 号龙之梦 7 楼 706
电　话：(021)61159760

上海邮人商务咨询有限公司

地　址：上海市卢湾区建国东路 525 号巴士大厦 311 室
邮　编：200020

上海邮政商函广告有限公司

地　址：上海市徐汇区白色路 1208 号
邮　编：200041
电　话：(021)62174760

上海元太传媒有限公司

地　址：上海市南京西路 1168 号中信泰富广场 1404 室
邮　编：200041
电　话：(021)32144518

上海元太广告有限公司

地　址：上海市南京西路 1168 号 1404 – 1406 室
邮　编：200041
电　话：(021)32144518

旭通世纪（上海）广告有限公司

地　址：上海市淮海中路 887 号 9005 室
邮　编：200020
电　话：(021)64748908

雅兰（上海）广告有限公司

地　址：上海市虹口区华昌路 9 号金象大厦 2105 室
邮　编：200081
电　话：(021)61483188

江苏省

广播电视类

南京广播电视集团广告有限公司

地　址：南京市白下路 358 号广电大厦
邮　编：210001
电　话：(025)84561883

南京人民广播电台

地　址：南京市龙蟠中路 338 号
邮　编：210001
电　话：(025)84561883

江苏广播电视总台

地　址：南京市中山东路 132 号江苏广播大厦
邮　编：210002
电　话：(025)83195881

江苏教育电视台

地　址：江苏省南京市草场门大街 105 号
邮　编：210036
电　话：(025)86367630

扬州电视台

地　址：扬州市维扬路 168 号广电中心广告部
邮　编：225009
电　话：(0514)87855888

东台广播电视台广告部

地　址：东台市金海西路广电大厦
邮　编：224200
电　话：(0515)85219777

射阳县广播电视台广告部

地　址：盐城市射阳县合德镇人民西路 48 号
邮　编：224300
电　话：(0515)82329797

阜宁县广播电视台广告中心

地　址：盐城市阜宁县城河路 63 号
邮　编：224400
电　话：(0515)87225688

常州人民广播电台广告部

地　址：常州市新园路 88 号
邮　编：213016
电　话：(0519)83270940、83279666

金坛市人民广播电台广告部

地　址：常州市金坛晨风路 61 号
邮　编：213200
电　话：(0519)82108081

溧阳广播电视台

地　址：溧阳市昆仑北路 25 号
邮　编：213300
电　话：(0519)87306901

武进电视台广告部

地　址：常州市武进县湖塘永盛路 168 号
邮　编：213161
电　话：(0519)86570999

泰州市广播电视台广播广告中心

地　址：泰州市梅兰东路 128 号
邮　编：225300
电　话：(0523)86890909

宿迁人民广播电台

地　址：宿迁市发展大道 7 号广播电视总台
邮　编：223800
电　话：(0527)84359428

宿迁广播电视总台广告中心

地　址：宿迁市发展大道 7 号宿迁广播电视总台
邮　编：223800
电　话：(0527)84359448

新闻出版类

周末报社

地　址：南京市龙蟠中路 223 号
邮　编：210002
电　话：(025)84686058、84686721

金陵晚报

地　址：南京市龙蟠中路 223 号金陵晚报
邮　编：210002
电　话：(025)84687111

扬子晚报

地　址：南京市管家桥 65 号
邮　编：210005
电　话：(025)84545001

南京晨报

地　址：南京市中山路 55 号新华大厦 44 － 45 层
邮　编：210092
电　话：(025)84501668

江苏法制报

地　址：南京市草场门大街 101 号
邮　编：210036
电　话：(025)86261523

海门日报社

地　址：海门市人民西路 1 号
邮　编：226100
电　话：(0513)82217650

东台日报社广告部

地　址：东台市望海西路 18 号
邮　编：224200
电　话：(0515)85212236、85886676

盐阜大众报报业集团广告部

地　址：盐城市解放北路 7 号
邮　编：224001
电　话：(0515)88323809

武进日报社广告部

地　址：常州市武进区广电中路 168 号
邮　编：213000
电　话：(0519)86598210、86598219

公 司 类

江苏大唐灵狮广告有限公司

地 址：南京市玄武区北京东路 22 号和平大厦 9 楼
邮 编：210018
电 话：(025)86896060

江苏金鼎广告传播有限公司

地 址：南京市山西路 67 号世界贸易中心大厦 A1 栋 1101 室
邮 编：210009
电 话：(025)84716007

南京永达户外传媒有限公司

地 址：南京市嘉陵江东街 18 号 05 栋 13 层
邮 编：210008
电 话：(025)84573380、36853817

卓越形象品牌创意产业机构

地 址：南京市中山东路 218 号长安国际 8 楼
邮 编：210001
电 话：(025)86649489

苏州工业园区嘉都广告有限公司

地 址：苏州市工业园区旺墩路 188 号建屋大厦 3F
邮 编：215000
电 话：(0512)66608800

苏州华方传媒文化有限公司

地 址：苏州市三香路 1 号锦宁大厦 1808 室
邮 编：215000
电 话：(0512)65090008

苏州工业园区新概念广告有限公司

地 址：苏州市干将东路 889 号东锦商务楼 415 室
邮 编：215000
电 话：(0512)65240996

苏州市明日企业形象策划传播有限公司

地 址：苏州市干将东路 636 号丽景苑 1 － 201
邮 编：215005
电 话：(0512)65118581

苏州美丽华传媒文化有限公司

地 址：苏州市南园南路 116 号 3 楼
邮 编：215007
电 话：(0512)65299999

南通报业广告公司

地 址：南通市西寺路 10 号南二楼
邮 编：226001
电 话：(0513)85529908

盐城市大周广告有限公司

地 址：盐城市迎宾南路 36 号附 90 号
邮 编：224002
电 话：(0515)88370611

盐城市湖海广告有限公司

地 址：盐城市凌桥小区 10 号楼 4 － 5 号
邮 编：224002
电 话：(0515)88393399

盐城市千禧龙广告喷绘有限公司

地 址：盐城市迎宾北路 208 号
邮 编：224002
电 话：(0515)88395626

常州市艾肯网络广告公司

地 址：常州市新北区太阳城大厦 908 室
邮 编：213003
电 话：(0519)86605483

常州剪报发展有限公司

地 址：常州市劳动中路 7 号
邮 编：213001
电 话：(0519)86640022、86647766

常州市扬子江广告营销策划有限公司

地 址：常州市世纪明珠园 33 乙 201
邮 编：213003
电 话：(0519)86699531

常州外事旅游广告有限公司

地 址：常州市晋陵中路 400 号嘉乐广场 B916
邮 编：213003
电 话：(0519)86608282

常州文化科技创意发展有限公司

地 址：常州市新北区太湖东路 9–1 号 5 楼
邮 编：213000
电 话：(0519)89606065

浙江省

广播电视类

浙江广播电视集团广告管理中心

地　址：杭州市莫干山路111号浙江广播电视集团广告管理中心
邮　编：310005
电　话：(0571)56352183

浙江电视台教育科技频道

地　址：杭州市环城北路华浙广场1号27楼A座
邮　编：310005
电　话：(0571)88234777

宁波广播电视广告中心

地　址：宁波市长春路146号
邮　编：315000
电　话：(0574)87194401

温州市广播电视总台

地　址：温州市新城大道广电中心2303室
邮　编：325000
电　话：(0577)88922117

杭州电视台综合生活频道营销部

地　址：杭州市环城北路141号永通信息广场西1楼
邮　编：310004

新闻出版类

衢州日报社广告中心

地　址：衢州市三江东路衢州日报报业大楼西区广告中心
邮　编：324000
电　话：(0570)3085236

钱江晚报

地　址：杭州市体育场路178号
邮　编：310039
电　话：(0571)85310737

湖州晚报广告部

地　址：湖州市仁皇山路588号
邮　编：313000
电　话：(0572)2399709

嘉兴广播电视报社广告部

地　址：嘉兴市禾兴北路46号
电　话：(0573)82203477

宁波日报报业集团广告部

地　址：宁波市临桥路768号
邮　编：315000
电　话：(0574)87682100

绍兴晚报广告部

地　址：绍兴市胜利西路293号绍兴晚报广告部
邮　编：312000
电　话：(0575)85130038

绍兴日报报业广告有限公司

地　址：绍兴市延安东路628号
邮　编：312000
电　话：(0575)85134853

体坛报广告部

地　址：杭州市建国北路333号
邮　编：310003
电　话：(0577)85159361

温州日报报业集团商报社

地　址：温州市蒲中路2号
邮　编：325000
电　话：(0577)88823635

丽水日报广告部

地　址：丽水市丽阳街491号
邮　编：323000
电　话：(0578)2128242

公　司　类

宁波广告产业园区服务中心有限公司

地　址：宁波市鄞州新城区日丽中路789号
邮　编：315194
电　话：(0574)87426506

上海铁路文化广告发展有限公司浙江广告分公司

地　址：杭州市环城东路12号
邮　编：310009
电　话：(0571)87807205

思美传媒股份有限公司

地　址：杭州市上城区虎玉路41号(八卦田公园正大门)
邮　编：310008
电　话：(0571)87926111

象山博大广告有限公司

地　址：象山丹城新丰路228号
邮　编：315700
电　话：(0574)65725904

宁波联合动力广告有限公司

地　址：宁波市海曙区联丰路民丰街11号1楼
邮　编：315012
电　话：(0574)87681215

宁波市顺通广告装潢公司

地　址：宁波市东钱湖工业区黄谢路19号
邮　编：315121
电　话：(0574)88387188

宁波市友谊发展有限公司

地　址：宁波市中山西路138号天宁大厦9楼
邮　编：315010
电　话：(0574)87271618－660

宁波市镇海爱博广告有限公司

地　址：宁波市镇海城河东路463号
邮　编：315200
电　话：(0574)86293818、86293149

浙江银马广告有限公司

地　址：台州市黄岩区电大路东茂大厦3楼
邮　编：318020
电　话：(0576)84257773

安徽省

广播电视类

蚌埠电视台

地　址：蚌埠市胜利东路东首广电中心 A2 区
邮　编：233000
电　话：(0552)3131097

淮南电视台

地　址：淮南市洞山西路
邮　编：232001
电　话：(0554)6653288

马鞍山人民广播电台

地　址：马鞍山市雨山西路广电中心 1 楼
邮　编：243000
电　话：(0555)2333088

宿州电视台

地　址：宿州市恒丰大厦 12 楼
邮　编：234000
电　话：(0557)3024243

宿州人民广播电台

地　址：宿州市恒丰大厦 12 楼
邮　编：234000
电　话：(0557)3033995

亳州广播电视台

地　址：亳州市人民中路 62 号
邮　编：236800
电　话：(0558)5501122

池州市广播电视总台广告中心

地　址：池州市秋浦东路 77 号
邮　编：247000
电　话：(0566)2317955、2317956

新闻出版类

合肥晚报社

地　址：合肥市临泉中路报业中心
邮　编：230011
电　话：(0551)64249462

安徽经济报

地　址：合肥市屯西路 200 号
邮　编：230009
电　话：(0551)64655947

安徽老年报

地　址：合肥市阜南路 40 号富康大厦 3 楼
邮　编：230001
电　话：(0551)62615992

安徽市场新报

地　址：合肥市永红路 10 号
邮　编：230001
电　话：(0551)67136933

江淮晨报

地　址：合肥市新站区临泉中路江淮晨报广告中心 1 楼 109 室
邮　编：230011
电　话：(0551)64249527、64249519

工商导报

地　址：合肥市淮河路 260 号
邮　编：230001
电　话：(0551)62652215

皖西日报

地　址：六安市梅山北路 1 号
邮　编：237001
电　话：(0564)3339772

公　司　类

安徽高速传媒有限公司

地　址：合肥市望江西路 520 号皖通大厦 6 楼
邮　编：230088
电　话：(0551)62840285

金鹃广告股份有限公司

地　址：合肥市濉溪路 251 号
邮　编：230041
电　话：(0551)65603896

安徽黑白广告有限责任公司

地　址：合肥市阜南路 168 号富临大厦 3 楼
邮　编：230061
电　话：(0551)62888888、62833666

合肥白马广告有限公司

地　址：合肥市太湖东路 49 号　万振逍遥苑 3 栋 103 室
邮　编：230001
电　话：(0551)63436666、63440555

合肥新视野广告有限公司

地　址：合肥市屯溪路 168 号风和园小区 30 幢 A 楼 303 室
邮　编：230001
电　话：(0551)64669917

福建省

广播电视类

福州电视集团广告中心

地　址：福州市广达路68号金源大广场西区29层
邮　编：350005
电　话：(0591)83371888

福建教育电视台

地　址：福州市五四路217号
邮　编：350003
电　话：(0591)87802248

福州人民广播电台

地　址：福州市晋安区远洋路1号广播中心
邮　编：350014
电　话：(0591)83994876

厦门广播电视广告有限公司

地　址：厦门市湖滨北路123号广电中心13楼
邮　编：361012
电　话：(0592)5301038

厦门广播电视广告中心

地　址：厦门市湖滨北路123号广电中心13楼
邮　编：361012
电　话：(0592)5301998　858

宁德电视台

地　址：宁德市东桥天湖东路10号广电大厦5楼
邮　编：352100
电　话：(0593)2931999

泉州电视台

地　址：泉州市温陵路天都广场1楼
邮　编：362000
电　话：(0595)22288809

漳州电视台

地　址：漳州市平等路87号
邮　编：363000
电　话：(0596)2045008

漳州人民广播电台

地　址：漳州市龙文区九龙大道1199号
邮　编：363000
电　话：(0596)2920926

南平广播电视总台

地　址：南平市延平区闵江支路4号
邮　编：353000
电　话：(0599)8833733、8822006

新闻出版类

东南快报社

地　址：福州市古楼区东街59号3山大厦5F
邮　编：350001
电　话：(0591)83639710

福建科技报

地　址：福州市福东路7号科技报广告部
邮　编：350003
电　话：(0591)87855558

福建青年杂志社

地　址：福州市晋安金鸡山路23号
邮　编：350011
电　话：(0591)87336950

福建日报

地　址：福州市华林路84号
邮　编：350003
电　话：(0591)87095876、87820601

福州晚报广告部

地　址：福州市鼓楼区小柳路85号
邮　编：350025
电　话：(0591)83762693

海峡都市报

地　址：福州市华林路84号海峡都市报广告部
邮　编：350003
电　话：(0591)87079100

海峡教育报

地　址：福州市华林路84号海峡教育报广告部
邮　编：350003
电　话：(0591)87095141

海峡消费报

地　址：福州市杨桥路中闽大厦B座12层
邮　编：350001
电　话：(0591)28377036

厦门日报

地　址：厦门市湖里区吕岭路122号厦门日报社广告部
邮　编：361009
电　话：(0592)5581502

闵东日报

地　址：宁德市蕉成北路15号闵东日报广告部
邮　编：352100
电　话：(0593)2076506、2823365

宁德日报

地　址：宁德市蕉成北路15号宁德日报广告部
邮　编：352100
电　话：(0593)2823365

梅州日报

地　址：莆田市梅州日报社广告部
邮　编：351100
电　话：(0594)2691145

泉州晚报

地　址：泉州市刺桐路晚报大厦1楼广告部
邮　编：362000
电　话：(0595)22500207

闽南日报广告部

地　址：漳州市胜利西路152号
邮　编：363000
电　话：(0596)2525081

三明日报

地　址：三明市列东红岩新村41号
邮　编：365000

电 话：(0598)8223675

闽北日报

地 址：南平市延平区眉峰路 45 号
邮 编：353000
电 话：(0599)8852759

公 司 类

福建电广福视广告有限公司

地 址：福州市广达路 68 号金源广场东区 27 层
邮 编：350005
电 话：(0591)83353838

福建电广广播电视报广告有限公司

地 址：福州市白马北路 253 号 4 层
邮 编：350001
电 话：(0591)87542304

福建电广广播广告有限公司

地 址：福州市鼓楼区古田路 2 号
邮 编：350001
电 话：(0591)83349409

福建三维广告传播事业有限公司

地 址：福州市鼓楼区东大路 8 号
邮 编：350001
电 话：(0591)87506765

福建省锦绣广告有限公司

地 址：福州市台江区五一中路 138 号金钻世家 B 座 8F
邮 编：350001

厦门易兰礼品商贸有限公司

地 址：厦门市湖里大道 1 号新时代大厦 5F
邮 编：361000
电 话：(0592)3668888

福建都市传媒股份有限公司

地 址：福州市华林路 84 号海都大厦 2F
邮 编：361004
电 话：(0592)2961588

福建海峡传播总公司

地 址：厦门市思明区湖滨北路育秀里 37 － 39 号
邮 编：361004
电 话：(0592)2961588

厦门广播电视台广告有限公司

地 址：厦门市湖滨北路广电中心 13 楼
邮 编：361012
电 话：(0592)5301998

厦门华盟广告有限公司

地 址：厦门市湖滨北路 59 号中信惠扬商务楼 9F
邮 编：361012
电 话：(0592)5082582

厦门世通华纳文化传媒有限公司

地 址：厦门市湖滨北路 10 号新港广场 10 楼 C 单元
邮 编：361012
电 话：(0592)5395929

厦门市路桥广告有限公司

地 址：厦门市海沧海虹路 3 号
邮 编：361026
电 话：(0592)5828969

厦门唐马博美广告有限公司

地 址：厦门市思明区湖滨北路 59 号中信惠扬商务楼 22F
邮 编：361012
电 话：(0592)5206868

厦门欣美广告有限公司

地 址：厦门市湖滨西路 9 号大西洋海景城 A 幢 5D
邮 编：361003
电 话：(0592)2392277

蓝道（中国）广告公司

地 址：泉州市泉秀路农行大厦 16 楼
邮 编：362000
电 话：(0595)22197188

江西省

广播电视类

江西广播电视台广告中心

地 址：南昌市北京西路 88 号江信大厦 22 层
邮 编：330046
电 话：(0791)86301111

余江县气象局广告部

地 址：鹰潭市余江县邓埠镇四青路 165 号
邮 编：335200
电 话：(0701)5881180

余江县文化广播电视局广告部

地 址：鹰潭市余江县文化广播电视局
邮 编：335200
电 话：(0701)5886313

分宜县电视台

地 址：新余市分宜县分宜县电视台
邮 编：336600
电 话：(0790)5882426、5896678

江西人民广播电台

地 址：南昌市洪都中大道 207 号
邮 编：330046
电 话：(0791)8313750

南昌人民广播电台

地 址：南昌市八一大道 357 号财富广场 A 座 1211
邮 编：330003
电 话：(0791)87160102

江西公共频道广告中心

地 址：南昌市北京西路 88 号江信国际大厦 1805
邮 编：330046

电　话：(0791)86304716

九江人民广播电台

地　址：九江市长虹大道 84 号
邮　编：332000
电　话：(0792)8137000

九江电视台广告部

地　址：九江市湓浦路 35 – 47 号
邮　编：332000
电　话：(0792)8227626

上饶人民广播电台

地　址：江西省上饶市庆丰路 3 号
邮　编：334000
电　话：(0793)8218818

抚州人民广播电台

地　址：抚州市临川大道抚州人民广播电台办公室
邮　编：344000
电　话：(0794)8251268

临川广播电视台

地　址：抚州市上顿渡区龙井路 392 号
邮　编：344000
电　话：(0794)8432818

南丰县有线电视台广告部

地　址：抚州市南丰县交通路 11 号
邮　编：344500
电　话：(0794)3221013

抚州广播电视报社

地　址：抚州市临川大道 228 号
邮　编：344000
电　话：(0794)8251232、8261769

樟树市广播电视台广告经营部

地　址：樟树市锦绣共和
邮　编：331200
电　话：(0795)7339234

高安市广播电视局

地　址：高安市瑞州商贸广场
邮　编：330000
电　话：(0795)5252569

宜春电视台广告部经济部

地　址：宜春市广播电视局 13 楼电视台广告中心
邮　编：336000
电　话：(0795)3990882

遂川县广播电视台广告部

地　址：吉安市遂川县电视台
邮　编：343900
电　话：(0796)6326161

峡江县广电局广告部

地　址：吉安市峡江县广播电视局
邮　编：331409
电　话：(0796)3673372

南康市电视台广告部

地　址：南康市泰康中路
邮　编：341400
电　话：(0797)6622333

赣州电视台广告部

地　址：赣州市红旗大道 56 号创业大厦 3 楼
邮　编：341000
电　话：(0797)8216858

赣州人民广播电台广告管理部

地　址：赣州市健康路人防办 2 楼电台广告部
邮　编：341000
电　话：(0797)8221046

赣南广播电视报广告部

地　址：赣州市章贡区姚府里 2 号 2 楼广告部（原文艺学校对面）
邮　编：341000
电　话：(0797)8204433

赣州市龙南县电视台广告部

地　址：赣州市龙南县文化街龙南县电视台广告部
邮　编：341700
电　话：(0797)3513426

景德镇市电视台

地　址：景德镇市瓷都大道 1073 号广电中心 2 楼
邮　编：333000
电　话：(0798)8576600

萍乡市安源区电视台广告中心

地　址：萍乡市安源世纪广场旁安源广电中心
邮　编：337000
电　话：(0799)6661809

新闻出版类

新余广播电视报社

地　址：新余市仙来中大道 49 号
邮　编：338000
电　话：(0790)6443289

新余日报社广告部

地　址：新余市北湖西路 1 号
邮　编：338000
电　话：(0790)6442342

光华日报

地　址：南昌市叠山路 511 号
邮　编：330008
电　话：(0791)6832825

南昌广播电视报广告部

地　址：南昌市环湖路 39 号
邮　编：330006
电　话：(0791)6237122、6223255

南昌日报社广告中心

地　址：南昌市阳明东路 757 号奥斯卡大厦 B 座 4 楼 4004
邮　编：330008
电　话：(0791)6822471

经济晚报广告部

地　址：南昌市省委大院内
邮　编：330006
电　话：(0791)6820366

江南都市报

地　址：南昌市红谷中大道 1326 号
邮　编：330038
电　话：(0791)6849639

信息日报广告部

地　址：南昌市阳明路 190 号
邮　编：330006
电　话：(0791)6849215

江西日报社广告部

地　址：南昌市阳明路 190 号
邮　编：330006
电　话：(0791)6849125

江西商报社

地　址：南昌市西湖区三元井街39号
邮　编：330003
电　话：(0791)8680778、6283295

九江日报社广告中心

地　址：九江市南湖支路17号
邮　编：332000
电　话：(0792)8557890

九江晚报社广告中心

地　址：九江市南湖支路17号
邮　编：332000
电　话：(0792)8581387

临川晚报广告中心

地　址：抚州市临川区赣东大道469号
邮　编：344000
电　话：(0794)8239888

宜春日报社广告部

地　址：宜春市中山中路530号
邮　编：336000
电　话：(0795)3223764

公　司　类

鹰潭市公共交通有限责任公司广告部

地　址：鹰潭市环城西路52号
邮　编：335000
电　话：(0701)6232688

江西省贵溪市新产业公司

地　址：贵溪市冶炼厂新产业公司企划部
邮　编：335400
电　话：(0701)3379005

鹰潭市江山广告有限公司

地　址：鹰潭市月湖区湛江路11号
邮　编：335000
电　话：(0701)6212801

江西盛世骄阳广告公司

地　址：新余市赣新中路
邮　编：338000
电　话：(0790)6456909

新余市大胡子广告有限公司

地　址：新余市城北五一南路
邮　编：338000
电　话：(0790)6444410

新余市红日东升广告策划有限责任公司

地　址：新余市抱石大道1号6楼肯德基对面
邮　编：338000
电　话：(0790)6206588

江西世纪星晖广告企划传播有限公司

地　址：南昌市中山路177号太平洋商务大厦D－D712室
邮　编：330006
电　话：(0791)6732776

江西高速广告装饰有限公司

地　址：南昌市桃苑大街桃苑大厦A座8楼
邮　编：330025
电　话：(0791)6532673

南昌公交广告公司

地　址：南昌市青山南路36号
邮　编：330003
电　话：(0791)8835700

南昌虹谊广告有限公司

地　址：南昌市抚河中路469号文化大厦7楼706
邮　编：330029
电　话：(0791)86636613

南昌盛世华纳广告传媒有限公司

地　址：南昌市上营坊街67号401室
邮　编：330006
电　话：(0791)86290663

江西年代广告有限公司

地　址：南昌市 桃苑大街桃苑大厦A座9楼
邮　编：330009
电　话：(0791)6528415

江西星际广告有限公司

地　址：南昌市站前西路三星大厦A座1402
邮　编：330003
电　话：(0791)86491139

江西晨光实业有限公司

地　址：江西南昌昌东工业园
邮　编：333000
电　话：(0791)8191839

江西方圆传媒有限公司

地　址：南昌市红谷滩丽景路鹿璟万盛国际公寓6F
邮　编：330038
电　话：(0791)83839333

江西永达广告有限公司

地　址：南昌市井冈山大道232号巨融1401室
邮　编：330001
电　话：(0791)86495751

江西邮政广告有限责任公司

地　址：南昌市桃苑大街8号金源大厦A座15楼
邮　编：330025
电　话：(0791)6591121

江西中盛广告有限公司

地　址：江西省府大院东四路23号
邮　编：330046
电　话：(0791)86231600

江西庐山东方艺术广告公司

地　址：九江市庐山河西路21号
电　话：(0792)8286709

九江市公交广告有限公司

地　址：九江市浔阳路190号
邮　编：332000
电　话：(0792)8582426

玉山县新纪元广告装饰有限公司

地　址：五金小区
邮　编：334700
电　话：(0793)2553917

江西省上饶市创世纪实业有限公司

地　址：上饶市广丰县新乌林街43号2楼
邮　编：334600
电　话：(0793)2658226

江西省杨凡广告礼仪有限公司

地 址：广丰县公主楼 5 单元 2 楼
邮 编：334600
电 话：(0793)2613986

江西天义广告有限公司

地 址：抚州市上沿河路 92 号天义大楼 3 楼
邮 编：344000
电 话：(0794)8211866

抚州市现代广告装饰工程有限公司

地 址：抚州市赣东大道 152 号
邮 编：344000
电 话：(0794)8211181

丰城市普城广告装饰有限公司

地 址：丰城市建邑大道 295 号
邮 编：331100
电 话：(0795)6420262

奉新县天人广告装潢有限公司

地 址：宜春市奉新县滨河东路 116 号
邮 编：330700
电 话：(0795)4621064

宜春市北信广告有限公司

地 址：宜春市东风大街 287 号
邮 编：336000
电 话：(0795)3228800

安福县奋进广告装饰设计有限公司

地 址：武功山大道 266 号王家巷路口
邮 编：343200
电 话：(0796)7634118

吉安明珠集团井冈明珠广告有限公司

地 址：南昌市井冈山大道 209 号
邮 编：343000
电 话：(0796)8256999

吉安市邮政局广告公司

地 址：吉安市吉州区鹭洲东路 11 号
邮 编：343000
电 话：(0796)8211188

江西仁达企业发展有限公司

地 址：吉安市庐境园 38 号
邮 编：343100
电 话：(0796)8222339

江西腾飞广告装潢有限公司

地 址：泰和县白凤大道
邮 编：343700
电 话：(0796)5323837

赣州华信广告有限公司

地 址：赣州市姚府里 10 号
邮 编：341000
电 话：(0797)8225688

赣州市金道广告有限公司

地 址：赣州市八一四大道 1 号金道广告 2 楼
邮 编：341000
电 话：(0797)8130555

赣州市空间创意广告有限公司

地 址：赣州市健康路 67 － 3 号
邮 编：341000
电 话：(0797)8271306

赣州市三马广告装饰工程有限公司

地 址：赣州市大公路 148 号
邮 编：341000
电 话：(0797)8233838

南康市新天地广告有限责任公司

地 址：南康市泰康中路市房管局 1 楼
邮 编：341400
电 话：(0797)6611060

赣州视通广告实业有限公司

地 址：赣州市赣区东阳山路 29 号
邮 编：341000
电 话：(0797)8200123

景德镇市飞龙广告有限公司

地 址：景德镇市中国陶瓷城上海路 5 号
邮 编：333000
电 话：(0798)8297979

景德镇市百花广告装潢有限公司

地 址：景德镇市珠山中路 2 号
邮 编：333000
电 话：(0798)8505577、8205522

景德镇市华云气象广告有限公司

地 址：景德镇市气象局
邮 编：333000
电 话：(0798)8584045

景德镇市开心广告有限公司

地 址：景德镇市广场北路铭业大厦 1 号楼 115 室
邮 编：333000
电 话：(0798)8239116

景德镇市南方实业有限公司

地 址：景德镇市珠山东路 20 号 310 室
邮 编：333000
电 话：(0798)8233533

景德镇大象广告有限公司

地 址：景德镇市莲社北路 50 号景德镇商城写字楼 K7
邮 编：333000
电 话：(0798)8284900

萍乡市亮点广告有限公司

地 址：萍乡市昭萍东路 103 号
邮 编：337000
电 话：(0799)6212650

萍乡市公共交通总公司广告分公司

地 址：萍乡市公园北路 2 号
邮 编：337000
电 话：(0799)6881858

萍乡市佳艺装潢广告设计工程有限公司

地 址：萍乡市公园南路 70 号锦绣华庭 201 室
邮 编：337000
电 话：(0799)6837768

山东省

广播电视类

青岛电视广告传媒有限公司
地 址：青岛市宁夏路 200 号
邮 编：266071
电 话：(0532)85702029

菏泽电视台广告中心
地 址：菏泽市中华东路 1428 号
邮 编：274000
电 话：(0530)5336264

菏泽人民广播电台
地 址：菏泽市中华路 1389 号
邮 编：274000
电 话：(0530)5960516

齐鲁电视台
地 址：济南市经十路 18567 号
邮 编：250062
电 话：(0531)82925718

山东电视广告发展总公司
地 址：济南市经十路 83 号山东电视大厦 1003 室
邮 编：250062
电 话：(0531)82958801

青岛人民广播电台
地 址：青岛市宁夏路 200 号广电大厦
邮 编：266071
电 话：(0532)85701510

淄博人民广播电台
地 址：淄博市张店区华光路 52 号广电大厦交通文艺广播广告部
邮 编：255000
电 话：(0533)6213110

德州人民广播电台
地 址：德州市东方红路 1266 号
邮 编：253012
电 话：(0534)2687963

烟台市广播电视台广告中心
地 址：烟台市青年路 50 号
邮 编：264000
电 话：(0535)6242962

潍坊电视台广告信息中心
地 址：潍坊市胜利东街 85 号
邮 编：261061
电 话：(0536)8781386

潍坊人民广播电台
地 址：潍坊市奎文区东风东街 248 号
邮 编：261041
电 话：(0536)8236672

潍坊市潍城区电视台广告中心
地 址：潍坊市向阳路 108 号
邮 编：261021
电 话：(0536)8188596、8188887

济宁人民广播电台交通文艺台
地 址：济宁市中区常青路 9 号广电大厦 1304
邮 编：272037
电 话：(0537)2235577

济宁电视台广告中心
地 址：济宁市中区常青路 9 号
邮 编：272037
电 话：(0537)2221234

济宁市威城电视台
地 址：济宁市金宇路 26 号
邮 编：272000
电 话：(0537)2357887

泰安人民广播电台
地 址：泰安市泰山区迎暄大街 200 号
邮 编：271000
电 话：(0538)6126599

临沂广播电视台
地 址：临沂市兰山区金雀山路 33 号
邮 编：276001
电 话：(0539)2952805

临沂人民广播电台
地 址：临沂市金雀山路 21 号广播电视大厦 19 楼
邮 编：276000
电 话：(0539)2952145

滨州人民广播电台音乐交通之声
地 址：滨州市黄河五路 358 号广电大厦 1408 室
邮 编：256600
电 话：(0543)3183866

东营人民广播电台新闻频道
地 址：东营市南一路 260 号
邮 编：257091
电 话：(0546)8330449

东营电视台广告部
地 址：东营市东城南一路 260 号
邮 编：257091
电 话：(0546)8333358

威海广播电视台广告中心
地 址：威海市文化中路 66 号
邮 编：264200
电 话：(0631)5191072

枣庄电视台广告中心
地 址：枣庄市中区光明西路 88 号广电大厦
邮 编：277100
电 话：(0632)3323789

枣庄广播影视总台
地 址：枣庄市光明西路 88 号广电大厦
邮 编：277101
电 话：(0632)3321273

枣庄山亭区广播电视局
地 址：枣庄市山亭区府前路
邮 编：277200
电 话：(0632)8811393

枣庄市峄城区广播电视局广告部
地 址：枣庄市环山路 68 号
邮 编：277300
电 话：(0632)7713936

日照广播电视台广告中心

地 址：日照市烟台路 179 号
邮 编：276826
电 话：(0633)8802191

莱芜广播电视局

地 址：莱芜市高新区汶河大道 001 号
邮 编：271100
电 话：(0634)8866958

聊城人民广播电台

地 址：聊城市财干路 6 号聊城电视台广告中心
邮 编：252000
电 话：(0635)8088881

新闻出版类

菏泽日报广告部

地 址：菏泽市太原路 66 号
邮 编：274000
电 话：(0530)5969516、5969510

济南日报

地 址：济南市经七路 28 － 1 号
邮 编：250001
电 话：(0531)82886248

济南时报

地 址：济南市经七路 28 － 1 号
邮 编：250001
电 话：(0531)82062778

生活日报社广告部

地 址：济南市经十路 16122 号
邮 编：250014
电 话：(0531)85196362、82963188

齐鲁晚报广告部

地 址：济南市经十路 16122 号
邮 编：250014
电 话：(0531)82616676

大众日报

地 址：济南市经十路 46 号
邮 编：250014
电 话：(0531)85196701

山东商报

地 址：济南市山师东路 4 号
邮 编：250014
电 话：(0531)88197665

半岛都市报

地 址：青岛市南京路 110 号半岛都市报大厦
邮 编：266071
电 话：(0532)80889117、80889202

德州日报社广告信息部

地 址：德州市经济开发区东方红东路 2177 号
邮 编：253000
电 话：(0534)2562876

烟台日报社广告部

地 址：烟台市北大街 54 号
邮 编：264000
电 话：(0535)6631225

潍坊广播电视报社广告中心

地 址：潍坊市奎文区文正路 2 号
邮 编：261041
电 话：(0536)8888751

济宁广播电视报

地 址：济宁市中区常青路 9 号
邮 编：272000
电 话：(0537)2271866、2238056

济宁日报社广告部

地 址：济宁市红星东路 15 号
邮 编：272000
电 话：(0537)2343207、2343326、2343963

东营市诱惑风杂志社

地 址：东营区淄博路 71 号诱惑风杂志社
邮 编：257000
电 话：(0546)8701995

山东广播电视报社东营分社广告部

地 址：东营市东城南一路 260 号
邮 编：257091
电 话：(0546)8318688

山东广播电视报社胜利分社

地 址：东营市影视街 12 号
邮 编：257000
电 话：(0546)8777365、8771750

公 司 类

菏泽公交广告装潢公司

地 址：菏泽市定陶路 2 号
邮 编：274000
电 话：(0530)5333794

山东博大航空广告有限公司

地 址：济南市泉城路 17 号华能大厦 7 层
邮 编：250011
电 话：(0531)86098757

山东长城梅地亚文化传播有限公司

地 址：山东省济南市青年东路 16 号 8 层
邮 编：250011
电 话：(0531)6933616

山东唐码龙骏传媒有限公司

地 址：济南市历下区泉城路 180 号齐鲁国际大厦 Z709
邮 编：250011
电 话：(0531)86905657

山东高速文化传媒有限公司

地 址：济南市历下区龙奥北路 8 号山东高速大厦 7 楼 705
邮 编：250098
电 话：(0531)86598686

青岛金桥广告有限公司

地 址：青岛市香港西路 67 号光大国际金融中心 9C—E
邮 编：266071
电 话：(0532)83877876

淄博奥特传媒发展有限公司

地 址：淄博市张店区共青团西路 95 号号 12 层 A 座
邮 编：255000
电 话：(0533)2318899

淄博齐林众信广告有限公司

地 址：淄博开发区中路（电力开发公司院内）
邮 编：255086
电 话：(0533)2192090

德州齐鲁大钟广告有限公司

地 址：德州市齐鲁大钟大厦

邮　编：253000
电　话：(0534)2379129

德州市天虹广告装饰有限公司

地　址：德州市三八中路 1104 号
邮　编：253000
电　话：(0534)2624370

德州市兆瑞广告有限公司

地　址：德州市德城区新湖路新湖商务港 417
邮　编：253000
电　话：(0534)2669990

德州天海广告有限公司

地　址：德州市东风中路 45 号
邮　编：252300
电　话：(0534)2675777

德州铁艺广告装饰有限公司

地　址：德州市天衢西路 122 号
邮　编：253000
电　话：(0534)2367736

齐鲁鑫泰文化传播有限公司

地　址：德州市东方红路 49 号帝景苑商务楼 3 单元 407
邮　编：253000
电　话：(0534)2318888

华众禾晨广告传媒有限公司烟台分公司

地　址：烟台市莱山机场宾馆
邮　编：264000
电　话：(0535)6299268、6299527 － 8005

烟台广告创意产业园区管委办

地　址：烟台市通世南路 7 号
邮　编：264000
电　话：(0535)6739505

烟台市天马广告有限公司

地　址：烟台市胜利路 208 号汇丰广场 908
邮　编：264000
电　话：(0535)6611651

烟台玉彤广告有限公司

地　址：烟台市西南河路 128 号
邮　编：264000
电　话：(0535)6647796

高速公路开发总公司潍坊分公司

地　址：潍坊市经济开发区友谊路 10 号
邮　编：261041
电　话：(0536)8655340

潍坊广达广告有限公司

地　址：潍坊市东风街与鸢飞街交叉路口
邮　编：261041
电　话：(0536)8227762、2109891

潍坊科艺广告有限公司

地　址：昌邑市河东工业园
邮　编：261300
电　话：(0536)7213861

潍坊市公交广告公司

地　址：潍坊市奎文区东风东街 295 号
邮　编：261041
电　话：(0536)8256549

香港大千企划有限公司

地　址：潍坊市福寿街与和平路交叉路西南角巴黎假日大厦 17 层
邮　编：261011
电　话：(0536)8275416

济宁市公交广告公司

地　址：济宁市建设路 81 号
邮　编：272000
电　话：(0537)3921574

济宁市邮政商函广告局

地　址：济宁市邮政商函广告局
邮　编：272000
电　话：(0537)2217777

东营市飞来广告有限公司

地　址：东营市泰安路 173 号
邮　编：257000
电　话：(0546)8392297

东营市公共交通汽车公司广告经营部

地　址：东营市东城胶州路 448 号
邮　编：257000
电　话：(0546)8983456

东营市邮政商函广告局

地　址：东营市邮政局商函广告局
邮　编：257000
电　话：(0546)8080518

山东震环日月星国际广告传媒有限公司

地　址：东营区淄博路 9 号百年大厦 D 段 5 楼
邮　编：257000
电　话：(0546)8205466

威海缘也广告有限责任公司

地　址：威海市环翠区少华路 80 号
邮　编：264200
电　话：(0631)5234444

荣成市海波广告装饰中心

地　址：荣成市成山大道
邮　编：264300
电　话：(0631)7556888

威海红黄蓝广告有限公司

地　址：威海市新威路 32 号
邮　编：264200
电　话：(0631)5280800

威海巨鲨广告有限公司

地　址：威海市文化中路 52 号五棵松文化广场 5 楼
邮　编：264200
电　话：(0631)5221356

威海路通工程有限公司

地　址：威海市青岛北路 55 号
邮　编：264200
电　话：(0631)5311569

威海明珠广播电视广告有限公司

地　址：威海市统一路 395 号
邮　编：264200
电　话：(0631)5200006

山东正伟广告有限公司

地　址：枣庄市市中区华山中路枣庄市建设科技中心 4 楼
邮　编：277100
电　话：(0632)5100888

山东爱达传媒有限公司
地　址：日照市黄海一路 36 号
邮　编：276826
电　话：(0633)8398999

聊城市现代广告艺术发展有限公司
地　址：山东省聊城市卫育南路 1 号卫育公寓 1 号楼 306 室
电　话：(0635)8157878

河南省

广播电视类

河南电视台都市频道
地　址：郑州市金水区郑花桥路 18 号
邮　编：450008
电　话：(0371)65720666

河南电视台
地　址：郑州市金水区郑花路 18 号
邮　编：450008
电　话：(0371)65888888

河南人民广播电台
地　址：郑州市经五路 2 号广播大厦
邮　编：450003
电　话：(0371)65889366

郑州电视台
地　址：郑州市商务内环路 18 号
邮　编：450052
电　话：(0371)69095300

南阳电视台
地　址：南阳市范蠡东路广电中心
邮　编：473000
电　话：(0377)63143888

洛阳市电视台
地　址：洛阳市西工区九都路 67 号
邮　编：471000
电　话：(0379)63353471

洛阳人民广播电台
地　址：洛阳市西工区九都路 67 号
邮　编：471000
电　话：(0379)63150526

新闻出版类

河南日报
地　址：郑州市农业路东段 28 号河南日报报业大厦 2102
邮　编：450008
电　话：(0371)65796125

大河报社
地　址：郑州市农业路东 28 号河南日报报业大厦 1 楼西大厅
邮　编：450008
电　话：(0371)65796171

经济视点报社广告部
地　址：郑州市农业路 72 号
邮　编：450000
电　话：(0371)63862338、63862332

郑州晚报
地　址：郑州市陇海西路 80 号郑州晚报新闻大厦西大厅广告经中心
邮　编：450000
电　话：(0371)63315622

洛阳日报报业集团广告总公司
地　址：洛阳市新区开元大道 218 号
邮　编：471000
电　话：(0379)63256081

耐火材料编辑部
地　址：洛阳市涧西区西苑路 43 号
邮　编：471039
电　话：(0379)64205958

洛阳广播电视报社
地　址：洛阳市开原大道 281 号
邮　编：471000
电　话：(0379)63353871

洛阳晚报社
地　址：洛阳新区开元大道 218 号
邮　编：471000
电　话：(0379)65233606

公　司　类

河南华视广告文化传播有限公司
地　址：郑州市郑花路 1 号
邮　编：450008
电　话：(0371)65751380

河南惠乔广告有限公司
地　址：郑州市东明路 218 号索克大厦 5 楼
邮　编：450008
电　话：(0371)65677251

河南天明公交广告有限公司
地　址：郑州市京广北路 27 号
邮　编：450000
电　话：(0371)66227934、60156008

河南维思广告有限公司
地　址：郑州市经三路 28 号融丰花苑 B 座 16FB
邮　编：450008
电　话：(0371)65786202、65786254

新乡市东方广告有限公司
地　址：新乡市平原路豫北大厦 11 层

邮　编：453003
电　话：(0373)2072222

新乡市红绿蓝广告有限公司

地　址：新乡市胜利路中段新世纪广场 1084 室
邮　编：453000
电　话：(0373)2717000

新乡市新生活资讯广告有限公司

地　址：新乡市健康路 28 号
邮　编：453000
电　话：(0373)2056218

河南新乡博雅广告有限公司

地　址：新乡市红旗区劳动中街 253 号
邮　编：453000
电　话：(0373)3020777

新乡市银河公交广告传媒有限公司

地　址：新乡市和平大道南 238 号
邮　编：453000
电　话：(0373)5091155

新乡市中山广告装潢有限公司

地　址：新乡市人民路恒升世家 B 座 19 层
邮　编：453000
电　话：(0373)3060000

洛阳大禾广告文化传播有限公司

地　址：洛阳市西工区九都路星河国际 504 室
邮　编：471000
电　话：(0379)63372979

洛阳兰勃形象设计工作室

地　址：洛阳市沙厂南路中泰新城泰康苑三楼 C 座
邮　编：471000
电　话：(0379)65288088

洛阳市电力广告有限公司

地　址：洛阳市西工区健康西路 5 号
邮　编：471000
电　话：(0379)63398418

洛阳市多恩广告有限公司

地　址：洛阳市涧西区建设路 154 号
邮　编：471004
电　话：(0379)64966174

洛阳市烽火广告有限公司

地　址：洛阳市西工区沙厂南路通元国际花园裙楼 3 层
邮　编：471002
电　话：(0379)6326111

洛阳市士奇广告文化传播有限公司

地　址：洛阳市十里河花城饭店 501 – 504 号
邮　编：471003
电　话：(0379)4859004

洛阳市众联威志广告文化传播有限公司

地　址：洛阳市西工区九都路涧东路口悦丰广场 1602 室
邮　编：471000
电　话：(0379)63358123

洛阳天明公交广告有限责任公司

地　址：洛阳市南昌路六合国际大厦 A 座
邮　编：471000
电　话：(0379)63961859

新乡市阳光广告有限公司

地　址：新乡市开发区启明小区 2 号楼五单元 1 楼
邮　编：453000

湖北省

广播电视类

湖北长江广电广告有限公司

地　址：武汉市武昌区公正路 216 号平安国际金融大厦 12 楼
邮　编：430071
电　话：(027)87329728

湖北楚天广播电台广告部

地　址：武汉市汉口解放大道 1237 号
邮　编：430022
电　话：(027)85762122

湖北电视经济频道

地　址：武汉市中北路 1 号湖北经视大厦 19 楼
邮　编：430071
电　话：(027)87713331

武汉教育电视台广告部

地　址：武汉市江汉区常青路 58 号 1 楼
邮　编：430023
电　话：(027)85605900、65654710

襄樊人民广播电台

地　址：襄樊市樊城区中山后街 78 号
邮　编：441000
电　话：(0710)3485964

鄂州广播电视局广告中心

地　址：鄂州市滨湖西路新广电大楼
邮　编：436000
电　话：(0711)3357378

孝感电视台

地　址：孝感市长征路 106 号
邮　编：432100
电　话：(0712)2323930

黄冈电视台广告部

地　址：黄冈市黄州区东门路 169 号
邮　编：438000
电　话：(0713)8812077

黄石电视台

地　址：黄石市广会路黄石广电中心
邮　编：435000
电　话：(0714)6352247

咸宁人民广播电台

地　址：咸宁市温泉路 38 号
邮　编：437100
电　话：(0715)8262959 办

荆州电视台广告中心

地　址：荆州市江津西路 266 号广电大厦
邮　编：434000
电　话：(0716)8266888

荆州人民广播电台

地　址：荆州沙市区江津西路 266 号广电大楼
邮　编：433000
电　话：(0716)8527567

鄂西电视台

地　址：恩施市东风大道 278 号恩施州广播电视局
邮　编：445000
电　话：(0718)8244657

十堰人民广播电台

地　址：十堰市人民北路 4 号广电大楼 810 室
邮　编：442000
电　话：(0719)8681007

随州电视台

地　址：随州市清和路 35 号
邮　编：441300
电　话：(0722)3241476、3222406

随州人民广播电台

地　址：随州市烈山大道 359 号
邮　编：441300
电　话：(0722)3230029

荆门电视台广告部

地　址：荆门市长宁大道 51 号
邮　编：448000
电　话：(0724)2360333

新闻出版类

知音杂志社

地　址：武汉市武昌区东湖路 169 号知音传媒集团
邮　编：430077
电　话：(027)68890808

幸福杂志社

地　址：武汉市汉口洞庭街 127 号
邮　编：430017
电　话：(027)82788982

湖北长江商报社

地　址：武汉市洪山区珞瑜路 78 号长江传媒大厦 20 楼 2004 室
邮　编：430070
电　话：(027)87660211

武汉晚报社

地　址：武汉市建设大道 760 号
邮　编：430010
电　话：(027)82868131

湖北日报报业集团楚天广告总公司

地　址：武汉市东湖路 181 号
邮　编：430000
电　话：(027)88567860

武汉晨报广告部

地　址：武汉市江汉区建设大道长江日报路特 1 号
邮　编：430015
电　话：(027)85719543

宜昌三峡日报传媒集团有限责任公司

地　址：宜昌市东山大道 119 号
邮　编：443000
电　话：(0717)6449702

潜江报社广告部

地　址：潜江市章华中路 5 号
邮　编：433100
电　话：(0728)6244546、6238926

公　司　类

湖北东方卓越文化传媒有限公司

地　址：武汉市武昌区和平大道富贵里 93 号
邮　编：430062
电　话：(027)88562146

武汉广夏同仁广告有限公司

地　址：武汉市江岸区中山大道锦江苑附 31 楼
邮　编：430014
电　话：(027)85556811

武汉丽兰传媒有限公司

地　址：武汉市江岸区解放大道 1511 号化工大厦 8 楼
邮　编：430000
电　话：(027)59236918

武汉尊荣广告国际传播发展有限公司

地　址：武汉市江岸区中山大道 1166 号金源大厦 B 座 28 层
邮　编：430013
电　话：(027)82778898

北京首都机场广告有限公司湖北分公司

地　址：武汉市发展大道 164 号
邮　编：430023
电　话：(027)83518738

湖北视星广告有限责任公司

地　址：武汉市解放大道 1328 号中原大厦 17 楼 AB
邮　编：430010
电　话：(027)82740365

湖北中兴广告装饰有限公司

地　址：武汉市汉口邬家墩 115 号金贸中心 C 座 7 楼
邮　编：430023
电　话：(027)85880418

武汉大众设计策划有限公司

地　址：武汉市江岸区洞庭街 139 号柏林公寓 10 楼 D 座
邮　编：430014
电　话：(027)82822315

武汉光明广告有限公司

地　址：武汉市江汉区万松园路 52 号
邮　编：430022
电　话：(027)85780898

武汉利器广告传播有限公司

地　址：武汉市江汉经济开发区汉口创业中心 1 号楼 5 楼
电　话：(027)83567356

武汉新纪元广告装饰有限公司

地　址：武汉经济技术开发区创业道

2 号绿岛实业 3 楼
邮　编：430056
电　话：(027)84896650

武汉新联达广告有限公司

地　址：武汉市江岸区惠济路 38 号
邮　编：430010
电　话：(027)82864656 － 801

潜江市华昌广告有限公司

地　址：潜江市东风路 108 号
邮　编：433100
电　话：(0728)6248490

湖南省

广播电视类

长沙电视台政法频道

地　址：长沙市侯家塘有色大厦 3 楼
邮　编：410007
电　话：(0731)82884866

当代商报

地　址：长沙市开福区伍家岭南建湘新村 88−89 栋当代商报报业大厦 4F
邮　编：410008
电　话：(0731)4375333

湖南日报社

地　址：长沙市芙蓉中路一段 469 号
邮　编：410000
电　话：(0731)84329948

长沙晚报

地　址：长沙市芙蓉区晚报大道 267 号
邮　编：410016
电　话：(0731)82205017

湖南经视

地　址：长沙市浏阳河桥东省广电中心西裙楼
邮　编：410003
电　话：(0731)84807129

常德电视台广告公司

地　址：常德市武陵大道中段 267 号常德电视台广告公司
邮　编：415000
电　话：(0736)7202883

益阳人民广播电台

地　址：益阳市广播电视中心 9 楼广播电台综合部
邮　编：413000
电　话：(0737)4380146

桃江县广播电视局广告部

地　址：益阳市桃江县广播电视台
邮　编：413400
电　话：(0737)8822863

益阳电视台

地　址：益阳市益阳电视台广告公司
邮　编：413000
电　话：(0737)4380261

娄底电视台

地　址：娄底市娄底电视台公共频道
邮　编：417000
电　话：(0738)8762598

湘西州电视台

地　址：湘西自治州吉首市砂子坳湘西州电视台
邮　编：416000
电　话：(0743)8222515

湘西电视台广告部

地　址：吉首市湘西自治州电视台广告部
邮　编：416000
电　话：(0743)8222515

怀化人民广播电台城市之声频道

地　址：怀化市城东新区广电中心电台城市之声频道
邮　编：418000
电　话：(0745)2222972

双牌县广播电视局

地　址：永州市万山路 20 号
邮　编：425200
电　话：(0746)7722848

新闻出版类

湖南潇湘晨报传媒经营有限公司

地　址：湖南省长沙市韶山南路 258 号
邮　编：410004
电　话：(0731)85011908

三湘都市报

地　址：长沙湘江中路一段 52 号凯乐国际 3F
邮　编：410005
电　话：(0731)84329373

洞庭之声报广告部

地　址：岳阳市南湖大道 561 号
邮　编：414000
电　话：(0730)8811123

衡阳日报广告部

地　址：衡阳市市环城北路 3 号
邮　编：421001
电　话：(0734)8247333

郴州日报社广告部

地　址：郴州市苏仙北路 42 号
邮　编：423000
电　话：(0735)2882653

益阳广播电视报社广告部

地　址：益阳市朝阳东路广电中心 1 楼
邮　编：413000
电　话：(0737)4381788

益阳日报广告部

地　址：益阳市益阳大道西 209 号益阳日报社新闻楼广告部
邮　编：413000
电　话：(0737)4223845

怀化日报社广告部

地　址：怀化市湖天南路
邮　编：418000
电　话：(0745)2712029

永州日报社广告部

地 址：永州市冷水滩区湘江东路 29 号
邮 编：425002
电 话：(0746)6223352

公 司 类

岳阳华实广告装饰有限公司

地 址：岳阳市岳阳楼区岳东路 56 号
邮 编：414000
电 话：(0730)8210819

岳阳金达电视广告有限公司

地 址：岳阳市金鹗山 3 号
邮 编：414000
电 话：(0730)8202016

岳阳金帆广播电视广告总公司

地 址：岳阳市南湖大道岳阳电视台
邮 编：414000
电 话：(0730)8224404

岳阳市创一广告装饰有限公司

地 址：岳阳市室内装饰城 9 栋 2–3 层
邮 编：414000
电 话：(0730)8264826

岳阳市东方广告装饰有限公司

地 址：岳阳市站前西路文盛大厦 202 室
邮 编：414000
电 话：(0730)8288138

岳阳市公交广告有限公司

地 址：岳阳市东茅岭路 53 号
邮 编：414000

岳阳市金宇广告装饰有限公司

地 址：岳阳市鑫八达广告市场
邮 编：414000
电 话：(0730)8229886

岳阳市久鸿广告装修有限公司

地 址：岳阳市长城市场 3 区 8 栋
邮 编：414000
电 话：(0730)3133000

湖南广视广告公司

地 址：长沙市劳动西路 368 号有色大厦十楼
邮 编：410007
电 话：(0731)85134824

湖南东文新锐传媒有限公司

地 址：长沙市芙蓉区火星镇天泰花园中门 2 楼
邮 编：410001
电 话：(0731)84743999

长沙市达美文化传播有限公司

地 址：长沙市人民中路 400 号长沙城投 12 楼
邮 编：410011
电 话：(0731)84156560

湖南新广联巴士广告有限公司

地 址：长沙市韶山北路 139 号文化大厦 2118
邮 编：410011
电 话：(0731)82259668

湖南新金果传媒有限公司

地 址：长沙市凯华大厦 6 楼
邮 编：410007
电 话：(0731)5143890

长沙铁路广告装饰公司

地 址：长沙市五一东路 145 号
邮 编：410001
电 话：(0731)4119360

长沙邮政信息广告公司

地 址：长沙市芙蓉南路鸿翔大厦 6F
邮 编：410015
电 话：(0731)85221420

湖南木林森文化发展有限公司

地 址：长沙市劳动西路 298 号
邮 编：410007
电 话：(0731)85819488

湖南省广告美术公司

地 址：长沙市雨花区韶山北路 356 号包装大厦 B 座 4 楼
邮 编：410007
电 话：(0731)5552745

湖南省拓通广告有限公司

地 址：长沙市解放西路汇源大厦 1907 室
邮 编：410005
电 话：(0731)82273222

湖南天马广告经贸有限公司

地 址：长沙市芙蓉区芙蓉中路 185 号
邮 编：410021
电 话：(0731)2255828

湖南幸福文化品牌传媒有限公司

地 址：长沙市芙蓉中路 776 号湘凯石化大厦 1805、1806 室
邮 编：410005
电 话：(0731)82810556

湖南幸运星·上扬广告有限公司

地 址：长沙市韶山北路 216 号维一星城国际 6 层
邮 编：410011
电 话：(0731)84152550

衡阳市大地传媒广告有限公司

地 址：衡阳市石鼓区碧水蓝天 3F
邮 编：421001
电 话：(0734)8210768

衡阳市飞龙广告有限公司

地 址：衡阳市石鼓区解放路 294 号 4F
邮 编：421001
电 话：(0734)8243400

郴州市诚功广告有限公司

地 址：郴州市中山北街 21–13 号（郴州卫生局对面）
邮 编：423000
电 话：(0735)2258762

郴州市深海广告有限公司

地 址：郴州市阳光时代
邮 编：423000
电 话：(0735)2246089

常德市楚天广告有限公司

地 址：常德市武陵大道小西门建材市场 A 栋 2 楼
邮 编：415000
电 话：(0736)7206117、7206112

常德市金都广告实业有限公司

地 址：常德市武陵大道南首创大厦 1603 号
邮 编：415000
电 话：(0736)7667766

常德市灵智彩视策划设计有限公司

地 址：常德市武陵大道中段华信大厦 502
邮 编：415000
电 话：(0736)7727848

常德市天能广告有限公司

地　址：常德市朗州南路丹阳楼
邮　编：415000
电　话：(0736)7260999

常德市紫色光广告有限公司

地　址：常德市武陵区龙岗路公交总公司劳动服务公司办公楼二楼
邮　编：415000
电　话：(0736)7769368

益阳市安化云天广告艺术有限公司

地　址：益阳市安化县东坪镇湘资市场 1 号楼
邮　编：413500
电　话：(0737)7229989

益阳市飞翔广告有限公司

地　址：益阳市大桃路 27 号
邮　编：413000
电　话：(0737)4243222

益阳市金翔广告设计有限公司

地　址：益阳市银城大市场 A 座 4F
邮　编：413000
电　话：(0737)2220070

益阳市三鑫广告装饰有限公司

地　址：益阳市长益路 8 号
邮　编：413000
电　话：(0737)4236159

益阳市邮政局邮送广告部

地　址：益阳市益阳大道东 421 号
邮　编：413000
电　话：(0737)6351278

益阳市振强广告有限公司

地　址：益阳市资阳区五一西路 111 号
邮　编：413001
电　话：(0737)4315888

沅江市跃马广告装饰设计有限公司

地　址：沅江市琼湖西路金旺小区 3 楼
邮　编：413100
电　话：(0737)2710398

新化县晨宇广告公司

地　址：娄底市新化县建设局
邮　编：417600
电　话：(0738)3211631

宏远广告策划有限公司

地　址：吉首市团结东路 B15 号
邮　编：416000
电　话：(0743)8711698

湘西自治州天和广告公司

地　址：湘西自治州吉首市团结东路 18 号
邮　编：416000
电　话：(0743)8721245

湘西自治州邮政信函广告分局

地　址：吉首市武陵山人民北路 62 号
邮　编：416000
电　话：(0743)8271636

怀化市闪闪星星广告有限公司

地　址：怀化市迎丰中路 251 号
邮　编：418000
电　话：(0745)2241222、2132888

怀化市晨龙广告装饰有限公司

地　址：怀化市河西经济开发区德天五交化 2 楼
邮　编：418000
电　话：(0745)2316668

怀化美广文化艺术传播有限公司

地　址：怀化市人民南路建行鹤城支行大院
邮　编：418000
电　话：(0745)2239585

怀化市银峰广告装饰有限公司

地　址：怀化市舞水路 116 号 2 楼
邮　编：418099
电　话：(0745)2277878

怀化市邮政局信函广告分局

地　址：怀化市人民南路 48 号
邮　编：418000
电　话：(0745)2241904

怀化市正兴广告艺术有限公司

地　址：怀化市步步高 10 楼
邮　编：418000
电　话：(0745)2230898

永州市丰——广告创意有限公司

地　址：永州市潇湘东路 55－7 号
邮　编：425000
电　话：(0746)8331118

永州市奔腾彩印有限公司

地　址：永州市凤凰工业园区银象路
邮　编：425000
电　话：(0746)8224298、8221488

广东省

广播电视类

广东南方广播影视传媒集团有限公司

地　址：广州市人民北路 686 号
邮　编：510012
电　话：(020)26188000

深圳广电集团广告管理中心

地　址：深圳市福田区鹏程一路一号
邮　编：518026
电　话：(0755)88310209

广东人民广播电台

地　址：广州市人民北路
邮　编：510012
电　话：(020)26185000

广东南方电视台

地　址：广州市环市东路 331 号北座
邮　编：510066
电　话：(020)83316688

广州电视台广告部

地　址：广州市先烈中路 69 号东山广场 31 层
邮　编：510095
电　话：(020)87320818

阳江电台

地　址：漠江路 114 号
邮　编：529500
电　话：(0662)3419321

开平电视台广告部

地　址：开平市长沙东兴大道安吉路东 1 号
电　话：(0750)2219858

江门广播电视台经营中心

地　址：江门市鹏江区建设二路 2 号长怡商业中心 4 楼
邮　编：529000
电　话：(0750)3239333

开平人民广播电台广告部

地　址：开平市东兴大道安吉路东 1 号广播电视中心
电　话：(0750)2283433

恩平市广播电视台

地　址：恩平市恩城广新街 1 号（冯如广场侧）
电　话：(0750)7722286

台山市广播电视台广告部

地　址：台山市台城镇双亭街 18 号
电　话：(0750)5511611

韶关电视台

地　址：韶关市武江北路 60 号海景花园 A 座 2 层
邮　编：512026
电　话：(0751)8915070

梅州电视台

地　址：梅州市江北文化公园侧广播电视台
邮　编：514011
电　话：(0753)2187666

梅州市广播电视台广告中心

地　址：梅州市江北文化公园侧广播电视台广告中心
电　话：(0753)2187666

汕头人民广播电台

地　址：汕头市潮汕路广播电视中心广播广告部
邮　编：515021
电　话：(0754)88210960

珠海广播电视台

地　址：珠海香洲区银桦路 500 号
邮　编：519000
电　话：(0756)2526246

珠海人民广播电台

地　址：珠海市九洲大道东 1129 号
邮　编：519015
电　话：(0756)3325639

佛山人民广播电台

地　址：佛山市新城区裕和路新闻中心电台大楼 6 楼经营中心
邮　编：528000
电　话：(0757)28365866

德庆县电视台

地　址：肇庆市德庆县
电　话：(0758)7789028

肇庆广播电视台广告经营中心

地　址：肇庆市古塔南路 6 号肇庆广播电视台经营管理中心
邮　编：526040
电　话：(0758)2224288

云浮电视台广告部

地　址：云浮市市区宝马路广播电视大楼 2 楼
邮　编：527300
电　话：(0766)8823599

罗定市广播电视局广告部

地　址：罗定市迎宾路广播电视台首层
邮　编：527200
电　话：(0766)3839529

新兴县广播电视台广告部

地　址：云浮市新兴县新城镇城北新区 C 号地
邮　编：527400
电　话：(0766)2898238

潮州广播电视台广告中心

地　址：潮州市西荣路 48 号附楼
邮　编：521000
电　话：(0768)2180030

信宜市电视台广告部

地　址：信宜市迎宾大道
邮　编：525300
电　话：(0668)8873990

茂名广播电视台广告中心

地　址：茂名市迎宾四路
邮　编：525000
电　话：(0668)2966619

东莞电视台广告经营中心

地　址：东莞市东城南路电视综合大楼正对面广告经营中心
邮　编：523129

新闻出版类

广东南方报业传媒集团有限公司

地　址：广州市广州大道中 289 号
邮　编：510601
电　话：(020)87373998

广东广州日报传媒股份有限公司

地　址：广州市越秀区人民中路同乐路 10 号
邮　编：510435
电　话：(020)81883088

足球报社

地　址：广州市海珠中路 97 号足球报社
邮　编：510120
电　话：(020)81330001

羊城晚报社

地　址：广州市东风东路 733 号
邮　编：510085
电　话：(020)87138888

南方都市报

地　址：广州市越秀区广州大道中 289 号
邮　编：510600
电　话：(020)87366783、87366770

广州先锋报业有限公司

地　址：广州市海珠中路 97 号
邮　编：510120
电　话：(020)81330003

信息时报

地　址：广州市中山六路 2 号新宝利大厦 1106 室
邮　编：510180
电　话：(020)34323133

珠海特区报社

地　址：珠海市香洲区银桦路 566 号
邮　编：519000
电　话：(020)2639890

阳江日报社广告部

地　址：阳江市万福路 5 号
邮　编：529500
电　话：(0662)3280289

韶关日报社

地　址：韶关市熏风路 11 号
邮　编：512018
电　话：(0751)8914921

梅州日报社广告部

地　址：梅州市沿江东路报业大厦
电　话：(0753)2263888

汕头经济特区报社广告中心

地　址：汕头市金新路
邮　编：515100
电　话：(0754)88312781

深圳报业集团

地　址：深圳市深南大道 6008 号
邮　编：518009
电　话：(0755)83518460

珠江时报社

地　址：佛山市南海区南桂西路桂园 39 号珠江时报
邮　编：528000
电　话：(0757)82732198

河源日报广告部

地　址：河源市沿江东路
邮　编：517000
电　话：(0762)3386290

河源晚报广告部

地　址：河源市红星路 101 号河源晚报社
邮　编：517000
电　话：(0762)3661599

云浮日报社

地　址：云浮市城南天鹅路 2 号
邮　编：527300
电　话：(0766)8860888

公　司　类

广东新路广告有限公司

地　址：广州市白云区机场路 1735 号南粤物流大厦 307 室
邮　编：510410
电　话：(020)22353709

广东警视文化传播有限公司

地　址：广州市天河路 230 号万菱国际中心 3608
邮　编：510630
电　话：(020)87576583

广铁集团文化广告总公司

地　址：广州市越秀区达道路 15 号影视大厦 904
邮　编：510600
电　话：(020)61335396

广东省南方广告有限公司

地　址：广州市越秀区广州大道中 289 号
邮　编：510599
电　话：(020)87376527

广州市珍宝广告有限公司

地　址：广州市体育西路 103 号维多利亚 A 塔 33 楼
电　话：(020)38103810

广东英扬传奇广告公司

地　址：广州市环市东路 334 号市政中环大厦 13F
邮　编：510060
电　话：(020)83489200

广东新庆丰广告有限公司

地　址：广州市天河林和东路中旅商务大厦东座侨晖阁 2806 号房
邮　编：510000
电　话：(020)38803855

广东新快报媒体广告有限公司

地　址：广州市天河路 533 号
邮　编：510000
电　话：(020)85180888

广东省广告股份有限公司

地　址：广州市东风东路 745 号之二金广大厦

邮　编：510080
电　话：(020)87303267

广东麦智传扬广告传播有限公司

地　址：广州市黄浦大道中翠华街 83 号 B 栋 3 层
邮　编：510630
电　话：(020)61003394

广东力臣国际广告有限公司

地　址：广州市环市东水阐路 7 号广岭大厦 5F
邮　编：570075
电　话：(020)37606345

广东广旭广告有限公司

地　址：广州市越秀区东风路 767 号东宝大厦 4 楼
邮　编：510600
电　话：(020)88889818

广州市世方广告有限公司

地　址：广州番禺区石基镇市莲路西田大街 7 号
邮　编：524000
电　话：(020)39962269

大广（广州）广告有限公司

地　址：广州市东风中路 410 号时代地产大厦 801 － 802 室
邮　编：510030
电　话：(020)83487151

广州白云天骏国际传媒有限公司

地　址：广州市白云区机场路云霄街 88 号白云天骏大楼 2 楼
邮　编：510405
电　话：(020)86132222

广州交易会广告有限公司

地　址：广州市海珠区凤浦中路 679 号广交会大厦 8 － 9F
邮　编：510335
电　话：(020)89268288

广州市蓝色火焰广告有限公司

地　址：广州市越秀区寺右新马路五羊新城广场 1901 号
邮　编：510600
电　话：(020)87377708

广州市旭日因赛广告有限公司

地　址：广州市珠江新城临江大道 3 号发展中心 20F
邮　编：510623
电　话：(020)62606088

广州市致诚广告有限公司

地　址：广东省广州市天河区体育西路 109 号高盛大厦 18F
邮　编：510600
电　话：(020)38250909

广州思源广告有限公司

地　址：广州市水荫路 2 号华信大厦西座 15 楼
邮　编：510075
电　话：(020)37601478、37602260

上海李奥贝纳广告有限公司广州分公司

地　址：广州市中信广场 5205
邮　编：510380
电　话：(020)38901900

广东志明广告有限公司

地　址：广东省广州市越秀区永安约 31 号 3F
邮　编：511518
电　话：(020)88902691

谢佩伦营销策划机构

地　址：广州市花城大道 3 号南天广场皇朝阁 1505 室
邮　编：510623
电　话：(020)22223309

阳江市维雅设计有限公司

地　址：阳江市漠江中路 307 号
电　话：(0662)3976818

阳江市星河传播广告有限公司

地　址：阳江市江城区漠江路 15 号
邮　编：529500
电　话：(0662)3310931

阳江市昌辉广告有限公司

地　址：阳江市东风东路 4 号
邮　编：529500
电　话：(0662)3355333

阳江市教育印务公司

地　址：阳江市江城区东风三路 45 号
邮　编：529500
电　话：(0662)3351286

阳江市四色广告有限公司

地　址：阳江市阳港大厦 11 号
邮　编：529500
电　话：(0662)3415565

普宁市智能广告有限公司

地　址：普宁市河滨路 1 号金叶大厦附属楼 3 楼
邮　编：515300
电　话：(0663)2254893

揭阳市广告有限公司

地　址：揭阳市榕城区榕华大道
邮　编：522018
电　话：(0663)8619924

揭阳市榕城区中天广告公司

地　址：揭阳市榕城区同德路区政府东侧
邮　编：522000
电　话：(0663)8635313

广东汕特装饰工程有限公司

地　址：揭阳市东山区榕贵园 1 区 108 号
邮　编：522031
电　话：(0663)8225878

高州市粤港广告装修公司

地　址：高州市高凉路 49 号
邮　编：525200
电　话：(0668)6671679

茂名日报广告有限责任公司

地　址：茂名市迎宾四路 156 号茂名日报社
邮　编：525000
电　话：(0668)2963993

茂名石化印务有限公司

地　址：茂名市厂前东路七号大院
邮　编：525000
电　话：(0668)2243839

茂名市缤纷广告装潢有限公司
地　址：茂名市迎宾二路128号嘉富豪庭首层
邮　编：525000
电　话：(0668)3397388

茂名市飞鹿广告装潢有限公司
地　址：茂名市双山三路69号
邮　编：525000
电　话：(0668)2276028

茂名市集美设计广告装饰工程有限公司
地　址：茂名市油城六路
邮　编：525000
电　话：(0668)2899009

茂名市青苹果广告印务有限公司
地　址：茂名市人民南路151号
邮　编：525000
电　话：(0668)2898141

茂名市万通广告公司
地　址：茂名市新福一街68号市工商局对面
邮　编：525000
电　话：(0668)2891146

茂名市兴发广告装潢有限公司
地　址：茂名市迎宾1路30号2楼
邮　编：525000
电　话：(0668)2291162

茂名市正凌广告有限公司
地　址：茂名市人民南路90号
邮　编：525000
电　话：(0668)2293333

信宜市广信广告有限公司
地　址：信宜市人民北路88号
邮　编：525300
电　话：(0668)8883748

恩平市永和广告装饰有限公司
地　址：恩平市新平北路16号慧景楼203室
电　话：(0750)7733165

恩平市蓝天广告装潢有限公司
地　址：恩平市新平北路55号
电　话：(0750)7711662

开平市飞扬广告有限公司
地　址：开平市幕沙路105号2－3座
邮　编：529300
电　话：(0750)2330199

开平市红绿蓝广告有限公司
地　址：开平市义祠客运总站首层B12
电　话：(0750)2255518

江门博艺广告公司
地　址：江门市蓬江区迎宾大道中44号3楼
电　话：(0750)3086897

江门市新会区广富广告有限公司
地　址：江门市新会会城镇五各里6号102
邮　编：529100
电　话：(0750)6151228

江门市新会真色彩广告有限公司
地　址：江门市新会区圭峰西路38号203
电　话：(0750)6197882

韶关市博文广告公司
地　址：韶关市环园西路十幢之一首层
邮　编：512000
电　话：(0751)8873678

韶关市凌翔广告策划有限公司
地　址：韶关市和平路88号粤海广场A座1103
邮　编：512000
电　话：(0751)8916685

韶关市天合广告装饰有限公司
地　址：韶关市浈江区升平路78号
邮　编：512026
电　话：(0751)8889998，8873308

韶关市天马制作工程有限公司
地　址：韶关市新华南路长兴楼首层9号铺
邮　编：512026
电　话：(0751)8741414

惠州市黄山影业有限公司
地　址：惠州市惠城区下埔路19号惠隆大厦7层
邮　编：516001
电　话：(0752)2119939、2118438

惠州市惠阳新兴广告装饰工程有限公司
地　址：惠州市惠阳区淡水镇开城大道富华东区首层115号铺
邮　编：516211
电　话：(0752)3378910

惠州市佳盛广告有限公司
地　址：惠州市下角南路150号益阳大厦9楼
邮　编：516002
电　话：(0752)2222444

梅州市白金广告有限公司
地址：梅州市文化路16号6F
邮编：504121
电话：(0753)2393288

梅州报业广告有限公司
地址：梅州市江南沿江东路
邮编：514021
电话：(0753)2263888

梅州市马良广告有限责任公司
地址：梅州市江南梅江四路
邮编：514021
电话：(0753)2273163

梅州市艺之林广告有限公司
地址：梅州嘉应东路金叶大厦旁
邮编：514021
电话：(0753)2388888

汕头市丽影影视广告有限公司
地　址：汕头市金砂路友谊国际大厦1905
邮　编：515100
电　话：(0754)88322869

汕头市泰峰广告策划有限公司
地　址：汕头市金砂中路友谊国际大厦11楼A室
邮　编：515100
电　话：(0754)88633779

汕头市长龙广告有限公司
地　址：汕头市华山路江山花园5座201室
邮　编：515100
电　话：(0754)88363400

汕头市汉鼎广告有限公司

地 址：汕头市奋发园东楼 901
邮 编：515041
电 话：(0754)8878458

汕头市汉威泰合设计顾问有限公司

地 址：汕头市衡山路亿兴大厦三楼
邮 编：515041
电 话：(0754)88733303

汕头市恒泽广告策划有限公司

地 址：汕头市长平路金泰庄 23 幢 202
邮 编：515041
电 话：(0754)88889097

汕头市兰德广告有限公司

地 址：汕头市迎宾免税大厦 8F813
邮 编：515041
电 话：(0754)8460620

汕头市林毅广告有限公司

地 址：汕头市乐山路 1 号
邮 编：515100
电 话：(0754)86318881

广东省电信实业集团深圳市有限公司广告分公司

地 址：深圳市福田区皇岗路 3009 号培训大楼 7 楼
邮 编：518026
电 话：(0755)83501322

龙帆传媒

地 址：深圳市福田区振华东路航天立业 2901
电 话：(0755)83749182

深圳柏高广告有限公司

地 址：深圳市福田区华丰大 2408 室
邮 编：518034
电 话：(0755)83146264

深圳灵臻广告有限公司

地 址：深圳市福田区南极路 7 号天健创业大厦 16F
邮 编：518000
电 话：(0755)23691861

深圳市蓝太阳广告有限公司

地 址：深圳市福田区香梅北天明居 A 栋 1601 室
电 话：(0755)83140031

深圳市唐码之光广告有限公司

地 址：深圳市罗湖区南湖路国贸商助大厦 22 楼 A
邮 编：518041
电 话：(0755)82281628

腾讯

地 址：深圳市南山区高新科技园科技中一路腾讯大厦 8 楼
邮 编：518057
电 话：(0755)86013388

珠海天月影视有限公司

地 址：珠海市吉大九洲大道中嘉丽苑 813 号
邮 编：519000
电 话：(0756)2521958

珠海市艺恒广告制作有限公司

地 址：珠海市翠微东路 268 号
邮 编：519000
电 话：(0756)8614875

珠海博爵企业策划广告有限公司

地 址：珠海市吉大景乐路 55 号珠光电子大厦 4 楼
邮 编：519000
电 话：(0756)3369016

珠海经济特区王牌广告艺术有限公司

地 址：珠海市香洲区银桦新村栋 2201
邮 编：519000
电 话：(0756)3360688

珠海市北合广告制作有限公司

地 址：广东珠海拱北昌盛路 79 号 8F
电 话：(0756)3368081

珠海市集艺斋广告有限公司

地 址：珠海市柠溪路 100 号
邮 编：519000
电 话：(0756)2278883

珠海市世纪星马广告有限公司

地 址：珠海市拱北水湾路 244 号红塔大厦 501 室
邮 编：519015
电 话：(0756)3358222

珠海市天王广告有限公司

地 址：珠海市香洲区红山路 288 号国际科技大厦 B 座 610
邮 编：519000
电 话：(0756)2521686

珠海市万象广告发展有限公司

地 址：珠海市香洲区银桦路 8 号深圳发展银行大厦 15 楼 A1
邮 编：519000
电 话：(0756)2173878

珠海市消费黄页信息有限公司

地 址：珠海市人民东路 163 号珠信大厦 519 室
邮 编：519000
电 话：(0756)2297315

肇庆市彩虹广告有限公司

地 址：肇庆市和平路 2 号
邮 编：526060
电 话：(0758)2310918

肇庆市广播电视发展总公司

地 址：肇庆市古塔南路 6 号
邮 编：526060
电 话：(0758)2224288

肇庆市金桐广告有限公司

地 址：肇庆市和平路 8 号二楼东
邮 编：526060
电 话：(0758)2310101

肇庆市前丰广告有限公司

地 址：肇庆市瑞州区和平路 39 号西六卡
邮 编：526060
电 话：(0758)2729974

肇庆市一帆广告有限公司

地 址：肇庆市工农南路
邮 编：526238
电 话：(0758)2327388

肇庆市智尚广告设计有限公司

地 址：肇庆市端州区和平路 39 号西 6 卡
邮 编：526060
电 话：(0758)27299974

四会市广播电视广告有限公司

地　址：四会市城中区天北路 29 号
邮　编：526200
电　话：(0758)3331243

西江报业传媒有限公司

地　址：肇庆市沙墩路 10 号
邮　编：526238
电　话：(0758)82721330

天行健文化传播有限公司

地　址：湛江市赤坎区人民大道北 98 号
邮　编：524000
电　话：(0759)3200332

湛江市佳艺广告有限公司

地　址：湛江市椹川大道 75 号家具城对面
邮　编：524006
电　话：(0759)2274799

湛江市金枫广告有限公司

地　址：湛江市霞山区解放东路 10 号
邮　编：524013
电　话：(0759)2202103

湛江市日月广告设计有限公司

地　址：湛江市赤坎区康顺路 33 号虹都大厦 B 座 401 室
邮　编：524043
电　话：(0759)3177342

湛江市新浪潮广告有限公司

地　址：湛江市霞山区海景路 9 号 702
邮　编：524009
电　话：(0759)2380050

湛江市永固广告有限公司

地　址：湛江市海滨大道南 46 号绿家园 7 栋 220
邮　编：524005
电　话：(0759)2261243

中山市腾龙互动信息广告工程有限公司

地　址：中山市东区东苑路 8 卡
邮　编：528400
电　话：(0760)88311425

中山市通润广告装饰工程有限公司

地　址：中山市北区基边宏基中街北二巷 4 号
邮　编：528400
电　话：(0760)8386799

中山市中城创建广告有限公司

地　址：中山市兴隆街 29 号
邮　编：528403
电　话：(0760)88331078

河源市巨龙广告策划有限公司

地　址：河源市红星路市党校商住楼
邮　编：517000
电　话：(0762)3361983

和平县海天建筑工程有限公司

地　址：和平县阳明镇东山路 101 号
邮　编：517200
电　话：(0762)5688778

河源市风正广告设计有限公司

地　址：河源市文明路 29 － 1 号二楼
邮　编：517000
电　话：(0762)3333337

河源市新野广告策划有限公司

地　址：河源市红里路 153 号
邮　编：517000
电　话：(0762)3888013

河源市兄弟广告有限公司

地　址：河源市大同路 168 － 1 号
邮　编：517000
电　话：(0762)3886169

清远尚美传播有限公司

地　址：清远市新城连江西路丽清花园丽兴苑 A、B 座 2 楼
邮　编：511515
电　话：(0763)3984440

清远时兴广告传播有限公司

地　址：清远市桥南路 6 号骏华楼首层 101 － 102 铺
邮　编：511500
电　话：(0763)3321555

清远市彩虹广告有限公司

地　址：清远市南步路 23 号
邮　编：511515
电　话：(0763)3364248

清远市共鸣广告装潢有限公司

地　址：清远古城区罗宅 24 号 202 室
邮　编：511500
电　话：(0763)3315000

清远市时尚广告装饰有限公司

地　址：清远市下濠基 178 号 802 室
邮　编：511500
电　话：(0763)5834567

清远市游艺广告装饰有限公司

地　址：清远市上濠基 76 号
邮　编：511500
电　话：(0763)3338598

云浮市意达广告装饰有限公司

地　址：云浮市云河滨东路 255 号
邮　编：527300
电　话：(0766)8823765

云浮市永丽广告装饰有限公司

地　址：云浮市云城区兴云东路 8 号
邮　编：527300
电　话：(0766)8863395

云浮市粤云广告装饰有限公司

地　址：云浮市云城镇星岩三路 68 号
邮　编：527300
电　话：(0766)8821984

云浮市云城光明广告公司

地　址：云浮市云城区星岩二路 82 号
邮　编：527300
电　话：(0766)8828284

罗定广告有限公司

地　址：罗定市龙园路 26 号
邮　编：527200
电　话：(0766)3838710

东莞市心域广告有限公司

地　址：东莞市南城区胜和路胜和广场 B 座 9D
邮　编：523000
电　话：(0769)22238838

东莞市视艺传播广告有限公司

地　址：东莞市园岭路 49 号晓翠园兴业大厦 8 楼
邮　编：523012
电　话：(0769)22500278

广西壮族自治区

广播电视类

防城港市广播电视广告中心
地　址：防城港市港口区四川路79号
邮　编：538001
电　话：(0770)2826901

广西电视台
地　址：南宁市民族大道73号
邮　编：530022
电　话：(0771)2196136

广西崇左电视台广告部
地　址：南宁市明秀东路238号
邮　编：530001
电　话：(0771)3127929

广西人民广播电台广告部
地　址：南宁市民族大道75号
邮　编：530022
电　话：(0771)5802638

龙州县电视台广告部
地　址：崇左市龙州县白沙镇白沙街74号
邮　编：532400
电　话：(0771)8823288

柳州电视台广告部
地　址：柳州市桂中大道1号
邮　编：545006
电　话：(0772)2695333

柳州人民广播电台
地　址：柳州市桂中大道1号
邮　编：545006
电　话：(0772)2695058

象州电视台广告部
地　址：象州县广播电视局
电　话：(0772)2981595

桂林电视台
地　址：桂林市安新洲广播电视大楼
邮　编：541002
电　话：(0773)3840344

梧州市电视台广告信息中心
地　址：梧州市新兴三路69号
邮　编：543000
电　话：(0774)3825869

贵港人民广播电台广告部
地　址：贵港市广播电视台广告部
邮　编：537100
电　话：(0775)4235566

桂平市广播电视台
地　址：桂平市桂贵路
邮　编：537200
电　话：(0775)3384222

百色电视台广告部
地　址：百色市右江区城北二路18号
邮　编：533000
电　话：(0776)2823355

广西钦州市电视台广告中心
地　址：钦州市丽桥街18号
邮　编：535000
电　话：(0777)2827288

宜州市广播电视局广告部
地　址：宜州市庆远镇公园东路8号
邮　编：546300
电　话：(0778)3141371

河池市电视台广告部
地　址：河池市新建路93号
邮　编：547000
电　话：(0778)2288255

北海电视台
地　址：北海市贵州路36号
邮　编：536000
电　话：(0779)3032374

北海人民广播电台广告部
地　址：北海市贵州路36号
邮　编：536000
电　话：(0779)3033486、3055727

新闻出版类

防城港日报社广告部
地　址：防城港市贵州路18号
邮　编：538001
电　话：(0770)2825278

南宁晚报
地　址：南宁市嘉宾路2号新闻大厦1楼新闻中心
邮　编：530028
电　话：(0771)5530704

南宁日报
地　址：南宁市嘉宾路2号新闻大厦1楼新闻中心
邮　编：530028
电　话：(0771)5530672、5530557

南国早报
地　址：南宁市民主路21号
邮　编：530026
电　话：(0771)5645863、5690162

广西日报
地　址：南宁市民主路21号
邮　编：530026
电　话：(0771)5690162

柳州日报社
地　址：柳州市中山西路67号
邮　编：545001
电　话：(0772)2824727

柳州广播电视报
地　址：柳州市桂中大道1号
邮　编：545007
电　话：(0772)2695331

贵港日报社
地　址：贵港市江北大道西段石羊塘报社大楼
电　话：(0775)4523230

河池日报社
地　址：河池市南新西路119号

邮　编：547000
电　话：(0778)2250464

北海广播电视报广告部

地　址：北海市市贵州路 36 号
邮　编：536000
电　话：(0779)3072999

公　司　类

广西综路传媒有限公司

地　址：南宁市金湖路 55 号亚航财富中心 19 层
邮　编：530032
电　话：(0771)5511368

防城港市白马广告有限公司

地　址：防城港市防城大道 6 号
邮　编：538021
电　话：(0770)3258501

防城港市东南广告装饰艺术有限公司

地　址：防城港市防城区富兴路 27 号
邮　编：538021
电　话：(0770)3258986

广西超然广告公司

地　址：南宁市葛村路 9 号珉旖大厦 908
邮　编：530021
电　话：(0771)5867522

广西科嘉艺营销广告有限公司

地　址：南宁市七星路 137 号外贸大厦 17 楼
邮　编：530022
电　话：(0771)5332114

南宁金岛广告有限公司

地　址：南宁市苍竹苑二区 2 栋 203
邮　编：530022
电　话：(0771)5870064

南宁两岸策划广告有限责任公司

地　址：南宁市民族大道东段 81 号气象大厦 17 层
邮　编：530012
电　话：(0771)5843131

南宁市公交车厢广告公司

地　址：南宁市民族大道 82 号嘉和城南湖之都 1807 号
邮　编：530012
电　话：(0771)80289766

南宁智锐影视营销广告有限公司

地　址：南宁市青秀区葛村路 9 号 1205 室
邮　编：530022
电　话：(0771)5888100

柳州市纳川田广告有限公司

地　址：柳州市蝴蝶山路 69 号
邮　编：545005
电　话：(0772)3138650

柳州市一禾广告策划有限责任公司

地　址：柳州市北区友谊路 5 号 2 号楼 408
邮　编：545001
电　话：(0772)2805721

梧州珍宝广告有限公司

地　址：梧州市万秀区白云路冰泉里 9 号
邮　编：543000
电　话：(0774)2827349

贺州市东风广告公司

地　址：贺州市建设东路银河苑 1–16
邮　编：542800
电　话：(0774)5126028

贵港市木林森广告公司

地　址：贵港市江北中路 190 号
邮　编：537100
电　话：(0775)4243226

贵港市邮政局广告部

地　址：贵港市贵城镇溶只街 516 号
邮　编：537100
电　话：(0775)4231128

合众鼎原国际传媒广告贵港分公司

地　址：贵港市劳动保障局内
邮　编：537100
电　话：(0775)4556726

玉林金拇指广告装饰有限公司

地　址：玉林市玉州区人民中路 741 号
邮　编：537000
电　话：(0775)2812471

玉林市超时代广告有限公司

地　址：玉林市民主中路 343 号
邮　编：537000
电　话：(0775)2854838

玉林市天和广告装饰有限公司

地　址：玉林市教育中路 625 号
邮　编：537000
电　话：(0775)2852888

玉林正泰彩印包装有限公司

地　址：玉林市经济开发区正泰路 1 号
邮　编：537000
电　话：(0775)2825949

右江广告公司

地　址：百色市中山一路 7 号
邮　编：533000
电　话：(0776)2891322

广西百日高广告有限公司

地　址：百色镇东合二路
邮　编：533000
电　话：(0776)2837033

河池市海顿文化传播有限公司

地　址：河池市南新西路 149 号
邮　编：547000
电　话：(0778)2280788

河池市华宇广告有限公司

地　址：河池市新建路 118 号华隆假日城堡 A 栋 1 单元 301 室
邮　编：547000
电　话：(0778)2291043

河池市龙滩广告营销有限公司

地　址：河池市解放中路 1–2 号
邮　编：547000
电　话：(0778)2234920

河池市英岳广告策划有限公司

地　址：河池市南新西路 483–2 号
邮　编：547000
电　话：(0778)2202440

河池市金城江广告有限公司

地　址：河池市南新西路 123—18 号
邮　编：547000
电　话：(0778)2299127

北海广告美术公司

地　址：北海市长青路 2 号
邮　编：536000
电　话：(0779)30334578

来宾市银龙广告有限责任公司

地　址：来宾市北二路 98 号
邮　编：546000

海南省

广播电视类

海口广播电视台广告中心

地　址：海口市新华区玉沙路 42 号
邮　编：570125
电　话：(0898)66801272

三亚广播电视台

地　址：三亚市解放四路新闻大厦 1 层
邮　编：572000
电　话：(0898)88899545

新闻出版类

海南日报有限责任公司

地　址：海口市金盘路 30 号
邮　编：570216
电　话：(0898)66810260

海口晚报社广告部

地　址：海口市南沙路 69 号
邮　编：570206
电　话：(0898)66829835

海南特区报

地　址：海口市龙昆南路 89 号汇龙广场 3 单元 4 楼
邮　编：570206
电　话：(0898)66725877

公　司　类

海南灵狮创意产业投资有限公

地　址：海口市滨海大道 42 号港 A 栋 603
邮　编：570125
电　话：(0898)68561777

海南画王广告有限公司

地　址：海口市龙魂南路 39 － 2 号肖海阳光大厦 3 楼
邮　编：570100
电　话：(0898)66553001

海口惠嘉广告有限公司

地　址：海口市世贸东路世贸大厦 F 座 1808
邮　编：570125
电　话：(0898)68513196

海口领先广告有限公司

地　址：海口市新华区坡博路 1 号 4 单元 308 室
邮　编：570206
电　话：(0898)66707661

海口天使广告有限公司

地　址：海口市龙华区南海大道祥昌小区座 509
邮　编：5702166
电　话：(0898)66757778

海南白马广告有限公司

地　址：海口市海福一横路华宇大厦 1003 室
邮　编：570203
电　话：(0898)65365887

海南国语广告有限公司

地　址：海口市金贸区世贸东路 2 号世贸中心 E 座 19 层 1907 房
邮　编：570125
电　话：(0898)68520520

海南中视集团

地　址：海口市滨海大道 123 号鸿联商务广场 7、11 层
邮　编：570105
电　话：(0898)68583399

三亚大方广告有限公司

地　址：三亚市新风路金鹿大厦首层
邮　编：572200
电　话：(0898)88276766

三亚富亚广告有限公司

地　址：三亚市解放二路 2 号商务楼 2 楼铺面
邮　编：572000
电　话：(0898)88256138

三亚三森广告有限公司

地　址：三亚市光明路海六肆宿舍一楼 8 号
邮　编：572000
电　话：(0898)88118877

三亚文王广告装饰工程有限公司

地　址：三亚市解放二路第一小学前
邮　编：572000

重庆市

广播电视类

重庆广播电视传媒集团股份有限公司

地　址：重庆市九龙坡区渝州路 68 号彩电中心广告楼
邮　编：400039
电　话：(023)68882055

新闻出版类

重庆新女报传媒有限公司

地　址：重庆市渝中区解放西路 66 号
邮　编：400012
电　话：(023)63907788

重庆晨报

地　址：重庆市渝中区解放西路 66 号日报大院
邮　编：400010
电　话：(023)63907500

重庆晚报

地　址：重庆市解放西路 66 号重庆晚报经营中心
邮　编：400012
电　话：(023)63907335

重庆时报社

电　话：(023)62771321

重庆日报社

地　址：重庆市渝中区解放西路 66 号
邮　编：400012
电　话：(023)63907714

商界杂志社

地　址：重庆市渝中区中山三路 168 号中安国际大厦 13 楼
邮　编：400015

公　司　类

重庆年度广告传媒有限公司

地　址：重庆市大渡口春晖街道金桥路 8 号服务中心大楼 4 层
邮　编：400084
电　话：(023)88613888

重庆金牛慧通广告有限公司

地　址：重庆市渝州路西亚广场 A 座 33 － 25 － 4 － 1
邮　编：400039
电　话：(023)68692222

重庆媒体伯乐公交广告有限公司

地　址：重庆市渝中区大都会商厦 12 楼
邮　编：400010
电　话：(023)68612108

重庆唐码传媒有限公司

地　址：重庆市高新区科园三路 68 号金果园商务楼 D1 幢
邮　编：400039
电　话：(023)89089090、68636863

重庆天地广告有限公司

地　址：重庆市渝中区两路口健康路花园大厦 B 栋 4 楼
邮　编：400014
电　话：(023)63894774

重庆写真广告有限公司

地　址：重庆市九龙坡区南方花园 B 区银杉楼 2 － 2 － 1
邮　编：400041
电　话：(023)68637186

四川省

广播电视类

成都市广播电视台广告营销策划中心

地　址：成都市人民南路三段 2 号汇日央扩国际广场 9 F
邮　编：610041
电　话：(028)85516786

四川电视台广告部

地　址：成都市西安中路 42 号
邮　编：610072
电　话：(028)87787755

四川人民广播电台

地　址：成都市红星路二段 119 号副 1 号四川广播电视台
邮　编：610017
电　话：(028)86526271

攀钢电视台广告部

地　址：攀枝花市东区向阳村农贸楼 5 层传媒中心广告部
邮　编：617067
电　话：(0812)3391624

攀枝花广电节目广告中心

地　址：攀枝花市炳草岗二街坊原有线电视台 2 楼
邮　编：617000
电　话：(0812)3333898

绵阳电视台广告部

地　址：绵阳市一环路南段 232 号
邮　编：621000
电　话：(0816)2262837

南充广播电台

地　址：南充市顺庆区丝绸路 12 号
邮　编：637000
电　话：(0817)2805966

南充市电视台

地　址：南充市顺庆区丝绸路 6 号广电大厦
邮　编：637000
电　话：(0817)2808456

达州市电视台

地　址：达州市通川区金龙大道广电中心
邮　编：635000
电　话：(0818)2372817

达州人民广播电台

地　址：达州市通川区金龙大道广电中心
邮　编：635000
电　话：(0818)2376296

巴中电视台

地　址：巴中市巴州区巴通大道 155 号
邮　编：636000
电　话：(0827)5221974

宜宾电视台

地　址：宜宾市翠屏区南岸长江大道中段 7 号
邮　编：644000
电　话：(0831)23333422

内江人民广播电台

地　址：内江市中区祥龙山祥龙路一巷 33 号
邮　编：641000
电　话：(0832)2053190

广元电视台广告中心

地　址：广元市建设路 105 号
邮　编：628000
电　话：(0839)3264841

新闻出版类

成都日报

地　址：成都市庆云南街 19 号成都日报广告部
邮　编：610017
电　话：(028)86740203、86623932

成都商报

地　址：成都市书院西街 1 号
邮　编：610016
电　话：(028)86750822

成都晚报

地　址：成都市书院西街亚太大厦 4 层
邮　编：61000
电　话：(028)86512111

天府早报

地　址：成都市红星中路二段 70 号
邮　编：610000
电　话：(028)86968707

南充广播电视报广告部

地　址：南充市顺庆区丝绸路 6 号广电大厦 5 楼
邮　编：637000
电　话：(0817)2805979

四川省达州日报社

地　址：达州市通川区通川中路 118 号
邮　编：635000
电　话：(0818)2377273

公　司　类

成都铁路文化传媒总公司

地　址：成都市金牛区马家花园路 2 号通锦大厦 4 楼
邮　编：610031
电　话：(028)86481027

成都视点映画文化传播有限公司

地　址：成都市天益街 38 号理想中心 4 栋 603
邮　编：610042
电　话：(028)85193778

成都大西南广告公司

地　址：成都市总府路 15 号王府井商务公寓 B 座 18A
邮　编：610016
电　话：(028)86784499

四川华视广告策划有限公司

地　址：成都市高升桥东路罗马假日广场嘉乐楼 7 楼
邮　编：610041
电　话：(028)85109138

四川省巴蜀新形象广告传媒股份有限公司

地　址：成都市鼓楼南街 117 号世界贸易中心 A 座 20 层
邮　编：610015
电　话：(028)86758811、86782266

四川西南国际广告有限公司

地　址：成都市青羊区太升北路 54 号江信大厦 24 层 F 座
邮　编：610051
电　话：(028)6911688

攀枝花市创世纪广告公司

地　址：攀枝花市炳草岗文响巷 29 号
邮　编：617000
电　话：(0812)3356333

攀枝花市红帆海肯广告有限公司

地　址：攀枝花市炳草岗人民街 207 号
邮　编：617000
电　话：(0812)3345667

攀枝花市市政广告有限公司

地　址：攀枝花市东区江南二路二村
邮　编：617000
电　话：(0812)3327193

贵州省

广播电视类

贵州电视台

地　址：贵阳市神奇路 1 号贵州电视台 A507
邮　编：550002
电　话：(0851)85377250

赤水市广播电视台广告部

地　址：赤水市广播电视台广告部
邮　编：564700
电　话：(0852)2821426

遵义电视台广告部

地　址：遵义市大兴路湘江大厦 4 层
邮　编：563000
电　话：(0852)8221819

安顺电视台广告部

地　址：安顺市西秀区金虹路 18 号
邮　编：561000
电　话：(0853)3281198

黔南人民广播电台广告部

地　址：都匀市普安路 86 号
邮　编：558000
电　话：(0854)8226330

铜仁市广播电视台广告部

地　址：铜仁市解放路 27 号
邮　编：554300
电　话：(0856)5211318

毕节电视台

地　址：毕节市市东环城路 184 号
邮　编：551501
电　话：(0857)8293688

六盘水电视台广告部

地　址：六盘水市钟山开发区交通路
邮　编：553000
电　话：(0858)8686673

新闻出版类

法制生活报

地　址：贵阳市解放路 224 号
邮　编：550002
电　话：(0851)85895004

贵阳日报传媒集团

地　址：贵阳市中山东路 25 号
邮　编：550002
电　话：(0851)85817999

贵州广播电视报

地　址：贵阳市青云路 302 号
邮　编：550002
电　话：(0851)85984286

贵州日报报业集团

地　址：贵阳市宝山北路 372 号
邮　编：550001
电　话：(0851)86626333、86625823

贵州商报

地　址：贵阳市宝山北路 372 号
邮　编：550001
电　话：(0851)86625066

经济信息时报

地　址：贵阳市西湖路 100 号
邮　编：550002
电　话：(0851)85895119

铜仁日报

地　址：铜仁市开发区梵净山大道
邮　编：554300
电　话：(0856)5250210

公　司　类

贵州高速广告有限公司

地　址：贵阳市富水中路 28 号天业大厦 B 座 11 楼
邮　编：550000
电　话：(0851)85818110

贵州天马传媒有限公司

地　址：贵阳市花溪大道北段 76 号贵视大厦 10 层
邮　编：550002
电　话：(0851)85377258

遵义风火广告有限公司

地　址：遵义市汇川区南京路城上城综合大楼 11 层 1 号

云南省

广播电视类

西双版纳州电视台

地　址：西双版纳州广电路 4 号
邮　编：666100
电　话：(0691)2129433

云南广电传媒集团有限公司

地　址：昆明市五华区人民西路 182 号
邮　编：650000
电　话：(0871)65370008

昆明电视台

地　址：云南省昆明市西山区丹霞路 198 号
邮　编：650118
电　话：(0871)65353555

云南人民广播电台

地　址：昆明市人民西路 182 号
邮　编：650031
电　话：(0871)65310211

大理电视台

地　址：大理市兴盛路 18 号
邮　编：671000
电　话：(0872)2121540

红河电视台

地　址：红河州个旧市中山路红河电视台
邮　编：661000
电　话：(0873)2124783

保山电视台

地　址：保山市建设路 76 号保山电视台广告部
邮　编：678000
电　话：(0875)2209155

怒江电视台广告部

地　址：怒江州泸水县六库镇向阳西路
邮　编：673100
电　话：(0886)3622566

迪庆州电视台广告部

地　址：迪庆州香格里拉县建塘镇长征路中段
邮　编：674400
电　话：(0887)8222469

红塔区电视台广告信息中心

地　址：玉溪市玉兴路 51 号
邮　编：653100
电　话：(0877)2038202

玉溪电视台广告信息中心

地　址：玉溪市棋阳路 117 号
邮　编：653100
电　话：(0877)2038202

迪庆州人民广播电台广告部

地　址：迪庆州香格里拉县建塘镇长征大道 37 号
邮　编：674400
电　话：(0887)8222189

新闻出版类

生活新报社

地　址：昆明市证券大厦 2 楼（春城路 62 号）
邮　编：650011
电　话：(0871)63115615

云南法制报

地　址：昆明市书林街石桥铺 28 号
邮　编：650011
电　话：(0871)63196428

昆明日报社

地　址：昆明市丹霞路 198 号
邮　编：650118
电　话：(0871)65391909

都市时报

地　址：昆明市丹霞路新闻中心大楼 11 楼
邮　编：650118
电　话：(0871)65391950、65391903

云南经济日报社

地　址：昆明市新闻路 339 号
邮　编：650021
电　话：(0871)64108623

云南信息报

地　址：昆明市滇池路口电池书城 4 楼
邮　编：650031
电　话：(0871)64155126、64155797

春城晚报

地　址：昆明市新闻路 337 号
邮　编：650032
电　话：(0871)64100000

云南日报广告中心

地　址：昆明市新闻路 337 号
邮　编：650032
电　话：(0871)64155975

公　司　类

云南成名广告文化产业园经营开发有限公司

地　址：昆明市学府路 690 号金鼎科技园 18 号平台 A 座 208
邮　编：650000
电　话：(0871)65310106

昆明白宇现代广告有限公司

地　址：昆明市盘龙区东风东路 36 号建工大厦 1801
邮　编：650000
电　话：(0871)63104286

昆明风驰传媒有限公司

地　址：昆明市江滨西路 47 号鸿城广场 8 楼
邮　编：650021
电　话：(0871)63142163

昆明高新白马广告有限公司

地　址：昆明市高新区麻园小区 D 栋 102
邮　编：650118

电 话：(0871)68213894

昆明铁路客运广告公司

地 址：昆明市官渡区南窑新村 319 号客运公司内
邮 编：650000
电 话：(0871)63512772

云南白马广告有限公司

地 址：昆明市云瑞西路 49 号胜利堂院内
邮 编：650021
电 话：(0871)63647775

云南杰地广告工程有限公司

地 址：昆明市学府路金鼎科技园创业服务中心大楼
邮 编：650031
电 话：(0871)65329128

云南体育广告公司

地 址：昆明市东风东路 14 号省体育场 7 号门
邮 编：650041
电 话：(0871)63176162

昆明星耀高科技发展有限公司

地 址：昆明市东华小区知春街 3 － 7 号
邮 编：650041
电 话：(0871)63336666

云南玉昆广告有限公司

地 址：昆明市关上中心区 24 号
邮 编：650200
电 话：(0871)67151308

西藏自治区

广播电视类

西藏电视台广告部

地 址：拉萨市北京中路 180 号
邮 编：850000
电 话：(0891)6820827

西藏人民广播电台

地 址：拉萨市北京中路 41 号
邮 编：850000
电 话：(0891)6831723、6831725

哈密电视台

地 址：哈密市红星西路 2 号哈密电视台广告部
邮 编：839000
电 话：(0902)2231700、2260338

哈密人民广播电台

地 址：哈密市红星西路 2 号哈密广播电台广告部
邮 编：839000
电 话：(0902)2234185、2233100

石河子电视台

地 址：石河子市北二路 19 号
邮 编：832000
电 话：(0993)6661888、2016463

新闻出版类

拉萨晚报

地 址：拉萨市江苏路 19 号拉萨晚报广告部
邮 编：850000
电 话：(0891)6339945

西藏日报

地 址：拉萨市朵森格路 36 号西藏日报广告部
邮 编：850000
电 话：(0891)6322866

西藏商报

地 址：拉萨市朵森格路 36 号西藏商报广告部
邮 编：850000
电 话：(0891)6349996

公 司 类

西藏南方广告有限公司

地 址：拉萨市夺底路 10 号天路康桑小区 1 栋 1 单元
邮 编：850000
电 话：(0891)6385750

民航西藏广告公司

地 址：拉萨市城关区娘热路 1 号民航局 2 楼
邮 编：850000
电 话：(0891)6829832

西藏国华广告

地 址：拉萨市林廓北路 11 号
邮 编：850000
电 话：(0891)6324230

西藏零点广告有限公司

地 址：拉萨市当热西路 52 号天路康灼小区 31 栋－ 1
邮 编：850000
电 话：(0891)6817167

西藏起点广告有限公司

地 址：拉萨市北京中路 47 号
邮 编：850000
电 话：(0891)6835818

西藏腾辉广告装饰工艺部

地 址：拉萨市江苏路人民体育场对面
邮 编：850000
电 话：(0891)6362379

西藏雅雪广告装饰有限公司

地 址：拉萨市林廓西路 23 号（拉萨中学北侧 50 米）
邮 编：850000
电 话：(0891)6816315

陕西省

广播电视类

陕西广播电视台
地　址：西安市长安南路 493 号
邮　编：710061
电　话：(029)85339368

陕西人民广播电台
地　址：西安市西长安南路 336 号
邮　编：710061
电　话：(029)85339380

西安人民广播电台广告中心
地　址：西安市曲江池西路 60 号
邮　编：710065
电　话：(029)88402173

西安电视台广告中心
地　址：西安市曲江新区曲江池西路 60 号
邮　编：710065
电　话：(029)87811888

杨凌电视台
地　址：西安市杨凌示范区新桥路政务大厦 8 楼
邮　编：712100
电　话：(029)87033712

延安广播电视台
地　址：延安市百米大道
邮　编：716000
电　话：(0911)2119626

榆林电视台
地　址：榆林市灵秀街 8 号
邮　编：719000
电　话：(0912)3829077

渭南人民广播电台
地　址：渭南市临渭区西四路广电中心渭南人民广播电台
邮　编：714000
电　话：(0913)8101105

渭南电视台
地　址：渭南市东风街中段广电中心广告中心
邮　编：714000
电　话：(0913)8101088

商洛电视台
地　址：商洛市团结路 28 号
邮　编：726000
电　话：(0914)2333368

安康电视台广告中心
地　址：安康市大桥路 9 号
邮　编：725000
电　话：(0915)3214505、3214219

安康人民广播电台
地　址：安康市巴山中路 113 号
邮　编：725000
电　话：(0915)3213571

汉中电视台广告中心
地　址：汉中市东建设巷 14 号
邮　编：723000
电　话：(0916)2248866

汉中人民广播电台
地　址：汉中市前进东路电视塔 1 楼
邮　编：723000
电　话：(0916)2526699

宝鸡电视台广告中心
地　址：宝鸡市新建路东段 4 号
邮　编：721000
电　话：(0917)3210609、3213837

铜川人民广播电台
地　址：铜川市铜川人民广播电台广告部
邮　编：727000
电　话：(0919)8102815

新闻出版类

西安晚报广告部
地　址：西安市太阳庙门街 43 号
邮　编：710002
电　话：(029)87618162

陕西老年报
地　址：西安市西七路 380 号
邮　编：710003
电　话：(029)87251110、87214923

铜川日报
地　址：铜川市延安路 78 号铜川日报广告部
邮　编：727000
电　话：(029)82100373

陕西日报社
地　址：陕西省西安市环城南路东段 1 号
邮　编：710054
电　话：(029)82267888

咸阳日报
地　址：咸阳市渭阳西路付 64 号咸阳日报广告部
邮　编：712000
电　话：(029)33345966

杨凌后稷印刷厂
地　址：西安市杨凌示范区西农路 6 号
邮　编：712100
电　话：(029)87018159

陕西工人报
地　址：西安市莲湖路 239 号
邮　编：713000
电　话：(029)87321847

延安日报
地　址：延安市南大街 84 号延安日报广告部

邮　编：716000
电　话：(0911)8216262

商洛日报

地　址：商洛市北新街西段商洛日报广告部
邮　编：726000
电　话：(0914)2317997

汉中日报社广告中心

地　址：汉中市中山街41号汉中日报社
邮　编：723000
电　话：(0916)2513446

宝鸡日报

地　址：宝鸡市经二路东段5号宝鸡日报社
邮　编：721000
电　话：(0917)3273352

西安商报

地　址：西安市解放路318号音像批发市场7楼
邮　编：710005
电　话：(0919)2681740

公　司　类

杨凌卓艺广告有限公司

地　址：西安市杨凌示范区饮食街
邮　编：712100
电　话：(029)87015258

西安麦道品牌传播有限公司

地　址：西安曲江新区雁塔南
邮　编：710003
电　话：(029)87201299

西安美灵广告有限责任公司

地　址：西安市高新区新型工业园企业一号公园23号
邮　编：710061

电西安沙龙广告装饰公司

地　址：西安市长安中路89号阳明国际19层4号
邮　编：710061
电　话：(029)85262588

陕西巨象广告有限责任公司

地　址：西安市蓝溪科技大厦六楼
邮　编：710065
电　话：(029)85590031

陕西环美广告有限公司

地　址：西安市西高新亚美大厦聚福阁303
邮　编：710075
电　话：(029)88313493

西安三安国际传媒有限公司

地　址：西安市高新区枫叶新都市A区10号楼703
邮　编：710075
电　话：(029)8226842

西部机场集团广告传媒（西安）有限公司

地　址：西安市西安机场内
邮　编：710082
电　话：(029)8701328

杨凌红苹果广告设计公司

地　址：西安市杨凌示范区公园路东段
邮　编：712100
电　话：(029)87019129

杨凌创想广告有限公司

地　址：西安市杨凌示范区会展路1号
邮　编：712100
电　话：(029)87036661

杨凌金桥广告有限公司

地　址：西安市杨凌示范区西农路6号老管委会315室
邮　编：712100
电　话：(029)87018644

杨凌前沿广告设计工作室

地　址：西安市姚安西二街
邮　编：712100
电　话：(029)87010690

杨凌三和文化传播有限公司

地　址：西安市杨凌康乐路33号
邮　编：712100
电　话：(029)87019700

宝鸡市华沙广告有限责任公司

地　址：宝鸡市体育路太阳商城写字楼610、612
邮　编：721000
电　话：(0917)6891439

宝鸡市吉协广告装饰工程有限公司

地　址：宝鸡市高新财富大厦B座806
邮　编：721000
电　话：(0917)3229954

宝鸡市国强广告策划有限公司

地　址：宝鸡市车站广场中平12号
邮　编：721000
电　话：(0917)3231788

宝鸡市美典艺术广告有限责任公司

地　址：宝鸡市太白路1号绿洲锦园13号楼5单元15层
邮　编：721000
电　话：(0917)3240198

陕西理想艾科广告装饰有限责任公司

地　址：西安市长安北路14号奥林匹克大厦A座6层
邮　编：721000
电　话：(0917)3211291

宝鸡市俊成影像广告有限公司

地　址：宝鸡市经二路106号
邮　编：721000
电　话：(0917)3225508

宝鸡市三彩广告有限责任公司

地　址：宝鸡市金陵步行街三营七号
邮　编：721000
电　话：(0917)3229925

宝鸡市新兴广告装饰有限责任公司

地　址：宝鸡市西凤路南段12号
邮　编：721000
电　话：(0917)8477431

宝鸡市艺帆广告装饰有限责任公司

地　址：宝鸡市文化路副17号405
邮　编：721000
电　话：(0917)3211123

宝鸡市志德广告有限责任公司

地　址：宝鸡市滨河路1号图书馆西侧
邮　编：721000
电　话：(0917)3242656

杨凌华丽雅广告装饰有限公司

地　址：西安市杨凌示范区康乐东路

邮　编：712100
电　话：(029)87015177

商洛市慧通广告信息有限公司

地　址：商洛市黄沙桥东 200 米（商州区外贸公司 1 楼）
邮　编：726000
电　话：(0914)2311855

商洛市世纪广告装饰有限公司

地　址：商洛市商州商城 20 号楼
邮　编：726000
电　话：(0914)2333022

商洛市邮政局广告部

地　址：商洛市邮政局
邮　编：726000
电　话：(0914)2391070

洛南县邮政局广告部

地　址：洛南县城
邮　编：726100
电　话：(0914)7322699

宝鸡市明珠广告有限责任公司

地　址：宝鸡市联盟路南口
邮　编：721004
电　话：(0917)3451847

宝鸡市精彩飞扬文化传播有限公司

地　址：宝鸡市英达路 13 号
邮　编：721006
电　话：(0917)3600586

甘肃省

广播电视类

甘肃省广播电影电视总台（集团）广告经营管理中心

地　址：兰州市城关区张苏滩 561 号
邮　编：730010
电　话：(0931)8569275

酒泉电视台

地　址：酒泉市苏州区酒泉电视台盘旋东路 1 － 6 号
邮　编：735000
电　话：(0931)2611440

定西电视台

地　址：定西市永定西路 2 号广电局 1 楼
邮　编：743000
电　话：(0932)8217588

靖远广播电影电视局

地　址：白银市靖远县城南大街
邮　编：730600
电　话：(0943)6135819

白银人民广播电台

地　址：白银市白银区王岘东路 67 号
邮　编：730900
电　话：(0943)6913555

平川广播电视台

地　址：白银市平川区平中路
邮　编：730913

新闻出版类

甘肃日报报业集团有限责任公司兰州晨报分公司

地　址：兰州市城关区白银路 123 号
邮　编：730030
电　话：(0931)8123740

读者杂志社

地　址：兰州市南滨河东路 520 号
邮　编：730000
电　话：(0931)8773309

都市天地报

地　址：兰州市张掖路 246 号都市天地报广告部
邮　编：730030
电　话：(0931)8407777

兰州晚报

地　址：兰州市张掖路 246 号兰州晚报广告部
邮　编：730030
电　话：(0931)8489243、8467224

少年文摘报

地　址：兰州市城关区民主西路 97 号人公大厦 9 楼
邮　编：730030
电　话：(0931)8112383

西部商报

地　址：兰州市城关区白银路 123 号
邮　编：730030
电　话：(0931)8159339

金昌日报

地　址：金昌市长春路 29 号
邮　编：737100
电　话：(0935)8313822

酒泉日报广告部

地　址：酒泉市新城区神州路 27 号
邮　编：735000
电　话：(0937)2682343

白银日报

地　址：白银市白银区五星街 36 号
邮　编：730900
电　话：(0943)8303551

公　司　类

甘肃汇视广告传播有限公司

地　址：甘肃省兰州市城关区庆阳路 51 号兴隆大厦 8F
邮　编：730000
电　话：(0931)8875558

甘肃新世纪广告装饰有限责任公司

地　址：城关区民主西路 7 号 13 层
邮　编：730000
电　话：(0931)4638329

甘肃金轮文化传媒有限公司

地　址：兰州西站铁路文化宫
电　话：(0931)4922924

兰州大名广告有限责任公司

地　址：兰州市城关区民主西路 7 号民百家园 1203

邮 编：730020
电 话：(0931)4640530

兰州公交集团万众广告彩印有限公司

地 址：西关什字枢纽站
电 话：(0931)8476468

甘肃省广告美术公司

地 址：兰州市城关区金昌北路 20 号
邮 编：730030
电 话：(0931)8826520

兰州海润广告有限公司

地 址：兰州城关区和政东街 189 号
电 话：(0931)4631133

白银好美装饰有限公司

地 址：白银市全民健身广场商业城 B 区 7 号
邮 编：730900
电 话：(0943)8251111

庆阳市三木广告公司

地 址：庆阳市西峰区安定东路 58 号
邮 编：745000
电 话：(0934)8229155

庆阳协力广告有限公司

地 址：庆阳市西峰区南大街 24 号
邮 编：7450000
电 话：(0934)8211992

庆阳市邮政广告公司

地 址：庆阳市西峰区北大街 254 号
邮 编：745000

青海省

广播电视类

西宁人民广播电台

电 话：(0971)8211768

青海电视台广告经营中心

地 址：西宁市昆仑路 1 号
邮 编：810001
电 话：(0971)6144323

青海人民广播电台

地 址：西宁市西关大街 81 号
邮 编：810008
电 话：(0971)6329348

西宁市广播电视局广告中心

地 址：西宁市南关街 43 号
邮 编：810000
电 话：(0971)8247464

新闻出版类

青海法制报

地 址：西宁市西关大街 79 号
邮 编：810000
电 话：(0971)6315171

青海青年报

地 址：西宁市北大街 3 号
邮 编：810000
电 话：(0971)4919209

青海日报

地 址：西宁市长江路 5 号青海日报广告中心
邮 编：810000
电 话：(0971)8457757

西海都市报

地 址：西宁市长江路 10 号西海都市报广告部
邮 编：810000
电 话：(0971)6109239

西海商报社广告部

地 址：西宁市长江路 5 号
邮 编：810000
电 话：(0971)8459787

西宁晚报

地 址：西宁市南关街 43 号
邮 编：810000
电 话：(0971)8248965

西海商报社

电 话：(0971)3595329

民族经济与社会发展杂志社

电 话：(0971)8482843

公 司 类

青海国茂会展有限公司

电 话：(0971)8233386

青海巨洋广告有限公司

地 址：西宁五四大街 35 号
邮 编：810001
电 话：(0971)6127177

青海气象广告有限公司

地 址：西宁五四大街 19 号
邮 编：810001
电 话：(0971)6116912

青海远翔体育广告有限公司

地 址：青海西宁长江路 114 号
电 话：(0971)3692851

西宁公交广告公司

地 址：青海省西宁市城西区昆仑路 1-5 号昆仑壹号 15 层
电 话：(0971)6109668

西宁天下设计装饰公司

地 址：西宁市城北区祁连路 305 号
电 话：(0971)7725030

宁夏回族自治区

广播电视类

宁夏气象影视中心

地　址：银川市开发区气象局大院
邮　编：750001
电　话：(0951)5029865

宁夏广电传媒集团有限公司广播广告部

地　址：银川市新华东街 53 号
邮　编：750001
电　话：(0951)6041323

银川有线电视台

地　址：银川市中山北街 5 号
电　话：(0951)6023264

新闻出版类

宁夏广播电视报社

地　址：银川市鼓楼北街 35 号
邮　编：750000
电　话：(0951)6011046

宁夏日报社广告部

地　址：银川市中心南街 47 号
电　话：(0951)6093337

新消息报社

地　址：银川市中山南街 47 号
邮　编：750004
电　话：(0951)6032745

银川晚报广告部

电　话：(0951)6029134

公　司　类

银川昊都快讯广告有限公司

地　址：银川市金凤区庆丰街 159 号
邮　编：75000
电　话：(0951)5016989

宁夏动感飞扬广告有限公司

地　址：银川市兴庆区凤凰南街 177 号
邮　编：750001
电　话：(0951)6028852

宁夏黑马广告有限公司

地　址：宁夏银川市城区玉皇阁北街 2 号
邮　编：750004
电　话：(0951)6031618

宁夏宏强广告有限公司

地　址：银川市兴庆区西北农资城三期商品房 9 号
邮　编：750004
电　话：(0951)6026875

宁夏众望广告有限公司

地　址：宁夏回族自治区银川市兴庆区文化东街 176 号
邮　编：750004
电　话：(0951)6024698

吴忠市敦煌广告印刷有限公司

地　址：宁夏吴忠市利通区胜利西路 57 号
电　话：(0953)2056975

新疆维吾尔自治区

广播电视类

乌鲁木齐电视台

地　址：乌鲁木齐市新民路 28 号
邮　编：830002
电　话：(0991)8986338、2622112

乌鲁木齐人民广播电台广告管理部

地　址：乌鲁木齐市红山路
邮　编：830002
电　话：(0991)8838222、2643284

新疆广播电视报

地　址：新疆乌鲁木齐市团结路 84 号
邮　编：830044
电　话：(0991)2561803

新闻出版类

新疆日报

地　址：乌鲁木齐市扬子江路 1 号
邮　编：830051
电　话：(0991)5818200

工人时报

地　址：乌鲁木齐体育馆路 6 号
邮　编：830002
电　话：(0991)2629514

乌鲁木齐晚报

地　址：乌鲁木齐市青年路 20 号
邮　编：830002
电　话：(0991)2626802

公　司　类

润达尔广告

电　话：(0991)2303098

新疆浩然广告有限公司

地　址：乌鲁木齐新华南路 106 号
电　话：(0991)8780512

新疆普拉纳广告有限公司

地　址：人民路 139 号附 18 号
邮　编：830002
电　话：(0991)2320232

’2014 中国广告年鉴
China Advertising Yearbook

广告刊户索引

Index

广告刊户索引